LE THÉÂTRE

LE THÉÂTRE

SOUS LA DIRECTION DE DANIEL COUTY ET ALAIN REY

Robert Abirached, Jean-Pierre de Beaumarchais, Victor Coucosh, Daniel Couty, Bernard Dort, Jean Duvignaud, Thomas Ferenczi, Richard Monod, Jean-Claude Penchenat, Agnès Pierron, Alain Rey, Jean-Pierre Ryngaert, Anne Ubersfeld, André Veinstein.

Cap: Babeo. *Cucuba.*

BORDAS

Edition
Thierry Foulc, responsable d'édition,
assisté de Christiane Ochsner.
Révision, correction : Raymond Leroi,
Didier Pemerle.

Illustration
Recherche iconographique :
Edith Garraud et Chantal Géron.
Schémas et plans : Henri Bernard.
Les dessins d'architecture de George C. Izenour
(pages 194 à 207) sont extraits de ses archives
et reproduits avec son aimable autorisation.

Maquette
Jean Castel, avec Françoise Mundet, Claudine Castel
et Jean-Luc Cochet (Studio Tract).

Fabrication
Francine Deligny

Légendes et crédits des pages d'ouverture :

page 9 : *Timon d'Athènes* aux Bouffes-du-Nord, mise en scène de Peter Brook (phot. © agence Bernand).

page 87 : Madeleine Renaud dans *Pas moi* de Samuel Beckett (phot. © Nicolas Treatt).

page 91 : *Tartuffe*, mise en scène d'Antoine Vitez (phot. © agence Bernand).

page 107 : mosaïque romaine, IIe siècle, musée du Capitole, Rome (phot. Gustavo Tomsich © archives Photeb).

page 119 : *Les Massacres à Paris* de Jean Vauthier, d'après Marlowe, décor de Richard Peduzzi (phot. © Nicolas Treatt).

page 139 : Giorgio Strehler dirigeant une répétition du *Roi Lear* (phot. © Luigi Ciminaghi).

page 153 : *1789* par le Théâtre du Soleil. A gauche, R. Patrignani dans le rôle de Mirabeau ; à droite, J.-Cl. Penchenat dans celui du marquis de Dreux-Brézé (phot. © Martine Franck/Viva).

page 169 : *Le Mélodrame*, peinture de Daumier, 1864 (Neue Pinakothek, Munich. Phot. © Joachim Blauel).

page 177 : caricature du critique Benjamin Bombast, 1772 (Victoria and Albert Museum, Londres. Phot. Sally Chappell © Photeb).

pages 7, 85, 117, 167, 193 : gravures de Jacques Callot, Bibliothèque nationale, Paris (phot. © Bibl. nat., Paris/Photeb).

Présentation et *Conclusion :* bois gravés de Joseph Crawhall (1861-1913) reproduits d'après *Quaint cuts in the Chap Book Style* (Dover Pictorial Archive Series, 1974).

ISBN : 2-04-027053-1

Achevé d'imprimer en Italie
sur les presses de GEA à Milan
en juillet 1995

Sommaire

Présentation

Entre les savantes exégèses universitaires et la critique d'humeur quotidienne, il n'est guère d'ouvrage qui puisse satisfaire l'«amateur» de théâtre, lui permettre de se replonger à loisir dans l'univers de sa passion. L'exhaustivité méticuleuse comme la superficialité mondaine ne sauraient arrêter l'attention de qui s'interroge sur le sens de l'art dramatique, son évolution, ses techniques, bref tout ce qui fait l'originalité d'un univers qui se construit en référence constante à notre monde et pourtant sécrète son espace original, ses règles propres, ses structures singulières. Pénétrer ce monde secret, aller de l'autre côté du miroir, telle est l'ambition de ce premier volume de la collection «Bordas Spectacles» consacré au théâtre et que suivra, sous peu, un ouvrage traitant de l'opéra.

Le texte, la scène, la salle — ou, si l'on veut, l'auteur, l'acteur, le spectateur : telle paraît être la triade obligée de tout spectacle dramatique, du moins en Occident. En fait, il n'en a pas toujours été ainsi (et il n'en est plus toujours de même), et ce n'est que progressivement que s'est constitué cet espace particulier dans lequel est venue s'enfermer l'illusion théâtrale. De l'amphithéâtre d'Epidaure au théâtre Olympique de Vicence, du hourdement de Donaueschingen à la scène du Théâtre-Français s'inscrit la véritable histoire du théâtre : moins celle des hommes — auteurs, acteurs, directeurs, metteurs en scène — que celle du spectacle. Tant il est vrai que l'important est de savoir comment le théâtre parle du monde et pour qui il parle; car un petit marquis n'attend pas le même discours qu'un ouvrier des faubourgs.

«Discours» avons-nous dit, renvoyant ainsi explicitement au texte : car, sans aller jusqu'au «théâtre dans un fauteuil», force est de constater que le théâtre est d'abord texte; ou, plus exactement, il est aussi texte, l'antériorité et la primauté de ce dernier étant problématiques. Néanmoins, des longues passions médiévales aux in-folio shakespeariens, des manuscrits de Beaumarchais aux «dramaturgies» des metteurs en scène contemporains, se perpétue le travail textuel : travail sur le texte destiné à le transformer d'espace scriptural en espace scénique, c'est-à-dire d'un univers à code unique (le texte dans sa nudité) en univers à codes multiples (la voix, le geste, le costume, le décor, l'éclairage, etc.). C'est pourquoi il importe de jeter un regard du côté du texte, moins dans la perspective traditionnelle de l'école — explication linéaire et psychologique — qui réduit le théâtre à la littérature, que pour y rechercher ce que Roland Barthes appelle «une épaisseur de signes», laquelle servira de base à une transposition scénique : évaluation des personnages en fonction de symboliques visualisables, mise en place des temps forts, etc.

On comprendra aisément, dans ces conditions, que si l'on va voir l'œuvre d'un auteur, celle-ci nous soit proposée à travers la vision d'un metteur en scène : *Le Songe d'une nuit d'été,* «monté» par Max Reinhardt, Jiri Trnka, Jacques Fabbri, Peter Brook ou Ariane Mnouchkine, reste certes une pièce de Shakespeare, mais l'interprétation qu'en propose chacun d'eux peut en faire des versions contradictoires : féerique ici, tragique là, comique ailleurs, le spectacle ainsi engendré bouscule jusqu'à l'étiquette générique accolée par l'auteur. Dans une telle perspective, l'acteur n'est plus qu'un élément d'une totalité : la représentation. Certes il y a bien eu des cabotins (et il y en a encore) : mais leur prépondérance traduisait, en fait, le rejet de l'œuvre au second plan : on allait voir X dans telle pièce et non la pièce elle-même. Ainsi, et paradoxalement, le metteur en scène, dont le nom s'affiche en caractères aussi gros que le nom de l'auteur, réhabilite-t-il l'œuvre en faisant du spectacle une totalité cohérente et de l'acteur le serviteur d'un texte et d'un sens.

Car la représentation n'est pas neutre : il suffit pour s'en convaincre de lire les feuilletons critiques. C'est qu'elle ne s'adresse pas à un regard neutre. Le spectateur (n'oublions pas que théâtre vient d'un verbe grec signifiant *voir*) participe, comme l'auteur, le metteur en scène et l'acteur, d'une culture, d'une idéologie. Aussi la sociologie du théâtre reflète-t-elle, à travers son histoire, celle de la société elle-même, excluant telle catégorie sociale, récupérant telle autre, répartissant les lieux de la représentation en fonction de types de publics précis.

Histoire, texte, scène et spectateurs constituent donc les éléments immédiatement perceptibles de la vie du théâtre au fil du temps. Mais il serait faux de réduire l'activité dramatique à ces seuls traits : le théâtre est, en effet, un microcosme qui reproduit une structure plus complexe. Hiérarchisée, administrée, financée, une troupe est, à sa manière, un Etat en réduction. Comment se décide le répertoire, comment se choisissent décorateurs, costumiers, éclairagistes ? Que sont les répétitions ? Autant de questions qui préexistent au spectacle et sans lesquelles celui-ci ne pourrait se développer sans l'abri de salles dont l'architecture a évolué de façon parfois chaotique : c'est cette évolution que l'on trouvera ici analysée à travers quelques grandes salles représentatives dont schémas et photos permettront de comprendre l'extraordinaire complexité.

Au bout de ce voyage, puisse le lecteur être devenu cet amateur dont nous parlions plus haut ! Puisse-t-il, surtout, être convaincu que tout un peuple se dépense pour son seul plaisir et son éducation et que, plus que jamais, les baladins d'aujourd'hui ont droit de vie dans la cité.

DU CÔTÉ DE L'HISTOIRE

Représentation théâtrale et espace social

Le théâtre antique : de la cérémonie civique au spectacle ludique

Pour qui s'y arrête superficiellement, le théâtre antique – grec ou latin – forme une unité : les lieux semblent, sinon identiques, du moins très proches ; les masques portés par les acteurs hellènes et leurs successeurs romains paraissent établir un autre lien ; quant aux sujets, souvent puisés dans un même fonds mythique, ils achèvent de créer l'illusion d'un univers dramatique cohérent allant de la tyrannie de Pisistrate (le premier concours de tragédie eut lieu à Athènes en 534 avant notre ère) au règne de Néron (les dernières tragédies de Sénèque sont de 62 de notre ère). Or l'évolution de la seule tragédie grecque au temps de la splendeur athénienne suffit à ruiner ce faux-semblant : d'Eschyle (né en 525) à Euripide (mort en 406) toutes les structures théâtrales, qu'elles soient spatiales, littéraires ou idéologiques, se modifient. C'est dire combien, en matière de théâtre comme ailleurs, l'Histoire ne se répète jamais.

Du cultuel au culturel

En effet, le théâtre tel que nous le concevons, avec ses textes, ses bâtiments, ses protocoles, n'a pu se constituer qu'en prenant ses distances à l'égard de ses sources spontanées, religieuses ou populaires. Encore faudrait-il s'entendre sur la notion de «source». Si l'on a proposé des différents genres dramatiques – tragédie ou comédie – diverses origines simples ou complexes, concordantes ou contradictoires, l'origine même du fait théâtral paraît avoir été escamotée, comme si la représentation allait de soi. Ainsi Aristote, après avoir ébauché une histoire de la poésie, en arrive-t-il directement aux formes dramatiques particulières : «Lorsque la tragédie et la comédie eurent fait leur apparition...» (*Poétique*, 1449 a 2). Or ce qui gêne, précisément, c'est cette «apparition» : si l'on peut concevoir la naissance du théâtre profane médiéval par dérivation des grandes représentations religieuses, si l'on peut imaginer les conditions de surrection du mélodrame, c'est parce que nous partons de formes préexistantes. Mais avant la tragédie ou la comédie ? L'étymologie elle-même n'est pas d'un grand secours, qui nous apprend que la tragédie serait le «chant du bouc». Mais quel bouc ? Celui que l'on sacrifiait aux dieux ? Celui que symbolisait le prêtre recouvert d'une peau de bête ? Celui que l'on offrait au vainqueur d'un concours tragique (mais dans ce cas il faudrait admettre que le nom est postérieur au genre, ce qui ne fait que compliquer le problème des origines) ? Quant au «chant du *cômos*», d'où viendrait la comédie, comment expliquer le développement littéraire d'un genre à partir des bruyants cortèges (les *cômoi*) ? De ces faits, il apparaît que la tragédie et la comédie ont en commun d'être des phénomènes collectifs de participation : d'où la tentation de chercher l'origine du théâtre dans ces autres manifestations collectives que sont les cérémonies cultuelles. Mais, par là même, n'est-ce pas renverser de nouveau le problème et reconnaître avec Jacques Lacarrière que les cultes «contenaient des éléments pré- ou parathéâtraux» ? Et de fait, nombre de rites religieux s'étaient progressivement constitués en spectacles dans lesquels les participants «jouaient» les dieux ou les forces surnaturelles (vie, mort, fécondité, etc.) : ainsi s'expliquent les grimages, les déguisements, les sacrifices purificateurs que l'on retrouvera épurés en masques, costumes et meurtres tragiques. Au premier rang de ces cultes spectaculaires venaient les rites festifs en l'honneur de Dionysos (dieu tutélaire de la vigne, mais aussi de la chasse, de la végétation, de la fécondité, etc.) et les cérémonies funéraires (qui dans le cas des grands personnages donnaient naissance à un concours ou *agôn* semblable à celui qu'organisa, nous dit Homère, Achille à la mort de Patrocle). Toutes ces cérémonies se déroulaient dans un espace déterminé (autour de l'autel du dieu ou du corps du défunt) et faisaient intervenir un langage symbolique, tant verbal que gestuel : cette conjonction d'un lieu et d'une symbolique a pu encourager le développement d'une cérémonie dont l'objet n'était plus la représentation du divin, mais de l'humain. Cependant en s'inscrivant dans l'ordre mondain, la cérémonie perdait son aspect cultuel pour devenir culturelle : il s'agissait désormais moins d'abolir le temps en rejouant la vie des dieux (et donc de l'univers) que de se fortifier en puisant des exemples dans les vies héroïques.

On conçoit dès lors que le théâtre grec ait été rapidement récupéré par la cité : institutionnalisé par le tyran Pisistrate en 534 avant notre ère, régi par un ensemble de protocoles civiques, il constitue l'un des piliers de la pédagogie politique athénienne. Rien d'étonnant donc que l'activité dramatique ait été contemporaine de la grandeur d'Athènes : rien d'étonnant, non plus, que la série des chefs-d'œuvre s'ouvre sur *Les Perses* – qui rappellent la victoire de Salamine – et se ferme sur *Les Bacchantes* – qui racontent le châtiment d'un homme trop assuré de son destin.

Amphore du VIe siècle avant notre ère représentant des cavaliers chevauchant trois compagnons déguisés en chevaux : face au joueur de flûte, le chœur des cavaliers se prépare à danser. Il s'agit sans doute d'une forme élaborée de cômos dont s'inspirera Aristophane pour sa célèbre comédie, Les Cavaliers *(jouée en 424). (Pergamon Museum, Berlin-Est. Phot. © Staatliche Museen / Archives Photeb.)*

A gauche : acteur tragique tenant son masque (peinture d'un fragment de cratère du IVe siècle avant notre ère trouvé à Tarente) : le tragédien, vêtu du chiton, *devait interpréter un jeune héros – l'homme blond, vraisemblablement, si l'on se réfère à la symbolique de la chevelure bouclée et dorée. (Martin von Wagner Museum, Würzburg. Phot. © du musée / Photeb.)*

Visite d'un théâtre antique

Les vestiges du théâtre athénien de Dionysos Eleuthère sont moins «parlants» que ceux du théâtre d'Epidaure. Mais ils permettent, en raison des différentes modifications subies au cours des âges, de suivre l'évolution d'un théâtre antique.

A l'origine était le sanctuaire de Dionysos, au pied du flanc sud de l'Acropole. C'est là, dans l'enceinte sacrée, que l'on traça, à même le sol, la première orkhêstra *(début du VI*e *siècle avant notre ère) : d'environ 27 mètres de diamètre, elle ne possédait pas de* skênê *et se trouvait cernée de praticables de bois qui s'écroulèrent au cours de la LXX*e *Olympiade (499-496).*

*Au V*e *siècle, Périclès fit construire dans l'enceinte sacrée un petit odéon : on dut alors déplacer l'orkhêstra vers le nord-ouest et l'on creusa un* theatron *abrupt à l'intérieur même de l'Acropole ; des bâtiments de scène en bois furent dressés entre le temple et l'orkhêstra.*

Ce n'est que sous Lycurgue (entre 338 et 326) que fut érigé le premier théâtre de pierre : douze escaliers conduisaient aux diverses rangées d'un theatron en forme de fer à cheval (phot. 1). Les premiers rangs étaient réservés aux dignitaires : au centre se dressait le siège du prêtre de Dionysos (phot. 3) au pied duquel on distingue deux trous destinés à l'installation d'un baldaquin d'honneur.

Diverses modifications furent introduites à l'époque hellénistique (touchant en particulier la décoration des bâtiments de scène) ; mais c'est sous le règne de Néron que le théâtre reçut la forme que nous lui connaissons aujourd'hui : l'orkhêstra fut réduite et pavée de dalles de marbre polychromes (phot. 2) ; un parapet fut construit devant les sièges d'honneur et l'on creusa une rigole autour de l'orkhêstra pour faciliter l'écoulement des eaux (phot. 2). Deux siècles plus tard, enfin, la scène fut remodelée dans le goût gréco-romain : au centre, l'escalier des phlyakes *(voir le vase p. 14) ; de part et d'autre, une frise monumentale représentant les épisodes de la vie de Dionysos (phot. 4), installée pour servir de support au* pulpitum *plutôt que de décoration. La frise provient sans doute d'un ancien autel : réutilisée ici, elle a perdu toutes ses têtes qui ont cédé la place à une corniche. Si bien que, aujourd'hui, le seul théâtre antique que l'on peut voir à Athènes est en fait un théâtre romain.*

(Photographies prises in situ au pied de l'Acropole, Athènes. Phot. Spyros Meletzis © Photeb.)

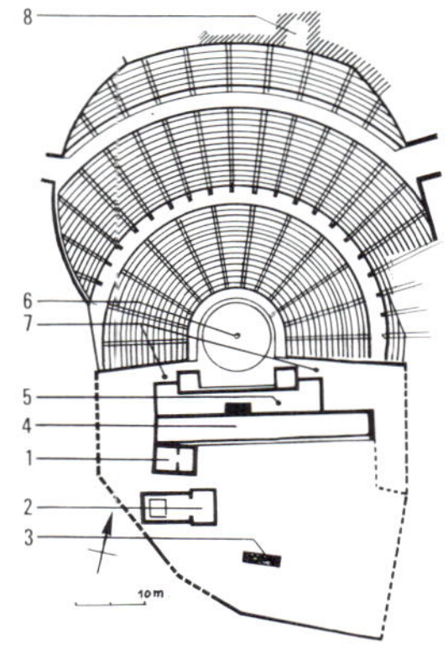

Théâtre et sanctuaire de Dionysos Eleuthère à Athènes. 1. Ancien temple ; 2. Temple du IVe siècle ; 3. Autel ; 4. Portique ; 5. Skênê du théâtre ; 6. Orkhêstra ; 7. Parodos ; 8. Monument de Thrasyllos (IVe siècle).

1

3

2

4

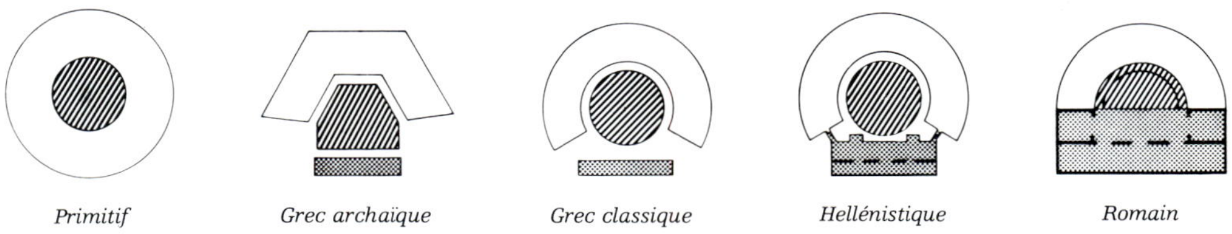

Evolution du lieu théâtral antique des origines à l'époque romaine (d'après G. Izenour).

Après la confusion des origines, le théâtre entre dans l'Histoire : il est alors possible de suivre son évolution vers la constitution d'un univers autonome dont l'espace se referme progressivement sur lui-même.

Du temporaire au permanent

Festif et spontané, le théâtre eut pour espace originel une simple aire de terre battue, occupée en son centre par un autel (la *thumelê*) autour duquel dansaient et chantaient les choristes : danse cyclique aux mouvements alternés qui a imposé à l'*orkhêstra* son nom (le verbe grec *orkheomai* veut dire «danser») et sa forme circulaire, mais aussi parfois danses aux figures moins régulières donnant naissance à des espaces quadrangulaires, tel celui du théâtre attique de Thorikos (VIe siècle avant notre ère). Tout espace pouvait donc devenir une orkhêstra improvisée, délimitée par l'attroupement des spectateurs. Lorsque le rituel s'élabora au point de devenir texte, lorsque *cômos* et dithyrambe acquirent une forme littéraire (au milieu du VIIe siècle avant notre ère), la structure du rituel changea : face au chœur se dressa l'*exarque,* tout à la fois poète, récitant et organisateur des parties dansées et chantées. Par là-même se fixèrent les places respectives des divers participants : le chœur et l'exarque installés dans l'orkhêstra, le public fut refoulé à la périphérie sur des praticables de bois dont l'existence est encore attestée au Ve siècle avant notre ère dans l'ensemble du monde grec. Il faudra divers incidents — écroulements, incendies, etc. — pour que les gradins de bois soient remplacés par les gradins de pierre que nous connaissons aujourd'hui et qui appartiennent tous à la période hellénistique (IVe-Ier siècle avant notre ère). A cette époque les chefs-d'œuvre seront déjà passés : dès 330 avant notre ère les grands «classiques» du Ve siècle font partie du répertoire que l'on joue à chaque manifestation dramatique; sur ordre de Lycurgue, alors à la tête des finances athéniennes, les bustes d'Eschyle, Sophocle et Euripide ornent le nouveau théâtre de Dionysos et l'on établit une «vulgate» de leurs œuvres pour les protéger des altérations diverses. Un siècle après son éclatante activité, le théâtre attique était donc déjà figé, dans sa matière comme dans son architecture.

Celle-ci s'organise autour d'une orkhêstra circulaire (dont le diamètre peut varier d'une dizaine à une trentaine de mètres) en deux zones bien séparées : l'hémicycle, où prennent place les spectateurs (que les Grecs nommaient *theatron*, «l'endroit d'où l'on voit»), et la *skênê,* réservée aux acteurs.

Le theatron s'adosse en général au flanc d'une colline, et enserre l'orkhêstra sur plus de sa moitié, affectant ainsi la forme d'un fer à cheval; il est divisé verticalement par des escaliers rayonnant du centre et horizontalement par des paliers concentriques *(diazômata).* Les premières rangées sont réservées aux personnalités religieuses, politiques ou artistiques : ces sièges proédriques sont des fauteuils de pierre individuels dotés d'un dossier et d'accoudoirs. Quant aux autres places — de cinq mille (Délos) à quinze mille (Athènes, Epidaure) — elles offrent un confort satisfaisant quoique plus rudimentaire.

Le public accédait à l'hémicycle par deux couloirs latéraux *(parodoi)* à ciel ouvert ménagés entre le theatron et la skênê. C'est par ces mêmes parodoi que le chœur gagnait l'orkhêstra d'où partaient les plaintes et les exhortations adressées aux héros. Ceux-ci occupent un espace tangent à la partie libre de l'orkhêstra : la *skênê.* Simple baraque servant à la fois de coulisses et de décor, la skênê originelle du Ve siècle s'est compliquée à mesure que les acteurs se multipliaient et que s'amuïssait le chœur : primitivement en bois, elle est devenue à l'époque hellénistique un ensemble architectural en pierre à deux étages présentant une avancée à mi-hauteur, le *proskênion,* dont le toit forme une véritable scène (le *logeion*), tandis que le second étage fait alors office de décor.

C'est autour du développement de ce proskênion que s'effectue le passage de la scène grecque à la scène romaine, tant il est vrai que pour les Latins l'action a plus d'importance que le discours, le réalisme que l'essence. Dans le théâtre latin, la scène *(scena)* s'élargit donc au diamètre de l'*orchestra,* désormais occupée dans sa partie libre par les spectateurs les plus riches, sénateurs et magistrats. Plus large, cette scène est aussi plus profonde (plus de 13 mètres à Orange contre 3,20 mètres à Epidaure) et plus basse (en moyenne 1,50 mètre contre 4 mètres à Athènes). Derrière elle s'élève la *frons scenae*, un gigantesque mur (36 mètres de haut sur 103 de large à Orange) orné de riches colonnades et de statues de marbre. Trois portes (parfois plus) s'ouvrent dans cet immense décor pour symboliser les lieux obligés de la fiction : le palais impérial, diverses demeures.

Plus réaliste, le théâtre romain est en même temps un lieu dont l'unité architectonique montre la volonté d'être un espace spécifique réservé à l'illusion dramatique. Plus de parodoi, mais des passages voûtés (les *vomitoria*) qui permettent d'accéder aux divers étages de l'hémicycle *(cavea).* Ces entrées sont permises par la structure même

Intérieur du théâtre romain d'Aspendus (Asie Mineure) construit par l'architecte Zénon pendant le règne d'Aurélien (161-180). La photographie permet de bien saisir l'unité architectonique du bâtiment : la hauteur du mur de scène et le couronnement de la cavea *par un ensemble d'arches assurent la clôture de l'édifice. On distingue à l'avant du* proscenium *le canal dans lequel «tombait» le rideau* (aulacum) *au début du spectacle : ce n'est qu'à la fin de celui-ci que des poteaux télescopiques le relevaient. (Phot. © Gérard Boutin / Atlas-Photo.)*

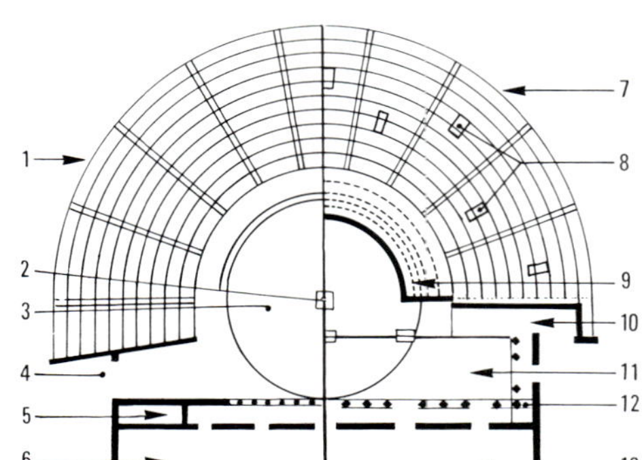

Plans comparés d'un théâtre grec (moitié gauche) et d'un théâtre romain (moitié droite). 1. Theatron ; 2. Thumelê ; 3. Orkhêstra ; 4. Parodos ; 5. Proskênion ; 6. Skênê ; 7. Cavea ; 8. Vomitoria ; 9. Sièges d'honneur ; 10. Vomitorium principal ; 11. Proscenium (pulpitum) ; 12. Frons scenae ; 13. Scena.

de la cavea romaine : au lieu de prendre appui sur une colline, elle élève ses voûtes et ses colonnades en terrain plat (à de rares exceptions près), au centre des villes, près du forum. En cas de pluie ou de fort soleil un *velum* peut être tendu au-dessus de l'hémicycle, achevant ainsi d'isoler le spectateur du reste de la ville : ultime marque qui indique que le théâtre est désormais un lieu de récréation sans rapport avec la réalité politique de la cité.

Métamorphoses du cercle

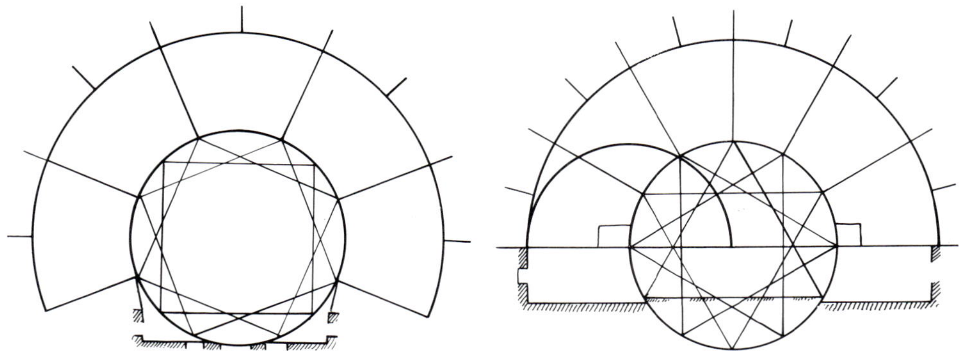

Du seul point de vue structurel, la différence entre les bâtiments grecs et latins a été mise en évidence par l'architecte romain Vitruve (Ier siècle avant notre ère) dans son traité De architectura libri decem *(*Les Dix Livres d'architecture*). Connu durant le Moyen Age de façon diffuse (on y puisa alors tout à la fois des éléments sur les proportions du corps, les intervalles musicaux ou la construction des nombres irrationnels), il servit de modèle pour les architectes de la Renaissance italienne qui trouvèrent dans les nombreuses éditions du texte (édition* princeps *en 1486 suivie des riches éditions illustrées de Fra Giocondo, Cesariano, Castel-Durante, etc.) matière à faire renaître le style antique. L'opposition des théâtres grec et latin est formulée par Vitruve à partir de l'exemple d'un cercle dont la circonférence est divisée en douze arcs égaux : si l'on relie les points trois par trois on obtient trois carrés inscrits dont le côté de l'un marque le bord avant de la scène, les sommets des deux autres indiquant les escaliers d'accès aux gradins et les portes du fond de scène : c'est le modèle du théâtre hellénistique. Si, en revanche, on inscrit dans notre cercle quatre triangles équilatéraux, la base de l'un figure la* frons scenae *(tandis que le bord avant du proscenium s'établit selon le diamètre parallèle), les autres sommets déterminant portes de scène et escaliers d'accès : tel est le schéma du théâtre latin.*

Au-delà du cercle, c'est tout un espace (géographique, architectural, social) qui se métamorphose et que l'historienne Margarete Bieber résume dans le tableau suivant :

Théâtre grec	Théâtre romain
L'orkhêstra est circulaire (ou en fer à cheval).	L'orchestra n'occupe qu'un demi-cercle.
Les bâtiments de scène sont séparés de l'orkhêstra.	Les bâtiments de scène sont soudés à l'orchestra.
La scène (proskênion) est haute et étroite.	La scène (proscenium) est large et basse.
Le proskênion est décoré sur sa face avant de colonnes et de panneaux de bois peint.	Le proscenium est formé d'un muret plein orné de niches décorées.
Le fond de la scène est un décor peint (toile ou panneau de bois).	La frons scenae est un somptueux mur architecturé.
Les couloirs d'accès (parodoi) à l'orkhêstra sont à ciel ouvert.	Les accès à la cavea se font par des voûtes (vomitoria).
Les sièges d'honneur, réservés aux magistrats et aux prêtres, occupent les rangs inférieurs du theatron.	Des loges (tribunalia) situées sur les vomitoria latéraux sont réservées aux ordonnateurs des spectacles. Sénateurs et personnalités prennent place dans l'orchestra.
Le theatron s'étage sur la pente d'une colline et, de ce fait, n'a pas de façade extérieure.	La cavea est le plus souvent en terrain plat, d'où une importante substruction avec riche façade, colonnades, couloirs, etc.
Le théâtre est situé dans un sanctuaire.	Le théâtre n'a pas de lieu imposé : il se trouve fréquemment près du forum.
Le théâtre grec est un bâtiment à caractère religieux et démocratique dont toutes les places sont également bonnes.	Le théâtre romain est un théâtre de classes qui offre davantage de sièges pour les officiels et moins d'espace pour le spectacle. Les places sont séparées par des parapets en fonction des groupes sociaux.

Théâtre de la ville, théâtre dans la ville

Car le développement fulgurant de l'activité dramatique en Attique, même s'il ne peut s'expliquer par les seules raisons politiques, est avant tout lié à l'organisation de la vie athénienne, tout autant préoccupée de sacrifier au culte de l'esprit qu'à celui du corps. A l'inverse de Sparte qui ne puisait sa force que dans l'ordre militaire, Athènes trouve son équilibre dans l'harmonie des activités culturelles et physiques : à preuve les *liturgies*, ces charges financières imposées aux riches citoyens et qui comprenaient la *chorégie* (équipement et entretien d'un chœur dramatique) mais aussi la *gymniasarchie* (organisation de jeux gymniques), la *triérarchie* (armement et équipement d'un navire de guerre) ou l'*hestiasis* (organisation d'un repas public). C'est dire quelle place le théâtre occupait «officiellement» dans l'organisation de la *polis* (cité) athénienne : lié à l'ordre politique — l'*archonte* (magistrat) qui le préside donne, chaque année, son nom au concours — il s'inscrit aussi dans l'ordre religieux puisque les représentations prennent place dans des lieux consacrés à Dionysos, aux jours réservés à sa célébration. Jours de fête que ces *lénéennes* de janvier (les *lenai* étaient des sectatrices de Dionysos, aussi appelées *ménades ou bacchantes*), ces *anthestéries* de février, ces *grandes dionysies* de mars ou ces *dionysies agraires* de décembre, où le concours dramatique *(agôn)* ne constitue qu'une des manifestations en l'honneur du dieu parmi les diverses processions précédées du *phallos* (l'organe mâle de la génération) et les simulacres hiérogamiques. Fêtes aussi de la splendeur athénienne auxquelles étaient conviés — hormis aux lénéennes — toutes les cités de la ligue de Délos apportant leur tribut à la ville d'Athéna.

Le concours dramatique était lui-même fortement structuré : l'archonte désignait d'abord, dans le cadre de la chorégie, les chorèges chargés chacun de réunir un chœur (de quinze choreutes dans la tragédie à vingt-quatre dans la comédie), de l'entraîner (avec l'aide d'un instructeur, le *chorodidascale*), de l'habiller et de le nourrir ; venait ensuite la désignation des *poètes* admis à concourir, fonction qui cumulait à l'origine (c'est encore le cas à l'époque d'Eschyle) les rôles d'auteur, d'acteur et de régisseur mais qui se réduisit au seul aspect littéraire dès le milieu du Ve siècle ; enfin, l'archonte désignait les acteurs : *protagoniste* (premier rôle), *deutéragoniste* (deuxième rôle) et *tritagoniste* (troisième rôle). Par tirage au sort chaque poète recevait un chœur et des acteurs, et c'est encore le sort qui désignait, après une procédure complexe, les juges *(kritai)* chargés d'établir le palmarès : on enfermait dans une urne les noms que chacune des tribus athéniennes avait proposés ; puis, après un premier tirage, ce nombre était réduit à dix ; chacun de ces juges votait en secret, mais cinq seulement de ces votes étaient retenus par un ultime tirage au sort. Les noms des vainqueurs, gravés dans le marbre, témoignent de l'importance que les Athéniens accordaient à leur théâtre.

Théâtre de la cité, donc, puisque étroitement encadré par les institutions, mais aussi théâtre lié à la richesse de la cité au point que les formes littéraires en portent la marque : lourde imposition des plus fortunés, la chorégie n'a pu fonctionner qu'au moment de la splendeur athénienne; avec les revers (406 avant notre ère) sont apparues la *synchorégie* (deux citoyens pour assurer la charge d'un chœur) puis l'*agonothésie,* sorte de commissariat général aux concours, deux décisions pouvant expliquer la réduction progressive du chœur qui disparaît de l'action pour n'être plus qu'un élément accessoire de la représentation, chargé des seuls intermèdes musicaux ou gestuels. Ce phénomène, déjà visible dans les dernières comédies d'Aristophane, est nettement marqué dans les comédies nouvelles de Ménandre (mort en 292 avant notre ère) et se retrouve dans les œuvres les plus anciennes du théâtre latin.

Dans le monde romain, précisément, les activités dramatiques *(ludi senici)* ont toujours été confrontées à d'autres spectacles – jeux du cirque, *venationes* (chasses), naumachies (fêtes navales), courses de chars, etc. – au point que, en 164 avant notre ère, le public qui assistait à une représentation de l'*Hécyre* de Térence, déserta les gradins du théâtre pour emplir ceux de l'amphithéâtre voisin d'où lui venaient les rumeurs d'un combat de gladiateurs ! Il ne faudrait toutefois pas inférer de telles anecdoctes que le Romain n'était qu'un Athénien en négatif : sinon, comment imaginer l'existence de théâtres qui, tel celui de Pompée, pouvaient accueillir près de 30 000 spectateurs? (A titre de comparaison, si le Circus Maximus pouvait abriter jusqu'à 255 000 personnes, la Scala de Milan ne peut en recevoir que 3 600.) L'activité théâtrale existait donc bel et bien à Rome et dans le monde romain; cependant, bien que régie par une structure issue du modèle grec (les premiers «jeux scéniques» remontent, selon Tite-Live, à 364 avant notre ère, mais les premières œuvres vraiment théâtrales n'apparurent qu'en 240, lorsque Livius Andronicus, répondant aux vœux du Sénat, organisa des «jeux à la grecque»), elle n'eut jamais le même caractère civique. Moins fortement encadré par les institutions, bien qu'un magistrat supervise l'organisation des spectacles dramatiques, le théâtre latin fut très rapidement récupéré par le pouvoir central qui l'utilisa à des fins autocratiques : rappelant le nombre important des chômeurs à Rome, Jérôme Carcopino soulignait qu'«un peuple qui bâille est mûr pour la révolte». Et d'ajouter : «Les Césars n'ont laissé la plèbe romaine bâiller ni de faim ni d'ennui. Les spectacles furent la grande diversion au désœuvrement de leurs sujets, et, par conséquent, le plus sûr instrument de leur absolutisme.» Utilisation poli-

Des tétralogies au mimodrame

Pour que le concours donne à tous des chances égales, l'organisation «littéraire» était elle-même fortement réglementée.

A l'occasion des concours tragiques chaque poète présentait non pas une pièce mais une tétralogie *composée de trois tragédies et d'un drame satyrique. Inventé, dit-on, par Pratinas de Phlionte (fin du VI*[e] *siècle avant notre ère), le drame traitait sur le mode de la dérision des sujets que la tragédie développait sur le mode sérieux : c'est donc tout naturellement que les tétralogies initiales formaient un tout cohérent à l'image de* l'Œdipodie *présentée par Eschyle en 467 (trois tragédies :* Laios, Œdipe, Les Sept contre Thèbes *et un drame :* Le Sphinx*). Toutefois, à côté de ces* tétralogies liées, *les poètes prirent l'habitude, pour varier les sujets, de présenter des* tétralogies libres *: Eschyle lui-même l'avait fait dès 472, adjoignant à trois tragédies sans lien* (Phineus, Les Perses, Glaucos) *un drame* (Prométhée) *dont le héros devait lui fournir matière à une tétralogie liée :* la Prométhide.

La tragédie attique présente une structure obligée où alternent passages dialogués et passages chantés. La pièce s'ouvre par le prologue *qu'Aristote définit comme «la partie qui précède l'entrée du chœur». Puis celui-ci pénètre dans l'orkhêstra : c'est la* parodos *(du nom des entrées latérales). L'action se développe ensuite dans les* épisodes *(généralement au nombre de trois) qui sont «les parties comprises entre les chants du chœur». Ces chants, le chœur les module lors des* stasima *en dansant l'*emmêleia*, sorte de balancement exécuté sur place et propre à la tragédie (la danse du drame satyrique, conformément à la nature des choreutes qui représentaient les satyres dionysiaques, consistait en une suite de bonds et de cabrioles et s'appelait la* sikinnis*). Au dernier* stasimon *succède l'*exode*, «partie après laquelle il n'y a pas de chant du chœur». Ainsi, à la répartition de l'espace (le chœur dans l'orkhêstra, les acteurs sur la scène) correspond une répartition du texte : le chœur commente, excite, gémit; les acteurs agissent.*

Il existe toutefois dans les épisodes des passages où le dialogue s'instaure entre l'orkhêstra et la scène : ce sont les commoi.

*Dans ses évolutions, le chœur se divise en deux groupes qui ont imposé au chant choral une rigoureuse structure où l'*antistrophe *répond à la* strophe *(quelquefois le mouvement s'achève par une* épode *chantée par le coryphée). L'accompagnement musical est assuré par la double flûte anchée.*

*La comédie ne fut que tardivement introduite dans les concours, lorsqu'en 486 le poète Chionidès reçut un chœur comique pour défendre ses chances. Tout comme la tragédie, la comédie – du moins la comédie ancienne où s'illustra Aristophane – comporte prologue, parodos et exode; mais, à la place des épisodes et des stasima, elle offre deux mouvements originaux : l'*agôn *et la* parabase. *Reliquat des batailles spontanées auxquelles donnaient lieu les* cômoi, *l'agôn consiste en une joute engagée entre l'acteur principal et le coryphée, tandis que le chœur exécute une danse aux déhanchements lascifs, le* cordax. *Puis les choreutes se dépouillent de leurs habits de jeu et, se tournant vers le public, l'apostrophent au nom du poète : c'est la* parabase *que vient traditionnellement clore une phrase débitée sans reprendre haleine, le* pnigos *(l'étouffoir).*

La forte structure des genres attiques se retrouve dans les palliatae *romaines (de* pallium *qui désigne le manteau grec) qui ne sont souvent que de simples traductions d'œuvres du répertoire grec. Progressivement, le théâtre latin se dégagera de son modèle et l'on verra se développer des* togatae *(du nom de l'habit caractéristique des Romains) :* atellane *(farce campanienne originaire d'Atella),* tabernaria *(comédies décrivant les mœurs populaires),* trabeata *(drame à caractère bourgeois tirant son nom de la* trabea, *le manteau du chevalier),* praetexta *(tragédie noble dont le nom vient de la toge magistrale). Comme en Grèce, le théâtre romain mêle la parole au chant; mais la répartition est le seul fait du poète, qui peut choisir de mettre l'accent sur l'une ou sur l'autre au gré de sa fantaisie. D'ailleurs, le* canticum *latin est surtout prétexte à mimiques, danses et acrobaties : mentionné pour la première fois aux Jeux apolliniens de 211 avant notre ère, le mime se constitue en genre spécifique qui va éclipser peu à peu le théâtre traditionnel.*

Cratère apulien (Italie méridionale) du Ve *siècle avant notre ère représentant une scène de comédie primitive italienne : empruntant aux légendes popularisées par les épopées homériques, ces farces se déroulaient sur une estrade de bois à laquelle un escalier central donnait accès. Sur le document on voit le vieux Chiron, victime de la goutte, hissé sur la scène par deux esclaves au phallos pendant. Derrière lui se tient le jeune Achille, son élève ; à l'arrière-plan deux nymphes, auprès desquelles il était venu chercher des soins, bavardent. (British Museum, Londres. Phot. © du musée / Photeb.)*

tique du théâtre donc, mais non à des fins civiques comme à Athènes : d'où la multiplication des fêtes (il y eut sous l'Empire jusqu'à 182 jours fériés !) où s'engloutissait, pour la sécurité de quelques-uns, l'argent de l'Etat. D'où, également, la prépondérance du visuel et du gestuel, une prépondérance qui ira s'affirmant jusqu'à dissoudre le théâtre dans le mimodrame.

L'acteur dans son espace

Rien d'étonnant donc que l'acteur ait été nommé différemment en Attique et à Rome : ici c'est l'*histrion*, «celui qui danse», là c'est l'*hypokritès*, «celui qui répond». Deux noms qui marquent bien, en dépit des filiations historiques, l'évolution vers un théâtre où les signes du spectaculaire paraissent l'emporter sur le texte lui-même. N'est-il pas d'ailleurs significatif que les plus littéraires des œuvres dramatiques romaines, les tragédies de Sénèque, aient eu pour seuls «spectateurs» les privilégiés des lectures publiques *(recitationes)* ? De même, doit-on s'étonner qu'à partir du IIe siècle de notre ère les architectes romains aient transformé nombre de théâtres, comme celui de Cherchell en Algérie, en faux amphithéâtres, afin de sacrifier au goût du public pour le spectaculaire ? Et de fait, entre l'acteur unique de la scène grecque primitive et la théorie de personnages que nécessite la comédie romaine, la différence n'est pas seulement de quantité, mais fondamentalement de nature : à l'archétype stylisé du monde athénien le théâtre romain oppose un «réalisme» fondé sur la multiplicité des types et la magnificence décorative dont témoigne la richesse de la *frons scenae*.

Si l'on en croit la tradition rapportée par la *Chronique de Paros*, «le poète Thespis joua le premier un rôle d'acteur dans un drame qu'il représentait aux dionysies de la cité» ; puis, nous dit Aristote, «Eschyle le premier porta de un à deux le nombre des acteurs, diminua l'importance du chœur et donna le premier rôle au dialogue ; Sophocle porta le nombre des acteurs à trois et fit peindre la scène» (*Poétique*, 1449 a 18). Ces acteurs, tous masculins, nous les connaissons figés par la peinture ou la sculpture, mais nous ignorons leurs *gestes* et leur *voix* (d'autant plus importante que leurs rôles étaient non seulement déclamés mais aussi chantés). Comment dès lors parler d'eux sinon en les ramenant à leur symbolique même : le masque et le costume ? En dépit d'un certain vedettariat – beaucoup plus marqué à Rome qu'en Grèce – l'acteur antique s'efface, en effet, totalement derrière son rôle, même physiquement : le masque cèle son visage et déforme sa voix, la robe (*chiton* grec, toge romaine, tunique servile) et le manteau également amples (dans la tragédie du moins) cachent son corps si bien qu'il *est* réellement aux yeux du spectateur d'alors le ou les personnages qu'il joue. En effet, cet accoutrement permet à un acteur de tenir dans la même pièce plusieurs rôles parfois très différents : ainsi celui qui interprète Antigone dans la tragédie de Sophocle est-il aussi... Hémon, de même que, dans *Les Bacchantes* d'Euripide, le deutéragoniste incarne Penthée ainsi que... sa mère et meurtrière, Agavê. Ces multiples interférences expliquent sans doute la faible part des dialogues à trois personnages dans la tragédie grecque et rendent compte de l'alternance structurelle permettant au public de reporter son attention de la skênê à l'orkhêstra où évolue le chœur et, à l'acteur, de modifier son apparence. Une apparence d'ailleurs fortement marquée par divers artifices : l'*onkos* du masque, les hautes semelles des *cothurnes* (de véritables petites échasses chez les Romains !), les rembourrages divers (*progastridon* ventral ou *prosternidion* pectoral) et les couleurs symboliques fortement tranchées (blanche pour les vieillards, jaune pour les femmes, rouge pour les dignitaires, etc.).

Une telle désignation de l'acteur ne peut s'expliquer que par la pauvreté du décor attique. Y avait-il même un décor dans les premières pièces ? Si l'on se reporte une fois de plus à Aristote, c'est Sophocle qui l'aurait introduit (vers 465 avant notre ère) en peignant la skênê ; très rapidement toutefois se développe une *skénographie* qu'illustrent les noms d'Apollodore d'Athènes ou de Clisthène d'Erétrie : décors simples figurant un palais, une tente ou un temple dans la tragédie, des maisons privées dans la comédie, un paysage, marin ou rustique, dans le drame satyrique, et que l'on pouvait tirer à la manière de la *scena ductilis* romaine (un panneau glissant de chaque «coulisse» pour former assemblage au milieu de la scène). A ce tableau central s'ajoutaient les *périactes* latéraux, hauts prismes triangulaires dont chaque face permettait de prolonger ou de modifier la zone médiane. Ce décor plan pouvait être «dynamisé» par divers artifices techniques tels que l'*ekkykléma*, sorte de plate-forme fixée au dos d'une porte pivotante et permettant de voir ce qui se passait derrière le décor, dans les demeures ; la *mêkhanê*, sorte de grue pour faire évoluer les personnages dans les airs, ou encore l'*anapiesma*, trappe mobile permettant de faire surgir un héros des Enfers.

S'il nous est impossible d'imaginer avec précision quel était l'acteur en scène ni comment le chœur se déplaçait réellement, nous sommes plus renseignés sur le statut social des comédiens. Professionnels à Athènes, ils ont vu leur rôle grandir en même temps que se tarissait la création poétique, si bien qu'au IIIe siècle avant notre ère les concours dramatiques n'étaient plus, bien souvent, que des concours entre acteurs. Bien rémunérés et bien considérés, ils bénéficiaient d'une sorte d'immunité diplomatique que leur conférait leur vie itinérante : certains eurent même un véritable rôle d'ambassadeur, monnayant leurs services à la cause la plus offrante, et l'on sait que Démosthène s'insurgea contre ces acteurs «qui prennent prétexte de leur art pour faire le plus grand mal à la cité». Dès 279, les acteurs s'organisèrent en associations *(synodoi)* «d'artistes dionysiaques» comparables aux corporations et, comme elles, fortement structurées. Ces associations acceptaient aussi bien les acteurs indépendants que les troupes organisées, les poètes que les musiciens, et leur existence dura jusqu'à la fin de l'Empire romain.

Statuette d'ivoire trouvée à Rieti représentant une héroïne tragique (peut-être Clytemnestre) : on notera l'allongement du personnage par la conjugaison d'un onkos *démesuré, de hauts cothurnes et d'une robe plissée. Sous les ouvertures du masque se devinent la bouche et les yeux de l'acteur. (Bibliothèque du Petit Palais, Paris. Phot. © Bulloz.)*

L'histrion romain, à l'inverse de l'acteur grec, était généralement un esclave ou un affranchi placé sous la dépendance d'un directeur *(dominus gregis)*. Celui-ci était le véritable responsable du spectacle puisqu'il achetait les pièces aux auteurs et assurait l'organisation matérielle et artistique de la représentation. Cette dépendance des acteurs romains n'empêchait cependant pas certains d'entre eux de jouir d'une réelle faveur, au point que Néron envia leur célébrité, que l'impératrice Domitia succomba aux charmes du pantomime Paris et que Messaline chercha à séduire le pantomime Mnester, qui avait été auparavant le mignon de Caligula.

Les masques

Tout autant que le chœur, le masque symbolise le théâtre antique. Pourtant, il ne s'est imposé que tardivement.

Si l'on en croit la légende, reprise par le poète latin Horace dans son Epître aux Pisons *(appelée* Art poétique*), «Thespis (...) sur un chariot promena des acteurs au visage barbouillé de lie. Après lui, Eschyle créa le masque et la longue robe».*

Dans les rituels primitifs les masques étaient taillés dans l'écorce des arbres : les masques portés par les tragédiens ou les comédiens se composaient d'une carcasse de chiffons recouverte d'un crépi de plâtre que l'on peignait pour préciser les traits. Deux minuscules trous laissaient passer le regard, une large ouverture figurait la bouche (les dents n'étaient généralement pas dessinées), une perruque et éventuellement une barbe achevaient la physionomie. Un cordon jugulaire permettait de fixer le masque qui enveloppait en outre la tête par derrière jusqu'à l'occiput.

Les plus anciens masques tragiques étaient assez peu différenciés les uns des autres, en vertu du principe capital de l'esthétique classique : «Sacrifier à la pureté des lignes l'expression et le pathétique.» Ce n'est qu'à partir du IIe *siècle avant notre ère que le réalisme pénétra dans la plastique des masques, permettant ainsi de diversifier les rôles comme en témoigne l'inventaire que nous a laissé le grammairien athénien Pollux (IIe siècle de notre ère) dans son traité, le* Lexique.

Masques tragiques. Le passage du masque grec (terre cuite du Ve siècle avant notre ère, à gauche) au masque romain (marbre du Ier siècle avant notre ère, à droite) souligne l'accentuation du réalisme : les yeux sont plus précisément dessinés, la coiffure plus composée ; l'*onkos* disparaît.
Cette adaptation au réel traduit la dégénérescence du sentiment tragique dans le monde romain.
(Masque grec : Musées royaux d'art et histoire, Bruxelles. Phot. S. Purin © des Musées royaux.
Masque romain : Musée archéologique, Naples. Phot. R. Pedicini © Photeb.)

Masques tragiques romains (mosaïque de Sosos, IIe siècle de notre ère) : tardifs, ces masques accentuent les traits jusqu'à la caricature. L'aspect proprement pathétique disparaît et le masque tragique rejoint celui de comédie (en particulier dans le cas du vieillard de droite).
(Musée profane du Latran, cité du Vatican. Phot. Sergio Rossi © Photeb.)

Les masques tragiques sont au nombre de vingt-huit. On distingue :

- *six «vieillards», tous barbus, parmi lesquels le* rasé *(le plus âgé), l'*homme blanc *(sourcils saillants, barbe courte), le* grisonnant *(au teint pâle, signe de douleur), l'*homme brun *(cheveux crépus, air rude), qui symbolise les rôles antipathiques, et l'*homme blond *(boucles dorées, teint frais), qui désigne le héros dans la force de l'âge ;*
- *huit éphèbes imberbes dont le* propre à tout *(brun et chevelu), le* crépu *(blond et hautain), le* délicat *(teint blanc, air riant), les* sordides *(regard baissé, cheveux dépeignés, teint livide), le* pâle *et le* demi-pâle *qui servent tantôt aux amoureux, tantôt aux malades ou aux blessés ;*
- *huit femmes dont la* femme chenue aux cheveux pendants, *la* femme pâle aux cheveux pendants *et la* vierge aux cheveux tressés, *toutes caractérisées par la tristesse de leurs traits ;*
- *enfin six esclaves (trois hommes et trois femmes) à l'aspect plus réaliste, aux cheveux moins «stylisés» : l'*homme vêtu de peau *assure souvent le rôle du pédagogue, l'*homme à la barbe en pointe *et l'*homme camus *sont des messagers, la* vieille esclave *a les traits ridés et un bonnet d'agneau.*

Plus nombreux, les masques comiques atteignirent le chiffre de quarante-six dans les pièces de Ménandre, Plaute et Térence :

- *neuf anciens : les deux* pappoi *(grands-pères) aux caractères opposés (l'un tout sourire, l'autre grincheux) ; les deux* vieillards, *pères traditionnels de la comédie, dont le premier porte un masque au côté gauche exprimant le calme et le côté droit la colère ; les deux* hermonioi *(du nom de leur créateur, l'acteur Hermon) ; l'*homme à la barbe en pointe, *auquel revient le rôle de l'oncle grondeur ; le* lycomédéios, *aux sourcils opposés (l'un relevé, l'autre baissé), était utilisé pour les intrigants ; quant au* prostituteur *(*pornoboscos *grec ou* leno *latin), double du précédent, il se distinguait surtout par le rictus accentué de ses lèvres ;*
- *onze jeunes gens allant du* propre à tout, *auquel revenait le rôle d'amoureux (joues colorées, sourcils relevés, cheveux bruns), aux trois* écornifleurs *(le parasite, le flatteur, le Sicilien), au teint de jouisseur et aux oreilles décollées par les coups, et à leur dupe (le* masque portrait*), figurée par un étranger niais et fanfaron ;*
- *les masques féminins, au nombre total de dix-sept, se répartissent en* vieilles *(trois masques : la* grosse vieille, *débonnaire et souriante ; la* louve, *maquerelle aux yeux louches ; la* ménagère *à la bouche garnie de deux molaires), en* courtisanes *(sept masques : retraitées ou en exercice, dépravées foncières ou forcées, toutes se distinguent par la couleur vive de leur costume et leurs cheveux tressés) et en* femmes honnêtes *(sept masques, de la* materfamilias *aux* vierges *vraies et fausses, de la* bavarde *à la* silencieuse*) ;*
- *enfin les neuf esclaves (sept serviteurs et deux servantes) parmi lesquels se distinguent les* cuisiniers, maeson *roux et chauve,* tettix *brun et chauve, tous masques au réalisme très accentué.*

Spectacle et société

L'intérêt porté aux activités dramatiques impose de se tourner vers le public : mais quel public ? Spectateurs disciplinés et attentifs à Athènes, plèbe bruyante à Rome ? Là encore il nous est difficile de reconstituer l'attitude d'un public à jamais disparu et dont seules subsistent quelques traces dans les textes comiques (en particulier les prologues de Plaute et de Térence) ou de rares fresques : tout se passe comme si le spectateur (pour lequel l'espace s'est progressivement organisé) était inscrit une fois pour toutes dans l'ordre dramatique sans que l'on ne se souciât plus de son importance. Et pourtant, les concours dramatiques supposent un public, et même un public de participation. Et pourtant, la prise en charge par l'Etat des activités dramatiques ne peut se concevoir que par rapport aux citoyens. Or ceux-ci étaient nombreux à vouloir assister aux représentations... d'autant plus que les places étaient gratuites (et lorsque, finalement, on institua le régime des places payantes à Athènes, on imposa peu après, vers 410 avant notre ère, le *théôrikon*, subvention accordée par l'Etat aux citoyens les plus pauvres pour qu'ils puissent payer leur place).

Spectateurs donc — spectatrices aussi, bien que l'on ait voulu réduire à partir de formules ambiguës le public d'alors aux seuls hommes — répartis selon leur rang social, des sièges proédriques aux gradins supérieurs, composant une foule bariolée que les premières lignes du *Poenulus* de Plaute nous invitent pourtant à imaginer comme un corps social momentanément uni au détriment des exclus : «Il (l'auteur) veut voir bien disposés tous ceux qui siègent sur ces gradins, qu'ils y soient venus le ventre vide ou la panse pleine. (...) Qu'aucune vieille putain ne vienne s'asseoir sur le proscénium; que les licteurs ne soufflent mot, ni eux ni leurs verges ; que l'ordonnateur ne passe pas devant le nez des gens et ne conduise personne à sa place pendant que les acteurs seront en scène. Ceux qui ont dormi la grasse matinée chez eux doivent se résigner à rester debout maintenant; ou bien, qu'ils dorment un peu moins. Que les esclaves n'envahissent pas les gradins, qu'ils laissent la place aux hommes libres, ou qu'ils paient ce qu'il faut pour s'affranchir. S'ils ne peuvent le faire, qu'ils s'en aillent chez eux, pour éviter la double infortune d'être bigarrés ici par les verges, et au logis par les étrivières qui puniraient leur négligence au retour de leurs maîtres. Que les nourrices soignent à la maison leurs poupons, et ne s'avisent pas de les apporter au spectacle : ainsi elles ne mourront pas de soif et leurs bébés ne mourront pas non plus de faim, et ne bêleront pas ici d'inanition comme des chevreaux. Que les dames regardent sans rien dire, qu'elles rient sans rien dire, qu'elles modèrent les éclats de leur voix flûtée ; qu'elles gardent pour la maison leurs sujets de conversation, afin de ne pas assommer leurs maris, ici comme chez elles. Quant aux organisateurs des jeux, qu'ils ne décernent la palme à aucun artiste injustement ; qu'aucun artiste ne soit chassé du théâtre par la cabale, pour assurer le triomphe des mauvais sur les bons.»

Détail du cratère de Pronomos (vers 410 avant notre ère) représentant les préparatifs d'un drame satyrique. L'acteur de gauche représente Héraklès. Face à lui un satyre, le corps recouvert d'une peau de chèvre, se présente, conformément à la tradition, le membre viril en érection. Disciples de Dionysos qu'ils accompagnaient dans ses libations, les satyres ont sans doute formé le premier chœur dithyrambique. (Musée archéologique, Naples. Phot. R. Pedicini © Photeb.)

Ci-contre : page d'ouverture de la comédie de Térence, Les Adelphes *(représentée en 160 avant notre ère), dans un manuscrit du IVe ou Ve siècle. Les masques nécessaires à la pièce sont disposés selon l'ordre d'entrée en scène. (Bibl. vaticane, Rome. Phot. © Bibl. vaticane.)*

Sujets mythiques, sujets politiques

D'hier à aujourd'hui, les personnages du théâtre antique ne cessent de hanter les scènes et les imaginations.

Les héros de la tragédie antique ont en commun d'appartenir à la fois au monde des mortels – leurs aventures se déroulent dans «l'Histoire» – et au monde des dieux – ils descendent presque tous de divinités vénérées ici ou là. Ressentis comme proches et lointains, semblables et différents, par l'ensemble des Grecs, ils sont rapidement devenus les personnages d'un univers spécifique : le mythe. Chacun a puisé là, qui une trame, qui des sujets, qui des héros... chacun y a aussi inscrit sa propre philosophie et l'ordre de son temps : ainsi, dans cette Grèce subordonnée à la parole, le théâtre tragique a-t-il tissé une histoire, toujours la même et pourtant sans cesse renouvelée.

*De là l'organisation de véritables «cycles» (soit consciemment composés à l'occasion des concours de tragédies telle l'*Orestie*, d'Eschyle, présentée en 458 avant notre ère, soit reconstitués par la critique) qui se sont transmis par dramaturges latins interposés jusqu'aux siècles classiques (Racine, bien entendu, mais aussi Voltaire, Shelley, Alfieri, Goethe, Kleist, etc.) avant d'être réutilisés plus près de nous par des écrivains aussi différents que Pérez-Galdos, Hoffmannstahl, O'Neill, Giraudoux, Sartre, Anouilh ou Gyrkó.*

Ces cycles s'organisent autour de familles (les Atrides, les Labdacides), de héros (Oreste, Œdipe) ou de sujets (la guerre de Troie). Pourtant, il va de soi que ces diverses classifications se recoupent et que le «mythe» d'Electre ressortit à la fois au «cycle» troyen (c'est la guerre qui provoque l'alliance Clytemnestre-Egisthe d'où naîtra la chaîne de crimes au retour d'Agamemnon), au cycle des Atrides et aux Oresties. *Une fois admis ces chevauchements, il est possible de distinguer quelques grands cycles :*

- *Le cycle troyen aborde aussi bien les préparatifs de la guerre (*Iphigénie en Aulide*, d'Euripide) que diverses phases de la lutte (*Ajax *et* Philoctète*, de Sophocle) dont, bien sûr, la chute de Troie et ses conséquences immédiates (*Les Troyennes *et* Hécube*, d'Euripide). Les retours des conquérants sont l'objet de très nombreux textes principalement centrés sur les aventures des Atrides (voir ci-dessous) et d'Ulysse (*Le Cyclope*, d'Euripide). Ce cycle a également été abondamment développé par les tragiques latins qui ont souvent ajouté des éléments scéniques très spectaculaires :* Le Cheval de Troie, Ajax au fouet, *de Livius Andronicus ; un autre* Cheval de Troie, *de Naevius, auquel on doit aussi* Le Départ d'Hector *;* Achille, Ajax, Alexandre, Andromaque prisonnière, Hécube, *etc., d'Ennius ;* Philoctète, Achille, Les Myrmidons, *etc., d'Accius ;* Les Troyennes, *de Sénèque.*
- *Le cycle des Atrides s'organise surtout autour des personnages d'Oreste et d'Electre (l'*Orestie*, d'Eschyle,* Electre, *de Sophocle,* Electre *et* Oreste, *d'Euripide). Les Latins se sont davantage penchés sur les ancêtres d'Agamemnon (*Atrée, Les Pélopides, *d'Accius ;* Thyeste, *d'Ennius ou de Sénèque) dont les aventures offraient des scènes sanglantes à loisir.*
- *Le cycle thébain s'attache à Œdipe (*Œdipe roi, Œdipe à Colone, *de Sophocle ;* Œdipe, *de Sénèque) et à sa descendance (*Les Sept contre Thèbes, *d'Eschyle,* Les Phéniciennes, *d'Euripide. Parmi les enfants d'Œdipe, le personnage d'Antigone a lui-même donné naissance à nombre de pièces depuis Sophocle.*
- *Le cycle des Argonautes met en avant le personnage de Médée (Euripide, Ennius).*
- *Le cycle d'Héraclès comprend* Les Trachiniennes, *de Sophocle,* Héraclès furieux *et* Les Héraclides, *d'Euripide.*
- *Le cycle dionysiaque met en scène le bruyant cortège du dieu (*Les Bacchantes, *d'Euripide,* Lycurgue, *de Naevius).*

*Toutefois, il ne faudrait pas croire que la reprise d'un mythe ne soit qu'un écho : le même sujet, les mêmes personnages révèlent chez les trois tragiques grecs, déjà, de profondes divergences d'interprétation. Ainsi, la comparaison de l'*Orestie *d'Eschyle avec les* Electre *de Sophocle et d'Euripide traduit-elle par le recentrage du mythe sur le personnage même d'Electre l'évolution d'un monde se libérant peu à peu du divin : «Eschyle dégage Electre de l'action pour lui éviter un nouveau cas de conscience douloureux. Sophocle présente une héroïne assurée à qui tous les moyens sont bons, puisque le but est bon (...). Euripide, qui condamne à la fois l'image traditionnelle des dieux et le parricide sacrilège, fait d'Electre une femme égarée» (P. Brunel). Modifications qui permettent une conclusion «humaine», le jeu des passions se substituant aux débats des dieux et à la légitimité civile.*

Représentation moderne des Cavaliers, *d'Aristophane, dans le cadre d'un festival estival à Epidaure. Pour installer le décor, la structure initiale de l'aire de jeu a été bouleversée : l'étroit* proskênion *a laissé place à une large et basse estrade qu'un escalier relie à l'*orkhêstra *; on remarquera l'ouverture de la* parodos *originelle permettant aux spectateurs de gagner les gradins. (Phot. Spyros Meletzis © Photeb.)*

Société fragile donc, unie par l'éphémère communion dans l'illusion : une illusion à laquelle le spectateur peut donner ou refuser la vie, tant il est vrai que son assentiment seul peut accepter qu'il fasse nuit en plein jour (les spectacles se déroulent à ciel ouvert et débutent le matin) ou que tonne la foudre de Zeus quand brille un chaud soleil.

De cette vie théâtrale ne demeurent que des fragments formels : quelques monuments (en plus ou moins bon état), des pièces (en nombre infime au regard de l'extraordinaire activité dramatique d'alors), des écrits théoriques (Aristote, Pollux, Vitruve, etc.). Tout ce qui faisait la vie même de ce théâtre, acteurs, spectateurs, esprit, a disparu. «Mort à jamais ?», interrogerait le narrateur de *A la recherche du temps perdu*. Non, car il lui suffirait de constater que de la France classique, si fortement désireuse d'imiter les grands anciens, à l'Allemagne romantique travaillée par le grand mythe hellénistique, en passant par l'Italie renaissante (Fra Giocondo, Serlio, Palladio), chacun a adapté, copié, transformé un modèle dont il a tenté de ressaisir à la fois la pureté originelle et la remarquable efficacité.

Le théâtre médiéval : les jeux du sacré et du profane

La longue période qui va de la chute de l'Empire romain aux grandes découvertes et porte le nom de Moyen Age est longtemps demeurée «l'âge des ténèbres» *(the dark ages)*, selon l'expression que lui donnèrent les contemporains de Shakespeare. D'ailleurs, la dénomination même de Moyen Age (employée déjà dans l'Italie du *Quattrocento*) suggère plus l'idée de passage entre deux civilisations – l'Antiquité et la Renaissance – qu'elle n'indique l'originalité propre du monde médiéval. Et de fait, dans le domaine particulier du théâtre, quels «monuments» opposer aux amphithéâtres grecs ou latins comme aux scènes d'illusion d'un Serlio, d'un Palladio ou d'un Inigo Jones ? Quels dramaturges opposer à Eschyle, Sophocle ou Euripide comme à Shakespeare, Lope de Vega ou Robert Garnier ? Rien d'étonnant donc que les classiques, dans leur volonté doctrinale d'imitation des Anciens, aient voulu effacer ce millénaire de «siècles grossiers» (Boileau) : c'est qu'ils ne tenaient pas compte de la spécificité d'un univers dont le théâtre reflétait précisément toutes les facettes. Car, pas plus que le monde antique, l'époque médiévale n'est monolithique : bien que profondément structurée par l'omniprésence et l'omnipotence de l'Eglise, la vie du Moyen Age s'est trouvée bouleversée par le grand développement urbain du XIIIe siècle qui a donné naissance à un théâtre comique et profane.

Liturgie et spectacle

En effet, à l'image de ce qui s'était passé en Grèce, le théâtre médiéval entretient à l'origine des rapports étroits avec l'Eglise et son rituel. Rapports complexes aussi, qui mettent en cause moins les genres ou les thèmes que l'esthétique de la représentation elle-même. D'ailleurs, le moine bavarois Honorius d'Autun (XIIe siècle) ne comparait-il pas la messe à une tragédie antique avec son public (les fidèles) et ses acteurs (les prêtres et célébrants) ? Et l'évêque Jean de Salisbury (XIIe siècle), développant certaines pages des Pères de l'Eglise, n'assimilait-il pas le monde à un vaste «théâtre terrestre» dont les «spectateurs sont Dieu et les hommes vertueux qui sont au ciel» ? Ainsi le théâtre semble-t-il tout naturellement inscrit dans l'idéologie même des rapports qu'établissent, par l'Eglise, Dieu, les prêtres et les ouailles. La messe, centre de la liturgie chrétienne, non figée dans son déroulement, a donc donné naissance au drame liturgique par développement progressif de passages dialogués ajoutés, les *tropes* (là encore, relevons le parallélisme originel du drame liturgique, issu des tropes, et de la tragédie grecque, issue du dithyrambe).

Les premiers tropes remontent sans doute au Xe siècle et se greffent d'abord sur l'office pascal : aux anges qui les interrogent *(Quem quaeritis in sepulcro o christocolae ?)*, les femmes répondent *(Jesum Nazarenum crucifixum, o cælicolae)*, établissant ainsi l'embryon d'une «scène» amplement développée par les Passions. Puis les tropes s'inscriront dans l'ordre de toutes les grandes célébrations : Epiphanie, Nativité, etc. Ainsi au monastère suisse de Saint-Gall chantait-on en latin sur le mode du *Quem quaeritis ?* : «Qui cherchez-vous dans la crèche ?» Ce simple dialogue se répand à travers l'Occident : à Fleury-sur-Loire comme à Gand, des célébrants miment la scène et, lorsqu'il l'introduit en Angleterre à la fin du Xe siècle, saint Ethelwood l'entoure d'une véritable mise en scène que nous a conservée sa *Regularis concordia*.

Liturgie théâtralisée, donc, plutôt que théâtre proprement dit, tant est grande la dépendance à l'égard de celle-ci aussi bien par l'espace (toutes ces «dramatisations» se déroulent dans l'église), la langue (seul le latin ecclésiastique est utilisé), les acteurs (tous les rôles, y compris les rôles féminins,

La Foire paysanne, *par Pieter Balten, v. 1525-v. 1598 (Musée du théâtre d'Amsterdam). Une représentation théâtrale tardive que l'on croit trop souvent spécifique de tout le Moyen Age : l'existence d'une coulisse, d'un «texte» (qu'un souffleur suit derrière le rideau) et le nombre déjà important des acteurs (au moins quatre sur la scène) indiquent que l'intrigue est suffisamment élaborée pour appartenir à l'un des nombreux canevas farcesques qui traversent l'Europe du Nord-Ouest à partir du milieu du XVe siècle. (Phot. © Institut néerlandais du théâtre / Photeb.)*

La Passion et la Résurrection de Notre Seigneur Jésus-Christ ainsi qu'elle fut jouée à Valenciennes en l'an 1547, miniature de Hubert Cailleau. (Bibliothèque nationale, Paris.)

Nous ne pouvons pas nous fier à ce document pour l'organisation des mansions (on les verra plus complètement avec le hourdement p. 196). Cependant, la présence de personnages réels ou imaginaires donne une bonne idée de la mise en scène simultanée et de la façon dont les acteurs qui ne sont plus «en jeu» restent cependant présents sur scène, parfois en liaison directe avec une mansion. On constate aussi que certaines mansions peuvent être praticables et servent concrètement au jeu des acteurs, au moins le temps de la localisation de ceux-ci. Dieu le Père, ici figuré dans le ciel (à l'extrême gauche), est néanmoins un personnage du drame. (Phot. © Bibl. nat./Archives Photeb.)

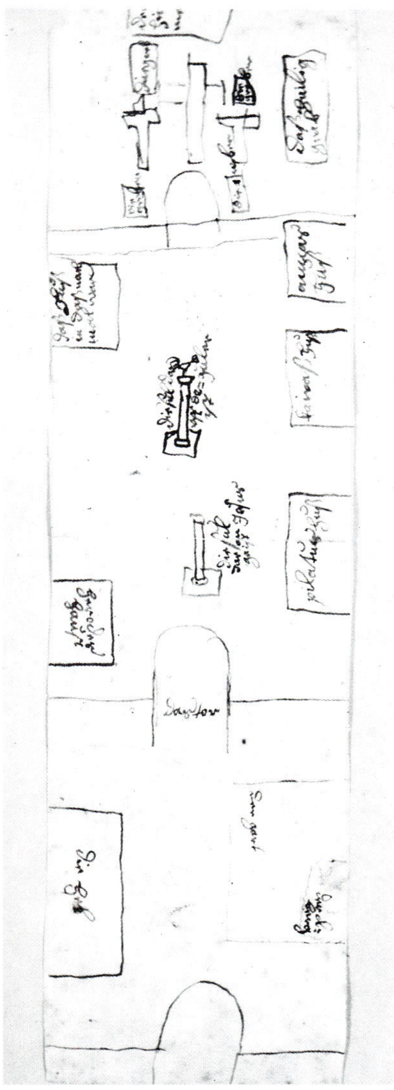

Plan de la Passion de Donaueschingen (v. 1485) montrant l'utilisation d'une place publique à des fins théâtrales. Les spectateurs devaient pénétrer par la porte du bas et prendre place de part et d'autre des grands côtés du rectangle. Deux autres portes (das Tor, au centre) divisaient l'espace scénique en trois grandes zones : en haut, vraisemblablement surélevé (ainsi que peut le laisser supposer le double trait), le Paradis (der Himmel), les croix du Golgotha et le Saint-Sépulcre ; en bas, l'Enfer (à gauche) et le mont des Oliviers ; au centre, les piliers de la flagellation et du coq qu'entourent les mansions d'Hérode, de Caïphe, d'Anne et de Pilate. (Phot. © Fürstlich Fürstenbergische Hofbibliothek, Donaueschingen, R.F.A.)

sont tenus par des membres du clergé masculin) que les thèmes (les tropes ne font que paraphraser le culte). Cependant, dès le XIe siècle se développent des processions plus élaborées dramatiquement (tel l'*Office de l'Etoile* à Bilsen dans le Limbourg) qui vont conduire progressivement à un véritable théâtre religieux en langue vulgaire, dont le *Sponsus* occitan qui alterne texte original latin et traduction en langue vernaculaire. Ce théâtre puise ses sujets dans les vies de personnages bibliques (*Jeu d'Adam*, XIIe siècle) ou de saints (*Jeu de saint Nicolas*, de l'Arrageois Jean Bodel, début du XIIIe siècle) et se libère, peu à peu, du strict cadre liturgique : dès lors, il est tenté de sortir de l'église. Le porche, la place, la cité enfin vont ainsi accueillir ces manifestations dramatiques, tant en France qu'en Italie (où se multiplient les *sacre rappresentazioni*), en Angleterre (où se développent les amples cycles des *miracle plays* tels ceux de Wakefield, York, Chester, etc.) ou en Espagne (où les *autos sacramentales*, en raison même de la lente reconquête sur l'occupant arabe, resteront toujours plus attachés au rituel liturgique qu'ailleurs). Manifestations dramatiques dont l'ampleur et le succès conduiront les autorités religieuses à passer de la méfiance à la sanction : ainsi un arrêt du Parlement de Paris de 1542 s'insurgera-t-il (avant de les frapper d'interdit six ans plus tard) contre les confrères de la Passion, ces «gens ignares, artisans mécaniques, ne sachant ni a ni b». Exclusion du théâtre sacré ? Non point, mais exclusion d'une déviation car, précise le même arrêté, «ces gens non lettrés (...), de condition infâme (...) ont fait jouer les *Actes des apôtres* (en) ajoutant pour les allonger plusieurs choses apocryphes et entremettant, à la fin ou au commencement du jeu, farces lascives et momeries (...) d'où sont advenus et adviennent cessation du service divin, refroidissement de charité et aumônes, adultères et fornifications infinies, scandales, dérisions et moqueries».

Et de fait, dans (puis à côté de) ce théâtre sérieux, originellement symbolique et abstrait (la parole tenait seule lieu de spectacle), se sont développés des éléments de réalisme : on passait ainsi d'un système évocatif à un système illustratif tel qu'on a pu comparer la scène médiévale à un «grand livre d'images» (R. Pignarre) ou à une «fresque» (P. Voltz).

La synthèse et le fragment

C'est en effet à la fresque médiévale, définie tant par son aspect décoratif que par sa «fonction didactique, non pas seulement comme substitut de la parole, mais aussi pour donner à des idées un caractère tangible, imposant et dramatique» (E. Borsook), que s'apparente le plus le *hourdement* du théâtre liturgique. Comme dans la fresque, en effet, le vaste plateau dramatique juxtapose scènes et lieux divers que symbolisent un nombre variable de *mansions* (littéralement, les «demeures»), parmi lesquelles certaines, obligées, circonscrivent l'espace mythique du chrétien : le paradis (avec ses anges musiciens, sa roue solaire, etc.), les limbes et l'enfer (tour délabrée que garde un dragon vomissant de vraies flammes). Quant aux autres mansions, tout un système de signes permettait au spectateur de les reconnaître : ainsi, dans la *Passion de Valenciennes*, l'ensemble de ces signes concourt à faire du palais «un blason complet de la royauté ou du pouvoir», blason où «s'expriment son caractère sacré (le dais), son pouvoir judiciaire (la prison), sa situation dans la hiérarchie scénique et terrestre (c'est le lieu le plus élevé de tous entre le paradis et l'enfer) et le faste propre au palais (l'architecture à l'antique)» (E. Konigson). Dans les *sacre rappresentazioni*, les lieux du plateau étaient simplement précisés par une pancarte.

La particularité du hourdement est donc de créer une ambiguïté : «réaliste» par sa volonté de représenter, il ne se soucie guère de cohérence en juxtaposant des lieux fort éloignés dans l'espace (Jérusalem et Rome, par exemple). C'est que le théâtre religieux n'a pas pour ambition première d'organiser une action mécanique, mais de projeter une suite d'images frappantes à travers lesquelles puisse s'affermir la conscience du chrétien : de ce point de vue, la division d'un même espace permettait d'opposer *en permanence* des images contradictoires traduisant la dialectique profonde du christianisme, comme dans les scènes illustrant la tentation de Jésus dans le désert.

S'il réalise pleinement les projets idéologiques, le dispositif scénique du hourdement ne favorise guère, en revanche, l'illusion dramatique : l'apparition de tous les lieux au premier coup d'œil (même si par un jeu de rideaux une même mansion peut se transformer en salle du trône, en salle de festin ou en chambre), la pratique du «jeu simultané» (les acteurs prennent place sur la scène dès le début du spectacle et restent visibles même lorsque l'action ne les concerne pas) et l'écriture du texte (redondante par rapport au décor, descriptive de l'apparence de l'action, jamais destinée à analyser) ne ménagent en aucune façon la possibilité de surprise. Au surplus, Passions et Vies de saints se répètent d'un texte à l'autre, si bien que le spectateur vient moins chercher une trame narrative nouvelle que voir «des choses estranges et pleines d'admiration».

L'exemple du hourdement frontal, le plus tardif et le mieux connu par les documents

La représentation d'un mystère

Comment une riche cité se mobilise pour une Passion, comment s'organise le spectacle, ce qu'il coûte et ce qu'il montre.

Des grands spectacles médiévaux, rien ne subsiste, hormis quelques textes et quelques mentions dans les chroniques, les mémoires ou les arrêts du Parlement. C'est pourquoi, malgré sa date tardive, Le Mystère de la Passion *joué à Valenciennes en 1547 mérite une attention particulière : il est en effet l'un des très rares moments dramatiques dont il soit possible de reconstituer la représentation grâce aux nombreux documents qui ont été conservés : le manuscrit illustré par Hubert Cailleau (qui fournit non seulement le plan du hourdement, mais encore vingt-cinq miniatures peignant la mise en scène des vingt-cinq journées), «l'obligation» qui répartit tâches et salaires, le livre de recettes, ainsi que quelques témoignages de spectateurs.*

Ville de trente mille habitants au début du XVIe *siècle, Valenciennes est une de ces cités où, depuis déjà deux siècles, prospère une bourgeoisie commerçante (bois, vins, étoffes, etc.) qui gère la ville dans les rares temps de paix de ces années troublées. Bourgeoisie aisée ayant le goût du luxe et qui faisait écrire à Henri d'Outreman en 1539 que «ces riches bourgeois de Valentiennes dressoient souvent des festes & des ieux en ceste ville & se trouvoient à celles qui se trouvoient aux villes estrangeres». Cet éclat se trouve terni par les troubles religieux qui secouent la ville à partir de 1520 et seront l'un des prétextes de l'intervention espagnole en 1555. La représentation de la* Passion, *autorisée par le clergé local, doit d'abord être considérée comme un acte de propagande catholique face aux activités de la Réforme et aux diverses manifestations festives de caractère «païen».*

Le mystère, *long de vingt-cinq journées de 1 800 à 2 500 vers chacune, commença le lundi de Pentecôte 1547 : la représentation s'échelonna donc sur un mois ou plus. «L'obligation» impose aux acteurs de répéter leur scène le matin et d'être en place, sur le hourdement, à midi pour la représentation. Ces acteurs (63 pour 169 rôles), «les plus notables bourgeois et marchands (de la ville), gens de bien et d'honneur», sont associés à l'organisation matérielle du spectacle (organisation placée sous la responsabilité de superintendants et d'«originateurs» élus par les acteurs) dont ils partagent les risques financiers : à Valenciennes, la* Passion *rapporta (recette proprement dite, revente du matériel, etc.) 5 409 livres alors que 4 179 avaient été engagées pour le montage de la scène, l'habillage des acteurs, etc. : le bénéfice fut réparti entre les superintendants, les originateurs et les acteurs. Le* mystère *fut donc une bonne affaire et l'on peut penser que les nombreux spectateurs (on a proposé, en tenant compte du prix des places – 6 deniers au parterre, 12 deniers aux gradins – le chiffre de 5 500 par représentation) firent prospérer le commerce local, ajoutant aux aspects religieux du spectacle un intérêt économique non négligeable.*

Le hourdement dressé dans la cour de l'hôtel de Croÿ (aujourd'hui détruit) était de vastes proportions, sans doute 48 mètres de long, 18 de large et 12 de haut pour les mansions les plus élevées. Le sol, recouvert de gazon, permettait de masquer trappes et machineries ; des peaux de mouton figuraient la mer : mues par un treuil, elles donnaient l'illusion du mouvement et assuraient la «navigation» d'une petite barque entre les rives.

Les mansions se répartissent en mansions permanentes à usage unique (le paradis, le temple, le palais, les limbes et l'enfer) et en mansions à usages multiples (la salle neutre sous le palais, diverses portes ou tourelles dans le mur du fond). Les lieux, déterminés symboliquement grâce à divers accesssoires (sièges, nuées, etc.) et à la parole même («Allons dont au temple dhoneur, Ma fille», «Allons voire nostre bergerie, Et comment se portent nos bestes», etc.), malgré leur contiguïté scénique, résument la grande scène du monde judéo-chrétien : Rome y jouxte Jérusalem... Le décor est donc mouvant et suppose, comme le fait remarquer Elie Konigson, «une lecture dans tous les sens possibles». D'où la nécessité de faire du spectateur un participant véritable du jeu : participation facilitée par la présence de ses pairs sur scène et des effets de réalisme : la scène représente-t-elle la multiplication des pains que l'on en distribue «à plus de mille personnes parmi les spectateurs»... L'espace d'une représentation, se crée ainsi «un monde artificiel qui offre l'impossible fusion du merveilleux et de la réalité» (E. Konigson).

Un merveilleux que Henri d'Outreman se plaît à relever dans son Histoire de la ville et comté de Valentiennes *: «Les secrets du paradis et de l'enfer estoient tout a faict prodigieux et capables d'estre pris par la populace pour enchantemens. Car l'on y voyait la vérité et les anges et divers autres personnages descendre de bien haut, tantost visiblement, autrefois comme invisibles, puis paroistre tout à coup; de l'enfer Lucifer s'eslevait, sans qu'on vist comment, porté sur un dragon. La verge de Moyse de seche et stérile ietoit tout à coup des fleurs et des fruits; les ames de Herode et de Judas estoient emportés en l'air par les diables; les diables chassés des corps; les hydropiques et autres malades gueris, le tout d'une façon admirable. Icy Iesus Christ estoit eslevé du diable, qui rampoit le long d'une muraille plus de quarante pieds de haut : là il se rendoit invisible : ailleurs il se transfigurait sur la montagne de Thabor. On y vit l'eau changée en vin, mais si mystérieusement qu'on ne le pouvoit croire, et plus de cent personnes de l'auditoire voulurent gouster ce vin; les cinc pains et les deux poissons y furent semblablement multipliés et distribués à plus de mille personnes; nonobstant quoy il y eut douze corbeilles de reste. Le figuier maudit par nostre Seigneur parut séché et les feuilles flétries en un instant. L'éclypse, la terre tremble, le brisement des pierres et les autres miracles advenus à la mort de N.S. furent représentés avec de nouveaux miracles.»*

(Rouen 1474, Mons 1501, Paris 1540, Valenciennes 1547), a trop souvent éclipsé les autres espaces dramatiques médiévaux : théâtres en rond (Metz 1437, Autun 1516, Poitiers 1534, Bourges 1536), places théâtralisées (Francfort 1350, Aix 1444, Donaueschingen 1485, Lucerne 1545, 1583, 1616), rues théâtralisées (les *miracle plays* d'Angleterre consistaient en une procession de chariots — les *pageant waggons* — tandis qu'à Vienne la *Passion* traversait la ville pour s'achever au cimetière transformé en Golgotha) qui attestent l'unité profonde du théâtre et de la cité et, par-delà, l'unité de la cité et du cosmos. En effet, les œuvres religieuses prennent appui, nous l'avons vu, sur un espace mythique fortement structuré (le paradis, l'enfer, etc.) que le décor simultané reproduit en réduction selon une géométrie rigoureuse avec des axes et un centre. Or la théâtralisation de la cité, soit en un lieu précis, soit à travers ses rues, permet de confondre un espace réel avec l'espace mythique. C'est ainsi que les entrées royales tracent un chemin vers un centre (église, palais, hôtel) où se joue momentanément, par la présence de l'hôte, le sort de la cité, tout comme Jérusalem, au centre d'un monde lui-même au centre de l'univers, fut la ville où se joua le sort de l'humanité. Une humanité sans classes ni distinction d'aucune sorte, sans exclus donc, et de ce fait bien différente de celle qui joue le théâtre.

Naissance de l'exclusion

Sans revenir sur l'éviction des femmes de la scène (tous les rôles féminins étaient tenus par des hommes, encore qu'il y ait quelques rares exceptions, par exemple à Romans en 1509), le théâtre était-il l'occasion d'un grand brassage de la société dans une unité retrouvée comme l'ont prétendu les historiens romantiques et, plus près de nous, Georges Cohen ? Sans doute les premiers spectacles joués dans l'église rassemblaient-ils une population composite proche de l'assemblée des fidèles. Mais avec la sortie du mystère hors de l'enceinte sacrée, puis la prise en main de l'organisation des spectacles par la bourgeoisie urbaine (sans doute au XVe siècle), le rôle de la représentation change : de didactique elle devient emblématique, manifestant la puissance d'un nouvel ordre dans la hiérarchie sociale, «le peuple gras» (de Seyssel) qui, des finances à l'administration en passant par le commerce, gère les villes nées du bouleversement économique du XIIIe siècle. Dès lors que changeait la fonction changeait aussi la sociologie : à la cérémonie unitaire a succédé un spectacle de classes dont témoigne l'apparition, au milieu du XVe siècle, des places payantes (et qui explique le développement rapide des scènes frontales avec élévation de praticables) et bien souvent de places hiérarchisées, le parterre étant occupé par la petite bourgeoisie tandis que les plus favorisés accédaient aux gradins élevés ou aux loges (dont la location était d'ailleurs bloquée pour l'ensemble d'un mystère et non à la journée). En affirmant sa présence face à l'aristocratie féodale, la bourgeoisie excluait aussi de la vie sociale ceux sur qui se fondait son pouvoir : manouvriers, manants, etc., toute une plèbe dont les historiens ont montré qu'elle «restait étrangère aux groupes traditionnels de la cité, (qu') elle ne participait pas aux jeux et ne défilait pas lors des processions» (J. Heers).

L'Enfer, *illustration du* Jeu du seigneur Weingarten, *de Jacob Ruoff, 1539 (collection Vadiana, bibliothèque cantonale de Saint-Gall). Décor obligé de tout mystère, l'Enfer est représenté par une tour délabrée d'où s'échappent des diables ; la construction était généralement en pierre (contrairement à ce que laisse croire ici le cadre de bois) car on y faisait du feu pour simuler les flammes infernales. (Phot. © de la bibliothèque.)*

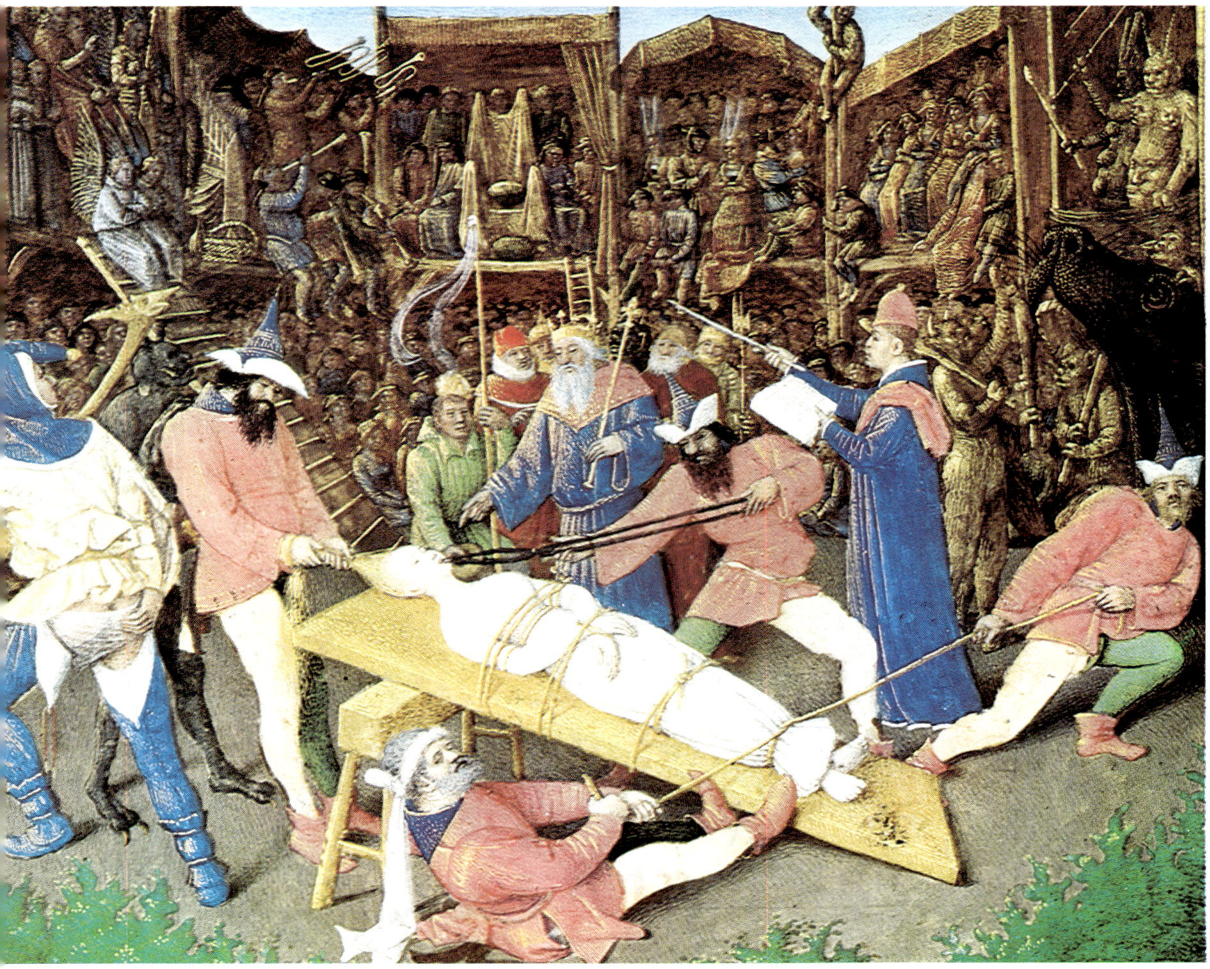

Le Martyre de sainte Apolline, *peinture de Jean Fouquet, v. 1420-v. 1480, (musée Condé, Chantilly). Représentation «théâtralisée» du martyre de la sainte en 249. A l'arrière-plan le peintre a représenté six loges : trois à fonction dramatique, le Paradis à gauche, le silete (orchestre) à côté, et l'Enfer à droite, surmontant la gueule d'Enfer, et trois qu'occupent des spectateurs. L'axe Paradis-Enfer détermine la moitié d'une aire dramatique circulaire, attestée au Moyen Age. (Phot. © Bibl. nat. / Archives Photeb.)*

Economiquement exclue du public, la plèbe était en effet aussi tenue à l'écart de la scène : les divers contrats que nous possédons montrent bien que les classes sociales qui jouaient étaient les mêmes que celles qui organisaient. Notables, marchands, magistrats définissent ainsi sur et devant (ou autour de) la scène une unité sociologique dans laquelle la vie renvoie au théâtre, et le théâtre au mythe. Cette unité disparaîtra avec l'apparition de comédiens professionnels qui briseront la relation implicite de l'acteur et du spectateur.

En attendant qu'apparaissent ces troupes (au milieu du XVIe siècle), le jeu théâtral erre du clergé aux confréries (les confrères de la Passion ont été installés par Charles VI en 1402), des confréries aux associations joyeuses. Ces dernières ont joué un rôle important, non seulement dans l'animation de la vie dramatique, mais aussi en étant à l'origine de la renaissance d'un théâtre comique volontairement occulté par l'Eglise : rappelons, en effet, que celle-ci s'est toujours élevée contre les diverses formes de spectacle, frappées d'interdit dès le concile d'Arles (314), et alla jusqu'à excommunier tous les

Triomphe d'Isabelle à Bruxelles en 1615, *par Denis Van Alsloot (Victoria and Albert Museum, Londres). Exemple de rue théâtralisée par la conjonction du tableau vivant (issu des jeux scéniques sur chars tels que les connaissaient les Anglais, habitués aux* pageants des miracle plays*) et de la louange au souverain. De telles «entrées» (royales ou princières) se généralisent à partir de la fin du XIII*e *siècle, donnant lieu à décoration et à de véritables «mises en scène» des villes. (Phot. Moira Walters © Photeb.)*

acteurs. Une seule exception à cette exclusion : le théâtre tragique grec, sans doute en raison de son caractère sacré, a toujours trouvé grâce aux yeux des docteurs de l'Eglise.

Les visages du rire

On conçoit mal, dès lors, et malgré les nombreuses hypothèses avancées dans ce sens, que le théâtre comique ait pu naître du développement de passages réalistes initialement inclus dans les jeux liturgiques. En revanche, l'existence de nombreuses fêtes populaires, d'abord spontanées, puis canalisées au fil des siècles par diverses associations montre que, à côté des œuvres religieuses, existait un courant profane, diffus et confus, mais dont l'importance s'est affirmée à mesure que la bourgeoisie urbaine établissait son emprise sur la vie économique et sociale. Toutes ces festivités ont en commun d'être organisées selon le principe du monde à l'envers : aux jours fixés pour ces fêtes, les catégories subalternes (enfants de chœur, écoliers, étudiants, etc.) «jouent» sur le mode burlesque le sommet de la hiérarchie en élisant évêques, professeurs ou magistrats d'un jour qui tournent en dérision les institutions. Au premier rang de ces réjouissances, la fête des Fous, célébrée entre Noël et l'Epiphanie dans l'église même avant d'en être exclue par les conciles de Bâle (1435) et de Soissons (1456) en raison des excès allant parfois jusqu'au sacrilège (autel transformé en table de beuverie, scènes érotiques ou obscènes exécutées en plein chœur, etc.), a servi de modèle à toutes les autres manifestations, qu'elles soient corporatives (fête de la Basoche), scolaires (fête de la Saint-Nicolas, *lendits* divers, etc.) ou locales (fête de l'Espinette, à Lille, par exemple). Prises en charge par les associations joyeuses, ces fêtes donnaient lieu à diverses réjouissances — défilés, parades, festins, etc. — parmi lesquelles des scènes parodiques ont fourni matière aux monologues et dialogues dramatiques.

Bien qu'on ne puisse parler à leur propos de véritables troupes, les associations joyeuses ont servi l'implantation d'un théâtre dégagé de l'emprise cléricale : plus encore que les grands mystères du XVe siècle, les formes comiques sont en effet l'expression d'un nouvel ordre social. Géographiquement, les associations joyeuses apparaissent d'abord dans les riches provinces du Nord (Laon, 1284) puis se développent le long des grandes voies de communication commerciale (Rhin, Seine, Saône, Rhône). Sociologiquement, ces associations peuvent se définir par leur appartenance au milieu intellectuel : contrairement à la grande bourgeoisie qui a accaparé le théâtre religieux, cette

Pour imaginer un peu...

Extraits de didascalies (ou indications scéniques) du Mystère de la Passion *joué à Mons en 1501.*

«Quant Dieu dira : "Nommons jour jour et tenebres nuit", lors s'appert la lumière. Apres, le ciel nommet le firmament, divisant les eaues pour la mer. Enssivant la terre appert, plaine nommee ; aussi herbes, arbres, pommiers et sepmences ; ou firmament, le soleil et la lune et des estoilles. Eaues produisent poissons et autres reptiles ; oiseaux, les ungs en mer, autres en terre. La terre produise bestiaux, oeilles [brebis], vacques, chevaulx, juments et autres reptiles plusieurs. Quand Dieu ara dit : "Se deschenderons en la terre", il descend et s'en vient au camp de Damascene. S'il est trop loing, silete. Quand il a dit : "Sera et d'une ame informe", il tire Adam hors ; et apres III enssivant, Dieu fait samblant de aspirer sus Adam, puis le prent par le main et le lieve tout droit en disant : "Homme, or es formé pour le mieulx."»

Abregier du premier jour avant disner.
Création du monde.

Avoir regard que l'asne sur quoy Marie yra en Bethleem soit prest, quant tempz sera, et ossi le beuf.
Et doit avoir Eliachim une femme lui, qui se femme representera sans mot dire.

Apres disner du premier jour.
L'arrivée à Bethléem.

Ici fait Jhesus benediction sur le pain, tenant en sa main et le distribue partout, et doit estre l'espousee assize au milieu, Notre Dame d'un coste, Jhesus a l'autre et puis les Apostles. Architriclin se assiet au boult de la table ; saint Jehan l'Evangeliste est vestu d'une belle robe blance, et les autres serviteurs servent, mais ledit Architriclin ne se doibt point seoir jusques a ce que on luy dira.

Apres disner du second jour.
Noces de Cana.

Le Mystère de la Passion de Mons,
édité par G. Cohen, Paris, Champion, 1925

Miracles, mystères, sotties et compagnie

Pas de tragédie, peu de comédies et tardives, mais un foisonnement de formes dont beaucoup n'ont pas survécu à la Renaissance.

A l'origine donc était le drame liturgique (encore qu'il serait préférable de parler de liturgie dramatisée), développement de certains passages chantés ou psalmodiés : tels sont les tropes (Quem quaeritis, Xe siècle ; Danielis ludus, XIe siècle) et leurs variantes italiennes, les laudes (qu'illustra à la fin du XIIe siècle Jacopone da Todi).

En se vulgarisant, le drame n'est plus que semi-liturgique : tout en restant proche, par son inspiration générale, de la liturgie, il se gonfle d'éléments de réalisme à caractère comique. Ainsi naît un genre hybride, le jeu, très florissant au XIIIe siècle (le Jeu d'Adam, anonyme, composé entre 1146 et 1174 ; le Jeu de saint Nicolas, de Jean Bodel, vers 1200 ; le Jeu de la feuillée, 1265, et le Jeu de Robin et Marion, 1283, d'Adam de la Halle). La lecture des titres précédents montre que le héros d'un «jeu» peut être un saint : la frontière est alors mince entre le jeu et le miracle. Le miracle s'organise autour d'une intervention merveilleuse d'un saint (Le Miracle de Théophile, de Rutebeuf, vers 1260), plus souvent de la Vierge (plus de quarante Miracles de Notre-Dame nous ont été conservés du seul XIVe siècle).

A côté de ces œuvres de longueur normale le mystère fait figure de monstre. Sans cesse reprise, la trame court d'un auteur à l'autre, amplifiée de génération en génération : celle d'Eustache Mercadé (dite Passion d'Arras, 1420) compte 24 945 vers ; celle d'Arnoul Gréban (Paris, vers 1450) frôle les 35 000 vers ; celle de Jean Michel (Angers, 1486), avec 10 000 vers de plus, s'étend sur dix journées ; quant à celle de Valenciennes (1547) elle dépasse les 50 000 vers et ne compte pas moins de vingt-cinq journées. Initialement, le mystère était centré sur les épisodes de la semaine sainte : mais le traitement spectaculaire s'est imposé pour d'autres pages des Ecritures – le Mystère du Vieil Testament, le Mystère des Actes des apôtres – pour conter la vie d'un saint – le Mystère de sainte Geneviève – ou même pour raconter un épisode historique haut en couleur – le Mystère du siège d'Orléans, le Mystère de la prise de Troie. Un tel déploiement d'images ne pouvait être le fait que de spectacles pris en charge par des villes prospères et confirme que l'étymologie du mot est plus probablement ministerium (célébration, d'où représentation) que misterium (chose secrète) : le mystère montre plus qu'il n'explique.

La veine profane a longtemps fait figure du pauvre, réduite à de simples monologues de bateleurs ou de jongleurs mettant en scène des charlatans de tout poil qui, tel le héros de Maistre Hambrelin, peuvent dire : «Je suis de tous mestiers bon maître.»

Ainsi défilent sur les tréteaux amoureux rêvant de conquêtes (le Monologue de l'amoureux qui en poursuivant ses amours demoura trois heures à une fenestre pendu par le bras et enfin se coucha dedens un bains cuidant [croyant] se coucher en une couchette), soldats fanfarons (Le Franc-Archer de Baignollet), médecins-guérisseurs inventeurs de drogues miraculeuses (Maistre Aliboron), camelots divers qui prennent le public à témoin : «Dictes-vous que je ne sçay riens ?» et l'apostrophent pour la moindre bagatelle.

Un pas de plus et ce même public accède à la scène, représenté par un contradicteur du fanfaron : c'est le dialogue dramatique qui donne naissance au couple maître-valet (Farce du gentilhomme et de son page).

Monologue et dialogue constituent donc deux étapes sur la route d'un art dramatique comique spécifique représenté au XVe siècle par les «pièces complexes» que sont la sottie (ou sotie) et la farce. La farce (dont le nom pourrait venir des épisodes comiques qui «farcissaient» les mystères) repose sur des procédés mécaniques – bastonnades, déguisements, retours imprévus, etc. – et met en scène des personnages populaires schématiquement dessinés : le bon s'oppose au méchant, le niais au rusé et les femmes y sont souvent volages (Farce du pect, du cuvier, de Maistre Pathelin, vers 1464, de Lucas, sergent boiteux et borgne, etc.). La sottie s'adresse surtout à un public cultivé en raison de son caractère ouvertement satirique : issu de la fête des Fous, le genre a gardé la liberté de ton accordée aux sots (Moralité faite en foulois (= langue de fou) pour le chastiement du monde en 1427), ces sots qui

«... voient clerement
Les chousez et puis les recitent
Tout au vray, par quoy ils s'acquittent
Et font envers Dieu leur devoir.»

Le meneur de jeu, personnage clé de l'interprétation d'un mystère, tel qu'il apparaît à l'ultime feuillet du manuscrit de la Passion de Valenciennes enluminé par Hubert Cailleau (Bibliothèque nationale, Paris). Le meneur de jeu veillait à l'organisation matérielle et artistique du mystère mais aussi au respect de l'«obligation», contrat liant les acteurs et décorateurs aux entrepreneurs du spectacle. (Phot. © Bibl. nat. / Photeb.)

bourgeoisie moyenne cherche moins à montrer ou à se montrer qu'à «faire revaloir ses conceptions morales et ses droits dans le nouvel ordre du monde et des choses» (J.-C. Aubailly). Il serait exagéré de parler ici de théâtre engagé : au moins doit-on reconnaître que les formes dramatiques progressivement dégagées de la fête collent aux aspirations d'une société qui, à la place des modèles hiératiques et stables de naguère, entend promouvoir l'homme dans sa complexité individuelle (c'est le rôle de la farce, qui fait rire en défendant l'éthique du bon sens) et sa vie sociale (à laquelle s'attachent les sotties, qui, par le jeu des allégories, portent un jugement sur la société et la vie politique et seront donc l'objet de nombreux interdits royaux).

L'histoire du théâtre médiéval est moins le parcours d'œuvres que la découverte de l'identité d'une société en mouvement qui marque son évolution par la transformation – entre autres – des formes dramatiques. Ainsi, le passage d'un théâtre sacré à un théâtre profane marque-t-il l'émergence de nouvelles classes sociales qui y trouvent l'occasion et de s'affirmer et de s'affranchir de l'autorité, devenue pesante, de l'Eglise. Mais en même temps, c'est toute une conception de l'homme qui s'impose : au chrétien universel se substitue l'individu, un individu au sein d'une société dont le théâtre veut être le miroir et non la transposition en hiéroglyphes symboliques.

La commedia dell'arte : l'acteur au centre de la création

La *commedia dell'arte* ne peut être étudiée seulement comme une forme théâtrale qui se serait développée en Italie puis en France du milieu du XVIe à la fin du XVIIIe siècle. Son image traverse l'Europe des spectacles et crée encore aujourd'hui des nostalgies. Comme celles-ci donnent naissance périodiquement à des spectacles importants, il est clair que ce n'est pas uniquement de sentimentalité qu'il est question.

Régulièrement, le jeu *all'improviso* fait renaître l'enthousiasme, en premier lieu parce qu'il replace l'acteur au centre de la création, ensuite parce qu'il s'accompagne aujourd'hui d'une véritable polémique sur l'expressivité du corps et sur les vertus de l'improvisation. Théoriciens et créateurs puisent ou font mine de puiser dans la bonne tradition italienne chaque fois qu'il est question de faire sortir le théâtre de l'intellectualisme qui le menacerait. Cette tradition est perçue comme le retour aux sources de formes populaires authentiques, la quête d'un contact direct entre l'acteur et son public, par l'intermédiaire de canevas s'inspirant volontiers de l'actualité sociale. De grands exemples récents, ceux de Strehler en Italie, d'Ariane Mnouchkine et du Théâtre du Soleil en France, quoique différents dans leurs démarches et leurs intentions, recréent un jeu direct et efficace, vivifié par la personnalité d'acteurs parfaitement entraînés. Ils ont fait naître, ces dernières années, de nombreux épigones qui ne maîtrisent pas toujours aussi bien le jeu masqué ou qui se trompent d'objectif. Si bien qu'on assiste à un retour en force d'arlequinades esthétisantes et dénuées de sève, à côté du travail rigoureux de jeunes compagnies qui puisent dans le jeu sur tréteaux des moyens d'aborder l'actualité au jour le jour et, faisant contre mauvaise fortune bon cœur, y trouvent un remède esthétique à leur pauvreté chronique. Cette dualité semble relever de l'essence même de l'*arte*, dont les origines populaires se sont inscrites dans des formes d'une extrême subtilité.

Les origines

A la fin du XVe siècle, en Italie, on continue de jouer la comédie latine, Plaute et Térence, sans engouement particulier. D'autre part, un répertoire de comédies «savantes» ou «érudites» se développe, prenant appui sur des situations contemporaines et utilisant habilement la langue (dialectes, jargons, langues étrangères et latin macaronique) : riches de qualités, ces comédies restent avant tout des œuvres de lettrés dont le théâtre n'est pas la préoccupation première. En revanche, les farces paysannes et les comédies «populaires» qui voient le jour sont l'œuvre d'auteurs ayant une meilleure connaissance de la scène. C'est le cas de Ruzzante, en qui l'on reconnaît un précurseur de la *commedia dell'arte* (il est comédien) et qui développe dans son œuvre des éléments «réalistes» en s'attachant à un certain naturel. Un autre courant, enfin, englobe les *cantastorie* (chanteurs populaires) et les premiers *zanni* qui inventent des monologues vantant les produits des charlatans qui les emploient, ainsi que des saltimbanques prêts à tâter de la scène en cas de succès. Les uns et les autres se retrouvent parfois dans des troupes de hasard où les œuvres *zannesche* (créées par les *zanni*) pourraient constituer les germes de premières comédies improvisées. Comme souvent, il faut une convergence de conditions favorables pour qu'une forme nouvelle voie le jour en cristallisant une série de tendances parfois très anciennes.

Comment naquit la *commedia dell'arte* dans l'Italie du XVIe siècle, et pourquoi commença-t-on à improviser? Les comédiens de l'*arte* sont des comédiens de métier (c'est le sens du mot *arte*), des professionnels, par opposition aux *dilettanti* qui étaient nombreux à la Renaissance. Ces troupes professionnelles qui se constituent à partir de 1545 (les contrats qui nous sont parvenus attestent l'existence d'une première troupe à Padoue à cette époque) entretiennent avec le public ou avec leurs mécènes des relations fondées sur la nécessité de plaire et de divertir, afin de gagner de l'argent. Nécessité nouvelle que ne connaissaient pas les comédiens amateurs. Il n'est pas impossible que ces nouveaux acteurs, sûrs de leur art et sentant parfois leurs inventions supérieures au texte des comédies littéraires qu'ils jouent, aient commencé à improviser quasi accidentellement, en développant et en enrichissant des moments de la représentation dont ils pouvaient vérifier sur-le-champ l'efficacité. Certains d'entre eux n'étaient-ils pas formés à l'école de la farce et des jongleurs de foire? Si la comédie savante ne satisfait ni le public populaire ni vraiment celui des cours, ces comédiens pouvaient s'essayer à vulgariser et à adapter les textes qu'ils jouaient en cherchant ce fameux *contact* avec le public.

Bal à la cour de Charles IX, *1571, peinture flamande attribuée à Paul ou à Frans Pourbus (musée Baron Gérard, Bayeux). Les masques se mêlent aux personnages de la cour, dans ce tableau qui passe pour être la première image connue d'un Arlequin, sans doute Alberto dit Zan Ganassa. (Phot. Studio Le Monnier, Bayeux © Photeb.)*

Farceurs dansants, *peinture sur bois de Pietr Jans Quast, XVIe siècle (collection de la Comédie-Française, Paris). Les origines de la* commedia *peuvent se trouver aussi bien dans les charlatans d'Athènes que dans les camelots médiévaux ou les acrobates romains : tous participent d'un «jeu» spontané que le Moyen Age a abondamment illustré dans ses scènes paysannes. Puis sont venues les farces, fixées par la peinture du XVIe siècle, où gestes et musique contribuent à la création d'une atmosphère festive et parodique, comme dans ce tableau. (Phot. Luc Joubert © Photeb.)*

Ci-dessous :
Lutte et jeux sur la place San Spirito à Florence *(école de Giorgio Vasari, 1511-1574, théâtre de la Scala, Milan). De ses origines latines, la civilisation italienne de la Renaissance a conservé un goût très marqué des plaisirs : aux jeux du cirque se sont substitués les fêtes et carnavals, occasions de véritables «scènes» farcesques dont s'inspireront les comédiens de l'art : décors urbains, costumes bariolés, épanouissement des gestes, autant d'aspects qui contribuent à faire de la* commedia *un semblant de fête spontanée. (Phot. © Scala.)*

D'autre part, comme le souligne Vito Pandolfi, le public italien a toujours eu le goût des situations comiques prenant appui sur des situations «réalistes». Faire paraître sur scène des personnages représentatifs de moments de la vie quotidienne, comme un faquin bergamasque, un militaire étranger ou un fanfaron local, c'était servir ce goût. C'était aussi, en créant des types, permettre au public de retrouver des personnages (et des comédiens) devenus familiers d'un spectacle à l'autre. Il devenait possible de suivre des aventures qui puisaient dans la réalité mais construisaient en même temps une dimension parodique par le renouvellement incessant des inventions.

Enfin, si la comédie improvisée plaisait au public, elle était également adaptée aux nécessités matérielles que subissaient les compagnies. Les troupes soumises au rythme de la tournée étaient en mesure de varier leur répertoire sans qu'il soit nécessaire de mettre de nouveaux textes en répétition. Tous les genres dramatiques pouvaient être essayés et, si l'on en croit plus tard Perrucci, chaque canevas était mis en scène entre le matin et le soir, après une brève réunion avec le directeur de la compagnie qui racontait le scénario et organisait l'ordre des scènes.

Il est également possible de voir dans les fêtes carnavalesques une autre origine de la *commedia dell'arte*. Mais cette composante importante explique davantage les masques et les costumes que portent les personnages — donc des attributs extérieurs, formels — que l'essence du jeu improvisé. Peut-être justifie-t-elle certains éléments inquiétants inscrits dans les types, ceux qui relèvent plutôt du rituel que du quotidien. Dans le «monde à l'envers» que crée le carnaval, les premiers improvisateurs pouvaient trouver la dimension surnaturelle, quasi démoniaque, propre à donner à leurs inventions la part de mystère que créent les rites. Il n'est qu'à regarder le masque noir d'Arlequin et ses petits yeux inquiétants pour garder cette composante en mémoire.

Les premières troupes

Du milieu du XVIe siècle au début du XVIIe siècle (même si le principe se maintient bien au-delà), plusieurs troupes organisées concrétisent une sorte d'âge d'or de la *commedia dell'arte*. A en croire les documents conservés, celles-ci sont assez peu nombreuses mais leur succès est tel qu'on retrouve leur trace dans plusieurs cours européennes importantes. Ces troupes se donnent des noms qui marquent leur intention de passer pour les garantes d'une technique particulière, voire d'un certain académisme; elles apparaissent en tout cas comme des associations de comédiens professionnels sérieux qui défendent une haute conception de leur art. Ce sont *I Comici confidenti, I Comici uniti, I Desiosi, I Accesi* et la plus connue, une des meilleures et celle qui dura le plus longtemps (pratiquement un demi-siècle), *I Comici gelosi* («gelosi di virtú e onore», «jaloux de qualité et d'honneur»). La plupart de ces compagnies sont formées

Scènes et personnages de l'arte tels que les a spirituellement conservés le recueil Fossard. (Nationalmuseum, Stockholm. Phot. © du musée.)

Les types de la commedia dell'arte

Des zanni aux amoureux : les principaux personnages de la commedia, leurs variantes selon les pays et les régions, les masques qui les caractérisent.

Les zanni *sont à l'origine de tous les «valets». Nés trente ou quarante ans avant Arlequin, les zanni (déformation, caractéristique de l'Italie du Nord, du prénom Giovanni) sont des serviteurs généralement grossiers et agressifs. Fixé pour la première fois sous sa forme définitive par l'acteur Simon de Bologne, le masque est attesté par un témoignage de Du Bellay qui date de 1554, époque où le poète effectuait son séjour en Italie. La zagna est l'équivalent féminin du zanni et porte souvent à l'origine le nom de Franceschina.*

Arlequin, *devenu le plus célèbre, est bergamasque d'origine. Valet souple et agile, on a pu dire de lui qu'il était «toujours en l'air». Son nom pourrait venir de celui des diables-bouffons du Moyen Age français appelés Herlequin, Hellequin, Hennequin. La transformation du personnage à partir du zanni se serait faite quand un comédien italien (Zan Ganassa, A. Naselli) aurait pris un nom qui répondait mieux aux exigences du public français. Parfois niais, souvent distrait et inquiétant, Arlequin porte à l'origine un demi-masque et une mentonnière noirs. Son front est très ridé, ses sourcils étonnés surmontent des trous minuscules pour les yeux. Dans la famille d'Arlechino : Trivellino, Truffaldino, Guazeto, Zaccagnino, Bagatino.*

Brighella *est un second valet, plus rusé qu'Arlequin. Originaire lui aussi de Bergame, c'est un meneur d'intrigues roué (son nom vient de briga, brigue). Au XVIII*[e] *siècle il abandonne quasi totalement les rôles de comparses pour devenir un premier valet à part entière. Dans sa famille : Beltrame, Scapin, Sbrigani, mais aussi Sganarelle, Mascarille, Frontin, Figaro.*

Pulcinella *est le troisième héritier du zanni dans l'ordre d'apparition. D'origine napolitaine, il entre dans la* commedia dell'arte *en même temps que les acteurs de cette ville. Il se caractérise par un masque noir, au nez crochu. Ses principaux avatars sont Polichinelle (France), Punch (Angleterre) et don Cristobal Pulchinela (Espagne).*

Pantalon *a tous les attributs du riche vieillard amoureux de la comédie classique. Apparu sans doute vers 1568, typiquement vénitien dans son parler, il s'appelait d'abord* Magnifico, *riche marchand qui contrastait avec la balourdise du zanni. Flottant entre le ridicule et l'esprit de sérieux, lancé dans des aventures amoureuses sans rapport avec son âge, il porte un masque brun à nez busqué et très proéminent.*

Les capitans *représentent tous les faux braves, les matamores parfois amoureux mais toujours vaincus par leur pleutrerie. Le capitan porte généralement un nom au moins aussi ronflant que sa personne est prétentieuse. Il est par excellence celui dont les populations italiennes se moquent, peut-être parce qu'elles en ont beaucoup souffert. Le masque des plus anciens capitans était couleur chair et, sous un nez immense et menaçant, ils portaient de longues moustaches hérissées.*

Le docteur, *né à Bologne, aurait porté le nom d'un Bolonais connu,* Graziano. *Pur produit de la satire contre les excès d'un humanisme mal digéré, il parle une langue macaronique, mélange de dialecte bolonais et de citations latines déformées. Proche du pédant de la comédie classique, il intervient souvent dans les intrigues comme un complément naturel de Pantalon. Il porte un masque qui ne couvre que le front et le nez, et, dans la tradition, ses joues sont barbouillées de rouge.*

Les amoureux *sont des personnages surprenants et difficiles à comprendre à notre époque. Non masqués, comme tous les personnages «sérieux», ils s'expriment dans une langue abstraite qui abonde en effets formels, les* concetti. *Ces effets les éloignent de nous et il faut s'efforcer de les replacer dans leur temps pour réussir à admettre qu'ils aient été «aimables».*

Portrait collectif d'une troupe de commedia dell'arte, *peinture française attribuée à François Bunel le Jeune, vers 1578-1590 (musée des Beaux-Arts, Béziers). La belle aux seins nus passe un billet à l'Amoureux. Pantalon, furieux d'être cocu, brandit un poignard mais est ridiculisé par un zanni masqué qui lui fait des cornes avec ses doigts. (Phot. © Giraudon.)*

Deux veines traditionnelles de la commedia, *telles que les a conservées le recueil Fossard : la virtuosité acrobatique et l'érotisme. Tandis que la première assura immédiatement la réputation des Italiens, la seconde ternit quelque peu leur récente renommée, au point que les états généraux de 1588 s'émurent des « jeux des estrangers italiens » accusés d'enseigner « paillardise et adultère ». (Nationalmuseum, Stockholm. Phot. © du musée / Photeb.)*

Ci-dessous : tableau anonyme de l'école française, fin du XVIe *siècle (musée Carnavalet, Paris). Acteurs de* commedia, *sans doute les Gelosi : on reconnaît Pantalon et son zanni face à l'amoureuse Isabella. Pas de décor, des poses très accusées : ainsi figé par le peintre, l'art des comédiens-italiens perd toute saveur et se réduit à un catalogue de stéréotypes. (Phot. © Archives Photeb.)*

d'une douzaine de membres réunis par contrat sous la direction d'un chef de troupe, selon les types indispensables pour utiliser au mieux les ressources d'un canevas. En dépit des noms prometteurs qu'elles affichent, la cohésion des compagnies n'est pas toujours leur caractéristique, et au gré des désaccords, des jalousies ou des scandales, beaucoup de comédiens passent sans hésiter d'une troupe à l'autre. Certaines finissent par ne conserver que leur nom initial alors que leurs membres ont été renouvelés en totalité. Quand on songe aux exigences du jeu improvisé et à l'entente qu'il suppose entre les différents partenaires, ces changements importants dans la composition des troupes paraissent surprenants. Il faut croire que les impératifs de la représentation suffisaient à dissoudre les conflits et à créer une cohésion au moins provisoire.

Dans ses premières années, la troupe des *Gelosi* comprend un capitan (Capitano Spavento, joué par le chef de troupe, Francesco Andreini), le docteur Graziano, deux vieillards (Pantalon et Zanobio de Piombino), deux *zanni* (Zanne et Francatrippe), deux amoureux, deux amoureuses (dont la *prima donna* est Isabelle Andreini qui restera célèbre) et une servante (Franceschina). Dans la plupart des compagnies, les emplois principaux sont dédoublés, ce qui permet de développer une intrigue par la combinaison de scènes parallèles, de jeux fondés sur des oppositions de caractère ou l'utilisation de faire-valoir.

Ces troupes n'ont rien à voir avec les clichés présentant des comédiens errants, un triste rassemblement de traîne-la-faim. Bien que d'origines diverses, plusieurs acteurs écrivent régulièrement, ont une activité d'essayiste, voire de philosophe. Les compagnies les plus importantes ont en leur sein des esprits cultivés qui connaissent une aisance financière relative et ne sont nullement réduits à vivre d'expédients.

Les compagnies sont essentiellement itinérantes. Leur mobilité peut être attribuée à leur foudroyant succès (les *Gelosi* voyagent en Europe, se trouvent à Blois en 1577 à la cour d'Henri III) et au fait qu'en répondant à toutes les demandes elles risquent moins facilement de lasser leur auditoire. Il faut aussi noter que plusieurs d'entre elles s'attirent des conflits sérieux avec les autorités ecclésiastiques qui ne voient pas d'un bon œil leur installation dans une ville. Favorisées par les grands qui leur servent de protecteurs mais ne les tiennent pas nécessairement en haute estime (le mécénat a ses exigences), vivement appréciées par le public, elles ont maille à partir avec des dignitaires religieux ou des théologiens. A toutes les époques de l'histoire du théâtre, les mêmes griefs reviennent frapper les comédiens, inévitablement accusés de favoriser par leur exemple le relâchement des mœurs (à Rome, l'interdiction de faire paraître des femmes sur scène fut maintenue au XVIe siècle). En fait, c'est grâce à la faveur montante de ce que nous appellerions aujourd'hui le «grand public» que l'autonomie des compagnies se développera au XVIIe siècle. Le succès crée les conditions d'une aisance financière qui rend les largesses princières et les protections moins nécessaires.

Puisqu'elles ne jouent pas dans des lieux fixes, les compagnies doivent adapter leur jeu à des espaces scéniques différents. On pense que si elles ne trouvaient pas de salle de théâtre, elles se produisaient dans une salle de palais ou dans une salle privée qu'elles louaient. Certaines d'entre elles ont peut-être joué en plein air, mais les meilleures troupes l'évitaient. Selon P. Sonrel, à son apogée, au XVIIe siècle, le décor, interprétation populaire des plantations de Serlio et de Sabbattini, «représentait un carrefour à la rencontre d'une rue de front et de l'autre perpendiculaire à la première, fuyant en perspective dans l'axe du théâtre. Les maisons du premier plan étaient praticables, portes et fenêtres ouvrant sur les deux rues». La tradition a immortalisé les tréteaux et le simple rideau de fond coulissant, mais c'est le jeu des acteurs qui demeure la caractéristique principale de la *commedia dell'arte*.

Le jeu d'un comédien italien

Extrait des Mémoires de Domenico Biancolelli, qui débuta à Paris comme Arlequin en 1661.

«J'arrive habillé ridiculement en gentilhomme allemand. Comme Trivelin me répète que l'on ne m'a donné cet habillement que pour exécuter une fourberie, pendant qu'il veut m'expliquer de quoi il s'agit, je quitte tous ces habits, sans qu'il s'en aperçoive, et je me sauve. Il court après moi et me ramène. Je lui dis : «Avec cette fourberie tu veux donc m'envoyer en galère.» Il m'encourage et me dit qu'il faut que je fasse le personnage d'un baron allemand. Il me demande si je ne sais pas d'autre langue que la mienne, je lui réponds que j'en ai une, fumée, dont on m'a fait présent. Il me demande si je sais parler allemand, en équivoquant sur allemani, *qui veut dire : aux mains. «Oui-da, lui dis-je, aux mains et aux pieds. – Je te demande si tu ne saurais pas parler la langue suisse ou allemande ?» Je lui réponds qu'il faut qu'il me conduise au cabaret, et qu'il m'y enivre, qu'ensuite je parlerai suisse, allemand, latin, français, espagnol, etc. Ensuite il m'enseigne à dire :* got morghen mayer. *Je fais des lazzi de ne pouvoir prononcer ces mots et de quitter mes habits; j'estropie trois ou quatre fois ces mots et ensuite je les prononce comme il faut. Il m'enseigne encore à dire* bigez, bigez, bigez. *«Oh! cela est trop fatigant, lui dis-je. – Il le faut, mon ami, me dit Trivelin, tu auras par ce moyen la dot de 500 écus.» Je lui demande combien de cette somme j'en aurai pour moi. «50 écus», me répond-il. Je veux quitter mes habits, il se désespère, m'oblige à jouer le personnage, me fait encore répéter* got morghen mayer, bigez, bigez, *et va heurter à la porte. Je répète ces mots, il me dit : «Il n'en est pas encore temps», et que ce sera à propos lorsque Pantalon paraîtra. Sitôt que je l'aperçois, je prononce ces mots allemands que je répète toujours en me carrant. Il me fait signe de me taire. Pantalon m'aperçoit, ma figure l'épouvante, je m'effraie, je tombe et je veux encore me dépouiller. Trivelin se met derrière moi, me pousse en avant, je me retire en arrière. Je répète ce lazzi. Je me tourne de telle façon que mon épée se prend entre mes jambes; je fais plusieurs pirouettes pour la remettre en place. J'en prends le pommeau dans la main et lève très haut une de mes jambes, ensuite l'autre, mon épée en cette situation étant sur mon derrière. Je m'écrie que l'on m'a pris mon épée. Enfin je la retrouve entre mes jambes, mon manteau tombe, je le ramasse par devant, je mets les pieds dessus et je tire derrière, il reste embarrassé dans mon épée. Enfin Trivelin me la remet sur les épaules et appelle Eularia. Je dis que je viens pour l'épouser; que je suis amoureux de sa beauté. Je feins d'éternuer et je prends le tablier de la suivante pour me moucher. Elle rentre. Je dis à Trivelin : «Prends ou demande de l'argent, je veux aller au cabaret.» Trivelin va me chercher une bouteille de vin, avec un verre; j'en présente à Pantalon, à Trivelin, ensuite je porte la bouteille à ma bouche et feins de la vider. J'en demande une seconde en disant* star bona vin. *A chaque bouteille qu'il m'apporte je chante un couplet de chanson, en imitant le langage suisse, dont le refrain est «J'aime le bon vin.» J'en présente à Eularia qui revient et je veux la faire boire de force. M'ennuyant, je pirouette et un valet de théâtre, ayant une calotte de fer sous sa perruque, voulant me prendre ma bouteille, je la lui casse sur la tête, puis mettant l'épée à la main pour le tuer, parce qu'il a cassé ma bouteille, je le poursuis, je tombe, et je finis l'acte.»*

Arlequin baron allemand,
traduction inédite de Valeria Tasca

Le jeu improvisé

De nos jours, l'improvisation est couramment utilisée comme une technique de répétition, soit parce qu'il s'agit de créer un texte à partir de l'imaginaire des comédiens (ce sont les fameuses «créations collectives»), soit, lorsque le texte existe, parce qu'il s'agit de retrouver une «spontanéité», un «naturel» que l'improvisation se chargerait de mettre au jour. Ce sont là des tentatives particulières destinées à essayer de rompre avec les codes connus, à créer les conditions d'un style nouveau ou en tout cas différent.

Puisque nous avons rarement l'occasion de voir des spectacles de comédiens qui improvisent à partir de canevas, quelle idée pouvons-nous nous faire aujourd'hui du jeu improvisé ?

Certains artistes de music-hall s'efforcent de conserver une part de liberté dans leurs sketches comiques et varient effectivement leurs effets en fonction du public : ils profitent de tel ou tel incident (rire intempestif, arrivée tardive, exclamation insolite) qu'ils intègrent quasi naturellement à leur discours. Le public est friand de tels effets parce qu'ils créent une qualité de contact particulier, une connivence plus forte entre l'acteur et la salle qui a l'impression d'assister à des phénomènes qui ne se répéteront pas le lendemain. Et puisque ces effets lui sont tout particulièrement destinés, le public y lit une sorte de preuve de la bonne forme de l'ar-

Arrivée d'une troupe itinérante dans une ville, gravure anonyme (Bibliothèque nationale, Paris). L'image des comédiens ambulants a longtemps fait partie de la mythologie du théâtre. Peut-être faudrait-il voir, à côté de l'errance héritée de la mise hors la loi des gens de spectacle, une parodie des «entrées» royales ou princières. (Phot. © Bibl. nat. / Photeb.)

La Baraque des saltimbanques, fresque vers 1797 de Giandomenico Tiepolo, 1727-1804 (musée Ca' Rezzonico, Venise).
L'artiste vénitien a mêlé spectateurs et acteurs : masques et chapeaux de Polichinelle éparpillés dans la foule manifestent l'étroite relation du spectacle et du public, un public qui semble ici donner une leçon d'acrobatie à Polichinelle père et fils.
(Phot. Foto Toso © Photeb.)

tiste et de la sympathie exceptionnelle qu'il lui accorde. Quand de tels phénomènes se produisent au cours d'une représentation théâtrale à texte, les spectateurs qui s'aperçoivent qu'un comédien improvise parce qu'il a un trou de mémoire ou qu'il vient en aide à un partenaire en difficulté, gardent l'impression d'une habileté exceptionnelle, d'une sorte de virtuosité habituellement interdite dont ils se trouvent accidentellement témoins. Comme rien n'est plus mortel pour un spectacle que l'impression de routine, des incidents volontaires sont parfois exploités dans les spectacles de cirque afin que le public ait l'impression d'assister à des moments uniques. Nous avons tous cru, ne serait-ce que l'instant d'un frisson, à ces pseudo-improvisations faites pour dévoiler ce qui aurait dû rester caché.

On voit bien l'intérêt que pouvait susciter un spectacle de *commedia dell'arte* tout entier fondé sur la représentation *en train de se faire*, posée comme première. Non seulement il s'agit d'une manifestation dont le caractère devient unique et qui semble mettre en danger les comédiens occupés à la bâtir, mais encore celle-ci profite entièrement de l'instant, de son atmosphère particulière, des spectateurs qui deviennent irremplaçables puisqu'ils sont englobés dans cette fragile construction.

Paradoxalement, la spontanéité d'un tel spectacle est soigneusement mesurée, le jeu est fortement codé. Les spectateurs possèdent un certain nombre de clefs qui leur permettent de se repérer. Les types sont fixés, et si certains d'entre eux s'écartent de la norme, ils appartiennent quand même à une série (les valets, les servantes, les capitans, les vieillards). Le comédien, lui, est rompu à son personnage, il le pratique en principe depuis de longues années, il s'y est identifié. Et il dispose, comme base d'improvisation, d'éléments écrits qu'il a pu consulter au préalable. C'est en premier lieu le *canevas* mis au point dans la journée et qui trace les lignes générales du spectacle. Ensuite, des éléments de jeu qui l'aident à nourrir son discours à l'intérieur de la tradition (c'est la part de routine dans le jeu qui appartient en propre au masque) et notamment des *lazzi* (des tours, des jeux) susceptibles de relancer une scène. Puis toute une série de «citations» qui ne sont pas utilisées comme telles, mais fondues dans le discours en fonction du caractère.

Des répertoires ou manuels furent constitués à l'usage des comédiens dont on a pu se demander si certains n'étaient pas des érudits ou en tout cas des lettrés et des humanistes capables d'utiliser leur savoir sur scène. Les *Fatiche comiche* de Bruni comportent des prologues et des dialogues prêts pour la scène. Les centons écrits par les comédiens contiennent chansons et monologues généralement utiles au type qu'ils jouent habituellement. Des recueils de *generici* (génériques, ou ensembles de répliques se rapportant à un emploi) ont fini par se répandre dans le public sous forme de textes imprimés. Certains traités théoriques, comme *L'Arte rappresentativa* (1699) d'Andrea Perrucci définissent les règles et l'esthétique de la représentation.

Ces écrits ne doivent pas être pris pour des textes littéraires, car, incapables de rendre compte de la totalité de la représentation, ils seraient décevants. Il ne faudrait pas non plus les considérer comme des dialogues préétablis auxquels les comédiens n'auraient qu'à se référer. Ce qu'ils consignaient en premier lieu dans leurs centons individuels, c'étaient des tirades, des jeux de mots, des fatrasies, des chansons, des lazzi, et surtout des morceaux de bravoure utiles pour installer leur personnage sur scène. Pour se faire une idée assez juste de l'improvisation, il faut reprendre la comparaison que Pandolfi fait avec le jazz. Le numéro individuel, le *solo*, est inévitable, il constitue un exploit apprécié et attendu par le public. La prestation collective, réglée par le canevas qui donne les lignes directrices de l'intrigue, dépend étroitement de la valeur individuelle de chacun des exécutants et de la force avec laquelle ils sont prêts à intervenir quand c'est leur tour, prêts aussi à se retirer quand nécessaire pour laisser la place à d'autres. Pas plus qu'il ne faut croire à l'improvisation absolue, il ne faut prendre les recueils des comédiens pour des artifices dénaturant la part d'invention qui subsiste dans le jeu. Un improvisateur médiocre bardé de morceaux de bravoure ne remplace pas le comédien

La commedia dell'arte
à Vérone, *peinture
de Marco Marcola,
XVIIIe siècle (The Art
Institute of Chicago.
Phot. © The Art Institute
of Chicago / Photeb.)*

inventif et disponible, à l'écoute de ce qui se passe *au présent* sur la scène.

Ces textes ont un autre intérêt pour nous : ils permettent de préciser l'importance du langage parlé dans la représentation. Des avatars tardifs de la *commedia dell'arte* tendraient à la faire assimiler dans les esprits à une sorte de jeu pantomimique où le langage serait réduit au minimum. Or, si le corps y tient une importance considérable (il suffit de considérer le caractère acrobatique de certains lazzi pour s'en assurer), la parole ne s'efface pas et garde au contraire un haut niveau d'invention en développant toutes sortes de formes parodiques à partir de textes littéraires contemporains. Parce qu'elle ne s'appuie pas sur un texte «prémédité», il ne faudrait pas faire de l'*arte* une suite de jongleries ou de mimes acrobatiques. Le comédien italien des origines est un virtuose du corps, il doit aussi être un maître de l'invention verbale et un érudit d'un type particulier, capable de faire assimiler à son masque la verve populaire la plus immédiate aussi bien que des extraits des *Dialogues* de Platon.

Extrait d'un canevas

Flaminio Scala, dit Flavio, comédien et directeur de troupe à Paris au début du XVIIe siècle, a laissé un recueil de cinquante canevas imprimés.

LA CHASSE

Argument

Il y avait à Pérouse quatre pères de famille, le premier nommé Pantalon de Bisognosi, le second appelé Gratiano Forbisone, le troisième du nom de Burattino Canaglia, et le quatrième bien connu sous le nom de Claudione le Français. Pantalon avait une fille nommée Isabelle, Burattino une fille du nom de Flaminia, Gratiano un fils nommé Flavio, et Claudione un fils que tout le monde appelait Oratio. Il advint que les jeunes gens tombèrent amoureux des jeunes filles. Les quatre pères, bien malgré eux car ils avaient en vue d'autres partis, introduisirent eux-mêmes auprès de leurs filles les jeunes gens déguisés en médecins. Pour finir, les mariages furent conclus, à la satisfaction même des pères.

Personnages de la comédie

Pantalon, vénitien
Isabelle, sa fille
Pedrolino, son valet

Burattino, un marchand
Flaminia, sa fille
Franceschina, sa servante

Gratiano, le docteur
Flavio, son fils
Arlequin, son valet

Claudione le Français
Oratio, son fils

Le capitaine Spavento

Accessoires pour la comédie

Habits de chasseurs pour les quatre pères de famille
Habit de chasseur ridicule pour Arlequin
Trois cors pour jouer de la musique
Quatre chiens de chasse
Un coq vivant
Un singe vivant
Une chatte vivante
De longues perches de chasseurs
Des lièvres et autres bêtes tuées à la chasse
Un bâton pour les bastonnades

L'aube du jour, Pérouse.

ACTE I

PANTALON, *à la fenêtre, jouant du cor pour donner aux autres chasseurs le signal de la chasse prochaine, sur ce*

GRATIANO, *à la fenêtre, jouant du cor pour lui répondre, sur ce*

CLAUDIONE, *à la fenêtre, joue du cor lui aussi, sur ce*

BURATTINO, *à la fenêtre, jouant du cor, dit qu'il est prêt. Tous disent de même et se retirent l'un après l'autre. Pantalon est le dernier à se retirer.*

ISABELLE, *à la fenêtre, invoque le Soleil et lui demande de venir éclairer le monde, afin qu'elle puisse voir son amant Oratio, sur ce*

Pantalon et Arlequin, sanguine signée P.-L. Ghezzi, 1674-1755, mais probablement d'une autre main. (Burcardo, Rome. Phot. S. Rossi © Photeb.)

FLAMINIA, *à la fenêtre de l'autre côté de la scène, fait des reproches à l'Aurore qui ne peut s'arracher aux bras de son vieux Tithon. Elle dit : «Ah! scélérate, tu n'as pas honte de tant me tourmenter? Pourquoi ne viens-tu pas?» Isabelle, croyant que Flaminia s'adresse à elle, se retire, cependant que Flaminia continue d'accuser l'Aurore, sur ce*

PEDROLINO, *à la fenêtre en face de Flaminia, dit : «Ah! la vilaine! je vais tout dire à M. Burattino.» Flaminia, croyant qu'il lui parle, se retire. Pedrolino poursuit, parlant de Franceschina qui lui avait promis de se lever de bonne heure et de le rejoindre avant que les patrons partent pour la chasse, selon ce qu'ils avaient tous deux décidé la veille. Sur ce*

FRANCESCHINA *fait ses excuses à Pedrolino, car elle a dû donner médecine au patron. Pedrolino descend dans la rue et tous deux, embrassés, rentrent prendre leur plaisir chez Pedrolino.*

ARLEQUIN, *habillé en chasseur, avec un chien en laisse, vient en jouant du cor et en faisant grand tapage, sur ce*

GRATIANO, *en chasseur, avec un coq vivant sur le poing en guise d'épervier, sur ce*

CLAUDIONE, *en chasseur, avec un singe en laisse. Ils entendent du bruit chez Pantalon, sur ce*

PANTALON, *bâtonnant Pedrolino et Franceschina qu'il a trouvés à l'étable, prenant leur plaisir.*

PEDROLINO *dit que non, Burattino demande à sa servante ce qu'elle faisait chez Pantalon.*

FRANCESCHINA : *Flaminia l'a envoyée demander à Isabelle si elle voulait venir chez elle en attendant le retour des chasseurs. Elle ajoute que Pantalon voulait la déshonorer. Pedrolino confirme la chose. Tous se moquent de Pantalon. Pedrolino et Franceschina quittent la scène. Tous les autres, jouant du cor, partent pour la chasse. Ils quittent la scène.*

ISABELLE *sort de chez elle, commente ce qu'elle a dit à sa fenêtre et s'étonne qu'Oratio soit si long à venir, sur ce*

ORATIO, *sur le pas de sa porte, achevant de s'habiller, car il a été réveillé par le bruit des chasseurs. Il salue Isabelle, ils font une scène d'amour partagé. Sur ce, comme ils veulent rentrer à la maison pour prendre leur plaisir, arrive*

LE CAPITAINE, *qui se met effrontément à parler avec Isabelle, sans voir Oratio, sur ce*

PEDROLINO, *avec son escarcelle, se précipite vers le capitaine en le menaçant. Le capitaine le malmène, Pedrolino lui donne des coups d'escarcelle. Le capitaine met la main à l'épée pour le frapper. Oratio met la main à ses armes pour défendre Pedrolino, sur ce*

FRANCESCHINA, *sortant de chez elle au bruit, donne un coup de poing sur la figure au capitaine et rentre. Isabelle rentre chez elle. Pedrolino s'enfuit par la rue, le capitaine à sa suite, Oratio le poursuivant. Ainsi s'achève le premier acte.*

Il teatro delle favole rappresentative, XXXVII, traduction originale de Valeria Tasca

Développement de la commedia dell'arte

La critique érudite a étudié en détail les influences que la *commedia dell'arte* a exercées en Europe à travers les siècles. Celles-ci ne sont pas toujours faciles à prouver avec certitude, car une fois que le théâtre italien est devenu un mythe européen, les types du jeu improvisé sont en quelque sorte tombés dans le domaine public et chacun y a puisé plus ou moins directement, au gré de ses besoins. Nous ne discuterons pas ici de ce que Shakespeare doit peut-être aux Italiens, de ce que le romantisme allemand leur emprunta. Se poser la question revient déjà à considérer cette forme théâtrale comme une sorte de modèle qui continue à exercer son pouvoir.

Un phénomène retient plus particulièrement l'attention : les deux siècles (ou presque) que les comédiens italiens passèrent à Paris, exemple insolite de rencontre entre deux cultures toutes deux fortement marquées par le théâtre. Au XVIIe siècle, les troupes de la *commedia dell'arte* faisaient désormais partie du paysage théâtral italien, bien que l'engouement ne fût plus tout à fait le même. En revanche, tout comédien de l'*arte* important dans son pays finit par travailler à Paris dans la seconde moitié du XVIIe siècle et au cours du XVIIIe siècle. Une compagnie s'y installe en 1653 où l'on relève les noms de Domenico Locatelli (Trivelin), Domenico Biancolelli (Arlequin) et Tiberio Fiorilli (Scaramouche, resté célèbre aussi pour l'intérêt que Molière porta à son jeu). Elle y reste jusqu'en 1697, année où elle est chassée par Louis XIV à la suite des répétitions d'un scénario satirique intitulé *La Fausse Prude*, où madame de Maintenon se serait reconnue. L'engouement du public français pendant ce demi-siècle fut considérable, même quand il ne comprenait pas la langue italienne (ni les dialectes !). Il est probable que le jeu se modifia en fonction de cette situation particulière et les comédiens, de leur côté, s'imprégnèrent si bien de la langue locale qu'ils introduisirent dès 1668 dans leurs canevas des scènes écrites en français qu'on trouve dans le recueil d'Evariste Gherardi.

Les Italiens revinrent en 1716 avec à leur tête Luigi Riccoboni. Le processus de francisation alla s'accélérant. Des auteurs amis des comédiens, comme Thomas-Simon Gueullette dont nous avons aussi gardé des «parades» de foire, écrivirent pour eux. Puis Marivaux en fit ses interprètes favoris. Cette francisation eut une conséquence immédiate : la diminution, voire la disparition du jeu improvisé, et l'utilisation parfois inattendue des types de l'*arte* dans les pièces françaises. Il y eut, bien sûr, des réactions, comme ces deux années de 1762 à 1764 où Goldoni vint spécialement à Paris écrire de nouveaux scénarios ; elles ne furent pas suffisantes pour permettre une véritable renaissance du répertoire national. Les derniers comédiens italiens se joignirent aux comédiens de la foire ou participèrent à la réorganisation de l'Opéra-Comique réuni à la Comédie-Italienne en 1762.

Le Renvoi des comédiens italiens, *école française du XVIIe siècle (musée des Beaux-Arts du Havre). « Le Roy ayant été informé que les comédiens-italiens font des représentations indécentes et disent plusieurs saletés dans leurs comédies, Sa Majesté leur a fait défendre de faire ni dire pareilles choses à l'avenir, que s'il leur arrive de faire quelque posture indécente ou dire des mots équivoques et quelque chose qui soit contre l'honnêteté, Sa Majesté les chassera et renvoira en Italie. » Après cette menace vint, le 13 mai 1697, l'arrêt par lequel le roi faisait «fermer le théâtre pour toujours», obligeant la troupe italienne à l'exil. On voit sur le tableau le commissaire exécutant l'ordre royal. (Phot. Photorama, Le Havre © Photeb.)*

Pendant que se produisait cette absorption lente, l'influence agissait à rebours sur des auteurs français qui transformaient des canevas italiens, empruntaient des lazzi, utilisaient des masques dans leurs œuvres. Molière, Regnard ainsi que la plupart des auteurs français du XVIIIe siècle profitèrent, à des degrés divers, de la renommée des improvisateurs. Cette pénétration de toute une civilisation par une mythologie théâtrale étrangère est un exemple rare de greffe totalement réussie. Elle n'a été possible que grâce au succès et au climat théâtral favorable que les comédiens italiens rencontrèrent en France.

Par la suite, l'analyse de ce que P.-L. Duchartre appelle les «résonances» tend un piège familier à ce type d'études : on trouverait «de la commedia dell'arte» dans toutes les œuvres théâtrales, et nous nous essouflerions à guetter les frottis des influences. Ce qui est clair, c'est que le jeu sur tréteaux imposa ses formes au théâtre forain, voire au mélodrame. Et que, issus de la rue, les types de l'*arte* faisaient le bonheur des bourgeois du XVIIIe siècle qui s'amusaient, dans les salons, des *parades* coquines de Gueullette et de Beaumarchais.

Page de titre des Compositions de rhétorique *de Don Arlequin, pseudonyme de Tristano Martinelli. Francisé, ce héros reçut les honneurs d'Henri IV et contribua grandement à la pénétration de la* commedia *dans le royaume. (Phot. Bibliothèque nationale, Paris © Photeb.)*

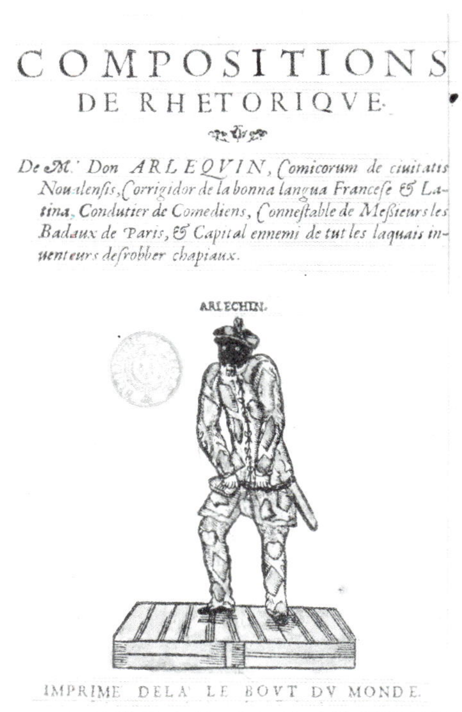

La Sérénade de Pantalon, *peinture anonyme de la fin du XVIe siècle, inspirée sans doute par la troupe des Gelosi. Un décor simplifié permet de développer un «canevas» connu, la scène de séduction du seigneur Pantalon. Celui-ci, juché sur un cheval (Arlequin), aidé d'un zanni qui lui lit son «protocole amoureux», tente de séduire la jeune Lucia. (Drottningholms Teatermuseum, Stockholm. Phot. © du musée / Photeb.)*

Du réel aux formes artistiques

Par ses origines et les types qu'elle met en scène, la *commedia dell'arte* puise ses inventions dans un substrat populaire. Pour chaque personnage, il est possible de trouver dans la réalité historique une somme d'éléments qui l'ont nourri et le justifient encore aujourd'hui. Pandolfi montre comment les premiers *zanni* épousent la dimension sociale des faquins bergamasques (de *facchino*, «porteur»), ces montagnards des vallées entourant Bergame, venus en ville pour y chercher fortune et devenus des porteurs de malles subissant les moqueries et les colères des autochtones qui supportent mal cette concurrence. De même, nous pouvons chercher dans le premier costume d'Arlequin ce qui rappelle des haillons où sont toujours cousues quelques pièces disparates. Certains vont même jusqu'à interpréter la couleur noire de son étrange masque comme la survivance de traces de suie qu'auraient portées sur le visage les travailleurs du nord de l'Italie. Parmi les formes du langage, la multiplication des dialectes, à elle seule, prouve assez l'ancrage des personnages dans les différentes provinces italiennes. Et ce n'est pas pour rien que le capitan est le plus souvent étranger (espagnol surtout), dans une Italie déchirée par les guerres.

Mais les référents changent et, avec eux, notre perception du type. L'insatiable appétit d'un Brighella ou d'un Arlequin, qui fait tant rire aujourd'hui, renvoyait peut-être à la faim énorme, quasi primitive, de celui qui connaît les privations quotidiennes. Les premiers *zanni* étaient, dit-on, grossiers, brutaux, dangereux dans leurs excès, paresseux, insolents et agressifs, bestiaux quand ils se souvenaient de leurs origines carnavalesques. C'est pourquoi si les rapprochements littéraires avec l'esclave plautien ou le valet de la comédie savante sont toujours bons à faire, ils ne doivent pas oblitérer l'énergie première de caractères surgis directement du contact avec le vécu d'une population. Le problème particulier que pose la *commedia dell'arte* (car, quoi qu'il arrive, le référent de toute œuvre artistique est nécessairement perçu différemment en fonction des époques) c'est que la fixité de ses formes n'est pas garantie par un texte littéraire mais par la permanence de ses types. Les types sont par essence capables de se répéter, puisque leur «caractère» est permanent. Or ils sont interprétés par des comédiens différents qui improvisent devant des publics différents, dans le but d'obtenir à chaque fois un contact exceptionnel avec les spectateurs. Le succès des premières compagnies du XVIe siècle les attira dans des pays étrangers, devant des audiences nouvelles, et les amena à se frotter à d'autres cultures. Il est probable que l'interprétation se raffina, devint de plus en plus brillante et que les comédiens, à mesure qu'ils rodaient les masques dont ils avaient la charge, étaient tentés de les améliorer, de les modifier en conséquence. Cette évolution normale et souhaitable de tout art devient une menace quand les acteurs, ayant perdu tout contact avec les figures originales, reproduisent mécaniquement des formes artistiques qui se vident de leur sens. On voit quels sont les dangers qui guettent l'*arte*, tiraillée entre les excès d'une tradition qui engendre la sclérose et les appels d'une réalité immédiate dont l'idéologie ne cadre pas à tout coup avec les racines populaires qui demeurent le moteur initial et le meilleur rempart contre les excès de la virtuosité ou du cabotinage. Certes, il aurait été inutile de vouloir maintenir à tout prix une sorte de «pureté» des premiers types désormais entrés dans la mythologie théâtrale. L'Arlequin de Cézanne, ou celui de Picasso, existent pour eux-mêmes, tout comme au XVIIIe siècle l'Arlequin de Marivaux, francisé et policé, venait s'ajouter à ses frères plus rustiques. Simplement, comme le théâtre contemporain se tourne volontiers vers la *commedia dell'arte* pour y puiser de nouvelles forces, ne confondons pas l'image romantique du Pierrot des pantomimes récentes et celle, phallique et colorée, du *zanni* des origines.

Puisque le jeu improvisé est en premier lieu création de l'acteur, c'est à lui que nous devons au fil des années l'apport d'une vigueur nouvelle dans l'enrichissement d'un personnage. De ce point de vue, le travail récent du Théâtre du Soleil dans *L'Age d'or* est une réussite exemplaire dans la mesure où la troupe, nourrie d'un long travail sur la tradition de l'*arte*, donna à ses personnages une dimension très contemporaine et profondément juste. Faire d'Arlequin un travailleur immigré donnait un nouveau contenu au type et permettait de renouer sans dissonance avec les origines. Les ébahissements et les appétits du personnage traditionnel produisaient à nouveau du sens et de l'émotion. La situation *moderne* décrite et dénoncée trouvait, comme naturellement, échos et résonances dans un passé enfin décapé de ses couches successives d'esthétisme. La vie de la *commedia dell'arte* est à ce prix : elle reste capable d'échapper au musée chaque fois que dans le moule du type, se glissent des comédiens prêts à entamer un vrai dialogue avec *leur* public.

Ferruccio Soleri, l'Arlequin de Arlequin, serviteur de deux maîtres, *de Goldoni, par le Piccolo Teatro de Milan, mise en scène de Giorgio Strehler (Paris, Odéon, 1977). On a dit d'Arlequin qu'il était «toujours en l'air». La virtuosité et les qualités acrobatiques des acteurs italiens qui ont pris en charge le personnage d'Arlequin restituent tout à fait la tradition de la* commedia dell'arte *et sont parfaitement illustrées par cette photographie. (Phot. © Claude Bricage.)*

Goût du spectacle aux XVIe et XVIIe siècles : un théâtre populaire et savant

En France, l'histoire de la littérature dramatique, parfois confondue avec l'histoire du théâtre, impose généralement le classicisme comme modèle. Les formes qui ne se plient pas aux exigences de la régularité ou qui dénotent un goût affirmé pour le spectaculaire restent souvent à demi ignorées, du moins dans la tradition scolaire. Des dramaturgies d'une importance considérable, qui cristallisent les goûts de plusieurs pays d'Europe dans le dernier quart du XVIe siècle et au début du XVIIe siècle, ne semblent reconnues qu'à travers des individualités exceptionnelles. Nous entérinons alors la grandeur de Shakespeare, nous saluons Lope de Vega, sans toujours faire le lien logique avec la réalité des appétits d'un important public pour lequel des générations de dramaturges travaillèrent en contact étroit.

Des formes narratives complexes à la liberté affirmée, des intrigues aux situations fortement dramatisées, un langage cru et pourtant recherché, des grands moments spectaculaires sont les dénominateurs communs de tragédies et de tragi-comédies pathétiques et sanglantes qui firent le bonheur de larges catégories de spectateurs. Nous ne regrouperons pas sous l'étendard discutable et un peu fatigué du *baroque* des œuvres diverses, obéissant à des chronologies décalées de plusieurs dizaines d'années. Les voisinages dramatiques suggérés ici reflètent en premier lieu une époque où l'enthousiasme pour le théâtre grandit et où se mettent en place des structures architecturales et scéniques encore vivantes aujourd'hui.

Evolution des conditions matérielles

En l'espace d'une cinquantaine d'années, un grand nombre de théâtres fixes se construisent en Italie, en Angleterre, en Espagne et en France. Tous n'ont pas la même importance, ils diffèrent par leur architecture ou par les principes esthétiques qui les ordonnent, mais ils apparaissent pratiquement en même temps dans des pays pourtant éloignés l'un de l'autre à l'époque. C'est assez dire qu'ils répondent à un besoin, et que l'investissement financier que de tels bâtiments représentent dénote un réel engouement des autorités et du public.

Pendant le XVIe siècle, beaucoup de troupes jouaient dans des salles de hasard. Les représentations restaient un événement occasionnel, la manifestation culturelle d'un collège ou d'une université, le divertissement d'une cour. Mais dans la seconde partie du siècle, les troupes professionnelles se multiplient ; être comédien est un métier, la plupart du temps décrié ou condamné par les autorités religieuses, mais tout de même un métier. Puisque la représentation théâtrale est en passe de devenir une habitude, du moins dans les grandes villes, il faut que les troupes puissent s'installer dans des salles convenablement équipées, prévues pour accueillir un public nombreux. Quand les compagnies ne sont pas attachées à un seul théâtre, plusieurs salles accueillent successivement leurs spectacles, comme c'est le cas en Angleterre. En 1576 est construit à Londres le premier théâtre anglais *(The Theatre)* suivi notamment de 1587 à 1613 de *The Rose* (1587), *The Swan* (1595), *The Globe,* qui abrita Shakespeare (1596), *The Fortune* et *The Hope*. En Italie, Palladio construit en 1585 le théâtre Olympique de Vicence, en 1628 le théâtre Farnèse voit le jour à Parme. Les dates d'apparition de ces premiers théâtres coïncident avec celles des théâtres espagnols. Le *Corral de la Pacheca* est fondé à Madrid en 1583, le *Corral de la Cruz* en 1584. En France, le théâtre de l'Hôtel de Bourgogne date de 1548, mais les Comédiens du roi ne s'y installent en partie qu'en 1599, alors qu'il faudra attendre 1632 pour voir la fondation du théâtre du Marais.

A cette multiplication de scènes fixes correspond l'envie d'améliorer l'aspect visuel de la représentation. C'était jusque-là un souci quasiment impossible à réaliser pour les troupes itinérantes au matériel limité. Les grands événements spectaculaires relevaient surtout des fêtes (entrées princières et royales, tournois) et des ballets de cour. Les architectes et les ingénieurs italiens

Le théâtre Olympique de Vicence, construit par Palladio en 1580 sur le modèle des théâtres antiques (la scène). Palladio reprend le «mur» antique, qu'il orne superbement et dans lequel il ouvre des portes donnant sur des rues en perspective. Chaque entrée de rue est bordée par une maison utile au jeu des comédiens et par des monuments à l'antique. Deux autres rues, non visibles ici, partent à droite et à gauche de la scène. (Phot. © Federico Arborio Mella/Photeb.)

allaient rapidement rattraper le retard qu'avait pris le spectacle dramatique.

Tout comme les acteurs deviennent «professionnels», certains auteurs dramatiques ne se bornent plus à exercer leur activité de plume en humanistes éclairés, pour le plaisir ou avec des arrière-pensées pédagogiques. Des troupes s'attachent parfois un auteur qui subit alors, au même titre que les acteurs, les vicissitudes de la représentation. Mieux conscients de la réalité scénique, directement en contact avec le public, ces auteurs qui écrivent pour être joués sont parfois tenus de produire à un rythme accéléré. Une telle fécondité surprend aujourd'hui où nous tenons en haute estime le «chef-d'œuvre», rare par essence, et plus ou moins mythifié par l'idée d'inspiration.

Quand ils écrivent au jour le jour pour répondre aux besoins de la troupe, les poètes dramatiques développent les mêmes thèmes, reprennent des intrigues qu'ils connaissent déjà bien, raniment leur imagination au contact des acteurs et actrices qu'ils voient jouer, quand ils ne jouent pas eux-mêmes. Car certains d'entre eux exercent directement (ou ont exercé) le métier de comédien, comme c'est le cas pour Shakespeare. De Lope de Vega, nous avons gardé 468 *comedias* sur les 1 800 qu'il aurait composées. Ces chiffres se ramèneraient à 120 sur 600 pour Calderon. Alexandre Hardy, poète français des Comédiens du roi, déclare en 1628 avoir composé 600 pièces, dont 34, imprimées, sont parvenues jusqu'à nous. Rotrou, son successeur à l'Hôtel de Bourgogne, écrit encore 21 pièces en huit ans, de 1628 à 1636, lorsqu'il est poète à gages. Cette fécondité forcée n'empêche pas les auteurs de se mêler à la vie littéraire de leur époque, de se tenir au courant des modes, et d'être des adeptes du «beau style». Les élisabéthains cultivent volontiers les effets rhétoriques, Lope de Vega développe le style «cultivé», Rotrou et ses contemporains prisent pointes et métaphores. Bien qu'ils travaillent souvent sur commande et soient tenus de plaire à un public assez varié, bien qu'ils soient en prise directe sur les effets scéniques, ils ne négligent jamais le langage et ses hardiesses. Voilà donc un phénomène rare; des écrivains atteignent différentes catégories de spectateurs par l'intermédiaire de compagnies ambulantes, tout en suivant le goût des cours, en partie par attirance, en partie afin d'être politiquement et financièrement protégés. Que leur outil d'expression soit le théâtre est significatif de ces rencontres privilégiées qui ont donné naissance à de grands dramaturges.

Il arrive que des liens accidentels se tissent entre des dramaturgies nationales qui se développent dans des contextes politiques différents. Parfois, c'est une façon commune de résoudre les problèmes de la scène. Mais, plus que tout, un vent de liberté, un esprit d'indépendance servent ces grandes créations.

Violence et scènes sanglantes

L'Angleterre humaniste connaît une certaine liberté de pensée. Les pouvoirs des aristocrates diminuent en proportion de l'affirmation de la monarchie absolue. Une nouvelle classe bourgeoise s'affirme. En France, une période agitée qui durera jusqu'à la Fronde (1652) se poursuit. Les affrontements entre les féodaux et le pouvoir central retiennent l'attention, et, de la fin de la féodalité à l'établissement de la monarchie absolue, le jeu des pouvoirs évolue dans un contexte incertain. En Espagne, Lope de Vega se place en arbitre de la lutte entre les tyrans locaux et le monarque, dans l'espoir qu'un pouvoir unique favorisera les classes laborieuses et diminuera les injustices. Plongés dans des univers mouvants, pratiquement tous en contact avec les couches populaires du public, mais ouverts aux influences savantes venues des humanistes, les dramaturges élaborent des œuvres qui ne perdent pas de vue les nécessités du spectacle. Ce sont ces tendances communes, inégalement exploitées et traitées avec une profondeur variable, qui caractérisent les œuvres qui occupent les scènes de l'époque.

On a parfois parlé de «mauvais goût» pour définir un théâtre attiré par la violence, comme si les sujets qui occupaient le centre des intrigues relevaient du pur caprice ou d'une mode insolite. Certes, les tragédies politiques de Shakespeare comme les tragédies de la vengeance de Tourneur ou de Hardy abondent en violences, en sang versé. A la source de toutes les inspirations, on retrouve d'ailleurs plus souvent Sénèque que les tragiques grecs, et ce n'est pas un hasard. Ecrivant lui-même à une époque tourmentée, sous Claude et Néron, Sénèque maquillait à peine les sujets mythologiques pour évoquer les passions qui l'entouraient. De même, les sujets sanglants attirent ceux qui s'essaient au drame, à la tragédie ou à la tragi-comédie, plus à la mode en France vers 1630. Etalés sans hésitation sur scène, crimes affreux, viols, tortures physiques, vengeances et cruautés composent une horrible suite d'images traitées avec crudité, voire avec complaisance. Dans *Scédase*, de Hardy, les corps des deux jeunes gens qui se sont rendus coupable d'un double viol sont jetés dans un puits. Dans *Crisante*, de Rotrou, l'héroïne se venge elle-même de son violeur en obtenant sa tête, qu'elle jette ensuite sur scène aux pieds de son mari. Au-delà d'une propension grand-guignolesque à montrer avec réalisme des cruautés excessives qui font parfois sourire le lecteur moderne déconcerté (car qui monte aujourd'hui ces pièces?), il faut s'interroger sur la force tragique d'une violence ainsi exprimée au théâtre.

Les condamnations définitives qui se sont succédé au cours des siècles doivent beaucoup trop au goût classique qui s'impose par la suite. Pendant des générations, un vague dédain s'est installé pour une soif d'émotions et un goût du pathétique rarement pris aux sérieux. Ce théâtre de sang et de larmes, parfois macabre et grandiloquent, ne peut pourtant être jugé que dans son cadre originel : on prend conscience alors qu'il ne s'agit pas d'une mode complaisante du «tout est permis», mais du reflet des incertitudes et des craintes de sociétés qui s'interrogent sur leur devenir et connaissent le vertige de dures batailles pour le pouvoir. Les hommes dont il est question dans ces œuvres ne sont pas ceux dont la «psychologie éternelle» séduira des générations de critiques. Ce ne sont pas davantage ceux qui subissent avec grandeur l'écrasement inéluctable du destin tragique. Sou-

Frontispice du Théâtre, *d'Alexandre Hardy, tome IV, 1626 (Bibliothèque nationale, Paris). Les vignettes illustrent des scènes caractéristiques d'œuvres contenues dans le volume. Noter le caractère spectaculaire de celles consacrées à Daïre et à Aristoclée, où la violence meurtrière constitue le ressort du drame et ne craint pas de s'afficher. (Phot. © Bibl. nat./Photeb.)*

Illustration pour la Fable d'Orphée *(*Favola di Orfeo, *1480), poème dramatique d'Ange Politien. «Nous l'avons découpé membre à membre Si bien que le sol est baigné de son sang», disent les Ménades qui ont mis Orphée à mort. La représentation théâtrale n'exclut pas le spectacle de la violence. (Fonds Rondel, Bibliothèque de l'Arsenal, Paris. Phot. M. Didier © Photeb.)*

mis aux incertitudes du sort, flottant dans un monde complexe qu'ils s'évertuent à déchiffrer, en proie à la violence des passions et aux vicissitudes de la fortune, ils cherchent et se défendent, sombrent et se plaignent, se lamentent puis se vengent, mais finissent par *agir*. Cette fascination de l'action s'exerce sur des héros et des héroïnes qui cherchent à se définir par leur vitalité, au milieu d'une réalité à laquelle ils ne sont pas en mesure de faire totalement confiance. Parallèlement aux épisodes sanglants, ou parfois en même temps, car les genres dramatiques ne sont pas nettement séparés, fleurissent les thèmes romanesques. Les motifs de l'amour et de l'honneur se rencontrent dans les *comedias* espagnoles. Les thèmes amoureux trouvent un épanouissement original dans les pastorales du Tasse (son *Aminta* est représentée à Ferrare en 1573) et de Guarini *(Il Pastor fido)* qui créent des modèles de lyrisme amoureux au sein d'une nature accueillante. Dans des intrigues d'une délicate poésie, bergers et bergères se poursuivent de leurs feux, se dérobent, s'aiment ou hésitent à s'aimer. Tout un courant précieux traverse ainsi le théâtre. Les intrigues des pastorales françaises qui triomphent à l'Hôtel de Bourgogne, en même temps que les tragi-comédies, constituent de véritables «chaînes amoureuses». Elles exerceront par la suite une influence décisive sur l'ossature de certaines tragédies, notamment de Racine.

Romanesque et préciosité ne sont pas absents des œuvres élisabéthaines. Shakespeare combine lui aussi des intrigues à rebondissements où l'imagination jubile, notamment dans *Périclès, Cymbeline, Un conte d'hiver*. Souvent organisée autour d'une quête fertile en péripéties (naufrages, rencontres inattendues, scènes de reconnaissance), l'intrigue romanesque se caractérise par la diversité et l'épaisseur de ses ramifications.

Des intrigues complexes

Le goût narratif fait la part belle à l'abondance des propositions, à la multiplication des facettes du récit. Toujours complexes, les intrigues caractéristiques de la *comedia* espagnole, puis de la tragi-comédie ou même de la pastorale, épousent les méandres d'événements multiples qui rebondissent sans cesse. Souvent tributaire du hasard, qui en est le moteur essentiel, ignorant les frontières géographiques et les lois de la vraisemblance, l'action déroule ses volutes inattendues et tourmentées comme pour le plaisir. Les auteurs mêlent allègrement le sérieux et le comique, font alterner une scène bouffonne au langage populaire et une scène héroïque où le ton se hausse au moment où on ne s'y attend pas. La surprise

Le théâtre Farnèse à Parme. Ce théâtre fut construit en 1618 par Aleotti qui s'inspira du travail réalisé par Palladio à Vicence. Le public est disposé sur des gradins étagés en demi-cercle. Le prince et sa cour prennent place dans l'hémicycle, au pied des gradins. (Phot. © Federico Arborio Mella/Photeb.)

Une des cinq illustrations de l'édition originale de La Silvanire, *de Jean Mairet, pastorale publiée en 1631 à Paris. L'image recompose, dans une unité factice, les principaux éléments de l'acte : des bergers devisant, plusieurs scènes champêtres, une chasse au cerf. La place du soleil, d'image en image, est le signe de la durée.* La Silvanire *est une des premières pièces qui respectent la règle des vingt-quatre heures. (Bibliothèque nationale, Paris. Phot. © Bibl. nat./Photeb.)*

Manuscrit de Titus Andronicus, *de Shakespeare, copié et illustré par Henri Peachum, 1595 (coll. The marques of Bath, Longleat). L'illustration est intéressante pour les costumes des personnages, mais aussi pour leurs attitudes et leur gestuelle. (Phot. © Courtauld Institute of Art, Londres/Photeb.)*

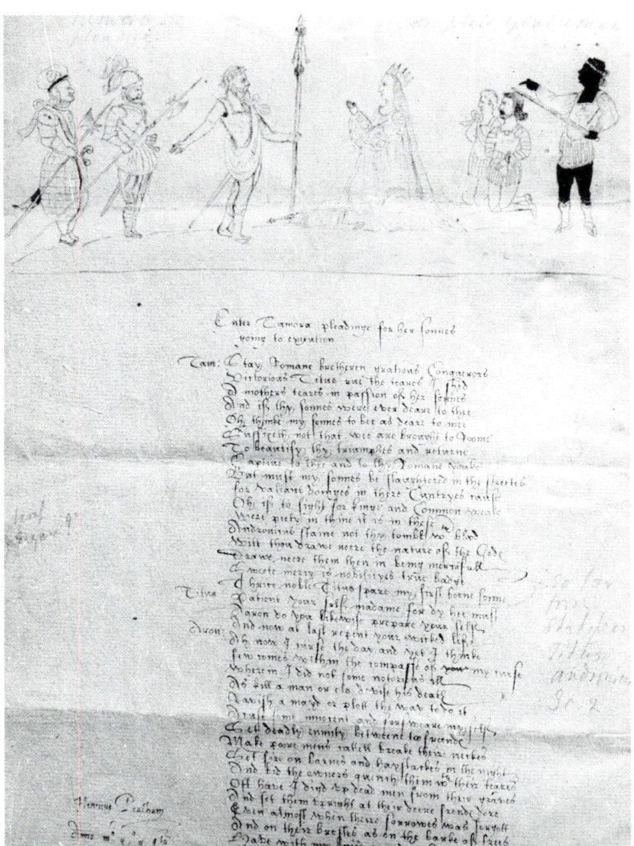

Le nouvel art de faire des comédies

Lope de Vega contre les règles : le classicisme ne s'est pas imposé sans difficultés.

... Je suis revenu à mes habitudes barbares, et, lorsqu'il me faut composer, j'enferme les règles à triple verrou ; de mon cabinet je chasse Plaute et Térence, pour m'éviter leurs cris (car il arrive que la vérité crie dans des livres muets) et j'écris selon l'art inventé par ceux qui aspirèrent aux applaudissements du public. Puisque aussi bien c'est le vulgaire qui paie, il est juste de lui parler dans sa propre langue et selon ses goûts (...).

En mêlant le tragique au comique, Térence à Sénèque, il en résultera une sorte de monstre semblable au Minotaure de Pasiphaé, et vous aurez une partie sérieuse et une autre divertissante. Cette variété plaît beaucoup. La nature même nous en donne l'exemple, car c'est de sa diversité qu'elle tire sa beauté.

Prenez soin que la fable n'ait qu'une seule action, en évitant par tous les moyens les épisodes. Je veux dire : qu'elle ne s'embarrasse point d'éléments sans rapport avec le sujet principal, de façon qu'on ne puisse lui ôter aucun membre sans renverser l'ensemble. Il n'est pas nécessaire de limiter l'action du lever au coucher du soleil, bien qu'Aristote le conseille — mais nous avons déjà dérogé en mêlant le discours tragique à l'humilité du comique. Toutefois, il convient d'enfermer la pièce dans le temps le plus court possible, sauf lorsque le poète compose une histoire s'échelonnant sur plusieurs années. Dans ce cas, l'auteur pourra placer les grands espaces de temps dans les entractes ; il agira de même si l'un des personnages doit voyager. Ces choses offensent fort les connaisseurs. Eh bien ! que ceux qu'elles offensent n'aillent point voir nos comédies !

Combien de ces spectateurs-là se signent de stupéfaction en voyant que des années s'écoulent dans une action qui doit tenir artificiellement l'espace d'une journée. En effet, on ne lui a pas même accordé la durée mathématique d'un jour. En considérant que l'impatience d'un Espagnol assis au spectacle ne se satisfait que si on lui présente en deux heures tous les événements de la Genèse au Jugement dernier, je conclus pour ma part que s'il importe vraiment de plaire au spectateur, tous les moyens sont bons pour y parvenir (...).

Mais à nul autre je ne peux appliquer le terme de barbare mieux qu'à moi, puisque j'ose donner des préceptes contre l'art et, me laissant emporter par le courant du vulgaire, risque d'être traité d'ignorant par l'Italien et le Français. Qu'y puis-je, d'ailleurs, si l'on compte qu'avec celle que j'ai terminée la semaine dernière j'ai composé quatre cent quatre-vingt-trois comédies ? Or, à l'exception de six d'entre elles, toutes ont péché gravement contre l'art. N'importe ! je défends ce que j'ai écrit, et considère toujours que si mes pièces, écrites d'autre façon, eussent été meilleures, elles n'auraient pas eu le succès qu'elles ont obtenu auprès du public. Ce qui semble souvent s'opposer à la loi est, par là même, ce qui séduit le plus (...).

Ecoutez bien et ne discutez plus des choses de l'art. En écoutant les pièces, on trouve moyen de tout connaître.

Lope de Vega,
Arte nuevo de hacer comedias, 1609.
Traduction de Juan Penalver.
Théâtre populaire, juillet-août 1954, n° 8.

naît des rebondissements et des rencontres, des nombreux travestissements dont les effets sont redoublés par les jeux sur le langage. Les héroïnes endossent volontiers les habits masculins, et l'ambiguïté s'accroît lorsque, sur les scènes anglaises, elles sont interprétées par des hommes.

Ces effets, si prisés aujourd'hui chez les grands élisabéthains dont on admet que les clowns, forts de leur obscénité tranquille et de leur sagesse insondable, s'emparent de la scène par intermittence, ont parfois été critiqués chez des auteurs «mineurs» accusés, par un bizarre retournement de l'Histoire, de pécher contre le goût classique avant même qu'il n'ait triomphé partout. Certes, victime de ses inventions et de ses raffinements excessifs, il arrive que ce théâtre sombre dans la répétition machinale de recettes éprouvées. Les fièvres artificielles d'une imagination devenue incapable de se prêter à toutes les surenchères engendrent la sclérose. Pourtant, en dépit des ressassements et des échecs, ces formes théâtrales ont eu le temps d'échapper aux cadres conventionnels de l'invention. En s'appuyant sur un langage coloré et sur des personnages authentiquement populaires,

Amphithéâtre temporaire construit à Bologne en 1627, miniature extraite du recueil Insigna degli Anziani *(Archivio di Stato, Bologne). Dans cet exemple tardif de construction provisoire plus courante au début du XVIe siècle, on remarque que le décor s'intègre au théâtre lui-même. La plus grande partie du public s'amasse devant la scène, alors que des loges et des échafaudages sont prévus sans doute pour les privilégiés. Cette manifestation à caractère exceptionnel s'insère dans le cadre urbain et disparaît après la fête. (Phot. Foto Villani © Photeb.)*

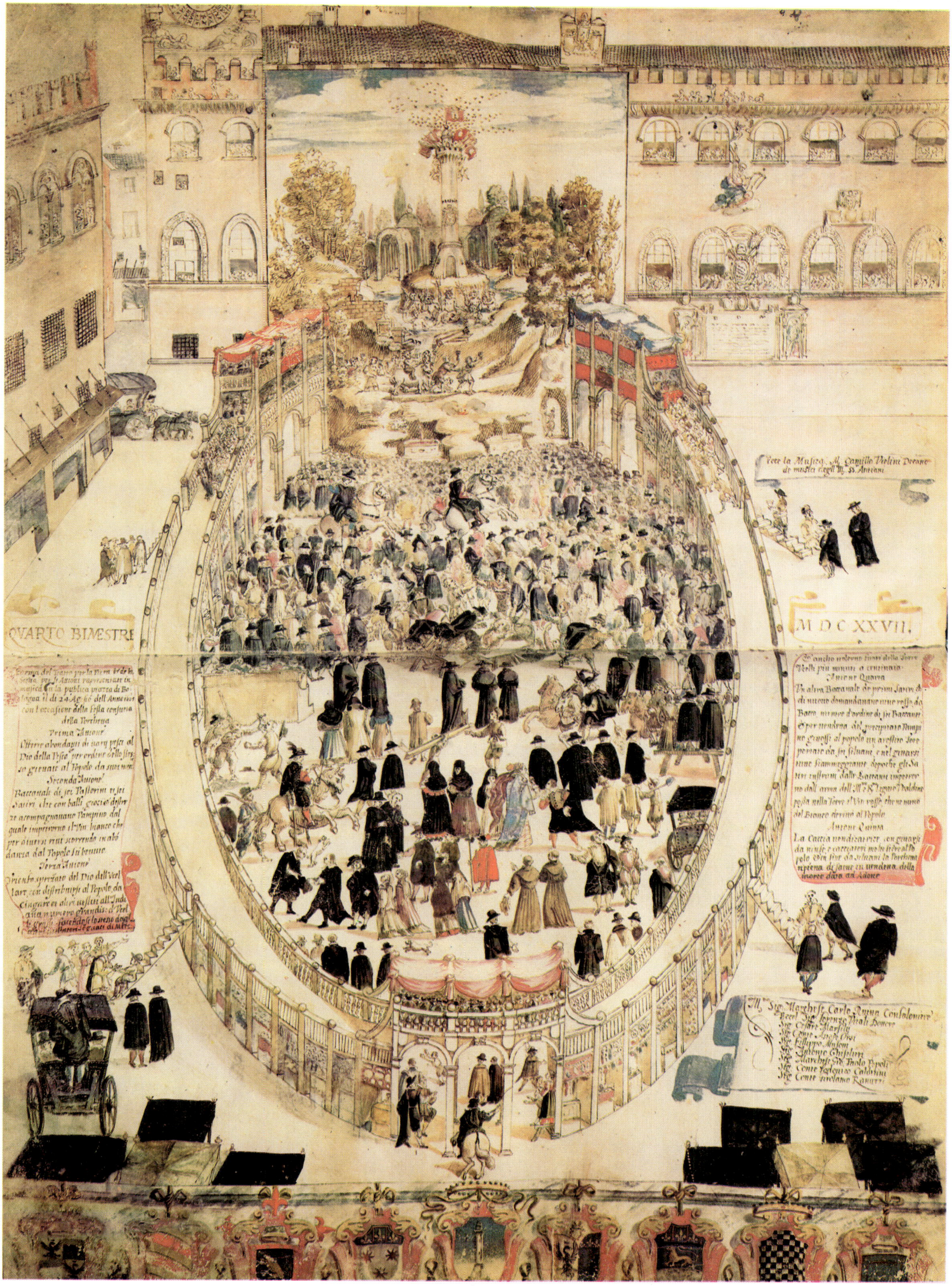
QVARTO BIMESTRE
M D C XXVII

elles ont donné naissance à un univers cohérent. Pas tout à fait aristocratique en dépit de la prise en compte des goûts plus raffinés des cours, pas encore bourgeoise grâce à ses thèmes et à une force dramatique neuve, une scène complexe à l'image du monde impose son existence. Avec ses lieux de prédilection ou de convention, ses bois, ses déserts, ses ermitages et ses palais, mais aussi avec ses tavernes, ses rues, telle boucherie de la rue Saint-Jacques à Paris ou telle vigne de Suresnes. Cette grande scène du monde se réduit aux murs étouffants du «palais à volonté» quand, renonçant aux jeux et aux miroitements de la surface (mais ne s'agit-il vraiment que de surface ?), l'œil du prince se recentre en direction du «moi» pour y tenter de grandes plongées. Chez les élisabéthains, chez les «préclassiques» français comme chez Lope de Vega, l'action théâtrale suit un rythme heurté, change de lieu vite et souvent. Il arrive qu'elle se développe suivant plusieurs «fils» qui s'entrecroisent, se télescopent et se rassemblent enfin. Si la représentation se donne pour objectif de suivre ces impératifs narratifs de très près, il faut qu'elle utilise un dispositif scénique assez souple pour que les scènes s'enchaînent ou pour que les changements de décor ne prennent pas trop de temps. Quand les décors n'existent pas, un système commode de conventions peut prendre en charge la désignation des lieux. Dans tous les cas, les choix scéniques prennent une importance capitale au moment où sont construits des théâtres fixes et où l'attrait du spectaculaire s'impose comme une composante importante de l'esthétique de la représentation.

Le principe du décor à compartiments juxtaposés, qui rassemble sur une même scène les principaux lieux utiles au déroulement de l'action, est mis en question par les théoriciens humanistes, qui recommandent de s'inspirer des Anciens. A ce titre, ils récusent des modes de représentation qu'ils jugent sommaires et surtout peu «naturels». Et, tandis que coexistent des solutions scéniques différentes, adaptées aux nécessités nationales ou locales, la scène à l'italienne, formidable machine à produire l'illusion, naît au XVIe siècle d'une volonté savante de trouver un principe d'unité qui puisse satisfaire les nouvelles exigences du *naturel*. Puis elle connaît la fortune que l'on sait et envahit l'Europe.

Naissance de la scène à l'italienne

Pendant la Renaissance italienne, les théoriciens recommandent d'imiter les Anciens aussi bien dans le domaine de la construction des théâtres qu'en littérature. En 1486, une édition de Vitruve par Sulpicio da Veroli diffuse les idées de cet architecte romain du siècle d'Auguste. Quand Palladio, admirateur de Vitruve, construit en 1585 un théâtre «à la romaine», l'Académie Olympique de Vicence, c'est avec l'espoir de satisfaire aux idées nouvelles. D'autre part,

Un théâtre baroque à Munich au XVIIe siècle : représentation d'opéra donnée pour le prince héritier de Bavière en 1662 (Theater Museum, Munich). Noter l'effet de perspective créé par le décor avec ses pilastres et son plafond à caissons, et l'importance du cadre somptueux qui enchâsse la scène dans un monde imaginaire – celui du spectacle – nettement différencié du monde réel qu'est la salle. *(Phot. © Giancarlo Costa/Photeb.)*

Le théâtre dans le théâtre : la réalité et les apparences

Le jeu de la réalité et des apparences : les dramaturges s'affirment maîtres de l'illusion.

Le théâtre dans le théâtre est un procédé familier aux dramaturges «baroques». Fréquent en Espagne et en Italie, il se développe aussi dans de nombreuses œuvres élisabéthaines et enchante les dramaturges français de 1630. Son existence se fonde sur le trompe-l'œil, sur un entrelacement entre le jeu des apparences et la réalité. La représentation se donne comme appartenant au monde réel au moment où une partie des acteurs cessent de «jouer» pour devenir spectateurs et contempler une autre scène qui, par son déroulement même, fait mine d'annuler le spectacle originel dont dépend pourtant son existence. L'enchâssement provoque soit un renforcement de l'effet de réel (les spectateurs de la salle voient leur existence confirmée par celle de faux spectateurs présents sur scène, «adossés au réel» (Michel Grivelet), soit une inquiétude qui peut aller jusqu'au vertige. L'identité des spectateurs de la salle est mise en doute, puisque les spectateurs qu'ils contemplent, occupés à les mimer, ne sont que des «personnages».

Au point de vue philosophique, cette interrogation sur la réalité et les apparences appartient à une tradition issue de la mythologie antique et à l'idée d'un dieu trompeur capable d'envoyer aux hommes des songes qui les fourvoient. Même quand l'existence d'une réalité est admise en tant que telle, indépendamment de notre perception, elle peut cependant être modifiée ou faussée, soit par les dieux, soit par nous-mêmes. C'est pourquoi une réflexion sur le théâtre dans le théâtre gagne à être située dans le contexte plus vaste de dramaturgies qui ne cessent d'interroger cette perception de la réalité, et à jouer de toutes ses déformations (comme pour voir jusqu'où il est possible de lui «donner du jeu») au point d'amener ses personnages à s'interroger sur leur existence ou sur leur identité. Le théâtre dans le théâtre n'est parfois rien d'autre que l'inscription d'un jeu, d'un stratagème, d'une tromperie ou d'un déguisement dans une forme dramatique ritualisée qui l'officialise. Le songe, la folie, l'erreur, l'illusion, toutes les formes de méprise des sens relèvent indirectement de la problématique du théâtre dans le théâtre.

Le songe, *notamment le songe prémonitoire, connaît une grande vogue, jusque dans la tragédie classique. Que faire de ces prémonitions et de ces révélations si la vie elle-même n'est qu'un songe, faite de nos rêves ? En contrepoint à une tradition qui fait rimer* songe *avec* mensonge, *il arrive que le rêve soit présenté comme le plus sûr garant de la vérité, comme le meilleur véhicule de l'authenticité, surtout quand les moyens de connaissance fondés sur la raison se sont révélés décevants.*

La folie *dans laquelle sombre un personnage à la suite d'un événement malheureux l'entraîne à se conduire en fonction d'une perception déformée du monde, soit par exemple parce qu'il se croit mort, soit parce qu'il se prend pour un autre. Il interprète alors le monde dans lequel il vit en fonction de son univers intérieur. Tout comme le songe peut devenir vérité, la descente au plus profond de la folie peut conduire à la guérison par l'intermédiaire de véritables psychodrames cathartiques. Mais il arrive aussi que la folie soit feinte, qu'elle soit jeu (donc une forme de théâtre dans le théâtre) afin d'abuser d'autres personnages ou de leur révéler une vérité (un aveu d'amour, par exemple) à moindres risques.*

L'erreur et l'illusion *: outre le quiproquo (qui consiste littéralement à prendre* ceci *pour* cela*), ressort banal de la comédie, certaines erreurs, plus tenaces, portent sur l'identité de personnages provisoirement déguisés ou, incertitude fatale, qui se ressemblent par une fantaisie de la nature (thème des sosies). Les erreurs se produisent à la suite de fausses annonces, de renseignements erronés, de perceptions faussées (par exemple, la mort apparente), d'interprétations contradictoires.*

Tout ce qui ne relève pas de la pure raison inquiète et intéresse les dramaturges, et se trouve utilisé comme autant de clés pouvant être utiles à la compréhension d'un monde toujours ressenti comme opaque.

les décors multiples ou juxtaposés, pas plus que l'ancien système des mansions, ne répondent à l'exigence d'unité qui convient aux représentations de comédies antiques ou érudites. Les théoriciens se tournent vers la peinture italienne en pleine évolution et s'intéressent à la perspective (l'*ars perspectiva* des humanistes, c'est-à-dire l'art de figurer les objets comme si on les «voyait à travers» le plan où ils sont représentés). C'est ainsi que la «scénographie», art de peindre la scène, devient l'art de mettre les objets en perspective, et donc d'ordonner les différents éléments d'une scène dans une vision unificatrice. Un autre architecte, Serlio, jette les bases de la «perspective scénographique» dans son *Second livre de perspective*, publié à Paris en 1545. Il construit tout d'abord des théâtres provisoires de bois, comme celui de la cour du palais de Vicence qui date de 1540. Ses constructions répondent à deux principes. En premier lieu, il s'agit de maintenir des espaces qui distinguent et séparent les lieux représentés, de manière que ces espaces apparaissent comme de *vraies* distances ; dans le décor simultané, tout au contraire, les compartiments se touchent, ou les distances qui les différencient ne tiennent pas compte des espaces réels qui devraient exister entre eux. En second lieu, il faut créer un milieu propre à la représentation, en complète rupture avec celui où se trouvent les spectateurs. Dans la scène frontale comme dans le théâtre en rond, un contact direct existe entre la scène et la salle ; c'est cette relation qu'il faut maîtriser en créant une séparation nette entre les deux univers.

Ce que nous appelons aujourd'hui la scène comporte dans les théâtres de Serlio deux parties distinctes : une sorte d'avant-scène, ou proscenium, réservée au jeu des acteurs, peu profonde et horizontale. Et une arrière-scène dont le plancher s'élève à mesure qu'il s'éloigne. C'est sur ce plancher que sont construits les décors *en perspective*, destinés à obéir au premier principe énoncé. Car en installant une impression de profondeur, la perspective crée des distances illusoires sur la scène ; comme le dit Pierre Sonrel, «l'art de la perspective consiste à représenter sur quelques pieds de profondeur plusieurs centaines de mètres de monuments. Les hauteurs diminuent au fur et à mesure que l'on s'éloigne des spectateurs, tandis que le sol paraît s'élever jusqu'à l'horizon». A son origine, la perspective se présente donc bien comme une exigence de «naturel», créée par l'intermédiaire de l'illusion, bien que cette notion de «naturel» soit à manier avec précaution. Elle change d'acception selon l'usage que l'on veut en faire, et les esthétiques les plus contradictoires s'en recommandent. Ce qui est clair, c'est que les théoriciens de l'époque refusent d'admettre une relation entre la scène et la salle pouvant se fonder sur un code ou sur un ensemble de conventions. Alors qu'elle se permettra par la suite toutes les fantaisies dans le jeu illimité des trompe-l'œil, la perspective fondée sur une illusion d'optique invoque ce fameux naturel dans la mesure où elle reconstruit pour l'œil un univers de fiction acceptable par ses dimensions et par son unité.

Pour obéir au second principe, Serlio construit des décors qui constituent un cadre général en situant l'action. Ces décors types, inspirés des Anciens, correspondent au classement traditionnel des grands genres dramatiques. Il définit donc un décor comique, un décor tragique et un décor satyrique (celui de la pastorale). Ces décors interchangeables sont vagues, leur fonction scénique également. Leur situation est antagonique à celle du public, qui se tient sur des gradins de bois ou dans des fauteuils disposés devant l'espace libre réservé au jeu. Une place idéale, celle du prince, correspond à l'endroit de la salle à partir duquel la perspective est organisée ; c'est de ce point que les lignes de fuite sont perçues dans leur ordonnance idéale (on parle d'ailleurs toujours à ce propos de «l'œil du prince»). Avant que n'apparaisse le *cadre de scène*, qui marque la séparation définitive entre scène et salle, existe déjà la ligne de démarcation entre le lieu d'où l'on regarde et le lieu où se déroule la représentation. Le décorateur est ainsi invité à créer de toutes pièces un «autre monde», un monde dont l'existence picturale prend plus d'importance que l'utilisation concrète qu'en font les acteurs au cours de la représentation. Non seulement ceux-ci ne sont plus en attente devant leur mansion comme ils pouvaient l'être au Moyen Age quand ils ne jouaient pas, mais ils sont volontairement dissimulés aux regards des spectateurs jusqu'à leur entrée en scène. La présence des acteurs dans cet univers construit se

Les trois décors selon Serlio : la scène comique (en haut à gauche), la scène tragique (ci-dessus) et la scène satyrique, gravures extraites du Premier *et du* Second Livre d'architecture *(Bibliothèque nationale, Paris). Serlio classe ses décors selon les grands genres littéraires. Chacun représente un lieu différent de celui où se trouve le spectateur, un univers organisé selon les lois de la perspective. Le décor ne suggère plus le réel, comme au Moyen Age, il se donne pour le réel. (Phot. © Bibl. nat./Photeb.)*

donne donc elle aussi pour *réelle* et, pour respecter le naturel, ils n'apparaissent plus qu'en fonction des nécessités du récit.

Certes, une partie des éléments du décor, d'abord construit en bois et en staff, puis peint sur toile, restent praticables. La scène «comique» de Sabbattini, ingénieur-architecte qui publie en 1636-1637 la *Pratica di fabbricar scene e macchine ne' teatri,* comporte des portes et des fenêtres dans les maisons du premier plan. Mais tout acteur qui remonterait vers le fond de la scène en se tenant trop près des portants détruirait l'effet de perspective, car sa silhouette ferait soudain prendre conscience de la hauteur réelle des éléments construits ou peints.

On imagine bien les tentations des décorateurs qui utilisent cette merveilleuse boîte à images, cette machine à construire des illusions qui se donnent toutes les apparences de la réalité. Au lieu de la mettre au service de la représentation théâtrale et du texte, pourquoi ne pas développer les immenses possibilités du trompe-l'œil et des machineries qui viendront équiper les théâtres, pour inventer des effets de plus en plus spectaculaires, plus picturaux que théâtraux ? Puisque le décor sert déjà assez peu le jeu (parce qu'il est précisément un décor, un *écrin*), pourquoi ne pas raffiner sur son apparence, son exécution, ses transformations, et en faire un élément déterminant du spectacle, en lieu et place du texte et des acteurs ? Conçu au départ pour recréer les apparences du naturel et rompre avec une conception de la représentation jugée trop primitive, le théâtre à l'italienne, avec l'aide d'éclairages de plus en plus perfectionnés, crée des mirages étonnants pour le plaisir de spectateurs qui ne demandent qu'à se laisser séduire par ce somptueux jeu des apparences. Mais il le fait parfois au détriment de l'invention dramatique, en créant un déséquilibre de la représentation qui ira en s'aggravant.

La scène de l'Hôtel de Bourgogne

Les mansions médiévales ont probablement connu au XVe et au XVIe siècle des substituts et des dérivés qui en conservaient les principes en les adaptant aux scènes ambulantes. Selon P. Sonrel, des tréteaux et une toile de fond constituaient l'essentiel de l'aménagement des jeux de paume quand ceux-ci étaient utilisés pour le théâtre. Mais une gravure d'une édition de Térence datant de la fin du XVe siècle donne l'exemple de petites loges fermées par des rideaux et surmontées du nom du personnage dont elles représentent le logis, regroupées au fond du tréteau. Les comédiens en sortent quand vient leur tour de jouer, créant ainsi les conditions d'un décor multiple, simplifié et appauvri.

La scène française de l'Hôtel de Bourgogne dans le premier tiers du XVIIe siècle est intéressante parce qu'elle maintient précisément une solution de compromis entre un décor complexe juxtaposant plusieurs compartiments et les débuts d'application de la perspective. Les compartiments construits (en moyenne cinq, parfois sept, rarement davantage), dont l'architecte-décorateur Mahelot présente des gravures accompagnées de courtes notices, s'articulent autour d'un espace neutre central, lieu principal du jeu des acteurs. Ceux-ci apparaissent sans doute dans les compartiments souvent praticables, utilisés par moments pour certains effets de jeu simultané. Une petite scène surélevée qui se trouve au fond de la scène principale permet des effets particuliers (apparitions mythologiques, murailles d'un château fort, etc.). Les compartiments, nettement séparés par des balustrades, représentent en cas de nécessité des lieux très éloignés aussi bien que des espaces contigus. L'ensemble constitue une sorte de *blason*, un résumé visuel des lieux principaux utiles à l'intrigue. Ce sont d'ailleurs la plupart du temps les mêmes compartiments qui reviennent, mais certains éléments décoratifs sont construits exceptionnellement pour les besoins particuliers d'une œuvre et constituent alors une sorte de clou du spectacle.

Le théâtre dans le théâtre : comment la pièce s'inscrit dans la pièce

Plusieurs procédés dramatiques permettent d'entretenir la relation ménagée entre la pièce secondaire et l'intrigue principale.

Le mode d'insertion de la pièce dans la pièce varie selon que son contenu dramatique débouche sur un passage à l'acte (comme c'est le cas de nombreuses tragédies élisabéthaines de la vengeance) ou existe comme motif secondaire, enrichissement thématique ou divertissement. Souvent, plusieurs aspects se combinent dans la même œuvre. Il arrive aussi que les enchâssements soient multipliés par des retours à différents degrés de «réalité», renforçant ainsi la mise en perspective, et que des structures très raffinées soient édifiées.

1. La pièce secondaire, par l'irruption de la «réalité», fait avancer l'intrigue ou la dénoue brutalement :
Dans ce cas, l'intrigue secondaire a été concertée pour aboutir à l'action. Un bon exemple est celui de la Tragédie espagnole, *de Thomas Kyd (1587). La vengeance a lieu lors d'une représentation théâtrale au cours de laquelle Hiéronimo incite les spectateurs et invités à entrer dans le jeu. L'intrigue permet à Hiéronimo de se venger de Lorenzo en le poignardant, et à Bellimpéria de poignarder Balthazar puis de se suicider, ce que Hiéronimo lui-même n'avait pas prévu. Comme souvent, on assiste alors à une coïncidence entre la fiction et la «réalité», et à la naissance d'un moment ambigu où les spectateurs se félicitent de la «vérité» et de la «justesse» des sentiments des protagonistes, sans imaginer que ceux-ci ne «jouent» plus ! Plus de la moitié des tragédies de la vengeance contiennent une pièce dans la pièce, et un bon nombre d'entre elles s'inspirent du modèle de la* Tragédie espagnole. *Par exemple, dans* La Vengeance d'Antonio, *de John Marston (1600), un «masque» dans le théâtre permet aux conjurés d'offrir à Piero Sforza, duc de Venise, un divertissement chorégraphique. En remerciement, ce dernier leur propose une collation au cours de laquelle ils l'exécutent.*

2. La pièce secondaire développe une thématique parallèle à celle de la pièce principale.
*Il s'agit d'un simple redoublement du motif principal, d'un enrichissement par le dialogue entre deux fictions, l'accent étant mis sur les personnalités des protagonistes. Parfois, il s'agit aussi d'un véritable moyen d'investigation. C'est le cas de l'*Hamlet, *de Shakespeare (1601), où la tragédie du meurtre de Gonzague que fait jouer Hamlet ne débouche pas sur une vengeance physique immédiate mais engendre une forme plus raffinée de vengeance psychologique et morale. Elle est aussi et surtout un piège dans lequel l'oncle d'Hamlet doit se prendre s'il est coupable.*

3. La pièce secondaire permet au théâtre de parler de lui-même.
*A un moment important de son développement, les dramaturges éprouvent le besoin de parler du théâtre, de ses techniques, de son mode de fonctionnement, de la vie théâtrale de l'époque. C'est aussi pourquoi certaines scènes d'autocontemplation ou d'autojustification entraînent le spectateur dans les coulisses (formule qui continue à faire fortune aujourd'hui !). Mais au-delà de l'anecdote (*La Comédie des comédiens, *de Gougenot, 1631, ou celle de Scudéry en 1634, voire* L'Impromptu de Versailles, *de Molière) et du pittoresque, c'est aussi l'occasion d'une réflexion sérieuse sur le jeu de l'acteur (*Hamlet, *de Shakespeare, 1600,* Saint Genest, *de Rotrou, 1646,* L'Impromptu de Versailles, *1663) sur la décoration scénique, la répétition du texte, l'esthétique de la représentation. Le sujet principal peut ainsi être une comédie «en train de se faire», mais le thème peut aussi être introduit secondairement (c'est alors la curieuse irruption d'acteurs agitant tous les problèmes des tragédiens anglais de l'époque à la cour de Danemark !). Souvent, et ce n'est pas le moins intéressant, c'est au moment où le théâtre semble ainsi donner les clés très matérielles de son fonctionnement que son mystère redouble et que son pouvoir opère quand on ne l'attend pas, après le développement de considérations techniques (pensons aux soucis prosaïques qui agitent Genest, chef de troupe, dans la première partie de la pièce).*

4. La pièce secondaire révèle une réalité d'un autre ordre, *un équilibre supérieur qui n'apparaît que par l'intermédiaire du jeu scénique. Dans* Saint Genest, *Genest ignore que lors de la représentation où il joue le rôle d'un martyr chrétien, en présence de dignitaires romains connus pour leurs cruelles persécutions, il se convertira. Ce miracle s'opère par l'intervention de la grâce divine, mais aussi par la «grâce» du théâtre, par les effets inattendus d'une imitation trop parfaite qui engendre un «dérapage». D'ailleurs, selon la tradition rhétorique en vigueur à l'époque, l'acteur doit épouser totalement les sentiments du personnage, il doit éprouver pour faire éprouver aux spectateurs. Ici, «l'art devient une révélation de la vie» (Jacques Morel). Et comme le dit Genest :*

> Ce monde périssable et sa gloire frivole
> Est une comédie où j'ignorais mon rôle.
> *(IV, 7)*

Sans que ses effets aillent toujours aussi loin, la pièce secondaire accomplit souvent une action cathartique, ou contribue à éclaircir une conscience qui doit être capable de devenir spectatrice d'elle-même, parfois par l'intermédiaire d'un maître de jeu aux fonctions pédagogiques. Ainsi, pour Marc Fumaroli, dans L'Illusion comique, *de Corneille, «le théâtre devient un vaste système métaphorique destiné à rendre visible et scénique l'initiation à la fois pédagogique et psychagogique de la sagesse humaine».*

En l'espace de quelques années, en partie à cause d'un assagissement des intrigues qui réclament moins de lieux particuliers, en partie à cause de l'influence italienne, la perspective commence à unifier un dispositif dont la raison d'être reste quand même la complexité. Si bien que l'on rencontre des solutions paradoxales, où les lignes de fuite qui se rejoignent au fond du plateau n'ont absolument rien à voir entre elles et appartiennent au premier plan, non pas à des bâtiments voisins, mais à des lieux qui peuvent être très éloignés les uns des autres, ou situés par l'intrigue dans des pays différents ! Le *Mémoire* de Mahelot manifeste ainsi une sorte d'hésitation et présente côte à côte des décors multiples aussi bien que des décors ayant subi l'influence italienne. C'est le cas, par exemple, du décor comique prévu pour *Les Ménechmes,* de Rotrou, et de certains décors de pastorales où des effets de verdure estompent les ruptures entre les espaces, contribuent à la création d'un «ensemble» assez factice. Cette hésitation correspond à une époque charnière dans le théâtre français, les années 1630, où les théoriciens se préoccupent des unités, mais où la pratique théâtrale continue à développer des formes narratives complexes.

On peut expliquer le maintien du décor simultané par la continuation logique de la tradition médiévale. On peut aussi penser que Mahelot devait obligatoirement utiliser le «fond» décoratif hérité des confrères de la Passion qu'il fallait amortir. Mais ces explications ne suffisent pas à justifier le succès des représentations, le goût évident du public pour des spectacles où le plaisir des yeux repose sur l'accumulation d'éléments différents et d'effets de surprise. La lenteur avec laquelle la perspective s'impose sur cette scène s'explique aussi pour des raisons techniques : la salle de l'Hôtel de Bourgogne est vétuste et ne sera aménagée que plus tard. Mais cette prudence des auteurs et des décorateurs français à l'égard de l'innovation correspond aussi à une sorte de goût quasi élisabéthain pour un mode de représentation où le multiple ne cède qu'à regret devant les principes unitaires. Le naturel, pour cette période charnière, c'est une affirmation du spectaculaire où *tout* figure encore sur une seule image. La complexité des fils de l'intrigue et la juxtaposition des compartiments répondent au désir de maintenir un système de facettes qui passe pour rendre compte avec davantage de bonheur de l'opacité du monde.

Décor original de Lisandre et Caliste, *de P. du Ryer (tragi-comédie jouée probablement en 1630, publiée en 1632), extrait du* Mémoire, *de Mahelot (Bibliothèque nationale, Paris). Un exemple de décor à compartiments utilisé dans les années 1630 à l'hôtel de Bourgogne. Au fond, le petit Châtelet et, côté jardin, la fenêtre praticable de la prison. Côté cour, l'étal d'un boucher. Au premier plan (jardin), l'antre surmonté d'un ermitage, situé dans un «désert». Côté cour, une chambre ouvrante. Le «réalisme» de chacun des compartiments praticables n'empêche pas la curieuse juxtaposition d'éléments disparates très éloignés les uns des autres dans la réalité. (Phot. © Bibl. nat./Photeb.)*

Le corral espagnol et la scène élisabéthaine

Avant que la scène à l'italienne n'impose son hégémonie, les solutions scéniques espagnoles ou anglaises étaient apparues à partir des conditions matérielles locales. Le *corral* espagnol, moins original, cédera plus tôt au goût nouveau de la perspective. En revanche, à cause de son isolement géographique et de la force exceptionnelle de la dramaturgie élisabéthaine, l'Angleterre subira son influence plus lentement.

Le lieu scénique espagnol de la fin du XVIe siècle prend naissance à partir d'un espace non spécifique qui se transforme progressivement. On joue d'abord la comédie dans les cours intérieures des maisons (les patios) qui sont aménagées et prennent le nom de *corral*. Par la suite, vers 1580, les confréries organisatrices de spectacles font construire des lieux destinés uniquement à la comédie. L'architecture de base comprend un tréteau s'avançant légèrement dans le patio. Un rideau de fond représente le lieu scénique de l'action, en se limitant à un «intérieur» ou à un «extérieur»; le rideau peut s'ouvrir pour dévoiler un événement exceptionnel. Une petite scène plus haute, placée au fond du plateau, est utilisée pour représenter les lieux surélevés. Des éléments placés sur scène désignent les lieux successifs de l'action. Le public ordinaire se rassemble devant le tréteau, au centre du patio, tandis que des loges construites sont réservées, à l'étage, au public choisi. Ce dispositif se raffine par la suite; trappes et machineries apparaissent dès les premières

Deux gravures de la représentation de La Fiera, el rayo y las piedras, *«auto sacramental» de Pedro Calderón de La Barca (Bibliothèque nationale, Madrid). On remarque sur ces décors l'organisation des différents plans pour la perspective. (Phot. Fototeca Internacional © Photeb.)*

Ci-dessous : une représentation au Corral del principe à Madrid en 1660, d'après un document ancien (Bibliothèque nationale, Madrid). Le public est de face, au parterre, mais aussi dans la galerie de côté et aux fenêtres. (Phot. Fototeca internacional © Photeb.)

années du XVIIᵉ siècle, favorisant l'aspect spectaculaire des représentations.

L'édifice théâtral élisabéthain, né dans une cour d'auberge, a dû également s'adapter à l'architecture qui lui était offerte. Les troupes ambulantes qui y trouvent refuge installent leurs tréteaux dans la cour. Celle-ci est entourée d'une série de galeries. En dépit d'une marge d'incertitudes, ce modèle explique en partie l'architecture définitive qu'adoptent plusieurs théâtres fixes. Les lignes générales de ces théâtres, tels qu'ils furent reconstitués, semblent acquises.

A la fin du XVIᵉ siècle, plusieurs théâtres (populaires ou publics, par opposition aux théâtres privés installés chez eux par des nobles entretenant une troupe de comédiens, ou à ceux des universités) existent sur le modèle de celui édifié en 1576 par James Burbage. Construit en bois, le *theatre* est un bâtiment circulaire ou polygonal au centre duquel est ménagé un espace vide. La scène, adossée à un mur, lance son proscenium *(apron stage)* jusqu'au milieu du parterre, si bien que le public ordinaire qui se tient debout l'entoure sur trois côtés ; toute cette partie est découverte. Une série de galeries superposées sont occupées par les spectateurs les plus aisés. La partie de la scène qui se trouve en retrait est protégée par une petite toiture en chaume soutenue par deux piliers. Elle peut se fermer par un rideau et donne accès aux coulisses. Au-dessus de ce plan se trouve un autre espace scénique, balcon ou galerie, également fermé par un rideau. Enfin, un troisième étage peut être utilisé par des acteurs ou des musiciens.

Cette architecture scénique offre en elle-même, sans le secours de décors compliqués, une variété de plans permettant d'alterner les lieux de jeu, et, par suite, d'enchaîner rapidement les scènes quand c'est nécessaire. On pense que les scènes de plein air se déroulaient sur le proscenium, les scènes d'intérieur à l'arrière-plan, sous le toit, tandis que les étages supérieurs permettaient de figurer remparts et balcons. On y fait claquer les étendards, on y situe discours, apostrophes et monologues lyriques. Il est peu probable que des pancartes, comme on l'affirme parfois, aient été utilisées systématiquement pour préciser les lieux de l'action. L'architecture scénique très structurée, les indications fournies par le texte et des accessoires introduisant un minimum de réalisme suffisaient à la compréhension.

Dessin aquarellé du XVIIᵉ siècle représentant le théâtre du Globe, d'après les Vues de Londres, *de J.-C. Visscher, 1616. (The Pennant Collection, British Museum Londres. Phot. Eileen Tweedy © Photeb.)*

A gauche : copie d'un dessin de Johannes De Witt par Arnoldus Buchelius, représentant l'intérieur du Swan Theatre à Londres, en 1696. (Bibliothèque universitaire, Utrecht. Phot. © Bibl. de l'Université royale, Utrecht/Photeb.)
La forme particulière du théâtre élisabéthain est bien visible sur le dessin aquarellé.
La reproduction de gauche précise l'architecture intérieure du théâtre et permet de comprendre comment s'organisaient les différents étages.

Costume dessiné par Inigo Jones pour le personnage d'un esprit dans The Lords' Maske, *de Thomas Campion, 1613.*
(Devonshire collection, Chatsworth. Phot. © Devonshire Coll./Archives Photeb.)

A gauche : détail de La Vie de sir Henry Unton, *peinture anonyme du XVI*e *siècle (National Portrait Gallery, Londres). Le tableau représente un banquet sous les Tudors : sir Henry Unton et ses invités sont assis à une table, tandis que des acteurs, des danseurs et des musiciens jouent une* mascarade.
(Photeb. © National Portrait Gallery.)

Un tel dispositif maintient un contact étroit entre les acteurs et le public. Les scènes jouées sur le proscenium prennent place littéralement «au milieu» des spectateurs, ce qui entraîne une relation immédiate, quasi physique, avec les acteurs toujours «à découvert». L'utilisation des trois dimensions de l'espace (profondeur, largeur et hauteur du plateau) facilite les groupements d'acteurs et les oppositions de plans. Une gamme de possibilités de variations sur la proximité ou l'éloignement des personnages donne à ce dispositif une souplesse adaptée au rythme particulier des pièces élisabéthaines. Et comme les représentations ont lieu à la lumière du jour, dans une sorte de semi-plein air, les acteurs entretiennent avec le public une relation franche et directe. La dimension spectaculaire existe, mais elle ne repose pas sur des effets picturaux. Elle se fonde sur la mobilité des acteurs et elle doit beaucoup à leurs qualités athlétiques. Les théâtres privés, couverts et fermés, se prêtent davantage à l'accueil des innovations venues d'Italie. L'ouvrage de Serlio est traduit en anglais en 1611 et le décorateur Inigo Jones s'en sert pour représenter des *masks*, genre spectaculaire lié à la vie de la cour, où interviennent chants et danses, et où les protagonistes sont masqués. Dans ces théâtres, les représentations ont lieu à la lumière artificielle, permettant les raffinements décoratifs qui transforment peu à peu la tradition de la représentation élisabéthaine.

Les principaux types de scène existent donc dès le début du XVIIe siècle. Les représentations données au cours des siècles suivants développent l'outillage de base, renchérissent sur les inventions décoratives. Le goût du spectaculaire ne disparaît pas ; quand les textes de théâtre s'assagissent, il se réfugie dans des formes parathéâtrales.

Quant à la scène à l'italienne, tour à tour adulée et niée, elle continue à exercer sa fascination sur nos plus grands metteurs en scène (comme G. Strehler ou P. Chéreau), qui y développent des techniques d'éclairage empruntées au cinéma. La théâtralité y est plus volontiers interrogée, citée, montrée, que mécaniquement reproduite. Mais la boîte scénique reste une constante visuelle essentielle du théâtre contemporain. Rares sont les créateurs qui échappent à son emprise. Comme l'Arlequin de Goldoni-Strehler (*Arlequin, valet de deux maîtres,* version 1977) qui tente de s'enfuir vers le public, ils se retrouvent parfois entre scène et salle, martelant le rideau de fer retombé, inquiets de ne pouvoir renoncer à ses troublants et dangereux artifices.

De la scène classique à la scène bourgeoise

Le théâtre classique n'a pas triomphé tout naturellement à la suite d'une progression lente et inéluctable. Sa doctrine s'est imposée à travers des genres particuliers, au prix de rudes polémiques. Mais elle n'a pas empêché le maintien de formes théâtrales situées hors du champ d'influence des nouvelles normes dramatiques. Le ballet, l'opéra, les pièces à machines continuent, tout au long du XVIIe puis du XVIIIe siècle, à répondre à une demande de plaisir, à une attente de spectaculaire. Si bien qu'il est difficile d'opposer terme à terme théâtre régulier et théâtre irrégulier, théâtre littéraire et théâtre spectaculaire, théâtre savant et théâtre populaire. Ces catégories ne suffiraient pas à rendre compte de la complexité de la vie théâtrale en Europe autour du courant classique.

Le classicisme au théâtre ne doit pas être résumé par les fameuses *règles* de composition des poèmes dramatiques. Il se caractérise aussi par un rétrécissement de la gamme des sujets abordés et par une concentration de l'intérêt sur la destinée et les passions individuelles. La représentation classique *à la française* impose d'autant plus facilement son modèle en Europe qu'elle se développe à un moment d'étroite liaison entre le secteur culturel et le secteur politique. Puis, quand le modèle se fige et se durcit, alors que le monde a changé, les auteurs s'essoufflent en vain à renouveler ses contenus. Il faut attendre la Révolution française pour que l'inspiration se développe à partir de bases nouvelles.

Le théâtre et le pouvoir royal

Le goût classique se développe dans des conditions politiques et idéologiques exceptionnellement favorables. En France sous Louis XIII, grâce à l'influence de Richelieu, puis avec davantage d'éclat sous le règne de Louis XIV, par l'intervention directe du monarque, le pouvoir central s'intéresse de près au théâtre. Les grandes carrières dramatiques s'expliquent aussi par des relations suivies avec le roi et son entourage.

L'amour de Richelieu pour le théâtre était tel qu'il fit bâtir dans son palais une salle de spectacles, inaugurée en 1641, où l'on donna plusieurs représentations entourées d'un grand luxe. Protecteur de plusieurs dramaturges, il rassembla ceux qui devinrent connus sous le nom des *Cinq auteurs* (parmi lesquels Rotrou et Corneille) et les chargea de composer des œuvres dont il fournit sans doute certains sujets. Mais c'est tout au long du XVIIe siècle qu'auteurs et comédiens cherchèrent la protection de grands seigneurs : de cette façon, ils touchaient diverses gratifications et avaient l'assurance d'une relative sécurité politique, tout en jouissant du prestige de leur mécène. A ce titre, le protecteur le plus recherché était bien entendu Louis XIV. On sait à quel point la cour était friande de spectacles, quelle consommation de nouveautés se faisait lors des fêtes données à Versailles ou dans d'autres résidences royales. Les interventions du monarque dans la vie théâtrale sont nombreuses et précises tout au long du règne. Par exemple, le début de la carrière parisienne de la troupe de Molière se décida quand, en 1658, Louis XIV lui attribua le théâtre du Petit-Bourbon; plus tard, la troupe profita souvent des importantes commandes royales. Sur le plan politique, Molière échappa à plusieurs reprises à ses détracteurs et à ses censeurs grâce à des interventions du monarque. C'est encore une ordonnance royale qui réorganisa les théâtres après la mort de Molière, décida de l'organisation des troupes et de la répartition des acteurs. Mais on sait aussi que Racine cessa d'écrire en 1677, date à laquelle il devint historiographe du roi, et qu'il ne répondit plus tard qu'à deux commandes (*Esther* et *Athalie*, en 1689 et 1691), en accord avec le nouveau goût de la cour.

Nous dirions en termes modernes que bien au-delà de la question de l'attribution des subventions, c'est toute la direction culturelle qui était assurée par ceux qui avaient la charge du pouvoir politique, avec les conséquences idéologiques que l'on imagine. Non que les créateurs perdent automatiquement toute liberté. Mais en entretenant des relations aussi étroites avec l'autorité politique, ils n'ignorent pas pour qui ils écrivent. Puisque l'attribution des pensions,

La salle du Théâtre royal en 1726, rue des Fossés-Saint-Germain, gravure d'après Antoine Coypel (département des arts du spectacle, Bibliothèque nationale, Paris). Le théâtre devient une habitude sociale : on bavarde beaucoup au parterre, on se contemple d'une loge à l'autre et, par une sorte de retournement, les acteurs semblent eux aussi très occupés par le spectacle que leur offre le public. Les lustres sont prêts, la représentation va commencer, mais on joue encore beaucoup à voir et à être vu. (Phot. Jeanbor © Photeb.)

Représentation théâtrale au XVIIe siècle. Une des cinq fresques réalisées d'après les gravures d'Abraham Bosse en 1644 et représentant des épisodes de la vie de Charles de Valois, duc d'Angoulême. Il s'agit, bien entendu, d'une représentation privée (princière). (Salle à manger du château de Grosbois à Boissy-Saint-Léger. Phot. Hubert Josse © Photeb.)

Louis XIII, Richelieu, Anne d'Autriche, à la représentation de Mirame, *tragi-comédie de Desmarets de Saint-Sorlin, représentée pour l'inauguration du Palais-Cardinal en 1641, peinture d'après Abraham Bosse (musée des Arts décoratifs, Paris). Le parterre est ici dégagé pour laisser place aux spectateurs royaux, tandis que les nobles ont pris place dans les galeries de côté. (Phot. Jeanbor © Archives Photeb.)*

des salles, des faveurs, dépend surtout du roi, c'est donc de lui que dépend concrètement la possibilité de jouer la comédie dans des conditions satisfaisantes. Certes, il existe des théâtres «en ville». On joue au théâtre du Marais, à l'Hôtel de Bourgogne (les tragédies de Racine), au Palais-Royal. Le public parisien est important, il s'intéresse à la chose théâtrale : le succès passe aussi par lui. Mais les grandes décisions et les batailles artistiques essentielles ne dépendent pas directement de ce public-là ; le goût de la cour et les exigences du monarque pèsent lourdement dans la balance. Les débats théoriques qui mobilisent les milieux intellectuels de l'époque n'auraient pas suffi à provoquer l'avènement du classicisme sans ce contexte socio-politique exceptionnellement favorable.

Les grands principes dramatiques

Dans le dernier quart du XVIe siècle en France, des tentatives se développent pour élaborer des tragédies régulières, imitées des Anciens dans les formes, et suivant les principes d'Aristote. La doctrine de ce théâtre renaissant est exposée dans quelques œuvres théoriques, comme le *Bref discours pour l'intelligence de ce théâtre*, de Jacques Grévin (1561), l'*Art de la tragédie*, de Jean de La Taille (1572) ou l'*Art poétique français*, de Vauquelin (publié en 1605). La plupart des auteurs se soucient de régularité et de bienséance, et recommandent de respecter la règle «d'un jour». Les tragédies de Garnier *(Antigone, Bradamante, Les Juives)* et de Jean de La Taille *(Saül le Furieux)* illustrent ces principes.

En Italie, les idées d'Aristote se sont déjà répandues. Scaliger publie à Lyon les sept livres de sa *Poétique* (1561). C'est surtout dans le domaine de la comédie et de la pastorale que les dramaturges italiens prennent l'initiative, au point que la pastorale italienne, régulière dans ses formes et jouissant d'un grand succès, sert de modèle aux auteurs français quand se développent les premières polémiques.

Cependant, au début du XVIIe siècle, le théâtre sérieux des humanistes est abandonné au profit des formes régulières ; la tragi-comédie est en vogue. Quand, vers 1630, les doctes partent en guerre contre les excès dans lesquels, selon eux, est tombé le théâtre français, ils n'invoquent plus Aristote de la même façon. Certes, ils reprennent et commentent ses idées, mais ils ne se recommandent plus de son autorité ni, de façon générale, de celle des Anciens pour imposer leurs principes. S'ils souhaitent que les règles triomphent sur la scène (sur le «théâtre» comme on dit à l'époque), c'est en vertu de la raison, et par l'intermédiaire de démonstrations convaincantes. Textes théoriques et lettres polémiques se succèdent, car l'enjeu est de taille. Pour les classiques, l'objet de l'art est l'*imitation*, et la

Les Plaisirs de l'Ile enchantée, ou les fêtes et divertissements du roi à Versailles, commencés le 7 mai 1664 *(seconde journée), gravure d'après Israël Silvestre (Bibliothèque nationale, Paris). Bien que provisoire, ce théâtre de verdure est pourtant somptueux. Toute la scénographie semble organisée autour de la présence du monarque, et pour le royal regard. (Phot. Jeanbor © Archives Photeb.)*

vraisemblance le moyen essentiel d'y parvenir. Pour les modernes, pour ceux qui refusent de prendre les Anciens comme modèle et cherchent leur propre chemin, la poésie, et particulièrement celle qui est composée pour le théâtre, n'est faite que pour le plaisir et le divertissement. Dès lors, la seule loi est celle de l'imagination, pourvu qu'elle satisfasse le principe de plaisir.

Nos souvenirs scolaires déforment parfois les objectifs du classicisme. Il arrive que la complexité des polémiques et la minutieuse technicité avec laquelle les plus célèbres dramaturges justifient *a posteriori* leurs inventions brouillent les motifs principaux des débats.

Jean Chapelain affirme en 1630, dans sa *Lettre sur la règle des vingt-quatre heures*, la nécessité de l'imitation, principe emprunté à Aristote (la *mimesis*, l'instinct de représentation) : « Je pose donc pour fondement que l'imitation en tous poèmes doit être si parfaite qu'il ne paraisse aucune différence entre la chose imitée et celle qui imite, car le principal effet de celle-ci consiste à proposer à l'esprit, pour le purger de ses passions déréglées, des objets comme vrais et comme présents. » Pour atteindre cet objectif, il faut respecter la *vraisemblance*, « dans l'intention d'ôter aux regardants toutes les occasions de faire réflexion sur ce qu'ils voient et de douter de la réalité ». Pendant les années où la polémique est la plus chaude, de 1628 à 1638, les mêmes mots reviennent ; il s'agit toujours d'atteindre à la *vérité* et à la *réalité*. Par un curieux décentrement du débat, les doctes occupés à échafauder une théorie de l'illusion utilisent un vocabulaire destiné à la défense du *naturel* et du *vrai*. Soucieux de donner à la représentation toutes les apparences du drame *réel*, ils multiplient paradoxalement les conventions et invitent les dramaturges à écrire à l'intérieur d'un cadre soigneusement réglementé.

Les trois unités

Ces grandes généralités esthétiques entraînent des conséquences concrètes sur les scènes. Les unités, qui sont avant tout des règles de composition dramatique, sont au service de la vraisemblance. La règle des vingt-quatre heures tend à maintenir l'action dans des limites temporelles qui ne s'éloignent pas trop de la durée réelle de la représentation ; même les entractes ne doivent plus laisser imaginer aux spectateurs qu'un laps de temps important s'est écoulé dans le déroulement de l'action. L'unité de lieu, également au nom de la vraisemblance, empêche que des « changements de scène » fassent douter de la véracité du lieu représenté initialement.

L'espace concret de la scène (le « plancher », comme on dit à l'époque) ne doit donc pas changer au cours de la représentation. Enfin, l'abbé d'Aubignac recommande l'unité d'action en ces termes dans sa *Pratique du théâtre* (1657) : « Il est certain que le théâtre n'est rien qu'une image, et partant, comme il est impossible de faire une seule image accomplie de deux originaux différents, il est impossible que deux actions (j'entends principales) soient représentées raisonnablement par une seule pièce de théâtre. »

Peinture de Jean-Baptiste Coulom représentant une scène du Roman comique, *de Scarron (paru en 1651-1657), qui raconte les mésaventures d'une troupe de théâtre ambulant et fournit de précieuses indications sur la vie des acteurs de l'époque. La scène se situe au début du roman lorsque les trois comédiens donnent, dans une taverne, une représentation de* Marianne, *tragédie de Tristan L'Hermite, en tenant tous les rôles à eux seuls.*

« J'ay joüé une piece moy seul, explique un des comédiens, et ay fait en mesme temps le roy, la reyne et l'ambassadeur. Je parlois en faulcet quand je faisois la reyne ; je parlois du nez pour l'ambassadeur, et me tournois vers ma couronne que je posois sur une chaise ; et pour le roy, je reprenois mon siege, ma couronne et ma gravité, et grossissois un peu ma voix. » (Musée de Tessé, Le Mans. Phot. Léonard de Selva © Photeb.)

La vraisemblance et ses corollaires sont complétés par la règle de la *bienséance*, selon laquelle «il faut faire parler chacun selon sa condition, son âge, son sexe» et introduire dans la pièce «ce qui convient aux personnes, soit bonnes, soit mauvaises». Plutôt vague, cette règle invite cependant les poètes à s'écarter du *vrai* chaque fois qu'ils risqueraient de blesser les principes et les idées morales généralement admis.

Outre les préfaces d'œuvres dramatiques attachées à défendre ou discuter des points particuliers, la *Poétique*, de La Ménardière (1640) et la *Pratique du théâtre*, de l'abbé d'Aubignac, codifient une esthétique qui devient normative et se montre également stricte en matière de *genres*. Chaque pièce publiée comporte en sous-titre le genre auquel elle appartient, annonçant de cette façon un contenu et des formes fixées à l'avance. La tragédie, la tragi-comédie et la comédie héroïque sont les genres *nobles*, ceux qui mettent en scène la *gloire* et les *passions* des aristocrates. La comédie ne répond pas à des classifications aussi strictes, elle n'intéresse pas les théoriciens au point de provoquer les mêmes polémiques. Mais ces classements et les débats qui les entourent, notamment autour de la tragédie qui retient surtout l'attention des doctes, révèlent bien le désir de codifier parfaitement toute écriture dramatique. Si, avant le milieu du siècle, parfois au prix de longues justifications, les auteurs peuvent encore s'accommoder des règles selon les besoins de leur sujet (ce fut le cas de Corneille en plusieurs occasions), après 1660 le dogmatisme triomphe : malheur à celui qui s'écarte des formes d'écriture érigées en lois, du moins s'il s'attache aux genres nobles !

Le modèle classique

Quelle image de la représentation classique peut-on se faire à partir de ces principes de composition dramatique ? Qu'il s'agisse d'une tragédie ou d'une comédie, toujours dans un décor plutôt imprécis, des acteurs disent un texte en vers ou en prose dont la récitation constitue un élément important du spectacle. L'antichambre du palais tragique reste indéterminée, afin que des personnages différents puissent s'y retrouver sans que la vraisemblance de leurs apparitions soit mise en cause. Quand la traditionnelle place publique de la comédie, choisie pour les mêmes raisons, ne convient plus, elle est remplacée chez Molière par un décor d'intérieur, un salon bourgeois à propos duquel Pierre Sonrel, qui s'efforce d'y voir un signe de réalisme en brûlant quelque peu les étapes, évoque «la représentation véridique d'un appartement au quatrième mur transparent».

L'action tragique est chargée de «peu de matière». Les situations qui réclameraient un jeu trop concret, ou risqueraient de passer pour scabreuses, sont rejetées en coulisses et laissées à l'imagination du spectateur, puisqu'elles se déroulent entre les scènes ou entre les actes. La durée de l'action est vague, elle aussi, mais tout est prévu pour qu'elle soit resserrée en l'espace d'une journée, autour d'un événement principal.

Ces quelques indications construisent l'image traditionnelle d'une représentation dépouillée, abstraite, économe de ses effets, où les passions semblent réduites à leur quintessence et purifiées de toute vulgarité. La simplification est tentante. En faisant un peu jouer les vieilles oppositions corps-esprit et sensibilité-raison, on assimile aisément le spectacle classique au plaisir purement intellectuel de la déclamation d'un «beau texte». Il est indéniable que, dans le deuxième tiers du siècle, le théâtre s'est intellectualisé ; le plaisir que le public va y chercher ne repose cependant pas sur des critères aussi formels. Les témoignages de l'époque mettent fréquemment l'accent sur le caractère *pompeux* du spectacle tragique et le retiennent comme un critère important de réussite. Même s'il est devenu unique, le décor est plutôt somptueux, puisqu'il évoque la résidence des grands, des rois, des princes et des chefs de guerre. Les inventaires indiquent que les costumes étaient, eux aussi, d'un luxe recherché. Venus parfois directement de la garde-robe d'un seigneur important ou d'un mécène, ils n'étaient que légèrement transformés pour la scène, qu'ils rehaussaient de leur clinquant, de leurs broderies et de leurs plumes. Leur attrait, celui de la parure des actrices n'étaient sûrement pas dédaignés. Quant à la diction qui régnait dans la tragédie, probablement chantante et quasi musicale, elle provoquait des effets pathétiques dont hommes et femmes étaient friands au point qu'il était de bon ton de verser quelques larmes et d'éprouver les frissons de l'émotion. Après tout, selon le schéma aristotélicien, la purification passe par l'identification à l'acteur,

Témoignage sur le jeu des acteurs

Nous ne sommes guère renseignés sur le jeu des acteurs. Ce témoignage n'en a que plus d'intérêt.

«Le récit des comédiens est une espèce de chant, et vous m'avouerez bien que la Champmeslé ne nous plairoit pas tant, si elle avoit une voix moins agréable. Mais elle la sçait conduire avec beaucoup d'art, et elle y donne à propos des inflexions si naturelles, qu'il semble qu'elle ait véritablement dans le cœur une passion qui n'est que dans sa bouche...

Je doute même que [la Champmeslé et La Grange] entendent finement la musique, et quoy qu'ils chantent pour les rôles, ce n'est point par leur chant qu'ils s'attirent une si générale approbation. Mais ils savent toucher le cœur, ils peignent les passions. La peinture qu'ils en font est si vraysemblable et leur jeu se cache si bien dans la nature, que l'on ne pense pas à distinguer la vérité de la seule apparence... Leur extérieur impose, ils ont un air qui gagne d'abord, leur maintien est touchant, et leur jeu... imite si bien la nature qu'ils font quelquefois des scènes muettes qui sont d'un grand goût pour tout le monde...

La Molière et La Grange font voir beaucoup de jugement dans leur récit ; et leur jeu continue encore, lors même que leur rôle est fini. Ils ne sont jamais inutiles sur le théâtre. Ils jouent presque aussi bien quand ils écoutent que lorsqu'ils parlent. Leurs regards ne sont pas dissipés. Leurs yeux ne parcourent pas les loges. Ils savent que leur salle est remplie, mais ils parlent et ils agissent comme s'ils ne voyoient que ceux qui ont part à leur rôle et à leur action. Ils sont propres et magnifiques, sans rien faire paroître d'affecté. Ils se mettent parfaitement bien. Ils ont soin de leur parure avant que de se faire voir ; ils n'y pensent plus quand ils sont sur la scène. Et si la Molière retouche quelquefois à ses cheveux, si elle raccommode ses nouës ou ses pierreries, ses petites façons cachent une satire judicieuse et naturelle. Elle entre, par là, dans le ridicule des femmes qu'elles veulent joüêr. Mais enfin, avec tous ces avantages, elle ne plairoit pas tant si sa voix était moins touchante. Elle en est si persuadée elle-même que l'on voit bien qu'elle prend autant de divers tons qu'elle a de rôles différents.»

Entretiens galants, 1681,
cité par P. Mélèse, *Le Théâtre et le public à Paris sous Louis XIV.*

La Champmeslé, 1642-1698, peinture anonyme du XVIIe siècle (coll. Maxime Denesle, Rouen). Elle joua au théâtre du Marais puis à l'Hôtel de Bourgogne, à partir de 1670, où elle fut l'une des principales interprètes de Racine.
(Phot. Luc Joubert © Archives Photeb.)

et les traités de rhétorique insistent sur la nécessité d'éprouver soi-même pour faire éprouver.

Cette diction est contestée par Molière, qui ne connut pas lui-même la réussite comme acteur tragique ; elle est commentée par les admirateurs des comédiens de l'époque, et considérée un peu à la légère comme excessivement emphatique par certains historiens. Mais elle était peut-être une des clés du spectacle tragique dont les vers, ainsi scandés, créaient une des conditions de la grandeur et de l'éloignement propres à inspirer la *crainte* et la *pitié*. Partout en Europe dans le siècle qui suit, les textes théoriques qui définissent l'acteur insistent sur ses qualités vocales et se recommandent pour cela d'une certaine filiation rhétorique. Ils lancent ainsi une tradition de diseurs dont les excès déforment encore de nos jours l'image que nous nous faisons des comédiens de l'époque. Il est vrai aussi que nous ne savons pas grand-chose de leur gestuelle, puisque les textes dramatiques sont avares en indications scéniques. Mais la représentation classique n'était ni desséchée ni aussi cérébralisée qu'on l'imagine : le goût des beaux sentiments n'a pas encore cédé le pas à l'académisme.

Evolution du public

Qui fréquentait les théâtres au XVIIe siècle, et comment la composition de ce public évolua-t-elle? Avant 1630, le public était relativement mêlé; la fréquentation de l'Hôtel de Bourgogne n'était d'ailleurs pas recommandée aux dames, qui y paraissaient parfois masquées. Mais on a sans doute mythifié quelque peu le public «populaire» et «braillard» qui occupait, dit-on, le parterre. En fait, l'agitation et les troubles divers qui règnent dans les théâtres à cette époque se poursuivent jusqu'au XVIIIe siècle, à en croire les ordonnances de police qui s'efforcent de réglementer l'entrée et la tenue dans les salles de spectacle. Il ne faudrait donc pas prendre ces manifestations pour le signe évident de la présence d'une «populace» prête à «faire le brouhaha», comme on dit alors. En 1657, l'abbé d'Aubignac ne se réfère sûrement pas à un public populaire quand il écrit dans sa *Pratique du théâtre* que «les représentations sont incessamment troublées par de jeunes débauchez qui n'y vont que pour signaler leur insolence, qui mettent l'effroy partout et qui souvent y commettent des meurtres». Quand les aristocrates se mirent à fréquenter les salles, on jeta l'anathème sur les laquais et sur les autres serviteurs accompagnant leurs maîtres. Ceux-ci furent d'ailleurs pris par la suite pour des représentants d'un peuple en fait rarement présent aux spectacles, la confusion jouant aussi sur le sens du mot «peuple», qui désigne à l'époque plutôt la bourgeoisie. La partie la plus modeste du public fut très tôt (à l'exception peut-être des premières années de l'Hôtel de Bourgogne, celles des *farceurs*) constituée de bourgeois aisés, de commerçants, de membres de professions libérales. Le parterre était aussi

Soirée d'inauguration du Théâtre royal de Turin *(26 décembre 1740), peinture non datée de Pietro Domenico Olivero (Museo civico, Turin).*
Pour cette représentation d'Arsace, de Francesco Feo, dans une scénographie de Bibiena, le peintre a choisi de montrer une partie de la salle et d'insister sur le luxe de la décoration.
(Phot. © Museo civico, Turin/Photeb.)

A droite : dessin de costume dû à Jean Berain (1682), sans doute pour l'Andromède de Corneille. (Bibliothèque nationale, Paris. Phot. © Bibl. nat./Photeb.)

occupé par un grand nombre d'amateurs, ceux que nous appellerions aujourd'hui des intellectuels, clercs et étudiants, qui manifestaient bruyamment leurs sentiments.

Le prix des places est de cinq sous avant 1630 au parterre, quinze sous en 1660, de une à trois livres pour les loges, l'amphithéâtre et le théâtre (c'est-à-dire la scène, puisque à partir du milieu du siècle on y admet la présence de spectateurs). Précisons qu'une livre vaut vingt sous, et que, à la fin du siècle, selon Vauban, le salaire moyen d'un tisserand urbain était de 12 sols par jour ouvrable, 9 sols pour un manouvrier rural ; un compagnon maçon ou charpentier pouvait gagner de 18 à 20 sous par jour, au milieu du siècle. Si, à aucun moment, on ne peut parler d'une fréquentation vraiment populaire, il est probable que l'évolution a cependant joué dans le sens d'une élimination lente des spectateurs les plus modestes, pour lesquels restaient les théâtres de plein air, les bateleurs du Pont-Neuf et les comédiens des différentes foires. Au début du siècle, l'aristocratie fréquentait probablement peu les théâtres, ou ne s'y rendait que discrètement. Sous Louis XIV, il est de bon goût pour un aristocrate comme pour un riche bourgeois de se montrer au Palais-Royal. A la fin du Grand Siècle et au siècle suivant, le théâtre tend à devenir le lieu de rassemblement d'une élite de privilégiés, un rituel social.

Des sujets choisis

Qu'allait-on voir au théâtre, quels étaient les sujets qui retenaient l'attention de ce public ? Ou plutôt, quels étaient les sujets qui n'intéressaient guère, n'étaient que rarement traités au théâtre ? Par comparaison avec le début du siècle et avec les œuvres de grands dramaturges étrangers comme Shakespeare et Lope de Vega, nous constatons que le champ de la représentation se rétrécit. Le passage de la scène multiple à la scène unique ne constitue pas seulement une question de *forme*. Il s'accompagne d'une réduction du monde à l'univers du palais à volonté. Quand Corneille traite de l'honneur et de la gloire, Racine de la passion, les deux dramaturges concentrent l'attention sur le *moi* aristocratique et évacuent une partie de la réalité du siècle. Certes, les déchirements amoureux et les grandes passions s'affrontent, dans la tragédie, aux responsabilités politiques et aux problèmes du pouvoir. La cité est présente chez Corneille, elle ne disparaît pas chez Racine ; mais elle tend à passer par le prisme des préoccupations individuelles. Or le vécu de la population européenne englobe les guerres, les famines et les grands soulèvements populaires, les lourdes charges financières. Dans le théâtre classique, ces réalités sont supprimées ou épurées. Par exemple, les grands chefs de guerre ne sont présentés qu'en termes héroïques, la mort est évoquée de façon abstraite. Il ne s'agit évidemment pas de mesurer le classicisme à l'aune d'un réalisme hors de propos, mais de prendre conscience de la partie du réel sur laquelle un théâtre opère, plutôt que de l'enfermer à l'intérieur de son seul système artistique.

Au début du siècle, la France avait elle aussi un théâtre d'aventures où les idées les plus bizarres trouvaient leur expression, où des personnages aux origines diverses se confrontaient. Ce théâtre restait ouvert à des lieux et à des situations variés, fussent-ils de convention. Le classicisme est envisagé habituellement en termes de progrès ; il ne s'agit pas ici d'opérer un renversement artificiel des valeurs, mais bien d'enregistrer un changement de *nature* dans les préoccupations des dramaturges.

Frontispice pour Iphigénie, *de Racine, gravure de Jean Berain, 1639-1699. (Bibliothèque nationale, Paris. Phot. Jeanbor © Archives Photeb.)*

A la fin du siècle, le théâtre est confisqué par des élites qui veulent éviter de voir sur scène de vrais affrontements, favorisant au contraire les conflits intérieurs qui s'hypertrophient. Au fond, cette société fermée de la cour ou de la ville, pour laquelle l'activité de spectateur devient une activité sociale, trouvera une sorte de satisfaction quand le théâtre ne parlera plus que de théâtre. Non plus comme une incitation au vertige, au jeu ironique des apparences, mais comme la clôture idéale, l'apaisant cocon du divertissement. Tel est le danger qui menace la tragédie triomphante, en dépit de sa grandeur et de ses réussites exemplaires. Il est vrai, comme le dit A. Adam, qu'«elle mettra en scène de grandes passions, l'amour, la haine, l'ambition, se heurtant pour de «grands intérêts», mettant en question la destinée des empires. Elle s'interdira les moyens faciles qui avaient assuré depuis dix ans le succès de la tragi-comédie... Elle sera le plaisir de l'élite et la fierté des doctes». Mais à la fin du règne de Louis XIV la plus grande partie de la noblesse n'a plus guère de pouvoirs concrets, les «grands intérêts» lui ont échappé au profit de la seule monarchie. Alors elle se satisfait machinalement à coups d'illusions et de lénifiantes crises sentimentales. Si elle n'a plus de goût pour l'aventure et pour l'action, il lui reste celui de se donner des spectacles qui ne posent guère de questions et masquent au contraire sous un luxe et un académisme grandissants les limites de sa puissance réelle.

La comédie offre davantage de diversité dans ses préoccupations, elle est moins en butte aux attaques doctrinales. Une tradition s'est cependant instaurée pour que, dans la perspective de l'humanisme classique, on ne retienne de ses intentions qu'une étude générale des mœurs, une aspiration à l'universel. Le cas de Molière est un bon exemple des relations d'une œuvre avec des strates critiques successives. Elle illustre certaines des idées qui entourent le théâtre classique, ainsi que leur évolution.

Molière : quelle vision d'un classique ?

Faut-il opposer les genres terme à terme, faire du tragique le domaine réservé à l'aristocratie, et ne lire dans les comédies, par exemple celles de Molière, que les conseils d'un bourgeois à l'usage de la bourgeoisie ? Les critiques s'interrogent toujours sur la signification d'une œuvre multiforme qu'il est tentant de réduire à l'artificielle unité de pensée de l'homme qui se cacherait derrière les pièces. La première difficulté que rencontrent ceux qui s'efforcent ainsi d'étiqueter la carrière de Molière réside dans la complexité des rapports de l'homme de théâtre avec la cour et le monarque qui lui passe des commandes, alors que ses comédies sont applaudies aussi bien à la cour qu'à la ville. L'ingéniosité des exégètes a surtout été mise à rude épreuve quand ils se sont obstinés à détecter dans une impressionnante galerie de personnages ceux derrière lesquels il faudrait, bon gré mal gré, retrouver l'image de l'auteur. Alors ? Molière, ardent défenseur d'une classe sociale «montante» à laquelle il appartient par ses origines, ou Molière, traître à son milieu, courtisan vendu à la cause royale ? Une troisième attitude, plus ancienne, consiste à voir en Molière un moraliste traitant de l'homme en général, qui ne se serait référé à son temps que par commodité, sans s'en inquiéter profondément. Dans ce cas, il n'aurait jamais eu l'intention de «réformer la société», mais de «travailler à la correction des mœurs».

Les pièces de Molière se prêtent bien à ce jeu de cache-cache avec l'auteur (bien que d'autres exemples abondent dans la critique littéraire), car la tradition de l'analyse théâtrale accorde davantage de *réalité* aux personnages appelés à une existence scénique, surtout quand ils sont pris en charge par un auteur-comédien. Et aussi parce que cette œuvre traite de *tout*, ou presque : de la religion et de l'Eglise *(Tartuffe, Dom Juan)*, de la médecine *(Le Médecin malgré lui, Le Malade imaginaire)*, du pouvoir royal *(Tar-*

*Frontispice d'*Elomire hypocondre, *ou* Les Médecins vengés *(1670), comédie-pamphlet de Le Boulanger de Chalussay.*
Elomire est l'anagramme de Molière.
Tiberio Fiorilli, dit Scaramouche, servit de modèle au jeune Molière.
Il s'installa à Paris vers 1640 et imposa un emploi qui tenait du capitan et de l'arlequin.
(Bibliothèque de la Comédie-Française, Paris. Phot. © Archives Photeb.)

Gravure de Jean Le Pautre pour le Tartuffe *de Molière (présenté au public en 1669).*
Le graveur accorde de l'importance à la cachette d'Orgon, sous la table, tandis que Tartuffe tente de séduire Elmire. Il saisit ainsi un moment essentiel de la comédie. Il n'oublie pas de représenter les lustres du théâtre.
(Bibliothèque nationale, Paris. Phot. © Bibl. nat./Archives Photeb.)

tuffe), de la condition féminine *(Les Femmes savantes, L'Ecole des femmes)*, des libertins *(Dom Juan)*, de l'aristocratie *(Dom Juan, Le Misanthrope)*, de la bourgeoisie *(Le Bourgeois gentilhomme)*, de la noblesse de province *(Monsieur de Pourceaugnac, La Comtesse d'Escarbagnas)*, aussi bien que de l'usage du tabac *(Dom Juan)*. A partir de cette liste, qui est loin d'être exhaustive, l'enquête commence. Par ses origines familiales, le voilà conseiller de la bourgeoisie. Est-il malheureux en ménage ou en proie à la maladie ? le voilà en cocu de la fable, en Arnolphe de *L'Ecole des femmes*, en Argan du *Malade imaginaire*. Jusqu'au moment où personne ne sait plus très bien qui reste le meilleur porte-parole du *juste milieu*, par exemple, ou du *bon sens bourgeois*, parmi des personnages dont les répliques ne sont jamais que des *fragments rapportés*, filtrés et organisés par un homme dont nous risquons d'oublier en chemin qu'il écrit en premier lieu pour le théâtre. Tous ces éléments de discours font partie du vaste chantier d'une écriture qui procède par oppositions. L'œuvre théâtrale, en tant que forme artistique, agence toutes les idées brassées dans les différentes prises de parole scéniques. Il est plus utile d'interroger les mécanismes des discours tenus par les personnages tels qu'ils s'entrecroisent que d'identifier ceux-ci à d'hypothétiques référents choisis dans une réalité historique sujette à caution. La démarche critique devient vite dérisoire quand les personnages sont considérés comme les calques d'une réalité précise.

Analyse psychologique et sens multiples

En fait, avec Molière, la comédie remplit pleinement sa fonction en exhibant sur scène un matériau qui ne masque rien des contradictions de son époque. Elle projette par l'intermédiaire d'une écriture inventive (Molière se livre à un gros travail sur le langage de ses personnages, celui de Martine des *Femmes savantes* comme celui de Dom Louis de *Dom Juan*) une lumière critique sur les soubresauts et les déchirements de groupes sociaux antagonistes. Malheureusement, la tradition scolaire a mis l'accent sur la problématique des cas individuels, qui existe dans l'œuvre, en lui accordant une place outrancière. Ce qui arrive à Molière est d'ailleurs un exemple de la façon dont l'ensemble de la production classique a trop souvent été lu en classe. L'analyse psychologique des personnages trouve un vaste champ d'action dans un théâtre qui met l'accent sur l'individu, ses désirs et ses passions. Mais elle écarte toute interrogation sur les causes de cette nouvelle préoccupation et la présente comme le seul progrès possible par rapport au théâtre antérieur. Elle fait de toute démarche psychologique l'approfondissement attendu et inévitable, le sommet qui inscrit le théâtre dans une perspective d'éternité. L'outil d'analyse et l'objet de l'étude se confondent ; l'humanisme classique n'est plus considéré comme un moment historique, la thématique de ce théâtre est admise comme allant de soi, à la limite comme la seule possible. Or l'écriture classique se développe à une période où le pouvoir des aristocrates décline et où la pensée bourgeoise n'est pas encore constituée comme telle. Le débat sur les classiques ouvert dans la critique littéraire comme parmi les hommes de théâtre chargés de les mettre en scène tourne autour de l'importance de ce contexte historique et de l'éclairage qu'on choisit de lui donner à la représentation. Ce qui suppose que tombe la vieille idée selon laquelle on ne puisse voir dans une œuvre qu'un sens seulement, reconnu comme *le sens*. Le travail scénique sur les classiques ne consiste donc pas, comme on l'entend dire parfois, à ajouter du sens *autour* de la pièce, mais à en privilégier certains en rendant transparentes des allusions qui étaient évidentes pour les contemporains et qui ne le sont plus aujourd'hui. C'est, par exemple, l'intérêt de la démarche de Roger Planchon dans sa première mise en scène de *Tartuffe* (1967) de faire apparaître le rôle politique joué par Orgon au moment de la Fronde, sa situation d'homme de pouvoir lié de près à l'entourage du monarque. La pièce n'est plus alors (ou plus seulement) une comédie psychologique qui raconte les malheurs d'un bourgeois menacé dans son intimité familiale; elle révèle des mécanismes plus profonds, des enjeux plus graves, sans que l'individu soit pour autant banni du champ des préoccupations retenues.

La scène bourgeoise n'est pas une scène qui parle exclusivement de la bourgeoisie. Ni une scène qui obéit toujours à des formes parfaitement réglées, car celles-ci peuvent très bien être productives. La scène bourgeoise, en se refermant sur elle-même, traduit, avec l'outrance due à l'usage de formes artistiques, la politique d'exclusion vécue dans la société. Molière a eu l'immense mérite de maintenir une *scène ouverte* à des courants contradictoires qui agitaient son temps. C'est en cela qu'il intéressait ses contemporains, en cela qu'il nous intéresse aujourd'hui. Ses successeurs, quand ils ont mis l'accent trop uniquement sur les caractères, n'ont pas provoqué les mêmes remous; ils ne créent plus le même intérêt.

Les Comédiens-Français, *peinture de Watteau. Pleurs, yeux tournés vers le ciel, et attitudes «nobles» de comédiens dont on remarque aussi le luxe des costumes. (The Jules S. Bache Collection, Metropolitan Museum of Art, New York. Phot. © du musée.)*

Vers la scène bourgeoise

En 1715, à la mort de Louis XIV, l'image du théâtre classique français est si forte qu'elle étend son influence sur la plupart des nations européennes au cours du XVIIIe siècle. En France même, comme il arrive souvent après des réussites éclatantes, les successeurs passent soit pour de pâles imitateurs, soit pour des innovateurs ratés qui ont eu tort de s'écarter des grands exemples. Pourtant, Regnard, Destouches, Crébillon ou Dancourt, Lesage, dont le *Turcaret* mettant en scène un financier ne fut joué que grâce à l'intervention de Louis XIV, ne sont pas des auteurs négligeables. Mais l'ombre de Racine veille sur la tragédie, celle de Molière sur la comédie, et leurs deux silhouettes conjuguées ne facilitent guère la tâche de l'immédiate postérité.

Mlle Dumesnil, 1711-1803, dans Mérope, *de Voltaire. (Bibliothèque-musée de l'Opéra, Paris. Phot. © Bibl. nat./Archives Photeb.)*

Pourtant, on a pu dire que le XVIIIe siècle était le siècle de la théâtromanie. Tout écrivain médiocre se sent tenu de produire un petit acte, tout mondain sent sommeiller en lui un acteur en puissance. Les théâtres publics se multiplient (Paris compte deux

scènes permanentes en 1700, dix en 1744, cinquante et une en 1791) et les théâtres privés se répandent (Voltaire est l'exemple du «particulier» qui a besoin d'une salle de théâtre là où il réside). La bonne société se passionne pour la vie privée des acteurs et des actrices. Des spectacles connaissent le succès, même en province, mais l'historien de la littérature ne trouve pas pour autant des dramaturges de la taille de ceux du siècle précédent. Quand il y parvient, c'est en trichant un peu. Car Marivaux, si prisé aujourd'hui, n'était en son temps qu'un auteur joué sur une scène de deuxième ordre, l'auteur de prédilection du nouveau Théâtre italien.

La France, donc, exporte sa récente puissance économique, son luxe et ses idées. Modèle du *bon goût*, son influence se fait sentir en Espagne, où les théoriciens remettent en cause les valeurs traditionnelles, prônent un tardif exemple classique calqué sur le modèle français. Ainsi, en 1765, un décret royal interdit, au nom du goût venu de France, la représentation des *autos sacramentales* qui attirent pourtant un large public. En Angleterre, où il arrive que même Shakespeare soit joué dans de curieuses versions tronquées qui l'affadissent et le trahissent, les auteurs nouveaux suivent plutôt les normes classiques ou se réfugient dans des genres libres, comme la pantomime ou l'opéra. Quant à l'Italie, elle cherche en vain dans la première moitié du siècle une voie originale pour restaurer la tragédie en tenant compte du modèle racinien. Non qu'il n'y ait pas d'innovations dans différents domaines; les noms de grands comédiens sont passés à la postérité (citons Adrienne Lecouvreur et Mlle Clairon à Paris, Garrick en Angleterre) et l'on s'interroge sur l'art de l'acteur tout au long du siècle (*Le Paradoxe sur le comédien*, de Diderot, confrontant sensibilité et contrôle chez l'acteur, reste un texte important). La «mise en scène» et la décoration s'améliorent, recherchent une plus grande vérité, voire un certain souci historique. Mais en reprenant les moules classiques et en les poussant jusqu'aux limites de l'imitation, les auteurs perdent de vue que les temps ont changé (Voltaire écrit ainsi des tragédies parfois proches du pastiche parce que le sens du tragique n'existe plus guère). Il faudrait recommencer autrement, dans des directions nouvelles, pour que le théâtre retrouve des nerfs et du sang. C'est pourquoi les combats d'idées se déroulent sur d'autres terrains, et, quand la société s'interroge sur elle-même, c'est à l'intérieur d'autres formes d'écriture.

Un genre nouveau se développe cependant en France et en Angleterre. Il peint les milieux bourgeois avec assez de réalisme pour attirer une classe qui s'interroge sur elle-même. Et il fait la part belle au

Ballet, opéra, comédie-ballet : le plaisir du spectacle

Le classicisme a fait la part belle à des formes de spectacle que le théâtre n'avait plus le droit de traiter.

De la Renaissance à la fin du XVIIIe siècle, le goût du spectaculaire se développe à travers le ballet, l'opéra et la comédie-ballet.

L'invention des scénographes et des décorateurs peut s'y donner libre cours. Techniques scéniques, machineries et éclairages s'améliorent, tandis que les principes du changement à vue affirment le goût de l'illusion.

Bizarrement, il n'y a jamais vraiment conflit, même au cœur de la période classique, entre ces spectacles luxueux, où l'imagination déploie sans retenue tous ses attraits, et les genres plus sévères, où le public trouve une autre forme de plaisir. Il faut dire que l'exemple vient de haut ; à la cour de France, le jeune roi Louis XIV apparaît en personne dans de véritables rituels dansés qui se déroulent devant ses courtisans. Les hommes de spectacle, souvent d'origine italienne, qui sont établis dans les grandes cours européennes expérimentent des combinaisons nouvelles où le chant, la danse et la musique tressent autour des arguments dramatiques des développements destinés à exprimer les sentiments, à plaire et à surprendre.

Le ballet de cour est né en Italie au sein des manifestations folkloriques et des entrées princières qui sont l'occasion de cortèges et de défilés de chars dans des villes livrées au déploiement du spectacle. Plus ceux-ci sont somptueux, plus ils marquent la puissance de la ville et son attachement au grand personnage ainsi fêté. Les canti *(deux chœurs dans les rues de la ville, dont les chants se répondent) et les* trionfi *(avec chars et cortèges) donnent naissance aux* mascarades de cour *qui unissent musique et danse à une action dramatique.*

En France, c'est en 1581 qu'apparaît le ballet comique *dont l'influence se fera sentir tout au long du XVIIe siècle, tandis que sous Henri IV se développe le* ballet-mascarade *construit à partir d'une série d'entrées qui culminent dans le grand ballet final. En 1610 le* Ballet d'Alcine *comporte une action dramatique chantée qui relève nettement de l'opéra. Le goût des cours pour le ballet ne cesse pratiquement pas, mais c'est vers le milieu du XVIIe siècle que ses structures s'enrichissent et que des machines perfectionnées équipent les scènes. Louis XIV intervient en personne dans le* Ballet de la nuit *(1653). Les thèmes des ballets reprennent et développent ceux de la pastorale dramatique, empruntent à la mythologie, au romanesque, développent des allégories psychologiques. La plupart des ballets offrent l'intérêt scénographique particulier d'être dansés au milieu des spectateurs. Bien qu'une scène surélevée soit prévue pour des effets particuliers, la principale aire de jeu, très vaste, est bordée par le public sur trois côtés, offrant de multiples points de rencontre.*

Beaucoup d'effets spectaculaires prévoient des métamorphoses ; la multiplication d'effets pittoresques crée des effets de surprise grâce aux costumes somptueux. Aucune apparition, aucune invention n'est interdite dans le ballet ni dans la comédie-ballet (une comédie avec entrées de ballet intercalées) que Molière et Lully développeront à partir de 1661 pour les nombreuses fêtes données par Louis XIV. Refuge du spectaculaire et divertissement coûteux des cours, le ballet brille rarement par l'originalité de ses arguments mais plutôt par la diversité et le luxe de ses décors et costumes.

*L'opéra a également des origines italiennes et naquit dans un milieu aristocratique. Son premier public est composé de princes, de courtisans et d'ambassadeurs. Si l'*Euridice*, de Jacopo Peri, est considérée comme le premier opéra authentique (1600), il fallut attendre 1637 pour que soit inaugurée à Venise la première salle ouverte au public, avec* Andromède*, de Manelli. En 1700, la même ville de Venise comptait seize salles d'opéra, prouvant ainsi le succès d'un genre recherchant le pittoresque et le merveilleux. Le reste de l'Europe suivit avec près d'un demi-siècle de retard. En 1647, Mazarin fit venir l'*Orfeo*, de Luigi Rossi, au Palais-Royal, mais le véritable opéra public ne s'installa en France qu'en 1669. (L'Académie de musique s'installa au Palais-Royal en 1673.) Vienne avait eu un bâtiment réservé à l'opéra en 1652 et le premier opéra anglais avait été joué à Londres en 1656.*

Machine de théâtre inventée par d'Hermand, gravure du XVIIIe siècle (Bibliothèque nationale, Paris). Un bel effet de «volerie» spectaculaire grâce à cette machine masquée par des «nuages». (Phot. © Bibl. nat./Photeb.)

Scène de L'Opéra du gueux, *de John Gay (1685-1732), peinte par William Hogarth en 1729 (Tate Gallery, Londres). La composition très théâtrale du tableau de Hogarth insiste sur les postures des personnages qui semblent saisis dans le mouvement. (Phot. John Webb © Photeb.)*

La Foire de Southwork, *gravure de William Hogart, 1773 (Guildhall Library, Londres). Toutes les formes de jeu et de spectacle se côtoient dans cette foire.*

Musiciens, paradistes, bouffons et acrobates se disputent l'intérêt d'un public varié et turbulent, au milieu d'un joyeux désordre. (Phot. Eileen Tweedy © Photeb.)

goût envahissant pour la sensibilité, parfois pour le sentimentalisme. Les «drames bourgeois», les «comédies larmoyantes» traitent sur le mode sérieux les aventures et les problèmes moraux de la nouvelle société bourgeoise en voie de constitution. Les titres des pièces donnent à eux seuls une idée des intrigues de ces comédies qui ne font plus rire ; c'est *Le Fils naturel* (1757), *Le Père de famille* (1758), de Diderot, *Le Philosophe sans le savoir* (1765), de Sedaine. Beaumarchais, auteur d'un *Essai sur le genre dramatique sérieux* (1767), écrit la même année une *Eugénie*, larmoyante histoire d'une jeune fille séduite et abandonnée. En 1792, c'est, après *Le Barbier de Séville* et *Le Mariage de Figaro, La Mère coupable,* dernier épisode des aventures de Figaro. Pathétique et moralisatrice, cette dernière œuvre de Beaumarchais, tombée dans l'oubli, est révélatrice de l'importance d'un genre qui n'est pas sans liens avec le mélodrame.

On note cependant des réactions contre l'influence classique. L'œuvre de Lessing, auteur de la *Dramaturgie de Hambourg* (1769), est intéressante parce qu'elle reflète les interrogations d'un homme en prise directe sur la réalité théâtrale. Auteur lui-même, chargé en outre de la programmation du Nationaltheater de Hambourg, Lessing note au fil des spectacles présentés dans ce théâtre les réflexions que lui inspire le répertoire de l'époque. Il dénonce les dangers que courent les dramaturgies nationales en s'obstinant à imiter médiocrement les modèles français.

Tout le XVIIIe siècle ne succombe pas à ces tentations. Dans la seconde moitié du siècle, l'Italie retrouve la veine comique avec Goldoni (1707-1793) et Gozzi (1720-1806), dont l'un défend un théâtre parfois proche du réalisme, et l'autre explore la veine du fantastique. En France, la Foire et le Boulevard, qui ont à lutter avec les privilèges de la Comédie-Française et de l'Opéra, inventent leur propre esthétique en tenant compte des gens du peuple qui composent une partie de leur public.

Il suffit cependant de se référer aux *Mémoires* de Casanova, par exemple, pour se faire une idée de ce que représente le théâtre pour une partie de la bonne société européenne. Au fil de ses voyages, dans les différentes capitales qu'il fréquente, Casanova retrouve partout le divertissement de haut luxe de groupes sociaux occupés à se donner en spectacle. Car la salle de théâtre ou d'opéra devient lieu de parade et de rendez-vous. S'y montrer est un acte social en passe de devenir plus important que le spectacle lui-même. Soir après soir, les spectateurs qui paraissent dans leurs loges se livrent à un rituel social dont le luxe et l'intérêt rivalisent avec ce qui se passe sur scène.

Dans ce contexte, la persistance des condamnations des spectacles et des comédiens par les autorités ecclésiastiques n'étonne guère. Comme surprennent moins les diatribes lancées contre le théâtre par Jean-Jacques Rousseau, dont le point de vue n'est pas seulement celui d'un moraliste. Le philosophe attaque aussi le déploiement de mondanités qui entoure un art risquant de se réduire à un divertissement de privilégiés. Il souhaite un théâtre dont les objectifs pédagogiques ne seraient pas exclus, un théâtre populaire en mesure de faire éclater les limites d'un monde réduit à l'étroit espace social du narcissisme. La révolution de 1789, en bouleversant le paysage social, obligera à poser sur le théâtre un regard différent.

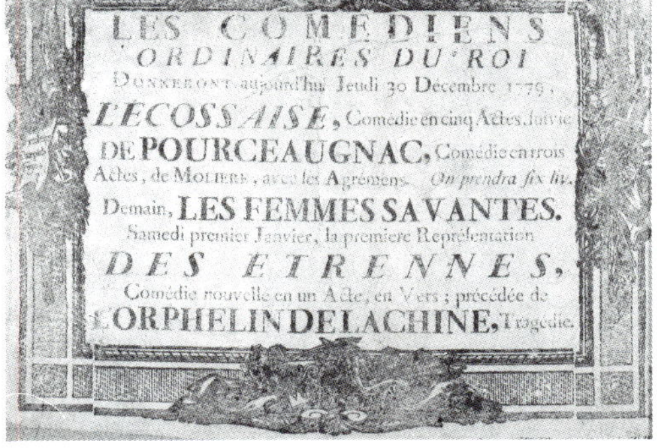

Affiche pour trois représentations données à la salle des Machines, aux Tuileries, les derniers jours de 1779 et le 1er janvier 1780 (bibliothèque de la Comédie-Française, Paris). Les amateurs de théâtre ne reculaient pas devant un programme composé de deux ouvrages. (Phot. © Bibl. nat./Archives Photeb.)

Le théâtre romantique : de l'Histoire à l'alcôve

Avec le XIXe siècle, c'est la notion de «modèle» qui s'efface de l'esthétique : tout semble, en effet, marqué du signe du refus — des influences, des dogmes, des règles — comme si l'art répétait dans son domaine spécifique les leçons de l'histoire récente. Domaine spécifique que l'art en cette première moitié du siècle? Voire! tant il est vrai que poètes, musiciens, peintres, artistes en tout genre affirment l'interdépendance de leur action et de la société : et puisque Fichte affirmait que «la Révolution est l'enfant de la philosophie», le journal *Le Globe* pourra proposer de la nouvelle école la définition suivante : «Le romantisme c'est, en deux mots, le protestantisme dans les lettres et les arts.» Et de réclamer un «Quatorze Juillet du goût»!

On ne s'étonnera donc guère que la réflexion théorique abonde chez les romantiques — et leurs successeurs réalistes : dans leur désir d'affirmer le rôle de l'artiste ils ont dû argumenter pour se défendre d'abord, pour convaincre ensuite. De là, dans le cas précis du théâtre, une réflexion moins centrée sur la scène et ses techniques que sur les œuvres et leurs sujets : le théâtre romantique n'est pas sorti de la scène à l'italienne et n'a guère innové, scénographiquement parlant. Toutefois, les ambitions maintes fois répétées d'un théâtre total et engagé ont imposé des choix qui, s'ils expliquent l'échec de la pratique, ne sauraient remettre en cause la *fonction* théorique : «Le théâtre a de nos jours une importance immense et qui tend à s'accroître avec la civilisation même», déclarait Victor Hugo en 1833, avant de préciser quelques années plus tard : «On ne saurait trop le redire (...) aujourd'hui plus que jamais le théâtre est un lieu d'enseignement.»

La prolifération des scènes

Mais qui dit *importance* dit d'abord *existence*. Et, de fait, un extraordinaire développement des lieux dramatiques caractérise les soixantes années qui couvrent — si l'on tient compte des décalages chronologiques dans les mouvements nationaux — l'histoire du romantisme. Phénomène paneuropéen qui se superpose souvent à la (re)découverte d'une identité nationale, comme en témoignent l'érection d'un Théâtre national polonais par Stanislas Poniatowski (1765) ou d'un Théâtre national hongrois à Pest en 1834 (ce dernier remplaçant un théâtre de langue allemande installé en 1814). Phénomène qui peut aussi marquer l'emprise du pouvoir sur une institution dont le développement marginal était difficilement contrôlable : ainsi, en Russie, pour s'opposer à la multiplication des «scènes populaires» (ces multiples cours où des baraques sans toit accueillaient chaque fin d'après-midi des farces ou des parades sommaires), la tsarine Catherine soutint-elle des expériences telles que celles du théâtre de Knipper à Saint-Pétersbourg (un amphithéâtre de bois offrait des places de qualité égale au petit peuple). Mais face à la montée des troubles populaires dans toute l'Europe, ses successeurs en revinrent aux traditionnels «théâtres de classe» avec orchestre, balcons, baignoires et poulailler (théâtre Maly de Moscou, 1824).

Les principautés allemandes, de leur côté, voyaient défiler des troupes de comédiens ambulants dont le répertoire simpliste avait assimilé les traditions venues d'Angleterre, de France ou d'Italie. En réaction s'est progressivement développé, dans le dernier tiers du XVIIIe siècle, le théâtre national allemand dont l'ambition a été de créer

L'envers du décor, peinture anonyme (musée du Burcardo, Rome). On remarque l'eau, le faux navire et le faux promontoire. Mélodrames et drames exigeaient une mise en scène vivante qui reposait sur d'habiles truquages. Déjà, en 1828, Léon Halévy (1802-1883) reprochait au commissaire royal du Théâtre-Français, le baron Taylor, de se préoccuper davantage de faire des «tragédioramas» plutôt que des tragédies. Et de conclure : «Du Théâtre-Français ne fais plus une optique,/Le théâtre est un temple et non une boutique./Sans décors, sans machines il a toujours fleuri./Il nous faut des Corneille et non des Ciceri.» (Phot. Sergio Rossi © Photeb.)

Le boulevard du Crime

L'ancien boulevard du Temple fut surnommé «boulevard du Crime» en raison des nombreux forfaits accomplis chaque soir sur les scènes de ses théâtres.

Lieu de promenade des Parisiens élégants et des étrangers avant la Révolution de 1789, le boulevard du Temple (que Franklin appelait «le club des nations») regroupait bateleurs, marionnettistes, acrobates et forains venus des foires Saint-Germain et Saint-Laurent, ainsi que divers théâtres où se jouaient parades et comédies légères. La prise de la Bastille puis la Terreur modifièrent la sociologie du boulevard qui ne fut plus fréquenté que par le peuple des faubourgs et les sans-culottes qui trouvèrent dans les nombreuses salles d'un jour autant de tribunes politiques. Le Directoire puis l'Empire effacèrent ces excès mais ne purent détourner totalement les spectateurs du Temple qui se spécialisa dans le mélodrame et le vaudeville, abandonnant au Théâtre-Français les genres «nobles» et moribonds.

Les principaux théâtres du boulevard du Crime étaient :

- *le théâtre de la Gaîté, fondé par Nicolet, où fut créé le personnage de madame Angot (*Madame Angot ou la Nouvelle Parvenue, *de Ribié, 1795) ;*
- *le théâtre de l'Ambigu-Comique, fondé par Audinot, sur la scène duquel s'illustrèrent Corsse et Frédérick Lemaître qui y créa le rôle de Robert Macaire (d'après* L'Auberge des Adrets *de Benjamin Antier, 1823) ;*
- *le théâtre des Funambules où officiait le mime Baptiste Deburau qui donna tout son relief au Pierrot traditionnel ;*
- *le théâtre des Associés, à l'histoire complexe, que domine la danseuse-acrobate, madame Saqui ;*
- *le théâtre des Variétés où l'acteur Volange avait créé, avant la Révolution, le personnage du niais Janot dans la pièce homonyme de Dorvigny.*

A côté de ces grandes salles où se pressait «un public naïf comme un enfant à qui l'on conte la Barbe-Bleue, se laissant aller bonnement à la fiction du poète, acceptant tout à condition d'être amusé» (Théophile Gautier), pullulaient les petits théâtres au répertoire médiocre, les distractions les plus diverses tels le Cabinet de cire de Curtius, le cirque Olympique avec ses cerfs, ses éléphants et ses danseurs, les marionnettes des Pantagoniens, etc., sans oublier les cafés (café Goddet, café Yon, café d'Apollon, l'Epi-scié, le Jardin turc, etc.) ou les bals, ni les habitué(e)s des lieux comme la célèbre Fanchon la Vielleuse (qui devint l'héroïne d'un vaudeville de Joseph Servières en 1808).

Chaque jour, chaque soir, le boulevard du Crime attirait donc une foule immense, d'autant plus suspecte aux yeux du pouvoir qu'elle se composait des couches sociales qui depuis 1789 n'hésitaient pas à descendre dans la rue pour clamer leurs revendications. Saisissant prétexte de la difficulté d'y circuler, le baron Haussmann fit, en 1862, raser le boulevard pour ouvrir la place de la République. Ainsi disparaissait de la réalité le boulevard du Crime qui devait renaître à jamais, avec ses foules gouailleuses et son monde d'artistes, de l'imagination de Jacques Prévert et Marcel Carné dans le film Les Enfants du Paradis *(1943-1945).*

La Parade de Bobèche et de Galimafré, peinture de Jean Roller, vers 1820 (musée Carnavalet, Paris). Sous ces noms de scène, deux jeunes ébénistes furent, à partir de 1809, deux des plus vivantes figures du boulevard du Temple. Bobèche, beau garçon, s'attirait, par la finesse mordante de ses répliques, la sympathie d'un public relativement raffiné ; les reparties niaises du maigre Galimafré soulevaient les rires du petit peuple des faubourgs. Rapidement célèbres, ils parcouraient la France à la belle saison, maintenant la tradition de la parade. (Phot. Léonard de Selva © Photeb.)

Physionomie du vieux boulevard du Temple, *lithographie de Hoster Levilly, vers 1830 (musée Carnavalet, Paris). Au centre, le cirque Olympique, spécialisé dans les spectacles à gros budget ; à droite, les Folies-Dramatiques où Frédérick Lemaître créa en 1834 son* Robert Macaire, *suite de* L'Auberge des Adrets *; puis la Gaîté, les Funambules et le théâtre Acrobate de madame Saqui. (Phot. Léonard de Selva © Archives Photeb.)*

un véritable public rassemblé dans des lieux fixes autour d'un répertoire proprement germanique : «Nous n'avons pas de théâtre, reconnaissait Lessing, d'abord parce que nous n'avons pas de public.» D'où l'implantation de salles consacrées au seul art dramatique, ouvertes à tous les publics — et non plus aux courtisans des princes et nobliaux locaux — même dans des cités faiblement peuplées : c'est ainsi que Goethe prend en charge, en 1791, le théâtre de Weimar, petite capitale provinciale de moins de sept mille habitants. Deux disciples de l'auteur de *Faust,* Immermann à Düsseldorf, Klingemann à Brunswick, installent des théâtres où ils multiplient les expériences de mise en scène. Berlin, sous la conduite du grand acteur Iffland (transfuge du Hof und National Theater de Mannheim), devient le grand centre du renouveau dramatique allemand et abrite à partir de 1821 le Schauspielhaus, construit par Schinkel selon une perspective nouvelle.

A Vienne, grand foyer de l'art musical, sous l'impulsion de Joseph II, la vie théâtrale se concentre initialement dans le Burgtheater, construit en 1776 sur le modèle de la Comédie-Française : théâtre mondain au répertoire très international mais qui devait susciter des scènes plus populaires où s'illustrait la verve traditionnelle des Autrichiens, et où leur goût pour le spectacle féerique (duquel allait sortir l'opérette viennoise popularisée par Johann Strauss) pouvait librement s'épanouir (théâtre de Leopoldstadt).

Mais c'est à Paris que la prolifération des salles se manifeste avec le plus d'éclat. Il est vrai qu'un décret du 19 janvier 1791 autorisait «tout citoyen à élever un théâtre public et y faire représenter des pièces de tous les genres». Décret que le Comité de salut public corrigea en 1794 en demandant que «dans toutes les villes de 4 000 habitants il y ait une salle de spectacles».

Les petites salles prolifèrent donc au point que, à l'aube de l'Empire, la capitale compte jusqu'à trente-trois théâtres (pour une population inférieure au demi-million d'habitants). Prolifération anarchique freinée par divers décrets impériaux : en 1806, le nombre des salles est ramené à huit. Après Waterloo, la courbe grimpe de nouveau — dix-huit salles en 1829, trente et une en 1833 — jusqu'au coup de grâce du baron Haussmann qui rase le boulevard du Temple en 1862.

L'importance de ce mouvement traduit d'abord l'évolution du théâtre au point de vue idéologique : à l'esthétique hautaine de jadis s'est substituée une distraction qui établit une connivence de fait entre la scène et la salle. Connivence dont l'enjeu n'est rien d'autre que le pouvoir politique.

Evolution également au point de vue sociologique : à l'exception de l'Angleterre (qui, à la même époque, reconstruit ses salles selon d'impressionnantes dimensions), où il faudra attendre la seconde moitié du siècle pour voir la haute société se rendre à un spectacle jusqu'alors réservé à la plèbe, l'Europe passe d'une audience restreinte de privilégiés à un vaste public néanmoins réparti en fonction de certains critères (goût, rang social, etc.) qui contribuent à la spécialisation des salles. L'exemple français, en raison même des soubresauts qui agitent l'histoire du premier au second Empire, est de ce point de vue exemplaire.

Les Gratifications, *lithographie de J.-T. Julien, 1819 (Bibliothèque nationale, Paris). En plus de son salaire, le comédien recevait chaque soir une part de la recette, le feu, marchandé entre les acteurs en fonction des rôles. L'origine en est rapportée par le critique Castil Blaze (1784-1857) : «Les chanteurs et symphonistes de la musique du roi recevaient, en sus de leurs appointements, du pain, du vin et de la viande à six bonnes fêtes de l'année ; ces aliments furent appréciés en argent à partir de 1700, et chaque musicien reçut ainsi un supplément ; à la fin du XVIII*[e] *siècle ce supplément fut appliqué aux bougies, que les premiers sujets voulaient avoir au lieu de chandelles dans leurs cabinets, et dès lors la somme allouée prit le nom de feu.» (Phot. © Bibl. nat./Photeb.)*

Naissance du grand public

Au lendemain de la tourmente révolutionnaire, le Théâtre-Français ne fait plus recette : un répertoire usé, fondé sur une tragédie sclérosée, un jeu conventionnel, incapable de satisfaire les émotions d'un public saturé de sensations fortes par les événements de la rue, ont conduit les spectateurs vers les genres annexes et les salles du boulevard. Et le phénomène se poursuit très avant dans le siècle puisque, si les premières représentations publiques d'*Hernani* font chacune des recettes de 5 000 francs par soirée, les classiques joués dans le même temps plafonnent au dixième (530 francs pour *Le Cid,* un peu moins de 500 francs pour *Phèdre,* 350 francs pour *Iphigénie*).

Mais en même temps qu'il déserte la Maison de Molière, le public se modifie : au simple populaire qui fréquente traditionnellement les mélodrames du Temple se joint peu à peu cette «nouvelle haute société» qui partage les mêmes aspirations dramatiques que le peuple des faubourgs. Public homogène, donc, «non pas au point de vue du rang social et de la fortune : les blouses sont mêlées aux toilettes d'opéra (...) mais les goûts et les aspirations sont communs. Ce public (...) a le goût du spectacle pour les yeux, le goût du mouvement et de l'action (...); les nuances lui échappent. Et il n'a aucune préoccupation de style», note M. Descotes. Homogénéité de synthèse donc, et qui fut de courte durée : avec la Restauration, l'emprise de la bourgeoisie sur la vie publique marque un retour aux clivages. Le mélodrame retrouve son premier public («On y voit difficilement la bonne compagnie», note *L'Observateur de Paris* en 1830), tandis que les bourgeois aisés se rendent par devoir au Français pour manifester leur différence (l'acteur Fleury remarque que «les dames de la *Nouvelle France* y viennent une ou deux heures montrer leurs diamants») et par plaisir à l'Odéon applaudir les «œuvres audacieusement réglées par la raison», de Casimir Delavigne. Quinze ans plus tard, cette bourgeoisie installée, «mélange singulier du passé, du présent et de l'avenir et qui avait besoin d'une comédie faite pour lui plaire, sans être chagrinée ni dans son passé, ni dans son présent, ni dans son avenir» (Jules Janin), fait sienne la scène du Gymnase et les pièces d'Eugène Scribe.

Triomphe du juste milieu, au style terne et aux idées plates, qui donne naissance à ce «grand public» qui n'est pas tout le public. Exclusif du peuple comme de l'intellectuel, il impose ses valeurs solides et positives au nom d'un prétendu bon sens et d'une prétendue morale sur lesquels les auteurs brodent invariablement une trame identique. D'ailleurs, peut-on encore parler d'auteur? Ne devrait-on pas voir plutôt dans ce faiseur de pièces un «produit, plus

ou moins élaboré, du groupe pour lequel il écrit» (M. Descotes)? Et, de fait, Scribe, Delavigne et autres Dumas fils n'ont pu réussir que parce qu'ils allaient dans le même sens que la censure.

L'arsenal répressif

Car la censure régnait bel et bien dans un univers que nombre d'auteurs rêvaient de transformer en tribune mais que les pouvoirs entendaient gérer comme des «chaires» de morale. Censure aux multiples visages, allant d'une subtile autocensure attendue des comédiens viennois, qui devaient « adapter eux-mêmes leurs textes dans le sens des convenances», à l'interdiction totale de toute activité dramatique dans la République de Genève (interdiction réitérée par le Consistoire en 1797). Entre ces deux pôles, les théâtres louvoient pour échapper aux mesures qui peuvent entraîner leur fermeture ou l'interdiction d'une œuvre, les condamnant aux pires difficultés économiques.

Tous les Etats encadrent ainsi la vie théâtrale, allant même jusqu'à subventionner pour mieux surveiller : c'est le cas en Russie. où, dès 1806, le gouvernement organise les grandes troupes. C'est aussi le cas en France, où la grande et prestigieuse scène du Théâtre-Français reçoit par le décret de Moscou (1812) protection et subsides, mais se trouve soumise au contrôle strict de l'autorité impériale. Censure tatillonne, qui souvent outrepasse ses droits en jugeant la qualité littéraire des textes et, bien plus souvent encore, frappe à l'aveugle, répondant

Le Serment des claqueurs, *lithographie de Cornillon (Bibliothèque nationale, Paris). Plaisante variation sur* Le Serment des Horaces, *de David, cette caricature rend compte de l'importance de la claque. De son sérieux aussi. Une claque ne s'improvise pas : dirigée par un chef qui loue les services de sa «troupe» à l'auteur, à l'acteur ou au directeur de la salle, la claque peut assurer le triomphe ou l'échec d'une pièce. Balzac, qui en avait été la victime, a fait une féroce description de «la puante escouade des claqueurs (...), tous gens à casquettes, à pantalons mûrs, à redingotes râpées, à figures patibulaires (...), horrible population qui le matin vend des chaînes de sûreté et qui claque sous les lustres le soir»* (Illusions perdues). *(Phot. © Bibl. nat./Photeb.)*

Ci-dessous : Le Théâtre du Gymnase, *peinture d'A. von Menzel, 1856 (Staatliche Museen, National Galerie, Berlin-Ouest). Le Gymnase-Dramatique, ouvert depuis 1820, draina un public mondain, mêlant bourgeois et nobles dans un même enthousiasme pour les œuvres de Scribe. Si bien que le Gymnase passa pour «la meilleure société de la capitale». (Phot. © Bildarchiv Preussicher Kulturbesitz/Archives Photeb.)*

Incertitudes shakespeariennes d'un romantique

Le drame romantique appelait un nouveau type de jeu. Les comédiens anglais en tournée (1822 et 1827-1828) le révélèrent aux Parisiens divisés.

Ami de Stendhal, Delécluze (1781-1863) réunit à partir de 1821 dans son salon une jeunesse aux goûts cosmopolites qui formera l'un des pôles de la révolution romantique. Cependant, en dépit d'un enthousiasme certain pour les novations, Delécluze et ses amis gardent la tête froide pour juger des apports étrangers. Témoin cette page du *Journal* en date du 26 mai 1828.

« Kean est un homme qui paraît avoir cinquante ans. Petit, trapu, mal bâti et laid de visage, il joint à ces désavantages celui d'avoir une voix rauque et gutturale qui me faisait souvenir parfois des cris horribles que font les cochers anglais pour exciter leurs chevaux.

» A dire la vérité, Kean n'a eu aucun succès dans le rôle de Richard. On a bien vu que c'est un acteur spirituel et énergique, mais dans l'expression même de ces deux qualités on a cru reconnaître quelque chose de forcé et souvent d'exagéré dans la profondeur qu'il cherchait à mettre aux paroles de l'auteur. Au total, cette représentation a été froide et ennuyeuse ; et le public français a été d'autant plus désappointé qu'il se promettait beaucoup de plaisir et qu'il avait reçu l'acteur anglais à son entrée en scène avec une grande bienveillance. Pendant et après la représentation, j'en ai causé avec des Anglais et des Français qui ont eu l'occasion, il y a cinq ou six ans, de voir Kean jouer ce rôle dans toute la force de son talent. Tous se sont accordés à dire que Kean n'est plus le même, qu'il a perdu sa voix et toute son énergie. On attribue ce fâcheux changement à des chagrins et à des maladies dont l'amour a été la cause. Ce qui est certain, c'est que cet acteur est usé, comme l'on dit, jusqu'à la corde.

» Malgré la faiblesse visible de ses moyens, on peut, si je ne me trompe, apprécier encore le talent de Kean d'après ce que nous avons vu. Dans ce rôle, il est tout occupé d'y faire ressortir le scélérat. Le roi, le prince, l'homme habitué au commandement, etc., il le fait complètement disparaître. Vers la fin de la pièce, il y a une suite de scènes où il exagère la laideur et la faiblesse de Richard. Ce prince est sur le point de livrer bataille, et, dans ce moment, on vient de tous côtés l'avertir que ceux qui le servaient l'abandonnent. Kean, à ce moment, montre une impatience tout à fait mesquine ; il frappe du pied ; il se tire les cheveux ; il brusque tout le monde, tant enfin qu'il donne de son héros l'idée la plus pauvre qu'il soit possible d'en prendre. Je conviens que ces scènes ont été bien maladroitement mutilées par les arrangements ; mais il est certain que Kean, au lieu de chercher à pallier ce défaut, l'augmente encore par la colère frénétique et puérile qu'il prête en ce moment à Richard.

» Kean ne s'est attiré des applaudissements en jouant ce rôle qu'à la fin de la pièce. Il paraît fort adroit à manier le fleuret ; et, dans son combat avec Richmond, il déploie tout le talent d'un spadassin consommé. Sa pantomime, lorsqu'il meurt après avoir été frappé par Richmond, est fort juste et a excité des applaudissements qu'on a prodigués avec d'autant plus de force que l'on n'avait trouvé dans toute la pièce aucune occasion de faire cette galanterie à l'acteur étranger. Cependant, non seulement ces circonstances du combat et de la mort de Richard III ne sont pas dans Shakespeare, mais à mon avis cette interpolation est tout à fait de mauvais goût et contre nature. Richmond et Richard se battent à l'épée pendant cinq ou six minutes. Ce dernier est enfin percé par son adversaire. Richard-Kean, au moment où il a reçu le coup, reste debout tout en chancelant. Il manie encore son épée, puis la laisse échapper et bientôt sa main désarmée fait encore le simulacre d'un mouvement pour porter un coup d'épée. Enfin, Kean tombe à la renverse et là il débite en se tordant une demi-douzaine de vers qui ne sont pas plus de la pièce que toute la pantomime qui vient d'être décrite. C'est cependant dans toute cette scène antishakespearienne que Kean a joué avec le plus d'éclat.

Edmund Kean, 1787-1833, dans la pièce de Massinger, *Une nouvelle façon de payer de vieilles dettes* (peinture attribuée à G. Clint, Victoria and Albert Museum, Londres). Acteur complet, jouant de la voix, du geste, de l'expression de son visage, il a personnifié le nouvel acteur romantique. Sa vie agitée fut transposée à la scène par Dumas en 1836 qui fit de lui un personnage romantique à part entière, « véritable héros de débauche et de scandale, un homme qui (...) à peine débarrassé du manteau de Richard revêt l'habit d'un matelot du port, court de taverne en taverne, et se fait rapporter chez lui plus souvent n'y rentre. »
(Phot. Sally Chappell © Photeb.)

» C'est une autre chose bien digne de remarque que le goût qu'ont les Anglais pour imiter avec une minutieuse exactitude the pangs of the death, *l'agonie. Les acteurs, dans ce cas, n'omettent aucune circonstance matérielle, ne font grâce au spectateur ni d'un soupir, ni d'une convulsion, ni d'un râlement, en sorte que l'intérêt dramatique de la mort du personnage est toujours détruit par l'espèce d'angoisse où l'on est soi-même, quand on assiste aux derniers moments d'un mourant. Ce défaut m'avait déjà bien choqué dans* Roméo et Juliette, *joué par Ch. Kemble et miss Smithson. Mais il est poussé jusqu'au ridicule par Kean dans cette scène de* Richard III.

» Au surplus, la tragédie de Richard III, *jouée par Kean, a fait ressortir l'idéal de laideur qui plaît tant aux Anglais d'aujourd'hui surtout. Ce peuple, enfoncé dans toutes les aisances d'une civilisation raffinée, ne sait plus que chercher pour se distraire. Les passions et leur peinture n'ont plus d'action sur leur âme, et il leur faut l'imitation bien matérielle et bien brutale des maladies de l'âme et des souffrances du corps pour réveiller leur attention. Quoique la pièce, telle que Shakespeare l'a composée, soit bien loin d'être un chef-d'œuvre dramatique, cependant il s'y trouve, dans la composition prise ensemble, des beautés admirables. L'opposition des caractères de lady Margaret, veuve de Henry VI et du duc de Clarence, avec celui de Richard met un contrepoids à la laideur de ce meurtrier bossu, qui donne quelque soulagement à l'âme du spectateur. Dans la pièce telle qu'on la joue maintenant, Richard fait ses horreurs sans que personne s'y oppose, même en parole, ce qui est fatigant au dernier point. La fureur du spectacle va toujours croissant en Europe. Aussi les combinaisons dramatiques deviennent-elles chaque jour plus rares. Le résultat forcé de cet accident est facile à prévoir. On commence par abandonner la représentation des choses simples et naturelles, parce qu'elles paraissent insipides. Le vrai et le* beau *même ne tardent pas à perdre leur charme, tant qu'enfin on a recours à l'extraordinaire, au hideux et à l'horrible, pour réveiller le goût blasé de la multitude. Le public de Londres est depuis longtemps dans le cas des gens qui font abus des liqueurs fortes, et dont la soif est devenue une fièvre ardente.*

» C'est là où nous tendons en France. Ce besoin de faire venir des acteurs de tous les pays, d'essayer de tous les systèmes dramatiques prouve que le goût du plaisir s'émousse chez nous, et si les efforts de la Société de la morale chrétienne *ne s'opposaient pas aux innovations choquantes que les spéculateurs d'un côté et les spectateurs blasés de l'autre appellent de leurs vœux, nous pourrions bien ne pas tarder à voir établir chez nous des combats de coqs et de taureaux, des boxeurs et même des gladiateurs. On est effrayé, lorsque l'on observe les hommes de notre temps avec attention, de voir combien l'ennui fait de progrès, combien les cœurs s'émoussent et les esprits se dégoûtent. »*

Dans les coulisses de Ruy Blas

Pour les auteurs romantiques, la création ne s'arrête pas à la dernière réplique du texte. L'organisation du spectacle, acteurs, décors, mise en scène, est également de leur ressort.

Certains — Hugo, Dumas, par exemple — rêvèrent d'avoir leur propre théâtre pour n'être pas soumis aux tracasseries des directeurs et des administrateurs. Ainsi, à la veille de *Ruy Blas* (1838), Victor Hugo est-il sur le point de réaliser son rêve à la Porte-Saint-Denis, abandonnant néanmoins l'intendance à Anténor Joly.

«M. Anténor Joly vint un matin avec la maquette d'une nouvelle espèce de théâtre. Selon lui, la rampe ne s'expliquait pas ; cette rangée de quinquets qui sortait de terre était absurde ; dans la réalité, on était éclairé par en haut et non par en bas ; la rampe était un contresens ; les acteurs n'étaient plus des hommes, etc. La maquette présentait un nouveau système ; les quinquets éclairaient, comme le soleil, du haut de portants dissimulés dans la coulisse ; on ne serait plus au théâtre, on serait dans la rue, dans un bois, dans une chambre. M. Victor Hugo s'opposa à la suppression de la rampe, il répondit que la réalité crue de la représentation serait en désaccord avec la réalité poétique de la pièce, que le drame n'était pas la vie même, mais la vie transfigurée en art, qu'il était donc bon que les acteurs fussent transfigurés aussi, qu'ils l'étaient déjà par leur blanc et par leur rouge, qu'ils l'étaient mieux par la rampe, et que cette ligne de feu qui séparait la salle de la scène était la frontière naturelle du réel et de l'idéal.

»Avant de promettre Ruy Blas, *l'auteur s'était enquis de la troupe. On lui avait présenté une liste d'acteurs de vaudeville et de province. Il avait demandé M. Frédérick Lemaître. Ç'avait été, du reste, sa seule condition. Il avait voulu, à ce théâtre qu'il avait donné pour rien, et dont on avait offert une fois à M. Anténor Joly soixante mille francs, le même traité qu'au Théâtre-Français et à la Porte-Saint-Martin.*

»M. Frédérick Lemaître faisait une tournée en province ; un mot de M. Anténor Joly le fit revenir en grande hâte. Le théâtre étant tout à refaire à l'intérieur et livré aux ouvriers, l'auteur, pour ne pas lire dans les coups de marteau, fit venir les acteurs chez lui. M. Frédérick fut radieux aux trois premiers actes, inquiet au quatrième, sombre au cinquième, et s'esquiva sans rien dire.

»On ne pouvait répéter au théâtre. M. Anténor Joly avait obtenu qu'on lui prêtât la salle du Conservatoire. Ce fut là que le lendemain l'auteur distribua les rôles. M. Frédérick Lemaître reçut le sien d'un air résigné, mais il y eut à peine jeté les yeux qu'il poussa un cri d'étonnement et de joie :

— C'est donc Ruy Blas que je joue ?

»Il avait cru que c'était don César. Comme il arrive toujours des grandes réussites, sa prodigieuse création de Robert Macaire lui était perpétuellement jetée au visage ; on lui répétait sans cesse qu'il ne pouvait plus jouer que cela, qu'il était incapable désormais des rôles sérieux ; en voyant les développements que prenait don César au quatrième acte, il s'était dit que M. Victor Hugo pensait comme les autres et lui destinait le rôle comique. Le rôle était beau, mais c'était encore un déguenillé. Au lieu que Ruy Blas le débarrassait des haillons de Robert Macaire, il allait être renouvelé et régénéré ; il remercia avec effusion M. Victor Hugo de le délivrer enfin de l'ironie et de la dérision et de le réconcilier avec la passion et avec la poésie.

»La musique ne laissa pas longtemps le Conservatoire à la littérature. Ruy Blas *fut prié de s'en aller. Il n'eut que la Renaissance, plus que jamais en proie aux maçons, aux serruriers, aux menuisiers, aux doreurs et aux tapissiers. Ce fut dans ce pêle-mêle et dans ce vacarme que les dernières répétitions se firent. Un jour, au commencement du troisième acte, M. Victor Hugo, trouvant que deux acteurs se plaçaient mal, se leva pour aller les placer lui-même. Il était à peine debout qu'une large barre de fer tomba de la voûte précisément sur le fauteuil qu'il quittait. Sans la faute de ses acteurs, il était tué roide.*

»Le drame ne courait pas moins de dangers que l'auteur. M. Anténor Joly n'avait pas résisté à la musique autant qu'il l'avait promis ; en même temps que Ruy Blas, *on répétait un opéra-comique, et le codirecteur, qui était le vrai puisqu'il avait l'argent, fort rare aux répétitions de* Ruy Blas, *n'en manquait pas une de* L'Eau merveilleuse.

» La mélomanie de la vraie direction se révélait en tout. Une fois, en arrivant, M. Victor Hugo vit des menuisiers et des tapissiers occupés à séparer en stalles les banquettes du parterre. M. Anténor Joly lui expliqua que le théâtre, vu sa situation, ne pouvait pas compter sur le public des boulevards, que sa clientèle serait la fashion et la grande bourgeoisie, qu'il fallait donc faire un théâtre confortable et riche. M. Victor Hugo répondit que la fashion aurait les stalles d'orchestre, les stalles de balcon et les loges, mais qu'il entendait qu'on laissât au public populaire ses places, c'est-à-dire le parterre et les galeries, que c'était pour lui le vrai public, vivant, impressionnable, sans préjugés littéraires, tel qu'il le fallait à l'art libre ; que ce n'était peut-être pas le public de l'opéra, mais que c'était le public du drame ; que ce public-là n'avait pas l'habitude d'être parqué et isolé dans sa stalle, qu'il n'était jamais plus ardent, plus intelligent et plus content que lorsqu'il était entassé, mêlé, confondu, et que, quant à lui, si on lui retirait son parterre, il retirerait sa pièce. Les banquettes ne furent pas stallées.

*»Il n'y avait plus à compter sur les jeunes gens d'*Hernani ; *la célébrité était venue pour quelques-uns, l'âge pour tous ; parmi les rapins de 1830, les uns étaient maintenant des maîtres et pensaient à leurs propres œuvres ; les autres, n'ayant pu faire leur trouée en art, y avaient renoncé, et, commerçants, industriels, mariés, faisaient pénitence de leurs péchés d'enthousiasme et de littérature. Ceux même qui étaient restés écrivains, peintres et amis avaient quitté la bohème pour la bourgeoisie, s'étaient coupé les cheveux, avaient reconnu le chapeau et la redingote de tout le monde, avaient des femmes ou des maîtresses qu'ils ne pouvaient mener au parterre, ni aux combles, trouvaient de mauvais goût les acclamations forcenées, et applaudissaient quelquefois du bout des gants.*

»Une nouvelle génération arrivait. Quelque temps auparavant, un jeune homme de seize à dix-sept ans, qui achevait ses études au collège Charlemagne voisin de la place Royale, s'était présenté chez M. Victor Hugo : c'était M. Auguste Vacquerie. Il avait amené, bientôt après, un de ses camarades de classe, M. Paul Meurice. Tous deux devinrent, et sont restés, les plus sûrs et les plus intimes amis de M. Victor Hugo. M. Auguste Vacquerie fit quatre-vingts lieues pour assister à Ruy Blas.

»Le soir de la première représentation, la salle n'était pas terminée ; les portes des loges, posées précipitamment, grinçaient sur leurs gonds et ne fermaient pas ; les calorifères ne chauffaient pas ; le froid de novembre glaçait les spectateurs. Les femmes furent obligées de remettre leurs manteaux, leurs fourrures et leurs chapeaux, et les hommes leurs paletots. On remarqua que le duc d'Orléans eut la politesse de rester en habit. La pièce dégela le public. Les trois premiers actes, très bien joués, et plus que très bien, par M. Frédérick, saisirent la salle. Le quatrième, que M. Saint-Firmin dit avec une verve spirituelle, fut moins heureux, mais le succès reprit plus énergique au cinquième, où M. Frédérick Lemaître dépassa les plus grands comédiens. La manière dont il arracha le pardessus de sa livrée, dont il alla tirer le verrou, dont il frappa l'épée sur la table, dont il dit à don Salluste :

Tenez,
Pour un homme d'esprit, vraiment, vous [m'étonnez !

dont il revint demander pardon à la reine, dont il but le poison, tout fut grand, vrai, profond, splendide, et le poète eut cette joie si rare de voir vivre la figure qu'il avait rêvée.

»Un détail à noter, c'est que le parterre et les stalles applaudirent moins que les loges. Le succès, cette fois, vint plutôt du public. L'auteur avait dans la salle des amis qui ne le connaissaient plus et des amis qu'il ne connaissait pas.»

Victor Hugo raconté
par un témoin de sa vie.

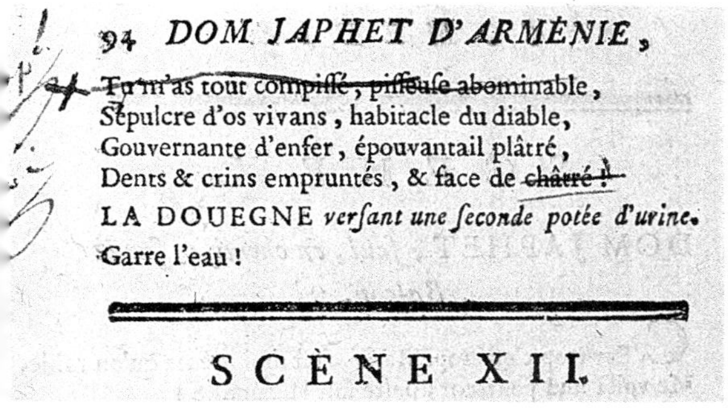
94 *DOM JAPHET D'ARMÉNIE,*

~~Tu n'as tout compissé, pisseuse abominable~~,
Sépulcre d'os vivans, habitacle du diable,
Gouvernante d'enfer, épouvantail plâtré,
Dents & crins empruntés, & face de ~~chârré~~!
LA DOUEGNE *versant une seconde potée d'urine.*
Garre l'eau !

SCÈNE XII.

La censure n'était pas seulement politique, elle se voulait aussi morale, comme en témoignent ces coupes et modifications proposées le 13 janvier 1816 sur le Dom Japhet d'Arménie, *de Scarron (1653). (Bibliothèque de la Comédie-Française, Paris. Phot. Jeanbor © Photeb.)*

à l'auteur d'une pièce interdite qu'on n'a «rien trouvé, absolument rien, mais on ne peut pas savoir»! Il est vrai que dans le vent de panique qui saisit les gouvernements face au développement des idées libérales, la censure tombe entre les mains de tout le monde : militaires, fonctionnaires de l'instruction (ce qui est reconnaître le caractère pédagogique du théâtre), policiers, etc.

La situation, en France, du mélodrame, ce théâtre que Pixérécourt «écrit pour ceux qui ne savent pas lire», est révélatrice des ambiguïtés de la censure face au théâtre populaire. Tout en l'encourageant en raison de son éthique bien-pensante (comme dans le conte populaire les bons y sont toujours récompensés et les méchants punis), l'Empire puis la Restauration ont veillé à le rendre imperméable aux allusions trop évidentes à l'histoire récente, même par le biais d'exemples exotiques ou anciens. Car si instruire c'est montrer ce qu'il faut imiter, c'est tout autant éloigner les modèles néfastes aux spectateurs, «surtout ceux qui fréquentent habituellement les théâtres des boulevards» (rapport de censure du 18 octobre 1823). Les censeurs recourent d'ailleurs fréquemment aux formules paternalistes de ce type : «Il nous semble que de pareilles idées ne doivent jamais être exposées aussi crûment dans des spectacles populaires, c'est assez de les laisser soupçonner sans y attacher l'attention du spectateur» (rapport du 31 mars 1809). On bannit donc du mélodrame les usurpateurs (qui dans le genre ne peuvent qu'être châtiés) pour ne pas inciter au rapprochement avec l'Empereur, de même qu'on interdit de parler des rois de France (ou de montrer des fleurs de lis!) dont l'évocation pourrait réveiller quelques nostalgies — interdit qui pèse sur les Bourbons, non sur les «Valois dont le nom est inconnu au peuple et ne peut exciter aucun regret» (rapport du 31 mars 1809). Sous Louis XVIII, la censure (exercée par les mêmes fonctionnaires que sous l'Empire) devient encore plus soucieuse du détail, interdisant tel mot ou imposant tel autre, modifiant les conclusions ou les personnages, éliminant impitoyablement les situations jugées «inconvenantes et indécentes» pour la morale (vol, adultère, complot, etc.). Toute représentation sur scène d'un personnage royal est déconseillée sous prétexte que «la royauté n'a déjà que trop perdu de son lointain magique sans qu'on doive lui enlever ce qui lui reste de prestige». Et le même censeur de se demander «s'il est convenable que les souverains soient offerts aux regards du peuple» (rapport du 24 mai 1822).

La marge de manœuvre ainsi laissée aux créateurs était faible : c'est pourtant en plein règne de la censure préalable (elle ne sera momentanément supprimée qu'entre 1830 et 1835) que va se dérouler la bataille pour la conquête de la scène, une bataille déjà gagnée en Allemagne — dont dramaturges et théoriciens serviront de modèles aux romantiques français — mais d'autant plus importante que la France est la citadelle du classicisme et que, de l'échec ou de la réussite du nouveau mouvement ici, dépend son extension aux autres nations.

L'ère des manifestes

Quelques personnalités ont assuré la perméabilité des idées d'un pays à un autre, d'une culture à une autre, permettant ainsi au romantisme un développement rapide et européen.

Après un débat très informel, le *Cours de littérature dramatique,* de A.W. von Schlegel (1808-1811), dotait l'Allemagne d'un corpus théorique qui s'appuyait sur les réussites récentes de Goethe et de Schiller. Aussitôt traduit, son livre recevait l'appui, en France, de Benjamin Constant (préface à la tragédie de *Wallenstein,* 1809), de Mme de Staël (*De l'Allemagne,* 1810) et de Sismondi (*De la littérature du Midi de l'Europe,* 1813), trois membres du groupe de Coppet, trois comparatistes qui ouvraient les horizons étrangers — et surtout germaniques — au théâtre français. Passant en Italie en 1815, Mme de Staël donne à la *Biblioteca italiana* un article qui révèle aux jeunes écrivains transalpins les systèmes dramatiques anglais, allemand et espagnol : G. Berchet (*Lettre semi-sérieuse de Crisostome,* 1816), E. Visconti (*Dialogue sur les unités dramatiques de lieu et de temps,* 1819), et surtout A. Manzoni (préface au *Comte de Carmagnole* et *Lettre à M. Chauvet sur l'unité de temps et de lieu dans la tragédie* — écrite en français — 1820), entrent à leur tour dans la bataille au sein du groupe milanais Conciliatore. C'est précisément à Milan, où il séjourne, que Stendhal s'enflamme pour la nouvelle dramaturgie : à son retour en France, il profite du passage d'une troupe anglaise venue jouer Shakespeare (1822) pour stigmatiser le chauvinisme des classiques en posant clairement, et brutalement, le problème : «Le combat à mort est entre le système tragique de Racine et celui de Shakespeare» (*Racine et Shakespeare I,* 1823). Dès cet instant la scène française se transforme pour sept années en un champ clos où s'affrontent vieux classiques (l'Académie, Auger, etc.) et jeunesse romantique. En dépit des appuis importants dont les Anciens bénéficient tant dans les allées du pouvoir qu'auprès de nombre de comédiens du Théâtre-Fran-

Avant d'être le monstre sacré de la scène romantique, qui défrayait la chronique par ses excès sentimentaux, ses beuveries ou ses démêlés financiers, Frédérick Lemaître (1800-1876) fit son apprentissage dans les théâtres du boulevard du Crime. C'est là qu'il triompha, un soir de juillet 1824, en interprétant Robert Macaire dans le mélodrame d'Antier, Saint-Amand et Polyanthe, L'Auberge des Adrets. *Banal scénario mélodramatique, la pièce fut totalement modifiée par la volonté de Frédérick qui en fit une œuvre bouffonne et sarcastique où il assura l'impunité du hors-la-loi. S'estimant trahis, les auteurs voulurent faire jouer la pièce dans sa version initiale : elle échoua. (Collection Rondel, département des arts du spectacle, Bibliothèque nationale, Paris. Phot. Carjat © Bibl. nat. (Photeb. D.R.)*

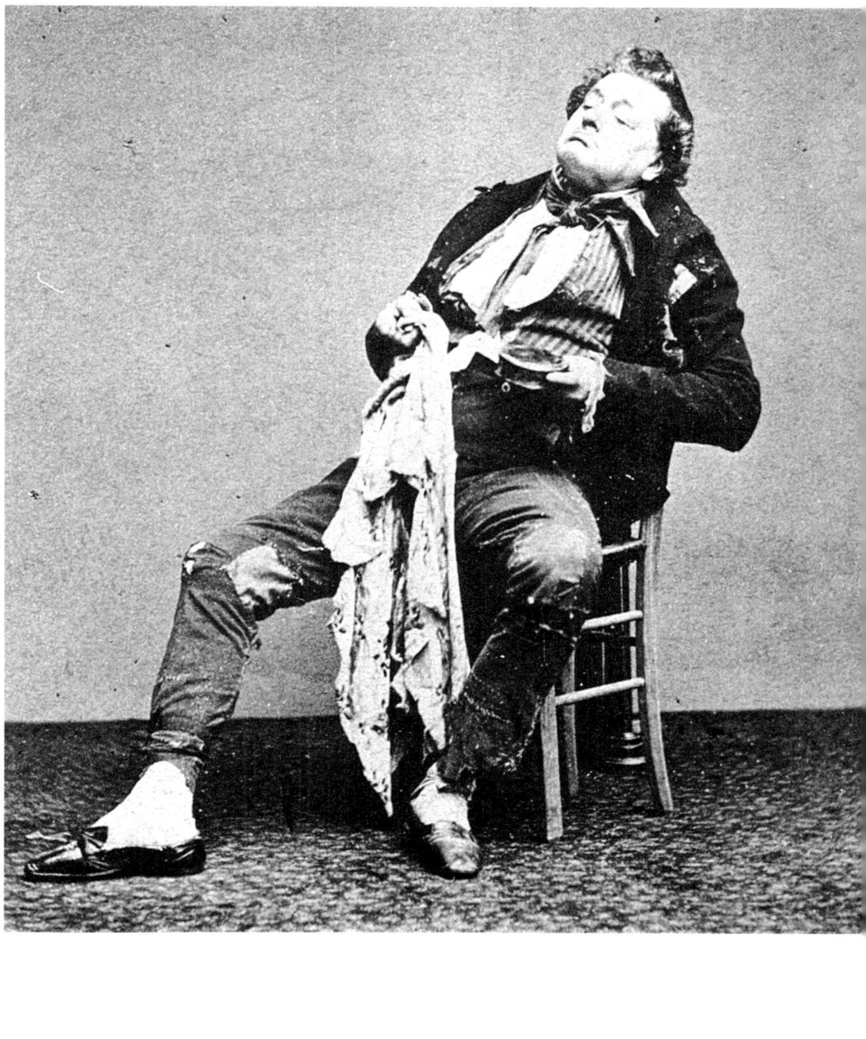

çais, les manifestes romantiques arrivant en rafale (Guiraud, *Nos Doctrines,* 1824; Deschamps, *La Guerre en temps de paix,* 1824; Mérimée, *Théâtre de Clara Gazul,* 1825; Hugo, *Préface de Cromwell,* 1827; Sainte-Beuve, *Tableau historique et critique de la poésie française et du théâtre français au XVIe siècle,* 1828; Deschamps, préface des *Etudes françaises et étrangères,* 1828; Vigny, *Réflexions sur la vérité dans l'art* et *Lettre à lord****, 1829) vont asseoir les bases d'un théâtre nouveau marqué par la bataille d'*Hernani* (25 février 1830).

Ce triomphe, savamment organisé par une claque où brillaient Jeunes-France et Bousingots, venant après les succès remportés par une nouvelle troupe de comédiens anglais (1827) qui révélait au public une façon de jouer différente, et, par l'*Henri III et sa cour,* de Dumas, résonna à travers l'Europe littéraire, embrasant les scènes de pièces romantiques : en Espagne avec Rivas, Martinez de La Rosa, Larra et autres Hartzenbusch, García Gutiérrez et Zorrilla (grâce auxquels le romantisme prenait pied en Amérique latine); au Portugal avec Almeida Garrett, Bernardin Ribeiro et Herculano; en Hongrie avec Eötvös et Vörösmarty; au Danemark avec Oehlenschläger, etc.

Que retenir de cet important corps de doctrine, d'autant plus nécessaire qu'il visait à établir les fondements théoriques d'un genre qui ne pouvait se réclamer d'aucun théoricien (alors que les classiques continuaient de s'appuyer sur Aristote et Horace)? Partout domine l'idée de liberté : liberté à l'égard de la «tutelle» française représentée par la tragédie classique («C'est du russe que nous demandons! Qu'avons-nous à faire des Français?», s'insurge Gogol dans ses lointaines steppes); liberté dans la forme même des œuvres, car «la forme des compositions doit être organique, non mécanique, résulter de la nature du sujet, de son développement interne, non de l'empreinte d'un moule extérieur étranger» (Manzoni); liberté dans le ton de manière à présenter, comme dans le réel, «la combinaison toute naturelle de deux types, le sublime et le grotesque» (Hugo); liberté dans les sujets qui offriront «un tableau large de la vie au lieu du tableau resserré de la catastrophe d'une intrigue» (Vigny); une liberté totale donc qui suppose que «la scène ne soit plus réglementée par de grands seigneurs aides de camp du roi» mais assure «ce triomphe de l'art qui se lie si étroitement au triomphe de notre cause publique» (Sainte-Beuve).

Longuement analysées, les règles sont laminées au nom même de ce qui les fondait pour les doctes du classicisme : la nature. «Il n'y a d'autres règles que les lois générales de la nature», proclame la *Préface de Cromwell,* qui précise cependant que l'art n'est pas une simple reduplication mais «un point d'optique». D'où, malgré tout, la nécessité d'affirmer quelques principes esthétiques : respect de la couleur locale, extension de l'action (impliquant le rejet des unités de temps et de lieu) offrant dans un genre recréé, le drame (appelé par certains *tragédie historique*), une image complète de la vie stylisée par la poésie. Car Hugo, contrairement à nombre de romantiques, défend à l'origine le drame en vers.

Ce théâtre total, inspiré — mais seulement inspiré tant l'imitation est bannie des romantiques — de Shakespeare, de Calderón ou de Schiller, exigeait une scène nouvelle. Or les conditions matérielles du théâtre romantique étaient à peu de chose près celles du siècle précédent. Cet hiatus entre les ambitions rêvées et les possibilités offertes devait entraîner nombre de créateurs vers un théâtre livresque.

En effet, pour beaucoup, de minutieuses didascalies donnent l'impression de tenir lieu de décor ou de mise en scène : il est vrai que la projection d'un univers intérieur riche et complexe allié au goût romantique pour l'exubérance, la couleur, la prolifération interdisait bien souvent le passage du texte écrit au drame joué. Ce fut le cas de *Cromwell,* des œuvres fantastiques de Tieck (qui parfois présentaient des scènes gigognes à faire pâlir les baroques les plus audacieux), de la *Penthésilée* de Kleist (qui ne fut jouée qu'en 1876, soit soixante-huit ans après avoir été écrite), des deux tragédies de Manzoni, des *Cenci* de Shelley et du *Lorenzaccio* de Musset (qui ne fut joué dans sa version originale qu'en 1927) pour ne citer que quelques exemples parmi les plus célèbres. Exception? Certes non, et Van Tieghem a pu déterminer que, à travers l'Europe romantique, les trois quarts des pièces n'ont pas été représentées.

Entraînés par leur vision, les romantiques ont écrit un théâtre théorique ignorant des conditions d'existence de la scène. Non que les auteurs aient été à l'écart de celle-ci : Hugo ou Dumas, pour s'en tenir à eux, jouaient volontiers le rôle de metteur en scène, faisant eux-mêmes répéter des acteurs de leur choix, dans des décors construits selon leurs directives. Mais dans leur désir de briser les règles pour mieux laisser déferler l'imagination, ils n'ont pas su la brider. Erreur d'autant plus regrettable que la scène avait attiré à elle les artistes en vogue et que de leur union aurait pu naître un véritable spectacle. Dans les ateliers de Ciceri à Paris, de Burghart à Vienne, décors et costumes sont reconstitués fidèlement; les accessoires aussi acquièrent vie pour restituer dans le détail la fresque de l'Histoire. Mais ils n'illustreront bien souvent que des œuvres mineures dans une production où les chefs-d'œuvre verront le jour beaucoup plus tard.

Il est vrai qu'un autre obstacle entravait la réussite du drame romantique, en France surtout : les acteurs, trop souvent formés à la déclamation statique, habitués à n'être que des voix sans corps, ou spécialisés dans un genre déterminé, se montraient réticents face à ce répertoire, lorsqu'ils ne le cabalaient pas. C'est d'ailleurs hors du Français que les romantiques trouveront leurs grands créateurs — Bocage, Frédérick Lemaître, Marie Dorval — tous formés à l'école du mime et du mélodrame.

Finalement, et malgré quelques innovations techniques (introduction de l'éclairage au gaz, installation de rampes aux lumières vacillantes, développement de la machinerie), le théâtre romantique se tournait vers le texte (d'où la prolifération d'un genre mixte comme le poème dramatique) et laissait la scène aux genres bourgeois : vaudeville, comédie, opérette. Peut-être le romantisme, à travers toutes ses contradictions, portait-il en lui le germe du réalisme dramatique aux ambitions pourtant totalement opposées?

Retour à la scène restreinte

D'ailleurs, comment le romantisme aurait-il pu s'imposer aux yeux d'un public qui bannissait toute forme d'excès? Comment le bourgeois pouvait-il s'attacher à ces héros, êtres marginaux que les générations de 1800-1830 se plaisaient à idéaliser? Etait-il pensable que les pouvoirs supportent l'éloge permanent de la révolution et de la liberté déclamé dans les tirades des tragédies historiques? Avec les réactions sévères aux idées libérales se clôt un peu partout le romantisme — entre 1840 et 1850, selon les pays. L'idéalisme fait place au positivisme et l'on rit ouvertement, parmi les jeunes du moins, des écervelés de naguère, tel ce héros de Tourgueniev raillant son père, fidèle lecteur de Pouchkine.

Au théâtre aussi les décors changent : à la grandiose scène de l'Histoire se substituent l'alcôve et le salon. C'est là matière à de plaisants vaudevilles où s'illustrent d'incontestables talents de monteurs d'intrigues, doublés parfois d'analystes fins et cruels (Labiche) : dans le genre, la France du second Empire sert de modèle à tous les dramaturges qui font de la *comédie parisienne.* Chaque pays trouve ainsi ses types bourgeois caricaturés chez nous par Monnier (Joseph Prudhomme) ou Augier (Monsieur Poirier). Ce peut être aussi matière à des œuvres plus ambitieuses (en apparence du moins) où s'élabore une vague morale bien-pensante fondée sur le refus de ceux que le romantisme aurait encensés : ainsi le théâtre d'Alexandre Dumas fils poursuit-il celui de son père... en inversant le mouvement : Armand Duval est à l'opposé d'Antony. Il n'en demeure pas moins que *La Dame aux camélias* propose une morale conformiste sous l'apparence de l'audace et que, comme telle, elle pouvait satisfaire un public qui refusait ses bravos aux comédies «rosses» d'Henry Becque. Tandis que triomphent *Les Deux Orphelines,* permanence naturaliste d'un mélodrame présent d'un bout à l'autre du siècle.

Ainsi la dilution du romantisme, inscrite dans l'énormité même du projet scénique, a-t-elle contribué à asseoir la bourgeoisie dans ses convictions et ses prérogatives, assurant par là même l'empire du théâtre moral sur le théâtre épique. En fait, il manquait à ces créateurs une véritable *pratique* de la scène : le langage théâtral n'est jamais la simple transcription des fantasmes, fussent-ils géniaux. Il suppose l'adéquation des buts et des moyens. Les metteurs en scène qui allaient prendre la relève en seront tous conscients.

Théâtre moderne : le temps des metteurs en scène

Le droit à la subvention revendiqué aujourd'hui par un nombre toujours plus important de compagnies (trois cents dossiers soumis en 1976 en France à l'examen de la commission d'aide aux animateurs) se justifie autour de deux pôles mal dissociables dont on retrouve les signes prémonitoires tout au long du XXe siècle. D'une part, les exigences des créateurs, qui veulent obtenir des moyens d'exercer leur art et de se livrer à des recherches dans des conditions satisfaisantes ; d'autre part, le souci d'élargissement du public, grâce à une pénétration étendue et profonde dans les différentes couches sociales ainsi qu'à l'extension géographique par des implantations de compagnies hors des métropoles. La plupart des grands créateurs se sont souciés d'un contact avec le public qui prenne appui sur des bases institutionnelles solides. En France, depuis Jean Vilar et le développement du mouvement de décentralisation, la notion d'un *théâtre-service public*, si elle ne s'est pas toujours imposée dans les faits, est cependant devenue une idée familière. Le théâtre coûte cher, et quand le théâtre privé, toujours soucieux de rentabilité, impose des obligations qui dénaturent les objectifs des créateurs, ceux-ci se tournent vers le mécénat. Le roi mécène du XVIIe siècle ne se souciait pas des droits du public ni de la diffusion des produits artistiques. L'Etat mécène contrôle l'utilisation des fonds publics en imposant généralement un cahier des charges. Les objectifs de ce que l'on appelle aujourd'hui l'action culturelle se manifestent par la voix de plusieurs metteurs en scène dès la fin du XIXe siècle.

Le théâtre comme service public

En France, la IIIe République ne subventionne pas le théâtre. Pourtant, Antoine et Copeau, quand ils fondent leurs théâtres respectifs, définissent des conditions de travail idéales qui nécessiteraient une aide publique. Antoine résume les principales revendications des créateurs quand il souhaite «des pièces nouvelles, des salles confortables, des places tarifées bon marché, une troupe d'ensemble». Il sait bien qu'un théâtre qui entend s'appuyer sur un large public doit pratiquer une politique des prix et que, si les théâtres privés usent les succès jusqu'à la corde, hésitent à promouvoir des créations (ou une vraie rotation du répertoire) et engagent les comédiens au cachet, c'est au nom de la rentabilité. Copeau imagine des systèmes d'abonnement qui lui permettraient d'être soutenu par un groupe de spectateurs réguliers et d'engager avec eux un dialogue prolongé. Plus tard, installé en Bourgogne, à Pernand-Vergelesses, il multiplie les contacts avec un public populaire quand les *copiaux*, de 1925 à 1929, jouent sur les places, dans les patronages et dans les églises.

Cependant, c'est Firmin Gémier qui va le plus loin en définissant les conditions d'existence d'un théâtre populaire qui paraissent à l'époque utopiques, et qui le sont parfois. Prenant modèle sur les cirques, il conçoit un *théâtre national ambulant* qui s'en ira sur les routes faire œuvre de décentralisation (1911). En 1919, il monte une série de spectacles importants au cirque d'Hiver, imagine des fresques populaires et fait sortir le théâtre de ses salles réservées. En 1920, enfin, dans des conditions modestes, il devient le premier directeur du *Théâtre national populaire*, dont Jean Vilar prendra trente ans plus tard la succession.

Plusieurs des idées de Gémier venaient de Romain Rolland, auteur d'un ouvrage intitulé *Théâtre du peuple* (1903), et avaient subi l'influence pratique de Maurice Pottecher, fondateur en 1895 du Théâtre du peuple à Bussang, petite ville d'une vallée

Carte postale représentant une scène de L'Héritage, de Maurice Pottecher, au Théâtre du peuple, fondé par celui-ci en 1895, à Bussang, dans les Vosges. L'influence naturaliste est claire dans cette «tragédie rustique en trois parties». Les détails «réalistes» sont multipliés dans les décors et les costumes. (Département des arts du spectacle, Bibliothèque nationale, Paris. Phot. © E. Notter, Le Thillot/Photeb.)

vosgienne. Celui-ci avait voulu rompre avec les salons parisiens et avait fait construire dans sa région natale un théâtre fixe d'été. Puis il avait écrit un répertoire spécifique, interprété par les habitants de Bussang, pour la population de la vallée et des environs. S'appuyant sur le folklore local, ce répertoire n'échappe pas toujours au moralisme et aux bons sentiments. Le Théâtre du peuple demeure aujourd'hui un exemple bizarre et finalement marginal d'une initiative privée, quasi utopique, qui attire encore chaque été des milliers de spectateurs dans un bâtiment à l'architecture incomparable, totalement à l'écart des grands circuits culturels estivaux.

Ces exemples attirent davantage l'attention sur les besoins et les projets que sur les réalisations. Leur efficacité est mince si on les compare aux solides structures que l'Allemagne se donne dès la fin de la guerre de 1914-1918. Les théâtres de cour y sont transformés en théâtres d'Etat ou en théâtres municipaux subventionnés par des fonds publics, selon une organisation qui s'est perpétuée jusqu'à nos jours. Cette sécurité économique assure à l'Allemagne un renouveau artistique exceptionnel entre les deux guerres. Pendant ce temps, à Paris, le Cartel (association de quatre metteurs en scène-directeurs), qui se débat dans les difficultés financières, cherche modestement des solutions communes pour quatre théâtres privés qui défendent un répertoire original.

La société soviétique inaugure après la révolution de 1917 une organisation qui procure au théâtre un succès sans précédent. Après l'adoption par le gouvernement d'un décret sur l'unification de l'activité dramatique, toute l'économie théâtrale est centralisée par l'institution, mais le répertoire est contrôlé par les organes du pouvoir. Les instances culturelles développent une politique de prix imposés et une politique de gratuité, notamment grâce à des spectacles organisés spécialement pour les ouvriers. Le public se rue littéralement dans les théâtres, tandis que se développent des organisations parallèles (Théâtre à l'armée, théâtre amateur dont les troupes sont parfois groupées à l'intérieur d'organismes prolétariens d'éducation culturelle). Cet engouement explique aussi la richesse artistique de la vie théâtrale soviétique dans les années qui suivirent la révolution.

L'État mécène

Dans la plupart des pays d'Europe, c'est seulement après la Seconde Guerre mondiale que s'officialise et se développe le principe de subventionner le théâtre, à l'exemple des pays socialistes, mais sans limitation esthétique et idéologique du répertoire. L'Allemagne fédérale reste le modèle le plus frappant d'une organisation subventionnée dynamique. Plus d'une centaine de théâtres existent dans le pays et sont soutenus par les puissantes associations de spectateurs, les *Volksbühnen*. Leur répertoire s'ouvre largement sur la création de textes européens contemporains, qui, compte tenu du nombre de scènes en activité, bénéficient de plusieurs mises en scène (et donc de plusieurs chances).

En Italie, il faut attendre l'après-guerre pour que soient officialisés des théâtres fixes, les *teatri stabili*, subventionnés par l'Etat ou les collectivités locales. Moins nombreux, ils ne peuvent être comparés au véritable quadrillage théâtral allemand. Le renom du Piccolo Teatro de Milan, sous l'impulsion de Paolo Grassi et de Giorgio Strehler, a rapidement dépassé les frontières nationales et la troupe est considérée aujourd'hui comme une des meilleures d'Europe.

Ce sont aussi des hommes de théâtre qui ont joué un rôle essentiel dans le développement de la décentralisation française. Amorcé en 1937 par la demande de Jean Zay (ministre du Front populaire) à Charles Dullin d'un plan de décentralisation, le mouvement ne prend corps qu'en 1947 grâce à l'action de Pierre Bourdan et de Jeanne Laurent qui subventionnent les deux premiers centres dramatiques nationaux. Déjà des artistes comme Jean Dasté (installé à Grenoble en 1945 puis fondateur de la Comédie de Saint-Etienne) ou Maurice Sarrazin (à Toulouse) en avaient pris l'initiative, avec l'aide des communes ou des collectivités locales. En 1947 a lieu le premier festival d'Avignon sous la direction de Jean Vilar, avec l'appui d'associations d'éducation populaire. Mais le développement des centres dramatiques subit des coups d'arrêt et ne reprend qu'en 1958 sous l'impulsion d'André Malraux. Aujourd'hui, où ils souffrent de la stagnation ou de la diminution de leurs subventions, les centres dramatiques (dont certains sont devenus théâtres nationaux) luttent pour protéger leur potentiel de création, résistent à des pressions qui les réduiraient au rôle d'organismes d'accueil de tournées nationales ou internationales, et entendent réaffirmer une vigueur quelquefois ternie par l'habitude.

Le paysage théâtral européen s'est donc enrichi de lieux de travail qui ne se limitent pas aux grandes capitales. L'installation de compagnies permanentes a facilité la recherche d'un public plus étendu. C'est dans ce contexte que doivent s'analyser le développement de la mise en scène et le formidable dynamisme de la création depuis le début du siècle.

Le théâtre ambulant de Gémier : la toile de tente est prête pour la représentation ; à droite, deux véhicules placés derrière la scène servent de loges aux acteurs. C'est en 1911 que Gémier lança ce Théâtre national ambulant, avec son chapiteau démontable et trente-sept véhicules. Techniquement, financièrement, c'était une aventure qui ne pouvait qu'échouer. Mais de toutes les entreprises de Gémier pour instaurer un Théâtre national populaire sera restée au moins une idée qui, depuis, a montré sa fécondité. (Département des arts du spectacle, Bibliothèque nationale, Paris. Phot. Michel Didier © Photeb.)

La notion de mise en scène

Le théâtre moderne apparaît dans les années 1880 avec la figure du metteur en scène dont l'importance ne cessera de croître. Avant lui, le spectacle s'organise tant bien que mal autour d'une vedette qui domine la distribution et la soumet parfois à son caprice. Cette histoire anecdotique fait parfois oublier le réel talent d'artistes dont on ne se rappelle plus que les tapageuses fantaisies. Dans l'organisation française ou italienne du XIXe siècle, il existe des compagnies, dites *a mattatore* (à vedette) en Italie, où les rôles secondaires servent de faire-valoir pendant la représentation à un acteur ou à une actrice qui joue les rôles principaux et dont le nom garantit le succès. Le régisseur, au rôle strictement technique, s'efface devant le pouvoir d'une Sarah Bernhardt, qui décide même de la distribution. En Angleterre, l'acteur principal cumule souvent les fonctions de directeur de troupe (*actor-manager*) et de régisseur aux responsabilités étendues. Partout les grands acteurs se sentent propriétaires de leurs person-

Der Gerettete Alkibiades, *de Georg Kaiser, mise en scène d'Otto Liebscher (Munich, 1920). Un théâtre proche de l'expressionnisme. (Theatermuseum, Munich. Phot. Klaus Broszat © Theatermuseum/Photeb.)*

nages, qu'ils ne condescendent à transmettre aux meilleurs de leurs disciples qu'après les avoir joués toute leur vie. Ils estiment être investis d'un pouvoir de communication direct avec le public. Acteurs à diction et à voix, ils défendent leur place hiérarchique sur le plateau au nom de cette relation privilégiée. La véracité de la fable ou la vraisemblance des personnages les préoccupe beaucoup moins.

Dans toute l'Europe, la notion de mise en scène se développe surtout dans les trente dernières années du XIXe siècle en réaction contre les excès du jeu romantique et les clichés entretenus par ceux que l'on surnomme les *monstres sacrés*. Elle est annoncée depuis le début du siècle par le souci grandissant de l'exactitude historique et correspond à l'adaptation du théâtre au courant réaliste et naturaliste qui se répand en littérature, avec par exemple Zola en France ou le vérisme en Italie. On retrouve les mêmes expressions sous la plume de différents écrivains, Gogol comme Zola, qui invoquent la nécessité d'un *ensemble* du spectacle, d'une *cohérence* de la représentation. Historiquement, des fonctions d'ordonnateur de la cérémonie ou de grand organisateur ont existé sous différentes étiquettes. Parfois, c'est le décorateur qui se chargeait d'assurer un semblant d'unité, parfois c'est un régisseur-constructeur. (La fonction est courante au Moyen Age ; en 1630, à l'Hôtel de Bourgogne, Mahelot cumule les rôles.) Des auteurs, auteurs-comédiens ou chefs de troupe ont toujours collaboré aux répétitions en y assumant des responsabilités. Ces exemples ne doivent pas réduire la notion de mise en scène à une question de vocabulaire, à une fonction permanente désignée par différents vocables. En fait, on ne parle pas vraiment de mise en scène tant que le travail se borne à vérifier l'exécution d'une partition littéraire. La fonction de la mise en scène est d'une autre nature, et Bernard Dort parle justement de «la médiation nécessaire entre un texte et un spectacle» (*Théâtre réel*, p. 55) pour définir l'apparition de la mise en scène moderne. Les différents matériaux de la représentation sont organisés dans un ensemble cohérent susceptible de produire un *code* et de s'y tenir. C'est seulement quand sont admises la nature artistique du spectacle et son autonomie par rapport au texte littéraire que l'histoire du théâtre prend en compte la mise en scène en tant que telle.

Quand l'art théâtral, marqué par la prépondérance de la littérature et considéré en grande partie comme un art de *diction*, penche du côté de la *représentation*, l'importance respective des éléments qui le constituent est bouleversée. A l'ancienne hiérarchie qui retient le texte comme moyen d'expression principal se substitue une organisation nouvelle où les éléments scéniques occupent une place dont l'importance n'était pas apparue jusque-là. Le décor dépasse sa fonction primitive d'écrin qui enjolive plus qu'il ne signifie. Le jeu de l'acteur n'opère plus comme moyen de séduction ou de persuasion, comme occasion de frapper les imaginations. Ces différents composants du spectacle, aussi bien que les costumes et les éclairages, sont choisis par le metteur en scène et passent au service d'une réflexion sur l'œuvre. Quand le théâtre est admis comme une forme artistique à part entière, le metteur en scène s'engage dans un processus créatif qui permet aujourd'hui de parler d'*écriture théâtrale*. Le réseau des tendances, des écoles ou des chapelles qui ont existé depuis le début de notre siècle, au-delà des querelles d'hommes qui font aussi l'histoire d'un art, se ramène principalement à la façon dont le théâtre entend parler du réel. Compte tenu de ses moyens spécifiques, comment s'engage le dialogue avec un public, à propos du monde dans lequel vit celui-ci ? En simplifiant, la mise en scène, dans la mesure où elle est invention d'un code pour chaque spectacle, est affrontée à des choix esthétiques qui engagent cette relation au réel. Ou les hommes de théâtre s'attaquent à une reproduction minutieuse de la réalité, en sachant à l'avance qu'il s'agit d'une tâche impossible mais tentante, ou ils considèrent la scène comme le lieu privilégié d'une combinaison de formes abstraites qui assument leur théâtralité pour mieux parler du monde. Ce choix fondamental se complique de la relation que le texte entretient déjà avec la réalité et de la façon dont le metteur en scène la prend en compte.

Entre ces deux extrêmes se situent la plupart des esthétiques, enrichies de la réflexion contemporaine sur la citation et le collage, la mise à distance et le traitement inédit de matériaux acquis et remis en question. Un étiquetage trop étroit des tendances de la mise en scène est de moins en moins juste et productif. L'entrée d'une vraie soupière fumante sur un plateau ne range pas immédiatement le spectacle sous la bannière du naturalisme. C'est pourquoi nous évoquons quelques grandes tendances comme autant de repères qu'il faudrait longuement nuancer.

L'attrait de la réalité

La compagnie des Meininger, fondée en Saxe par le duc Georges II de Meiningen, est citée, en raison de son minutieux travail collectif, comme le premier exemple de troupe obéissant à une mise en scène, dans les années 1870-1890. Mais c'est André Antoine (1858-1943), fondateur du Théâtre-Libre (1887-1894), qui est vraiment considéré comme le pionnier du théâtre moderne en Occident. Contre le théâtre à succès de son époque, contre les excès de la pièce bien faite et les ficelles de jeu des acteurs connus, et sous l'influence de Zola, il se réclame de

Programme du Théâtre-Libre d'Antoine (saison 1892-1893), pour Le Devoir, *de Louis Bruyerre, lithographie de H. G. Ibels. (Bibliothèque de l'Arsenal, Paris. Phot. Jeanbor © Photeb © by Spadem, 1980.)*

L'Assommoir, d'Emile Zola, adapté pour la scène en neuf tableaux. Ici, le 2ᵉ tableau (« Le lavoir ») au théâtre de la Porte-Saint-Martin. *(Photographie parue dans la revue* Le Théâtre, *années 1899-1900. Phot. © Boyer/Archives Photeb. D.R.)*

la vérité naturaliste. A la recherche d'une véritable cohérence scénique, il se bat, sur tous les fronts à la fois, en faveur d'un théâtre de qualité. La postérité le connaît parfois mieux à travers les anecdotes qui soulignent les excès de la *tranche de vie* (réalisme minutieux des accessoires, vrais quartiers de viande sur scène) que pour le sérieux de ses inventions. Antoine développa une esthétique présentant la scène comme un ensemble fermé et concret, qui se donne pour la réalité même. C'est ainsi que l'ouverture de la scène sur le public est traitée dans le jeu comme un quatrième mur transparent et qu'il est désormais possible de tourner le dos aux spectateurs dont la présence n'est plus soulignée par le jeu de l'acteur. Antoine indique dans ses mises en scène la matérialité du cadre par des meubles et des objets choisis pour leur vérité et traités comme tels, contrairement aux objets de théâtre, rarement déplaçables ou concrètement utilisables. Le corps de l'acteur trouve, dans ce cadre, un poids et un rôle inconnus dans le jeu conventionnel brillant où il s'agit d'abord de placer des effets et de s'affirmer par la voix sans tenir compte d'une réalité physique du personnage. Le travail vocal entre, chez Antoine, au sein d'une recherche sur le langage parlé et ses intonations, et s'oppose aux trucages et à la sophistication de la diction des acteurs traditionnels. Enfin, l'éclairage électrique contribue à la vérité du milieu scénique. Comme tous les novateurs, Antoine fut parfois excessif. Au-delà de la critique de points particuliers, l'objection la plus sérieuse contre le naturalisme vient de Bernard Dort, qui souligne que sa contradiction principale est de ravaler les grandes forces sociales engendrées par l'Histoire au niveau de l'anecdote. S'il débarrasse la scène de ses excès, le naturalisme s'encombre de nouvelles afféteries décoratives ou de coquetteries de jeu qui masquent l'intérêt véritable de cette réalité qu'il entendait porter sur scène.

Le *réalisme psychologique* de Constantin Stanislavski (1865-1938) se distingue du naturalisme bien qu'il soit également attaché à la recherche du vrai. Il repose principalement sur l'acteur, préparé par un entraînement intensif à recréer sur scène les conditions d'une vérité psychologique. Stanislavski fonde le Théâtre d'Art de Moscou en 1898 où il monte notamment Tchekhov et Gorki. Mais le théâtre contemporain s'intéresse à lui surtout à travers ses livres, notamment *La Formation de l'acteur*, dont l'importance demeure capitale. La méthode de travail de Stanislavski part d'un constat : jouer un personnage avec *naturel* en public suppose un effort considérable qui n'a rien de naturel. Il s'agit donc de trouver les moyens d'amener l'acteur à donner naissance naturellement à son personnage au cours de la représentation, en l'aidant par la conscience et la raison à recréer les conditions d'une spontanéité affective. Pour tendre vers le vrai, il faut agir sur le subconscient par l'intermédiaire de la conscience et de la volonté, puisque c'est toujours le même objectif qui est poursuivi. « Peu importe que votre jeu soit bon ou mauvais, l'important c'est qu'il soit vrai », dit Tortsov, le directeur qui parle au nom de Stanislavski dans la forme de demi-fiction choisie pour exposer les principes du système. Les exercices prévus relèvent de l'observation et de la concentration, ils font appel à la mémoire affective de l'individu-acteur entraîné à revivre des situations passées où son affectivité personnelle était en cause. Cette spontanéité recréée par des conditions matérielles et psychiques combinées provoque le processus d'identification, comme le souligne le directeur : « Car ce qui peut arriver de mieux pour un acteur, c'est d'être complètement pris par son rôle ; involontairement, il se met alors à vivre son personnage, sans même savoir ce qu'il ressent, sans penser à ce qu'il fait, guidé par son intuition et son subconscient, et tout se passe automatiquement » (*La Formation de l'acteur*, p. 20). En dehors de la période précise qui l'a vu naître, le réalisme psychologique, critiqué ou utilisé, s'inscrit périodiquement dans de nouvelles recherches. L'Actors Studio, de New York, dirigé à l'origine par Lee Strasberg, est un exemple d'application des méthodes de Stanislavski qui a nourri toute une génération de grands acteurs américains.

Certaines tendances du réalisme se retrouvent aussi, mais affadies et abâtardies, dans le théâtre pseudo-naturaliste, boulevardier ou paraboulevardier, dont l'absence de réel projet esthétique oblige les metteurs en scène à réutiliser des procédés qui *font vrai* à l'intérieur d'un cadre frelaté. Les moyens scéniques de ce théâtre visent à reproduire une partie du réel qui passe pour *tout* le réel. Le décor est généralement la reconstitution d'un riche intérieur bourgeois, les costumes à la pointe de la mode contemporaine, et le langage se donne lui aussi comme allant de soi alors qu'il joue abondamment de l'équivoque et de la double entente. Ces spectacles illustrent une série de lieux communs ; le théâtre consisterait à reproduire la vie (la vérité) en entrant

Mise en scène de Constantin Stanislavski pour Les Bas-Fonds, *de Gorki. La photo de cette mise en scène souvent citée de Stanislavski montre ce que le réalisme psychologique doit encore au naturalisme. (Phot. © A.P.N.)*

Maquette de décor pour Jean de la Lune, *de Marcel Achard, par André Barsacq, 1937 (collection Mme A. Barsacq). Ce type de décor, cent fois reproduit, est devenu quasi obligatoire dans le théâtre de boulevard. (Phot. © Bibl. nat./Archives Photeb. D.R.)*

dans la peau de personnages qui jouent un texte destiné à faire rire (faire pleurer, faire peur, émouvoir) dans un décor et des costumes qui s'apparentent à la réalité. Ce retour perpétuel de formes sophistiquées, généralement au service d'une idéologie dominante, qui empruntent les apparences du jeu véritable, est le piège principal tendu à une esthétique qui vise davantage à reproduire qu'à montrer, à faire contempler qu'à donner à voir. Les metteurs en scène contemporains, cependant, ne cessent d'interroger le réel en l'introduisant différemment sur le plateau. Réalisme et naturalisme interviennent par l'intermédiaire de citations et de collages, par des effets de réel d'autant plus efficaces qu'ils sont placés entre parenthèses. Strehler et Planchon excellent dans le traitement épique du jeu naturaliste, et Vitez utilise souvent des objets vrais, des liquides ou de la nourriture, qui, sortis de leur contexte, détournés de leur fonction première ou utilisés comme métaphores, engendrent par leur rareté même des réseaux de significations nouvelles. Jacques Lassalle et les nombreux metteurs en scène qui ont travaillé sur ce qu'il est convenu d'appeler le *théâtre du quotidien* ne se confondent nullement avec les adeptes de la tranche de vie. Dans un cadre qui affirme sa théâtralité, Lassalle provoque la rencontre d'éléments choisis dans le réel (objets, bande sonore, éclairage) qui, par leurs frottements à l'intérieur d'une forme artistique très élaborée, parlent du monde, bien au-delà de l'anecdote, en provoquant le spectateur à exercer une réflexion sur ce qu'il voit. Le théâtre n'a pas fini de se frotter au réel, mais il le fait sans doute avec moins d'innocence, en tendant des filets aux mailles plus fines et en choisissant des outils scéniques mieux adaptés.

L'affirmation de la théâtralité

Au théâtre de la convention, le spectateur «n'oublie pas un seul instant qu'il a devant lui un acteur qui *joue*, et l'acteur qu'il a devant lui au pied de la scène un public, et des deux côtés le décor. C'est la même chose qu'avec un tableau ; en le regardant, on n'oublie pas une seconde qu'il s'agit de couleurs, de toile, de pinceaux, et en même temps on ressent un sentiment de vie élevé et clarifié. Et c'est même souvent ainsi : plus on a affaire à un *tableau*, plus fort est le sentiment de vie qui s'en dégage».

Cette lettre de Léonide Andréev à Meyerhold, citée par ce dernier dans *Du théâtre* (1907), résume la formidable réaction contre le naturalisme lancée par des metteurs en scène et des théoriciens dans les premières années du siècle, et qui se cristallisa dans les années vingt, principalement en Union soviétique et en Allemagne. En dépit des différences qui séparent les courants et les écoles, ou des oppositions entre les manifestes, on rencontre la conviction commune que la mise en scène de théâtre doit affirmer l'originalité de ses matériaux, avouer clairement ses conventions, voire ses artifices.

En France, où les metteurs en scène de l'entre-deux-guerres furent plutôt nuancés et prudents, un courant symboliste parti de Lugné-Poe (1869-1940) et de son Théâtre de l'Œuvre déclenche la réaction poétique contre le naturalisme d'Antoine. Textes psalmodiés et mise en scène dépouillée triomphent avec *Pelléas et Mélisande*, de Maeterlinck. Avec Jacques Rouché (1862-1957) au Théâtre des Arts, des peintres

La Forêt, *d'Alexandre Ostrovski (en bas à gauche), et* Le Revizor, *de Gogol : deux mises en scène de Meyerhold au théâtre qui portait son nom à Moscou, en 1926. (Nationalbibliothek, Vienne. Phot. © Nationalbibliothek/Photeb.)*

s'emparent de la scène et affirment la parenté du travail théâtral et des arts visuels. Mais, très vite, un autre courant antinaturaliste entend débarrasser la scène aussi bien du bric-à-brac des accessoires réalistes que des excès esthétisants. Jacques Copeau (1879-1949), que l'on réduit trop vite à sa formule en faveur du «texte et [du] tréteau nu», entame en 1913, en fondant le Vieux-Colombier, une œuvre de «rénovation dramatique» parfois qualifiée d'ascétique et de janséniste. En 1919, pour la réouverture de ce théâtre, Louis Jouvet dessine une scène architecturée fixe qui caractérise bien les recherches spatiales de Copeau. Ce goût de la nudité en matière décorative se retrouve chez des partisans du texte comme matériau premier de la mise en scène, ou bien, davantage comme un état d'esprit, chez des metteurs en scène qui favorisent la relation avec le public, en passant par un travail soigné avec l'acteur. C'est à ce titre que la vaste scène nue encadrée de rideaux noirs du palais de Chaillot-Théâtre national populaire, où Jean Vilar (1912-1971) sculpte l'espace par l'éclairage, marque l'après-guerre de sa rigueur en résolvant une partie des contraintes imposées par un plateau démesuré. Cette esthétique correspond aussi au désir d'entamer avec un vaste public une réflexion collective sur des grands textes et prolonge la tradition des metteurs en scène du Cartel (Gaston Baty, Charles Dullin, Louis Jouvet, Georges Pitoëff) qui préfèrent le travail sur les œuvres aux innovations scénographiques.

Meyerhold contre le naturalisme

Pour Meyerhold, le théâtre naturaliste prive le spectateur de son rôle actif.

Le Théâtre d'Art de Moscou a deux visages, il est à la fois théâtre naturaliste et théâtre d'états d'âme. Le naturalisme du Théâtre d'Art est un naturalisme qu'il a emprunté aux Meininger. Il a pour principe fondamental la reproduction exacte de la nature.

Sur scène, autant que possible, tout doit être vrai : plafonds, corniches, moulures, cheminées, papiers peints sur les murs, portes du poêle, soupiraux, etc.

Sur scène coule une cascade, et la pluie qui tombe est faite d'eau véritable ; on peut se souvenir d'une petite chapelle d'icônes, faite de bois véritable, d'une maison recouverte d'un mince placage de bois. Les doubles fenêtres ont leur intervalle garni de coton, et les vitres sont légèrement givrées. Toutes les parties de la scène font preuve d'un souci identique de précision et de détail. Les cheminées, les tables, les étagères sont encombrées d'une foule de petits objets qui ne sont visibles qu'à la jumelle et qu'un spectateur curieux et persévérant n'a pas le temps de recenser au cours d'un seul acte. Le tonnerre effraie le public, une lune ronde glisse dans le ciel sur un fil de fer. Par la fenêtre, on voit un vrai bateau longer un fjord. La construction sur scène ne comporte pas seulement plusieurs pièces, mais aussi plusieurs étages avec de vrais escaliers et des portes de chêne. La scène se disloque et tournoie. Lumières de la rampe. Beaucoup de herses. Une toile qui représente le ciel est suspendue en demi-cercle. Dans une pièce où doit figurer une cour à la campagne, le plateau est jonché de saletés en papier mâché. Bref (...) le décorateur travaille en collaboration étroite avec le menuisier, le charpentier, l'accessoiriste et le modeleur.

Quand il met en scène des pièces historiques, le théâtre naturaliste s'impose de transformer la scène en une exposition de véritables objets de musée ou, à défaut, copiés d'après des dessins d'époque ou des photographies faites dans les musées. En outre, metteur en scène et décorateur s'efforcent de fixer, le plus précisément possible, l'année, le mois, le jour de l'action. (...) C'est ainsi que le théâtre naturaliste a créé le procédé de copie du style historique. *(...)*

Le maquillage des acteurs est toujours très caractéristique. Ce sont tous les visages vivants, tels que nous les voyons dans la vie. Une copie conforme. Visiblement, le théâtre naturaliste considère le visage comme l'interprète essentiel des intentions de l'acteur et délaisse en conséquence tous les autres moyens d'expression. Le théâtre naturaliste ne connaît pas les charmes de la plastique, n'oblige pas ses acteurs à exercer leur corps et, quand il ouvre son école, ne comprend pas que la culture physique doit y être un objet d'étude fondamental, si on rêve de monter Antigone *ou* Jules César, *pièces qui par leur musique appartiennent à un* autre théâtre. *(...)*

Le théâtre naturaliste a créé des acteurs aptes au plus haut point à la métamorphose. Toutefois, ce ne sont pas les objectifs de la plastique qui leur servent de moyens pour cette métamorphose, mais le maquillage, et la capacité de soumettre leur langue à divers accents, à divers dialectes, de plier leur voix à l'onomatopée. On fait perdre toute pudeur aux acteurs, au lieu de développer chez eux un sens esthétique auquel aurait répugné cette reproduction de faits grossiers et laids. Chez l'acteur se développe une capacité propre au photographe amateur, celle d'observer les détails du quotidien. *(...)*

Le théâtre naturaliste enseigne à l'acteur une expression résolument nette, achevée, précise ; jamais il ne permet un jeu allusif, un jeu qui consciemment ne va pas jusqu'au bout. Voilà pourquoi les outrances de jeu sont si fréquentes dans le théâtre naturaliste qui ignore absolument le jeu allusif. (...)

Au théâtre, le spectateur est capable d'ajouter par l'imagination à ce qui reste allusif. C'est précisément ce mystère et le désir de le percer qui attirent beaucoup de gens au théâtre. (...) Et au théâtre le spectateur a sans aucun doute, bien qu'inconsciemment, soif de ce travail de l'imagination qui parfois se transforme chez lui en création. Sans cela, pourquoi y aurait-il des expositions de peinture, par exemple ?

De toute évidence, le théâtre naturaliste refuse au spectateur la capacité de compléter le dessin et de rêver comme il peut le faire quand il écoute de la musique.

Meyerhold, *Du théâtre*, dans *Ecrits sur le théâtre*, tome I (1891-1917), La Cité, 1973.

*Lithographie d'Alfred Jarry pour le programme d'*Ubu roi, *créé par le théâtre de l'Œuvre (Lugné-Poe), les 9 et 10 décembre 1896 (département des arts du spectacle, Bibliothèque nationale, Paris). Issu d'une farce potachique que Jarry n'écrivit pas mais qu'il promut, par provocation, au rang d'«œuvre»,* Ubu roi *déclencha un scandale mémorable : parce que le public refusa de se reconnaître dans son «double ignoble», et parce que la dramaturgie de Jarry, avec son esthétique du masque, de l'acteur-marionnette et de «l'inutilité du théâtre au théâtre», bouleversait les traditions illusionnistes du théâtre tant bourgeois que naturaliste. (Phot. Jeanbor © Archives Photeb.)*

Les défenseurs de la convention et de la théâtralité sont loin d'être tous des partisans de la simplicité. Les metteurs en scène russes et allemands qui triomphent à partir des années vingt s'appuient sur des théories scientifiques et sur des principes philosophiques. Les formalistes et les tenants de l'art abstrait révolutionnent les fondements de l'art théâtral en mettant en avant l'*atmosphère psychologique* de la représentation qui prime parfois sur le texte.

Préoccupés par la relation scène-salle, des architectes et des théoriciens s'attaquent à la scène à l'italienne illusionniste, suppriment rideaux et herses, avancent le plateau au cœur du public. Richard Wagner avait mis en pratique ces principes dès 1872 dans la construction du théâtre de Bayreuth. Adolphe Appia (1862-1928) développe les lois principales de la scénographie en trois dimensions, en réaction contre la perspective, les toiles peintes et l'illusion picturale en général. Il entend construire sur scène un espace concret, donné comme tel, où l'acteur puisse se déplacer librement, et où la lumière joue un rôle essentiel dans la construction de plans et de rythmes. Il va très loin dans le sens de l'abstraction et de la pureté formelle en rêvant d'une dramatisation de la vie qui n'ait rien à voir avec la

Charles Dullin (Louis Lainé) et Maria Kolff (Marthe) dans L'Echange *de Paul Claudel, mise en scène de Jacques Copeau, théâtre du Vieux-Colombier, Paris, 1914. « Ne pas accorder à la toile, au carton peint, une place usurpée. » (Département des arts du spectacle, Bibliothèque nationale, Paris. Phot. © X D.R./Photeb.)*

reproduction d'une réalité immédiate. On peut rapprocher de ses recherches celles du Britannique Edward Gordon Craig (1872-1966), qui publie *De l'art du théâtre* (1905) en Allemagne avant de travailler brièvement à Moscou. Attaché au mouvement et à la dynamique de la scène, il défend un théâtre fondé sur l'*art du geste*. Il reste surtout connu par son essai, *L'Acteur et la Sur-Marionnette*. En quête d'un théâtre pur, il y développe des théories de l'acteur où celui-ci devient un moyen d'expression quasi abstrait, qui dépasse les possibilités humaines en fondant son jeu *sur tout le corps* et le mouvement. Tous les partisans du théâtre de convention mettent d'ailleurs en avant le potentiel corporel de l'acteur et s'intéressent de près aux formes traditionnelles de jeu codé, comme la commedia dell'arte ou les techniques de jeu orientales. C'est le cas de Meyerhold (1874-1942), une des figures principales du théâtre russe, dont les écrits théoriques éclairent aujourd'hui toute cette période. Acteur du Théâtre d'Art de Moscou, puis responsable d'un des studios que Stanislavski mit sur pied (Premier studio du Théâtre d'Art, 1905), Meyerhold expérimente sans relâche ; il trouve dans la révolution de 1917 l'occasion de tout reprendre à zéro en affirmant la mise en scène comme un art autonome où la stylisation entre comme un facteur prépondérant. Devenu directeur du Théâtre de la révolution en 1920, toujours adversaire du réalisme, il se nourrit des différentes avant-gardes formalistes pour réaliser des spectacles modernes qui ne renonceraient pas à un point de vue politique sur le monde. Partisan du constructivisme, il accuse le dépouillement du pla-

Décor pour Liliom, *de Franz Molnar, écrit en 1909, représenté à Paris en 1923 à la Comédie des Champs-Elysées dans une mise en scène de Georges Pitoëff. (Coll. Georges Pitoëff, département des arts du spectacle, Bibliothèque nationale, Paris. Phot. © Bibl. nat./Photeb.)*

Costume de Claude Autant-Lara pour le ministre de la Paix dans L'Empereur de Chine, *de Georges Ribemont-Dessaignes (écrit en 1916, monté par Autant-Lara en 1921). Reprenant l'attitude antilittéraire de Jarry,* L'Empereur de Chine *inaugure le théâtre dada et précède le « drame surréaliste » d'Apollinaire,* Les Mamelles de Tirésias *(1917), ainsi que les pièces de Tzara (*Cœur à gaz, *1921) et d'Yvan Goll (*Mathusalem, *1922). Un théâtre antiréaliste qui mènera au théâtre de l'absurde vers 1950. (Collection Art et Action, département des arts du spectacle, Bibliothèque nationale, Paris. Phot. © Bibl. nat./Photeb. D.R.)*

teau, utilise des machines et des éléments tournants. Sa nouvelle théorie de l'art dramatique, appelée *bio-mécanique*, se fonde notamment sur l'acteur et sa dynamique, s'inspire des jeux codés traditionnels. Dans sa quête de la théâtralité, il rencontre le futurisme et le cubisme ; mais dès les premières ébauches de son théâtre de la convention, et en dépit des réussites inégales de ses mises en scène, il découvre des principes essentiels pour le théâtre européen. Ses écrits théoriques ont de profondes résonances aujourd'hui, notamment lorsqu'il écrit : «Enfin la technique conventionnelle suppose au théâtre, après l'auteur, le metteur en scène et l'acteur, un quatrième créateur : le spectateur. Le théâtre de la convention élabore des mises en scène où l'imagination du spectateur doit compléter de façon créatrice le dessin des allusions données en scène» (*Ecrits sur le théâtre*).

A côté de cette figure principale, on retient celle d'Alexandre Taïrov (1885-1950), acteur et metteur en scène, qui accorde également beaucoup d'importance à l'expression de l'acteur et aux formes scéniques abstraites, au point d'affirmer l'autonomie du spectacle par rapport au texte littéraire. Vakhtangov (1883-1922), considéré comme un épigone de Meyerhold, reste surtout connu pour ses qualités pédagogiques, par son école qui pesa sur la formation de l'acteur en Union soviétique et par l'importance qu'il donna au collectif. Cette génération d'hommes de théâtre connut des difficultés vers les années trente, quand le réalisme socialiste commença à s'imposer. Des créateurs comme Meyerhold durent faire machine arrière ou cesser leurs activités. Pourtant, sans renoncer à un point de vue politique sur le monde, ils étaient allés très loin dans le sens d'une interrogation sur les formes modernes et sur ce qu'elles apportaient à la mise en scène théâtrale.

L'Allemagne des années vingt avait, elle, été dominée par le courant expressionniste, qui suppose également une déformation volontaire de la réalité. Cette déformation, en réaction contre le naturalisme et l'impressionnisme, accorde à l'homme (à l'esprit) une supériorité sur la matière, et donc une

Mise en scène et décoration scénique

Jacques Copeau développe ses grands principes et précise ce que l'on résume trop rapidement par sa «simplicité».

Par mise en scène nous entendons le dessin d'une action dramatique. C'est l'ensemble des mouvements, des gestes et des attitudes, l'accord des physionomies, des voix et des silences, c'est la totalité du spectacle scénique, émanant d'une pensée unique qui le conçoit, le règle et l'harmonise. Le metteur en scène invente et fait régner entre les personnages ce lien secret et visible, cette sensibilité réciproque, cette mystérieuse correspondance des rapports, faute de quoi le drame, même interprété par d'excellents acteurs, perd la meilleure part de son expression.

A cette mise en scène-là, qui concerne l'interprétation, nous ne saurions apporter trop d'étude. A l'autre, qui a trait aux décors et aux accessoires, nous ne voulons pas accorder d'importance. Ce n'est point que la laideur nous blesse, chaque fois que nous la rencontrons sur la scène. Ce n'est point que nous soyons insensibles à l'art de créer une atmosphère dramatique par le moyen de la couleur, de la forme et de la lumière. Nous avons applaudi, voici trois ans, à l'heureuse initiative de M. Jacques Rouché s'efforçant, avec le concours d'excellents peintres, à douer le décor d'une qualité esthétique nouvelle. Nous avons connu les recherches, nous avons suivi les projets et les réalisations de MM. Meyerhold, Stanislavski, Nemirovitch-Dantchenko en Russie ; de MM. Max Reinhardt, Littmann, Fuchs et Erler en Allemagne ; de MM. Gordon Craig et Granville Barker en Angleterre. Certes, il ne paraît pas douteux qu'à l'heure actuelle, dans l'Europe entière, tous les artistes du théâtre se rencontrent sur un point : condamnation du décor réaliste qui tend à donner l'illusion des choses mêmes, exaltation d'un décor schématique ou synthétique qui vise à les suggérer. Les nouvelles méthodes remontent déjà trop loin, elles sont trop connues à l'étranger pour qu'on puisse aujourd'hui, sans ridicule, se faire un mérite de leur application. Aussi bien, dans cette application même, observerons-nous quelque mesure. Nous sommes naturellement ennemis de toute systématisation outrancière, et pensons ne rien aventurer en dépit du bon sens et du bon goût. Or, il faut l'avouer, les idées des maîtres que j'ai nommés plus haut ne sont pas toujours sans nous choquer par quelque lourdeur pédantesque. Nous y relevons certain parti pris de simplisme qui ne va pas toujours avec la vraie simplicité, et surtout une tendance, blessante pour la finesse et la modération de notre goût français, à souligner dans un ouvrage, à grossir par des moyens matériels souvent naïfs les intentions du poète. Le spectateur cultivé aime à les découvrir, à les surprendre par une approche plus subtile. Il est à craindre que de tels procédés en s'ajoutant au drame, qu'une telle et si constante recherche de l'effet – toujours défaillante, d'ailleurs, si elle s'applique aux grands ouvrages classiques – ne favorisent progressivement une production dramatique tout artificielle, grossière et presque barbare. Et la tare des réformes scéniques étrangères, c'est que, jusqu'ici du moins, elles ne marchent de pair avec aucun mouvement dramatique caractérisé. Tenir pour telle ou telle formule décorative, c'est toujours s'intéresser au théâtre par l'à-côté. Se passionner pour des inventions d'ingénieurs ou d'électriciens, c'est toujours accorder à la toile, au carton peint, à la disposition des lumières, une place usurpée ; c'est toujours donner, sous une forme quelconque, dans les trucs. Anciens ou nouveaux, nous les répudions tous. Bonne ou mauvaise, rudimentaire ou perfectionnée, artificielle ou réaliste, nous entendons nier l'importance de toute machinerie.

On pourra trouver suspecte cette déclaration de principe. On pourra nous représenter que, sur la petite scène du théâtre du Vieux-Colombier, force nous est de renoncer aux avantages d'une ample décoration... Nous pouvons répondre hardiment que nous nous réjouissons d'avoir à nous accommoder d'une telle pénurie de ressources. Nous en refuserions l'usage, s'il nous était proposé. Car nous avons la conviction profonde qu'il est désastreux pour l'art dramatique de lui ménager un grand nombre de complicités extérieures. Elles énervent, détendent sa force. Elles favorisent la facilité, le pittoresque, et font verser le drame dans la féerie. Nous ne croyons pas que pour «représenter l'homme tout entier dans sa vie», il soit besoin d'un théâtre «où les décors puissent surgir par en bas et les changements être instantanés» ni qu'enfin l'avenir de notre art soit lié à «une question de machinisme». Gardons-nous de rien relâcher. Il ne faut pas confondre les conventions scéniques avec les conventions dramatiques. Détruire les unes, ce n'est pas s'affranchir des autres. Bien au contraire ! Les servitudes de la scène et son grossier artifice agiront sur nous à la façon d'une discipline en nous forçant à concentrer toute vérité dans les sentiments et les actions de nos personnages. Que les autres prestiges s'évanouissent, et, pour l'œuvre nouvelle, qu'on nous laisse un tréteau nu !

Jacques Copeau, *Un essai de rénovation dramatique*, dans *Registres 1, Appels*, Gallimard.

Peter Lorre dans Eveil du printemps, *de Frank Wedekind (1891), au Berliner Volksbühne en 1929. Wedekind puisa dans la farce, le cirque et le drame des procédés aptes à briser avec la routine théâtrale et à traduire son agressivité à l'égard de la société bourgeoise. Il créait le théâtre expressionniste, qui fit scandale. (Phot. © Ullstein, Berlin.)*

Une mise en scène de Max Reinhardt : Le Miracle, *de K. Vollmoeller et E. Humperdinck, en 1911, à l'Olympia Hall de Londres, dessin de J. Duncan (Enthoven Collection, Victoria and Albert Museum, Londres).*
Une des tentatives de Reinhardt pour faire sortir le théâtre des lieux traditionnels et rencontrer un vaste public.
(Phot. © Victoria and Albert Museum/Photeb.)

Ci-dessous : projet de décor pour Hamlet, *de Shakespeare, par Edward Gordon Craig, 1904. Espace, lumière et couleur. (Département des arts du spectacle, Bibliothèque nationale, Paris. Phot. © Bibl. nat./Photeb. D.R.)*

importance nouvelle à la vision du monde de l'artiste et à sa représentation sur scène. L'image subjective, projetée vers l'extérieur, l'emporte sur une conception sensorielle ou intériorisée, faussement objective, de la réalité. L'expressionnisme envahit tous les arts. Au théâtre, il se traduit par une série de déformations, dans le décor et dans son échelle, dans le jeu des éclairages et des ombres qu'ils engendrent. Le jeu de l'acteur expressionniste demande un travail corporel qui l'engage à traduire des sentiments ou des impressions par des manifestations extérieures. L'après-guerre en Allemagne fut marquée par des hommes comme Leopold Jessner qui dirigea en 1919 le Berliner Staatstheater. L'expressionnisme engendra des modifications scénographiques radicales (unification de l'espace, la scène comme plate-forme ou comme tribune) auxquelles participèrent même des hommes de théâtre plus proches du monde d'avant guerre, tel l'Autrichien Max Reinhardt (1873-1943) qui s'essaya à monter des œuvres expressionnistes. En 1919 il fit transformer le cirque de Berlin en un théâtre de trois mille places, sans rideau ni rampe, où il s'attacha à promouvoir un répertoire populaire. L'expressionnisme n'est pas, au départ, d'inspiration politique. Il s'engage cependant sur cette voie quand il développe l'image que l'homme se fait de son combat avec le monde, et quand il interroge le rapport scène-salle. Il influença d'ailleurs Piscator et le jeune Brecht qui radicalisèrent certaines des théories expressionnistes ou les modifièrent à leur usage.

Théâtre politique et théâtre épique

Le théâtre politique ne se confond pas avec des contenus idéologiques. Il exige aussi un bouleversement des formes théâtrales, et c'est à ce titre qu'il prend place dans une évolution de la mise en scène. Le metteur en scène allemand Erwin Piscator (1893-1966) est parmi les premiers à vouloir placer le théâtre au service du mouvement révolutionnaire. Il cherche à traduire sur scène le destin des masses en prétendant que «le facteur héroïque de la nouvelle dramaturgie n'est plus l'individu, avec son destin personnel particulier...» Fondateur du Proletarisches Theater (1920), théâtre prolétarien se proposant de concevoir un répertoire qui réponde à des exigences particulières immédiates et conduise à l'agitation, il effectue des mises en scène ensuite à la Volksbühne (1924-1927), où il poursuit sa recherche sur les moyens de mêler les documents à l'art. Plus tard il fonde la Piscator Bühne avant d'émigrer en France et aux Etats-Unis, puis retourne travailler en Allemagne à la fin de la guerre. De recherche en recherche, s'inspirant de Meyerhold, il remodèle la scène en constructions géométriques, en plates-formes, multiplie les plans de jeu, ponctue la représentation de projections cinématographiques, de pancartes et de documents.

Mais c'est Bertolt Brecht (1898-1956), qui en développant la notion de théâtre épique, formule la conception d'ensemble qui manquait sans doute à Piscator. Les théories brechtiennes aujourd'hui sont parfois réduites à quelques astuces, à des inventions ponctuelles qui perdent leur signification en dehors du projet global longuement défini dans des écrits théoriques. De nombreuses polémiques ont tourné autour de ce qu'on a appelé son «simplisme», sa «lourdeur» ou sa «froideur». C'est perdre de vue que la notion de théâtre épique s'est construite peu à peu, dans la confrontation d'une pratique et d'une réflexion, chez un homme qui était à la fois dramaturge, théoricien et metteur en scène, et qui a toujours revendiqué le plaisir du théâtre. De 1922 à 1933, Brecht, à Berlin, écrit quatorze pièces, signe ses premières mises en scène et adhère au marxisme. Il s'exile aux Etats-Unis quand Hitler accède au pouvoir, et ce séjour marque fortement son œuvre. De retour en Allemagne après la guerre, il travaille au Berliner Ensemble de 1948 jusqu'à sa mort.

Le théâtre épique se fonde sur une relation particulière entre ce qui se passe sur la scène et les spectateurs, dotés du statut d'observateurs. L'ensemble des moyens scéniques, de l'écriture à la mise en scène (à commencer par la transformation radicale du rapport scène-salle), est au service de cette relation. Mais le microcosme théâtral s'inscrit lui-même dans une vision marxiste de l'homme et du monde, qui se fonde sur l'idée d'un *changement* possible. Ce principe est essentiel, bien que beaucoup de spectacles contemporains qui revendiquent la qualité de théâtre épique tendent à l'oublier. Dans son travail sur la fable, Brecht met en lumière la notion de *narration*, de déroulement du récit. Il oppose à une conception dramatique (aristotélicienne) du récit, où toutes les parties dépendent l'une de l'autre et sont subordonnées à l'issue finale (au dénouement), dont l'attente serait un des premiers plaisirs du théâtre, un mode narratif où chacune des parties est traitée pour elle-même. Le plaisir du spectateur change alors de nature, se développe avec l'intérêt que celui-ci prend à comprendre et à observer. Par l'intermédiaire de l'analyse et de la compréhension de ce qui se passe, le spectateur est invité à choisir parmi les comportements proposés et à *agir* sur sa propre situation dans le monde. Dans cette optique, le fonctionnement scénique et le jeu des acteurs se donnent comme tels, ni illusion d'une réalité ni virtuosité gratuite, mais moyen apparent de raconter des événements en mettant en lumière les processus qui les commandent. N'est cependant pas mise en scène brechtienne toute représentation qui exhibe sa matérialité, ses projecteurs et sa machinerie s'il ne s'agit pas d'un projet cohérent au service d'une vision du monde. C'est pourquoi l'effet de distanciation, par exemple (ce terme de *Verfremdungseffekt* ou *effet V* apparaît dans le vocabulaire brechtien en 1936), utilisé comme un procédé dans certaines mises en scène contemporaines, relève en fait d'une conception scénique d'ensemble où l'acteur professionnel, perçu comme un délégué du public, met ses capacités de jeu au service d'une prise de conscience de l'aliénation.

On voit bien en quoi le théâtre épique s'oppose au naturalisme en tant qu'illusion et reproduction à courte vue d'une *vérité* partielle où l'homme et le monde sont donnés comme connus et non transformables. En revanche, Brecht n'a jamais caché son intérêt pour Meyerhold et pour les théâtres de convention (notamment pour les théâtres d'Extrême-Orient) qui, par l'affirmation de leurs codes, créent les conditions d'une vision insolite de la réalité. Car c'est elle qui facilite la mise à distance critique des événements. Influencé dans ses premières pièces par l'expressionnisme (*Baal, Tambours dans la nuit*), Brecht se souvient au cours de sa carrière de l'intérêt de la déformation de la vision de la réalité, à condition que celle-ci ne soit ni ambition esthétisante ni conception métaphysique du monde, mais occasion de présenter comme insolites des processus quotidiens qui ont fini par échapper à la perception des hommes.

Le théâtre épique s'appuie donc sur la réalité, mais au lieu de considérer celle-ci comme allant de soi, comme éternelle et immuable, il entend, par des processus d'historicisation et de mise en perspective, modifier la vision du spectateur. Celui-ci est invité à faire le reste du chemin et, selon l'expression d'Althusser, à devenir un acteur «qui commence quand la pièce finit». Nous sommes loin des accusations de catéchisation du public qui ont accueilli les premiers spectacles brechtiens en France. L'influence de Brecht sur le théâtre d'aujourd'hui a été décisive. D'abord refusée avec véhémence pour des raisons politiques, souvent mal comprise ou connue tardivement, puis considérée comme simpliste et allant de soi, son œuvre a résisté à toutes les attaques. Dans les années soixante, et c'est une preuve de la vitalité de sa dramaturgie, les metteurs en scène qui s'emparent de ses pièces lui font subir les traitements habituellement réservés aux classiques. Indépendamment d'une stricte application des théories brechtiennes, le spectacle épique a une action diffuse sur la dramaturgie moderne.

Le concept de théâtre-récit a connu alors une faveur qui devait beaucoup à la narrativité telle que Brecht l'avait comprise. Il est désormais courant que des œuvres fassent intervenir plusieurs fables qui travaillent ensemble (c'est le cas, par exemple, des pièces de Michel Vinaver), créant ainsi les conditions d'un décentrement de l'intérêt du spectateur, qui ne se cristallise pas sur une histoire unique. Il est mieux admis que les contradictions des personnages soient inscrites dans la fable (ou dans les fables) et se développent au moment de la représentation. Il revient au spectateur d'en faire l'analyse et d'en tirer les conséquences. Toutes les tentatives de récupération des innovations brechtiennes cèdent le pas à une influence profonde et durable sur la mise en scène d'aujourd'hui.

Théâtre rituel et théâtre total

A l'opposé de ce théâtre qui ancre l'homme dans une société et s'attache à définir les processus qui le conditionnent, une tentative isolée dans le théâtre occidental, celle d'Antonin Artaud, renoue avec une forme de spectacle qui s'inspire du rituel et introduit dans l'acte théâtral une perspective métaphysique. Entendant faire table rase de toute la tradition occidentale, Antonin Artaud (1896-1948) s'adresse à l'homme total par l'intermédiaire du spectacle total. Dans cette dérive poético-mystique, les concepts familiers au théâtre s'effritent. Ainsi, Artaud n'entend même plus considérer le rapport scène-salle, puisqu'il n'existe plus pour lui ni scène ni salle, mais un espace unique,

Les Chaises, *d'Eugène Ionesco, mise en scène de Jacques Mauclair au Studio des Champs-Elysées (Paris, 1956, avec Jacques Mauclair et Tsilla Chelton). Ce que, à la suite du critique britannique Martin Esslin, on a appelé le «théâtre de l'absurde», n'a pas consisté, dans les années cinquante, à porter à la scène ce thème philosophique (comme dans le théâtre de Camus, par exemple); l'action dramatique elle-même, le statut des personnages, le sens des mots, la fonction des objets se trouvent pervertis et «expriment» l'absurde. Les dramaturges groupés sous cette étiquette avaient d'ailleurs des visées différentes et évoluèrent de façon divergente : Ionesco vers un symbolisme de plus en plus transparent, Beckett vers une sorte d'ascèse métaphysique, Adamov vers la fresque sociale. (Phot. © Agence Bernand.)*

celui de la création, qui fond le lieu réel et le lieu de représentation dans la cérémonie, le rituel ou le sacrifice. Dans son radicalisme, Artaud se rapproche des partisans de la mise en scène comme langage premier : «C'est autour de la mise en scène considérée non comme le simple degré de réfraction d'un texte sur la scène, mais comme le point de départ de toute création théâtrale, que se constituera le langage type du théâtre», écrit-il dans *Le Théâtre de la cruauté* (premier manifeste). Dans tous les domaines compartimentés de la création, Artaud entend ainsi faire œuvre nouvelle en réhabilitant la puissance expressive du corps, celle du cri et de l'incantation, en éveillant les forces souterraines de l'homme pour qu'elles se déploient sur la scène. Il est influencé dans cette recherche par le théâtre oriental, et notamment par celui de Bali qui fut pour lui, lors de l'Exposition coloniale de 1931, une révélation. Il compte donc inscrire dans l'espace des corps, des masques, des mannequins et des objets «à forme et à destination inconnues» comme autant de «hiéroglyphes». Il s'attaque également au langage, mais en précisant : «Il ne s'agit pas de supprimer la parole articulée, mais de donner aux mots à peu près l'importance qu'ils ont dans les rêves.»

Artaud publia son premier manifeste du *Théâtre de la cruauté* en 1932, et réunit ses principaux écrits en 1938 dans *Le Théâtre et son double*. Pourtant, son influence ne s'étendit guère de son vivant et souffrit des échecs de ses essais à la scène. Rien de plus difficile, en effet, que ce théâtre toujours à la limite du rêve, qui réclame, des acteurs et des spectateurs, une énergie et une concentration exceptionnelles et risque de sombrer dans la mascarade ou le ridicule s'il ne s'accompagne pas de la rigueur indispensable, très présente dans les écrits théoriques d'Artaud. Ses premières tentatives, avec son Théâtre Alfred-Jarry (1926-1928), ne furent guère encourageantes. En 1935, il monte *Les Cenci*, adaptation d'une pièce de Shelley, qui devait illustrer ses écrits mais qui déçoit aussi le public. Le rayonnement de ce poète mystique, de ce visionnaire en quête d'un théâtre qui ne serait «peut-être pas sur les planches», commença après sa mort et s'étendit surtout à partir de 1960, quand toute une génération se reconnut en lui et l'adopta comme prophète. Des formes de spectacle s'appuyant sur le corps comme langage, toutes les expressions quelque peu *spontanéistes*, tous les spectacles confondant temps réel et temps illusoire, les *happenings*, se référèrent au *Théâtre et son double* avec des réussites inégales. Ceux qui avaient en commun de refuser le «vieux théâtre» (et le «vieux monde») trouvèrent dans ce poète maudit, interné neuf ans dans une clinique de Rodez, leur porte-parole et leur garant, et nous en évoquerons les traces.

On voit bien ce qui peut tenter des metteurs en scène dans cette utopie d'un théâtre à l'état brut, affranchi de toute forme contraignante, qui mêle l'expérience immédiate du spectaculaire et la vie, l'aventure de l'acteur à l'aventure individuelle, et fait du créateur un thaumaturge ou un gourou. Mais beaucoup d'illusions se brisent vite car un tel théâtre réclame, encore plus que d'autres, invention et rigueur, poésie et discipline, pour couler dans la réalité matérielle du plateau le flamboyant imaginaire du rêveur éveillé. Parmi les nombreux «héritiers» possibles d'Artaud, on cite Jean-Louis Barrault, Roger Blin, Grotowski et Julian Beck. Certains d'entre eux se sont rendus assez vite à un théâtre plus traditionnel. D'autres, comme Grotowski, semblent choisir la voie de rencontres parathéâtrales, de séminaires qui n'entendent pas aboutir à des spectacles.

Aujourd'hui où le théâtre refait le compte de ses forces et de ses espoirs, certaines polémiques qui opposèrent les tenants de Brecht à ceux d'Artaud paraissent un peu vaines. Bien entendu, tout semble les éloigner, et nous ne proposerons pas de synthèse impossible. Mais peut-on faire actuellement un théâtre de qualité qui ne tienne compte de leurs cheminements, qui ne serait ni poétique ni rigoureux, qui ne saisirait pas à bras le corps les problèmes du langage de la scène? D'ailleurs, la définition qu'Artaud donne du spectacle ressemble toujours à un défi lancé aux créateurs contemporains : «Il y a une idée du spectacle intégral à faire renaître. Le problème est de faire parler, de nourrir et de meubler l'espace; comme des mines introduites dans une muraille de roches planes, et qui feraient naître tout à coup des geysers et des bouquets» *(Le Théâtre de la cruauté).*

Scène des Paravents, *de Jean Genet, dans une mise en scène de Roger Blin et des décors d'André Acquart (Odéon, Théâtre de France, 1965.) La combinaison Genet-Blin provoqua en 1965 des réactions houleuses au théâtre de l'Odéon. L'un et l'autre s'imposent, dans une certaine marginalité, comme deux figures essentielles du théâtre moderne. (Phot. © Nicolas Treatt. D.R.)*

Utopies et réalités d'aujourd'hui

Dans les années soixante, des fissures apparaissent dans les organisations théâtrales officielles. Des troupes marginales, des petites communautés qui expérimentent en milieu fermé battent en brèche les institutions et le système traditionnel de production. Les événements de mai 1968 en France cristallisent cette opposition latente et laissent des traces durables. En 1971, il est significatif que la cinquantaine de troupes réunies au festival mondial de Nancy contestent toutes l'ordre établi, en matière politique comme en matière de théâtre. Aujourd'hui, alors que la vie théâtrale semble avoir perdu de son agitation, on ne peut toujours pas ignorer des phénomènes qui ont marqué de façon durable la création. Le théâtre sorti des théâtres, redécouvrant les vertus du travail collectif, mettant en cause les pouvoirs du metteur en scène, se mesurant aux pratiques d'animation, est-ce déjà de l'histoire ancienne?

La crise institutionnelle

Mise en question avec brutalité en mai 1968 par les événements qui secouaient le pays, la décentralisation théâtrale française, en la personne des principaux directeurs de centres dramatiques et de maisons de la culture, réunis à Lyon, se livre à son tour au grand psychodrame qui mobilise le pays entier. A l'occasion de ce vaste *mea culpa*, les institutions culturelles sont critiquées. On se demande si les objectifs initialement fixés n'ont pas été perdus de vue. Le théâtre avait-il su se donner les moyens d'atteindre tout un *non-public* (le terme apparaît à cette époque), maintenu en dehors des préoccupations culturelles? En avait-il les moyens, ne s'était-il pas enfermé dans le cadre rassurant d'un répertoire qui se donnait machinalement les apparences d'un grand rassemblement à la Vilar? Pouvait-on jouer indéfiniment Molière, Shakespeare ou même Brecht, et faire mine d'ignorer totalement les préoccupations d'une couche importante de la population?

Ce n'est pas de ce jour que datait la rupture entre un théâtre et une vaste partie de son public, ce public «populaire» dont on s'inquiétait tout à coup de savoir s'il n'était pas absent depuis longtemps des salles de spectacle. Mais la crise politique qui secouait rudement le système social faisait surgir des questions que les plus courageux n'avaient osé, pour la plupart, se poser que tout bas. L'idée même qu'on se faisait des contenus culturels s'en trouvait ébranlée, et, avec elle, le fonctionnement des grands outils artistiques.

Ces doutes avaient envahi l'Europe. En Allemagne, par exemple, dès 1960, un groupe d'étudiants *radicaux* s'efforce de développer un théâtre politique à l'Université libre de Berlin. En 1962, ils s'installent en dehors des locaux universitaires. En 1968, un mouvement général met l'accent sur les formes collectives de production et les droits des acteurs. Des modèles d'organisation marginale existaient, venant parfois des Etats-Unis, de l'off-Broadway. Mais ils ne touchaient que lentement les troupes européennes.

Le théâtre de l'Odéon devient une vaste tribune où Jean-Louis Barrault lance des paroles imprudentes qui lui coûtent sa fonction. Quelques mois plus tard, il présente un spectacle *Rabelais* à l'Elysée-Montmartre, temple officiel des combats de catch. Une partie de la création théâtrale se marginalise, révise son organisation et rêve de donner la parole à ceux qui ne l'ont jamais eue. Les petites troupes qui prolifèrent expérimentent les vertus des *collectifs*, réinventent l'agit' prop, le théâtre de rue, le théâtre-journal. Quelques mois encore, et les institutions théâtrales retrouvent pour la plupart l'essentiel de leur ancien fonctionnement. Mais les questions posées au moment du grand désarroi ont laissé des traces.

Idées nouvelles et résonances

Lorsque à Paris, en mai 1968, les révolutionnaires occupaient l'Odéon, ils posaient de façon provocante la question de l'accès aux salles de théâtre. Par-delà les apparences, les décorations rouge et or des grandes salles bourgeoises, ils interrogeaient le *circuit* théâtral, et mettaient en cause également l'ouverture des salles de l'action culturelle. L'exemple italien de la même époque, dans un contexte institutionnel différent, traduit le même besoin. En 1968 se multiplient les coopératives théâtrales et les groupes d'acteurs qui envisagent, autour de Dario Fo, la création d'un circuit parallèle, une alternative à l'accueil existant déjà. Ces groupes jouent dans les petites cités, souvent dans la *Casa del popolo,* font éclater les habitudes, drainent dans un premier temps un public populaire organisé, suscité par des groupes politiques ou syndicaux. Le rêve français de 1968 n'était peut-être pas le même, mais il manifestait le même désir de rompre avec les lieux de théâtre traditionnels. A l'image du ghetto culturel, de l'enfermement dans des lieux dont le caractère sacré ne disparaît jamais tout à fait, l'imagination opposait un théâtre qui s'installerait là où la vie quotidienne se déroule et non dans les quartiers réservés du riche commerce et de la culture bourgeoise.

On fait aujourd'hui la part du rêve et celle des anciennes revendications concrètes (des salles de théâtre bien équipées pour tous les créateurs). Il reste pourtant des traces incontestables de ce désir d'une *infiltration* politico-culturelle. En investissant des lieux non spécifiquement prévus pour lui, le théâtre serait présent là où vit la plus grande partie de la population. Dans les maisons de jeunes et dans les entreprises, mais aussi dans les hangars, les garages, les bâtiments désaffectés, partout où un développement

La Passion selon Franco, *d'Armand Gatti, 1976. Gatti s'installe dans le béton, les poutrelles et la lumière dure des entrepôts Ney-Calberson pour mieux déployer son imaginaire. (Phot. © Enguerand.)*

Peter Brook : « être sincère et pourtant détaché »

Dans le jeu, l'acteur ne dispose que de lui-même comme matériau. Comment être insincère avec sincérité et mentir avec franchise ? Comment travailler sur l'émotion sans s'y abandonner ?

« Le plus difficile pour un acteur est d'être sincère et pourtant détaché. On a inculqué à un acteur que la sincérité est tout ce qui compte. Ce mot de sincérité, avec sa coloration morale, est source de grande confusion. D'une certaine façon, la qualité la plus puissante des interprètes de Brecht est leur "insincérité". Ce n'est que grâce à la distanciation que l'acteur peut prendre conscience de ses propres clichés. Le mot sincérité cache un dangereux piège. Qu'est-ce qu'un acteur débutant découvre en premier ? Que son métier est difficile et qu'il exige de lui certains talents. Par exemple, il faut qu'on l'entende ; que son corps lui obéisse ; il doit être maître de son rythme et non pas esclave du hasard. Il étudie donc un certain nombre de techniques et acquiert vite du savoir-faire. Le savoir-faire peut rapidement devenir source de fierté et fin en soi. Il devient de la dextérité sans autre objet que sa propre démonstration. En d'autres termes, l'art devient "insincère". Le jeune acteur qui se rend compte de l'absence de sincérité des acteurs chevronnés est dégoûté. Il recherche la sincérité. La sincérité est un mot lourd de sens. Comme la propreté, il provoque des associations d'idées avec des notions acquises pendant l'enfance : la bonté, la franchise, la correction. La sincérité semble un bon idéal, un but préférable à l'acquisition de la technique, et comme c'est un sentiment, on peut toujours savoir quand on est sincère. Si bien que l'on dispose d'un fil conducteur. On peut trouver sa voie vers la sincérité en faisant don au public de ses émotions, en se donnant, en étant honnête, en travaillant "sans filet" ou, comme disent les Français, "en se jetant à l'eau". Malheureusement, le résultat peut être détestable. Dans n'importe quelle autre forme d'art, le créateur, si profondément uni soit-il à son acte de création, peut toujours prendre des distances et examiner le résultat. Quand le peintre s'écarte de sa toile, certaines facultés peuvent entrer en jeu, qui l'avertiront aussitôt de ses excès. Chez un très bon pianiste, la tête est physiquement moins impliquée que les doigts, et même s'il est "emporté" par la musique, son oreille lui permet un minimum de détachement et de contrôle objectif. La difficulté du jeu scénique est que l'acteur ne dispose que de lui-même, que de ce matériau mystérieux, perfide et changeant. On demande à l'acteur de prendre à la fois de la distance et d'être engagé – d'être détaché sans attachement. Il doit être sincère et ne pas l'être. Il doit s'entraîner à n'être pas sincère avec sincérité, à mentir avec franchise. Cela est à peu près impossible et pourtant essentiel. Trop souvent les acteurs – et ce n'est pas leur faute, mais celle des écoles dont le monde est pollué – construisent leur travail sur des lambeaux de doctrine. La méthode de Stanislavski qui, pour la première fois, a abordé la totalité de l'art dramatique du point de vue de la science et du savoir, a fait autant de mal que de bien à maints jeunes acteurs qui, l'ayant lue en détail sans y rien comprendre, n'en ont retiré qu'une haine solide de l'art de pacotille. Après Stanislavski, les textes d'Artaud, tout aussi importants, mal lus et mal digérés, ont donné naissance à la croyance naïve que ce qui compte vraiment est de se laisser entraîner par l'émotion et de s'y livrer sans retenue. Ces convictions sont aujourd'hui alimentées par des fragments de l'enseignement de Grotowski, eux aussi mal digérés et mal compris.

» Il existe aujourd'hui une nouvelle façon de jouer sincèrement, qui consiste à vivre toutes choses par le corps. C'est une forme de naturalisme. Dans l'ancien naturalisme, l'acteur essaie sincèrement d'imiter les émotions et les actions du monde qui l'entoure, et de "vivre" son rôle. Dans cet autre naturalisme, l'acteur se laisse aller à vivre et à revivre totalement son comportement peu naturel. Mais il s'abuse lui-même. Sous prétexte que le théâtre auquel il adhère est aux antipodes du naturalisme d'autrefois, il se figure qu'il est, lui aussi, à mille lieues du style qu'il méprise. En réalité, lui aussi aborde le champ de ses propres émotions en croyant que chaque détail doit être reproduit comme dans une photographie. Alors, il en fait trop. Le résultat est souvent mou, informe, excessif, peu convaincant [...].

» En France, un acteur arrive pour une audition, demande qu'on lui indique la scène la plus violente de la pièce, et, sans la moindre hésitation, s'y plonge pour faire étalage de ses talents. L'acteur français qui joue un rôle classique accumule de l'énergie en coulisses et se lance sur la scène. Il juge du succès ou de l'échec de la soirée par la liberté avec laquelle il a pu se laisser aller à ses émotions, selon que sa tension intérieure a ou non atteint son degré maximal, et c'est de là que vient la croyance en l'"inspiration". La faiblesse de ce type d'acteur vient de ce que, croyant cela, il finit par jouer de façon uniforme. Je veux dire par là que, dans une scène de colère, il se met au diapason de la colère – ou plutôt qu'il se branche sur sa réserve de colère –, et cette force le mène tout au long de la scène. Cela peut lui donner une certaine puissance, et même parfois un certain pouvoir hypnotique sur le public – pouvoir qui est considéré, à tort, comme "lyrique" et "transcendantal". En fait, un tel acteur est l'esclave de sa passion et se révèle incapable d'y échapper, si un changement subtil du texte exige qu'il exprime quelque chose de nouveau. Dans une tirade qui contient à la fois des éléments lyriques et des éléments réalistes, il déclame le tout comme si tous les mots étaient chargés du même sens. C'est cette maladresse qui fait paraître les acteurs stupides et le grand style mensonger. »

Peter Brook, *L'Espace vide* dans *Ecrits sur le théâtre*, Le Seuil, 1977.

Les entrepôts Lainé à Bordeaux, pendant une répétition de Le Roi Gordorane, *par Eric Gruger et le Grand Théâtre de Bordeaux. Un des plus beaux lieux insolites de théâtre. (Phot. © Jacques Penanguer.)*

urbain anarchique aurait pu laisser quelque faille. En surgissant à visage découvert, le théâtre acceptait de modifier son fonctionnement esthétique, par choix (il fallait trouver un langage simple et direct, approprié au discours médité) et par nécessité, car les petites troupes n'avaient pas les moyens de s'offrir un équipement important dans des salles inconfortables, provisoires et non prévues pour assurer des conditions habituelles de représentation. Il reste de ces occupations de locaux le goût très vif de beaucoup de troupes pour les lieux insolites.

Ces dernières années, en Europe, on a fait du théâtre dans des entrepôts, des halles, des usines, des chapelles, des sous-sols, des haras, des hangars, et dans la rue. On a redécouvert la toile de tente et le chapiteau, le cinéma de quartier. On a investi des supermarchés. Ce phénomène, apparu pour des motifs politiques et économiques, est

The Brig *(1963), de Kenneth H. Brown, par le Living Theatre, présenté à Paris, en 1966, au Théâtre des Nations. Un des premiers spectacles qui firent connaître en Europe le Living Theatre de Julian Beck et Judith Malina, sa violence et sa rigueur. (Phot. © Roger Pic.)*

devenu une mode ou un caprice, dans les meilleurs cas une esthétique pour certains metteurs en scène tentés par l'expérience.

Même quand les objectifs différaient, le langage théâtral s'est trouvé modifié par des recherches convergentes. Forcées, dans ces lieux insolites, de réinventer l'espace, la décoration, l'éclairage et le jeu, les troupes, qui essaient de façon durable de produire des spectacles où elles disent ce qu'elles souhaitent exprimer sans renoncer à un solide travail sur les *formes,* ont innové dans le domaine du langage théâtral. L'exemple de troupes comme le Théâtre du Soleil ou le Théâtre de l'Aquarium, installées dans les vastes hangars de la Cartoucherie de Vincennes, tourne parfois à l'image d'Epinal et masque les vraies difficultés que ces comédiens rencontrent quand ils aménagent des locaux qu'il faut maîtriser à chaque nouveau spectacle. Leurs recherches esthétiques ont autant d'importance que la façon dont ils s'efforcent de vivre de façon cohérente les impératifs quotidiens de la production.

Peut-on, d'ailleurs, séparer ces deux impératifs? Il n'est pas sûr aujourd'hui qu'un nouveau public ait toujours été touché par cette occupation de lieux marginaux; il ne s'agissait pas d'une panacée. Mais c'est souvent là qu'un air plus vif a soufflé sur le théâtre, que des entreprises cohérentes ont été menées à bien par des compagnies s'efforçant de vivre leurs utopies au jour le jour. C'est là que des spectacles essentiels ont été présentés, dans l'invention et le plaisir.

Les jeunes troupes qui mirent en cause l'organisation traditionnelle de la production s'attaquèrent à la non moins traditionnelle séparation des tâches et cherchèrent une nouvelle répartition des responsabilités. Lassés de la dictature des metteurs en scène, estimant être réduits par eux à l'état d'objets ou de marionnettes, des acteurs revendiquèrent leur souci personnel d'expression.

Les vertus du collectif

Au désir de tenir enfin un discours collectif s'ajoutait l'occasion de régler des comptes avec le répertoire classique. Les troupes souhaitèrent produire une parole dont chacun soit à l'origine, afin que puisse naître un discours qui prenne en compte les comédiens autant que ceux à qui ils s'adressent. Fleurirent alors les créations collectives qui mêlèrent le meilleur et le pire. Spectacles éphémères, passionnants par ce qu'ils essaient de raconter, agaçants par un déploiement de poncifs dans des formes d'un intérêt discutable. A la décharge de cette vague de spectacles collectifs fragiles ou balbutiants, il faut reconnaître que les outils critiques traditionnels n'étaient pas préparés à les recevoir. Conçus pour apprécier des chefs-d'œuvre éternels par essence, et pour juger en fonction de normes bien établies, ils se trouvaient face à des matériaux qui ne plaçaient pas leurs espoirs dans la postérité mais dans un *ici et maintenant* hautement revendiqué. D'autre part, le texte qui s'était maintenu jusqu'alors, en dépit des esthétiques changeantes, comme le matériau premier de la représentation, se trouvait, lui aussi, battu en brèche. Car l'écriture collective, souvent née de l'improvisation ou alimentée par celle-ci, englobe les trouvailles qui appartiennent à l'ordre de la scène au moins autant que les inventions purement textuelles.

La méfiance envers le langage articulé, une véritable adoration du corps, reconnu comme seul capable de garantir le retour à une pureté primitive, et la mystique de la spontanéité (établie, en partie à tort, sur l'improvisation) expliquent la rupture profonde qui s'établit entre bien des spectacles de la fin des années soixante et le théâtre d'après guerre. Certes, de nombreux excès s'emparèrent de troupes où les moindres vagissements et reptations de l'acteur étaient salués comme des signes indiscutables d'invention et de créativité. Mais des influences plus sérieuses se faisaient sentir dans ces recherches. Certaines, déjà anciennes, comme celle d'Antonin Artaud dont le *Théâtre de la cruauté* ne fut jamais autant évoqué que ces années-là, parfois bizarrement. D'autres, plus récentes, venant d'Europe de l'Est, où le *travail en laboratoire* de Grotowski, axé sur le corps et très exigeant pour l'acteur, servit de référence. Enfin, un courant nord-américain fut décisif et fit forte impression, lors des tournées européennes du Living Theatre, en affirmant un langage original et en affichant une organisation de type communautaire (*Mysteries and smaller pieces*, Paris, 1964, *Frankenstein,* 1965, *The Brig*, 1966, au Théâtre des nations, et *Paradise now*, Avignon 1968). Epoque paradoxale où la volonté de tenir un discours politique se dissolvait dans de curieux élans mystiques, où les imprécations du Living contre l'argent ou la répression se faisaient incantatoires, comme si, à force de répétitions, elles allaient faire s'écrouler les murs des banques et autres «forteresses bourgeoises».

Vers un acteur-auteur?

Une fois passée la période d'engouement, la création collective de la fin des années soixante ne s'est maintenue que dans les troupes les plus exigeantes, prêtes à entamer le travail de longue haleine nécessaire pour que, selon l'expression d'Ariane Mnouchkine, le comédien devienne vraiment auteur. Souvent, ces troupes se sont organisées économiquement en coopératives ouvrières, cherchant un mode de production qui corresponde à leurs soucis artistiques autant qu'à leur engagement politique. En France, le Théâtre du Soleil, le Théâtre de l'Aquarium, la troupe Z, certains centres dramatiques nationaux ont élaboré des spectacles puisés dans notre réalité, mais passés par le filtre de la subjectivité des comédiens et transmis dans des formes théâtrales inventées à mesure. Plusieurs méthodes s'expérimentent dans cette recherche, où il s'agit au moins autant d'écouter, d'apprendre, d'enquêter même, que de jouer. C'est par là que l'acteur est présent, du moins idéalement, aux différentes étapes de la création, depuis le premier travail d'information et d'écriture jusqu'à la représentation, qu'il assume totalement.

Des troupes interrogent la réalité d'une région, les difficultés d'un groupe de travailleurs, l'expression d'un groupe minoritaire, plutôt dans l'intention de servir de porte-parole (et de donner la parole) que de prêcher une marche à suivre. L'intérêt strictement théâtral de ces démarches se mesure à la façon dont les matériaux sont traités. Le théâtre document, le théâtre récit, le théâtre témoignage fonctionnent avec un bonheur inégal selon que les spectacles s'écartent plus ou moins de la photographie initiale. En France, *L'Age d'or*, du Théâtre du Soleil, *La jeune lune tient la vieille lune toute une nuit dans ses bras, la Sœur de Shakespeare*, au Théâtre de l'Aquarium (1977-1978), *La Table*, de Michèle Foucher, au Théâtre national de Strasbourg (1978), sont des exemples différents d'écriture théâtrale collective qui opère à partir d'une réalité immédiate recensée par les comédiens à la suite de dialogues avec des groupes (travailleurs immigrés, ouvriers en grève dans des usines occupées, femmes). La richesse d'invention et la force du jeu demeurent une qualité essentielle de ces spectacles, l'humour y est sans cesse présent.

Depuis quelques années, des groupes travaillent aussi de façon collective en transformant un matériau littéraire (roman, récit, conte) dont le traitement s'opère pendant les répétitions, et non en amont. Les textes ne sont pas à proprement parler adaptés. L'état initial de l'écriture littéraire sert de prétexte aux inventions ou aux réinventions des acteurs qui resserrent les liens entre écriture textuelle et écriture scénique, sans que des «spécialités» soient nettement attribuées au cours du travail. Les relations au texte varient, mais on peut citer le *Germinal*, d'après Zola, au Théâtre national de Strasbourg (1975), *Martin Eden*, de Jack London, au Théâtre de la Salamandre (1977), *Le Maître et Marguerite*, de Boulgakov, par la Taganka de Moscou (1977), *Les Buddenbrooks*, d'après Thomas Mann, par Hans Hollmann, à Bâle (1977), *David Copperfield*, d'après Dickens, à la Cartoucherie (1977). Ce goût pour le récit non dramatique utilisé au théâtre manifeste aussi une volonté d'inventer des spectacles qui ne sentent pas trop le vieux théâtre bien fait, dont les ficelles d'écriture deviennent si apparentes qu'elles pèsent sur le passage à la scène. Vitez est un des premiers à avoir manifesté son intérêt pour des récits dont les pans entiers sont pris en charge par des acteurs (par exemple dans *Les Cloches de Bâle*, roman d'Aragon devenu *Catherine* au théâtre, en 1975), parfois à l'intérieur d'un jeu dont la métaphore sert de tissu intermédiaire.

Cet engouement n'est pas non plus sans liens avec le vaste mouvement d'analyse du récit et du conte. Tout texte littéraire tend ainsi à devenir matériau scénique ou prétexte à jeu, y compris les *Fragments d'un discours amoureux*, de Roland Barthes, «théâtralisés» par Pierre Leenhardt (1978). Cette dérive de la création collective du matériau brut vers le matériau littéraire change la fonction de l'acteur qui n'y affirme plus autant sa subjectivité et tend à s'effacer à nouveau devant le metteur en scène, renaissant éternellement de ses cendres.

Méphisto, *d'après Klaus Mann, mise en scène d'Ariane Mnouchkine, par le Théâtre du Soleil (Cartoucherie de Vincennes, 1979).*

La force burlesque des acteurs du Théâtre du Soleil s'exerce ici à l'intérieur d'une adaptation romanesque. (Phot. © Agence Bernand.)

Mécénat et coproduction

Au cours des années quatre-vingt le théâtre demeure largement subventionné par l'Etat et les collectivités locales. A côté des salles fonctionnant avec des fonds publics, les théâtres privés reçoivent, eux, des aides intermittentes par l'intermédiaire d'un Fonds d'aide au théâtre privé. L'Etat essaie cependant de transférer une partie de ses charges financières vers différents partenaires, et relance notamment l'idée du *mécénat*. La formule n'a pas encore suscité l'enthousiasme massif des entreprises françaises. Dans son principe, le mécénat moderne consiste à proposer à une personne privée ou à une entreprise une participation au financement d'un projet artistique. En contrepartie, le mécène jouit d'un bénéfice moral, d'une partie du prestige qui accompagne le travail des artistes, et éventuellement d'une forme de publicité « noble ». Le mécénat est chose courante aux Etats-Unis, notamment par l'intermédiaire de « fondations » qui choisissent les projets qui seront soutenus. D'une façon générale, les mécènes semblent préférer les arts qui produisent des objets durables, par exemple les arts plastiques, aux arts du spectacle, éphémères par nature. D'autre part, ils estiment sans doute que le risque artistique couru en aidant une production théâtrale est supérieur à celui des autres arts.

Cependant, l'idée fait son chemin et modifie le paysage économique de la production théâtrale. Même si les mécènes demeurent rares, plusieurs opérations de coproduction ont brisé les frontières qui séparaient traditionnellement secteur public et secteur privé. Encouragés à chercher des fonds, des théâtres subventionnés en ont trouvé en s'associant à des théâtres privés. Jérôme Savary, par exemple, un temps directeur du centre dramatique du Languedoc-Roussillon, a mis en scène des spectacles rassemblant aussi un vaste public parisien, à partir d'une production mixte ou d'un système d'accueil. Sur le plan artistique, il est d'ailleurs plus fréquent que des metteurs en scène et des acteurs travaillent indifféremment dans le secteur privé et dans le secteur public, comme c'est le cas depuis longtemps en Angleterre.

Quelles que soient les sources de financement, les coproductions deviennent plus nombreuses ; le nombre de partenaires rassemblés autour de la même aventure croît également, afin de faire diminuer la part de chacun. Il n'est pas rare de dénombrer une dizaine de coproducteurs pour une production relativement modeste. Ces spectacles sont ainsi exploités plus longtemps et vus par un plus grand nombre de spectateurs. Malheureusement, ce système tend à diminuer le nombre de productions et à rendre les tournées obligatoires. Le champ des expériences artistiques se réduit aux spectacles largement diffusés.

Les accords passés entre bailleurs de fonds, la diversification des sources de financement et la complexité des montages financiers sont les signes les plus clairs de l'évolution de l'économie théâtrale. Il est du même coup plus difficile de travailler en marge du système, ou de ne pas en accepter toutes les règles.

L'événement obligatoire

Il n'est pas facile de remplir une salle de spectacle si l'on ne dispose pas d'un gros budget publicitaire ou si l'on ne met pas en place une vaste opération médiatique. Quand le public est tiraillé entre plusieurs offres, il choisit de préférence celle qu'il perçoit comme un événement. Les directeurs de théâtre font cette analyse depuis longtemps, si bien que le spectateur se retrouve face à une série d'événements difficiles à apprécier. Il arrive que ce soit la qualité artistique, l'originalité réelle d'un spectacle qui crée l'événement. Mais l'inflation du spectaculaire et la puissance des médias poussent à la création de chocs artificiels, de « coups » transformant tout en événement, et tout événement en opération commerciale banalisée. Au public de s'y reconnaître.

Premier type d'événement, le retour à la scène des vedettes (y compris dans le secteur subventionné), c'est-à-dire des acteurs rendus célèbres par le cinéma ou la télévision. A l'origine de ce phénomène, on trouve souvent le désir d'un metteur en scène de travailler avec de très grands acteurs. De leur côté, beaucoup d'acteurs de cinéma ressentent le besoin d'un retour aux sources par la confrontation quotidienne avec le public et le plaisir de la relation directe. Nous avons donc vu Gérard Depardieu jouer *Tartuffe* sous la direction de Jacques Lassalle, Michel Piccoli chez Peter Brook, Jane Birkin chez Patrice Chéreau, Jean-Paul Belmondo en tandem avec Robert Hossein. Le public a suivi avec enthousiasme, parfois pour la seule curiosité de voir de près les « stars » en chair et en os.

D'un point de vue commercial, il était tentant de revenir à la vieille recette des tournées qui faisaient confiance à une tête d'affiche pour remplir la salle. Mais les vedettes viennent parfois à manquer. Les distributions un peu moins brillantes, ou semi-prestigieuses, ont usé le procédé. L'offre l'a emporté sur la demande et l'inflation des « retours au théâtre » a banalisé l'événement. L'art y avait gagné quelques spectacles de grande qualité, même si parfois la réalité des prestations n'avait pas toujours correspondu aux attentes. La concurrence a cependant fait monter le coût des spectacles. Des équipes modestes ont dû se trouver au moins un « nom » dans la distribution si elles voulaient avoir une chance de trouver une salle d'accueil ou de montrer leur travail. Le désir artistique primitif, très respectable, avait fini par se perdre dans les sables de la banalité commerciale.

Autre forme d'événement, les spectacles d'une durée exceptionnelle. Déjà, ces dernières années, nous avions vécu le dépaysement physique du spectateur, entraîné dans des lieux insolites. Cette fois, la monotonie éventuelle des soirées au théâtre est rompue par le bouleversement des traditions temporelles. Ariane Mnouchkine et quelques autres avaient innové en présentant des spectacles « longs ». Le *Māhābharata*, adapté par Jean-Claude Carrière et mis en scène par Peter Brook, allait plus loin en réunissant les spectateurs toute une nuit dans une carrière au bord du Rhône, près d'Avignon. Au plaisir de la découverte d'un

Grotowski : vers un théâtre pauvre

Les choix radicaux d'un maître à penser du théâtre contemporain.

Pas toujours bien connu en France, bien que vers la fin des années soixante son nom soit devenu une sorte de mot de passe pour les adeptes d'un travail fondé sur l'acteur, Grotowski fonde le Théâtre Laboratoire en 1959, à Opole, en Silésie. En 1965 il s'installe dans la ville universitaire de Wroclaw, capitale culturelle de l'ouest de la Pologne. Au sein du Théâtre Laboratoire, Grotowski développe un modèle de travail théâtral et des recherches sur l'art de l'acteur qui sont connues comme sa méthode. Pendant sa principale période de production, le Théâtre Laboratoire joue un répertoire composé de grands classiques polonais et internationaux «proches du mythe de la conscience collective». Il a régulièrement accueilli des stagiaires étrangers et ses tournées internationales ont contribué à le faire connaître. En juillet 1967, quand il accorde une interview à Naïm Kattan pour le quotidien «le Devoir», de Montréal, Grotowski ne sait pas encore que la notion de rencontre, *qu'il privilégie, le fera pratiquement renoncer à la production théâtrale en tant que telle au profit de séminaires où la rencontre et l'autorévélation des individus deviennent des objectifs principaux. Comme l'aveu des limites du pouvoir du metteur en scène : «L'essence du théâtre est une rencontre. Celui qui accomplit un acte d'autorévélation est, pour ainsi dire, celui qui établit un contact avec lui-même. Cela veut dire une confrontation extrême, sincère, disciplinée, précise et totale – pas seulement une confrontation avec ses pensées, mais une confrontation qui implique tout son être, depuis ses instincts et son inconscient jusqu'à son état le plus lucide»* (Vers un théâtre pauvre, *p. 55).*

En 1964, il définit sa conception du théâtre dans un entretien avec Eugenio Barba publié sous le titre Le Nouveau testament du théâtre *inclus dans l'ouvrage* Vers un théâtre pauvre *(La Cité, Lausanne, 1971), dont voici un extrait (p. 30, 31) :*

«Le théâtre peut-il exister sans costumes ni décors ? Oui, il le peut.
»Peut-il exister sans musique pour accompagner l'action ? Oui.
»Peut-il exister sans effets de lumière ? Bien sûr.

»Et sans texte ? Oui, l'histoire du théâtre le confirme. Dans l'évolution de l'art théâtral, le texte a été l'un des derniers éléments à être ajouté. Si nous mettons sur scène quelques personnes avec un scénario qu'elles ont elles-mêmes élaboré et qu'on les laisse improviser leurs répliques comme dans la commedia dell'arte, le spectacle sera tout aussi bon même si les mots ne sont pas articulés mais simplement murmurés.

»Mais le théâtre peut-il exister sans acteurs ? je n'en connais aucun exemple. On pourrait avancer le spectacle de marionnettes. Néanmoins, même là, un acteur sera derrière la scène, bien que d'une autre sorte.

»Le théâtre peut-il exister sans public ? A la limite, un spectateur est nécessaire pour en faire un spectacle. Ainsi, il nous reste l'acteur et le spectateur. Nous pouvons donc définir le théâtre comme «ce qui se passe entre spectateur et acteur». Toutes les autres choses sont supplémentaires – peut-être nécessaires, mais quand même supplémentaires. Ce n'est pas par hasard que notre propre Théâtre Laboratoire s'est développé à partir d'un théâtre riche en ressources – dans lequel les arts plastiques, les lumières et la musique étaient constamment exploités – en un théâtre ascétique que nous avons acquis au cours des dernières années : un théâtre ascétique dans lequel ne restent plus que les acteurs et le public. Tous les autres éléments visuels – c'est-à-dire plastiques – sont construits par les moyens du corps de l'acteur, les effets acoustiques et musicaux par sa voix. Cela ne signifie pas que nous regardons la littérature de haut, mais que nous ne trouvons pas en elle l'essence du théâtre, même si les grands ouvrages littéraires peuvent sans nul doute avoir un effet stimulant sur cette genèse. Depuis que notre théâtre se compose uniquement d'acteurs et du public, nous exigeons beaucoup des deux parties. Même si nous ne pouvons pas éduquer le public – finalement, pas systématiquement – nous pouvons éduquer l'acteur.»

Antoine et Cléopâtre, *de Shakespeare, mise en scène de Roger Planchon au théâtre des Amandiers (maison de la culture de Nanterre, 1978).*
Saisi par le spectaculaire, Planchon cite des images guerrières modernes pour cette tragédie à la fois «antique» et élisabéthaine.
(Phot. © Enguerand.)

Ci-contre :
Le Grand et le Petit, *de Botho Strauss, mise en scène de Peter Stein (Schaubühne, Berlin, 1979).*
Une nouvelle conception de l'espace, dans un décor de Karl Ernst Herrmann.
(Phot. © Ruth Walz.)

lieu spécialement aménagé pour l'occasion s'ajoutaient le plaisir d'une nuit en plein air, le défi d'un spectacle-marathon qui retient le spectateur une douzaine d'heures. Dans ce cas, la classique sortie au théâtre devient une nuit au théâtre pour laquelle le spectateur se prépare et s'équipe. La représentation se mue en épreuve pour acteurs et spectateurs (tiendront-ils ?), une sorte d'ascèse théâtrale que récompensent le lever du jour et le sentiment d'avoir vécu une expérience hors du commun.

D'autres spectacles-fleuves suivirent, tronçonnés en cas de besoin en plusieurs soirées qui instituèrent la représentation «à suivre». Tous ne peuvent également justifier la nécessité de leur durée, si bien qu'ils apparaissent comme un phénomène de mode. En revanche un texte comme *Le Soulier de satin* de Paul Claudel, mis en scène par Antoine Vitez, trouve dans la durée tout son souffle et toute son invention.

Ces voyages dans le temps et dans l'espace font du spectateur un «fou de théâtre», le partenaire d'une représentation où seuls ceux qui ont choisi d'en être assument bien les inconforts et les inconvénients de la durée. Ils sont récompensés par le sentiment d'avoir partagé avec les acteurs une émotion rare. Avec de tels spectacles s'affirme l'idée que l'on se rend de moins en moins au théâtre par hasard ou par divertissement, ou simplement «pour voir». Ces fêtes qui brisent les habitudes rendent bien fade par la suite le spectacle «ordinaire», ravalé au rang de produit de consommation pour lequel l'engagement n'est pas nécessaire.

La course à l'événement continue sous différentes formes. Après avoir lancé les spectacles les plus gigantesques, Robert Hossein fait voter les spectateurs à l'issue d'un procès, pour ou contre la peine de mort.

L'enjeu est toujours de faire sortir le spectateur de chez lui en le conviant à des formes de représentation qui n'existent pas à domicile. Le Théâtre de l'Unité (Jacques Livchine) l'a compris et multiplie les clins d'œil en faisant de chacun de ses spectacles une occasion d'étonnement. Après une pièce pour chiens ou une autre en prison, dans un récent *Mozart au chocolat*, le public, poudré et perruqué, écoute un concert en dégustant une tasse du fameux breuvage. Finalement, en poursuivant dans cette direction, des spectacles n'existeraient plus que pour que le spectateur puisse dire : « J'y étais. »

Retour du texte

La fin des années soixante et le début des années soixante-dix manifestaient une sorte de désaffection à l'égard du texte, et de tout théâtre passant pour trop « littéraire ». La théâtralité se cherchait ailleurs que dans des formes soupçonnées d'être traditionnelles. Par une sorte de retour sur un terrain plus ferme, on assiste depuis quelques années à la réapparition d'un répertoire qui puise largement dans les classiques mais qui fait aussi une place à des auteurs moins connus ou qui n'étaient plus montés. Ce retour se manifeste par de véritables cycles de mises en scène du même auteur, comme si, par contagion, les créateurs se renvoyaient la balle et finissaient par explorer de larges pans d'une œuvre, sinon l'œuvre entière. Tchekhov fut ainsi célébré quelque temps, avant de céder la place à Shakespeare, monté partout en France, souvent dans de nouvelles traductions. Victor Hugo eut son tour, en partie pour la célébration du centenaire de sa mort. Un cycle Marivaux se poursuit alors que Molière est salué en 1987 par une inflation de *Dom Juan*. Car l'intérêt se développe parfois exclusivement autour d'une seule pièce, correspondant à l'air du temps ou traduisant mieux la surenchère des metteurs en scène. Le public retient plus volontiers de cette période les Shakespeare de Mnouchkine, les Hugo de Vitez, le Tchekhov de Brook ou le Marivaux de Chéreau. On oublie presque les titres des pièces pour ne retenir que le nom de l'auteur et celui du metteur en scène. Cependant, un spectateur assidu peut suivre la création de véritables séries de pièces du même auteur, ou prendre du plaisir à comparer les différentes versions d'une même pièce, notamment dans le cas de pièces étrangères où les traductions rivalisent entre elles. Cette tendance s'accompagne d'autres effets concernant le répertoire. Le retour à des valeurs sûres dépasse largement les classiques reconnus comme « culturels ». Une partie des théâtres subventionnés redécouvre Labiche ou Feydeau sans que la mise en scène cherche beaucoup à les mettre à distance. Avec nostalgie, des théâtres de Boulevard remettent Sacha Guitry à l'affiche. Robert Hossein domine le théâtre commercial et fait le bonheur des comités d'entreprise en présentant des fresques historiques ou en s'intéressant à Jésus-Christ. Les effets du rapprochement entre secteur public et secteur privé se font sentir dans l'évolution du répertoire.

Cependant, la curiosité assez générale pour les textes suscite un élargissement du répertoire traditionnel. Cela profite à des auteurs moins connus, à des œuvres dites secondaires d'auteurs connus, voire à des auteurs réputés difficiles. Ainsi, on redécouvre Maeterlinck, joué à plusieurs reprises, ou des auteurs du début du XVIIe siècle, comme Mairet. On ne peut donc pas vraiment parler de repli ou de frilosité, puisque la vogue des « grands textes » profite aussi à un répertoire moins traditionnel, comme l'indique l'intérêt soutenu pour Claudel.

Il semble aussi que l'on monte davantage de nouveaux auteurs, ou au moins qu'un léger frémissement se manifeste dans ce secteur. La situation française n'est pas encore idyllique, mais les pouvoirs publics et les directeurs de salle manifestent une meilleure prise de conscience des difficultés que rencontre l'écriture contemporaine à se faire connaître. Quelques théâtres privés font preuve de curiosité et de courage, même s'ils ne retrouvent pas une place aussi essentielle dans la découverte d'auteurs que celle qu'ils connurent dans les années cinquante. Les centres dramatiques et les théâtres nationaux ont l'obligation, dans leur cahier des charges, de consacrer une partie de leurs activités à la création. Un effort se fait sentir du côté de l'édition et de la diffusion des textes, avec Théâtre ouvert/Enjeux, Théâtrales et récemment Papiers. D'ailleurs Théâtre ouvert a été reconnu officiellement comme centre dramatique de création et est subventionné comme tel.

En 1986, Michel Vinaver édite à Actes Sud une enquête commandée par le Centre national des lettres, intitulée *Le Compte Rendu d'Avignon, des mille maux dont souffre l'édition théâtrale et des trente-sept remèdes pour l'en soulager.* Ce petit livre pointe précisément les difficultés de l'édition théâtrale. Ses recommandations commencent à être suivies d'effets.

Impossible de faire un palmarès des auteurs vivants. Notons que le festival d'Avignon donne chaque saison des coups de projecteur sur une œuvre déjà connue mais parfois négligée. Ainsi, successivement, Francis Ponge, Nathalie Sarraute et Robert Pinget. De grands théâtres continuent à rendre hommage au nouveau théâtre allemand, par exemple à Botho Strauss, Heiner Muller, ou à l'Autrichien Thomas Bernhardt. Théâtre ouvert présente Besnehard, Cormann, Lemahieu, Sallenave, Vinaver. Un cycle d'auteurs contemporains se poursuit au Petit-Odéon. Lassalle s'intéresse notamment à Sarrazac, Chéreau à Koltès, Mnouchkine à Cixous. Valère Novarina fait entendre sa

Les Estivants, *d'après Gorki, mise en scène de Peter Stein, à la Schaubühne (Berlin, 1974). Un spectacle «naturaliste» où le décor est un morceau de réalité. (Phot. © Claude Bricage/Photeb.)*

Death, Destruction and Detroit, *de Robert Wilson, mise en scène et décors de l'auteur (Schaubühne, Berlin, 1979). Des lignes, des traits, de la lumière. Le travail plastique de Robert Wilson influença beaucoup de metteurs en scène en Europe. (Phot. © Ruth Walz.)*

voix par l'intermédiaire du comédien André Marcon, G. Bourdet monte ses propres textes. Impossible de citer toutes les créations. On peut toujours discuter de la qualité des auteurs contemporains, il est désormais difficile de prétendre qu'ils n'existent pas.

Le plaisir au présent

Peu de nouveaux metteurs en scène font l'actualité. Les jeunes loups des dernières décennies occupent des postes à responsabilité dans les institutions théâtrales. La fièvre de l'innovation a baissé, même si le public découvre avec bonheur le mélange des genres, comme le théâtre-danse, ou la danse-théâtre, de Pina Bausch, qui fait des adeptes. Pourtant le corps, autrefois magnifié, n'a plus la même importance dans le théâtre d'aujourd'hui. Les images, même superbes et glacées, ne suffisent pas non plus à faire la renommée d'un spectacle. Le public est déjà un peu lassé des expériences liées aux technologies de pointe, des éclairages au laser et des machineries savantes, bien qu'il y ait encore beaucoup à explorer dans ce domaine. Des spectacles prisés reflètent la quête d'anciennes valeurs, plus artisanales et peut-être plus traditionnelles. Un mouvement en faveur de l'acteur, amorcé depuis longtemps, se confirme. Des professionnels, d'esthétiques différentes, s'accordent pour chercher en l'acteur les sources d'un renouveau, les clés du sensible dans la qualité de son jeu et de sa présence. Au-delà des effets de mode, ou du besoin régulier qu'éprouve le théâtre de trouver de nouvelles « sorties de secours », pour reprendre la formule du critique Georges Banu, un mouvement se dessine en faveur de valeurs simplement humaines, d'une communication chaleureuse entre la scène et la salle. Un plaisir du théâtre se redéfinit dans cette relation heureuse, sans effets prétentieux ni complication apparente. Comme si, face au déferlement d'images sophistiquées et souvent égales du monde contemporain, il devenait nécessaire de redéfinir *qui parle à qui* au milieu du bruissement général.

Lear, *d'Edward Bond, mise en scène de Patrice Chéreau, décors de Richard Peduzzi (Villeurbanne, 1971). Chéreau à la recherche d'images pures, où la lumière joue un rôle essentiel. (Phot. © Philippe Coqueux.)*

La qualité de la présence de l'acteur, sa force immédiate et sa sincérité, la simplicité du spectacle et sa force émotionnelle redeviennent les critères qui comptent. Non sans ambiguïté, puisque des manifestes nostalgiques célèbrent du même coup les valeurs éternelles d'un théâtre quasi naïf, contre tous les « modernes » qui l'auraient assujetti à des excès intellectuels ou politiques. Comme souvent, les définitions sont ambiguës, et les accords apparents sur le vocabulaire masquent des incompréhensions profondes. Par exemple, la notion de « présence » de l'acteur, difficile à définir, peut recouvrir la célébration passéiste du narcissisme. Mais pour Peter Brook et bien d'autres, il s'agit de rendre l'acteur « présent au présent » à partir d'un travail acharné. Et seule cette présence pendant la représentation rend l'acteur sensible à chaque instant à tout ce qui se passe entre la scène et la salle. Brook entend lutter de cette façon contre les risques de mécanisation de la représentation, et il axe l'entraînement de l'acteur sur un refus des automatismes et sur une écoute sans cesse revivifiée. Il relie la qualité du spectacle à la qualité et à la vérité de la relation entre scène et salle. Ce précepte ancien est redevenu une priorité pour des metteurs en scène. Puisque le théâtre se donne comme spectacle vivant, c'est par là qu'il doit signifier sa différence avec les formes enregistrées de la représentation. La simplicité est une autre valeur recherchée quand il s'agit de renouer avec des moyens directs de faire entendre le texte. Parfois, celle-ci se confond avec le jeu minimal, diversement perçu par le public. Par exemple, quelques polémiques ont accompagné la mise en scène de K.M. Grüber pour la *Bérénice* de Racine à la Comédie-Française (1985). La théâtralité discrète réclame des acteurs une grande économie de moyens, le renoncement aux effets les plus évidents, la quête d'une vérité intérieure. Dans le jeu sensible, l'acteur prend des risques et assume toute la fragilité de la représentation. Cette esthétique, qui se fonde sur l'écoute attentive du texte et sur une grande économie dans l'usage des signes de la représentation, déroute parfois les spectateurs habitués à des voix moins feutrées ou à des images plus démonstratives. Le public doit entrer dans le jeu et devenir un partenaire à part entière qui construit son propre parcours et opère ses choix dans les méandres du spectacle. On note donc une tendance à aller vers le *moins*. Moins d'effets, moins d'indications, moins de bruit, moins de signes...

De fait, une partie des créateurs se méfie de tout ce qui apparaît comme trop bien préparé, ou trop volontariste. Là où la définition traditionnelle du professionnel serait celui qui met un point d'honneur à atteindre la perfection technique, on a vu apparaître celui qui cherche à brouiller ses traces, à masquer sa présence. Le « show » à l'américaine est un spectacle parfaitement réglé, rodé, huilé, aussi parfait que possible. Aujourd'hui, des artistes interrogent les limites de cette perfection, mais aussi sa nécessité.

On assiste alors à des spectacles volontairement fragiles ou faussement bâclés. Jérôme Deschamps cultive le balbutiement ou le ratage, met en scène l'erreur ou l'échec. La perfection, trop lisse ou trop uniforme, n'est plus assez parlante. Tout se passe comme s'il s'agissait de détruire une image trop parfaite ou trop savante du théâtre, ou de renouer avec ses origines libres et modestes. Nostalgie du théâtre forain, de son histoire artisanale ? Ce n'est pas le moindre paradoxe que de voir les artistes contemporains en quête d'une simplicité qui est un raffinement suprême, celui que l'on acquiert au prix d'un énorme travail.

DU CÔTÉ DU TEXTE

La parole et le silence

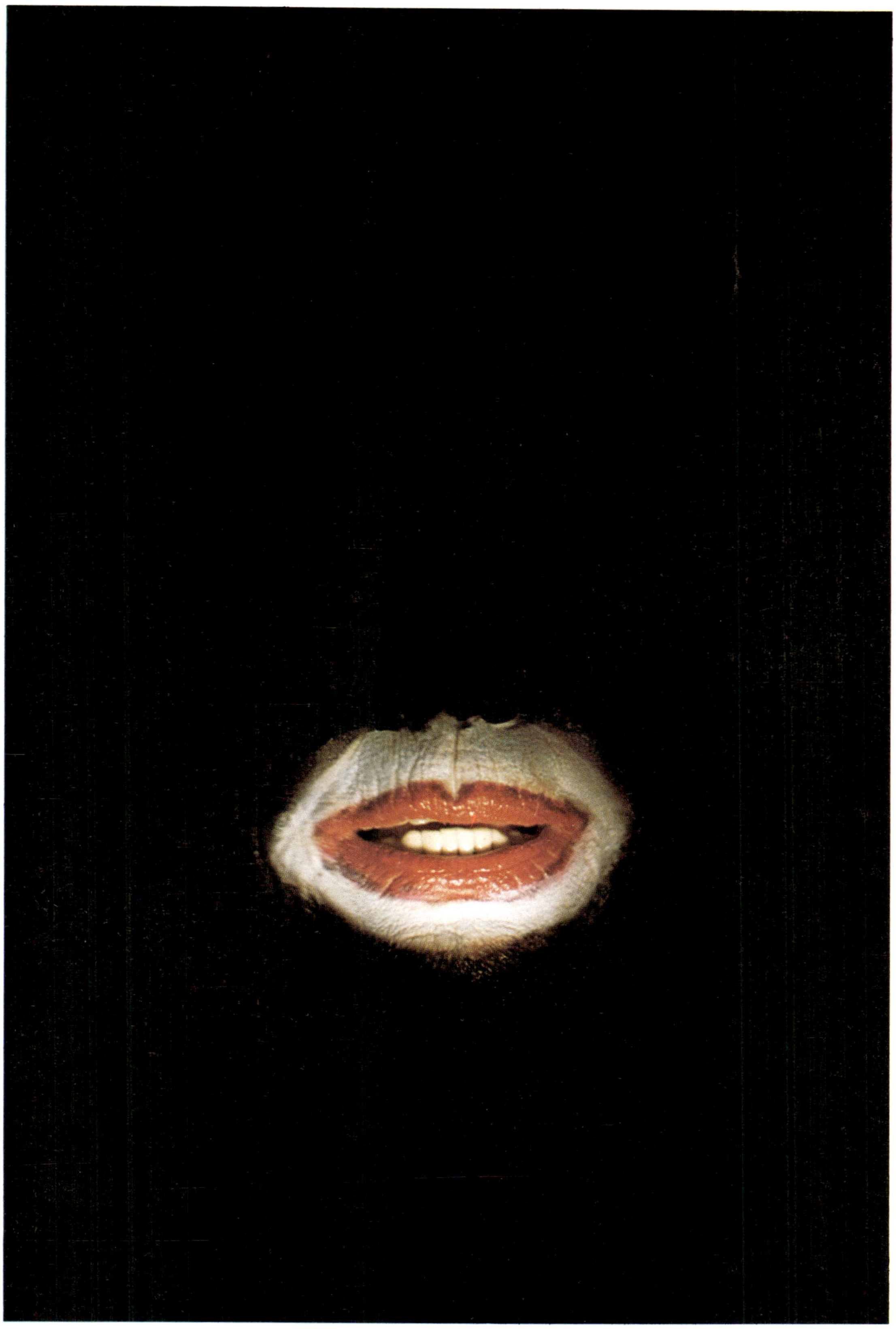

Pourquoi eux plutôt que nous? Quel que soit le cérémonial dont il s'entoure, le théâtre n'est pas un spectacle comme les autres, mais bien l'aventure collective d'un groupe humain réuni dans un même espace, vivant de la même vie durant trois heures d'horloge et au sein duquel se distribuent tacitement des rôles et des fonctions complémentaires, scène et salle, acteurs et spectateurs. Car le public n'a pas pour seule tâche de recueillir le sens *de* la représentation; il doit également donner à ce qu'il entend et voit un sens *comme* représentation : jouer devant des chaises vides n'est pas uniquement un cauchemar de directeur, mais aussi une figure désormais classique de l'absurde.

Or cette adhésion est fragile. Le comédien de théâtre est essentiellement identique à son public; ce n'est pas une machine à produire du sens (et du plaisir) comme un livre ou un film, différents par nature de leur utilisateur et induisant d'emblée un certain mode d'emploi. Ni objet ni non plus phénomène : il ne possède ni n'affiche aucune compétence spécifique, à l'inverse d'un danseur ou d'un chanteur d'opéra, voire d'un artiste de cirque ou d'un sportif, dont les performances ont en elles-mêmes valeur d'exploit et placent le spectateur dans une position d'infériorité purement passive et réceptrice.

Le comédien pourtant n'est pas seulement un signe, une sorte d'*homo semioticus* donnant à voir conventionnellement une réalité absente : comme personnage, il est là, devant nous, se mouvant dans la fiction au premier degré; il ne la raconte pas, il la vit. Tout à l'heure il savait son texte, répliques et didascalies, invitant le public à refaire avec lui le chemin parcouru; maintenant, il prétend l'ignorer, comme la Rachel de Proust déclarant à Mme de Guermantes, stupéfaite : «Il faut toujours dire une chose comme si on était en train de la composer soi-même.» Double jeu, ou équilibre instable que la *Poétique*, d'Aristote, désignait du nom d'«imitation» : imiter, c'est à la fois désigner l'autre à travers soi-même, et pleinement en tenir lieu.

D'où la place ambiguë et privilégiée qu'occupe la parole dans la représentation théâtrale dès lors qu'on la conçoit comme présence-absence, reproduction conventionnelle d'un sens élaboré «ailleurs» (que ce soit par un écrivain ou par les comédiens eux-mêmes) et qui pourtant se construit devant nous. Comme ensemble d'énoncés porteurs d'information et de plaisir, le discours scénique par son existence même confère au comédien la supériorité du savoir, et le justifie dans son rôle de production et de contrôle du sens à l'intérieur du lieu théâtral : seul il *sait*, il a quelque chose à dire face à un public éprouvant sa propre ignorance et s'assignant dès lors à un travail silencieux d'écoute et de déchiffrement. Simultanément, comme acte phonique accompli sous nos yeux, la parole enracine ce texte dans une pulsation vitale immédiatement sensible, du cri au chuchotement, de la période harmonieuse au halètement des mots.

Mais cette parole est une arme à double tranchant : trop «vivante», elle ouvre avec le spectateur un procès de communication qui le constitue en interlocuteur virtuel... à qui pourtant, en dehors de quelques formes marginales (farce, clowns), on refuse le droit de s'exprimer. L'un des problèmes fondamentaux du théâtre est précisément de masquer cette violence faite à la salle de façon que la prise de parole du comédien ne soit pas ressentie comme un insupportable impérialisme scénique; et que le public trouve, à l'intérieur de la fiction ou dans sa relation concrète avec la scène, un *rôle* qui lui permette de vivre paisiblement son silence.

Le spectacle de la parole

La parole n'est pas un signe comme les autres. De tous les éléments qui constituent le message scénique, décors, sons, gestes, etc., elle est sans doute le plus impérieux et le plus clair, mais aussi le plus fragile. Une fragilité de nature : dans l'«*empilement de signes*» (A. Ubersfeld) que produit une représentation, le signe verbal doit être à tout moment seul de son espèce. Car toute superposition d'énoncés provoque un effet cacophonique : deux comédiens ne peuvent parler en même temps, sauf à dire exactement la même chose. Le principal ennemi de la parole n'est autre que la parole elle-même, et tout dialogue de théâtre présuppose ainsi une distribution minutieuse et aussi naturelle que possible de l'acte phonique, donc du silence entre les différents locuteurs scéniques. Telle est la justification dramaturgique de la *scène* dans le théâtre classique, qui permet à l'auteur d'organiser les entrées et les sorties de façon à éviter les affrontements violents et à maintenir la relation scénique sous le signe de l'échange : «C'est une adresse de théâtre assez heureusement pratiquée que de n'en avoir que deux à la fois à faire parler. Un auteur est bien embarrassé quand il en a trois, et qu'ils ont tous trois une assez forte passion dans l'âme pour leur donner une juste impatience de la pousser au dehors» (Corneille, préface de *Médée*).

Mais cette menace interne et fictive (il dépend des praticiens du spectacle et de l'auteur de la faire naître et de la dissiper par les seuls moyens de la mise en scène et de la construction dramatique) est finalement peu de chose face à celle, bien réelle et imprévisible celle-là, qui pourrait venir de la salle : bruit, interruptions, prise de parole «sauvage» s'intercalant dans le dialogue scénique au risque de le désorganiser. Un simple degré de plus, en somme, que cette tentation qui, au XVIIIe siècle, saisit tel spectateur de drame bourgeois : «La représentation avait été si vraie qu'oubliant en plusieurs endroits que j'étais spectateur, et spectateur ignoré, j'avais été sur le point de sortir de ma place et d'ajouter un personnage réel à la scène» (Diderot). Comment donc inciter le public à intérioriser la nécessité de son silence, à ne plus vivre celui-ci comme une contrainte mais comme le résultat d'un choix librement consenti?

Ce sera, paradoxalement, en dévalorisant au sein même de la fiction l'acte de parole en tant que tel; en désignant tout au long de la représentation une menace extérieure imaginaire (le théâtre classique la localisera dans les coulisses, espace de bruit et de fureur) autrement redoutable que celle que le public pourrait faire peser sur l'aire de jeu, et sur laquelle le spectateur gardera les yeux fixés. Le rapport de forces qui s'établit alors n'engage plus la scène et la salle, mais l'espace scénique visible, simple enclave où se maintient la parole, et un espace invisible où les mots n'ont plus cours : «Hallucination négative du non-dit de la scène sur laquelle tout le dit vient s'inscrire» (André Green). A un discours scénique imposé d'autorité se substitue, ridicule, héroïque, mais obstinément poursuivi jusqu'au rideau final, le spectacle de la parole.

Le théâtre classique se préoccupe au plus haut point, comme on le sait, d'exclure de la scène la représentation de rapports non verbaux (d'amour, de violence) entre les personnages — c'est la fameuse loi des bienséances — tout en recherchant avec prédilection des situations dramatiques donnant lieu à des affrontements de désirs ou de haines, où la parole risque à tout moment de devenir un mode de relation inadéquat. Paradoxe qui conduit à attribuer à cette violence une importance dramaturgique fondamentale mais pour autant qu'elle demeure périphérique, comme une menace suspendue autour du lieu scénique, c'est-à-dire du lieu de la parole. On sort pour mourir, au nom des bienséances; mais sortir de scène, c'est bien souvent aller à la mort : «Sortez!» dit Roxane pour livrer Bajazet aux muets du sérail, après avoir averti : «S'il sort, il est mort.» La violence est là, aux portes, sans cesse rappelée, voire représentée par des récits qui opèrent sa transmutation en discours — l'*innommable* n'existe pas, même la mort d'Hippolyte — mais qui simultanément rappellent sa proximité. Le palais classique, apparu tout d'abord comme le lieu d'un pouvoir et d'une parole également triomphants (c'est ainsi que la scène et les comédiens apparaissent aussi au public lorsque le rideau se lève), n'est plus au fil de l'intrigue qu'un réduit menacé où des puissants d'un jour se sont pris au piège de la parole, tandis que leur destin s'accomplit là-bas, dans un autre lieu caché derrière la toile et où, au lieu de parler, on vit, on aime et on meurt.

Dans le théâtre contemporain, cet autre lieu devient l'espace propre de tous ceux qu'une société a rejetés dans l'ombre et privés de la capacité de tenir un discours clair et ordonné, seule voie d'accès à la lumière de la scène. Forces obscures (Boris Vian, *Les Bâtisseurs d'empire*) ou au contraire clairement désignées, exploitées, confinées dans les soutes du navire social (Rezvani, *Capitaine Schelle, capitaine Eçço*), ou, dans une perspective différente, barbarie menaçant les valeurs humanistes réfugiées sur un espace scénique de plus en plus fragile, comme dans *Rhinocéros,* de Ionesco. Mais toujours, barrissements des fauves ou grondements inquiétants des «pétrole brut», c'est de l'intérieur même de la fiction que s'organise la destruction de la parole scénique, symbole de privilèges haïssables ou de valeurs positives : au public réel se substitue un *public imaginaire* qui prend en charge sa possible révolte et la conduit jusqu'à la victoire finale. C'est-à-dire jusqu'au moment où le spectateur recouvre lui-même sa propre liberté.

Le Mariage de Figaro, *I, 9, gravure, 1820 (Bibliothèque nationale, Paris). Tandis que le comte veut forcer l'amour de Suzanne, le page Chérubin est blotti derrière, puis dans un fauteuil. L'action se développe sur deux plans : le dialogue et le cache-cache jusqu'à la découverte de Chérubin. Jeu muet qui ouvre une profondeur sous le dialogue de surface : «Est-ce la personne du page ou la conscience du seigneur qui fait le tourment du dernier toutes les fois que l'auteur les condamne à se rencontrer dans la pièce?», interroge Beaumarchais dans sa préface. (Phot. Jeanbor © Archives Photeb.)*

La scène n'est pas nécessairement un séjour enviable, et l'on souhaiterait bien souvent se trouver ailleurs. Nous voici par conséquent à l'opposé du précédent cas de figure : l'autre lieu devient un havre de paix et de silence mais d'où l'on est sans cesse et malgré soi chassé ; et la scène, au contraire, le lieu d'un dialogue nécessaire — sociabilité oblige — mais auquel on se déroberait volontiers. Que dire? Comment m'en sortir? «Rencontre fâcheuse», murmure Dom Juan en voyant apparaître Done Elvire. Moyen de comédie traditionnel, mais qui excède largement les limites du genre : «Vous êtes interdit et restez sans rien dire», lance César à Ptolomée dans *La Mort de Pompée*. Le dialogue se développe alors à partir d'une situation d'impossibilité, la parole n'est plus qu'un devoir social ridicule et douloureux ; et le rêve secret du personnage — silence et solitude — coïncide avec la situation réelle du public. La parole n'est pas toujours chose facile, mieux vaudrait parfois en être privé : telle est la leçon implicite qui court au long des «surprises» de la comédie classique jusqu'au «Ciel! mon mari» du théâtre de boulevard.

L'autre lieu, cette fois, n'incarne plus une menace mais représente au contraire un espace de liberté après lequel chacun aspire, loin des rencontres importunes et des questions indiscrètes. Mais toujours la fiction dramatique masque l'impérialisme verbal du comédien en offrant au public le spectacle d'un acte de parole difficile et douloureux : «Parlez, Dom Juan, je vous prie, et voyons de quel air vous saurez vous justifier» (Molière, *Dom Juan*).

Un degré de plus et c'est la parole en soi, en dehors de toute *situation* théâtrale qui se trouve mise en cause : fragile, dérisoire, incapable de dire la vérité d'un moi de plus en plus factice, impuissante à maîtriser la discordance du monde : désormais, le pouvoir du comédien s'établit sur les ruines du personnage, simple locuteur d'un discours qui ne lui appartient plus. Depuis Ionesco (mais il faudrait citer des auteurs plus lointains, comme Labiche) se donne le spectacle d'une rhétorique petite-bourgeoise derrière laquelle se dissimulent des marionnettes humaines (*La Cantatrice chauve*), simple étape avant la pleine conscience d'un vide que la parole cette fois ne parvient même plus à combler. Témoin le célèbre «dialogue» de Beckett, dans *En attendant Godot* :

VLADIMIR. — Dis quelque chose.
ESTRAGON. — Je cherche. *(Long silence.)*
VLADIMIR *(angoissé)*. — Dis n'importe quoi.

La parole, ultime espoir de sortir du néant, n'est plus réservée qu'aux marginaux, ou considérés comme tels, d'une société déjà plongée dans le silence et les ténèbres : retraités (*Loin d'Hagondange,* de Jean-Paul Wenzel), professeurs (*Madame Marguerite,* de R. Atthyade) n'ayant pour vivre qu'une parole qui, d'emblée, signifie leur exclusion du monde des vivants, de ceux qui ont à dire et pourtant ne le peuvent plus... Dès lors il s'agit moins pour le public de répondre à un discours ayant perdu toute dynamique interne, toute puissance d'agression, que de prendre conscience de sa signification globale, en tant que discours : rien qu'une autre forme, plus élaborée mais plus désespérante, de son propre silence.

Systématiquement, le théâtre contemporain donne ce spectacle d'un texte, d'un dialogue conduits à leur point de rupture, là où le contact se perd pour laisser chacun retourner à sa solitude : jeu subtil par quoi l'écrivain dissimule cette «dictature» que lui reprochait Artaud... Silence «métaphysique», mais aussi, en d'autres occasions, silence et solitude du combattant qui refuse la connivence du dialogue. Le théâtre classique n'admettait les affrontements qu'en termes de manœuvres, de discussions ou de meurtres, toutes procédures qui ne mettaient pas en cause le déroulement imperturbable du dialogue : un personnage meurt, mais la parole continue. En revanche, une pièce comme *Maître Puntila et son valet Matti,* de Bertolt Brecht, dénonce cette pseudo-fraternité théâtrale d'adversaires englués dans le même discours : le dialogue entre Matti et son maître n'est possible — et donc la pièce ne peut avoir lieu — qu'autant que Puntila se trouve en état d'ivresse. «Je voudrais être sûr qu'il n'y a plus de fossé entre nous. Dis qu'il n'y a plus de fossé», demande alors le maître. «Je le prends comme un ordre, maître Puntila, il n'y a plus de fossé», répond Matti. La relation de dialogue entre les deux hommes se donne ainsi comme factice, anormale ; à travers elle, le public est invité à percevoir une situation réelle, celle d'une lutte silencieuse (ou du moins non verbale) entre deux classes sociales. L'autre lieu, cette fois, est le monde réel que le spectateur retrouve au sortir de la salle, mais débarrassé grâce au théâtre des mystifications dont un autre théâtre l'avait entouré.

Vivre le silence

Curieux phénomène : plus la langue du XVIIe siècle s'éloigne dans le temps et perd sa transparence, plus le théâtre classique semble avoir quelque chose d'important à nous dire. En témoigne l'actuelle curiosité pour des pièces peu connues, *Othon* ou *Rodogune,* de Corneille, et bien d'autres totalement ignorées par la tradition scolaire. Comme s'il s'agissait d'explorer l'ensemble d'une période et d'une forme d'écriture, et de mettre en scène non plus des figures familières, Horace ou le Cid, mais le discours classique saisi dans son épaisseur, son opacité même, chaque pièce en constituant l'une des actualisations possibles. L'intérêt d'un tel travail est évident : devenu le sujet même de la représentation, ce discours chargé d'ans et d'emphase désigne sa propre pesanteur textuelle et culturelle. A nous d'en prendre conscience et peut-être de nous en libérer : «En finir avec les chefs-d'œuvre», disait Antonin Artaud, c'est-à-dire avec cette fausse parole, artificielle et figée, qui se donne l'apparence de la vie et condamne le théâtre à la dictature d'un texte sans fin ressassé. Au culte du répertoire — l'auteur classique incarnant un moment jugé exemplaire de la langue et de la culture — se substitue le désir inverse de «montrer la poussière» (A. Girault).

Mais, ainsi, le comédien change de camp et affirme sa connivence avec le public actuel face à un texte rejeté dans les lointains de l'Histoire : il s'en donne d'abord comme le lecteur, voire le déchiffreur, tenant le spectateur à l'écart pour mieux lui montrer cet objet fragile et poussiéreux. La prise de parole du comédien apparaît alors comme un phénomène second et secondaire, simple nécessité technique impliquée par la *mise en spectacle* du texte ; non plus un coup de force imposé d'emblée au public, mais la dernière étape, avec les moyens propres du théâtre, d'un travail de lecture auquel chacun dans la salle a les moyens de se livrer. Dans une étude sur *Le Phénomène théâtral* (1962), Jean-Louis Barrault compare le public de théâtre à «une sorte de gros bébé» : la représentation réussie est celle où le spectateur, dépouillant son paraître social, d'un même mouvement retrouve son moi profond et se dissout dans une collectivité fraternelle. Renoncer à soi pour être enfin soi-même : paradoxe où se lit la trace du thème rousseauiste de la fête comme retour à l'enfance, temps mythique de la transparence mutuelle et de la conciliation en chacun de l'individuel et du collectif. «Qu'il y ait beaucoup de jeux publics où la bonne mère patrie se plaise à voir jouer ses enfants» (Jean-Jacques Rousseau, *Considérations sur le gouvernement de la Pologne*). Enfants, mais non pas orphelins : discrètement, la «mère patrie» veille à ce que le retour aux origines ne soit pas vécu comme l'explosion d'une anarchie elle aussi originelle ; que la fête, en un mot, soit d'emblée un jeu.

Au théâtre également — et c'est ce qui justifiera la critique d'Artaud — le «bébé» est strictement tenu en lisière ; amputé de son corps, ou du moins comme garrotté par les contraintes qu'impose le lieu théâtral : «Ses fesses remplissent la surface de l'orchestre, ses bras s'accoudent au balcon. Avec son crâne il touche le lustre» (Jean-Louis Barrault). De fait, le comportement physique que lui propose le théâtre traditionnel présente bien les caractères d'une régression infantile : rire, pleurer, battre des mains, manifestations dérisoires auxquelles il se livre pourtant avec bonne volonté. Miracle ? C'est que, en réalité, le message scénique comporte deux destinataires : la foule, le public qui *s'identifie* à l'action, la vit dans une sorte d'immédiateté affective, mais aussi le spectateur individuel, qui, rétrospectivement, confirme ou nie le sens et la valeur du spectacle. Or, par rapport à ce spectateur-là, «œil vivant», conscience qui s'enracine dans l'expérience concrète du monde, c'est au contraire sur la scène qu'un jeu se déroule, où au ci-devant personnage se sont substitués des bateleurs et des marionnettes. La relation de la scène et de la salle est fondée sur ce renversement permanent des rôles, ce mouvement d'identification «infantile» et de mise à distance «adulte» ; telle est une des leçons du *Méphisto* d'Ariane Mnouchkine. L'important est que ces deux modes d'être du spectateur, apparemment opposés, impliquent concrètement l'un et l'autre un même comportement ; un même silence, celui tour à tour de la soumission et de la réflexion, qui l'une et l'autre tiennent le public en respect devant le discours scénique. Quel que soit cette fois le statut fictionnel de la parole — difficile, dangereuse, inadéquate — le spectateur vit son silence non plus comme un choix ou une contrainte, mais comme l'essence même de son rôle «social» de spectateur.

Toutefois, la fiction dramatique elle-même peut encore accélérer ce processus en offrant au public de tenir dans le spectacle un rôle qui le contraigne à une attitude purement passive. Il joue alors sa situation d'écoute, qu'il ne vit plus comme une contrainte mais bien comme une participation à l'œuvre collective : dans le *89* d'Ariane Mnouchkine, le public devient foule, peuple assistant *in vivo* à une journée révolutionnaire, jouant son silence comme une demande d'information adressée à des comédiens eux-mêmes promus à la fonction d'avant-garde éclairée. Même transformation métaphorique du lieu théâtral dans *Madame Marguerite*, de R. Athyade : face à une scène d'où une institutrice le morigène, le public-élève perçoit peu à peu la relation d'oppression sur quoi se fonde la représentation théâtrale. Telle est sans doute la forme la plus authentique de participation : non pas celle qui prétend à une quelconque «libération» d'un public toujours privé d'initiative (verbale, en particulier) et qui ne fait qu'emprunter les chemins tracés à l'avance par l'auteur et les praticiens du spectacle ; mais celle qui provoque chez le spectateur une prise de conscience de sa propre passivité, et l'incite à la contester.

Comme au théâtre

Mais, à terme, cela suppose de la part du comédien une réévaluation de son rôle et une mise en question du texte comme donnée fixe et préétablie. Telle était peut-être la relation de la scène et de la salle au temps de la commedia dell'arte, où l'acteur acceptait de n'être qu'une pure fonction dotée de déterminations psychologiques élémentaires, dont la combinaison était placée sous la responsabilité d'un spectateur modifiant à son gré le sens de la représentation. Transfert véritable de pouvoir sinon de savoir, qui ne se produit plus guère aujourd'hui que dans des spectacles relativement déconsidérés, guignol ou clowns ; là où précisément la parole, n'ayant plus d'importance, peut être partagée avec la salle.

Ce savoir du comédien sur le déroulement futur de la représentation est sans doute la meilleure justification de son droit de parole exclusif, renvoyant indéfiniment le public à la conscience de sa propre ignorance, et lui rendant objectivement impossible tout dialogue avec la scène. D'où sans doute le souci des dramaturges classiques d'assurer la sur-information relative du spectateur, non par rapport à l'acteur, mais au personnage qu'il incarne, de sorte qu'il détienne à l'avance une vérité que chacun en scène ignore, dissimule ou tente de découvrir au fil du dialogue. Dès lors le mutisme du public se valorise comme signe de son omniscience : seuls parlent, seuls ont à parler ceux qui cherchent encore. Aristote dans la *Poétique*, Corneille dans le *Deuxième discours* ont tous deux souligné l'efficacité tragique de ces affrontements entre proches mais qui ignorent leur véritable identité (Œdipe, Iphigénie).

Cette supériorité du savoir, qui s'étend cette fois sur les comédiens eux-mêmes, entre peut-être pour une part dans le plaisir que trouve le public traditionnel aux spectacles dits de répertoire (et montés comme tels) : le silence du spectateur n'est autre alors que celui du juge, gardien sourcilleux d'une tradition et d'une norme par rapport à laquelle il acquitte ou condamne.

Le théâtre, un lieu où l'on aime et où l'on ne fait pas l'amour, où l'on tue mais où l'on ne meurt point... Cette irréalité ultime du geste scénique, cauchemar des esthétiques naturalistes, distingue irréductiblement un genre noble, pourvu d'un statut légal et culturel, de telles exhibitions clandestines ou violentes, dans lesquelles le public trouve son plaisir par la transgression de la règle : «Tue-le !» disent avec quelques chances d'être entendus les spectateurs d'un match de boxe. Au théâtre, en revanche, le salut final des comédiens affirme avec éclat que la représentation a glissé sur eux sans laisser de traces, sans les impliquer dans leur être social de bons époux ou de citoyens honnêtes ; paradoxe difficilement accepté par le public, qui crédite volontiers les acteurs de passions aussi tumultueuses que celles de leurs personnages.

Que faire devant cet interdit fondamental qui pèse sur le geste scénique ? D'abord, l'accepter. Puisque tout acte accompli en scène pour de bon ne peut être que d'une rigoureuse banalité s'il prétend à une totale similitude avec la vie réelle, la première fonction du théâtre est de le décaper, de lui redonner une signification : un regard, un silence, une cigarette qu'on allume. Ensuite le déplacer : la règle classique des bienséances proscrit la représentation de la violence non pour des raisons d'inauthenticité, mais en invoquant l'impératif purement social du goût et des bonnes manières ; d'où l'importance de cet autre lieu invisible, derrière le décor, où le bruit et la fureur s'échangent contre des récits bien ordonnés.

On peut enfin tourner l'interdit, lui retirer toute raison d'être par une élaboration symbolique du geste : devenu élément d'un langage visuel, il ne trouve plus sa vérité dans son résultat concret, comme dans la «vie», mais dans la conformité à son propre code. Dès lors la limite du licite et de l'illicite — serrer la main ou donner un coup de poignard — s'efface dans l'unité d'une même expression corporelle, et le jeu théâtral, au lieu de dire la répétition soir après soir d'une même impuissance, prend la dimension métaphorique et sacrée d'un cérémonial. Mais cette transformation n'est possible qu'à condition d'insérer le geste dans l'ensemble des signes visuels, sonores, *verbaux*, produisant le sens de la représentation. Ainsi déconnecté, le geste devient discours, le faire se transmue en dire.

Pourtant son irréalité demeure, laissant à la parole seule le statut d'un acte physique authentique. Acte fragile, cette fois, dans la mesure où il instaure entre la scène et la salle une communication toujours différée, et la menace d'une inversion toujours possible de la circulation du sens : la docilité réceptrice du public devant le spectacle n'est jamais acquise face aux comédiens, ses semblables, ses frères. Et pourtant elle est. Le cœur du spectateur a ses raisons que la raison ne connaît pas.

Le texte dramatique

Le texte et la scène

Lire le théâtre est une opération difficile. Le texte et la représentation ont chacun leur mode de lecture et ce mode, autonome, a ses difficultés propres.

Le texte de théâtre est à la fois exalté et décrié par les historiens de la littérature. Exalté, comme l'accomplissement le plus haut de la «création littéraire» : Eschyle, Shakespeare, Racine. Mais avec quelles incertitudes ! Pourquoi les gens du XVIIIe siècle ne comprennent-ils pas Shakespeare ? Pourquoi les étrangers n'entendent-ils pas Racine ? Et pourquoi l'efficace théâtral de textes de «valeur littéraire» discutable, *La Dame aux camélias, La guerre de Troie n'aura pas lieu*, d'autres aussi que le temps a mangés comme «non littéraires» ? Le théâtre est un genre littéraire suspect ; il demande un mode de relation qui n'est pas ce rêve d'un échange à l'aide du papier entre deux sensibilités, celle du créateur et celle du lecteur, ou entre deux imaginaires pour employer un mot plus à la mode. Ce rêve est impossible au théâtre sauf à poétiser ou à romaniser le texte du théâtre, à le transformer en un poème ou un roman que le lecteur manie ou recrée à sa guise : *Phèdre*, un long poème d'amour, *Hernani*, un roman d'aventures.

Mais le texte de théâtre est avant tout l'objet de lectures privilégiées, celles des praticiens : metteurs en scène, scénographes, comédiens. Ces lectures sont fonctionnelles et pratiques. Ce qui ne les dispense pas d'être aussi précises, plus précises peut-être que celle du plus raffiné des lecteurs esthètes. D'une certaine façon, les praticiens de théâtre effectuent, dans les couches textuelles, une lecture sémiologique ; sémiologie «sauvage», mais dont la rigueur n'est pas absente, même si elle se situe à un niveau non discursif.

Prenons donc pour point de départ deux postulats :

1. Le texte de théâtre n'a pas le même statut que les autres textes littéraires. Corollaire : s'il peut être un texte littéraire, ce n'est pas sa vocation propre et on peut le dire différemment selon l'usage, littéraire ou scénique, qui en est fait.

2. Pour le praticien (comme pour le théoricien de théâtre), le texte est un système de signes ou de pratiques signifiantes destiné à s'articuler avec un autre système de signes et de pratiques signifiantes qui est celui de la scène. Ce mode d'articulation n'est nullement évident ni donné d'avance. Il est perpétuellement *à construire*.

On peut lire le théâtre comme un autre texte littéraire et par conséquent le soumettre à la même analyse du récit qu'un roman ou un conte. On peut aussi — et, dans la plupart des cas, il faut — le soumettre à cette analyse microscopique qu'est l'analyse poétique. Autrement dit, non seulement rien n'interdit au théoricien ou à l'enseignant de se livrer à ces pratiques, mais elles sont le plus souvent essentielles, y compris pour les praticiens. C'est là que l'équivoque du théâtre est la plus frappante, c'est là que la bataille est la plus rude entre ceux qui veulent voir dans le théâtre une activité littéraire et ceux qui veulent y voir une pratique socioculturelle qui s'articule avec la littérature, mais en est profondément distincte. Or, par exemple, le relevé, chez Racine, des signes d'objets, des occurrences spatiales ou des procédés prosodiques ou, chez Molière, des emprunts à la langue populaire sont des procédures essentielles non seulement pour l'enseignant et le critique mais pour le praticien : il va bien falloir que le comédien s'arrange de la prosodie racinienne, donc qu'il la comprenne.

Le lecteur lit fréquemment un texte de théâtre en fonction d'une représentation imaginaire, très importante pour lui, qu'il construit à l'aide de ses souvenirs de théâtre et de figurations plastiques (celles de la Grèce antique pour les tragédies de Racine, figurations dont c'est peu dire qu'elles étaient fondamentalement étrangères à Racine). Représentation en général très pauvre et qui prend en compte des signes imaginaires réduits et très peu de texte.

Ce travail de «théâtralisation imaginaire» du lecteur est à l'origine de beaucoup d'illusions et fait du lecteur cultivé un mauvais spectateur de théâtre, réticent si la représentation qu'on lui propose ne correspond pas exactement à ce théâtre imaginaire qu'il s'est fabriqué. Inversement, si par hasard elle est trop fidèle à ses fantasmes, il est tout aussi frustré : la représentation ne lui apporte rien de neuf. Le but d'une sémiologie du théâtre est d'aider le lecteur à voir le théâtre autrement, à être sensible à la pluralité des choix possibles, à ouvrir son imagination aux possibilités latentes du texte de théâtre.

Le textuel dans la représentation

Il ne faut pas croire que le statut du texte par rapport au scénique soit celui du texte original par rapport à une *traduction*. Songeant à cette évidence que le texte parlé (monologues et dialogues) figure *dans* la représentation, nous verrons que toute traduction est inutile puisque le textuel est déjà là, présent à l'intérieur de la représentation qui le déborde de toute part. En revanche, ce que la représentation effectue sur le texte, c'est une lecture particulière dans la mesure où, ne pouvant tout montrer, elle privilégie nécessairement tel aspect, accentue telle séquence.

Mais ce n'est pas tout. Il est une part du texte qui nécessairement sera traduite, c'est-à-dire transposée d'un code (le code linguistique) dans un ou plusieurs autres : ce sont les indications scéniques ou didascalies qui, elles, apparaîtront sous forme de signes scéniques. A noter que les indications scéniques peuvent figurer à l'intérieur du dialogue ; quand Phèdre s'écrie : «Que ces vains ornements, que ces voiles me pèsent !», ce vers suppose une indication vestimentaire et gestuelle. Tout Shakespeare et une part considérable du théâtre classique français ne contiennent que les indications fournies par le texte parlé.

Ces réflexions donnent une idée de la complexité et de la souplesse du rapport entre le texte théâtral, tel qu'il se présente entre les pages d'un livre, et la représentation telle qu'on la voit et qu'on la vit sur une scène.

Il est impossible de tenir le texte pour un absolu dont le sens serait donné d'avance, immuable, éternel et qui, de ce fait, serait l'idéal dont il faudrait se rapprocher le plus qu'on peut. P. Larthomas (auteur d'un important travail sur le langage théâtral) disait, au cours d'un colloque sur Musset, que la représentation la plus fidèle qu'il connût était celle de *Dom Juan*, de Molière, par Jouvet ; représentation tout à fait remarquable au demeurant, mais dont il faut bien constater : a) que le cadre était modifié : de la Sicile prévue par les didascalies, la scène était transportée en Espagne et tous les costumes et accessoires étaient espagnols ; b) que les incidents surnaturels du dernier acte étaient non seulement multipliés mais portaient la marque, assurément étrangère à Molière, d'un baroque macabre typiquement espagnol : cercueils vomissant des squelettes, etc. Or Jouvet, ce faisant, n'excédait pas les devoirs et les pouvoirs du metteur en scène : un commentateur attaché à la fidélité au texte avait pu accepter ces nouveautés fondamentales, sans paraître les avoir remarquées, ce qui remet à sa place (relative) la notion de fidélité au texte.

La part de création et de recréation du metteur en scène est très considérable. Il est lui-même producteur d'un *nouveau texte didascalique*, complément et précision, voire contradiction, du texte littéraire. En fait, le texte qui sert de base à une représentation n'est pas simplement le texte de l'auteur, mais le double texte de l'auteur et du metteur en scène (cahiers de régie, conseils verbaux, consignes au scénographe, etc.).

La lecture que l'on peut faire de la représentation se reverse sur le texte : les lectures scéniques traditionnelles de Molière ou de Racine contraignent le lecteur à «voir» le texte des auteurs classiques à travers cette grille. De là des illusions étranges : le «marivaudage» poudré de rigueur pendant deux siècles ou le Musset élégant, disert et mondain que l'on croit lire. Il est à supposer que le lecteur imagine une Phèdre néo-antique, habillée et coiffée comme les copies romaines des dieux grecs, telle que la représentent gravures et photographies dans les livres de classe. Inversement, une représentation nouvelle fabrique pour un nouveau lecteur une construction textuelle qui s'impose à lui. Ainsi la Phèdre rasée et physiquement enchaînée, dépourvue de toute autonomie de héros, telle que la montrait le metteur en scène Michel Hermon (Odéon, 1974). Peut-être le spectateur français ne se débarrassera-t-il pas de longtemps d'une image poignante, celle d'Antoine desperado, soldat perdu, déserté de tout, dans le soleil couchant de son désir, tel que le montrait l'*Antoine et Cléopâtre* monté par Planchon (Lyon, 1978); et le lecteur de Shakespeare relira la pièce dans la perspective de sordides et confuses guerres modernes. Peut-être ne pourra-t-on plus lire *L'Ecole des femmes*, de Molière, sans voir en Arnolphe et en son jeune rival un couple maudit, indissociable, uni par le même objet, comme le veut la mise en scène d'Antoine Vitez (1978-1979).

Primat du texte, primat de la scène

Une illusion fort répandue et toute naturelle, c'est que le texte est premier au moins dans le temps. Même si l'on admet fort bien que la représentation soit une construction nouvelle, un construit et non pas la *traduction d'un donné*, l'idée subsiste que le texte est le socle premier sur lequel se crée l'édifice. Or cette apparente évidence est en fait discutable : quand le metteur en scène décide de monter un classique, il a *d'abord* devant lui un matériau qui est le théâtre de son temps, avec ses lois, ses contraintes, le code perceptif auquel est habitué le spectateur, l'éducation que les comédiens ont reçue, etc. ; à quoi s'ajoutent les représentations antérieures, soit du même texte, soit de textes comparables, représentations qui sont pour le metteur en scène la base par rapport à quoi il se situe en différence ou en prolongement. Il semble donc que tous les éléments de sa pratique théâtrale soient premiers avant le choix du texte et conditionnent ce choix tout autant que le désir, les fantasmes et les rêves du metteur en scène, lesquels représentent aussi une sorte de matériau préexistant.

L'auteur lui-même écrit en prenant en compte la pratique théâtrale de son temps. Racine écrit *La Thébaïde* et *Alexandre* pour la troupe de Molière, la suite de ses pièces pour l'Hôtel de Bourgogne et il n'est pas possible que le phrasé même, la diction racinienne, n'ait pas dû quelque chose à l'écoute des comédiens de son temps. Et même si l'auteur imagine qu'il tire son écriture de son propre fonds, il est encore tributaire de l'image qu'il a des conditions pratiques dans lesquelles son œuvre se fera entendre : certes, Musset a écrit *Lorenzaccio* comme une protestation et une provocation contre le théâtre à l'italienne avec ses décors lourds et ses changements nécessairement limités, mais à l'heure actuelle, s'il voulait écrire un non-théâtre, un «théâtre dans un fauteuil», il ne concevrait pas une œuvre de la forme de *Lorenzaccio*, devenue parfaitement jouable.

On peut donc affirmer que le rapport entre l'écriture textuelle et l'écriture scénique est un rapport de complémentarité, de concurrence ou de conflit, mais en aucun cas un rapport de soumission ou de prééminence. Il peut exister un théâtre sans dialogue (ainsi *Acte sans paroles*, de Beckett), mais non pas sans texte : le texte, très beau, des didascalies de Beckett est là pour l'attester. Une lecture sémiologique de la pratique-théâtre — favorisant le signe et la pratique signifiante au lieu de s'attacher immédiatement au sens le plus évident — ne peut que récuser toute idée d'un primat du texte sur la représentation ou de la représentation sur le texte ; au contraire, elle avancera l'idée que la production de l'œuvre théâtrale est autant le fait du praticien que de l'auteur ; et qui dit production dit travail *social*.

Le texte troué

L'une des caractéristiques les plus étonnantes du texte théâtral, la moins visible mais peut-être la plus importante, c'est son caractère incomplet. Les autres textes de fiction doivent, dans une certaine mesure, combler l'imagination du lecteur : la mansarde de Lucien de Rubempré, le jardin enchanté de *La Faute de l'abbé Mouret*, le champ de bataille de *Guerre et Paix* sont des lieux sur lesquels le lecteur reçoit assez de renseignements pour se les figurer à loisir, même si ces figurations sont individuellement assez différentes. De même, les personnages sont décrits assez fidèlement pour que le lecteur puisse vivre imaginairement avec eux. Ce travail de détermination irait

Phèdre *de Racine, mise en scène de Michel Hermon, avec Michèle Oppenot (Petit Odéon, Paris, 1974). Une Phèdre «contemporaine» : à contre-texte, dépouillée des signes conventionnels de la féminité (chevelure) et de la coquetterie (vêtement), dans la présence physique du désir. (Phot. © Claude Lê Anh / Photeb.)*

A droite : Sarah Bernhardt dans Phèdre *(qu'elle créa à la Comédie-Française en 1874). Acte I, scène 3, Phèdre : «Tu le veux ? Lève-toi.» Un drapé antique revu et corrigé. Dramatisme et stylisation du geste. (Département des arts du spectacle, Bibliothèque nationale, Paris. Phot. La Photographie nouvelle. D.R.)*

contre les possibilités de la scène : il faut que la représentation puisse avoir lieu n'importe où et que n'importe qui puisse jouer le personnage.

Un exemple frappant, le début du *Misanthrope*, qui ne souffle mot des rapports entre les personnages, ni entre les personnages et les lieux. Comment ces personnages arrivent-ils? En courant, au pas? Lequel va devant? Ou sont-ils déjà là, debout, assis? Le texte n'en dit rien. Rien non plus sur l'âge des personnages. Est-ce le même? Y en a-t-il un qui paraisse l'aîné? Lequel? Autant d'éléments sur lesquels le texte reste résolument muet. Ce sera le travail du metteur en scène de donner les réponses. Réponses absolument nécessaires : il faut bien que les personnages se présentent de telle ou telle façon. En outre, ni l'aspect ni la présentation ne sont neutres : le rapport Alceste-Philinte et, par-là, le sens même du personnage d'Alceste et de toute la pièce seront fixés dans le premier instant. Quelles que soient les modifications ultérieures apportées à ces premières images, elles devront s'inscrire en différence par rapport à elle. Ainsi dans la mise en scène de Jean-Pierre Vincent (Théâtre national de Strasbourg, 1977), Alceste est assis dans une sorte de certitude boudeuse, côté cour, et Philinte, debout auprès de lui, a l'air de s'excuser comme un jeune garçon pris en faute. Tout le développement ultérieur est déterminé par ce départ; or il est une pure création du metteur en scène : l'incomplétude du texte oblige le metteur en scène à prendre un parti.

Dans la Bérénice *de Racine, mise en scène de Roger Planchon (théâtre Montparnasse, 1970). Le décor de René Allio sert et contrarie à la fois la théâtralisation imaginaire du spectateur : l'Antiquité évoquée est passée au filtre du XVIIe siècle (Louis XIII) et de notre propre esthétique. (Phot. © Nicolas Treatt.)*

Le Misanthrope *de Molière, dans la mise en scène de Jean-Pierre Vincent (Théâtre national de Strasbourg, 1977). Philinte, debout, tente de s'expliquer devant un Alceste assis, fermé, hautain, dans un espace nu, «invivable», dont le sol-miroir et les murs ornés disent la «socialité». (Phot. © Claude Bricage.)*

La communication théâtrale

La représentation elle-même est loin d'être un absolu ; bien loin de constituer une œuvre durable comme un tableau ou une sculpture, elle est d'abord un fait de communication.

La communication théâtrale est d'une autre nature que la communication littéraire, avec quelques caractéristiques remarquables : tout d'abord, l'émetteur est double, la responsabilité du message partagée entre l'auteur et le praticien (metteur en scène, scénographe, comédien); en deuxième lieu, le récepteur n'est jamais isolé comme le lecteur, le spectateur de télévision ou même de cinéma : il forme un corps où les regards de chacun réagissent sur les regards de tous. De plus, il est illusoire de penser que la réception est sans effet sur le message. Le public réagit : applaudissements, silences, toux ou actions physiques presque imperceptibles. Enfin, le public vient ou ne vient pas, il sanctionne, renvoyant une réponse qui est aussi économique, donc vitale; il apporte l'acquiescement ou la modification subtile, il apporte aussi l'argent.

Première conséquence : le message est pour le récepteur d'aujourd'hui. Le praticien est notre contemporain, le message s'exécute devant nous et pour nous. Deuxièmement, ce public n'est pas homogène, il appréhende les signes diversement. De là des possibilités différentes pour la communication théâtrale : le public peut être présumé *un* ou unifié par la représentation théâtrale. Tel est le cas du théâtre antique, spectacle que la cité se donne à elle-même, qui doit lui permettre d'affronter les problèmes actuels qu'elle se pose et de leur donner une solution même imaginaire. Quand Eschyle faisait jouer *Les Perses*, c'était pour la totalité d'Athènes, dans sa victoire récente et dans les problèmes qu'elle posait. Mais le public peut aussi être tenu pour divisé, comme dans le théâtre épique : Brecht veut que la représentation théâtrale rende le public conscient de ses clivages sociaux; le texte sera donc pris en compte de manière à provoquer dans le public des réactions opposées.

De là, enfin, le fait toujours surprenant que la représentation, même admirable et de tout point satisfaisante, est chose périssable : elle disparaît avec le public pour lequel elle est donnée. Il y a une dialectique toujours vivante entre la permanence (relative) des signes textuels et la fugacité des signes de la représentation. Mais le texte de théâtre n'est pas un éternel sur lequel on puisse compter, il est une *réserve de sens*; plus sa valeur est grande, plus cette réserve est riche.

Le personnage

On a cherché, depuis le début des tentatives structuralistes, à trouver le moyen de définir l'action dramatique non plus en fonction du contenu événementiel (la fable) mais à l'aide d'une structure qui serait, comme le dit A.-J. Greimas, «l'extrapolation d'une structure syntaxique» *(Sémantique structurale)*. La recherche d'une telle structure supposant bien entendu que l'ensemble d'un récit a une structure syntaxique analogue à celle d'une phrase. Une combinatoire de type syntaxique représentable par un *modèle actantiel* serait la structure de base du récit théâtral.

Ces recherches se situent dans la ligne de W. Propp *(Morphologie du conte russe)* cherchant à montrer à l'œuvre, à l'intérieur de contes populaires russes, des forces toujours les mêmes (des *actants*) déterminant dans le récit des *fonctions* dont l'ordre d'apparition, sinon la présence et le nombre, est invariable. Le premier à appliquer au théâtre ce mode d'analyse a été Etienne Souriau dans son ouvrage *(Les Deux Cent Mille Situations dramatiques)*.

Les actants sont des forces abstraites ou concrètes qui structurent l'activité humaine autour d'un centre qui est l'activité d'un *sujet* en direction d'un *objet*. Le sujet X recherche (veut, désire, construit, détruit) l'objet Y. Greimas donne à la flèche qu'il trace du sujet en direction de l'objet le sens très général de l'activité humaine dans ses trois modalités (savoir, pouvoir, vouloir).

Le modèle le plus simple de la structure actantielle est celui de la *quête* : un personnage D1 (destinateur) envoie un S (le sujet) à la recherche d'un objet O ; dans cette quête, S est aidé par des adjuvants A, rencontre des obstacles dressés par des opposants Op ; s'il obtient l'objet O, c'est à l'intention d'un destinataire D2 (qui peut être lui-même ou le destinateur D1 ou tout autre).

Il est clair que l'analyse actantielle n'est pas propre au théâtre et qu'on peut l'appliquer à toute narration. Mais elle permet au théâtre la représentation des grandes forces qui structurent l'action, celle-ci apparaissant notamment comme l'histoire de l'activité d'un héros dans ses rapports conflictuels avec d'autres forces.

On voit bien qu'il y a là une structure de base correspondant à un modèle aristotélicien de l'activité humaine considérée comme le passage *à l'acte* de forces en *puissance*. C'est une objection sérieuse qui serait plus grave si l'on tenait le modèle actantiel pour autre chose qu'une procédure descriptive particulièrement adaptée à tout texte dramatique quand il obéit à un modèle aristotélicien d'action dramatique. Mais il ne faudrait pas réduire son champ d'application au théâtre classique occidental. Les fables épiques du *Râmâyana* (théâtre indien et indonésien) s'y prêtent aussi bien que Racine à partir du moment où le héros se livre à une activité qui structure le récit. Evidemment, si le récit fictionnel centré s'affaiblit, il devient plus difficile de construire un modèle actantiel : ainsi le théâtre contemporain n'offre souvent que des fragments de modèles, incomplets et fracturés.

Le personnage-actant

On peut dire que tant qu'il est entre les pages d'un livre, un personnage de théâtre n'est pas différent d'un personnage de roman (ou de toute autre production littéraire). Tout autant qu'un autre personnage littéraire, il est soumis aux procédures modernes de «déconstruction» et les analyses du récit ne l'ont pas laissé intact. Aussi absolu et insécable que l'atome d'antan, il a autant que lui subi des atteintes ; il est l'objet de lectures qui ne lui laissent plus sa belle unité de créature «fille du génie» ou de «sujet transcendantal». Mais l'attitude du lecteur, comme celle du spectateur, porte la trace d'une illusion bien plus forte. Le personnage est le point privilégié de l'illusion théâtrale. C'est que, comme le veut Grotowski, on peut tout ôter du théâtre, le décor, le costume, même la parole, mais on ne peut pas se passer du comédien ; et, par une assimilation illusoire mais tenace, la présence vivante du comédien fait passer avec elle la vie, l'existence du personnage ; et le spectateur a aussi envie de s'identifier au personnage (ou au comédien, il ne sait pas bien).

Dans la vaste phrase que constitue le texte théâtral, le personnage peut être considéré comme une unité quasi «linguistique», un «lexème». Au niveau textuel, le personnage a un signifiant, son *nom*, et un signifié complexe. Certes, c'est par une sorte d'extension qu'on peut le traiter comme lexème, mais c'est une hypothèse féconde. En effet, elle nous permet de rendre compte à la fois du rôle syntaxique joué par le personnage dans la structure d'ensemble du texte, et de son rôle rhétorique dans la «poétique» du texte.

On ne peut identifier un actant avec un élément animé-humain de la représentation, mais le personnage de théâtre a un ou plusieurs rôles actantiels plus ou moins visibles, mais toujours présents. Ce rôle (ou ces rôles) peut être mobile au cours de l'action : Chimène, objet, devient sujet au fil de l'action ; tel adjuvant devient opposant. La détermination du rôle actantiel d'un personnage est loin d'être indifférente à la présentation scénique du personnage : il n'est pas indifférent de savoir (et par là même de montrer) si Philinte est bien l'adjuvant d'Alceste, ou s'il ne serait pas aussi opposant ; de même les formes modernes d'une dramaturgie «sans sujet» impliquent une vue différente du personnage. En tant qu'actant le personnage ne saurait apparaître comme autonome, contrairement à l'illusion fréquente qui en fait une conscience libre, mais il est comme pris dans le réseau syntagmatique des actions (et aussi des désirs) de tous les autres actants. Il est important aussi de déterminer s'il est seul à sa place actantielle ou s'il l'occupe avec d'autres.

L'actant, force abstraite, fonction syntaxique peut être tenu pour une «structure profonde». En revanche, l'*acteur* (à ne confondre ni avec le personnage, individualité, ni avec le comédien, personne vivante) est une unité « lexicalisée » (Greimas). L'acteur ne se confond pas avec l'actant : plusieurs acteurs différents peuvent être le même actant. Ainsi le héros sujet peut avoir pour allié un ami, son propre père, sa vieille nourrice, un animal fabuleux, constituant à eux tous l'actant-adjuvant. Inversement, le même acteur, l'acteur-père, par exemple, peut être successivement l'actant-destinateur et l'actant-adjuvant.

La notion d'acteur est intéressante dans la mesure où elle permet de constituer des groupes de personnages, éclairant ainsi la structure de l'œuvre. Elle permet de mettre en rapport des personnages dont l'individualité est différente, mais qui ont des traits fonctionnels communs ; ainsi, chez Racine, les personnages figurant l'acteur-père ou l'acteur-fils.

L'acteur se caractérise par des *sèmes* qui lui sont propres. Chez Racine, l'acteur-père aura pour sèmes : a) masculinité (vs féminité) ; b) paternité physique (avec présence effective des enfants) ; c) autorité (père-roi) ; d) âge (enfants déjà adultes). L'acteur-conseiller, lui, pourra être considéré comme une forme atténuée de l'acteur-père : a) masculinité ; b) paternité (spirituelle) ; c) autorité (morale) ; d) âge.

L'acteur et son "procès"

Dans l'exemple précédent, les deux types d'acteurs se caractérisent par des *procès* différents ; on appellera procès *l'action principale de l'acteur* (indiquée par le verbe ou les verbes dont il peut être sujet) ; pour l'acteur-père chez Racine, ce sera dominer, réduire l'enfant (à la limite le détruire), procès qui peut être atténué ou non dans le dénouement et conduit à l'échec de la relation de paternité : Mithridate s'opposant à ses deux fils, puis capitulant dans la mort ; Agamemnon sacrifiant sa fille, sauvée par miracle, à son ambition et aux «dieux». Quant aux acteurs-conseillers, ils se caractérisent par l'inefficacité ou le danger de leurs conseils (on parle alors de procès inefficaces).

L'analyse actorielle permet de montrer certaines caractéristiques inapparentes de l'œuvre. Ainsi dans *Le Misanthrope* les personnages se divisent en deux groupes d'acteurs caractérisés par des sèmes identiques, à l'exception du sexe :

Masculins	Féminins
jeunes (célibataires)	id.
isolés (absence de famille)	id.
riches	id.
nobles (ou évoluant dans le cercle de la noblesse)	id.
Procès : désirer Célimène ; pour Philinte : désirer Eliante	procès : désirer Alceste

L'analyse actorielle permet de définir *Le Misanthrope* comme l'histoire d'un groupe fermé, sans opposition de générations ou de classes sociales et dont le procès principal paraît être l'amour. Il pourrait être intéressant que la mise en scène montre les acteurs dans cette comédie comme un groupe relativement homogène. D'où un certain nombre de conséquences : d'abord, l'appartenance d'Alceste au groupe dont il dénonce les valeurs et le comportement ; ensuite, la position ambiguë de Philinte, lui aussi membre du groupe, et dont le seul trait différentiel est d'avoir élu un autre objet d'amour (de ce fait un certain doute plane sur l'existence même de cette passion) ; enfin, l'absence d'opposition sémantique entre hommes et femmes, à part le sexe, tous ayant les mêmes sèmes.

En revanche, on peut distinguer un sous-ensemble actoriel : l'acteur *courtisan* ; celui-là, qui a évidemment les mêmes traits distinctifs que les autres, a un *procès* particulier : aller à la cour, ou avoir des relations à la cour (Oronte, les marquis, Arsinoé). Le problème posé à la mise en scène est de savoir comment il est possible de *rendre visible* ce sous-groupe à l'intérieur du groupe. C'est ce que s'est efforcé de faire Antoine Vitez par le jeu des comédiens, les courtisans montrant une autorité satisfaite, dont sont plus démunis un Alceste incertain, un Philinte peu assuré, une Célimène fragile. L'analyse actorielle est particulièrement importante pour le rapport texte-représentation, dans la mesure où elle établit la médiation entre l'actant, force abstraite, et le personnage, individualisé par le comédien.

En outre, elle est souple et laisse une place énorme à la lecture dramaturgique et à l'invention du metteur en scène. Elle permet enfin de dépasser l'aspect personnel des rapports entre personnages pour mettre au jour des rapports imprévus, philosophiques ou politico-sociaux. Elle s'apparente étroitement à la lecture des mythes, telle que la pratique Lévi-Strauss, à partir d'unités sémantiques qu'il appelle des «mythèmes» ; par là elle ouvre l'analyse théâtrale à des perspectives sociologiques et anthropologiques *(Anthropologie structurale)*.

Le personnage en tant qu'unité peut être lu comme un élément de la poétique du texte écrit comme du texte-représentation. On peut donc analyser son fonctionnement selon les deux axes de la rhétorique de l'image, métaphore et métonymie (on sait que cette distinction est bien loin d'être absolue, mais sommairement elle est efficace).

Le personnage appartenant à plusieurs ensembles ou réseaux de signes, il peut apparaître comme le *représentant* de tel ou tel de ces réseaux ; ainsi dans *Le Roi Lear,* Kent, fidèle vassal du roi, fonctionne comme la métonymie du vieil ordre féodal, et, par extension, du roi lui-même. Antigone est la métonymie ou mieux la *synecdoque* (la partie pour le tout) de la tribu d'Œdipe et de la malédiction qu'elle porte. Dans *La Double Inconstance*, de Marivaux, Flaminia, qui joue le jeu du prince, en apparaît comme la présence cachée (métonymique). Le personnage secondaire peut jouer le rôle de la métonymie du personnage principal auquel il est attaché : ainsi confidents ou soldats. Souvent le personnage joue un rôle métonymique non par rapport à tel élément du texte ou de la représentation, mais par rapport à un référent (réel ou imaginaire). Le spectateur, déchiffrant le signe, «sort du texte» théâtral (Umberto Eco) ; certes, ce n'est pas pour viser le monde «réel» qu'il sort du texte, c'est en direction de sa propre image du monde ; le signe théâtral renvoie métonymiquement à un élément de cet univers imaginaire. Ainsi, dans *Ruy Blas*, le héros peut apparaître comme la métonymie du «peuple», ou dans *Antony* d'Alexandre Dumas, celle du bâtard. C'est un fonctionnement fréquent chez les romantiques.

Métaphore et métonymie

Dans la représentation, le metteur en scène peut utiliser telle détermination textuelle du personnage pour en faire le signe d'un code théâtral et, de ce fait, renvoyer métonymiquement aux autres éléments de ce code. Ainsi Blin ou Krejka, mettant en scène les clochards de *En attendant Godot* (Beckett), font des personnages-clowns la métonymie du cirque. Le travail de la représentation consiste dans le choix et la mise en lumière des métonymies possibles ; tel type de représentation met l'accent sur le rapport interne des éléments textuels, tel autre privilégie le référent socio-historique, tel autre le code théâtral.

D'autre part, il y a métaphore au sens précis du terme quand il y a conjonction (condensation) d'éléments hétérogènes, en vue de la formation d'un rapport nouveau. Ainsi Freud voit dans le personnage de Cordélia *(Le Roi Lear)*, avec sa volonté de silence, une métaphore de la mort (Freud, «Les trois coffrets», in *Essais de psychanalyse appliquée*). Ainsi le Don Juan de Mozart peut-il être l'image métaphorique de la liberté, ou Figaro celle de la naissante conscience individualiste bourgeoise, ou Flaminia, dans *La Double Inconstance*, celle du désir des biens de consommation. Au gré des «connotations», nous pouvons lire dans les personnages de théâtre tel ou tel fonctionnement métaphorique que la mise en scène se chargera d'éclairer.

Le fonctionnement d'un personnage est toujours complexe ; métaphores et métonymies s'y croisent. C'est qu'il est le lieu de la plus importante figure de rhétorique au théâtre : l'*oxymore*, ou présence *simultanée* de catégories opposées (voir *Lire le théâtre*). Le personnage peut être une sorte d'oxymore vivant, le lieu de la tension dramatique la plus forte, du fait qu'il est l'union par métaphore et par métonymie de deux éléments opposés ; ainsi Phèdre est Minos et Pasiphaé, désir et répression, conscience et péché, Crète et Grèce. Cordélia est vie et mort, comme Lear est faiblesse et majesté, ou Alceste «mérite» et ridicule.

Prenons un exemple : les fossoyeurs de *Hamlet*. Personnages «secondaires», ces fossoyeurs qui exhument pour Hamlet le crâne du bouffon Yorick, et s'apprêtent à enterrer son Ophélie, sont ici métonymie (synecdoque) de la présence populaire, indifférente aux drames et aux vicissitudes des trônes ; par contiguïté, ils sont métonymie de la mort qu'ils touchent et manipulent. Par leur appétit, leur gaieté, leur goût excessif de la boisson, ils apparaissent métaphore de la force de vie, métaphore aussi de la durée vécue, de la continuité du temps qui passe. En ce (double) sens ils sont figure-oxymore : ils sont peuple et ils enterrent les rois. Ils sont vie-mort, ils sont ce qui passe et ce qui ne passe pas, ils soutiennent un rapport métonymique avec les réalités les plus terrestres du ventre digestif et sexuel, comme ils fraient tout naturellement avec la mort et le destin des rois. L'importance énorme que leur donne Lioubimov dans sa mise en scène met en lumière leur rôle médiateur (Lioubimov, metteur en scène du théâtre de la Taganka de Moscou, a montré en France, en 1978, *La Mère, Tartuffe, Hamlet*, en russe). C'est le travail rhétorique des personnages qui permet ce rôle de révélation, de médiation entre des ordres de réalités opposés.

Le personnage de théâtre est le sujet d'un certain nombre de déterminations qui en font à la fois un acteur, un rôle codé et un «individu». Ces traits sont en général des *traits différentiels* qui n'ont pas de valeur en eux-mêmes, mais prennent sens par opposition à d'autres personnages ayant d'autres fonctions.

Certaines déterminations du personnage en font un *rôle codé* : si le serviteur est un rôle actoriel, le valet de la comédie latine est plus précisément un rôle codé en fonction d'un code théâtral préexistant comme la commedia dell'arte ou le mélodrame ; tel ou tel texte théâtral «individualisera» ce rôle codé pour en faire un personnage déterminé ; ainsi on pourra étudier comment Molière individualise le valet de la comédie latine (pour en faire Sosie ou Scapin) ; de même Marivaux et plus tard Goldoni individualisent les rôles de la comédie italienne (Arlequin).

Une représentation ultérieure pourra toujours subvertir le code et décoder-réencoder le rôle. Ainsi dom Luis (père de dom Juan) est un acteur-père avec ses caractéristiques habituelles : le vouloir d'autorité, le «procès» qui en fait un protecteur pour son fils, mais aussi un sermonneur et un gardien de la «loi du père». On peut le lire comme un rôle codé, un «père noble» de tragédie, ou au contraire le montrer comme la parodie du père-noble ; les traits distinctifs et les *procès* qui en font un acteur-père et un rôle relativement codé ne peuvent être éludés mais on peut les «réécrire» autrement dans la représentation ; les représentations modernes de *Dom Juan* le montrent en général comme un rôle non seulement codé, mais figé, sclérosé, comme la trace d'un *code* périmé. De même Stuart Seide, montant *La vie est un songe*, de Calderon, jouait le rôle du père en insistant à la fois sur les traits du «père noble» et sur la sclérose.

La scène des fossoyeurs dans Hamlet, *de Shakespeare, par la Taganka de Moscou, mise en scène de Iouri Lioubimov (Paris, festival d'Automne, 1977). Les fossoyeurs, auprès de la (vraie) terre du cimetière, mangent, boivent et montrent au prince Hamlet le crâne du bouffon Yorick ; ils figurent le lien entre la mort et la vie, le prince et le peuple. (Phot. © Claude Bricage/Photeb.)*

L'individualité du personnage

Les traits distinctifs du personnage peuvent être individualisants ; on donnera à l'héroïne des caractéristiques physiques (la beauté et la jeunesse) et, si le personnage est historique, il apporte avec lui des traits physiques et psychiques qui sont inévitables. Cependant, les formes de théâtre ont, devant les traits individualisants, une attitude fort différente ; le théâtre antique, masquant les acteurs, gomme l'individualité, et la tragédie classique utilise dans le même but le costume de cour. En revanche, à partir de l'avènement du théâtre bourgeois, l'accent est mis sur l'individualité inéchangeable du personnage ; le premier, Beaumarchais, dans les didascalies qui précèdent *Le Mariage de Figaro*, donne pour l'apparence physique de ses personnages des directives fort précises. Les personnages d'Ibsen sont décrits dans leur corps et leur vêtement avec un grand luxe de détails. Et Musset, qui n'avait pas le souci de la scène, fait faire par le duc le portrait physique de Lorenzo, «teint plombé, lendemain d'orgie ambulant». Précisions fort gênantes pour l'acteur chargé de figurer le personnage, auquel Gérard Philipe se gardait de ressembler.

On voit ainsi pourquoi et comment le théâtre bourgeois des XIXe et XXe siècles est responsable des illusions portant sur les personnages classiques : le lecteur est tenté d'individualiser Auguste, Hermione ou Phèdre, alors que le repérage textuel de déterminations individuelles, même psychologiques, est extrêment difficile à faire.

Le théâtre contemporain, en revanche, a tendance à désindividualiser le personnage, à lui refuser parfois un nom, en tout cas des traits distinctifs. Mais l'individuel c'est le corps de l'acteur. Si le personnage textuel est un virtuel, le comédien, lui, est un réel individuel et concret.

Le personnage est autre chose qu'un nom à l'intérieur du texte théâtral, autre chose qu'un ensemble de traits sémiotiques différentiels, il est ce qui profère une parole, il est le sujet d'un discours. Et c'est en tant que tel que l'analyse classique le considère d'ordinaire. Mais une analyse sémiologique n'interroge pas la parole du personnage comme le fait l'analyse classique, qui cherche à rendre compte d'un «psychisme» ou d'un «caractère» du personnage. Le discours est alors matériau pour une quête qui lui est extérieure. Nous essaierons en revanche de faire du discours du personnage une analyse *interne*, dans la mesure où le personnage de théâtre existe par ce qu'il dit (la gestuelle étant une part de son discours). Quand le personnage tient un discours, il ne parle pas seul ; ce qu'il dit s'adresse *à la fois* à son partenaire et au spectateur (à son partenaire selon la fiction, au public dans la réalité de l'acte théâtral). La *double énonciation* est la base du discours théâtral. On ne peut donc pas tenir le personnage comme sujet autonome de son discours, pas plus qu'on ne peut le tenir pour le porte-parole de l'auteur : la dialectique qui constitue le discours du personnage veut qu'il soit l'un et l'autre *à la fois*.

Non seulement le discours théâtral n'a pas pour mission d'éclairer une psychologie de l'*émetteur*, mais c'est ce que nous savons de ce dernier (au niveau actantiel, comme à celui de ses traits sémiotiques) qui permet de comprendre le discours : sa position d'héritier de la couronne, son passé d'étudiant de Wittemberg éclairent la signification des discours de Hamlet. C'est sa position historique, le passé des guerres civiles, la précarité possible de son pouvoir, jointe à sa situation de puissance, qui donnent son sens au fameux monologue d'Auguste dans *Cinna*. De même, c'est le code linguistique et le code théâtral qui permettent de préciser la signifiance concrète du discours, laquelle ne s'actualise que dans et par la représentation, qui seule permet d'exhiber à la fois le contexte et le code.

Le personnage théâtralisé

Si le personnage de théâtre n'est pas différent dans le texte de tout autre personnage littéraire, un certain nombre de traits peuvent l'orienter vers le théâtre.

Il faut pour cela que le personnage arrive à nous déjà marqué : qu'il ait déjà été personnage de théâtre comme Electre ou Œdipe, ou personnage historique, entouré de son aura de gloire, ou personnage mythique, chevalier de la Table Ronde, Dame aux camélias théâtralisée par le mythe de la courtisane.

Il peut aussi appartenir au code théâtral, valet de comédie ou personnage de la commedia dell'arte. S'il figure dans une œuvre célèbre, il est déjà, même à la lecture, théâtralisé par son histoire scénique.

Il est enfin textuellement théâtralisé par toutes sortes de détails de son discours qui rappellent son statut de personnage de théâtre et la présence virtuelle d'un destinataire spectateur. Tout ce qui, dans le discours du personnage, rappelle la présence d'un émetteur double et d'un double destinataire «théâtralise» le personnage. De même toute faille par rapport au «vraisemblable», dans le discours du personnage nous rappelle que nous sommes au théâtre et que le personnage est personnage de théâtre.

Au reste, la représentation se reverse sur le texte : l'image que le lecteur se fait d'un personnage (Alceste, par exemple, ou Phèdre) dépend pour une part des images que lui ont laissées les interprètes. Et les rôles précédemment joués par le comédien marqueront inévitablement, par un effet de rémanence, l'imagination et la mémoire du spectateur : si un comédien de western joue la tragédie, il donnera à son personnage tragique, Cinna, Titus ou Néron, un parfum de western. Les souvenirs du spectateur ne sont jamais innocents.

Dans le théâtre contemporain, le personnage apparaît en crise. Il cesse d'être «massif», maître de son langage, pour devenir problématique : il n'a plus de nom, comme dans *L'Inconnue d'Arras,* d'Armand Salacrou, ou il n'a plus de biographie, ou il est divisé en deux, comme dans *La Bonne Ame de Se-Tchouan,* de Bertolt Brecht, où la bonne Chen-Té est aussi l'impitoyable Choui-Ta, divisé en quatre comme le Robinson, de Michel Tournier. Le personnage cesse d'être le sujet transcendantal «indivisible, inéchangeable», comme dit Brecht, qui montre justement comment cette vue du personnage est caduque dans l'art, parce que dans la vie même les êtres cessent d'être des individus «autonomes». Le travail du théâtre sera donc de le montrer échangeable (*Homme pour homme,* de Brecht) et la sémiologie théâtrale le montrera divisible, analysable en éléments et en fonctions. Le discours du personnage aussi devient problématique : il apparaîtra, nous le verrons, comme montage ou collage de discours autres, il devient flou, inquiétant et inquiet. Langage et identité du personnage sont compromis dans le même mouvement.

Structures de l'espace-temps théâtral

Avant toute représentation, le texte théâtral présuppose deux types d'espaces : l'espace textuel, comme pour tout texte littéraire; l'espace de la représentation imaginaire que construit le spectateur.

Visuellement, le texte théâtral ne ressemble pas à un autre texte : il est distribué autrement; les couches textuelles (didascalies et dialogue) sont très nettement distinguées, et l'espacement du dialogue, l'indication des personnages permettent d'identifier un espace textuel propre : monologues, tirades, stichomythies (échanges de répliques vers par vers, ou hémistiche par hémistiche), polyphonie des scènes à personnages multiples et à séquences emboîtées. On a devant soi un *espace graphique* annonciateur d'un certain type d'échange verbal; comme le lecteur de poèmes, le lecteur de textes théâtraux est confronté à une certaine perception visuelle de la page imprimée.

Cependant, cet espace graphique renvoie non pas, comme le poème, à un espace auditif imaginaire, mais à un espace imaginaire à trois dimensions, non seulement auditif, mais visuel et moteur. Une scène à trois personnages, dont les répliques sont échelonnées sur la page, renvoie dans l'imagination du lecteur à un triangle dans un espace à trois dimensions.

Ce que fait la scène c'est *figurer* un événement ou une situation (sans qu'on puisse réduire l'acte théâtral à une figuration dans un cadre spatial). Aussi, ce qui se trouve déjà préinscrit dans le texte, c'est, sans aucun jeu de mots, une *configuration* (de personnages, de champs de force, etc.). Toute lecture d'un texte théâtral suppose un espace, celui de la représentation imaginaire que construit le lecteur, espace de la fiction, où s'unissent les éléments imaginaires individuels (fantasmes et souvenirs), et les configurations textuelles qui s'imposent à tous.

Kings, *adaptation et mise en scène par Denis Llorca des tragédies historiques de Shakespeare (Créteil, 1979). Sur une aire de jeu vide, rappelant la* platform *élisabéthaine, une bataille stylisée. Un rapport du* ludique *et du* mimétique. *(Phot. © Claude Lê Anh/Photeb.)*

L'espace scénique

Il faut distinguer très soigneusement ce qui est du texte et ce qui est de la représentation. L'espace au théâtre n'est ni l'espace concret du texte dans le livre ni l'espace virtuel que le lecteur construit sur le plan de la fiction.

L'espace théâtral, système de signes organisés, textuels et non textuels, n'est pas le lieu scénique au double sens que possède ce mot. *Lieu théâtral* d'abord, le lieu concret des représentations dans l'ensemble de la «cité» ou de la ville : lieux théâtraux, le théâtre grec, l'amphithéâtre romain, le théâtre de Vicence, l'Opéra de Paris ou la Scala de Milan, avec leurs rapports matériels particuliers entre scène et salle, leur rôle socioculturel dans la cité.

Le *lieu scénique* est l'espace théâtral considéré dans son rapport avec la pratique concrète de la représentation : mansions de la scène du Moyen Age, diverses scènes à l'italienne, tréteaux de foire, théâtre élisabéthain, etc.

Ce que nous appelons espace théâtral ne saurait se confondre, non plus, avec le «décor», c'est-à-dire à la fois avec le cadre pictural et architectural de l'action et avec l'image que ce cadre donne d'un référent spatio-temporel, situé «ailleurs» dans une réalité historique ou contemporaine. Il peut se définir comme l'ensemble des signes spatialisés d'une représentation théâtrale : on comprend alors que l'on puisse parler de l'*espace* d'une représentation de rue, ou d'un espace théâtral qui, pour telle représentation, engloberait tout ou partie du public. Ou d'un espace dépourvu de toute caractéristique architecturale. L'espace théâtral est une réalité très complexe dans la mesure où il comprend, d'une part, un lieu physique concret, celui de la présence des comédiens (le lieu scénique) et des spectateurs (le lieu théâtral), et d'autre part, un ensemble abstrait, celui de tous les signes réels ou virtuels de la représentation.

Le lieu théâtral de l'époque où le texte de théâtre a été écrit a une grande importance pour la forme de la représentation au double sens de ce mot; changer le lieu théâtral et l'espace scénique d'une pièce, c'est aussi en changer le sens : le théâtre bourgeois de la *mimésis* a transformé *Le Misanthrope* en drame bourgeois, par le fait même d'enfermer la pièce entre les murs d'un salon : l'intimité d'un espace «naturaliste» réduit la pièce au statut de drame sentimental. C'est quitter l'espace hiérarchique de la scène classique, centré autour du roi, pour un espace où la hiérarchie a changé de sens : c'est le public qui est hiérarchisé. De même, c'est une autre vue du monde qu'instaure le théâtre dit à l'italienne quand il crée un espace perspectif homogène en opposition à l'espace non perspectif, non homogène, celui des mystères du Moyen Age, où le lieu scénique ouvert, la division en mansions impliquent une différenciation de la société et de l'univers.

La vue du monde impliquée par la forme de la scène retentit aussi sur l'écriture dramatique : ainsi, la dramaturgie de Shakespeare suppose l'existence des espaces multiples du théâtre élisabéthain, et la vaste aire de la *plat-form* (le lieu dégagé de la scène élisabéthaine, par opposition à ces lieux fermés et petits que sont *recess* et *chamber*) permet l'existence des batailles shakespeariennes qui ne sauraient trouver place sur la petite scène de nos classiques. Les grandes scènes historiques à personnages multiples de la dramaturgie romantique, avec leur rapport nécessaire à un décor historique, supposent les vastes espaces scéniques du XIXe siècle avec leurs décors construits et peints. Les petites scènes pauvres des théâtres de recherche au XXe siècle demandent un petit nombre de personnages et une dramaturgie du quotidien, tandis que l'ère du praticable permet de diviser sans effort l'espace en lieux autonomes.

Une double fonction

Le trait caractéristique fondamental de l'espace théâtral (textuel-scénique) est sa double *fonction* :

— il est un espace de *jeu*, c'est-à-dire qu'il est défini par la pratique physique qui y trouve sa place; il est avant toute chose *le lieu des corps des comédiens,* et ce trait distinctif est absolument universel, quels que soient le mode de représentation et la pratique théâtrale ;

— simultanément, et cela paraît depuis quelques siècles une évidence, non seulement en Occident mais dans le théâtre extrême-oriental, l'espace théâtral est l'imitation d'un espace concret qu'il «copie», mais non à la façon d'un peintre réaliste ; on peut dire qu'il en donne, non pas l'image (*l'icône*), mais la *réplique*, dans la mesure où si, dans *Le Mariage de Figaro*, le boudoir de la comtesse est meublé de fauteuils ou de lits d'«époque», ce ne sont pas des *images* de ces meubles qui sont figurées, mais ces meubles mêmes. Cela, d'ailleurs, en concurrence avec des images (toiles peintes, etc.).

Le jeu et la mimesis jouent *à la fois* dans l'espace théâtral quel qu'il soit, mais la proportion de l'un et de l'autre est différente; telle forme de théâtre contemporain trouve sa place dans un espace de cirque où la prédominance du ludique est presque totale tandis que dans les formes de théâtre naturaliste, ou néo-naturaliste, l'espace-imitation joue presque exclusivement. Ne pas oublier cependant que l'espace du jeu, même dans les scènes les plus ressemblantes, n'est jamais absent — ni, dans les formes les plus ludiques de théâtre, tel ou tel élément mimétique renvoyant la scène à un espace «vécu». Toute tentative de typologie des espaces-théâtre ne peut faire abstraction de *cette double présence spatiale du ludique et du mimétique,* ainsi que du rapport entre l'un et l'autre. D'autant que le seul jeu des corps des comédiens, l'espace qu'ils tissent par leurs seuls mouvements figurent déjà le lieu imaginaire d'une activité humaine.

Ainsi, c'est par le statut de l'espace que la représentation exerce le plus fortement ses contraintes sur le texte, que ce soit par la forme du lieu scénique et des déterminations qu'elle implique ou par la vue imaginaire du monde qui s'y investit : l'univers comme *gran teatro del mondo* sous la Renaissance, la cité comme espace limité homogène et circulaire dans le théâtre grec, l'espace à l'italienne comme vue métaphorique de l'univers social (ainsi dans *Le Mariage de Figaro,* de Beaumarchais, le monde vu comme la salle d'audience d'un procès). A quoi s'ajoutent la gestuelle particulière des comédiens et leur mode d'investissement de l'espace.

Donc, l'espace apparaît le véritable élément médiateur : entre l'univers social et le monde imaginaire de l'écrivain; entre spectateurs et comédiens baignant dans le même espace; entre le texte (espace d'écriture) et la représentation (espace de signes verbaux et non verbaux); entre tous les éléments discontinus de la représentation : personnages, objets, *moments*.

Cette fonction de médiation est complexe : l'espace peut unifier la représentation d'une façon passive, à la façon d'un milieu neutre où baignent tous les éléments scéniques, mais il peut aussi apparaître comme structure obligée, inscrivant déjà des rapports entre ces éléments : clôture-ouverture, séparation-union, intégration-non-intégration, etc. L'espace peut aussi, dans les formes les plus récentes de la représentation, s'efforcer de *ne pas remplir* sa fonction unifiante, obligeant ainsi le spectateur à s'interroger sur la nature de sa propre représentation du monde.

Interroger le texte

Si l'espace théâtral est une part essentielle de la théâtralité, il importe de savoir comment chercher dans le texte les déterminations de l'espace qu'il peut contenir.

Didascalies et indications tirées du dialogue peuvent permettre de figurer un lieu scénique plus ou moins précis (*Lire le théâtre,* p. 175) selon les formes de spectacle : même quand il est dit peu de chose de ce lieu, tel le «corridor» peu différencié de la tragédie classique, l'histoire du théâtre nous permet d'imaginer à l'aide des scènes anciennes un lieu scénique possible. Nous serons aidés par un certain nombre de repérages textuels : ainsi le relevé de toutes les déterminations locales, fussent-elles étrangères en apparence au lieu scénique; j'ai montré ailleurs comment la répétition et la récurrence du mot *bords* dans le texte de Phèdre impliquent un certain type d'espace. La présence dans le texte de Racine d'un vocabulaire renvoyant aux parties du corps humain (yeux, bouche, cœur, mains, etc.) indique une sorte d'espace physique du corps humain dans son morcellement, espace dont la mise en scène peut donner quelque équivalent.

Outre ce qu'on peut y apprendre sur l'espace, les grandes structures de ce dernier dessinent telle ou telle «figure» qui peut se retrouver visible dans l'espace de la scène; les cinq personnages du *Suréna,* de Corneille, dessinent toutes les *configurations* possibles, les unes après les autres. Un très grand nombre de pièces de théâtre racontent le travail d'investissement ou de dessaisissement d'un espace par tel ou tel personnage : *Dom Juan* peut être lu comme l'histoire de la «sortie» agressive d'un personnage dans le monde, suivie de son repli défensif, jusqu'à ce qu'il soit forcé dans ses retranchements et mis à mort. La fable comme le modèle actantiel indiquent des directions qui peuvent être montrées dans l'espace théâtral.

Mais l'écriture même du texte, les images et les métaphores peuvent être à l'origine d'une spatialisation scénique. Antoine Vitez, montant *Les Burgraves* de Hugo, au lieu de traduire scéniquement l'espace du donjon des Burgraves tel que le décrivent les didascalies et le dialogue, a préféré prendre en compte l'arsenal *rhétorique,* les métaphores en particulier, montrant le mouvement vertical (ascension et chute) partout présent dans les images, les métaphores où figurent les thèmes de *ruine* et de *géant* : l'espace scénique est un grand escalier face à la salle, où figurent la tête et la main à demi détruites d'une statue géante (tête «praticable»). La «matrice de spatialité» est ici composée du stock de métaphores du texte, non de ses indications évidentes.

Enfin l'espace théâtral peut être l'image de toutes les constructions psychiques dont le lieu est ce qu'on appelle depuis Freud l'«autre scène» : il apparaît alors comme un champ clos où s'affrontent les diverses instances du moi.

Les lectures d'un texte selon ces diverses *matrices de spatialité* risqueraient de s'exclure si l'espace théâtral (scénique) n'apparaissait pas comme le *lieu de rencontre* de ces diverses constructions, comme leur médiation possible.

Une définition plus large de l'espace théâtral en ferait non pas seulement une collection de signes purement spatiaux, mais un ou plusieurs ensembles de signes organisés regroupant les différents éléments de la représentation : il y aurait ainsi un ou plusieurs espaces composés de lieux de décors, de personnages et d'objets, occupant le même lieu scénique ou des lieux différents, mais constituant des *ensembles organisés* que l'on nommerait *espaces dramatiques*. Ainsi le drame romantique serait le rapport conflictuel de deux *espaces* que l'on définirait sommairement comme l'espace de l'intégration et l'espace de la non-intégration; dans *Le Roi Lear,* il y aurait un espace du dehors (la lande, les champs) et un espace du château féodal, comme dans *Hamlet* à l'intérieur du palais s'oppose un extérieur inquiétant (le fantôme, le cimetière, Fortimbras); dans *Le Mariage de Figaro,* à l'intérieur du même lieu (le château) s'affrontent un espace des maîtres et un espace des domestiques.

Une analyse intéressante peut déterminer dans le texte (et dans la représentation) des ensembles (le plus souvent deux) en rapports de conflit ou d'exclusion-inclusion (Lotman, *La Structure du texte artistique*).

Un cas particulier singulièrement important est la division de l'espace qui déterminerait à la fois dans le texte et dans la représentation une sorte de *zone sensible,* celle du *théâtre dans le théâtre* : lorsqu'un élément théâtral est comme isolé du reste et apparaît à son tour comme l'objet du regard de spectateurs situés sur la scène, quand il y a à la fois sur la scène des regardants et des regardés, quand le spectateur de la salle voit des comédiens en face d'un spectacle que lui-même regarde aussi. Situation qui n'est pas seulement celle de la scène des comédiens de *Hamlet,* ou de *L'Illusion comique,* de Corneille, mais qui est beaucoup plus générale : elle intervient chaque fois qu'un acteur prend à témoin le public ou un autre acteur, avouant ainsi la théâtralité ou la proclamant. Fonctionnement spatial d'autant plus important que cette zone de théâtre dans le théâtre est celle où le théâtre se proclame lui-même dans sa vérité.

La Cerisaie, *de Tchekhov, mise en scène de Giorgio Strehler, décor de Luciano Damiani (Piccolo Teatro, Milan, 1974). Le décor de l'acte II est un espace du dehors, parfaitement instable, «impossible», fait pour* ne pas remplir *sa fonction unifiante de milieu naturel. (Phot. © Luigi Ciminaghi.)*

Ci-dessous : Penthésilée *de Kleist, adaptation de Julien Gracq, mise en scène de Michel Hermon et L. Melki, par le Théâtre de la Tempête (Cartoucherie de Vincennes, 1977). Espaces pluriels : nature et culture (chevaux-sculptures et chevaux vivants), espace des hommes et espace des femmes se composent sur le même sol nu. (Phot. © Nicolas Treatt.)*

Interroger la représentation

L'analyse des possibilités spatiales du texte théâtral montre, nous l'avons vu, qu'elles sont extrêmement complexes et riches, et si elles ne sont pas toutes actualisées dans la représentation, celle-ci peut inventer et montrer des figures nouvelles dans l'espace.

La représentation montre un rapport déterminé au spectateur; non seulement la forme de la scène, mais la forme des deux aires (public-acteurs) est révélatrice d'un certain sens de l'espace; ainsi la scène à l'italienne, avec la *perspective* qu'elle impose (perspective qui favorise le regard des spectateurs *bien placés*) marque une séparation profonde entre la scène et le spectateur réduit au rang de voyeur passif, tandis qu'en revanche (théâtre de boulevard) elle ouvre sur un espace imaginaire, un monde *en continuité* avec celui de la scène : le salon bourgeois suppose un univers de même nature qui le prolonge derrière la scène. Au contraire toute aire de jeu sans prolongement (tréteau, plateau entièrement visible, sans coulisses) suppose la rupture avec le reste du monde, le théâtre s'affirmant comme théâtre, aire de jeu autonome, mais instaure une complicité avec le spectateur, contraint de participer activement à ce qui lui est montré.

La première dimension du temps au théâtre est celle du récit *fictif,* celle qui est commandée, sinon imposée par le texte, et perçue par le spectateur comme successivité.

Dans le temps même où il perçoit des réseaux de signes simultanés, le spectateur suit une *histoire*. Brecht, pour une fois, se retrouverait d'accord avec Artaud, l'un et l'autre privilégiant l'action (quoique dans des sens opposés); et les spectateurs naïfs (les autres aussi), pris par le suspens, attendent «la suite».

A l'intérieur de la succession du récit on peut déterminer tout d'abord l'opposition entre une situation de départ et une situation d'arrivée, avec entre les deux la ou les étapes médiatrices. Ainsi on peut comprendre comment dans *Le Cid* on passe d'une situation de conflit féodal à l'apaisement monarchique (on pourrait définir d'une façon analogue l'action de *Cinna*).

La fable

La *fable*, au sens brechtien du terme, est le produit de la construction d'un *récit* au sens linguistique du terme, c'est-à-dire la *transformation d'un discours en récit*, selon la distinction que fait Emile Benveniste entre ces deux termes : a) à une énonciation personnelle (la parole des personnages) succède dans la fable une narration impersonnelle ; b) le système temporel du présent devient passé. La fable, c'est-à-dire la mise à plat des événements dans leur exacte succession chronologique, a l'avantage incontestable de mettre en lumière la *causalité* historique et le comportement *(gestus)* fondamental de chacun des personnages à l'intérieur de cette causalité. Cette pratique élimine ou tente d'éliminer la notion de point de vue (le sujet de l'énonciation) ; en fait, celle-ci est simplement déplacée : à la «voix» des personnages succède l'énonciation du «fabricateur» de la fable, dramaturge au sens allemand du terme, ou metteur en scène, ou professeur. Il peut y avoir une pluralité de fables construites : on peut écrire la fable de *Phèdre* en privilégiant soit l'histoire de Phèdre, soit l'histoire des rapports entre un père-roi et son fils successeur possible ; même en respectant la chronologie événementielle, le résultat risque d'être différent selon qu'on adopte l'un ou l'autre *point de vue*.

Toute construction d'une fable suppose au départ un point-origine qui nous évite de remonter trop haut le cours du temps. Pour *Phèdre,* nous pourrions remonter jusqu'à Jupiter, à la fois par la lignée de Phèdre et par celle de Thésée. Il est donc important de déterminer le point-origine de la fable, c'est-à-dire la «figure» à partir de laquelle la situation d'équilibre antérieur se met à basculer. Ce n'est pas nécessairement le début de la pièce, le temps historique et le temps scénique ne coïncidant pas. L'analyse de la fable de Phèdre exigerait peut-être que l'on remonte jusqu'au départ de Thésée, laissant le trône vide. Un second cas peut être illustré par la fable du *Roi Lear,* les premiers tableaux étant la préparation du *coup initial* qu'est l'abdication de Lear aux mains de ses filles. Mais dans *Mère Courage,* de Brecht, le coup d'envoi est donné par le lever du rideau : c'est le cas où, plus que devant un drame, on est devant une chronique dramatique, où la durée s'installe.

Le «baisser du rideau» n'est pas davantage la clôture de la fable. Celle-ci peut rester ouverte, ne pas «finir». De toute façon, la clôture et l'ouverture de la fable sont relatives : la fermeture d'un *temps* est l'ouverture d'un autre ; la fermeture du temps tragique accomplie par la mort d'Hippolyte et de Phèdre marque l'ouverture du règne conjoint de Thésée et d'Aricie. Le désordre d'une royauté mise en pièces dans les fables shakespeariennes de *Lear*, de *Richard III,* de *Macbeth* laisse la place à la temporalité nouvelle d'un règne pacifié. On peut dire cependant que s'opposent les récits dramatiques dont la temporalité est bouclée, où il n'y a pas de lendemain visible, ainsi la fable de *Bérénice* ou celle du *Suréna* de Corneille, ou celles d'*Hernani* et de *Ruy Blas,* et les fables ouvertes, *Athalie,* ouvrant sur un temps prophétique, celle du *Cercle de craie caucasien* (Brecht) ouvrant sur un temps utopique. Or toute fable à fin «ouverte» a deux sens possibles : ou bien dire l'éternel retour, la suite indéfinie d'une situation qui ne se modifie qu'en accroissant *sa propre entropie* (Ionesco, Beckett) ; ou bien ouvrir sur une perspective, fût-elle utopique et confiée au bon vouloir du spectateur, à sa propre volonté de changer une situation virtuellement répétitive ; ainsi les fins des pièces de Brecht ouvrent sur un temps *autre,* celui de l'action du spectateur, le temps scénique laissant la place au temps vécu.

Le présent et le passé

«Le théâtre, dit Thomas Mann, est un présent qui ignore le jour passé.» Mais le récit, lui, est au passé. C'est cette contradiction qui contraint de trouver, à l'intérieur du récit au passé, un point-origine qui sera l'ancrage du présent scénique.

Le travail du théâtre, à la fois récit (passé par définition) et jeu scénique, présent par définition, suppose une dialectique présent-passé analogue à la dialectique présence-absence propre à l'espace.

Mais la notion de passé n'est pas simple, elle est constituée de couches superposées. Quand Roger Planchon ou Antoine Vitez jouent Racine, quel passé est convoqué ? L'Antiquité classique, le siècle de Louis XIV, l'image que nous avons de l'Antiquité ou celle que Racine pouvait en avoir ? Ce sont donc quatre rapports présent-passé différents que l'on peut figurer scéniquement. Il ne s'agit pas du seul théâtre classique : la moindre distance temporelle détermine un écart, et le passé figuré sera toujours un rapport entre deux ou plusieurs vues du passé. Le présent même dans ses rapports à la fable n'est guère moins complexe : est-ce le présent du jeu scénique et/ou celui de la référence à une histoire présente (à une actualité politico-sociale) ; est-ce le présent de notre code culturel ? Présence scénique, présence politique, présence du code jouent avec les passés convoqués. Au metteur en scène de trouver son rapport temporel, entre archéologies et lectures au présent.

Au théâtre, le temps ne se voit pas, il est pour chaque spectateur la durée vécue, irréversible de la représentation. En revanche, le temps de la fiction, lui, n'est pas perçu directement, il n'est reconstruit qu'à partir de signes. S'il s'est écoulé six mois pen-

Les représentations du Misanthrope

Comme la lecture, la mise en scène n'est jamais neutre.

On a pu représenter Le Misanthrope *dans les lieux scéniques les plus divers. L'espace traditionnel est le* salon de Célimène, *représenté comme un lieu social précis, fonctionnel, avec cadre correspondant à un certain type de vie mondaine ; les mises en scène traditionnelles, qu'elles soient jouées en costumes du XVIIe siècle ou qu'elles veuillent rendre la pièce contemporaine, se réfèrent à un certain type de socialité qui, bien plus qu'à celle du XVIIe siècle, renvoie au décor des réceptions du XIXe siècle telles que Balzac nous les décrit ; cet espace suppose des relations humaines telles que l'homme qui y figurerait et s'y révolterait ne pourrait apparaître que comme un psychopathe, à la limite un paranoïaque ; ce que montrait fort bien, il y a quelques années, une représentation de Jean Gillibert. Ce type d'espace privilégie les relations interpersonnelles et leurs distorsions : l'essentiel devient la relation Alceste-Célimène.*

Dans la mise en scène de Jean-Pierre Vincent (Théâtre national de Strasbourg, 1977), un immense plateau nu, dont le sol est aussi lisse qu'un miroir, détermine une sorte d'« espace invivable ». La scène des portraits est dite, tous les personnages étant assis sur des chaises, en brochette, au pied d'un mur aussi couvert de tableaux d'« époque » que les murs de Versailles auxquels on est irrésistiblement obligé de penser. Au fond de la scène, une galerie vitrée dispense l'éclairage, comme si toute lumière venait d'ailleurs, du lieu royal. Le salon de Célimène apparaît lieu de passage, antichambre, mais en même temps lieu d'apparat avec ce sol-miroir, et sa sociabilité « réfléchie », avec ces murs latéraux ornés d'or et de peintures. L'essentiel devient le rapport à la cour, absente-présente, et l'affaire Alceste apparaît une crise de société.

Antoine Vitez, en 1978, met en scène quatre Molière dont Le Misanthrope, *dans le même espace nu, avec au fond un grand mur rouge et or percé de portes et de fenêtres, mur à la fois intérieur et extérieur, repris du décor agrandi de la villa des Mystères à Pompéi. Ce que traduit cet espace dépouillé ponctué d'une table et de chaises toutes simples, c'est d'abord l'unité de l'univers de Molière, et cette ambivalence qui fait du drame d'Alceste à la fois une affaire intérieure et un conflit extérieur social.*

dant l'entracte, nous ne percevons pas directement cette fuite du temps, malgré les signes fournis par la scène, tandis que l'espace fictionnel (une salle de palais, un atelier) est immédiatement perçu. De là la connaissance tout intellectuelle et reconstruite que nous avons du temps théâtral comme rapport entre la durée vécue de la représentation et la durée fictionnelle.

La doctrine classique veut que ce rapport soit aussi étroit que possible, et surtout que le temps de la fiction et celui vécu par le spectateur soient tenus pour *homogènes*. On voit comment cette conception classique du temps théâtral prive l'acte théâtral de sa dimension temporelle, pour en faire un acte instantané, un ici-maintenant sans épaisseur : ainsi dans la dramaturgie classique, chez Racine en particulier, l'histoire est *avant* ou *après*. C'est la guerre de Troie, avant dans *Andromaque,* après dans *Iphigénie*. L'Histoire n'est jamais en train de se faire, elle n'est présente que comme système de référence.

En revanche, chaque fois qu'intervient l'Histoire, le rapport des deux durées change, et le spectateur est confronté à la nécessité de construire le rapport entre la durée qu'il éprouve et la connaissance intellectuelle qu'il a des discontinuités, des trous dans le déroulement du temps. Du même coup, il reçoit ce qui est non le nœud et la résolution d'un conflit mais un *récit*. La discontinuité temporelle, qui se creuse *entre* les grandes séquences, *dans les intervalles,* est l'une des caractéristiques les plus fortes d'une dramaturgie épique (Shakespeare ou Brecht). Le récit est alors avantagé, rendant ainsi compte non seulement du changement mais des processus historiques et psychiques par lesquels ce changement advient.

Corollaire : cet autre traitement du temps change la nature des séquences ; à une dramaturgie en actes (dramaturgie du «dramatique) se substitue une dramaturgie *en tableaux* (épique) ; et ce qui différencie actes et tableaux, ce ne sont ni le nombre ni la longueur, qui sont dans les tableaux fort variables, c'est la *discontinuité* entre eux et la relative clôture du tableau, comme chez Brecht où chaque tableau a son autonomie propre.

De ce fait, le spectateur est contraint de réfléchir sur la nature de l'intervalle, donc, de *donner sens au temps*. Les deux temporalités, temps théâtral et temps «ordinaire», n'étant pas homogènes, du même coup la théâtralité et la réflexion sur le monde s'imposent à lui, dans leur rapport et dans leur différence.

L'espace est mis en cause dans le théâtre du XXe siècle mais le temps l'est aussi. A partir du moment où la représentation cesse d'être centrée autour d'une vue objective de l'espace-temps, deux tendances divergentes apparaissent qui font subir à la linéarité du temps social une distorsion.

Ce peut être — l'exemple initial célèbre en est *L'Inconnue d'Arras,* d'Armand Salacrou — la substitution au temps objectif, au temps de l'horloge, d'un temps subjectif, non linéaire, temps de la mémoire. L'argument de la pièce met en question le temps : Ulysse, qui s'est tiré un coup de revolver par désespoir d'amour, revoit en un instant sa vie, et la volée de ses souvenirs, de ses désirs le reconduit à cette place même où il a fait son dernier geste. Le texte déroule dans un désordre apparent la succession hasardeuse des expériences, et le temps théâtral est celui de l'anamnèse. En fait, le travail du retour en arrière, très subtil, dissimule l'horlogerie du destin qui

Roger Planchon dans le Tartuffe *de Molière, mis en scène par lui-même (Villeurbanne, 1974). Dans cette nouvelle mise en scène (la première datait de 1964), Planchon établit un jeu entre les signes du présent (le vêtement) et ceux du passé culturel (la statue du Christ baroque). (Phot. © Lesly Hamilton/Gamma.)*

La Classe morte, *de Tadeusz Kantor, mise en scène de l'auteur (théâtre Cricot, Cracovie, ici à Paris au Festival d'automne 1977). Jeu avec le temps : le présent des personnages décrépits se mêle au passé de la salle de classe et des petits écoliers, marionnettes immobiles. (Phot. © agence Bernand.)*

pousse inexorablement le héros vers la mort ; tout le travail du texte creuse l'antinomie entre la mémoire, qui redresse l'entropie du monde, et la pesante machinerie du destin.

Un autre travail est celui de la simultanéité ; ce n'est plus l'ordre du temps qui est violé, c'est la successivité des instants, et la présence de séquences simultanées *décentre* la représentation, empêche le héros principal de fonctionner comme centre, comme «conscience spéculaire» (Althusser) : à partir du moment où l'espace scénique apparaît comme un champ de forces simultanées et non concourantes, l'idée même d'une causalité toute-puissante, d'un vouloir conscient, est battue en brèche. Il ne serait pas très difficile de trouver ce travail de la simultanéité dans le théâtre élisabéthain, dans lequel l'espace multiple rend possibles la juxtaposition et l'entrecroisement de fils et même de temporalités différents : *Lorenzaccio* est fait de ces juxtapositions et confrontations temporelles, avec de telles irrégularités voulues que toute chronologie devient impossible.

Dans la dramaturgie du quotidien, forme neuve du théâtre contemporain, le travail de la simultanéité présent dans les textes comme le *Par-dessus bord,* de Michel Vinaver, ou *Dimanche,* de Michel Deutsch, s'accompagne d'une fragmentation, d'une atomisation des séquences ; le noir ou la pause se fait entre des séquences qui se succèdent à une rapidité folle ; le spectateur ne peut plus se fier à l'ordonnance régulière du temps ; le temps est «hors de ses gonds» et la simultanéité permet de montrer un univers où les rapports humains sont trop dispersés, où le temps psychique individuel est trop morcelé, où l'univers social est trop anarchique pour que le travail de la dramaturgie apparaisse autre chose qu'une marqueterie kaléidoscopique.

Le travail sur le temps, toutefois, n'est pas séparable du travail sur l'espace. La simultanéité implique la coexistence sur scène d'espaces pluriels ; si l'on peut parler d'inversion du temps à propos de *L'Inconnue d'Arras,* c'est parce que la mémoire du héros convoque dans le même espace des temps différents ; dans tous les cas c'est la polyvalence de l'espace qui détermine celle du temps.

C'est que le premier signifiant du temps est l'espace. Ainsi la perception, capitale, de la distance historique, le sens du *passé* a pour signifiant des marques spatiales. Le rapport à l'histoire, rapport temporel, ne se fait pas sans une référence à l'action dans l'espace. Un exemple : dans *Ruy Blas,* la ruine des espérances historiques du héros dans une action efficace s'accompagne du resserrement progressif du lieu de l'action devenu «palais-prison» avant d'être le réduit de l'assassinat. En même temps que l'espace se resserre, le temps s'accélère, les pauses temporelles se font plus courtes et l'on passe d'une structure historique à une structure tragique, où la temporalité se réduit à une journée ou même à une partie de journée. Cet exemple n'est pas isolé. C'est la loi même du message théâtral, en ce qui concerne aussi bien le texte que la représentation, que le champ de son action ne soit ni un temps ni un espace, mais un espace-temps dont toutes les coordonnées sont liées.

Le discours de théâtre

Le mot discours dans le domaine du théâtre ne peut être qu'équivoque : désigne-t-il simplement le discours parlé ou bien l'ensemble des signes produits par la représentation ? Dans ce dernier cas nous appellerions discours théâtral le texte de la représentation, comprenant non seulement les signes linguistiques, mais tous les signes visuels et auditifs. En fait, nous en resterons à ce qui est dans le texte — et la représentation — la *chaîne parlée.*

Didascalies et dialogues

Nous avons vu que la caractéristique du texte de théâtre est de comporter deux couches textuelles (l'une et l'autre constituant le texte-discours du théâtre) dont les traits distinctifs ne sont pas les mêmes. L'une comprend les didascalies ; elle a pour émetteur le scripteur, pour récepteur-destinataire le praticien du théâtre. Elle a une force *illocutoire* (Austin) : la didascalie est en effet un ordre donné au praticien de bien vouloir fournir les prestations indiquées. L'énoncé : «Une table et trois chaises» est un ordre disant : «Mettez sur scène une table et trois chaises.» La didascalie : «Il s'assied» est une injonction au comédien de s'asseoir à ce moment du déroulement de la représentation.

La couche discursive des didascalies n'a donc pas le spectateur pour destinataire prévu ; elle n'est pas pour lui ni pour le lecteur, à la limite : il peut être considéré non comme un consommateur normal des indications scéniques, mais comme une sorte de praticien virtuel, qui doit construire une représentation imaginaire (tout infirme qu'elle soit) et installer «une table et trois chaises» sur sa scène mentale. Les didascalies peuvent être tenues pour la médiation entre l'univers du texte et celui de la représentation : elles figurent la couche textuelle médiatrice, définissant le rapport texte-représentation.

Il faut remarquer que l'importance de cette couche didascalique à l'intérieur d'un texte de théâtre est extrêmement variable selon les époques : on sait que les premières éditions de Shakespeare ne comportent pas de didascalies, et que celles qui figurent dans les éditions suivantes sont en fait simplement la réécriture des indications que donne le texte du dialogue lui-même. En revanche, plus on avance dans le XIXe et le XXe siècle, c'est-à-dire plus l'importance du metteur en scène s'accroît, plus la couche didascalique s'épaissit : les indications scéniques de Beckett sont célèbres pour leur importance (dans *Acte sans paroles,* elles forment même la totalité du texte théâtral). Si Shakespeare ou Molière n'ont pas besoin de didascalies, c'est d'abord qu'ils sont leurs propres metteurs en scène, et surtout qu'ils travaillent dans un contexte théâtral où les formes sont étroitement codées. A la première apparition de Phèdre (I, 3), le texte dit : «*Elle s'assied*», indication inutile, si la gestuelle des personnages tragiques n'était étroitement codée et n'interdisait de s'asseoir ; de même la formule d'Auguste ordonnant à Cinna : «Prends un siège, Cinna, prends...» (avec l'insistance) indique la solennité extraordinaire du moment de la révélation. Au contraire, la volonté historique du théâtre de Hugo multiplie les didascalies chargées de préciser le contexte dans l'Histoire. Le théâtre contemporain s'efforce de déterminer pour les personnages le contexte physique de la parole ; il arrive parfois que chez tel auteur (Richard Demarcy) le texte didascalique soit une sorte de poème en marge à la fois du texte et de la représentation, destiné aux comédiens comme aux lecteurs.

Prolixes ou discrètes, et complétées nécessairement par les indications que donne le dialogue, les didascalies définissent les conditions de la parole, qu'elles soient inscrites dans le texte comme éléments de fiction ou dans la représentation comme structures, respectivement, de l'espace-temps scénique et de l'univers fictionnel représenté.

L'autre couche discursive est celle du *dialogue* qui comprend aussi, bien entendu, les monologues. Elle est insérée *à l'intérieur* de la couche didascalique et elle fonctionne comme *discours rapporté* au discours direct : tout se passe comme si l'auteur «reproduisait» les discours tenus par les personnages. Ainsi le dialogue a deux énonciateurs : le scripteur et le personnage ; et deux destinataires : le public et le personnage-interlocuteur.

Le discours rapporté, au théâtre, a une caractéristique : rien ne paraît y subsister de la voix du scripteur (ce qui n'est pas absolument le cas dans le roman, par exemple) : le discours rapporté est complètement coupé du discours rapporteur qui l'encadre et le présente. Le discours dialogué *a l'air* autonome par rapport au scripteur et aucun signe de l'énonciation du scripteur n'y subsiste : Racine ou Claudel n'inscrivent pas leur opinion, leur ironie, leur jugement à l'intérieur des paroles des personnages ; le scripteur est absent en tant que tel du discours des protagonistes.

Si l'on tient pour acquis le fait que tout discours tire son sens aussi de son destinataire, ce sont quatre voix qui se font entendre dans le discours théâtral total (celui de la représentation) : le locuteur 1 (scripteur); le locuteur 2 (public, à la fois locuteur et allocutaire); le locuteur 3 (personnage); son allocutaire (autre personnage).

C'est donc à deux niveaux différents que le discours théâtral est marqué par l'intersubjectivité : rapport entre le scripteur (et le praticien), d'une part, le spectateur, d'autre part, mais aussi rapports entre les discours des personnages.

Le discours produit par le texte théâtral peut-il être analysé en fonction du scripteur seul et considéré comme discours de Racine, de Shakespeare, de Beckett? Rien ne nous l'interdit; nous pouvons relever les particularités sémantiques et stylistiques qui font du discours de *Bérénice* et de *Phèdre* le discours de Racine, en ce cas, prendre le mot *discours* dans son sens restrictif de totalité des énoncés produits.

En fait, le message discursif du scripteur rencontre dans le fonctionnement concret du théâtre des récepteurs (les lecteurs-spectateurs), et l'écoute de ces récepteurs modifie le message lui-même. Prenons un exemple. Planchon se glorifiait un jour d'avoir dans la *Bérénice* de Racine fait pour la première fois *entendre* le vers dit par Titus : «J'ai parfois souhaité la place de mon père.» Planchon ne se vantait pas à tort; et il est exact que le spectateur de 1966, grâce au comédien (Sami Frey), pouvait entendre cette phrase et ce qu'elle implique. Mais comment, sinon que, instruit par un demi-siècle de vulgarisation du freudisme, le spectateur entendait un discours qu'il reconnaissait : celui de l'ambivalence des sentiments filiaux? L'écoute du spectateur pénètre le discours scénique et le conditionne à son tour. Non seulement il est entendu truffé des allusions à l'actualité historico-politique (la tyrannie féodale de *Macbeth* étant vue, par exemple, à la lumière des tyrannies de notre siècle), mais d'une façon beaucoup plus générale il ne peut être compris ni même entendu que par le prisme du discours intérieur du spectateur.

On comprend alors comment et pourquoi la voix du praticien double celle du scripteur. Le discours du scripteur, sur la scène, veut rencontrer des destinataires non prévus, et des spectateurs nouveaux devront adapter à leur propre écoute un texte qui n'est pas écrit pour eux.

Le praticien doit fabriquer les *médiations* entre le récepteur d'hier et le récepteur d'aujourd'hui. Travail parfaitement original et créateur, qui n'est pas simplement celui de la mise en scène des classiques, de textes anciens : le moindre décalage temporel, si mince soit-il, ou tout changement dans le public (la province, l'étranger, un autre milieu social), toute variation dans la forme textuelle (mise en scène d'un texte romanesque) exigent ce travail de «réécriture», de fabrication d'un discours pour lequel à l'émetteur premier (le scripteur) s'ajoute un émetteur second.

Le praticien pourra ou bien saisir le discours du scripteur comme une totalité dont il devra ou voudra rendre le sens total (y compris si possible les conditions et le code d'émission), un édifice dont il faudra respecter les proportions, reconstruire les parties manquantes, tout en l'éclairant autrement. Ou bien il verra dans le discours premier une «architecture brisée» (Vitez), des fragments dont il faudra montrer les failles et les ruptures, dans une absence (dialectisée) d'unité.

Qui parle?

La caractéristique du dialogue de théâtre est d'être une parole concrètement dite et entendue. Si les voix du scripteur et du praticien peuvent être tenues pour des voix abstraites, le dialogue, lui, est entendu réellement par l'oreille physique du récepteur. Mais cette parole réelle est en même temps une parole simulée; la voix réelle, c'est celle du comédien, la voix simulée est celle du personnage. Ce qu'on entend sur scène ce sont donc deux voix mêlées.

Le discours dialogué s'écrit dans un échange discursif entre deux ou plusieurs locuteurs (sauf le cas particulier du monologue). Chaque locuteur est double : le comédien est le sujet d'une parole réelle (inscrite dans la pratique scénique); le personnage est le sujet d'une parole simulée, et simulée en tant que parole individuelle. Ce qu'on entend, c'est à la fois un discours imaginaire qui a des conditions d'énonciation imaginaires et un discours réel qui a des conditions d'énonciation réelles; la *pragmatique* théâtrale est donc faite de ces deux couches distinctes de conditions d'énonciation : le comédien parle dans un certain lieu scénique avec des conditions physiques d'émission de son discours; le personnage est par exemple en prison ou sur un trône; son discours dépend de ces conditions imaginaires.

Le statut de la parole théâtrale est tel qu'elle ne peut apparaître comme la propriété d'un sujet. Ainsi, l'énonciation théâtrale permet peut-être de comprendre que nous ne sommes pas les seuls auteurs de notre parole.

Parole simulée, la parole théâtrale est déchue de sa valeur de vérité. Certes, elle communique réellement, du comédien au spectateur (il faudrait étudier comment et par quelles voies la réponse du spectateur revient au comédien : respiration, murmures, applaudissement, mode d'écoute, critiques professionnels et autres); mais elle implique un présupposé de base, un vrai *présupposé* logique, à savoir qu'elle n'a de valeur de vérité que sur scène et que, parole réelle, elle n'est vraie que là. Le présupposé qui sous-tend tout le discours théâtral est le suivant : *nous sommes au théâtre*. Et peut-être pouvons-nous trouver ici le fondement linguistique du phénomène de la *dénégation*. Non seulement le discours du personnage est un discours rapporté, mais il est un discours exhibé, montré. C'est une parole dite sur un théâtre, par un homme de théâtre. En ce sens, elle ne peut pas apparaître comme la parole d'un individu réel, non seulement parce que l'énonciation qui l'a produite est double, à la fois réelle et imaginaire, mais aussi parce que — parole simulée, donc déniée — elle est avant tout déniée *dans son origine* : celui qui la parle n'est pas celui qui la parle. La dénégation porte moins sur les conditions de vérité de la parole que sur l'identité de celui qui la parle.

Le sujet de l'énonciation — comme le lieu même de l'énonciation — est mis en question et comme suspendu dans le discours théâtral La caractéristique linguistique du discours de théâtre (le discours-dialogue) est d'être entièrement construit sur les *embrayeurs* : les pronoms personnels *(je, tu),* et sur un *ici-maintenant* sans aucune spécification référentielle.

Le *je* du personnage de théâtre n'a *pas de référent concret* : même si c'est Alexandre ou Cléopâtre, ce sont des Alexandre et des Cléopâtre fictifs qui ne renvoient que métonymiquement au personnage historique. Le *je* d'Achille, d'Alceste ou de Mère Courage ne renvoie en particulier à personne pour deux raisons conjointes : il s'agit d'êtres de fiction : n'importe quel comédien ou comédienne peut dire ce *je*.

Le discours d'un personnage de théâtre peut apparaître fictivement comme le produit d'une individualité complexe et construite, douée d'un langage particulier, d'un *idiolecte*; et il est possible de distinguer les auteurs qui construisent pour chaque personnage un langage différencié (ainsi l'effort de Shakespeare et de Molière pour individualiser les discours) de ceux, tels Racine ou plus près de nous et à un moindre degré Beckett, qui donnent très généralement (sauf rares particularités stylistiques) le même langage à chacun.

On comprend aisément, vu ce qui précède, qu'il est difficile de saisir dans un langage de théâtre le produit d'une individualité psycho-physiologique, d'un «caractère» à la fois physique et psychique : le discours d'un *personnage* est toujours montré comme *social*.

Ainsi le langage à la fois brutal et légèrement archaïsant qui est celui d'Alceste dans *Le Misanthrope* paraissait aux contemporains caractéristique de son groupe social (nobles «conservateurs», en retrait). Ces particularités stylistiques, tout autant que le contenu même des propos, étaient aussi visibles pour les contemporains de Molière que pour nous le style, le phrasé, les idées d'un énarque. Ce serait, cependant, une erreur de croire que le langage d'un personnage est directement déterminé par sa position sociale, et l'un des acquis les plus importants du théâtre contemporain, à partir de Bertolt Brecht, est de montrer le langage non pas en relation avec la position sociale «réelle» du personnage, mais avec sa position sociale imaginaire.

Dans certains cas, c'est non le langage (nous entendons par *langage* à la fois les particularités stylistiques et le contenu sémantique, la langue étant le matériau linguistique), mais la langue même qui est modifiée : ainsi les paysans de Molière ou les *niais* du mélodrame parlent un dialecte populaire, ou prétendu tel. Mais si le théâtre exhibe certains «parlers», c'est toujours pour mettre le personnage qui les utilise en position d'exclusion : plus que des discours, ce sont des non-discours, ou des discours à distance de la communication.

L'énonciation

S'il est un fait que le théâtre montre sans ambiguïté, c'est la non-autonomie du discours tenu par un sujet et l'impossibilité où nous sommes de lui trouver un sens hors de sa situation de parole. Cette situation de parole est d'abord présente dans le langage des protagonistes sous forme de *présupposés,* qui sont ce que le sujet et l'Autre ont en commun pour pouvoir dialoguer. Ces présupposés sont évidemment en relation avec la situation fictionnelle et non avec la situation scénique, avec la situation du personnage, non avec celle du comédien.

Donc, dans le dialogue entre un roi et un vassal, il y a deux couches d'informations, l'une provenant directement du dialogue, l'autre issue d'éléments extra-textuels concernant les situations de parole et le statut de la parole du vassal par rapport à celle du roi. Cette situation peut être de contestation, mais de contestation par rapport à un statut connu de tous, à commencer par les protagonistes.

De là, dans le discours de théâtre, une série impressionnante de non-dit en couches superposées. Tout d'abord, la parole théâtrale dépend de ses conditions d'énonciation : aucune formule n'a de sens en soi, pas plus les mots célèbres du théâtre classique («Qu'il mourût», «Qui te l'a dit?», «Le pauvre homme!»), que les propos apparemment informes du héros beckettien. Inversement, une part considérable du message tient dans la situation de la parole : que dit ou que peut dire un homme tenu au bout d'une laisse comme le Lucky de Beckett?

Parmi ces conditions d'énonciation, figurent les *rapports de forces* entre personnages, la contrainte ou le chantage affectifs jouant autant que la pure violence, et le «désir» déterminant chez celui qui l'éprouve une situation de faiblesse. De là l'extraordinaire dialectique de la force brutale et de la faiblesse amoureuse qui, dans le théâtre de Racine, structure le discours des puissants. Dans *Le Roi Lear*, le conflit éclate à partir du moment où, entre Lear et ses filles aînées, le rapport de forces est tout à coup inversé : elles sont devenues les maîtresses et, à l'intérieur du discours de Lear, s'inscrit un conflit d'une rare violence entre la parole de l'autorité et la situation réelle de faiblesse. Ce conflit fait de la parole progressivement un délire. Ce qui est le plus important, c'est moins peut-être la situation de parole du personnage, y compris sa position de force ou de faiblesse, que les rapports entre les diverses situations de paroles.

Ces rapports sont rarement dénotés explicitement, mais ils forment un message second qui domine le sens du message premier, et que les signes de la représentation devront mettre en lumière. Ce non-dit du discours est constitué avant tout des *présupposés*.

Présupposés de faits : dans *Iphigénie,* il y a un roi, Agamemnon, qui a une fille, etc., et la guerre de Troie est déclarée; tout le contexte historico-mythique fait partie des présupposés de faits.

Présupposés de valeurs : ce que les personnages ont *en commun* dans leur code culturel et leur vision du monde pour pouvoir dialoguer. Dans *Macbeth,* le discours de tous est construit sur les présupposés suivants : le pouvoir royal est une chose capitale; le roi est sacré ; un roi (un homme) sans descendance n'est rien.

Dans certains cas (théâtre dit de l'absurde), la tâche consiste à faire dialoguer des gens qui n'ont pas de présupposés communs : c'est l'origine du comique d'Ionesco, par exemple. D'une façon plus générale, le comique est lié au rapport, dans le discours, entre le dit et le non-dit, au contraste entre les paroles et la situation d'énonciation, entre le posé du discours et un présupposé qui l'annule. Ainsi, les discours de vantardise des personnages du type Matamore font rire, dès le départ, par leur confrontation avec un présupposé culturel : *le personnage est lâche* (il est ainsi codé et le spectateur le reconnaît comme tel).

Flowers, *adaptation et mise en scène de Lindsay Kemp, d'après* Notre-Dame-des-Fleurs *de Jean Genet (Londres, 1977).*

Un univers totalement masculin, où la féminité est seulement citée *: elle est parure, théâtre et masque. (Phot. © Roger Perry.)*

La parole de l'autre

La parole de l'Autre est toujours présente à l'intérieur de mon propre discours, tout simplement parce qu'il est mon interlocuteur et que je sais ce que je dois et peux lui dire à lui personnellement. Elle y est présente aussi non seulement à titre de présupposé, mais d'*énoncé tout fait,* représentant la reprise ironique ou sérieuse du discours de l'Autre à l'intérieur du propre discours du sujet. Ce discours peut être présent comme une concession. Ainsi Alceste évoque la liberté amoureuse revendiquée par Célimène : «Je sais bien... Que toute âme est libre de nommer son vainqueur.» Il peut être présent à l'état d'ironie comme dans la scène fameuse du *Jules César,* de Shakespeare, où Marc Antoine retourne la foule romaine, après le meurtre de César, en reprenant autrement, à l'envers, le discours des conjurés.

Le discours de l'Autre est présent sous une forme parfois très subtile : ainsi la récurrence d'un vocabulaire désignant la cour et le monde dans la parole d'Alceste marque la place disséminée d'un discours mondain *à l'intérieur* du discours total du personnage. Le dialogue intérieur est particulièrement visible dans les moments de monologue et de méditation, mais il est textuellement présent partout : le *dialogisme* dont parle Bakhtine, qui l'analyse chez Dostoïevski (Bakhtine, *La Poétique de Dostoïevski,* Seuil), peut être montré dans tout discours de théâtre. Nous avons pu indiquer comment le discours d'Hermione dans *Andromaque* est semé de propos entendus, de discours de courtisans. Le discours de personnages royaux chez Corneille est truffé d'énoncés machiavéliques renvoyant à une politique pessimiste que les personnages ne prennent pas toujours à leur compte, qu'ils se contentent de *citer*.

Si, comme le dit Althusser, «l'idéologie interpelle l'individu en sujet», c'est aussi et peut-être principalement par le biais du langage, de discours et de formules toutes faites. Le discours du personnage apparaît alors, non pas le flux continu produit par le mouvement d'une conscience, mais comme un montage ou même comme un collage de discours autres, venus d'ailleurs, aliénés-aliénants, au sens étymologique du mot. Ainsi, ce qu'on appelle le théâtre du quotidien montre l'idéologie au travail dans le langage sous la forme par exemple des discours entendus et répercutés ou du vocabulaire des médias ou des proverbes moralisants. Les personnages de F.X. Kroetz, dramaturge allemand contemporain, n'ont pas de langage à eux, ils communiquent plutôt mal que bien, par fragments hétéroclites de discours qui ne leur appartiennent pas. Michel Vinaver dans *Dissident*... montre une mère ne pouvant communiquer avec son fils que par les formules toutes faites que lui fournit le monde qui l'entoure, formules perpétuellement brisées par des tentatives de communication ; la tâche de la représentation est d'exhiber ces brisures.

Poursuivant une évolution commencée depuis le romantisme, déjà chez Hugo et Musset, mais surtout à travers Ibsen, Tchekhov, Pirandello, le théâtre contemporain dénonce l'illusion d'une appropriation totale de la parole par une conscience souveraine ; il montre dans le discours, non pas le développement d'une logique armée des outils de la rhétorique, mais un agrégat complexe fait de pièces et de morceaux, chose sociale plus qu'individuelle. Le travail de l'écriture et de la représentation contemporaine met en lumière cet aspect éclaté du discours rendant le spectateur conscient du statut de sa propre parole. Par une sorte de choc en retour, le lecteur-spectateur devient même conscient des brisures opérées au sein du discours classique.

On comprend alors l'importance capitale des articulations du discours, dans la mesure où ce dernier ne peut plus apparaître comme le produit d'une continuité psychique.

Cette atomisation du texte-écrit-représenté, telle qu'elle apparaît aux yeux de l'analyste, trouve sa limite dans le travail du comédien ; c'est lui qui fait du texte de chaque personnage une unité de discours où se joignent la voix du scripteur (émetteur des messages), la voix du récepteur-public (puisque c'est lui qui la reçoit et la répercute), la voix du personnage, être de fiction, celle de l'Autre qui l'habite et lui répond, enfin celle de l'être vivant qu'il est. Le spectateur finit par ne plus voir et entendre qu'une bouche humaine qui s'adresse à lui, à travers un discours à l'autre.

Le comédien médiateur

C'est le comédien qui médiatise le travail de l'écrivain, celui du metteur en scène, celui du code théâtral de son temps, sa propre pratique d'individu vivant à telle époque, en tel lieu. C'est lui qui tresse les séquences discursives et les séquences gestuelles, après avoir assuré déjà le travail de tressage des discours.

Aussi peut-il être tenu pour le pivot de la représentation ; du point de vue sémiotique, on pourrait dire qu'il constitue le «modèle tabulaire» où se lisent non seulement les réseaux de signes, mais leur superposition. Le travail spatial (la proxémique), les réseaux visuels statiques et dynamiques (signes physiques et gestualité), les réseaux phoniques (timbre, rythme, articulation, diction) font du «discours» du personnage, non pas seulement l'addition de fonctionnements de codes divers, mais un ensemble organisé et, pour tout dire, un *texte*. Avec toutes les possibilités de discontinuité, de contradiction, de rabattement des signes les uns sur les autres, de décalages de niveaux qui font de sa pratique un texte à proprement parler *poétique*.

Le spectacle n'appartient pas au praticien, il appartient au spectateur : c'est lui, le lecteur des signes et, à la limite, leur constructeur. Au travail du comédien répond comme sa réplique obligée celui du spectateur : percevoir globalement les signes. Mais aussi jouer avec tel signe et le suivre : une parole, une lumière. Trajet inverse : suivre un signe, mais aussi l'inscrire dans un tableau que l'œil recompose avant de le défaire.

L'implication du spectateur, le travail heureux qu'il est contraint d'opérer donnent au théâtre parmi les spectacles sa fonction autonome et irremplaçable. C'est par une sorte de coup de force contre nature que le théâtre bourgeois du XIXe siècle (et encore du XXe, hélas !) condamnait le spectateur à une langueur digestive, à une artificielle passivité.

Le théâtre n'apporte pas au spectateur, comme le cinéma, une image toute construite (c'est le récepteur qui va la focaliser et la cadrer) ni une image abstraite, mais un être à la fois présent et absent ; et de cette présence-absence, il va bien falloir qu'il s'arrange. A chaque instant la perception du spectateur *oscille,* et c'est ce va-et-vient du présent à l'absent, du maintenant au passé, du réel à la figure, du jeu à la fiction qui constitue à la fois le travail psychique et le plaisir du théâtre. Va-et-vient qui n'est pas sans rappeler le jeu de la bobine de célèbre mémoire freudienne.

On n'apporte pas au spectateur la «figure» d'objets et d'êtres réels, mais ces objets mêmes, souvent détournés : il faut qu'il leur donne un sens. Et si la métaphore est le plaisir de la condensation, elle est aussi le travail de la synthèse : au-delà de l'oscillation perceptive, il y a la construction de cette synthèse. Le spectateur parcourt à son gré la route qui va de l'une à l'autre ; il n'y a pas deux perceptions des signes identiques d'un individu à l'autre, ni pour le même individu à deux moments de la durée. Le travail du spectateur, comme tout travail artistique, est à la fois aléatoire et créateur de «nouveau».

C'est en ce sens que le théâtre est pour le spectateur exercice de *maîtrise*. Dans deux directions différentes et conjointes que nous avons appelées l'exorcisme et l'exercice. Exorciser l'absence, le malheur, la mort, la question non résolue. Expérimenter dans un champ fictif des solutions imaginaires, utopiques ou possibles. Explorer par le modèle réduit le champ des possibles. Exorciser le non-figurable, désamorcer les interdits, en soulevant imaginairement le poids de leurs contraintes : l'inceste, le meurtre (le meurtre du père) ; et peut-être la place majeure au théâtre occidental des héros de l'interdit, Œdipe, Hamlet, n'est-elle pas de hasard. Lever les contradictions fondamentales, l'âge, la vie et la mort, l'opposition des sexes : un jeune peut jouer un vieux, un vivant un fantôme ; et peut-être n'est-ce ni hasard ni phallocratie si les grandes époques de théâtre (Grèce, Japon, Angleterre élisabéthaine) n'admettent que des hommes sur la scène. Expérimenter les possibilités du discours, explorer le champ du langage, interroger la maîtrise et la non-maîtrise de la parole. Parole du maître, parole de l'opprimé.

L'école du spectateur est la maîtrise des signes, et s'ils agissent sur lui inconsciemment, il peut aussi les interroger, leur demander raison, s'en faire le maître. Une sémiologie, même élémentaire, permet au lecteur-spectateur de comprendre d'abord que les formes portent sens, qu'elles sont formes-sens, au-delà du récit et à travers lui. Mais qu'elles ne portent pas sens toutes seules et par elles-mêmes : elles sont prises dans un *texte* (texte-écriture, texte-représentation) qui leur donne leur signifiance. Qu'un signe ne signifie rien tout seul, qu'il ne puisse être lisible que pris dans le tissu de l'écriture textuelle-scénique, qu'à la limite on ne puisse même saisir un signe isolé, mais seulement des combinaisons de signes, c'est-à-dire des «pratiques sémiotiques», c'est la leçon de toute prudente sémiologie théâtrale.

C'est le spectateur qui est en définitive le maître du sens : mais le sens ne lui est jamais donné, il est toujours à construire, toujours en avant de lui, en projet.

Poétique et dramaturgie : les genres

Théâtre et littérature

La question des genres au théâtre est obscure. La théorie et l'histoire entretiennent ici de mauvais rapports. Les discussions théoriques, qui portent notamment sur la *séparation des genres,* encombrent l'histoire du théâtre plus qu'elles ne l'éclairent. Les distinctions entre le noble et le vulgaire, la primauté du poème ou celle du spectacle, les grands genres et les petits genres ont souvent été confondues alors qu'elles ne découpent pas le théâtre selon les mêmes critères.

Dans cette brève synthèse, il s'agira d'éclairer un peu les choses en parlant des genres à partir de deux points de départ radicalement hétérogènes : l'écriture du texte — le poète devant sa feuille blanche — et le plaisir du spectateur — son être psychologique et social — face aux spectacles.

Faute d'histoire avérée, fondons une première réflexion sur un *mythe des origines.* Des fêtes religieuses comportant le sacrifice d'un bouc et un cortège carnavalesque sont aux origines respectives de la tragédie et de la comédie. Dans une fête, tout le monde joue, exécute les danses et les chants, tient un rôle individuel ou choral. Les poèmes chantés sont traditionnels sans doute, propriété collective sans auteur. Mais voici le poète et tout change. Thespis non seulement écrit des chœurs et indique la répartition du texte chanté entre choreutes et choryphée, mais il crée, en outre, le personnage qui parle pour lui-même dans la situation fictive et qui est représenté par un acteur. Dès lors, il y a quelque chose à regarder, *théâtre.* C'est le poète, fournisseur novateur et excessif de la fête, qui la dénature et la change en spectacle. Il y a d'autres schémas théoriques possibles : celui-ci nous a été donné comme vrai; la fête, puis le poète, donc le théâtre. Cependant, le poète est arrivé déjà riche d'une autre pratique. Selon Hegel, le drame suppose une civilisation avancée, et la poésie dramatique vient après l'épopée primitive et la poésie lyrique. Dans l'épopée, ou poème narratif, il y a déjà mélange de narré et de parlé, et des personnages qui s'expriment à la première personne, comme des poètes lyriques. Dès lors, et dès l'Antiquité, une systématisation s'élabore : le poète épique est celui qui s'avoue comme énonciateur et qui dit *il* quand il introduit ses personnages (sauf dans le dialogue où il se compromet, Platon le lui reproche, en imitant, tel un mime, le personnage); le poète lyrique dit ouvertement *je* (à supposer, ce qui est douteux, que ce «je» ne soit jamais fictif); le poète dramatique dissimule totalement son intervention créatrice, sa marque est de ne pas apparaître comme énonciateur, laissant tout le champ aux personnages. Un tour de plus dans le raisonnement simplificateur aboutit au tableau suivant : lyrique = je; dramatique = tu; épique = il. C'est là un abus, un paralogisme lourd de conséquences pour l'écriture du théâtre, qu'il est pourtant facile de démonter : on mélange ici à plaisir le niveau de la communication réelle (le poète *à* son public) et la communication à l'intérieur de la fiction épique ou dramatique (les personnages *entre eux*); on met aussi hors raisonnement la communication réelle au théâtre (les acteurs *aux* spectateurs) dont les possibilités spécifiques sont sous-estimées, ou même niées.

Les poètes dramatiques sont donc invités à écrire *tout en dialogues.* La convention d'une adresse au public, d'un aparté ou d'un monologue est tantôt acceptée, tantôt bannie. Sans doute le personnage, les personnages peuvent se trouver à leur tour, à l'intérieur du présent fictif qui les contient, comme dans *Le Cid,* dans la position d'un poète épique qui raconte (récit de la bataille de Rodrigue contre les Maures), ce qui permet de sortir du présent dramatique, des seuls lieu et temps de l'action, ou dans la position d'un poète lyrique (les stances). C'est une pratique courante chaque fois que le texte théâtral se conçoit comme poétique et non comme imitation illusionniste du parlé quotidien. C'est la pratique de Racine et de Shakespeare. Cependant, comme on ne trouve dans le découpage racinien ni spectacle ni action physique, des romantiques diront que les pièces de Racine ne sont pas du théâtre, mais de beaux poèmes épiques, et parfois lyriques. Aux époques où l'art a des prétentions réalistes-illusionnistes, il devient de plus en plus délicat pour l'auteur dramatique de respecter les exigences de la composition toute en dialogues. Il y faut beaucoup d'astuce et d'artifices, tantôt admirables : c'est le grand art (mais il est faux que «l'art cache l'art»); tantôt médiocres ou ridicules : c'est le bricolage laborieux. Pour que la scène fasse semblant d'ignorer la salle (qui la voit, mais qu'elle ne voit pas à travers le *quatrième mur*), le poète doit sélectionner, découper dans le *temps* et l'*espace* des *personnages* de sa *fable,* des fragments dont il écrit uniquement le *dialogue,* et le tout doit former un poème continu (une pièce), capable d'informer complètement, d'émouvoir et de faire réfléchir des spectateurs que l'acte d'énonciation pose comme inexistants.

Telle est la grande tradition d'écriture du théâtre occidental. Elle a régi le travail de Sophocle, Shakespeare, Corneille, Calderon, Beaumarchais, Goethe, Hugo, Ibsen, Tchekhov, Claudel, Pirandello, Anouilh. Et, pourtant, il n'est pas du tout nécessaire que la poésie dramatique soit *purement* dramatique : outre les conventions signalées plus haut, un acteur, un personnage, un récitant, un présentateur peuvent s'adresser au public, l'apostropher, l'informer, réfléchir avec lui. C'est même une caractéristique des genres populaires (parades, entrées de clowns), et d'éminents poètes-praticiens de la scène ont écrit du dramatique *impur* mais bien vivant et efficace : Aristophane, Molière, Goldoni, Brecht, mais aussi, parmi les noms déjà cités, Shakespeare, Claudel, Anouilh.

Par excès de théorie, on a donc imposé au poème dramatique la négation de la salle, alors que la pratique du jeu, le statut de spectateur et même l'écriture des poèmes dramatiques exigent le plus souvent que le «quatrième mur» soit, en même temps ou alternativement, supposé et transgressé.

On a aussi fait peser sur lui l'obligation d'être littéraire, de l'être d'abord et préférentiellement, comme s'il y allait de sa dignité, avec pour conséquence une lutte souvent obscure et stérile entre les poétiques normatives et les vivantes potentialités du théâtre. A vrai dire il s'agit là d'une querelle classique et française, mais qui a étendu ses ramifications bien au-delà de ce cadre. On en jugera par quelques citations.

A propos du genre le plus «digne», Corneille écrit : «Aristote veut que la tragédie soit belle et capable de plaire sans le secours des comédiens, et hors de la représentation...» Ce que le lecteur ne verra pas, il faut le lui faire savoir; Corneille suggère des indications hors dialogue qui ne seraient pas proprement des indications de mise en scène (didascalies), mais plutôt des *opérateurs de lecture.* Rédigées par le poète, elles comporteraient (c'est toujours Corneille qui le dit) les «menues actions qui ne méritent pas qu'il en surchage ses vers». Etrange proposition ! elle divise les actions accomplies sur scène — à partir d'un problème sans rapport avec la pratique de la scène (la lisibilité du poème dramatique) — en deux, selon un critère de dignité : celles qui doivent être parlées, en vers, dans un langage somptueux ou strictement calculé, et les autres, qu'il suffit d'accomplir sans les parler. Et d'Aubignac, qui convient que l'action prime la parole et que, au théâtre, parler c'est agir, affirme aussi la réciproque : l'art du poète dramatique, c'est d'arranger les choses *de telle sorte qu'agir ce soit parler*; tout ce qu'il invente, c'est afin de le faire dire, et, à bien examiner le poème dramatique, on trouvera «que les actions ne sont que dans l'imagination du spectateur, à qui le poète, par adresse, les fait concevoir comme visibles, et cependant il n'y a rien de sensible que le discours...». Enfin, vers 1800, le très officiel critique Geoffroy identifie absolument raison et littérature, spectacle et frivolité : «Ceux qui me blâment de parler des petits théâtres oublient que je n'en parle qu'en observateur, jamais en critique. Ce serait un ridicule que de prétendre en faire l'éloge ou la censure, sous le rapport littéraire : ce sont des spectacles d'optique, de mécanique et d'industrie mimique, absolument étrangers à l'art du théâtre proprement dit; les paroles y sont par-dessus le marché, ce qu'on y dit est un accessoire compté pour rien, ce qu'on y voit est l'essentiel, c'est cela qu'on paie. On s'y amuse sans prétention, sans réfléchir sur son plaisir, sans aucun retour vers la raison ou la littérature : on trouve qu'il en coûte trop cher pour s'ennuyer ailleurs dans toutes les règles de l'art.»

Mais déjà l'exigence bourgeoise réaliste est venue contester la légitimité du verbe poétique. Diderot pense que le drame a droit à une langue rompue, avec même des parties *ad libitum* pour l'acteur et des didascalies importantes, décrivant le geste et les actions sans paroles. C'est un premier renversement qui sera suivi d'effet avec, notamment, la généralisation du théâtre en prose et une nouvelle économie des silences et des phrases suspendues. Mais il était nécessaire d'aller plus loin : à partir de conceptions esthétiques sans aucun rapport avec le réalisme, Antonin Artaud a formulé la grande exigence du théâtre moderne : le théâtre occidental est malade de littérature, il faut que l'œuvre procède directement du travail de la scène, laquelle créera ou consommera si elle veut, entre autres ingrédients dont elle use, du verbe poétique.

Deux conclusions sur le théâtre comme genre littéraire : nos bibliothèques sont pleines de poèmes dramatiques d'autrefois ou d'ailleurs, monuments littéraires délectables aptes à procurer le plaisir de la lecture; les rapports entre ces œuvres littéraires codifiées et le théâtre passé ou présent ne sont ni constants, ni naturels, ni paisibles.

Si, à présent, nous considérons que ce genre a été, dans l'Antiquité, divisé de façon autoritaire et radicale en deux sous-genres, la tragédie et la comédie, les fondements et la relative stabilité de cette division, d'une part, son rapport avec la nature du plaisir que procurent les spectacles de théâtre, d'autre part, méritent de nous retenir. Mais c'est une question qui, elle aussi, est mal posée et embrouillée.

Le théâtre, genre littéraire ?

La littérature dramatique n'est pas le théâtre.

Le terme littérature *pour désigner la forme de production artistique qui a pour matériau le langage est récent : milieu du XVIII*e *siècle. Ainsi nommée et devenue objet d'étude, la littérature a été institutionnellement divisée en trois genres plus un : poésie, roman, théâtre, plus une part de non-fiction (les «essais») à laquelle est reconnue un statut littéraire, tandis que la technique, la science, l'histoire, la philosophie, l'information et la pédagogie produiraient des textes plutôt non littéraires. Ainsi le théâtre (ou seulement la littérature dramatique ?) est un des trois grands «genres littéraires» reconnus et tout programme d'enseignement portant sur une littérature nationale ou sur la littérature générale inclut «le théâtre».*

Cette situation n'est pas satisfaisante, le langage n'étant qu'une des composantes de l'art théâtral. Elle ne fait pourtant que reproduire, avec quelques décalages, la conception de l'Antiquité, qui distinguait d'abord trois grandes manières de fixer la pensée dans le langage : la philosophie (incluant la science), l'éloquence (et l'histoire, déclarée opus oratorium*), la poésie (mot signifiant fabrication, fiction). La poésie se subdivise sommairement elle-même en trois genres : poésie épique, poésie lyrique, poésie dramatique. Des systématisations tardives et ingénieuses font reposer cette tripartition sur une théorie de l'imitation et de l'énonciation dont notre texte fait état. La poésie est en vers, et précède l'apparition de la prose : dans une civilisation de l'oral, seule la métrique fait barrage à l'écoulement indéfini et insignifiant de la parole. La prose suppose l'écriture, et la philosophie succédera à la «poésie didactique».*

Que le théâtre ait besoin de texte et de poésie, c'est-à-dire de la participation d'un langage sur lequel un certain «faire» s'est exercé, nul n'en doute. Que cette participation doive faire l'objet d'une élaboration autonome, complète et antérieure au travail de la scène, la diversité effective des usages avérés ne le confirme pas, et la modernité le nie.

La séparation des genres

Les concours dramatiques, à Athènes au Ve siècle, distinguaient tragédie et comédie, avec prééminence pour la première. La théorisation de cette coupure *ne mentionne pas* le rire. A la *Poétique* d'Aristote il manque le développement promis sur la comédie, mais ce qu'il en dit malgré tout est posé en termes de hiérarchie. Les hommes en action, dit Aristote, sont gens de mérite ou gens médiocres, et les poètes ou les peintres peuvent faire que leurs personnages soient ou meilleurs ou pires que les hommes réels, ou semblables à eux. L'idée d'*acte* poétique finissant par primer celle de *reproduction* des différences, la formule clé est que la comédie *veut* les représenter inférieurs, la tragédie *veut* les représenter supérieurs aux hommes de la réalité. Mais quels sont les critères ? S'ils apparaissent comme esthétiques et surtout moraux chez Aristote, les théoriciens n'attendront pas Marx pour reconnaître que cette échelle des valeurs est surtout un décalque de l'échelle sociale. La tragédie peint donc un personnel politique occupé, entre autres intérêts, par la conquête et l'exercice du pouvoir, tandis que la comédie imite les personnes de petite et moyenne condition et des intérêts privés. Mais cela est déjà une autre histoire, ou la suite de l'histoire, car chez Aristophane les intérêts débattus sont toujours politiques et, s'il y paraît des personnes privées imaginaires, il y paraît aussi des personnes publiques, poètes, philosophes, généraux, hommes d'Etat — singuliers, contemporains et nommés — alors que la tragédie met en scène des rois et des héros mythiques. La tragédie serait donc plus éloignée et la comédie plus proche, et le «cas Aristophane» entre dans un autre système que celui de la comédie classique.

Un critère qu'on trouve souvent chez les aristotéliciens postérieurs, c'est la qualité du dénouement. Voici, pour récapituler et avancer, Chapelain (France, XVIIIe siècle) : «Dans la tragédie, qui est la plus noble espèce des pièces de théâtre, le poète imite les actions des grands dont les fins ont été malheureuses... Dans la comédie, il imite les actions des personnes de petite condition ou tout au plus de médiocre dont les fins ont été heureuses.» Qualité du dénouement, ou plutôt qualité de l'action, comme le note Corneille ? «L'unité d'action consiste, dans la comédie, en l'unité d'intrigue ou d'obstacle aux desseins des principaux acteurs — et en l'unité de péril dans la tragédie, soit que son héros y succombe soit qu'il en sorte.» Ennuis d'un côté, danger de l'autre.

Mais le seul vrai grand critère, dégagé de toutes considérations hiérarchiques, c'est l'effet produit sur l'esprit des spectateurs. Voici l'approche romantique. Schiller : «Le poète tragique doit se défier du raisonnement calme et s'adresser toujours au cœur : le poète comique doit se garder de la passion et occuper toujours l'esprit.» Et Stendhal, en termes voisins : «L'intérêt passionné avec lequel on suit les émotions d'un personnage constitue la tragédie; la simple curiosité qui nous laisse toute notre attention pour cent détails divers, la comédie.» Cette belle division entre la participation affective et la participation intellectuelle est encore peu satisfaisante. Outre que ces deux formes de participation ne sont pas réellement exclusives l'une de l'autre, on oppose ici le pathétique à une sérénité diablement sérieuse bien plus que le tragique au comique ! C'est évidemment la psychologie moderne qui nous éclaire le mieux, par exemple lorsque Charles Mauron emprunte à la psychanalyse pour établir une «psychocritique» qu'il applique au «genre comique». La pitié, l'admiration et surtout la crainte sont des sentiments qui inhibent le rire; le rire est «une fantaisie de triomphe» qui suppose la sécurité. Ici se pose vraiment un rapport d'exclusion et, pour en revenir à ces genres constitués et séparés que sont la tragédie et la comédie, la tragédie est plutôt comme le rêve (cauchemar tenu à distance et reconnu comme imaginaire) et la comédie plutôt comme le jeu (qui implique une décision d'anesthésie affective).

La tragédie et le tragique

L'esprit moderne a sa manière de comprendre le tragique et la tragédie et n'exige pas la séparation des genres. Il est prêt à admettre que l'essence de la tragédie se réalise ponctuellement ou partiellement dans une œuvre théâtrale. La tragédie suppose donc une élaboration formelle qui crée, pour le spectateur, une distance et une grandeur par rapport au réalisme quotidien : c'est la marche austère et réglée de l'alexandrin, ou le déploiement de la musique et du faste

*Mounet-Sully dans l'*Œdipe roi *de Sophocle qu'il joua à la Comédie-Française et au théâtre antique d'Orange à la fin du siècle dernier. Ci-dessus : Jean Marais dans l'*Œdipe roi *de Jean Cocteau, en 1969. Il semble s'être inspiré de l'image, déjà mythique, de Mounet-Sully. Paradoxalement, la tragédie dit espoir. Elle célèbre l'homme foudroyé par le destin mais libre, libre de s'obstiner. D'ailleurs Œdipe ne meurt pas (ni Créon ni Médée). Il répond aux dieux, les yeux crevés de ses propres mains, étreignant ses deux filles nées de l'inceste. (A gauche : Phot. © Harlingue-Viollet/Photeb ; à droite : Phot. © Nicolas Treatt/Photeb.)*

de l'opéra, ou la splendeur d'un défi, ou une métaphore, ou l'alliance du grotesque et du sublime, du roi et du bouffon (de Shakespeare à Hugo). La tragédie suppose un héros doté d'un certain pouvoir, d'une certaine liberté, roi de quelque chose, régnant ou croyant régner sur sa parole, sa famille, son amour... Le prolétaire, le paysan affamé, les victimes d'une violence nue à laquelle elles ne participent pas ne sont pas tragiques. Le héros tombe, après avoir cru pouvoir être plus fort que le destin. «J'ai joué en rêve autour des pièges de la destinée», dit Pelléas. Et la tragédie nous confronte à une grande ambiguïté morale et philosophique : le destin n'est pas une excuse; il y a un défaut quelque part, une faute ou une erreur. Le héros a présumé de lui-même et, dans les vraies tragédies, il est brisé (Œdipe, Lear). La tragédie est terrible : elle ne fait pas pleurer (pleurer aux malheurs d'Orphée, c'est en goûter le pathétique, non le tragique), elle fait frémir, mais pas de façon physique comme les films d'horreur : l'esprit a peur et ressort éclairé, fortifié. La tragédie est humaniste, elle célèbre l'homme debout, elle dit «espoir». L'inintelligibilité du monde et l'injustice «divine» y sont objets d'intellection et de prise de conscience grave impliquant sentiment et émotion.

Un même poème dramatique pourra être lu (ou mis en scène) de façon à lui conférer la dignité, la gravité et la clôture tragique — ou au contraire en accentuant ses aspects d'aventure héroïque positive (chez Corneille), de comédie politique ou sentimentale (chez Corneille encore), de drame passionnel (Racine), de divertissement mondain agréable et spectaculaire ne mettant pas l'esprit en danger (comme l'*opera seria* mythologique du XVIIIe siècle). Le cycle dramatique wagnérien, *L'Anneau du Nibelung,* que Wagner lui-même range sous l'étiquette «drame» musical, n'a pas la concentration de la tragédie, mais Brünnhilde et Wotan y sont des héros tragiques parce que luttant vainement contre le destin qui leur échappe, tous deux imparfaits, et conscients, et consumés dans la catastrophe finale; inconscient, plus objet que sujet, Siegfried n'est pas un héros de tragédie. La structure tragique se lit même dans le théâtre bourgeois : dans *Hedda Gabler,* d'Ibsen, il n'y a pas seulement une «peinture» sociale et psychologique, et Hedda n'est pas une femme prétentieuse et méchante qui finit mal. Elle tente rudement (pour elle et pour les autres) d'échapper à sa condition sociale et biologique de femme du monde (d'un monde), échoue et conclut par un suicide «logique». Tout à fait différente, Irina, la plus jeune des *Trois sœurs,* de Tchekhov, veut aussi en sortir, échapper à son lieu-destin. Un rêve d'amour (*hybris,* la démesure) la détourne des amours qui se présentent. Dramatique et non tragique, choisissant le compromis, elle rejoint peu à peu la réalité, se résigne : elle épousera le baron, sans amour. «J'ai pris une décision : s'il est dit que je ne dois pas aller à Moscou, soit, je m'incline. Tel est mon destin. Il n'y a rien à faire... Tout dépend de la volonté de Dieu.» Donc, elle a accepté le baron et cet acte d'adhésion au destin semble faire reculer ce dernier : «Et soudain, c'est comme si j'avais eu des ailes, je suis devenue plus gaie, je me suis sentie légère, et, de nouveau, je ressens le désir de travailler, travailler...» Mais voici l'«affreuse journée», veille du mariage. Car Irina triche, fait comme si elle aimait, mais n'aime pas. Voyez-la commettre la faute tragique *(hamartia).* Elle sait bien, comme tout l'univers de la pièce, spectateurs compris, puisque cela a été dit et prédit, que le rival éconduit va tuer le baron en duel. Et quand il s'éloigne d'elle pour se rendre au rendez-vous fatal et lui demande discrètement («Dis-moi quelque chose... — Quoi ? — Quelque chose...») le mot d'amour qui lui permettrait de survivre, elle le lui refuse. Il est tué, elle l'a tué. C'était écrit. La volonté humaine a fait beaucoup, mais reste responsable de n'avoir pas fait le geste (ici : dit le mot) décisif. Ce n'est là qu'une lecture parmi d'autres possibles, appliquée au plus antihéroïque des théâtres, mais d'où le théâtre de Tchekhov tiendrait-il sa puissance s'il ne participait pas du mythe et de la tragédie ? Même le couplet final d'Olga, choryphée du chœur des trois sœurs, avec son refrain («Si l'on savait, si l'on savait...»), ressemble, si on le désire, à un chœur final de tragédie grecque : c'est un *exodos,* il n'y manque même pas la musique.

Inversement, le tragique manque parfois aux tragédies «en forme», grecques ou françaises. Mais il est peut-être seulement

A gauche : Maria Casarès joue Lady Macbeth (ici, la scène de somnambulisme), au festival d'Avignon, en 1954.
Au-delà de la morale (une criminelle punie), de l'Histoire (les grands qui s'entretuent), la tragédie est perfection poétique simple : un texte, la voix d'une grande actrice, un point de lumière dans la nuit, l'écho d'une métaphore : «Out, out, brief candle...»
(Phot. © Agnès Varda/Photeb.)

Madeleine Renaud dans Oh ! les beaux jours, *de Samuel Beckett (reprise de 1976, au théâtre d'Orsay). Winnie, comme Œdipe, garde la tête haute, à côté de ce sac qui fut son royaume. (Phot. © Nicolas Treatt.)*

Ci-dessous : Electre *de Sophocle, par le Théâtre de la Mama de New York (Sainte-Chapelle, Paris, 1974). La tragédie cherchant à renouer avec la religion. (Phot. © Philippe Coqueux/Photeb.)*

traversé et dépassé. Pensons à tant de fins heureuses ou positives, ou dont on peut faire une lecture positive : *L'Orestie*, comme fin de la vendetta consanguine tragique et de la guerre des dieux par la naissance de la loi civile ; les héros du jeune Corneille découvrant par l'action la non-contradiction entre les valeurs qui semblaient s'opposer dans le conflit cornélien. Et Œdipe lui-même, avec ses yeux crevés de sa main : «Il s'est rendu par là maître de tout son sort», lit-on dans Corneille — et quelle étrange «tragédie» qu'*Œdipe à Colone* !

Les plus belles tragédies ne sont ni grecques, ni françaises, ni conformes aux règles (déjà bien inconstantes d'Eschyle à Euripide, de Corneille à Racine et même d'*Andromaque* à *Athalie*). Ce sont celles de Shakespeare. Sans doute ses pièces ainsi étiquetées sont-elles aussi des drames nationaux ou sentimentaux. Mais Othello tue et meurt pour avoir intériorisé la différence que sa carrière avait cru abolir. L'intelligence et les scrupules de Brutus ne l'empêchent pas de glisser dans le sang avec une faction politique corrompue et épuisée incapable de s'opposer au césarisme. Et *Le Roi Lear* réalise la perfection du tragique : le roi, la faute ; les grands qui s'entredéchirent et le peuple des mendiants qui erre sur la lande ; toute l'histoire et toute la nature ; la mise en accusation du ciel : «Telles les mouches aux mains d'enfants espiègles, tels nous sommes aux mains des dieux : ils nous tuent pour se distraire» ; un chemin qui va d'un désir de compromis avec la mort à la mort la plus affreuse en passant par des épreuves — nudité, cécité, folie — qui apportent cependant la pitié et le savoir. Quand un tel poème existe et qu'il est représenté sans surcharge, ni réduction, ni explicitation du sens, à une époque et par une société sensibles au tragique, que reste-t-il des poétiques normatives, des unités, des bienséances, de la vraisemblance et du non-mélange des genres ?

La comédie, genre honnête

La comédie a une histoire plus diverse et plus continue que la tragédie. Une première grande division sépare de tout le reste le théâtre réputé grossier, infralittéraire, brutal, populaire, reposant sur les jeux du corps plus que sur la parole poétique, et sur un stock d'effets, de situations, de canevas inscrits dans la mémoire collective plutôt que sur l'écriture d'un artiste ou d'une époque. Appelons cela provisoirement la farce, le comique de tréteaux ou de foire, et disons, quitte à y revenir par un autre biais, que ce n'est pas de la comédie. La comédie emprunte à la farce, mais s'en distingue non pas tant, comme on le prétend, en donnant à ses personnages une profondeur ou une épaisseur psychologiques qui

manqueraient aux figures de la farce, mais plutôt en ceci, que le comique populaire relève de l'action directe, tandis que la comédie suppose le détour d'une quête spirituelle consistant à exciter et à contrôler l'imagination, à décrire et à analyser la réalité, avec des vues intellectuelles ou morales. La comédie s'adresse donc à un groupe social et culturel distinct du «peuple», c'est-à-dire à la classe moyenne, qui lui fournit d'ailleurs son personnel artistique, poètes et comédiens. Une comédie peut mettre en scène des petits et des grands, des personnages populaires ou aristocratiques, elle peut être représentée devant un public mêlé, elle n'en reflète pas moins le point de vue d'une classe moyenne montante ou triomphante : cela est très clair, de *George Dandin* au Goldoni de *Barouf à Chioggia* et du *Mariage de Figaro* à la comédie de boulevard.

Cela posé, et quelles que soient les divisions classiques, la comédie emprunte deux voies opposées, fût-ce pour les rapprocher.

D'abord, elle s'abandonne à l'imaginaire et, par le biais d'aventures romanesques (enlèvements, pertes ou échanges d'identité, travestissements), elle aborde et contourne les peurs fondamentales sur le moi et la possession sexuelle, et se donne pour mission de les enchanter : ce sont les comédies de la maturité de Shakespeare *(Comme il vous plaira, La Nuit des rois)* et aussi les «romances» de la fin *(Un conte d'hiver)*; ce sont tous les *Amphitryon* du répertoire international et tout un arrière-plan d'enfants trouvés et de reconnaissances finales apaisantes, de Térence à Rotrou et de Molière à l'*opera buffa* qui enchantait Stendhal. Dans le schéma inlassablement répété du jeune homme qui souffle sa pupille au vieillard libidineux, Charles Mauron voit un décalque transparent mais médiatisé du triangle œdipien. Ce type de comédie joue les transgressions pour les annuler. Elle est poétique : tous les artifices d'invention et de disposition, toutes les grâces du style sont permis et bienvenus, à condition de parvenir à les renouveler.

Plus difficile est la seconde voie qui consiste à peindre la réalité, à faire des portraits ressemblants. Il faut alors ménager, entre le modèle, le portrait et ceux qui regarderont, une distance qui permette d'en rire et d'en juger. «C'est une étrange entreprise que celle de faire rire les honnêtes gens», telle est la conclusion d'une célèbre tirade de Molière qui définit la comédie de mœurs. Un tel projet est fragile pour deux raisons. Tout d'abord le rire est sans valeur morale, ce qui chagrine les esprits sérieux. Par exemple, et sans attendre Jean-Jacques Rousseau, l'élisabéthain sir Philip Sidney, dans ces

Les espèces de la comédie

Comédie d'intrigue,
de caractère,
de mœurs, d'amour.

La critique traditionnelle nous lègue la distinction entre comédie d'intrigue, comédie de mœurs et comédie de caractère; elle ne prétend pas que ces sous-genres soient exclusifs l'un de l'autre.

Dans la comédie d'intrigue on rangera une forme primitive de comédie, celle où un coup est monté contre le détenteur d'un bien (femme ou magot) ou pour dissimuler puis faire avaliser une infraction (un mariage clandestin, par exemple). Un intrigant sympathique dresse un plan de bataille et s'y embrouille parfois (imbroglio). Dans le vaudeville, c'est le hasard (l'auteur!) qui mêle les fils et les démêle magiquement. Suspens, mécomptes, ingéniosité font le plaisir de la comédie d'intrigue. Les aventures plus graves de la comédie romanesque (avec enfants perdus, supposés, retrouvés) engendrent aussi des éléments d'intrigue.

Le caractère est un personnage porteur d'un trait typique, mais grossi, qui le rend presque atypique : la société peut difficilement l'admettre et doit donc le détruire, le réduire ou le neutraliser. Le concept de caractère est flou puisqu'il peut emprunter soit à la typologie des humeurs (le bilieux, le colérique, le flegmatique), soit à la morale (l'avare, le libertin), soit à la mode et aux mœurs (la précieuse, le pédant, le petit-maître... ou le hippie), peut-être même à des codes théâtraux (les masques de Pantalon ou du Capitan, les emplois tels que père noble ou ingénue sont-ils des caractères ?). En fait le caractère est le produit et l'instrument de la comédie de mœurs : les mœurs font Alceste, mais le caractère du Misanthrope permet de parler contre les mœurs du siècle. Diderot proposera de remplacer la peinture des caractères par celle des conditions : le père de famille, le marchand, etc. On reste dans le type tout en passant au drame.

On n'a jamais nommé à part une espèce qui serait la comédie d'amour, impliquant à la fois le ridicule (le rire) et l'identification ou la sympathie (l'humour) : comédie où les codes de comportement et de discours se confrontent à l'insaisissable vérité des sentiments. Elle trouve ses origines dans le genre, romanesque et théâtral, de la pastorale, et a ses maîtres : Shakespeare, Corneille, Marivaux.

Boubouroche, *de Courteline (1893), à la Comédie-Française, en 1910.*
A droite : La Vierge folle, *d'Henry Bataille, créée au Gymnase la même année.*
Si Boubouroche *semble plus comique et* La Vierge folle *plus dramatique, le théâtre bourgeois a son unité. Il englobe tous les effets possibles dans le même code : scènes d'intérieur saisies à travers le «quatrième mur», les frasques et l'adultère comme thème majeur, même plantation des décors, mêmes poses «signifiantes» des acteurs. (Département des arts du spectacle, Bibliothèque nationale, Paris. Phot. © Bert/Photeb D.R. ; à droite : phot. © Larcher/Photeb D.R.)*

lignes publiées en 1595 : «La grande erreur, clairement dénoncée par Aristote, est d'exciter le rire par des choses coupables, qui sont plus odieuses que ridicules, ou viles, qui sont plus pitoyables que méprisables. Qu'est-ce en effet que de faire béer le populaire devant un malheureux mendiant ou un bouffon misérable; ou, à l'encontre des lois de l'hospitalité, de se moquer des étrangers parce qu'ils ne parlent pas aussi bien l'anglais que nous? Qu'est-ce que cela nous enseigne?» Ce texte exprime remarquablement le point de vue d'une classe montante en train d'établir son pouvoir sur le «populaire» comme sur le théâtre. L'autre raison est que cette classe n'a pas non plus envie de rire d'elle-même. La frivolité, d'une part, le pathétique moralisateur, d'autre part, menacent constamment la comédie de mœurs bourgeoise. Ses ambitions réalistes la font glisser en outre vers l'absence de style. Pour être *de mœurs,* la comédie doit donc emprunter à d'autres courants, se regonfler de fantastique farcesque ou romanesque. C'est ce qui ne manque ni au théâtre d'intervention politique d'Aristophane, ni au théâtre d'intervention idéologique de Molière : ces deux poètes maintiennent ainsi la comédie de mœurs dans la sphère comique.

Une mouette, un théâtre, un lac : atmosphère et symbole, Lucian Pintilié choisit le drame pour sa mise en scène de La Mouette, *de Tchekhov (1896), au Théâtre de la Ville (Paris, 1975). La «peinture» (comédie) d'un petit groupe social, les sentiments pathétiques des individus, la situation historique, une métaphore organisatrice, le mythe et la tragédie (la référence à* Hamlet *dans* La Mouette) *coexistent au sein de la pièce : d'où une grande variété de réalisations scéniques possibles. (Phot. © Birgit.)*

Le drame : toutes les musiques du monde

Est drame toute forme de grand théâtre (grand, c'est-à-dire remplissant certaines conditions de durée, de ressources techniques et humaines, d'ambition esthétique, sociale, philosophique) qui ignore la poétique classique (unités, vraisemblance, bienséance, séparation des genres) ou s'inscrit contre elle.

C'est assurément une grande forme, dans laquelle la poésie et le spectacle (pour ne rien dire de la musique) collaborent sans crainte, où la mise en action d'éléments d'une fable ne s'embarrasse pas de scrupules inutiles. L'Europe médiévale a été le berceau de cette deuxième naissance du théâtre occidental avant qu'un intellectualisme, un rationalisme et un particularisme social qui n'étaient pas dans le théâtre athénien du Vᵉ siècle avant notre ère, mais pointait chez Aristote, ne vienne apporter son compartimentage et ses exclusions.

Oui, le théâtre peut dérouler les phases d'une destinée individuelle exemplaire ou raconter une tranche d'histoire nationale avec, à l'horizon, non pas la fin heureuse ou malheureuse d'une action complète, mais une ouverture sur une double perspective qui s'appelle Révolution ou Rédemption. Nos drames sont les mystères du Moyen Age, tous les Faust et tous les don Juan et autres aventures de héros «Sturm und Drang», Peer Gynt, Tête d'or, Baal; des cosmogonies, la *Tétralogie* wagnérienne et *Le Soulier de satin;* des contes avec épreuves, *La Tempête, La vie est un songe, La Flûte enchantée, Le Cercle de craie caucasien;* l'histoire des bons héros et des mauvais rois, et des peuples aspirant à l'identité et à la liberté : Richard III, Jeanne d'Arc, don Carlos, Egmont, Boris Godounov, Arturo Ui.

Si la tragédie est définie par le tragique, le drame s'en distingue par son ouverture, sa foi historique ou religieuse. Si la comédie procède d'un regard bourgeois sur la vie privée, le drame engage le sort des peuples et des Etats; il a une dimension publique ou même cosmique. Aussi est-il à l'étroit dans les limites du théâtre parlé : souvent transformé en opéra, le drame retrouve la dimension chorale qui lui est naturelle; les chœurs et le corps de ballet se substituent avantageusement à la troupe de figurants (trop bien nommés) sans texte ni forme. Alors l'orchestre fait entendre les voix de la nature ou les musiques codifiées des pompes sociales, tandis que le chant matérialise les sentiments et les émotions. Tel est le théâtre aux époques de relative unanimité sociale ou idéologique, quand il peut être à la fois officiel et populaire, *ignorant* la séparation des genres. Les genres qui apparaissent au XVIIIᵉ et au XIXᵉ siècle pour *combattre* expressément cette séparation (drame bourgeois et mélodrame) sont moins glorieux et moins respectables.

On peut contester la formule du drame privé, bourgeois, psychologique. La «pièce» d'intérieur, avec crimes, morts, ruine, sensibilité que proposent Dumas fils, Ibsen, Strindberg, Tchekhov, Pirandello, Anouilh, Tennessee Williams, Harold Pinter, doit atteindre une certaine dimension mythique pour n'être pas seulement de la comédie triste. Elle y parvient le plus souvent, grâce à un jeu de symboles, avec ambiguïté du ton ou du système de représentation, car il semble nécessaire de dénoncer ou de transpercer le réalisme et l'illusion si l'on veut que le théâtre produise réellement son effet. Le rire qui fait mal ou le franc comique sont les autres moyens utilisés par la pièce dramatique bourgeoise pour rétablir, par moments, un espace de travail entre le public, trop identique à la scène, et ce qu'il voit.

Quant au mélodrame, malgré tous ses charmes romanesques et spectaculaires, malgré ses types comiques et la rhétorique de ses tirades, il faut bien rappeler ici qu'il fut une entreprise délibérée de la bourgeoisie pour endoctriner et moraliser le peuple. Ce genre secondaire (grande forme, mais petit genre) ne survit dans le répertoire et n'est conservé comme infralittérature que parce que l'impudence de son discours unilatéral se dénonce agréablement elle-même.

Les dramaturgies comme genres

Loin de ces querelles d'étiquettes (tragédie, comédie, drame), il reste à examiner quelques autres hypothèses.

Nous sommes au siècle du «musée imaginaire»; nos équipes théâtrales ont plus ou moins connaissance de tout le passé du théâtre, et, souvent, elles se donnent pour mission (comme le système éducatif) de faire connaître l'héritage culturel, le répertoire. Alors, aimer un «genre» ou faire alterner les genres, c'est peut-être se déterminer entre les dramaturgies antique, médiévale, élisabéthaine, classique, etc.

Mais les théâtres ne sont pas des musées, ils ne font pas d'archéologie ; aucun ne nous sert le passé tel quel ; tous lui empruntent un poème ou des fragments de poèmes, une ou plusieurs dispositions dramaturgiques hétérogènes et, avec cela, ils font œuvre au présent. Donc, sauf comme amateurs de poèmes ou comme érudits, nous ne sommes pas en état de dire que nous aimons le théâtre antique ou la *comedia* espagnole, que nous les aimons en spectateurs. La question est plutôt celle-ci : à quel «genre» appartient le *Tartuffe* de Planchon qui emprunte à Molière et au naturalisme, ou *L'Age d'or* du Théâtre du Soleil qui réinvente la commedia dell'arte et fait de la satire des mœurs contemporaines en tableaux discontinus? Et la réponse est si difficile qu'on serait tenté de crier à la mort des genres. Ne traversons-nous pas une époque où toute création théâtrale, au lieu de s'inscrire dans un genre moderne reçu, codifié et susceptible d'évolution (qu'on pense aux genres cinématographiques : western, policier, comédie musicale, péplum, catastrophe, karaté, etc.), se plaît à citer des genres, au deuxième ou au troisième degré, à les poser en référence lointaine et fugitive, le plaisir aux genres devenant une sorte de parcours du combattant semé de fausses pistes? Et c'est peut-être cela le genre *théâtre moderne*, depuis la fin des années soixante-dix, un théâtre dont la poétique se trouve aux mains des metteurs en scène, plus instruits et plus expérimentés que les auteurs, mais incapables de donner forme aux cris et aux besoins de notre époque.

L'histoire du théâtre montre aussi comment, là où il y a des mœurs théâtrales constituées, avec un courant dominant, une forme et un rituel productifs, des facteurs de diversification sont inscrits en marge ou au cœur du système, pour satisfaire une diversité de goûts qui est partiellement d'ordre psychologique et fondamentalement d'ordre social. Les petits genres, les intermèdes, les divertissements, la pièce complémentaire pour détendre — ou l'entracte, tout simplement — tout ce qui peut rompre avec la tension continue d'une dramaturgie aristotélicienne, tout cela est soigneusement donné au spectateur. On rappellera l'ordonnancement d'un spectacle au temps de Lope de Vega, où les hors-d'œuvre encadrent littéralement chaque partie de la pièce composée en trois «journées» ou actes par le poète dramatique ; d'où un spectacle en sept parties : prologue (discours en vers sur l'œuvre et la compagnie), acte I, intermède (petit acte burlesque sans rapport avec la pièce), acte II, intermède avec chant et danse, acte III, mascarade finale. A Athènes c'était le drame satyrique à la fin de chaque journée du concours tragique ; ailleurs, la farce ou la comédie en un acte donnée en «baisser de rideau» après une tragédie ou une comédie régulière ; à Paris, au XIXe siècle, le ballet obligatoire au milieu du grand opéra. Les séances de cinéma ont comporté parfois, avant le grand film, actualités, dessin animé, documentaire et «attractions» sur scène. La revue, anglaise, américaine ou portugaise, est un pot-pourri reposant sur l'alternance et la rupture, non sur les enchaînements. Les programmes de cirque et de music-hall jouent pleinement de l'*effet-genre* qui est une synthèse délicate entre la conformité à une attente (le public connaît le code et est heureux de reconnaître au passage les formes et les séquences) et le besoin d'être surpris. Parfois, quelqu'un arrive et bouscule l'ordonnance «naturelle», et le résultat est, là encore, ambigu : l'effet est atteint plus pleinement parce que le processus est comme ravivé, mais il se peut que l'effet soit modifié ; une évolution s'est amorcée. Ce qui fait vivre les genres est aussi ce qui les fait mourir.

Le rire populaire

Cela nous amène insensiblement à la question du théâtre populaire. Le théâtre des grandes époques (qui est toujours un phénomène urbain) n'est réservé ni au peuple ni à l'élite. Nourri de culture, il est, pour un temps, un phénomène public. On voit très bien comment, par la suite, il s'enferme et se privatise. Quand les dernières pièces de Shakespeare se laissent envahir par des *masques*, c'est-à-dire des épisodes sans texte poétique, mimés et dansés en musique avec un important appareil spectaculaire, c'est que les mêmes pièces qui se donnent encore dans les théâtres publics à ciel ouvert sont déjà allées se loger dans des théâtres fermés avec installations techniques et public sélectionné. Quand le chœur disparaît de la comédie grecque ancienne, c'est aussi le signe que la vie publique et théâtrale s'est amoindrie.

L'étude du rire populaire, du comique «bas», a été considérablement renouvelée par Mikhaïl Bakhtine dans son livre sur Rabelais. Avant de le citer, il peut être utile de rappeler les belles tripartitions de Platon, selon lequel l'homme est divisé verticalement en trois étages : le ventre, siège des appétits (sexe et nourriture) ; la poitrine, siège des passions généreuses ; la boîte crânienne, où siège la raison. De même la société est légitimement divisée en trois classes : les manœuvres, les guerriers ou gardiens, les philosophes — et elle n'est bien gouvernée, tenue en équilibre, que si le haut commande le bas. Le haut règne en réprimant le bas, en le niant, en lui interdisant toute expression. Mais un tel projet ne peut être tenu. Des espaces plus ou moins officiels (saturnales ou carnaval) sont concédés, de façon limitée et rituelle, pour l'expression populaire, qui est affirmation, exhibition et célébration valorisante du «bas matériel et corporel». Il faut dire aux grands que leur négation idéaliste est une imposture. «Au plus eslevé throne du monde si ne sommes assis que sus

Les genres et le statut du personnage

Héros, types, masques, emplois, caractères : les personnages diffèrent selon les genres.

Le personnage principal de la tragédie ou du drame est le héros (l'héroïne). Ici, la fable est prise au sérieux : la pièce montre qu'une chose arrive (ou raconte qu'une chose est arrivée) une fois pour toutes au héros ou par le héros. Le héros, individu exemplaire, porteur de nos espoirs et de nos craintes, provoqué par une situation unique, agit et modifie le cours des événements (dût-il y succomber) : c'est le drame. Ou bien les événements passent sur lui, malgré son action et ses efforts lucides : c'est la tragédie. Un héros noir, entièrement triomphant, semble impossible : les rois criminels finissent mal (Néron, Richard III, Boris Godounov, Hitler) ; dans le cas contraire, ils n'occupent pas la place du héros ou la pièce présente leur tyrannie comme positive et fondatrice (Auguste, Staline).

La comédie met en scène des figures ou des caractères. Le caractère est un type psychologique ou social général référé à la vie courante, qui domine la configuration comique. Mais on peut se passer de figure principale : les masques et emplois des différents genres comiques mis en présence et en situation suffisent à l'expression du groupe social. Un élément culturel ou psychologique dédouble opportunément chaque type, d'où deux «pères», Pantalon et le docteur, deux jeunes femmes, l'ingénue et la coquette, le valet naïf (campagnard) et le valet rusé (urbain), M. Loyal et l'auguste. Ces caractères ou types estompent la fable, car rien ne peut leur arriver vraiment : les événements sont des fantaisies d'événements qui les exercent sans les affecter et ne leur confèrent pas, comme aux héros, une biographie ; sinon, c'est le drame. On les retrouvera demain et ailleurs intacts, sous un autre nom ou le même, avec un autre état civil.

Les auteurs de l'époque bourgeoise réaliste (mais non les auteurs de drames romantiques ou symbolistes) ont sur-écrit leurs personnages, leur prêtant un état civil, une psychologie, un bulletin de salaire ou un chiffre de rente, un corps (âge, corpulence, système pileux), des objets familiers, des horaires, etc. Ce n'est pas ajouter un genre au théâtre, c'est sortir du théâtral. Les signes du personnage dans le texte sont en attente du travail complémentaire de l'acteur qui ne peut être entièrement programmé. Jusqu'à la représentation (et peut-être au-delà), l'âge d'Alceste et le poids de Hamlet sont indéterminés.

notre cul» est presque le dernier mot des *Essais*, de Montaigne, comme «Merdre» est le premier d'*Ubu roi*.

Bakhtine oppose merveilleusement le corps classique, poli et fermé, au corps grotesque, ouvert, plein de trous et de saillies, en qui ça rentre et d'où ça sort. La grande chance, universelle, du théâtre français est que cela soit dans Molière. Ça y est, de justesse (vu la doctrine classique), mais ça y est. Au XVIIe siècle, époque dogmatique, le comique populaire se réfugie en effet dans les genres canoniques inférieurs (comédie, satire, fable) et dans les genres non canoniques (roman, compositions burlesques, scène populaire : Tabarin, Turlupin). Et tant pis pour Boileau qui, avec une grande précision de diagnostic, trouve Molière «trop ami du peuple en ses doctes peintures». Les plaisanteries scatologiques et sexuelles ont, chez Molière, exactement la splendeur grotesque : la colique de peur de cet «enfoiré» de Sganarelle *(Dom Juan)* devient, dans sa bouche, célébration des «vertus purgatives» d'un habit de médecin. Les «enfants par l'oreille» sont plus que le mot d'une ignorante : ils expriment une joyeuse imagination grotesque. Les injures rabelaisiennes (vérolé, couillon) ont la double propriété de rabaisser et de chérir, et le corps coupé en morceaux est moins réduit à l'état de cadavre terrible et repoussant que mis plus largement en communication avec la vie universelle. Ici le rire n'est pas satirique, il n'a pas fonction de dénigrement.

Tout cela est donc expression populaire d'un vouloir-vivre, «désoppression» universaliste et égalitaire. Comme l'oppression du sérieux et de l'ordre exerce également sa censure sur les classes dominantes, celles-ci ont aussi besoin de parler le corps.

Toutefois, elles ne le font pas ouvertement : l'allégorie (qu'on trouve dans les mascarades et ballets de cour comme dans un certain théâtre politique récent) «corporalise» les relations psychologiques et sociales, mais d'une façon qui reste souvent abstraite et codée ; l'obscénité est affaire de clin d'œil et d'allusions, la pornographie relève d'un voyeurisme honteux et commercial auquel manquent la franchise et les dimensions carnavalesques.

Un spectacle du Grand Magic Circus, Les Mille et Une Nuits, *conçu et réalisé par Jérôme Savary (1979). Burlesque ou grotesque ? Sauter de panique dans les bras d'un (d'une ?) autre, nullement prédisposé(e) à cela : c'est un classique du burlesque, tout comme la parodie. La grandeur grotesque naît d'une impression de travesti (transgression du corps sexué), de l'usage du masque au nez protubérant, d'un fantastique jeu de doigts. (Phot. © Philippe Coqueux/Photeb.)*

Le Songe d'une nuit d'été, *de Shakespeare, mise en scène de Peter Brook pour la Royal Shakespeare Company (Théâtre de la Ville, Paris, 1972). Le corps grotesque et le comique populaire. De Priape au «bras d'honneur», une image qui n'est assurément pas dans le texte, mais qui traduit, dans un vocabulaire gestuel d'aujourd'hui, une des origines (profane et sacrée) du théâtre. (Phot. © Lesly Hamilton / Gamma.)*

Falstaff, *le personnage shakespearien des* Joyeuses Commères de Windsor, *par Füssli. Personnage-mythe revenant dans plusieurs pièces, tout comme Ubu, lithographié ci-contre par Alfred Jarry lui-même. La panse, la gidouille, la bedaine, Messer Gaster : cet autre organe du comique populaire devait engendrer des figures théâtrales. Bas, parfois vils et atroces, Falstaff et Ubu n'en sont pas moins magnifiques, échappant à la morale «officielle». (Musée des Beaux-Arts, Zurich. Phot. © du musée. Ubu : phot. Jeanbor © Photeb D.R.)*

Les rapports du bas matériel et corporel et du rire populaire avec le théâtre ont pris diverses formes. S'exprimant dans la fête, où tout le monde est à la fois acteur et spectateur, il est préthéâtral. Contre le théâtre officiel, écrit, régi par les poétiques, il s'est manifesté surtout dans les spectacles de tradition orale et sur des scènes légères (tréteaux et castelets) facilement montées et démontées dans des lieux de passage. Aussi est-il présent, avec ses caractères essentiels, dans la farce, la commedia dell' arte et dans maints théâtres de marionnettes en Turquie, en Grèce, en Italie. Il entre en littérature (en poésie), en Europe, aux moments où la langue populaire (nationale) cesse d'être opposée à une langue savante tout à fait différente (le latin). Bakhtine dit que ce phénomène ne se produit qu'une fois dans chaque langue : Boccace, Rabelais, Shakespeare, Cervantes. Un seul poète dramatique dans ce quatuor, mais on a montré qu'il fallait y ajouter ces deux phares que sont Aristophane et Molière.

La catharsis

Outre les genres, Aristote a inventé la notion de catharsis.

Fantaisie de défaite avec la tragédie, ou fantaisie de triomphe avec le rire, le théâtre agit réellement sur nos représentations. C'est là son effet, non son but. Son but est de divertir et de réjouir. «La catharsis d'Aristote, cette purification par la crainte et la pitié, ou de la crainte et de la pitié, est une purgation qui non seulement était source de plaisir, mais visait expressément à donner du plaisir», écrit Brecht.

Il ne faut pas entendre le mot divertissement au sens pascalien. Un théâtre de pure évasion, ou flatteur, qui ne modifie pas le spectateur, manque l'effet cathartique. Pour qu'il y ait catharsis, il faut qu'il y ait transformation de la personnalité et donc prise de conscience. Le bon spectateur du bon théâtre vient avec le désir conscient ou inconscient de devenir autre.

Le théâtre ne détermine pas un passage à l'acte des spectateurs déchaînés : l'odieux bloque le rire, la colère n'est pas la crainte et la pitié. Comparons mentalement trois processus : on joue la scène de Jules César *où Marc-Antoine enrage la plèbe romaine en lui montrant le cadavre ; on joue une scène d'agit-prop pour pousser à l'action un public concerné ; on montre à la foule un chef ou un manifestant abattu et elle dresse des barricades ou incendie des bâtiments.*

Le rire (aux dépens d'Arnolphe, même si je m'identifie à lui) est cathartique, comme la terreur (devant les aveuglements de Lear) ou la pitié (pour sa souffrance à la mort de Cordélia).

On a reproché à la catharsis d'être seulement psychologique et de faire avaler de l'idéologie à la faveur de l'identification. Citant Œdipe et Othello, Brecht écrit : «Nos âmes vont-elles longtemps encore profiter de l'obscurité pour quitter nos corps «épais», s'introduire dans ces fantômes au pinacle et partager des exaltations qui nous sont «d'ordinaire» interdites ? Quelle libération est-ce là, quand, au dénouement de ces pièces (qu'on ne peut dire heureux qu'en se plaçant du point de vue de l'époque : la Providence, l'ordre moral), nous vivons la mise à mort imaginaire de l'exaltation, punie comme un égarement ?»

Est-il juste de renchérir, comme le fait A. Boal, et d'affirmer que la catharsis vide les gens de leurs capacités transformatrices ? Le théâtre met en travail les individus et les collectivités, par une mise en relation active et inlassable du réel et de l'imaginaire, qui implique le passé, le présent et l'avenir. Auteur d'un livre sur la catharsis, D. Barrucand décrit ainsi la totalité du processus : «La prise de conscience (distance) ne succède pas à l'émotion (identification), car le compris *est en rapport dialectique avec* l'éprouvé. *Il y a moins passage d'une attitude (réflexive) à une autre (existentielle) que des oscillations de l'une à l'autre, parfois si rapprochées que l'on peut quasiment parler de deux processus simultanés, dont l'unité même est cathartique.»*

Est-il possible de conclure sur les genres sans quitter Bakhtine et sans se brouiller avec Aristote, et en conciliant le côté de chez Brecht et le côté de chez Artaud, grand souci, aujourd'hui, de toute théorie du théâtre ?

Le théâtre est particulièrement menacé par le réalisme plat et le conformisme esthétique, politique et social. Il ne peut être officiel qu'avec difficulté, il doit faire événement dans les consciences (catharsis) et dans la société (théâtre d'intervention). Sinon, il est ce théâtre mortel (comme un ennui mortel) qu'a bien décrit Peter Brook.

Le tragique n'est pas le sérieux, parce qu'il n'est pas dogmatique. La tragédie dogmatique (c'est encore Bakhtine qui parle) est aussi impossible que le rire dogmatique. Le sang, l'excrément, le sperme et la sève sont les mêmes, qu'il s'agisse du corps d'Orphée ou de Pentée déchiré par les Bacchantes ou de celui d'Epistémon (bientôt recousu) dans Rabelais, ou d'un massacre d'andouilles ou de sacs à vin. C'est toujours le dionysiaque en rapport de complémentarité et de compétition avec l'apollinien. Sans doute le sentiment de l'universel s'oppose au montage de toute critique particulière, mais, puisque Brecht parlait si bien du plaisir, aimait les matières, les objets et les mots, traitait de la grande crise avec de la viande et de la neige, et de l'hitlérisme avec des choux-fleurs, rêvons d'un Brecht cruel et d'un Artaud qui fasse rire. Mais ce n'est pas un rêve : c'est la circulation même des genres dans l'organisme vivant du théâtre.

Max, personnage de L'Age d'or, première ébauche, *créé par le Théâtre du Soleil en mars 1975. L'acteur Jonathan Sutton, jeune et mince, créa pour ce spectacle plusieurs personnages, dont Max. Silhouette dépouillée mais pansue, Max réapparaissait de tableau en tableau comme douanier, valet puis contremaître, rôles sociaux peu sympathiques. Mais Max avait une manière à lui de pousser avec son ventre des portes imaginaires, une dépréciation-valorisation typique du «bas matériel et corporel».*
(Phot. © Lesly Hamilton/Gamma.)

DU CÔTÉ DE LA SCÈNE

La scénographie : de la surenchère à l'épure

Scénographie et cadre

Un spectacle théâtral est une création éphémère. Point d'objet à voir ou à déchiffrer à l'envi, mais une production qui s'efface à mesure de son déroulement. La caresse d'une voix, le furtif d'un geste ou d'une mimique sont joyaux qui ne possèdent, comme souvenir-écrin, que le flou de la souvenance et l'aléa de l'émotion.

Il est pourtant des composantes de la représentation qui demeurent : les décors et les costumes. On peut dire malheureusement. Restes trompeurs d'une cérémonie à laquelle, certes, ils ont participé, mais qui ne les anime plus ; bien réels, palpables, mais hors jeu. Panneaux de bois peint, corniches ne révélant que trop leurs matières de synthèse, tissus rehaussés de bizarres amalgames, ces défroques sans âme ne renvoient plus qu'à elles-mêmes. Métamorphosées en objets de musée, elles ne parviennent plus à être, privées de leur socle de planches, ce que la scène les proclamait : des œuvres d'art. Séparées de cette totalité vivante, la représentation scénique, reliquats se laissant fétichiser trop aisément, elles disent autre chose que le spectacle. A mi-chemin entre la confection et le rebut, on comprend qu'elles soient, pourtant, la vénération des amateurs de théâtral. De par leur simple présence, elles en contiennent un après-goût. Mais, sauf pour les fervents d'une archéologie mal comprise, les expositions de ces traces ont quelque chose de sinistre. Elles font toucher du doigt la mort, au théâtre essentielle, mais sans ses pompes. Car ce qui reste vraiment du théâtre se situe dans la mémoire des spectateurs, plutôt que dans ces reliquats-reliques. Si le décorateur est amené à fabriquer des images figées dans la rigidité des matériaux, ce sont bien plus des *images pour la mémoire* que des images destinées à la simple perception visuelle, si tant est que la perception puisse n'être que visuelle : seul compte le rapport affectif que nous entretenons avec ce qui nous est proposé, quoi que ce soit.

Maquette d'un décor possible de Horst Saagert pour Le Roi Bamba, *de Lope de Vega. Elle a reçu le prix de la Quadriennale de Prague en 1979. Si Saagert est l'un des grands décorateurs contemporains, attribuer un prix à une maquette qui n'a pas donné lieu à une réalisation montre à quel point la maquette est encore fétichisée, alors qu'elle n'est qu'une étape vers une concrétisation scénique. (Phot. Leopold Vydra/agence Dilia © Photeb.)*

En fait, les traces les plus belles et les plus intéressantes en matière de décors et de costumes sont celles de leur genèse. La maquette peinte fait l'objet, à New York en particulier, de ventes aux enchères fort prisées. Mais, là encore, quoique avec meilleure figure que les bouts de décors, elle usurpe un droit qu'elle n'a pas : celui d'être considérée en tant que telle. Car elle est, avant tout, une étape dans un processus. Ce sont, certes, de beaux restes que ces décors en miniature ; mais qu'ils s'érigent en œuvre en soi, le théâtre ne peut pas y consentir. Ce n'est qu'une déviation qu'il a prise à l'époque des Ballets russes, où le décor était une peinture agrandie.

Les décorateurs contemporains posent un regard nouveau sur leur maquette : elle n'est plus précieusement conservée, mais la plupart du temps détruite, soit qu'elle ait subi le sort des brouillons de l'écrivain, soit qu'elle ait été endommagée dans les ateliers de construction, au point de n'être plus présentable. Déchiquetée à force d'être compulsée, elle est le point d'appui, la barre fixe pour l'exécutant. Si tant est qu'elle existe, d'ailleurs. Car il arrive de plus en plus souvent que la *maquette* consiste en relations établies, par les exécutants comme par le décorateur, entre toute une série d'éléments hétéroclites : photographies, reproductions de tableaux, textes. Elle n'est en fait qu'un passage, un état virtuel du décor entre les avatars de sa conception et sa matérialisation, qui seule compte pour le décorateur lui-même.

Par elle-même, la maquette ne veut rien dire, ou presque, au point qu'elle a besoin du discours. C'est lui qui supplée à l'indécision d'un trait. Manque de précision d'un langage qui n'a pas trouvé son code, absence de système de notation : l'indication graphique se double d'un discours écrit, lui-même pâle reflet d'un discours vivant. Le solide — paradoxe apparent — se crée dans les rencontres fréquentes du metteur en scène, du décorateur et des exécutants. Anecdote révélatrice que raconte (discours vivant) André Acquart à propos de l'idée de décor qui lui est venue pour celui de *Troïlus et Cressida,* de Shakespeare : d'un geste du metteur en scène. Balayant l'air du revers de la main, dans un mouvement semi-circulaire, Roger Planchon manifestait son souhait d'une disparition rapide des comédiens. Illustration immédiatement transposable en plateau mobile pour le scénographe. L'empirisme de la parole vivante, plus agissante encore quand elle se double du geste, reste, dans sa versatilité, le discours le plus efficace pour l'élaboration d'un décor. Car, malgré l'aspect purement technique qu'il revêt à certaines de ses phases, ce serait une erreur de croire en un pur et simple glissement d'une modalité à une autre de la genèse d'un décor ; de l'esquisse à la maquette peinte ; de la maquette peinte à la maquette en volume ; de la maquette en volume à la feuille de mesures ; de la feuille de mesures à la réalisation. La lisibilité est affaire personnelle et singulière et, malgré les airs d'un code de l'architecte ou de l'ingénieur que prend la feuille de mesures, elle a besoin du discours. Il est la seule réalité fonctionnelle entre créateurs et réalisateurs.

A partir de ces considérations, il est loisible de considérer le *journal de bord* comme la forme la plus adéquate, si ce n'est la plus accomplie, d'un compte rendu scénographique. Généralement commandé par l'administration d'un théâtre pour paraître dans sa publication régulière, il va bien au-delà de ce qu'il prétend assumer : un simple moment figé dans une spontanéité factice ; rédigé la plupart du temps après coup, il joue le jeu de la maladresse stylistique, de la répétition considérée comme la marque du naturel. Par sa dilution même, le journal de bord est seul apte à restituer les modulations d'une recherche. Ses fluctuations et son air de dériver sont le mode le plus juste sur lequel puisse s'exprimer la relation théâtrale.

On pourrait croire que, puisque décors et costumes se situent du côté du visuel, la photographie est le moyen le plus approprié pour en rendre compte. Comme si l'objectif photographique avait la faculté, à la faveur d'un clic, d'engranger les décors, ficelés dans un fragment d'espace. Alors qu'il est encore hasardeux de prétendre capter des gestes et des voix — l'audio-visuel n'est pas toujours très accessible — il semble possible de restituer une scénographie par le bout de ce qu'elle est partiellement : une image. Or la photographie, pour des raisons aussi bien économiques qu'esthétiques, fait subir au décor de multiples déformations. Déjà, elle privilégie le comédien au détriment de l'espace scénique. C'est que le comédien est l'acheteur plus que probable. C'est aussi que les journaux et les revues préfèrent les gros plans aux vues d'ensemble, parce qu'ils passent mieux à l'impression. Et puis, plus une photographie est réussie, plus elle s'éloigne du document. Surtout, le décor et les costumes n'ont d'existence réelle que dans les rapports qu'ils entretiennent avec le texte, la dramaturgie, les éclairages, le son, les comédiens. Le théâtre est affaire de relations, surtout le théâtre contemporain. Les transformations terminologiques sont le signe le plus évident des métamorphoses du décor depuis deux décennies.

Les programmes varient à loisir l'appellation du traditionnel *décor*. Régulièrement, il se travestit en *dispositif scénique*, en *mise en espace*, le plus souvent en *scénographie*. Bien que la tentation soit forte d'assimiler les changements au pédantisme, ils sont révélateurs de préoccupations contemporaines. Le terme de scénographie, qui sonne de façon plus savante que décor, n'est pas nouveau dans le vocabulaire de la scène. Aux beaux siècles de l'illusion, à savoir la Renaissance et l'âge baroque, perspective et scénographie se confondent. Dans l'euphorie d'une des conquêtes capitales pour la peinture du XVIe siècle, le décor est assimilé à une perspective (ainsi qu'en témoigne le titre de l'ouvrage de Sebastiano Serlio : *Second livre de la perspective*, 1545). La scénographie consistait alors à représenter sur une surface à deux dimensions, panneau ou paroi, une profondeur à peu près illimitée. La fascination devant la perspective était telle que presque tous les décors étaient architectoniques : piliers, colonnades, plafonds à caissons, voûtes, architraves scandaient l'espace dans un rythme de réitération obsédant. Quand bien même le texte indiquait une scène de plein air, le scénographe trouvait le moyen de l'enfermer à l'intérieur d'architraves. Il n'y a qu'un pas entre une allée de palmiers et des références architecturales : les troncs sont des colonnes et le feuillage se prolonge dans le lointain en une imaginaire succession de voûtes. Est-ce un résidu inconscient de ce regard-là qui fait que le scénographe est aussi appelé *architecte d'intérieur* ? Convenons que, au fil de ce texte, les termes «scénographie» et «décor» seront employés indifféremment. Le terme «décor» continue son petit bonhomme de chemin dans le théâtre de boulevard. Mais son air suranné, avec ses relents de superflu, de plaqué, est insupportable à l'art contemporain de la scène, qui rejette les notions d'anecdote, d'illustration, de gratuité, de redondance.

Il n'est pas vain de préciser — étant entendu qu'un décor est indissociable des autres composantes scéniques — que chaque exemple proposé par notre propre texte interviendra pour nourrir une idée générale, une réflexion. Qu'il ne saurait, en aucun cas, rendre compte de la totalité d'un décor et de sa complexité, ni être le modèle des créations d'un scénographe. L'exemple n'est qu'un moment privilégié dans le devenir d'une carrière en perpétuelle prospection. C'est pourquoi il convient de garder à l'esprit le fait qu'une reproduction photographique d'un décor — outre que, l'aplatissant, elle ne dit pas toujours s'il est peint ou en volume — n'a pas grand sens, pris dans l'isolement fatal conféré par l'exemple. Enfin, il ne sera fait référence ici qu'à la scénographie contemporaine (depuis 1960). Les deux précurseurs, Craig et Appia, sont évoqués d'autre part dans cet ouvrage.

Il n'y a pas de création théâtrale dans l'absolu ; il y a une création dans un espace, ou bien une création prévue pour plusieurs espaces, en vue d'une tournée. Le lieu, comme les impératifs d'un décor maniable et solide, vient baliser la rêverie. Il la canalise d'ailleurs autant qu'il la suscite : ou bien le scénographe va confirmer le lieu, ou bien il va l'agresser. Il en jouera pour ou contre, de toute façon avec. Il se pliera à ses dimensions et à ses possibilités.

Pour nous, habitués aux «théâtres-temples», l'espace a l'air délimité, limité. C'est le lieu où se déroule la représentation. Pourtant, la phase préparatoire au spectacle peut être annexée à l'espace théâtral. Ne s'apprête-t-on pas pour aller au théâtre ? Amplifiant ce constat, Jean Genet va jusqu'à recommander un accoutrement pour recevoir *Les Paravents* : «Que les costumes des spectateurs soient bariolés ou non, couverts de bijoux ou de n'importe quoi, cela n'aura aucun inconvénient pour la probité du spectacle donné sur la scène. Au contraire, même, il serait bien qu'une espèce de folie, un culot, pousse les spectateurs à s'accoutrer bizarrement pour aller au théâtre — à condition de ne rien porter d'aveuglant : broches trop longues, épées, cannes, piolets, lampes allumées dans le chapeau, pies apprivoisées... ni rien d'assourdissant : tintamarre de breloques, transistors, pétards, etc., mais que chacun se pare comme il veut afin de mieux recevoir le spectacle donné sur la scène : la salle a le droit d'être folle» (*Lettres à Roger Blin*, 1966, Gallimard). Ainsi, la prévision du spectaculaire peut-elle être considérée comme partie intégrante de la cérémonie théâtrale.

Indépendamment du spectacle de rue, la parade qui annonce la représentation, lui empruntant ses accessoires les plus clinquants, la grossit d'un passé. Le vécu du spectateur commence bien avant qu'il n'entre dans un espace clos, sur un trajet faussement libre de tout guidage, à la scénographie délicieusement mouvante. Après la parade racoleuse, le spectateur peut être amené à suivre les méandres d'un itinéraire «initiatique» qui le mènera sur les lieux de l'action plus spécifiquement scénique. L'espace n'est pas alors un «ailleurs» de la représentation. La scène — ou son substitut — n'a pas empiété sur un terrain usurpé, elle n'a fait qu'entrer en expansion, en un débordement spatial nécessaire à la pièce et à ses sens. Antichambre de la représentation, les couloirs qui mènent à l'épanouissement en rond ou en demi-cercle de l'espace, qui s'affirme alors comme espace de théâtre, sont espace scénique. Ainsi en use le Theatr 77 de Lodz, qui fait déambuler les spectateurs dans les couloirs d'un hôtel particulier, avant de les installer dans une des pièces (festival de Nancy, 1977).

L'espace théâtral est, traditionnellement, constitué par une chape en dur, qui correspond à trois catégories de lieux : les théâtres à l'italienne, les salles nouvelles et polyvalentes, les lieux récupérés. Ces lieux seront envisagés ici moins en tant qu'architectures qu'en fonction de leur influence sur la scénographie.

L'art de l'esquive

Le théâtre à l'italienne implique un monde de conventions, de privilèges et d'interdits auquel la scénographie contemporaine fait à tout instant contrepoint parce qu'il ne correspond plus à la société dans laquelle nous vivons. Presque toujours, c'est l'art de l'esquive qu'elle cultive pour se défaire d'une structure qu'elle prétend dénoncer.

Croquis de Yannis Kokkos pour Olaf et Albert *de Heinrich Henkel, monté par Jacques Lassalle au théâtre de l'Athénée en 1978. Dans un cahier à spirale, esquisse parmi d'autres, la maquette se présente comme une étape dans un processus qui ne se réalise pleinement que sur le plateau. Une maquette de ce genre préserve une marge d'intervention, une marge de vie pour l'élaboration du spectacle sur le plateau. (Coll. Yannis Kokkos. Phot. Jeanbor © Photeb.)*

La première des conventions de la scène à l'italienne est l'illusion. Les décors peints selon les règles de la perspective théâtrale s'offrent comme une série de plans différents devant donner une impression de profondeur. L'enfilade des rues, des cieux, des arbres, des colonnades est comme une prolongation de l'espace extérieur. Dedans et dehors s'envahissent mutuellement, unis dans l'image du *theatrum mundi*. Dans l'Italie de la Renaissance, la perspective avait ses artistes, spécialisés les uns dans les scènes d'intérieur – salons, cours, chambres – les autres dans les scènes d'extérieur – places, temples, jardins du roi – qui pour les cieux, qui pour le mobilier, qui pour les frondaisons, qui pour les architectures. La scénographie contemporaine, elle, évite la toile peinte pour plusieurs raisons : elle est interchangeable ; l'œil lui préfère maintenant des éléments en volume ; bien que ne jouant plus des perspectives, elle ne porte que trop la griffe du peintre ; le comédien évolue devant un décor et non pas avec lui. La toile peinte se déploie dans le vertical. Contrariante, la scénographie contemporaine s'étirera dans l'horizontal.

Dans une scène à l'italienne, cintres et dessous sont les manifestations techniques de schémas métaphysiques et idéologiques. Dans un univers qui oscille entre enfers et cieux, l'estampille manichéiste du haut et du bas, des cintres et des dessous, valorise le vertical sur l'horizontal. C'est l'une des raisons – un peu trop évidente tout de même pour être vraie – pour lesquelles, ostensiblement, le décor privilégie les interventions latérales. C'est le principe de la scénographie d'*Antoine et Cléopâtre*, de Shakespeare, dans la mise en scène de Planchon (mai 1978). Pour des raisons tant métaphysiques que pratiques, il est difficile de travailler dans la verticalité : le *gril* – partie haute de la scène où se trouve l'appareillage, en superstructure, de toute la machinerie – possède un type de fonctionnement unitaire qui fait que les éléments ne peuvent pas être descendus de biais, sous peine de le bloquer. Il arrive, rarement, que le gril soit «ponctuel», c'est-à-dire que l'une de ses parties n'empêche pas les autres de fonctionner. Au Théâtre de la Ville, à Paris, en 1968, Jorge Lavelli, le metteur en scène, et Michel Raffaëlli, le scénographe de *Beaucoup de bruit pour rien*, de Shakespeare, ont employé quasi systématiquement les possibilités offertes par le gril ponctuel dont est équipé le théâtre. Dans le même temps, ils épuisaient son emploi, étant entendu que le regard du spectateur contemporain face à la machinerie a changé : il n'est plus, comme le spectateur de la Renaissance, fasciné par le décor immobile de Palladio à Vicence ou ravi par les apparitions et disparitions des divinités célestes ou des monstres infernaux. Le théâtre à l'italienne et sa machinerie ne procurent plus qu'un outil encombrant au décorateur contemporain. La séduction du merveilleux a cédé la place au goût pour la surprise. La caractéristique essentielle du décor depuis une quinzaine d'années est, en effet, la mobilité. Le plancher de scène, quant à lui, est composé de rues et de ruelles qui peuvent être enlevées pour laisser apparaître des trappes. Les *costières* les séparent, qui permettent de faire circuler les décors latéralement. Car le théâtre à l'italienne a été conçu pour travailler avec des éléments plats, vus géométralement. Les dessous, comme les cintres, ne recevant pas d'épaisseur, les décors sont faits pour être manipulés à plat, par glissements. On comprend le goût du XVIIIe siècle pour les théâtres de papier. Les *six pence coloured* possèdent le même principe de fonctionnement, réplique découpée d'une scène à l'italienne. Le découpage offre en effet une image en miniature, nécessitant un minimum de transposition, du glissement d'éléments dépourvus de volume. Le glissement est aussi la barrière tangible des interdits qui fondent la scène à l'italienne.

Lieu du privilège – la perspective d'un décor se réalise par rapport à un seul regard, celui de l'*œil du prince*, situé à 15 mètres du cadre de scène – le théâtre à l'italienne est aussi le lieu de l'interdit. Quelques interdits terminologiques, d'abord, hérités de la marine à voile : les marins, les premiers à équiper les théâtres à l'italienne – ils se machinent comme la voilure d'un bateau – ont laissé un certain nombre de mots tels que *haubaner*, *caiorne*, *mât à chantignoles*, *mât de perroquet*, et sont aussi à l'origine du tabou sur les mots «corde» ou «ficelle» ; il faut dire *fil* ou *guinde*. Les autres sont des interdits spatiaux : la fosse d'orchestre, entre la scène et la salle, le rideau de fer ou rideau pare-flammes, le rideau d'avant-scène, la draperie et le *manteau d'Arlequin*. Ce dernier terme désigne la partie supérieure horizontale du cadre mobile coiffant les draperies et permettant de régler la hauteur du cadre de scène ; il vient de la comédie italienne : c'est par

La toile peinte

La toile peinte est le décor le mieux adapté au théâtre à l'italienne.

*La toile peinte a considérablement évolué depuis le savoir-faire perspectiviste des Servandoni et des Bibiena. Alors que, pour la Renaissance, elle était une architecture figurée, les Ballets russes l'ont fait basculer du côté de la peinture pure. Picasso, Derain, Matisse, Dufy ont confirmé cette tendance. Edouard Pignon, bien qu'il s'en défende, s'exprime en peintre plus qu'en décorateur, lorsqu'il précise : «Le théâtre ne m'intéresse pas du tout comme décorateur ; il m'intéresse seulement en fonction de la peinture. (...) En somme au lieu de faire ou les espaces noirs du TNP ou les trompe-l'œil du Châtelet, j'ai mis de la peinture sur la scène» (Contre-courant, 1974). Si Pignon corrige aussitôt : «C'était une expérience où la peinture jouait comme un acteur» il n'empêche que l'intervention du peintre au théâtre se situe du côté de l'agrandissement d'un tableau pris comme maquette, et d'une étape par rapport à son œuvre, non par rapport à la pièce. Ainsi Pignon a-t-il trouvé le décor d'*Hamlet*, *mis en scène par Maréchal, à partir de ses* Têtes de guerriers. *Pour cette raison, et aussi parce que l'œil contemporain est plus sensible aux décors en volume, la profession de peintre-décorateur se perd, le déclin s'étant amorcé il y a une quarantaine d'années. Il ne reste plus que l'Italie pour conserver vivace une tradition entretenue par un haut degré de technicité et par la rivalité des différents ateliers.*

Tant dans sa conception que dans sa technique, la toile peinte se démarque de la peinture de chevalet. D'une part, elle vient en illustration suggestive d'une action qui lui préexiste ; le critère de qualité est ce qu'on appelle le rendu *; il exige de l'exécutant (à partir de maintenant, il ne va plus s'agir que de la réalisation) habileté (savoir-faire) et sensibilité (compréhension artistique). D'autre part, le peintre travaille à l'horizontale. C'est pourquoi le sol d'un atelier de décors doit toujours être un parquet en bois, les toiles étant broquetées au sol. Seuls les Anglais travaillent à la verticale, la toile se déroulant au fur et à mesure de la progression de l'exécution. Et surtout, la toile peinte est sujette à des transformations sensibles dues à l'éclairage. Aussi sera-t-elle retouchée à la suite des répétitions du réglage de la lumière.*

On broquette *une toile sur un châssis ; une broquette ou semence étant, dans le vocabulaire du tapissier, un clou. Les broquettes sont espacées de 3 centimètres environ et ne sont presque pas enfoncées pour être facilement enlevées une fois le travail terminé. Notons que le choix de la toile est très important : c'est elle qui fait vibrer la couleur. La toile est ensuite encollée avec un lait de couleur uniforme. Une fois sèche, elle reçoit du* traceur *le motif figurant sur la maquette, au moyen d'un fusain fixé à un long manche. Grâce à une* règle à échelle, *le traceur transfère les proportions de la maquette à la toile. Les règles à échelle les plus utilisées sont celles de 3 et 5 centimètres par mètre. La transposition de la maquette à la toile peut s'obtenir également par la* mise au carreau *; c'est-à-dire que la maquette est découpée graphiquement en fragments carrés, reproduits à l'échelle sur la toile. La trace alors dessinée est passée à l'aniline, qui la fixe. Elle peut être esquissée aussi au moyen d'une* tringle *ou «cordeau», enduite de craie ou de fusain. C'est ce qui s'appelle* battre la tringle. *Le peintre-décorateur doit avoir suffisamment de métier pour que des erreurs par trop réitérées ne fatiguent pas la toile. Les grandes surfaces de couleur uniforme – le ciel par exemple – sont peintes avec un* balai à ciel *en soies de Chine. Tandis que cet instrument a conservé sa poésie de l'époque illusionniste, le pot en métal contenant les couleurs en poudre ou pigments adopte un terme plus technique : c'est le* camion, *ainsi nommé parce qu'il transporte les couleurs. Celles-ci sont ensuite versées dans des* geigneux, *récipients en terre cuite ; le mélange des couleurs se fait avec de la colle de peau chauffée au bain-marie, afin que les tons conservent leur finesse, leur suavité. Elle assure en outre la matité du «rendu» : la peinture d'un décor, en effet, ne doit pas briller. Quant à l'endroit où sont entreposés les pigments, les vernis, mélangées les couleurs, lavées les brosses, il porte le nom de* sorbonne.

cette draperie qu'Arlequin faisait ses entrées et ses sorties. Le théâtre contemporain, qui revendique la participation du public, joue du rideau comme d'un élément signifiant, sans le laisser se scléroser dans ses variantes : «rideau à l'allemande», «rideau à la française», «rideau à la grecque», «rideau à la Polichinelle». Au lieu d'être utilisé comme convention, il rythme l'action en la fragmentant, en brisant la linéarité d'une narration; ou bien il la dédramatise, en tombant d'un coup pour effacer une image qui pourrait devenir trop prégnante. Ainsi de *Travail à domicile,* de Franz-Xaver Kroetz, dans la mise en scène de Jacques Lassalle (festival de Nancy, 1977) : le rideau — tout spécialement construit dans des salles a priori non destinées au théâtre — venait niveler le déroulement du spectacle dans une égalité des scènes qui s'efforçait de mettre sur le même plan une toilette de fillettes et une tentative d'avortement, une mise en sachets de graines et un meurtre de bébé. Le rideau a parfois des substituts : vitre, présente tout au long d'une représentation, d'un théâtre qui se meut dans l'angoisse de l'incommunicabilité. Voilage, grillage ou rideau de bobines — à la Sheila Hicks — d'un théâtre qui s'évertue à «vouloir dire». Partie du théâtre en tant qu'architecture, le rideau ne fait pas partie du décor. Le mur de brique ou de béton, élément récurrent des décors de Richard Peduzzi, peut être considéré comme un rappel, en dur, du rideau de tissu. A demeure sur les côtés, les *pendrillons* sont la réplique figée du rideau. Non seulement ils maintiennent les décors latéraux dans le secret des coulisses, mais encore ils émoussent l'entrée en scène des comédiens. Il est fréquent que, soulignant l'absence des pendrillons dans les salles nouvelles, Ezio Toffolutti joue de la sécheresse et de la brutalité des entrées et des sorties des comédiens. Pour *Héraclès 5*, de Heiner Müller (Volksbühne, 1975), il a conçu un décor qui agit comme un «clic» de prise de vue photographique. La transition en souplesse dans les allées et venues, ménagée par le tissu, cède la place à la violence de l'irruption des comédiens sortant de plaques de matière plastique dure. Le bruit qui accompagne leur va-et-vient souligne alors l'absence des pendrillons.

Comme tout art, le théâtre désigne. Cela, en partie, grâce au cadre de scène : «Un cadre, que nous dit-il? Il dit : regarde, tu trouveras ici ce qui vaut la peine d'être vu, ce qui n'est pas abandonné au hasard et qui n'est pas éphémère; tu trouveras ici signification et durée, non pas les fleurs qui se fanent, mais l'image des fleurs, c'est-à-dire leur symbole. (...) Sur scène aussi, je ne vois pas des milliers de fous, mais un seul fou que je puis aimer, je ne vois pas des milliers d'amants, dont l'amour, par la répétition de la fonction biologique, deviendrait répugnant, mais deux ou trois personnages qui aiment et dont nous pouvons prendre au sérieux les serments tout autant que les nôtres. Cela vaut la peine de regarder. Je vois des personnages, je ne vois pas des millions d'ouvriers — je n'y verrais d'ailleurs rien et plus personne, hélas! — mais je vois cet individu qui représente les millions d'autres individus, et qui seul est réel; je vois un machiniste qui gueule et une jeune comédienne qui croque une pomme et qui dit bonjour. Je vois ce que d'ordinaire je ne vois

Les Folies bourgeoises, *texte et mise en scène de Roger Planchon (théâtre de la Porte-Saint-Martin, 1977). Les décors sont de Patrick Dutertre. Dans une pièce agréablement «folle», une toile peinte montrant un œuf. Les traditionnels nuages sont figurés aussi, mais comme «citation» d'un effet connu. (Phot. © Nicolas Treatt.)*

Ci-dessous : Odyssée pour une tasse de thé, *de Jean-Michel Ribes, mise en scène de l'auteur, décor de Yannis Kokkos (Théâtre de la Ville, 1974). Une toile peinte, rappelant l'esthétique de l'art classique, celle de Poussin ou de Claude Lorrain, contraste avec des costumes de lutteurs forains. (Phot. © Birgit.)*

pas : deux êtres humains» (Max Frisch. *Journal 1946-1949,* Gallimard, 1964). Complément du cadre, la *rampe* renforce l'illusion. C'est elle qui maintient le comédien dans un ailleurs souvent renforcé par l'éclairage. Elle remplit la même fonction de désignation que le cadre : «Du moment qu'on parle du cadre, il faudrait bien entendu parler aussi de la rampe qui est une partie de ce cadre et qui en est même la partie décisive. Une scène sans rampe, ce serait un portail. Il est évident que c'est là précisément ce qu'elle ne veut pas être. Elle ne nous laisse pas entrer. C'est une fenêtre qui nous permet simplement de jeter un regard. La rampe correspond au rebord de la fenêtre, et il existe une quantité de dispositifs qui remplissent la même fonction, par exemple les différents genres de socles. Il s'agit toujours de séparer image et nature» (Max Frisch). Parallèle à la rampe, la fosse d'orchestre réitère, en un gouffre tangible, la

La Dispute, *de Marivaux, mise en scène par Patrice Chéreau, dans des décors de Richard Peduzzi (Villeurbanne, 1975). L'espace de la fosse d'orchestre, infranchissable, interdit par une barrière de fumée, fait l'objet d'une transgression qui se réalise dangereusement sur une planche où les comédiens devaient ramper pour ne pas tomber. (Phot. © Nicolas Treatt.)*

séparation de deux espaces. Il arrive que le refus d'osmose soit encore accentué : au début de *La Dispute*, de Marivaux, Patrice Chéreau fait s'élever un nuage de fumée de la fosse d'orchestre, dessinant à la verticale ce qu'elle représente à l'horizontale : un cerbère, un gardien de l'illusion. De plus en plus fréquemment, les mises en scène des années quatre-vingt tendent à réunir les deux espaces de la scène et de la salle. Soit en jouant sur le proscenium, soit en jetant un pont entre les deux. Estrade, podium, escaliers : il s'agit de transgresser l'espace dévolu à la séparation pour transformer l'illusion en fête ou en prise de conscience. Il convient de sortir des données de la scène à l'italienne, soit en l'élargissant par l'utilisation des balcons de la salle ou par l'installation de passerelles, soit en marquant le fait qu'il est impossible, temporairement du moins, d'en sortir.

Ludisme ou nostalgie

L'impossibilité de sortir du cadre peut faire prendre le parti d'accentuer la clôture en la montrant. Les espaces gigognes, poupées russes du théâtre, lieux du théâtre dans le théâtre, sont les émanations d'une structure qui n'ose renvoyer qu'à elle-même. Ce parti pris sert autant la distanciation brechtienne que le ludique. Aussi bien lieu de didactisme que lieu de jeu, l'espace qui s'autothéâtralise répond aux besoins de ces deux pôles principaux autour desquels tourne le texte. Comme si le théâtre ne pouvait pas mieux être servi que par lui-même, il se regarde et il joue avec son image. Subrepticement, le spectateur vient sur la scène, puisque les comédiens sont amenés à jouer les spectateurs. C'est le théâtre de tréteaux qui réjouit Dario Fo. La démarcation entre la scène et la salle perd de son évidence. Les comédiens passent la balle aux spectateurs. Les thèmes du comédien bateleur, forain de place publique, comme celui du comédien au château, envahissent les scènes. Les frontières entre le camp des regardants et celui des regardés sont souples. Constamment, le public a le sentiment d'un va-et-vient possible, d'une interchangeabilité en suspens. Le temps représenté coïncide alors avec le temps de la représentation. En «spectacularisant» l'action, auteur et metteur en scène font entrer le temps du spectacle dans celui de la fable. Ce n'est plus représenter une action dans des temps et des lieux faussement réels, c'est la désigner dans les temps et lieux d'un spectacle. Que ce soient l'aire de la piste du cirque, les chariots de la scénographie sicilienne, les tréteaux du théâtre de la foire, les mansions de la scène élisabéthaine, des scènes s'inscrivent sur la scène, des espaces s'emboîtent les uns dans les autres sur le mode de la duplication. Moins chargée de traditions, l'intrusion de l'œil de la caméra au théâtre fonctionne aussi comme un renvoi d'une certaine pratique scénographique du théâtre à elle-même. Elle n'est pas sans influencer l'écriture dramatique contemporaine : *Ton nom dans le feu des nuées, Elisabeth*, de Jean Vauthier, joue sur plusieurs niveaux ; l'héroïne est aussi bien la comédienne jouant le rôle d'Elisabeth que le personnage lui-même.

Temps, lieux, rôles sont fluctuants. Leur incessant mouvement permet de percevoir le spectacle dans son instantanéité et de ne pas installer le spectateur devant le mime d'autre chose que le théâtre. Cette forme de théâtre renvoie le spectateur à ce qu'il fait — être au théâtre — non pas à une action qui serait totalement extérieure à son vécu ici et maintenant. En ce cas, utiliser un espace à l'italienne perturbe l'attitude du spectateur en le renvoyant sans cesse à son propre statut. Un autre mode d'utilisation de l'espace traditionnel est le mode nostalgique. Considérant que, malgré ses insuffisances et son inadaptation aux structures sociales actuelles, la scène à l'italienne procure encore le plus de joies au metteur en scène, Giorgio Strehler et, après lui, Chéreau en cultivent toutes les ressources. A Spolète, en 1968, la scénographie de *L'Italienne à Alger*, de Rossini, mise en scène par Chéreau, proposait deux salles en miroir parfait. La scène à l'italienne montre alors moins qu'elle ne se montre.

Bien que décrié, le théâtre à l'italienne n'en demeure pas moins le schéma courant des établissements culturels construits en France à partir de 1959, date de la création du ministère de la Culture, avec André Malraux. Le terme «établissements culturels» convient mieux que celui de «théâtres», parce que ces constructions n'abritent pas seulement des formes d'expression théâtrale. Ils sont là pour proposer une culture pluridisciplinaire. Décentralisation, diffusion, démocratisation, les trois «d» de la politique culturelle française, se réalisent partiellement dans ces espaces onéreux mais pas toujours adaptés. Entre 1961 et 1978 la France en a connu de quatre types.

Une maison de la culture est un établissement polyvalent prévu pour l'installation permanente d'un centre de création, avec une salle de spectacles de mille à douze cents places, une salle d'animation de cinq cents à six cents places, une discothèque, une bibliothèque, des salles d'exposition. Ces «cathédrales de béton», comme on les appela par dérision, ont souvent été dénoncées. Lieu destiné à l'accueil, la maison de la culture est-elle un lieu accueillant? La formule des centres d'action culturelle a été adoptée à partir de 1963, faisant porter davantage l'effort des utilisateurs sur l'animation que sur la création. Plus tard, les équipements culturels légers, dits aussi équipements intégrés, sont venus compléter les centres sociaux, éducatifs, sportifs, ou les maisons des jeunes. Comme son nom l'indique, cette formule consiste en une intégration des équipements, qui peut se faire à différents niveaux : ce peut être, au niveau le moins élaboré, une intégration purement matérielle, visant à regrouper un certain nombre d'équipements dans un même ensemble architectural. Mais l'intégration peut être plus poussée et conduire à une véritable intégration sociale. Ainsi les villes nouvelles ont-elles accueilli ce type d'équipement. Puis viennent les salles dites polyvalentes. Il est apparu qu'il était nécessaire d'aménager des espaces pour accueillir des activités diverses, sans créer pour autant un véritable centre culturel, à savoir des salles à fonctions multiples. Il leur faut être un outil suffisamment maniable, modelable, «modulable», pour abriter aussi bien un bal, une conférence, des spectacles

— cinématographiques, dramatiques, chorégraphiques, de variétés — des concerts, des expositions, voire servir de studio de prises de vues cinématographiques ou magnétoscopiques, ou encore de prise de son. En réalité, il n'existe pas de salle «à tout faire» et, sous l'angle du théâtre, on entend surtout par polyvalence la possibilité, pour une salle, d'entretenir divers rapports avec la scène : à l'italienne, en éperon, en rond, éclaté. Cela est valable pour la France. Mais, où qu'il aille en Europe, le spectateur se retrouvera dans des bâtisses nationales où il bénéficiera, certes, d'une bonne visibilité, mais où il ne rencontrera aucun passé. Dépourvues d'antécédents, elles opposent une grande froideur à la création. Elles déjouent ainsi le culte du lieu peuplé d'ombres, le mythe du metteur en scène amoureux d'une salle vide.

Il se peut pourtant que d'autres ombres suppléent les ombres théâtrales. L'engouement pour les lieux neufs n'a eu qu'un temps. Les attirances se portent de plus en plus vers la réutilisation des monuments historiques et vers l'occupation de lieux désaffectés, ou dévolus à d'autres fonctions. Ce sont les «lieux récupérés» : hangars, garages, entrepôts, cartoucheries, usines de chaussures, boutiques, haras, criées aux poissons ou stades. Pour l'*Orlando furiosio,* Ronconi a choisi un pavillon Baltard aux Halles, Victor Garcia a utilisé le hangar de la Foire gastronomique de Dijon, Ariane Mnouchkine s'est installée dans la Cartoucherie de Vincennes, Tadeusz Kantor multiplie les lieux pour la représentation d'un même spectacle : manoir, gare, casino. Il n'est pas rare que le scénographe choisisse de marquer la récupération en proposant un décor qui prend à son compte les traces reconstituées de la fonction originelle du lieu. Ainsi du décor des *Deux nobles cousins*, de Shakespeare, mis en scène au centre dramatique de La Courneuve en novembre 1978 ; les bidons qui structuraient le décor renvoyaient aussi bien à l'ancien état de garage du lieu de la représentation qu'à des colonnes grecques. La Cartoucherie de Vincennes cultive le genre du grenier à costumes, désignant l'espace comme lieu de répétitions tout autant que lieu de jeu. C'est alors l'économie de l'espace qui est, du même coup, désignée.

La Foire de Saint-Barthélemy, *de Ben Jonson, mise en scène de Richard Eyre, scénographie de Pamela Howard (Nottingham Play House, août 1976). Le spectacle dans le spectacle. Les éléments en bois de ce décor sont authentiques. (Phot. © Pamela Howard.)*

Ci-dessous : Die Winterreise, *de Hölderlin, mise en scène de Klaus Michaël Grüber, décors de Recalcati, dans le stade de Berlin en 1977. Le stade amplifie démesurément le lieu théâtral et permet la variété des regards sur des actions scéniques simultanées. (Phot. © Ruth Walz. D.R.)*

Absence de coulisses, absence de fond

Ce type d'espace entraîne deux modifications importantes sur le plan de la scénographie : l'absence de coulisses et l'absence de fond.

Privé du secret entretenu par les coulisses, le décor présente l'action à nu. On aboutit à des solutions fonctionnelles, comme, par exemple, l'immense escalier, digne de Piranèse, qu'Erik Desmazières conçut pour *Les Burgraves*, de Victor Hugo, dans la mise en scène d'Antoine Vitez (Ivry, automne 1977). Non seulement il fournissait des variations de niveaux, mais encore il ménageait les apparitions et disparitions des comédiens, et devenait à la fois présentoir et coulisses. Très souvent, en l'absence de coulisses, cour et jardin sont un vestiaire à costumes, et c'est à vue que se font les métamorphoses. Quant à Ezio Toffolutti, on l'a vu remplacer — dans *Comme il vous plaira*, de Shakespeare, Avignon, 1976 — les coulisses horizontales absentes par des coulisses verticales : les comédiens arrivaient du sol par d'énormes tuyaux. Il soulignait ainsi le caractère circulaire des entrées et des sorties, se démarquant de la latéralité traditionnelle. L'humus qui recouvrait le sol entrait dans la symbolique particulière dévolue par Toffolutti aux entrées et aux sorties des comédiens, jouant le jeu de la vie et de la mort.

En principe, les «ombres théâtrales» se détachent toujours sur un fond. C'est celui de la toile peinte, du cyclorama, ou d'une archi-

Pig, child, fire !, *mise en scène du Squat Theater de Budapest. Dans les appartements de Budapest, il s'agissait plus d'une necessité de clandestinité que d'un parti pris d'originalité. Ici, dans une boutique désaffectée de Nancy, le mur du fond est aboli ; le spectacle se donne à voir de part en part, traversé par le regard des spectateurs. (Phot. © Enguerand/Photeb.)*

Comme il vous plaira, *de Shakespeare, mise en scène de Benno Besson, décors d'Ezio Toffolutti (festival d'Avignon, 1976). Dans le décor difficilement «gommable» du palais des Papes, d'énormes tuyaux, coulisses artificielles, renforcent la sécheresse des entrées et des sorties des comédiens. (Collection Ezio Toffolutti. Phot. © X./D.R.)*

Ci-dessous : des acteurs non plus costumés ni même masqués, mais transformés en marionnettes géantes qui sont aussi des Miró vivants. Mori el Merma *était monté par La Claca de Barcelone, avec la participation multiforme du peintre Joan Miró (centre Georges-Pompidou, 1978). (Phot. © Enguerand © by ADAGP, 1980.)*

Les éléments scéniques

Les éléments scéniques remplacent la toile peinte, en favorisant le volume.

Le développement des éléments scéniques, lié à l'essor de l'industrie chimique, date d'une quinzaine d'années. Ils sont fabriqués avec des produits de synthèse dérivés du pétrole (pour le polyester) et du charbon (pour l'altuglas). Leur emploi de plus en plus fréquent est dû aussi aux nouvelles modalités de l'espace scénique, sans dégagements et sans cintres. Jouer avec des éléments est la solution à laquelle invitent les salles polyvalentes.

Ces éléments sont de trois types : les sculptures (statues, rochers, cavernes); les effets à obtenir sur des structures en bois (coulées de lave, façades, rues pavées); les accessoires qui, plus petits que les sculptures, peuvent se «casser», étant maintenus par un aimant placé à l'intérieur, ainsi des armures, des casques, des lances. Les premiers sont réalisés en polystyrène expansé.

Ce matériau, grâce à sa légèreté, est très apprécié dans le spectacle. Selon ses impératifs, il peut être employé de trois façons. En sculpture directe, à partir d'un gabarit en contre-plaqué, il est facilement travaillé au filicoupeur, à la scie, puis au cutter, ensuite à la râpe et au papier de verre, pour être enfin renforcé et protégé par de la colle, du latex, du calicot ou de la tarlatane, par du papetage ou de la peinture vinylique. Il peut être utilisé également comme élément sculpté sur lequel sera exécuté un moule. Dans celui-ci pourront s'effectuer des tirages dans divers matériaux : soit en mousse de polyuréthane, soit en papetage (couches de papier superposées), soit en stratifié, soit en staff, soit en thermoformage. Une autre utilisation du polystyrène expansé est d'en faire le support d'un revêtement stratifié sans l'intermédiaire d'un moule. Le tirage s'effectue alors directement sur le polystyrène. On tape avec de la résine – entre autres matériaux possibles – sur la sculpture en polystyrène en ayant pris soin, auparavant, de l'isoler pour que ce dernier ne soit pas attaqué par le polyester; le polystyrène est ensuite décoffré. On utilise alors uniquement le revêtement en stratifié polyester, qui sera peint et sur lequel d'autres éléments pourront venir s'ajouter. La sculpture peut être considérée comme un moule positif sur lequel est tiré un autre positif. C'est le procédé employé quand l'objet en polystyrène est trop encombrant en volume. L'inconvénient majeur est que le «beau» côté, c'est-à-dire le côté lisse, est contre la sculpture, le côté irrégulier étant évidemment celui qui a été tapé.

Les effets sur une structure en bois sont obtenus par le procédé de l'expansion, réalisée directement sur l'armature, qui peut être aussi en grillage. Le principe de l'expansion repose sur le mélange de deux composants liquides : le polyol et l'isocyanate. Le mélange se fait à l'aide d'un batteur électrique ou turbo-agitateur. Les différentes formules de la composition chimique de ces liquides permettent d'obtenir une variété de mousses allant des mousses souples aux mousses rigides, en passant par les mousses demi-souples. Les mousses de polyuréthane peuvent être utilisées de deux façons. Soit en expansion dans des moules fermés; peuvent alors être obtenus des corniches, des médaillons, des poutres, des colonnes, des guirlandes, et tous les motifs architecturaux en général; l'objet sort avec la précision du moule. Soit en expansion libre, avec la possibilité, pour les mousses rigides, d'être sculptées. On obtient, entre autres choses, des coulées de lave et, plus généralement, des sols. Les expansions libres sont difficilement contrôlables, d'autant que l'expansion se fait d'une façon extrêmement rapide, de 30 à 60 secondes. La forme ainsi obtenue n'est qu'approximative et aléatoire.

Dans les ateliers de la Comédie-Française, à Sarcelles, un réalisateur de décors termine une sculpture en polystyrène expansé. Elle est destinée à *L'Œuf*, de Félicien Marceau, créé au Théâtre-Français en 1979, décors d'Hubert Montloup. (Phot. Jeanbor © Photeb.)

Quant aux accessoires, ils sont réalisés en mousses rigides, dont l'utilisation est semblable à celle du polystyrène expansé. Par rapport à lui, elles présentent un avantage : celui de ne pas exiger d'isolation, puisqu'elles ne sont pas attaquées par le revêtement en polyester. Les mousses souples peuvent être utilisées pour la réalisation de masques, de têtes, de mannequins. Pour réaliser des armes, on peut employer du mastic de polyester, rallongé avec du styrène; un tirage peut être obtenu toutes les 10 minutes dans un moule de silicone.

Ces matières aisément inflammables exigent une ignifugation «à cœur» et non pas seulement superficielle. A la fois principes d'hyperréalisme et de fantastique, ces matériaux nouveau-nés de la chimie sont devenus des éléments indispensables au spectacle.

tecture construite. Même si le spectacle est donné en plein air, et parfois sans fond architectural «naturel», à Châteauvallon par exemple, le décorateur prendra alors d'autant plus soin de détacher les formes sur fond de ciel. Ainsi procéda Oscar Gustin pour le décor de *La Célestine*, mise en scène par Jean Gillibert (Châteauvallon, été 1971). Des formes métalliques découpaient leurs contours nets sur fond de Méditerranée. A l'inverse du cadre de scène, qui sépare l'espace de l'extérieur, les formes incisives du décor construit découpent elles-mêmes leur aire de jeu sur fond de nature.

Les nouveaux espaces, non marqués par le théâtre, jouent des possibilités offertes par l'absence d'un fond traditionnel. Il arrive qu'il soit aboli et que son opacité soit remplacée par la transparence d'une vitre. C'est ce que le Squat Theater a proposé au festival de Nancy en mai 1977 dans la vitrine d'une boutique désaffectée. Lieu inhabituel, usurpé. La signification du mot anglais *to squat* n'est-elle pas «être en occupation illégale, *squatter*»? En 1972, la compagnie s'appelait Appartment Theater et jouait dans un appartement privé à Budapest. A Nancy, *Pig, child, fire!* invitait au jeu de miroirs et au collage surréaliste d'actions imprévues, puisque la pièce avait la rue et ses propositions inattendues pour cadre. Le cadre de la vitrine, devenu cadre de scène, fonctionnait comme le viseur d'une caméra. D'ailleurs, des appareils vidéo disposés parmi les acteurs imposaient une réflexion sur le voyeurisme du spectateur et insistaient sur la délimitation particulière d'un champ.

Le sens d'utilisation d'un espace n'est plus évident et le spectateur ne situe pas toujours immédiatement la scène par rapport à l'entrée. Un espace sans points de repère s'offre à lui et il lui faut s'y situer. Il sera alors créateur de son espace, il effectuera son propre cadrage en même temps que la sélection de ce qui lui sera donné à voir. Le cadre brisé, il le reconstituera. Et ce sera peut-être un cadre mouvant, se déplaçant au gré des appels de son attention. Le fond alors est en constante mobilité, parce qu'il est, la plupart du temps, fond humain, donc vivant. C'est le cas pour la scénographie éclatée adoptée par le Théâtre du Soleil.

Le principe du *théâtre à scènes multiples*, ou *théâtre simultané*, ou *théâtre en contrepoint*, a atteint son plus haut niveau de théorisation, à défaut de réalisation, dans les recherches du peintre Yaacov Agam et de l'architecte Claude Parent. Il s'agit, spatialement, de distribuer, sur les quatre côtés d'un carré à l'intérieur duquel est placé le public, les scènes qui sont jouées simultanément et en contrepoint. Si bien que le spectacle ne sera pas le même pour tous; chacun, comme dans la vie, n'aura qu'une vue partielle des choses. Sont entremêlés et joués avec la même prégnance les scènes rêvées et les scènes réelles, le songe et le mensonge, le certain et le problématique, le passé, le présent, le futur. Le texte est écrit en simultanéité sur quatre colonnes comme on écrirait une polyphonie, le contrepoint des significations étant substitué au contrepoint des sons. L'intérêt de recherches de ce genre ne réside pas seulement dans le fait qu'elles démantèlent l'espace scénique, mais aussi qu'elles bouleversent l'écriture dramatique. Il est question de construire le théâtre pour la pièce et non plus la pièce pour le théâtre. C'est dans cette perspective que Michel Parent à écrit *Gilda appelle Mae West,* pièce faite pour quatre scènes simultanées et jouée au IXe festival des Nuits de Bourgogne, en juin, dans une mise en scène de Jean-Marie Serreau. C'est l'usage simultané ou successif de scènes voisines et de scènes opposées qui constitue la structure même de la pièce, et le balancement entre le contrepoint simple par addition de deux actions, et le contrepoint nouveau par soustraction d'une action à l'autre qui en crée à la fois le rythme et la signification. Ainsi, ce qui paraissait être l'élément le plus stable de la représentation théâtrale, le lieu de son déroulement, se réalise dans l'élément le moins saisissable et en même temps le plus ferme de l'acte théâtral : la liberté du spectateur. «Il dose à son gré les niveaux d'attention relative qu'il consacre à telle mansion ou à telle autre. A lui revient le choix de casser l'unité d'une scène et de construire son contrepoint majeur dans le contrepoint global, d'écouter une scène et d'en voir une autre ; à l'auteur de prévoir toutes ces issues individuelles de la recomposition du spectacle et de ménager de tels parcours» (Michel Parent). L'acteur — matériau humain — est du même coup revalorisé : c'est lui qui, par ses déplacements, crée la scénographie. Le spectateur, mobile lui aussi (il a la faculté de pivoter sur un tabouret tournant et il est libre de ses déplacements), dessine également la scénographie. Le comédien se détache sur fond de spectateurs et le spectateur se profile sur fond de comédiens. De cette façon, est rompue l'utilisation systématiquement frontale de l'espace. La scénographie ne veut plus être tributaire d'un espace à l'italienne. Mais il convient de garder à l'esprit que ces recherches restent exceptionnelles.

Voué au vagabondage, le décor s'adapte aux conditions chaque fois nouvelles qui lui sont offertes. Car rare est le lieu tout spécialement construit pour un propos déterminé. Rudolph Steiner se plaisait à proposer, pour l'architecture de «son» Goetheanum, l'image de la coque de noix dont la forme s'adapte exactement au fruit. Richard Wagner à Bayreuth, Maurice Pottecher à Bussang, Steiner à Dornach ont réalisé l'exception : une architecture conçue pour proclamer un contenu qui ne pourrait assurément pas passer ailleurs de la même façon, ni avec le même impact.

Pourtant, le problème de l'appartenance du décor se pose : appartient-il au lieu ou à la pièce ? Sans hésitation, Peter Brook répond : «Une de nos vieilles convictions (...) : le principe du décor est partie intégrante du lieu théâtral, pas de la pièce. Chaque fois que l'on quitte un théâtre en emportant les armes et bagages d'un spectacle, on obéit à un automatisme nocif. Costumes et accessoires devraient appartenir «corps et âme» au bâtiment, jamais à la pièce» (*Architecture d'aujourd'hui*, n° 152, novembre-décembre 1970). Ce point de vue n'est pas isolé. Néanmoins l'économie théâtrale impose à la scénographie de se tourner du côté du texte et de son interprétation plutôt que du côté du lieu, puisqu'il se donne souvent d'emblée comme pluriel.

Scénographie et normes

Il peut sembler prématuré ou faux d'envisager la scénographie contemporaine sous un angle normatif. D'une part, la convention s'effrite ; d'autre part, on sait techniquement comment «faire beau». Le scénographe est amené à chercher autre chose que la performance et les seuls éléments auxquels il puisse être fidèle sont le texte et lui-même. Quand le texte s'effiloche ou qu'il se constitue dans la souplesse d'une création collective, il reste, comme colonne vertébrale au scénographe, la dynamique de sa propre recherche. Mais, justement parce qu'elle laisse le champ libre à tous les possibles, notre époque n'en revendique que plus fortement certains critères d'évaluation. Surtout, elle a d'impérieux rejets. Il est admis que le théâtre traverse une crise, en tout cas qu'il se trouve dans un état de transition. Cela permet la pluralité. Des formes spectaculaires différentes coexistent, avec leurs critères propres, avec leur public aussi. Le spectateur qui va voir *Pas*, de Samuel Beckett, n'est pas celui qui se rend à *Va voir papa, maman travaille !*, de Françoise Dorin. Le statut juridico-économique des établissements théâtraux a provoqué, depuis une vingtaine d'années, une démarcation supplémentaire : le public du théâtre privé n'est pas le même que celui du théâtre subventionné. Débroussaillée, la carte des goûts laisse apercevoir quatre voies : le grand spectacle, le boulevard, le secteur subventionné (difficilement définissable, tiraillé qu'il est entre le devoir de rendre des comptes, de remplir une fonction précise, et son penchant pour la recherche), le théâtre expérimental. C'est dans ces deux dernières voies que l'évolution de la conception de l'espace scénique comme du décor est le plus sensible.

Du plaqué à la nécessité

Le préjugé défavorable au décor est né de l'impression de surcroît qu'il donne quelquefois. Mal nécessaire du grand spectacle, il n'aurait par lui-même aucune nécessité car, si un spectacle ne peut pas exister sans comédiens, il peut très bien fonctionner sans décor. Il est loisible de le constater lors des répétitions : les comédiens ne répètent la plupart du temps dans les *conditions du jeu* que quelques jours avant la première. Le décor arrive alors comme un superflu auquel il faut s'accommoder tant bien que mal. De ce point de vue, il fonctionne comme un enjoliveur. Le costumier adopterait plutôt les termes «froufrou», «bonbonnière», «falbalas». Costume et décor sont choisis pour flatter l'œil, pour faire joli. Ils appartiennent à la catégorie du plaire. Dans certains cas, ils peuvent aller jusqu'à rattraper un texte médiocre, un jeu insuffisant. Les réalisations du théâtral le plus stéréotypé et le plus outrancier peuvent se donner libre cours. Interviennent en force perruquiers, bijoutiers, armuriers... «plumassières». Oui, c'est un mot peu usité, et d'autant moins qu'il n'est pas dans le sens de la marche.

Ainsi compris, le théâtral n'est cependant pas uniquement un ajout sophistiqué et coûteux à une réalisation qui pourrait s'en passer. Il arrive, en effet, qu'il remplisse une fonction de mise en abyme. Une scission se produit alors entre ce qui est montré et ce qui est, de par cette exhibition même, désigné comme le signe d'autre chose. Dans ce sens va Henri Ronse, qui explique ainsi l'activité du théâtre qu'il a dirigé : «Le Théâtre Oblique est né d'abord d'une fascination pour la vieille machinerie théâtrale, pour son instrumentalité, d'un goût pour les artifices désuets du théâtre (dont le secret s'est égaré), pour toute une théâtralité fanée, moribonde, qui touche aussi bien le jeu des acteurs (mélodrame) que le décor (toiles peintes, par exemple) ou les éclairages (il y a tout à apprendre au théâtre de certains procédés du cirque, du music-hall ou de la foire), car, sortis de leur contexte et isolés, traités par eux-mêmes, ces aspects d'un théâtre à l'agonie se chargent d'une *signification spectrale*, produisent à l'intérieur de la représentation une sorte de «suspens» et donnent lieu, je crois, à de curieux effets de *distanciation*» (interview parue dans *Les Lettres françaises,* 5 janvier 1972). A ce moment-là, un décor cesse d'être la version endimanchée de ce qui aurait pu exister avec plus de simplicité. Il s'intègre dans une dramaturgie et devient nécessaire.

Un mauvais décor est le signe infaillible d'une mésentente entre le scénographe et le metteur en scène. L'adéquation exigée se lit dans les tandems qu'ils forment : Giorgio Strehler et Ezio Frigerio ; Peter Stein et Hermann, Peter Brook et Abd el-Kader Farrah ; Peter Hall et John Bury ; Benno Besson et Ezio Toffolutti ; Jacques Rosner et Max Schöndorff. Rare est l'entente de Chéreau et de Richard Peduzzi, qui propose la coïncidence de deux univers esthétiques préexistant à la rencontre. L'attitude du décorateur n'est pas d'imposer son style à un espace et à un texte en s'y projetant lui-même dans une création quasi solitaire, mais d'approcher lentement mots et gens. Il ne s'agit pas de les forcer pour les réduire aux dimensions d'un univers personnel, mais de rester disponible à ce qui évolue au cours des répétitions. Pour le scénographe, la dramaturgie, passant par les mots, s'épanouit dans l'image. On peut dire qu'il élabore une dramaturgie de l'espace, une mise en scène plastique. Il bâtit avec la matière des mots. La scénographie pratique alors un «art du raccourci», synthétisant, dans le ramassé d'une image, l'essentiel de la «lecture» d'une pièce. Révélateur est le commentaire laconique que donne Schöndorff de *Une lune pour les déshérités*, d'Eugene O'Neill : «Un huis-clos en plein air.» L'interprétation de Rosner, le metteur en scène, prenait alors consistance scénographique dans un champ labouré de sillons, derrière un grillage (Odéon, Paris 1975).

Le parti d'une scénographie nécessaire est beaucoup plus exigeant que celui d'un décor plaqué. Il a aussi des conséquences économiques non négligeables. Pour l'une, le décorateur collabore à la gestation du spectacle de bout en bout ; pour l'autre, il peut se permettre quelques indications, même téléphonées, au moment où est passée la commande et avoir en chantier simultanément plusieurs travaux. Actuellement les deux types de fonctionnement existent. Le premier, quoiqu'il se développe de plus en plus, reste minoritaire pour des raisons financières évidentes. Il est du côté de la faillite matérielle, mais sûrement aussi du côté de l'évolution. Faire un décor, c'est alors participer à une aventure — celle d'un texte et celle d'une équipe — et non plus produire ce qui est attendu, un style entretenu. Un décorateur comme Yannis Kokkos a pour principe de tout effacer des partis pris précédents et de tout recommencer. L'exaltant est d'entreprendre en nouveauté. L'acquis n'est ni recette ni style ; il est alchimie qualitative, non signature cultivée.

La perception du spectateur sera globale, comportant celle de l'éclairage, du son et du maquillage. Seulement, malgré leur prégnance, les «erreurs» dans ces domaines sont moins sensibles que dans le décor. Un éclairage peut être tout aussi bien réussi dans un réglage de dernière minute que dans une élaboration plus étirée dans le temps. Dans les conditions idéales de travail, l'éclairagiste, le compositeur de la musique de scène, comme la maquilleuse, devraient être présents dès la lecture de la pièce à la table, pour véritablement créer «avec» et non «à côté», et éviter ainsi les erreurs d'interprétation. Mais ce mode de création est une utopie. Ces trois composantes de la réalisation scénique, bien qu'elles prennent de plus en plus d'importance, restent à la traîne par rapport à la scénographie et aux costumes. Pour se démarquer du cinéma et de ses possibilités techniques, le théâtre choisit de limiter les jeux sur l'instrumentation visuelle et sonore. Les éclairages sont généralement réglés sur des machinistes tenant la place des acteurs, et ce n'est que très rarement qu'il est dévolu à l'éclairage d'entretenir avec ceux-ci un rapport ludique. Certes, les effets alors obtenus, essentiellement dans le registre comique, sont vite épuisés, mais ils ont le mérite d'introduire la notion de lumière-partenaire à la place de celle d'éclairage-fignolage. Le faisceau lumineux qui fouille la coulisse pour arracher, comme de force, l'acteur à ses ténèbres, le halo qui ne parvient pas à encercler l'acteur qu'il prétendait mettre en valeur développent, dans un esprit ludique, toute une poétique de la fuite, en même temps qu'une dialectique du montré et du caché, qui est proprement théâtrale.

Le maquillage

Le visage peint : «un théâtre à même la peau».

L'avènement du maquillage au théâtre est récent. Ce n'est pas un hasard si les maquilleurs de théâtre sont, avant tout, des maquilleurs de cinéma. Cependant, la démarcation d'un type de maquillage par rapport à l'autre existe : pour le cinéma, il s'agit d'un maquillage de ville réalisé avec seulement beaucoup plus de précision. Au théâtre, l'exagération est possible : le visage peut être carrément peint. Une physiognomonie un peu primaire désigne la colère par le rouge, l'agressivité par le vert, la tristesse par le gris. Michel Deruelle a peint les visages de Michel Lonsdale et de Delphine Seyrig pour La Chevauchée sur le lac de Constance, *de Peter Handke (Espace Cardin, Paris, hiver 1974), dans une mise en scène de Claude Régy. Le Collectiv Rote Rube de Munich joue de cette expressivité. Le maquillage de théâtre accentue les reliefs selon le principe suivant : le fond de teint clair bombe, le foncé creuse. Il en existe deux sortes : le fond de teint gras, qui s'étale sur une base protectrice, et le fond de teint à l'eau, qui s'emploie directement. Une poudre neutre assure le maintien du maquillage. Mais, la plupart du temps, les comédiens se maquillent eux-mêmes et le maquillage se borne à une couche de fond de teint appliquée en masse pour supporter les éclairages et ne pas donner l'air blafard. Le teint clair sur scène semble, en effet, systématiquement dévalorisé. Le maquillage est alors fondé sur l'accentuation et se rapproche du «maquillage-danseuse» : yeux démesurément agrandis, bouche outrageusement rouge, joues fardées.*

Le développement du maquillage au théâtre est lié à une volonté d'uniformisation. A la base, c'est bien son but : un produit de maquillage uniformise le teint, émousse les imperfections du visage, dissimule toute manifestation d'altération. Si un metteur en scène emploie une maquilleuse, c'est qu'il entend faire fonctionner ses comédiens sur le mode de l'équipe, de la troupe, de la compagnie. Les fervents de Brecht ont usé et abusé de l'uniformisation en grisaille d'une troupe qu'ils font intervenir, dans les parties chantées en particulier, comme un seul homme. Le maquillage se pose alors contre le vedettariat, pour un rendu scénique dans l'anonymat. Là, il se démarque délibérément de sa visée dans le théâtre de boulevard : faire joli. Il ne s'agit plus pour un comédien de s'embellir en tant que personne, mais d'avoir un sens en tant que personnage. La psychologie même du comédien envers son rôle est bouleversée.

Les changements dans le choix du comédien ont contribué également à répandre l'usage du maquillage. Il y a dix ans à peine, le comédien de théâtre était choisi, comme l'acteur de cinéma, en fonction de son âge et de son physique. Le type du comédien devait être ajusté au rôle. Actuellement, le tempérament du comédien l'emporte dans les critères de choix. Il faut alors transformer un visage, changer son âge, voire l'enlaidir. Le postiche vient à la rescousse : favoris, barbe, faux nez. Les premiers, nommés le crêpé, sont faits de vrais cheveux, et sont appliqués sur la peau avec un vernis à postiche. Les autres sont en pâte plastique, modelée directement sur la peau ; ainsi sont réalisés fausses paupières, faux mentons, cicatrices. Pour les rides, on emploie le latex. En fait, il se révèle assez peu visible sur une scène.

Ici, le maquillage déborde sur le masque. Toute pièce ajoutée au visage du comédien bascule du côté du masque «en dur». Car il est des masques souples, parfaitement à mi-chemin entre maquillage et masque. Que l'on songe aux bas-cagoules retravaillés au latex ou à la peinture du Cercle de craie caucasien, *de Brecht (Théâtre national de Chaillot, octobre 1978), mise en scène par Benno Besson. Ezio Toffolutti, le décorateur, après les recherches de masques en tulle pour la scène des comédiens dans* Hamlet *(Théâtre de l'Est parisien, Paris, printemps 1978), s'est essayé à une formule nouvelle, qui allie des techniques jusque-là séparées. La merveille, dans ce cas, est que la frontière entre maquillage et masque est pratiquement indécidable (il convient de souligner que, dans le sillage de Brecht, il y a, à la Volksbühne de Berlin, un secteur consacré aux essais dans ce domaine). Le comédien montre alors «un théâtre à même la peau», pour user de l'expression de Serge Diakonoff (*Mizalda ou peintures sur un visage, *Genève 1978).*

Des visages comme des mosaïques jouent Le Livre de Job, *d'après la Bible, spectacle conçu par la troupe américaine du Kentucky Mountain Theater Group. Un maquillage comme une peinture.*
(Phot. © Dennis Stock - I.P.S.)

Le décorateur Radu Boruzescu a conçu un masque au triple visage pour Anne Prucnal dans L'avenir est dans les œufs *d'Eugène Ionesco, mise en scène de Lucian Pintilié (Théâtre de la Ville, 1977). (Phot. © Birgit.)*

Masques «floqués» de Ratislav Doboujinski pour les Peines de cœur d'une chatte anglaise, *de Geneviève Serreau, d'après Balzac. Création par le Groupe Tsé, mise en scène d'Alfredo Rodrigues-Arias (théâtre Gérard-Philipe, Saint-Denis, 1977). (Phot. © Claude Lê Anh/Photeb.)*

Le masque

Le visage et son double.
D'étape en étape, de négatif en positif, la fabrication d'un masque

De par son intérêt pour les traditions extra-européennes, de par son attirance pour la commedia dell'arte, de par son goût pour le théâtre engagé, le XXe siècle redécouvre le masque.

Sa fabrication commence par une empreinte faite sur le comédien, généralement en plâtre. On isole les parties pileuses ou fragiles (sourcils, yeux, lèvres) avec de la vaseline. Des tubes en plastique permettent de respirer. La prise d'empreinte est une opération délicate pour le manipulateur et désagréable pour le sujet. C'est pourquoi des matériaux de synthèse plus commodes ont été mis au point. On les appelle pâtes d'empreinte. *Dans le moule négatif obtenu, on verse du plâtre, après avoir pris soin d'isoler avec de la cire ou de la barbotine (terre délayée avec de l'eau et de l'huile). Quand le plâtre s'est solidifié, on démoule. Le positif obtenu est la reproduction exacte du visage auquel le masque est destiné. Sur le positif, on modèle alors la forme extérieure qu'aura le masque, à l'aide d'argile ou de plastiline. Celle-ci présente l'avantage de ne pas se dessécher, mais l'argile coûte beaucoup moins cher. Pour la finition, la spatule, la mirette ou l'ébauchoir sont les instruments utilisés.*

Sur ce positif est prise une empreinte en plâtre. Sur la terre, le plâtre se démoule facilement. Il ne faut pourtant pas oublier d'isoler les matières qui ne sont pas en terre ; on aurait alors des problèmes de contre-dépouille. *Ce qui a été réalisé à ce stade est le modèle. Désormais va s'élaborer la fabrication du masque proprement dit. Différentes techniques et différents matériaux peuvent être utilisés. Tout d'abord la technique du* papetage, *la plus ancienne et aussi la plus longue : elle consiste à appliquer de multiples couches de papier journal et de papier kraft avec de la colle cellulosique. Le latex, lui, n'a pas besoin d'isolation. La caséine permet d'en faire varier la rigidité. Cela s'appelle* ajouter de la charge. *La résine de polyester, qui exige une isolation, se présente sous une forme semi-liquide. On y adjoint de la laine de verre. L'ensemble de ces opérations s'appelle la* stratification. *Un* stratifié polyester *est alors obtenu. La mousse de polyuréthane peut être également employée.*

Quant au thermoformage, qui se pratique en dehors du cadre d'un atelier, il nécessite une opération supplémentaire. Sur la forme en plâtre est appliqué, à l'aide d'une machine spéciale, du P.V.C. (polyvinyle de chlorure) rigide ; un système soufflant permet à cette matière de recouvrir le moule d'une manière uniforme.

Le procédé du flocage, réalisé lui aussi avec une machine, permet de recouvrir le masque de poils synthétiques. C'est ce qu'a employé R. Doboujinski pour les Peines de cœur d'une chatte anglaise *(théâtre Gérard-Philipe de Saint-Denis, 1977).*

Le masque en cuir – dont l'Italien Donato Sartori est, dans la tradition de ses pères, le fabricant le plus célèbre – s'élabore aussi à partir d'une forme mais il nécessite un ramollissement du cuir et une fabrication en deux parties symétriques, étant donné les difficultés de démoulage.

Car l'éclairage n'est pas seulement une autre espèce de fond de teint uniformisant. Au-delà d'un simple placage de lumière, il est aussi un élément signifiant. D'une manière un peu primaire, mais radicale, il comble la fosse d'orchestre en égalisant la scène et la salle, les prenant dans un même faisceau lumineux. Certains metteurs en scène éclairent de la rampe ou du fond de la scène ou encore des côtés, prenant le parti du spectacle avoué.

Il n'est donc pas vain que l'éclairagiste considère le spectacle dans sa globalité, en en comprenant l'esprit, pour qu'il soit en mesure d'appliquer la lettre avec justesse.

La transposition

Le théâtre d'aujourd'hui suppose que l'art n'imite pas la vie, qu'il n'est pas un pur et simple reflet du réel. Il transpose. Et, pour commencer, il refuse la reconstitution historique.

Ce refus vise surtout les costumes. Le décor, lui, propose au mieux un semblant de lieu, un pan d'architecture, un signe qui renvoie au monde; depuis l'abandon de la toile peinte, il ne recherche plus à reconstituer tout un lieu en volume. Le costume pourrait porter à lui seul la marque de l'Histoire. Or il est bien évident que la reconstitution véritable est un leurre. Il ne suffit pas de mettre un costume ancien sur une scène pour en faire un costume de théâtre. Celui-ci ne peut être que de fantaisie. Il y a d'ailleurs quelque chose de péjoratif dans l'expression «costume de théâtre» : il n'est que «ressemblant». Car, entre la gravure d'époque et la réalisation actuelle, il y a nécessairement stylisation, transposition. C'est ce qu'on appelle le *façonnage de théâtre*. Par exemple, au XVIIIᵉ siècle, les dessous assuraient aux robes leur gonflage; actuellement, un résultat équivalent est obtenu au moyen de tiges de fer. Mais c'est une approximation, non une reconstitution. Le costume de théâtre, même s'il possède des airs datés, est une recréation.

A la transposition répond la patine. Il est rare que les tissus soient employés tels quels. Leur souplesse naturelle est compensée par une épaisseur qui suggère le poids des ans. Ils sont recouverts de galons ou repeints. Des tissus sont superposés, des motifs sont appliqués au pochoir, des détails sont repassés au pinceau. Alors que l'Angleterre préfère des tissus secs et des costumes épurés, les autres pays européens choisissent la surcharge décorative. Certes, il est des costumiers réalistes; Jacques Schmidt en est

L'éclairage

La lumière : un décor vivant et presque une actrice

L'éclairage est démiurge. Il est créateur de lieux (surtout dans les salles polyvalentes sans rideau et sans coulisses), de climat (à la fois temporel et psychologique), d'esthétique (si le metteur en scène privilégie le décor par rapport aux comédiens). D'une certaine façon, il a pris le relais de la peinture, modelant les formes, porteur et distributeur d'ombres. Il peut également se substituer au décor construit : alors, il devient porte qui s'ouvre; d'un coup de faisceau, il fait l'entrée de l'acteur. Invitant l'acteur à l'existence, c'est l'éclairage qui a le pouvoir du temps (malgré la tricherie théâtrale : il est connu que le spectateur se fatigue dans le noir et que, même si l'action est censée se dérouler dans l'obscurité, l'éclairage doit varier ses intensités) et de l'espace : il fait rapidement le changement de lieu. Il a aussi le pouvoir de désignation. En effet, et comme le fait remarquer Geneviève Soubirou, un éclairage scénique est constitué d'un grand nombre de sources lumineuses, qui sont toutes réglées individuellement. L'utilisation de plus en plus fréquente d'appareils à faisceau ponctuel permet d'éclairer graduellement chaque mètre carré de la scène. Lorsqu'un objet a de l'importance, il peut se voir attribuer une intensité lumineuse plus forte, sans pour autant transformer la lumière ambiante.

La complexité de plus en plus grande de l'appareillage a créé la profession d'éclairagiste. Au cours des répétitions qui se déroulent dans les lumières de service, ce spécialiste note les endroits où se passe l'action, c'est-à-dire les zones à éclairer, de même que les moments où doivent se situer les changements de lumière, appelés effets. *Noter les changements d'éclairage s'appelle* écrire la conduite. *En outre, se déroule le* travail sur plans, *à savoir un travail préalable destiné à résoudre les problèmes qui peuvent se poser à la réalisation. Le travail sur plans peut se diviser ainsi : dessiner les éclairages souhaités au sol, en indiquant les couleurs des filtres s'il y a lieu, ainsi que les angles d'arrivée de la lumière. Ils donnent la place où doit être posé le projecteur. Ensuite, déterminer le nombre de projecteurs pour réaliser les éclairages par effets, d'une part, dans leur ensemble, d'autre part. Enfin, dessiner sur un plan l'implantation de tous ces projecteurs. Il servira aux techniciens pour faire l'installation. Sont indiqués également, si nécessaire, les couplages de projecteurs, ainsi que le type de chaque appareil : par exemple, un Fresnel, un plan convexe, un projecteur de découpe, ou tout autre appareil. Pour réaliser ce plan, il doit être tenu compte de la forme de la salle, de la qualité de son équipement, de la visibilité du public, des possibilités pour accrocher les projecteurs, des lignes électriques disponibles, du nombre de circuits du jeu d'orgues, des difficultés représentées par l'installation souhaitée en fonction du personnel du théâtre. L'ensemble des manettes commandant les projecteurs est groupé sur un pupitre appelé* jeu d'orgues, *qui est le poste de commande pendant le spectacle. L'origine de cette appellation remonte à l'époque (1822) où le gaz a fait son apparition et a détrôné chandelles et quinquets; le pupitre où étaient assemblés tous les robinets de gaz avait l'apparence d'un instrument de musique : l'orgue, avec les variations de ses tuyaux.*

Une fois l'installation terminée, la première phase «lumière» est le pointage des projecteurs. *En effet, un projecteur doit être réglé en rotation droite ou gauche; en inclinaison, en direction de l'objet ou du personnage; en ouverture, selon la largeur de la zone à éclairer; en couleur, avec la pose d'un filtre devant la lentille; le réglage de netteté et de découpage, lorsqu'il s'agit d'un projecteur de découpe. S'il y a cent projecteurs, l'opération sera répétée cent fois. Le plus difficile, la plupart du temps, est l'accès au projecteur. Beaucoup doivent être réglés à l'échelle, ce qui est très laborieux, sauf dans certains théâtres de conception moderne où il existe des passerelles à chaque niveau. Il y a également des projecteurs télécommandés : à l'aide d'un pupitre spécial qui commande des moteurs incorporés à l'appareil, celui-ci peut monter ou descendre, pivoter sur lui-même vers la droite ou vers la gauche, être plus ou moins incliné, être plus ou moins élargi par l'avancée et le recul automatiques de la lampe. Rien n'existe du même genre pour les projecteurs de découpe. Quant aux changements de filtres, il y a bien des changements automatiques, mais ils sont limités à trois ou quatre couleurs, ce qui est dérisoire quand on pense au nombre de filtres – entre trois cents et quatre cents – existant actuellement sur le marché.*

Les gens déraisonnables sont en voie de disparition, *de Peter Handke, mise en scène de Claude Régy (théâtre des Amandiers, Nanterre, 1978). La rampe, traditionnellement placée au sol, en bordure de scène, retient le comédien dans son monde. Ici, elle éclaire du haut et met en valeur la comédienne, Claude Degliame. (Phot. © Enguerand.)*

L'Echange, *de Paul Claudel, mise en scène d'Anne Delbée (Théâtre de la Ville, 1976); scénographie de J.-P. Regnault. Un lieu apparemment clos, délimité par un cyclorama, mais... «si l'on imaginait ce lieu clos qu'est le théâtre, ou qu'est le monde, pour représenter tous les échanges possibles, on expérimenterait alors l'impossibilité de tout fermer» (Fr. Regnault). (Phot. © Birgit.)*

l'un des meilleurs exemples. En revanche, Lilas de Nobili, comme Jacques Dupont naguère, varie les modalités offertes par les matériaux. Il n'y a pas de tissus spécialement réservés au théâtre, et, bien que l'Allemagne propose des tissus étudiés pour la scène, le fonctionnement théâtral leur préfère des matières destinées à d'autres usages, notamment à l'ameublement. Même attitude à l'égard des matières nouvelles; c'est l'Allemagne encore qui sollicite l'attention avec toute une gamme de matériaux spécifiquement réservés au théâtre. Ils présentent l'avantage d'être ignifugés «à cœur», donc d'être, selon des critères de sécurité, parfaitement adaptés à la scène. Mais la plupart des décorateurs préfèrent musarder là où ne se trouve pas forcément l'étiquette «théâtre». Car détourner un matériau de sa fonction ajoute toujours un supplément d'art. Jacques Angéniol, qui fut le décorateur de Maréchal, est un maître dans cet art-là. Le principe esthétique qui préside à ces choix est de briser l'harmonie, de casser l'uniformité. Le calicot est la charpie la plus couramment employée pour rompre la masse lisse d'un tissu. L'hétéroclite apparent de ce genre de costume s'efface devant le choix d'une matière de base, élément unificateur d'incursions diverses. Qu'elle soit laine, cuir ou soie, la matière unique varie ses trames.

Si la reconstitution historique est un leurre, il peut être intéressant de suggérer globalement tout un fragment temporel. Ainsi certains décorateurs comme Ezio Toffolutti adoptent-ils la formule du costume «patchwork d'Histoire». Sur une base privilégiée — cuir ou laine, vivement colorée ou beige — les siècles se chevauchent, empiètent les uns sur les autres, pour aboutir à une sorte d'époque brouillée, à un costume qui ne veut pas dire son âge. Pot-pourri de siècles, il ne se soucie guère d'anachronisme. Doublure du comédien en dérive d'identité, le costume s'épanouit dans les fluctuations de son identité historique. Démantelée, l'appartenance psychologique comme l'appartenance historique. Le costume n'est plus la propriété scénique d'un seul comédien. Il se promène de l'un à l'autre, révélant l'économie d'une équipe. Ce n'est plus alors le costume qui, parce qu'il lui sied, met en valeur le comédien, ou l'habit qui correspond au personnage, mais le vêtement qui est porteur du mode de fonctionnement d'une équipe. C'est dans ce dernier rôle qu'il remplit l'une des fonctions les plus goûtées à l'heure actuelle : la mise en abyme. C'est ainsi que Claude Lemaire, la décoratrice de *L'Ecole des femmes,* du *Tartuffe,* de *Dom Juan,* du *Misanthrope,* mis en scène par Antoine Vitez, lors du festival d'Automne 1978, rejoint l'esprit de la troupe de Molière en pratiquant une continuelle permutation des costumes. Il n'est plus seulement question de crédibilité, d'esthétisme, de narration linéaire, mais aussi de l'économie d'un collectif de travail.

L'épure et l'entre-deux

On mesure la distance qu'il y a entre une telle attitude d'esprit et celle qui consisterait à faire sortir les signifiés du texte pour les réifier, les matérialiser aussitôt. La scène n'est pas le déversoir du texte. Il ne se vide pas de ses objets, ne se répand pas en accessoires. Si le texte dit «arbre», il n'est pas nécessaire de faire figurer un arbre sur le plateau. Le *décor verbal* se suffit du verbe. Le décorateur contemporain s'efforce d'éviter le pléonasme et tout élément redondant en général. Cette tendance tourne, en des manifestations d'évitement, autour de deux pôles : l'épure et l'entre-deux.

Le mot *épure* n'est pas pris ici dans son sens propre — trace géométrique au sol, en grandeur nature, d'un élément de décor en vue de sa construction — mais dans un sens figuré. Les composantes scéniques n'ont pas à doubler le texte ; elles n'ont pas à se perdre dans le pittoresque, ni dans l'anecdotique. Elles aboutissent alors à une sorte de «scénographie invisible», qui pourtant est modelée par une recherche dont elle garde les traces. Un exemple frappant est la scénographie de *L'Eden-Cinéma,* de Marguerite Duras, dans la mise en scène de Claude Régy au théâtre d'Orsay, en 1977. Jacques Le Marquet s'était gardé de toute espèce d'exotisme et, par le non-lieu auquel, après de multiples gommages, il était parvenu, donnait délibérément la nostalgie d'un autre type de décor avec bambous et plantes exotiques. C'est ainsi que, éminemment dépouillés, certains décors sont le comble de la recherche. Ennemis d'un encombrement décorativiste de l'espace et d'une saturation de signes, ils leur opposent la simplicité des lignes ou un petit nombre d'objets choisis. L'épure est l'élaboration la plus raffinée qui soit; de sa lente maturation, elle porte d'imperceptibles stigmates, garants de sa qualité. C'est un conte chinois qui expliquerait le mieux ce que réalise l'epure : un jour, le prince demanda à son peintre préféré un dessin de coq. Le peintre disparut de la cour pendant de nombreuses années et, quand il revint, il n'avait dans sa main qu'une simple esquisse. Furieux, le prince s'étonna de la façon avec laquelle le peintre avait utilisé tout ce temps écoulé depuis sa requête, pour aboutir à un si maigre résultat. Alors, le peintre suggéra au prince de le suivre et, lorsqu'il ouvrit la porte de son atelier, des piles de dessins de coqs se déversèrent. Et puisque nous donnons dans le bestiaire, référons-nous, comme Yannis Kokkos, à Adamov et à son héron : «Je me souviens de la rencontre que nous fîmes un jour, un ami et moi, sur une grève déserte, d'un héron. Dans une attitude absolument immobile, il était bien plus que cet oiseau qu'on nomme héron. Debout, au seuil d'une région supérieure où tout comme lui demeurait immuable, il apparaissait tel un hiéroglyphe, un signe, un des signes alphabétiques de la création. De tout spectacle, pour insignifiant qu'il paraisse au premier abord, peut surgir une vision semblable. Il suffit d'extraire d'une forme les lignes propres à déterminer la différence essentielle qui l'isole et l'intègre à la fois dans l'univers. Ainsi, sous les apparences accidentelles peut se déceler la trame profonde, l'indice secret, le signe. C'est entrevoir les desseins de la nature que de considérer tous les aspects de l'univers comme autant de dessins dont il s'agit de pénétrer le sens» *(Je... ils).* Yannis Kokkos commente ainsi : «Telle pourrait être la lecture des signes de l'espace théâtral. Utiliser le «vide», choisir les signes, donner à voir ce qui est caché, voiler l'évidence apparente, faire surgir dans l'esprit de celui qui regarde l'existence probable de ce qui est derrière la porte fermée, bannir définitivement l'affirmation, garder un regard «relatif», à la fois critique et sensible, permettre à la réflexion et à l'émotion d'exister sur scène ensemble, montrer les sociétés et leurs mécanismes ainsi que leur imaginaire, avec une volonté de rester lucide, tout cela peut être compatible avec la liberté du trait et de la couleur, du volume et de la matière, de la lumière» (*Circulaires,* n° 1, octobre 1977).

Bien que la situation, à première vue matérialisante, du scénographe le tire plutôt du côté du *plein,* c'est-à-dire d'une existence tangible, il tend de plus en plus à jouer dans l'intervalle, dans le creux, dans la faille, dans l'entre-deux, plutôt que dans le «plein», très vite trop plein. Ce qu'il invite à voir, c'est le non-matérialisé, comme le nouveau roman sollicite le non-dit. Le sens peut être donné dans la relation de deux éléments non figuratifs et c'est l'activité imaginative, intellectuelle, phantasmatique du spectateur qui remplit les vides de l'espace. Il en va de même de la dramaturgie qui, activité de remplissage de signes et de sens, laisse, par la polysémie, une marge de liberté, contrepartie créatrice de la sélection des signes.

Yannis Kokkos explique encore cette option : «Georges Braque, dans un texte mis en exergue par Michel Vinaver à son *Iphigénie Hôtel,* parle de sa peinture : «Ce qui est «*entre* la pomme et l'assiette se peint aussi. «Et, ma foi, il me paraît tout aussi difficile de «peindre l'entre-deux que les choses. Cet «*entre-deux* me paraît aussi capital que ce «qu'ils appellent l'objet. C'est justement le «rapport de ces objets entre eux et de l'objet «avec l'*entre-deux* qui constitue le sujet.» Cet entre-deux est effectivement capital. C'est là, entre les signes transmis par les éléments ou les univers choisis et matérialisés, que la parole prend corps, que le mouvement devient expression. Luciano Damiani dans ses décors fait admirablement exister cet entre-deux comme le faisaient les scénographes du Berliner Ensemble avec la même simplicité, déchargeant l'espace de tout signe superflu, donnant ainsi la plus grande importance au *vide* qui, par l'inscription de l'acteur, relie les éléments signifiants choisis. De même, dans *Les Estivants,* créé par la Schaubühne, le vide modelé magistralement accusait l'isolement des personnages. Dans le travail de Chéreau et de Peduzzi, l'espace vide inséré entre les hauts pans d'architecture n'est modelé que par le corps de l'acteur écrasé par la dimension en hauteur du cadre, modifiant ainsi le rapport du corps et de l'architecture à la taille d'homme de l'esthétique brechtienne.»

Un décor ne se donne pas forcément dans la facilité d'un premier regard. Il attend d'être investi d'impressions et de sens. Aussi est-il profondément lié au temps, temps de la fable, temps de la représentation. Les expériences théâtrales les plus intéressantes de ces dernières années résident dans l'entrée du spectateur dans un rythme. Il n'est plus seulement question de réagir par rapport à un dit, à un vu ou à un entendu, mais par rapport à un vécu d'un temps hors quotidien et dans son prolongement, d'un temps à la fois théâtralisé — le «concentré» théâtral, qui fait d'un texte un précipité d'éléments — et pris dans la coulée du temps qui passe. Il est alors dévolu au décor de «laisser faire» les effets du temps, comme le continu inventif du spectateur, ce dernier devenu créateur en lieu et place du récepteur. Ce sont conséquences de temps au moins autant que conséquences d'espace

Introspection, *de Peter Handke, mise en scène de Dominique Quehec à la maison de la culture d'Amiens en janvier 1979. Décor de Yannis Kokkos. Pour celui-ci l'important est qu'il y ait coïncidence entre deux univers, celui du scénographe et celui du spectateur : «Il faut que le spectateur conserve sa liberté devant le spectacle, qu'il entre dans ce qu'il voit et qu'en même temps il y ait un écho en lui.» (Phot. © Georges Mathieu.)*

Scénographie et temps

C'est fascinant et aberrant à la fois qu'une représentation théâtrale se déroule à peu près de la même manière tous les soirs. Toute la différence entre le théâtre et les arts plastiques ou la littérature réside justement dans cet *à peu près* : d'un soir à l'autre, la représentation n'est ni tout à fait la même ni vraiment différente. L'interrogation sur le mode d'existence du théâtre a abouti au *happening,* qui propose une action sans réitération prévue, sans prolongements canalisés, circonscrite dans l'instant d'un acte pur. L'élément qui a l'air le plus figé, le plus immobile au théâtre, c'est le décor. D'abord, il est palpable et résiste au moins à cette forme d'appréhension qu'est le toucher. Ensuite, il offre au regard la fixité d'une image opposée à celle, constamment mouvante et floue, de l'acteur. Il est le seul à préexister à l'animation scénique venant de l'éclairage, du son, du comédien. Les toiles peintes n'attendent qu'à être déroulées dans l'enchaînement successif proposé par les cintres, car une toile peut toujours en cacher une autre : c'est l'hydre de Lerne du théâtre. La scène dite «à l'allemande» tient prêts des décors en volume qui, dans un mouvement latéral cette fois, ne demandent qu'à glisser jusqu'au plateau. Quant à la scène tournante, ou scène rotative, avatar de la tournette, elle garde en sa circularité des tranches de décors contigus, qui viennent bouleverser la signification de l'espace en un quart de tour. Comprise dans le plancher de scène ou posée sur le plateau, elle fit à ses débuts les beaux jours d'un certain type de théâtre au début du siècle. Malgré ses possibilités limitées, elle est d'une indéniable efficacité.

Le décor planté

Certains décors sont applaudis dès le lever du rideau. Préexistant à toute action scénique, figés dans une attitude sculptée ou peinte, ils affichent une autonomie usurpée. On les appelle des *décors plantés.* Ils sont réalisés en dehors du lieu de jeu, dans des ateliers spécialisés, où différents corps de métiers se partagent les tâches : menuiserie, ferronnerie, serrurerie, staffage (le staff est du plâtre moulé, armé avec de la filasse), moulage, peinture, tapisserie. Il est de plus en plus fréquent que ces spécialités, au lieu de s'exercer dans la dispersion, soient regroupées en un seul atelier. C'est la concurrence étrangère — italienne principalement — qui est, en France, à l'origine de cette nouvelle structure de travail. Ainsi, les châssis sortent-ils «habillés» des ateliers, que ce soit de tissu ou plutôt de coulées de polyester ou de résine. Ce qu'on appelle l'habillage du décor trouve donc une réalisation concomitante à celle de sa structure ou *bâti.* Indépendamment des impératifs économiques, c'est le signe d'une volonté de collaboration harmonieuse tendant à remplacer une juxtaposition d'artisanats.

Bâti pour être transporté, le décor doit être solide, léger, maniable. Prévu pour les tournées ou l'alternance — un décor chasse l'autre chaque soir dans les théâtres qui fonctionnent selon ce principe — il a quelque chose du jeu de construction. Il est fait, la plupart du temps, d'une charpente en bois, dont la technique d'assemblage est tout à fait originale en menuiserie : deux châssis sont réunis par des couplets ou des goupilles, ou encore, de façon plus sophistiquée, par des *sauterelles* — ainsi nommées parce qu'on lance le fil ou guinde — selon la méthode dite du *papillonnage.* A côté de ce procédé traditionnel d'assembler deux éléments de bois existe une manière plus moderne, qui se réalise par aimants, pressions en plastique ou velcro. Pour le fini de l'ensemble, sont placés des couvre-joints, morceaux de métal venant recouvrir, comme leur nom l'indique, les deux parties assemblées. En fait, et comme pour tout ce qui concerne la confection d'un décor, il n'est pas inutile de préciser qu'il n'y a pas de règle absolue; à chaque décor sa méthode de confection. Les ateliers doivent, eux, posséder quelques particularités : le sol doit être en plancher pour permettre le broquetage des toiles peintes et le plafond se doit d'être muni de porteuses, afin que les éléments qui ont été peints ou découpés au sol — considéré comme une immense planche à dessin — puissent être présentés. Construire un décor sur place supposerait la fermeture d'une salle un bon mois avant que le spectacle ne soit donné au public. Pourtant, il arrive — extrêmement rarement — qu'un décor de théâtre, tel un décor de cinéma, soit construit sur place. Ce fut le cas pour *La Princesse Turandot,* d'après Carlo Gozzi et Giacomo Puccini, dans la mise en scène de Lucian Pintilié et les décors de Radu Boruzescu à Chaillot en 1973. Une telle modalité dans la construction bouleverse le processus esquisse-maquette en aplats-maquette en volume-feuille de mesures. Car celui qui a conçu le décor est présent à sa réalisation. Il peut le modifier sans cesse, et donne aux coulées des matières de synthèse le mouvement de ses rêves. Fait pour un surcroît d'éphémère, il peut se permettre une relative fragilité, et sa disparition — plus violente, puisqu'il faut le déchiqueter, le briser — n'en est que plus puissamment symbolique de la représentation théâtrale : il n'en reste rien.

Planté sur ses pieds de bois — châssis, praticables — le décor se voit adjoindre des éléments sculptés, des accessoires, qui vont et viennent suivant le déroulement narratif. Ils apportent un certain nombre de variables à une structure de plus en plus souvent unique : les nouveaux espaces, sans cintres, sans coulisses, sans machinerie, incitent — obligent — à une occupation unique du plateau, à laquelle une série d'éléments apporte des variations.

Il arrive que le décor planté se subtilise dans ses rapports avec le temps de la représentation par le truchement des tulles. C'est l'éclairage qui permet de jouer des présences et des absences, des flous, de ce que l'on entrevoit, de ce que l'on devine. Eclairé pleins feux, le tulle masque ce qui se trouve derrière lui. Eclairé à contre-jour, c'est le contraire : les comédiens peuvent jouer derrière le tulle. L'éclairage annule alors ce qui se trouve placé devant lui. C'est l'astuce employée pour les apparitions. En fait, elles sont toutes prêtes, mais la lumière tantôt les voile, tantôt les dévoile. Léonor Fini a fréquemment utilisé cet effet simple et efficace. A demi-éclairé, le tulle nuance ce qui est donné à voir, par toute une gamme de flous plus ou moins accusés. La matière et la texture mêmes du voile entrent alors en considération : cretonne, jute, filet, vélum, velours, coton, toutes les variantes sont bonnes en vue de l'effet souhaité. Il s'agit de la qualité de la transparence où le théâtre trouve une grande partie de son épanouissement : le jeu du montré et du caché, spécifiquement théâtral, a là tout loisir de s'accomplir.

La machine à jouer

Le fait que le décor soit réalisé en volume modifie profondément le rapport qu'il entretient avec le comédien. Au lieu de fonctionner à côté de lui — la toile peinte est comme un immense tableau accroché derrière son dos — il joue avec lui, parce qu'il est son sol, son terre-plein, son ancrage.

Ou bien le décor est conçu pour mettre en valeur le comédien. On peut l'appeler *décor présentoir,* parce qu'il permet les agencements savants; il est surtout employé pour les groupes. Josef Svoboda est maître dans l'art d'ordonnancer les comédiens, cultivant l'harmonie, mais surtout la dissymétrie, valorisée par l'esthétique contemporaine de la rupture et du décalage. Ou bien, il est considéré comme une *machine à jouer.* C'est René Allio qui, reprenant au compte du décor ce que Le Corbusier avait dévolu à l'architecture — une «machine à habiter» — s'est fait le chantre d'une conception du décor pourvoyeur de parcours. Par tout un système d'escaliers, de passerelles, de plates-formes, de pentes plus ou moins douces, de différences de niveaux, le décorateur développe les modalités du jeu, en même temps qu'il réalise une utopie : amplifier l'espace scénique. C'est aussi le rêve d'André Acquart, quand il fait naître le sol à l'arrivée des comédiens par l'utilisation des costières, dans *Les Paravents,* de Jean Genet. Le parcours du comédien se trouve être alors démesurément agrandi par rapport aux limites du plateau. Escaliers et pentes douces permettent une grande rapidité dans les déplacements. Le comédien court, monte les escaliers quatre à quatre et rompt ainsi son rythme respiratoire en même temps que son émission vocale.

La machine décorative, en tant qu'instrument provocateur de jeu, peut donner dans la simplicité fonctionnelle des trapèzes, des cordes, des échelles, des agrès. Ainsi de l'armature du décor du *Songe d'une nuit d'été*, de Shakespeare, mise en scène de Peter Brook, scénographie de Sally Jacobs. Outre ses références claires à d'autres formes de spectaculaire, ce parti met en valeur l'une des qualités nouvelles du comédien : sa capacité à l'acrobatie. Conséquence de l'engouement pour la commedia dell'arte, l'art de l'acteur contemporain franchit allègrement l'affectation début de siècle, la solennité classique, l'illustration de la Renaissance, pour célébrer dans l'exaltation corporelle ses noces avec celui du saltimbanque. C'est l'activité jubilante d'un corps bouffon qu'offrent les modulations foraines de l'espace scénique.

A l'opposé des accessoires venus des cintres qui invitent à l'exubérance corporelle, la bâche, la toile, le sol proposent la mollesse, la souplesse à cette nouvelle race d'acteurs. Sur une matière molle se réalise le plus pleinement la cassure dans le jeu. Elle se crée, s'alimente et se renforce au contact de cet élément à la fois provocant et amortissant. Elle rencontre, dans ce paradoxe apparent, toute sa richesse : dans le rapport du mou et du brisé, de l'incassable et du cassé, le spectacle théâtral naît dans l'épanouissement éclos de la réalisation des contraires. Ainsi, dans *Yerma*, mise en scène de Victor Garcia, le sol s'abaissait, se gonflait, se modelant au rythme de la fable, respirant avec le texte. Une scénographie conçue par Jean-Marie Villégier, à la fois metteur en scène et scénographe, pour *La Tentation de saint Antoine*, d'après Flaubert, au Centre culturel du Marais à Paris, au printemps 1977, proposait une surface de tissu blanc, uniformément tendue et pourtant brisée par de petites dénivellations régulièrement disposées. Provoqué d'une manière insidieuse, le comédien était amené à varier son jeu, à casser la régularité tentante de la narration, dans le registre des «petites différences», étant constamment en état de danger sur le bord des failles étroites. Ce rapport nouveau au décor est marqué par l'intrusion de matériaux vrais sur la scène : tissu, eau et

Comme il vous plaira, *de Shakespeare, mise en scène de Benno Besson, décors d'Ezio Toffolutti (Théâtre de l'Est parisien, 1976). La scénographie proposée en plein air en Avignon est ici remodelée pour un espace d'intérieur. Les comédiens évoluent sur un épais sol de tissu, humus vital, provocateur de jeu. (Phot. © Nicolas Treatt.)*

La Princesse Turandot, *de Carlo Gozzi, mise en scène de Lucian Pintilié, décors de Radu Boruzescu (reprise à la Gaîté-Lyrique, 1974). Fait de coulées de mousse de polyuréthane, le décor a été construit, exceptionnellement, sur place, comme un décor de cinéma. (Phot. © Nicolas Treatt.)*

sable surtout. Le comédien s'y enfonce et adapte sa démarche et sa voix à ces éléments inhabituels à la scène, créant un jeu entièrement transposé et pourtant réaliste. Sa gestuelle évite alors tout psychologisme. Elle est fabriquée par la scène et ne laisse guère passer de quotidien. Outre son rôle provocateur d'évolutions inédites, le matériau brut est pourvoyeur de sens. Par exemple, le sel, choisi pour le sol de *Phèdre*, par Max Schöndorff, au festival du Marais, en juin 1978, dans la mise en scène de Jacques Rosner, renvoyait aux cristaux (les vers cristallins de Racine), au blanc (la Grèce et le bord de mer), à la violence de la fable (le sel crisse sous le pied). La pertinence du choix d'un matériau vrai est l'alliée indispensable d'une scénographie considérée comme un stimulus au jeu. On est loin de l'accessoire-béquille, de l'objet secourable, de la cigarette et du verre de whisky grâce auxquels l'acteur se donne une contenance dans le théâtre de boulevard. Il ne s'agit plus, pour le comédien, de s'adapter à un environnement scandé de points d'appui, mais de s'inventer corporellement en fonction des modalités scénographiques. Ce n'est plus *faire avec* l'objet, mais *faire autre chose* à partir de lui. Aussi n'est-il pas étonnant de voir se dessiner, de plus en plus nettement, un mouvement qui mène le scénographe vers la mise en scène. Ne se confond-il pas avec le metteur en scène lorsque le décor fait de la direction d'acteurs ? Décorateur, Jean-Marie Ponnelle est passé à la mise en scène. Ayant du goût pour la mouvance des sols (l'eau des *Massacres à Paris*, de Marlowe, dans l'adaptation de Vauthier, le sable dans *La Dispute*, de Marivaux), Chéreau était l'auteur, jusqu'à ce qu'il rencontre Peduzzi, en 1967, des décors de ses mises en scène. Déjà Planchon signe ses décors.

Le décor anthropomorphe

La qualité de matériau vrai du décor ou de l'accessoire fait que la dégradation naturelle à toute chose, il la subit de façon plus sensible encore. Il peut être aussi aliment vrai, l'élément le plus spontanément périssable du décor du théâtre. Il n'entre pas seulement dans des critères réalistes ou non, il entre dans une économie temporelle. Par exemple, la mise en scène de *Catherine*, par Antoine Vitez, d'après *Les Cloches de Bâle*, d'Aragon, ajuste exactement le temps de la représentation sur le temps de la narration : c'est celui du souper, deux heures. Tous les soirs, les comédiens dînent sur le plateau ; au menu : une soupe, du veau jardinière, un dessert, champagne, café, pousse-café. Double, en positif, du gommage d'une représentation qui s'annule elle-même au fur et à mesure de son déroulement, la fuite du temps passe dans le processus de déglutition. Le comédien avale positivement un morceau du temps de la représentation, qui se trouve ainsi coïncider avec le temps réel. Au bout du compte, ne subsisteront que les reliefs du repas, seuls restes tangibles qui disent que le spectacle a bien eu lieu, en même temps qu'ils proclament son annulation.

Disparitions *(texte inspiré en particulier de* La Chasse au snark *de Lewis Carroll), mise en scène de Richard Demarcy, création en février 1979 au centre Georges-Pompidou. Le plateau est entièrement recouvert de quelques centimètres d'eau. Des projecteurs disposés d'une manière très serrée lui font une bordure lumineuse. «Sur ce sol de théâtre aquatique, note Richard Demarcy, entre ces insolites objets, les chercheurs-snarkeurs balançant d'une crise à l'autre, d'un épisode à l'autre, effectuent un certain travail sur le fantastique et sur le langage. Alchimistes du merveilleux, à la dérive.» (Phot. © Claude Lê Anh/Photeb.)*

Avant d'aborder le décor anthropomorphe, il n'est pas inutile de préciser encore une fois que le décor a changé de statut ; il n'est pas seulement un «à côté» de la représentation. Il est, pour le comédien, un véritable partenaire. Révélatrice à cet égard est la distribution d'un spectacle présenté au festival de Nancy en mai 1977 par La Cuadra de Séville, car elle met sur le même plan objets et comédiens :

«Interviennent au cours de la représentation :

Joaquim Campos

Juan Romero

Salvador Tavora

et

Une bétonnière «Anfesa» de 160 litres

Un transformateur monophasique de soudure à l'arc

Une meuleuse d'ébavurage-ponceuse «Wolf»

Une rampe, en bois aggloméré et toile, hélicoïdale

Deux croix

Un échafaudage en tubes au carré

Un mécanisme à action manuelle

Pierres et graviers

Outils et accessoires Efinsa-Sévilla.»

Tous objets qui fonctionnent comme éléments d'agression et de lutte. Pierres et graviers entrent dans la danse de la révolte, mieux, ils la soutiennent. Ils ont un pouvoir de discours aussi développé que celui du comédien.

C'est, en fait, surtout dans le théâtre pour enfants que se développe le décor anthropomorphe. C'est-à-dire que le comédien est porte-décor, comme Abel Tiffauges — le héros du *Roi des aulnes*, de Michel Tournier — est «porte-enfant». L'arbre s'anime ; ce n'est, ni plus ni moins, que la forêt qui marche. Sans l'armature vivante du comédien, il n'est qu'une baudruche et ne représente rien. Ce n'est plus le plancher de scène qui lui sert d'assise, mais le socle de chair de son porteur vivant. Il est beaucoup plus intéressant quand il se démultiplie en une ribambelle de métaphores. Le spectateur intervient alors directement pour investir l'objet de vertus métaphoriques. Ainsi des accessoires — le décor — de *Catherine* où, pour Vitez, «la table constitue le support métaphorique du spectacle. Toutes les actions racontées dans le roman s'effectuent avec les objets du repas. A l'échelle de la table, une fourchette peut être la police, un quignon de pain, la foule des manifestants. (...) De temps en temps, la table entre donc en expansion. Notre jeu consiste à faire naître des rêves sur ce meuble ordinaire». Il en allait de même pour les dix chaises, décor unique mais multiforme de *La jeune lune tient la vieille lune toute une nuit dans ses bras* (création collective, Théâtre de l'Aquarium, Cartoucherie de Vincennes, décembre 1976), qui tantôt étaient les chaises de la fête au couscous, tantôt les grilles de l'usine occupée, ou bien une table de banquet «en U comme unité», ou encore un bateau allégorique.

L'image mentale

A côté du décor anthropomorphe immédiatement porteur de sens, se place ce qu'on pourrait appeler le *décor abstrait* si l'on s'en tient aux étiquettes. Il est beaucoup plus exigeant à l'égard du spectateur, qu'il interpelle dans ses profondeurs imaginatives et phantasmatiques. Il ne se livre pas au premier regard dans une clarté lisible d'emblée, et il s'expose au phénomène du rejet. Car ou bien le spectateur entre dans le spectacle, épouse son rythme, comble les vides laissés par une carence délibérée de commentaires scéniques ; ou bien il reste à l'extérieur. Ou bien le décor est une surface activant l'image mentale, ou bien il est un mur infranchissable, lisse, sans prises. Le décor abstrait est généralement tout en lignes. Elles sont fuyantes pour le musard du spectacle, pour le spectateur dont l'attention vagabonde hors de lui. Elles sont provocantes pour celui dont l'imagination trouve à moduler leur tracé. Souvent blanc, le décor se teinte alors de la couleur de nos rêves. C'est le spectateur qui, dans l'éveil de ses énergies intérieures, trace, dessine, peint, sculpte. L'espace projette au lieu d'être la surface de projection, il renvoie des objets au lieu d'être assailli par eux. Le mouvement de placement, d'ordonnancement, a priori mouvement scénographique, s'inverse : c'est du plateau que partent les éléments au lieu d'être sur lui disposés. Le spectateur est alors le créateur véritable. Là se situe la «participation» vraie, et non dans ses simulacres : entrée intempestive des comédiens par l'entrée des spectateurs, cavalcades au milieu du public ou sur des passerelles métalliques spécialement aménagées. Ils martèlent de façon primaire l'invitation à participer. En effet, pour exister, la participation n'a pas à sortir à tout prix du cadre à l'italienne. Il en est de même pour ce qui est de «faire de la politique» sur un plateau : point n'est besoin de déployer des drapeaux rouges sur une scène pour parler de la Révolution. Que les acteurs jouent sur un espace de plain-pied avec celui des spectateurs est un acte politique. Les moyens du théâtre se subtilisent et les proclamations de Brecht, peut-être un peu trop primairement interprétées, cèdent la place à une dialectique plus fine entre la scène et la salle. Ainsi, avec la machine à rêver, le décor entre-t-il dans une troisième phase de son évolution. Après sa fonction illustrative, après son rôle de machine à jouer, il fait une entrée discrète, mais revendiquée, dans le domaine du rêve et du plaisir. Le décor sollicite du spectateur moins le décryptage dans l'intellect que la libre cavale dans son imagination. Il est temps que le décor, comme le théâtre, se «désintellectualise». La surface blanche du décor abstrait, dans sa limpidité ou son hermétisme, propose la meilleure cure de désintoxication d'une scénographie trop portée sur l'illustration ou le signe.

Le costume n'est pas le dernier à entrer dans cette perspective hédoniste, puisque aussi bien il est le plus proche du comédien. Dans son costume, l'acteur doit se sentir à l'aise, sans entraves. Qu'il éprouve du plaisir à évoluer dans une soie sauvage ou dans un voile de coton doit être transparent pour le spectateur. A moins que le costume ne se veuille, et par dérision (dans *Macbeth,* mise en scène de Mehmet Ulusöy, Carré Thorigny, printemps 1977, le comédien y entrait comme dans une tour), un carcan endossé par l'acteur et jouant à côté de lui, ou malgré lui, il doit aider celui qui le porte et non l'entraver. Ce n'est plus le corps tendu, crispé de l'acteur qui supporte ce qui lui a été imposé, mais le corps qui jouit du contact de l'étoffe sur son ventre. Le plaisir n'est plus chipé au détour du long parcours textuel, mais montré à tout instant comme une évidence.

Qu'on l'appelle «décor abstrait», «machine à rêver» ou «espace mental», ce type de décor se crée à partir d'un texte existant. Mais il arrive — exceptionnellement — que la scénographie ne s'élabore pas à partir d'un préalable discursif; l'espace lui-même, ou plutôt *un* espace, peut être le pur et simple

Les Mignons et les Guenons,
texte et mise en scène de Tadeusz Kantor (festival d'Edimbourg, 1973). Non seulement le comédien est porte-décor, mais aussi porte-coulisse. Il promène avec lui ses espaces et il est le régulateur de son propre cadrage. (Phot. © Lesly Hamilton/Gamma.)

Remagen, *d'après Anna Seghers, mise en scène de Jacques Lassalle, décors de Yannis Kokkos (festival d'Avignon, 1978).* Remagen *constitue un cas limite : «J'ai entièrement recopié la nouvelle à la main, a dit Yannis Kokkos. J'ai prélevé à l'intérieur du texte, avec des encres différentes, les choses qui me parlaient le plus : l'angle du mur blanc, l'ombre courte, un cri, un chant, une musique. J'ai constitué à partir de là un texte de travail intelligible. J'ai essayé de ramasser l'essentiel, de restituer une sensation, de trouver quelque chose qui fasse penser à la fois à un camp de concentration, mais sans aucune dramatisation, et à une place de village. Un lieu où le spectateur puisse projeter sa propre écoute du texte sur l'image...» (Phot. © Claude Bricage/Photeb.)*

démarrage d'un spectacle. Ce sont les comédiens qui le découpent selon leurs modalités intérieures et l'investissent des images et des parcours de leur propre univers mental. Théâtre expérimental qui détient, de par sa fragilité même, une grande part de sa qualité. Refusant le prétexte, il n'existe que dans l'ici et maintenant de ces comédiens-là et pas d'autres, de cet espace-là et pas d'un autre. Un des exemples les plus réussis fut celui de *La Résistance* de Philippe Adrien, dans une scénographie de Christine Mandouze (théâtre des Amandiers, 1974) où chaque comédien décrivait son lieu idéal : lieu de la musique, lieu d'observation, de repos, de passage, lieu de folie, lieu du désir. En tout cas, lieu d'un autre fonctionnement, lieu de l'inconscient où chacun ressent une « résistance ».

A partir de 1968 est apparue une forme nouvelle de spectacle : le *théâtre musical*. Il s'agit pour des musiciens, comme Georges Aperghis, de chercher « un prolongement à la musique ». Dans *Jacques le Fataliste*, d'après Diderot, dans *Histoire de loups*, d'après Freud, il s'agit d'étudier les rapports entre la musique, le texte, l'action, le jeu. Pour Michel Raffaëlli, la musique s'intègre directement à l'espace, puisqu'elle en sort. *La Bécane* est une machine à fabriquer du papier et qui fabrique, en fait, des sons. La scénographie est inséparable du comédien qui la provoque – en faisant naître le son de dessous ses pieds – et n'a d'existence qu'en sa présence. Vingt ans plus tard, ce type de recherche n'existe plus qu'à l'état de curiosité. L'effervescence des années soixante-dix est retombée. Ce qui reste : le clivage entre un public amateur de bonbonnière et un public qui se reconnaît mieux dans une pratique minimaliste.

La musique de scène

Le sonore comme élément dramatique créateur.

L'intervention de l'élément sonore dans un spectacle théâtral comporte différentes modalités. Ou elle est son, bruitage ; ceux-ci peuvent être réalisés dans les coulisses, ou enregistrés ; ce sont des bruits concrets reproduits tels quels ou mixés. Ou elle est montage sonore de musiques préexistantes. Ou elle est accompagnement sur le plateau avec présence des musiciens qui s'intègrent au spectacle ; ainsi de Los Chacos et de Roger Riffard dans la plupart des spectacles de Maréchal. Ou elle est une musique originale. C'est de cette dernière forme d'intervention qu'il va être question ici, car il s'agit de ne pas confondre bande-son et musique de scène.

La musique de scène est une création originale, s'intégrant au spectacle dans les mêmes proportions de travail collectif que pour le décor, les costumes, la dramaturgie. Relativement peu utilisée en France, elle ne permet pas aux compositeurs de s'adonner à cet art à part entière. Le compositeur de musique de scène est en outre musicien d'orchestre ou chanteur. D'ailleurs, on peut dire que la musique n'est pas nécessaire à la scène, et que le théâtre ne fait, dans ce domaine comme dans d'autres, qu'entrer en compétition avec le cinéma. Le muet ne pouvait guère se passer d'accompagnement sonore ; le parlant continue ce qui est devenu un art : la musique de film.

Mais, au théâtre, le musicien ne peut que se sentir frustré : il n'est pas, contrairement au metteur en scène, maître du temps, pour citer Lucien Rosengart (celui-ci a composé les musiques de scène de certains spectacles de Philippe Adrien). C'est le metteur en scène qui est l'architecte du temps au théâtre, et le musicien s'insère là où le maître d'œuvre voudra bien le placer. Le musicien intervient à différents niveaux : ou bien il compose des intermèdes fonctionnels, qui ménagent un espace rempli – et non un espace «plein» – par la musique entre deux changements de décors. Ou encore, il intervient comme coloriste, renforçant le texte, appuyant l'action, offrant au spectateur un surcroît de lisibilité, lui facilitant l'accès à ce qui lui est proposé. La musique de scène est alors assimilable à une musique d'ambiance ; elle vient gonfler certaines scènes. Par exemple, la scène de carnaval des Caprices de Marianne, *de Musset, est amplifiée dans la mise en scène de Jacques Mignot (Reims, janvier 1978) par des chansons de Jacques Debronckart. Enfin et surtout, elle intervient au moment où ni le décor ni le jeu du comédien ne peuvent exprimer. Son intervention n'est alors ni fonctionnelle ni pléonastique ; elle est nécessaire et créatrice.*

La Bécane ou le Journal d'une ouvrière du papier, *texte, mise en scène et scénographie de Michel Raffaëlli (théâtre des Amandiers, 1975). Une tentative de théâtre musical : la « bécane » est une machine-orchestre dont les mouvements provoquent des séquences sonores et rythmiques aléatoires. (Phot. © agence Bernand.)*

Ci-dessus : Divines paroles, *de Valle Inclān, mise en scène de Victor Garcia, compagnie Nuria-Espert (théâtre de Chaillot, 1977). Les comédiens déplacent eux-mêmes des éléments de décor. (Phot. © Claude Bricage/Photeb.)*

Le metteur en scène : un souverain qui s'efface

L'ère du grand spectacle

Depuis la fin du XIXe siècle, le théâtre occidental a connu une mutation de structure. Celle-ci tient à l'avènement d'un nouveau maître du plateau : le metteur en scène, et au développement de la mise en scène non seulement comme médiation entre les différentes pratiques théâtrales (celles de l'auteur, de l'acteur, du scénographe et du directeur de théâtre) mais encore en tant qu'activité dominante qui prescrit et contrôle le sens de la représentation. Ces deux phénomènes sont évidemment liés, mais ils ne coïncident pas entièrement. Peut-être assiste-t-on, aujourd'hui, à la fin du règne du metteur en scène absolu. Cela ne signifie pas que l'on soit sorti de l'âge de la mise en scène. Celle-ci est encore à son zénith, au point que théâtre et mise en scène sont devenus presque synonymes.

Certes, tout au long de l'histoire du théâtre occidental, on a vu apparaître, à diverses reprises, un «maître de records», ou «conduiseur», ou «meneur», ou «maître de jeu» chargé de diriger la préparation et d'assurer la coordination des différents éléments du spectacle, voire d'imprimer à ceux-ci un mouvement unique. André Veinstein, dans *La Mise en scène théâtrale et sa condition esthétique*, en a recensé les manifestations. Mais si l'on a parlé, parfois, de mise en scène dans le théâtre du Moyen Age ou à l'âge classique, ce n'est que par extension et en projetant sur le passé notre connaissance du théâtre du XXe siècle. L'avènement du metteur en scène comme agent autonome auquel sont subordonnés les autres facteurs de la représentation date bien de la fin du XIXe siècle et s'est accompli, différemment selon les pays et avec des décalages dans le temps, pendant toute la première moitié du XXe. André Antoine, sans doute le premier metteur en scène moderne français, le constatait dans sa *Causerie sur la mise en scène* de 1903 : «Aussi bien la mise en scène, il faut le redire, est-elle un art qui vient de naître; et rien, absolument rien, avant le siècle dernier, avant le théâtre d'intrigue et de situations, n'avait déterminé son éclosion.» En 1905, Edward Gordon Craig allait même plus loin : voyant dans «la renaissance du régisseur» (ce mot désigne, en fait, le metteur en scène) «le point de départ» de «la renaissance du théâtre», il prophétisait la transformation du théâtre de «métier d'interprétation» en «art indépendant et créateur» qui sera l'œuvre de «l'artiste du théâtre futur» *(De l'art du théâtre)*. C'est entre cette constatation d'Antoine et cette prophétie de Craig que s'inscrivent l'histoire et la problématique de la mise en scène du XXe siècle.

Le metteur en scène moderne n'est pas apparu tout d'un coup, armé de pied en cap, à la fin du XIXe siècle. La pratique théâtrale, au long de ce siècle, avait préparé, appelé son avènement. Déjà, dans *Le Paradoxe sur le comédien*, Diderot mentionnait comme «un fait décisif» que, à Naples, «il y a un poète dramatique dont le soin principal n'est pas de composer sa pièce» : son «souci» est de «trouver dans la société des personnages d'âge, de figure, de voix, de caractères propres à remplir ses rôles (...). Il exerce ses acteurs pendant six mois, ensemble et séparément». On reconnaîtra aisément, dans ce poète dramatique, l'ancêtre ou le précurseur de notre metteur en scène. Durant tout le XIXe siècle, une attention de plus en plus grande a été accordée à l'exécution scénique de l'œuvre dramatique. Ainsi des acteurs comme, en France Talma, en Allemagne Ludwig et Eduard Devrient, en Grande-Bretagne Edmund Kean, et en Italie Gustavo Modena ou Adelaide Ristori, ont récusé la tradition et se sont posés en réformateurs du jeu théâtral. Mais c'est surtout la part croissante faite au spectacle et la volonté, affirmée jusqu'à l'impossible, d'imiter la réalité et de constituer la scène en équivalent du monde sensible (que celui-ci soit contemporain ou appartienne au passé) qui ont joué un rôle décisif. La première moitié du XIXe siècle a ainsi connu ce que l'on a appelé l'ère du grand spectacle. Plus que l'auteur, que le directeur, plus même que l'acteur, c'est le décorateur qui dominait le plateau. Un décorateur comme Ciceri (1782-1868) a régné pendant près d'un demi-siècle sur les principales scènes parisiennes, de l'Opéra à la Comédie-Française. Il ne se contentait pas d'imaginer, de peindre et de faire réaliser par des ateliers qu'il contrôlait des décors qui constituaient le clou des spectacles et décidaient de leur succès : il

*Dessin aquarellé et plantation du décor par Jean-Baptiste Lavastre pour l'acte I d'*Hernani*, de Victor Hugo, mise en scène d'Emile Perrin (Comédie-Française, 1879). Ce décor, ordonné symétriquement par rapport à l'axe du plateau, est encore de type classique. Mais cette symétrie n'est plus rigoureuse : elle ne régit plus la distribution des ouvertures (voir la fenêtre, côté jardin). Surtout, la fermeture du lieu, le soin et la précision apportés à la définition et à l'emplacement des accessoires et des ornements, leur variété aussi, témoignent déjà de «l'ère de la mise en scène». Emile Perrin, administrateur de la Comédie-Française pendant de longues années, compte, avec Montigny qui dirigea le Gymnase, parmi les précurseurs de la mise en scène moderne. (Bibl. de la Comédie-Française, Paris. Phot. Luc Joubert © Photeb.)*

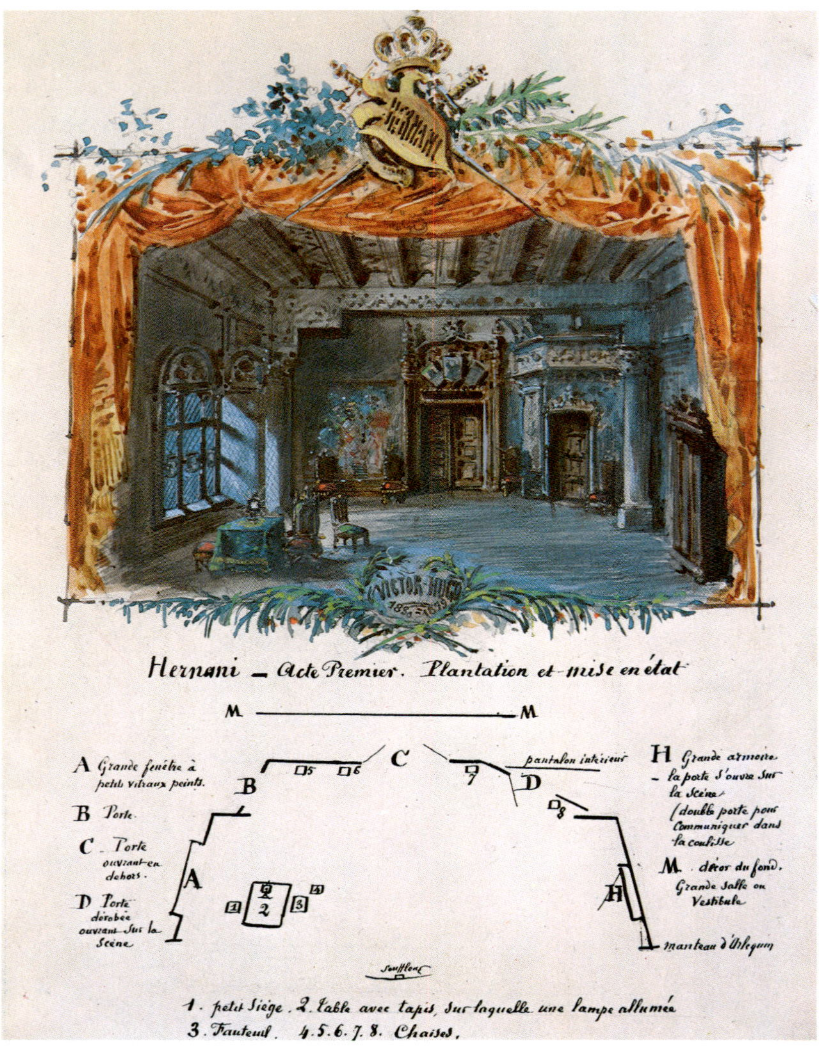

suggérait, voire commandait, aux auteurs et aux compositeurs d'écrire telle ou telle œuvre en fonction du décor qu'il projetait : ainsi *La Muette de Portici*, de Scribe et Auber (1828), devait comporter une éruption du Vésuve. Le développement des techniques scéniques, la diversification des plantations (l'emploi des fermes et des ponts se généralise), l'installation, à la fin du siècle, de scènes tournantes (elles étaient d'un emploi courant au Japon, dans le théâtre kabuki, mais, en Europe, c'est Karl Lautenschläger qui utilisa la première, au Residenztheater de Munich, pour une représentation du *Don Giovanni*, de Mozart, en 1896 ; ensuite, Max Reinhardt en usera systématiquement), tout cela accrut la complexité du travail scénique. Le personnel du plateau se multiplia, les tâches se subdivisèrent, la spécialisation s'imposa. Surtout, deux transformations capitales intervinrent dans l'éclairage. Au début du siècle, vers 1820, le gaz remplace les faibles et fumeux quinquets (lampes à huile à double courant d'air) ; à la fin, vers 1880 (pour la première fois, dans le nouveau théâtre de Bayreuth, 1876), la lumière électrique fait son entrée au théâtre, modifiant, d'un seul coup, radicalement, les modalités et les fonctions de l'éclairage. Dès 1898, est mis au point le jeu d'orgues électrique permettant de varier et de nuancer, presque à l'infini, sur commande immédiate, la lumière sur le plateau.

Ces innovations techniques ont provoqué une évolution considérable de la pratique scénique et une plus grande technicité du théâtre, avec, pour corollaire, une plus grande division du travail. Par là, elles ont préparé l'avènement du metteur en scène. Mais elles n'en sont pas la cause directe et déterminante. Parallèlement à elles, l'activité théâtrale s'est également accrue et diversifiée. De nombreux bâtiments ont été construits (à Paris, le second Empire voit surgir de nouvelles salles) ; le régime du monopole d'Etat des théâtres a pris fin : la liberté est laissée aux entrepreneurs de spectacles et l'époque des tournées commence. Le public augmente considérablement. Faute de chiffres certains, on doit se reporter aux impressions des contemporains : en 1884, dans *L'Art de la mise en scène*, Becq de Fouquières estimait, pour la France et plus exactement pour Paris, que «depuis la fin du siècle dernier, on peut dire que le public qui suit les représentations dramatiques a presque centuplé» (ce qui est, sans doute, excessif). Mais surtout, ce public est devenu plus divers, plus composite : il brasse des spectateurs d'origine sociale différente et venus des quatre coins de l'horizon : «Aux spectateurs issus des nouvelles classes bourgeoises vient s'ajouter cette clientèle cosmopolite : public *bigarré* où, selon Claretie, dominent les *déclassés*, les *viveurs*, à côté des rares *observateurs*» (cité par Maurice Descotes dans *Le Public de théâtre et son histoire*). Comme le remarquait, encore pour Paris, Francisque Sarcey : «Les chemins de fer enfin terminés (...) ont versé sur l'asphalte du boulevard des multitudes internationales, avides de spectacles ; l'aisance générale (...), croissant chaque jour, a permis à une foule sans cesse plus nombreuse de se payer ce plaisir [du théâtre], réservé jadis aux bourgeois établis» (M. Descotes, *ibid.*). Il n'y a plus un public, relativement homogène, d'amateurs qui partagent une même conception de la société et de sa représentation sur la scène. A cette hétérogénéité du public devait correspondre, comme le notait finement Becq de Fouquières, «une hétérogénéité de l'art [ayant] pour conséquence une différenciation de plus en plus grande entre les images initiales des personnages du théâtre moderne».

Régie ou mise en scène ?

La complexité croissante des techniques scéniques et le goût de plus en plus prononcé pour les grands spectacles allaient dans le sens d'un accroissement des tâches et du pouvoir de celui auquel revenait le soin d'organiser matériellement la représentation : le régisseur. L'augmentation et la diversification du public, la volonté, une fois rompu le consensus initial sur le mode de figuration scénique de la société, de coller au plus près au réel et de restituer celui-ci tel quel sur la scène, de manière qu'il soit reconnaissable par tous, appelaient, elles, le metteur en scène. Ne confondons pas l'un avec l'autre. Le régisseur se bornait à régler l'ordonnance objective du spectacle, mais celle-ci restait le fruit d'une tradition ou était le produit, plus ou moins hasardeux, de la suprématie momentanée de l'un des agents actifs de ce spectacle (l'auteur, le premier acteur, le décorateur ou le directeur du théâtre) sur les autres. Par là, il permettait aussi qu'on le reproduise. Pour la première fois, en 1829, un livre de régie : celui d'Albertin pour la pièce d'Alexandre Dumas, *Henri III et sa cour,* était imprimé : il servirait à perpétuer l'image de ce premier drame romantique et rendrait possible la reprise, en province, du spectacle tel qu'il avait été créé à Paris (Marie-Antoinette Allevy, *La Mise en scène en France pendant la première moitié du XIXe siècle*). Le metteur en scène allait, lui, non seulement veiller à ce que les représentations soient bien ordonnées et cohérentes, mais encore prévoir à l'avance cette ordonnance, établissant a priori le sens que l'œuvre dramatique prendrait sur la scène et postulant, selon son mode propre et différemment pour chaque spectacle, la communication entre l'œuvre et le public. Le régisseur restait un chef de travaux ; le metteur en scène en serait l'architecte.

L'exemple de la troupe des Meininger fondée en 1866 par le duc Georges II de Meiningen qui, parcourant l'Europe de 1874 à 1890, y exerça une influence considérable et dont les spectacles furent tenus pour les premières manifestations de cet art nouveau qu'était la mise en scène, est explicite. Sans doute, les contemporains furent-ils d'abord frappés par la qualité d'*ensemble* de la troupe (Antoine célébra «les groupements d'une vérité extraordinaire» et «la mécanique supérieurement perfectionnée dans les foules des Meininger») et par l'authenticité des moindres détails de ces spectacles historiques. Non content d'avoir mis à la disposition de ses comédiens des armes et des objets appartenant à son propre patrimoine, le duc Georges II faisait «venir de Lyon et de Gênes les plus belles soies et les plus riches brocarts», tisser «des étoffes à l'image des tissus anciens pour le revêtement des meubles» et réaliser «les décors de *Jules César* d'après des documents fournis par Visconti, conservateur des monuments antiques et directeur des recherches archéologiques à Rome» (Denis Bablet, *Esthétique générale du décor de théâtre de 1870 à 1914*). Mais ce ne sont encore là que des nouveautés d'ordre, en quelque sorte, quantitatif, relevant de la régie ou de la décoration. Pour reconnaître, chez les Meininger, le germe de la mise en scène moderne, ce sont les esquisses dessinées par Georges II de Meiningen qu'il faut prendre en considération : «La plupart des dessins ne représentent pas uniquement le décor, mais l'ensemble de l'image scénique, personnages, groupes d'acteurs, éléments scéniques saisis dans leur intégralité et dans leurs liaisons» *(ibid.)*. Ici, «la notion d'unité de l'image scénique apparaît pour la première fois au XIXe siècle» *(ibid.)*. Dès lors, le spectacle ne résulte plus de la réunion plus ou moins fortuite d'éléments séparés, hétéroclites : il est pensé, d'emblée, comme un tout. Les esquisses de Georges II sont, en quelque sorte, les incunables de la mise en scène moderne : le premier témoignage concret de cette mutation qui va transformer de fond en comble le théâtre du XXe siècle.

Esquisse du duc Georges II de Meiningen pour une mise en scène du Prince de Hombourg, *de Kleist. Pour la première fois, sans doute, de l'histoire du théâtre, Georges II de Meiningen ne se contente pas de prévoir le décor ou le cadre du spectacle : il imagine l'ensemble de l'image scénique en mouvement, il dessine ce que l'on appelle aujourd'hui des «arrangements» de mise en scène. (Theater Sammlung Universitat, Hambourg. Phot. © de l'université/ Photeb.)*

Le primat du milieu

C'est d'abord le metteur en scène qui va s'imposer. En France, Antoine fonde le Théâtre-Libre en 1887 et entreprend, dans la perspective ouverte par la campagne pour «le naturalisme au théâtre» qu'avait menée Zola de 1876 à 1880, une véritable réforme théâtrale. Celle-ci est conduite au nom du *vrai* et de la *présentation du réel* sur la scène (l'expression est de Becq de Fouquières qui critiquait cette tendance mais ne l'en a pas moins analysée avec perspicacité et le pressentiment des bouleversements qui allaient s'ensuivre) : le *milieu* prend le pas sur le texte et sur les personnages. Comme le disait Antoine lui-même : «C'est le milieu qui détermine les mouvements des personnages, et non le mouvement des personnages qui détermine le milieu.» Et il ajoutait : «Cette simple phrase n'a l'air de rien dire de bien neuf : c'est pourtant tout le secret de l'impression de nouveauté qu'ont donnée dans le principe les essais du Théâtre-Libre.» La mise en scène moderne s'affirme par là, définitivement. Il ne s'agit plus de réaliser, autour d'un texte et de personnages définis une fois pour toutes, un spectacle plaisant et plausible. C'est tout un renversement qui se produit : la scène est première, le texte vient ensuite. Il faut d'abord établir la maison et y pratiquer la coupure — c'est-à-dire préciser l'emplacement du «quatrième mur» (qui coïncidera avec le rideau ou le plan du cadre de scène); ensuite, l'action s'y inscrira et s'y conformera. Le décor n'est plus un décor, une simple enveloppe : il ne se déduit plus du texte ; plutôt, il semble produire celui-ci. Le spectacle (il faudrait dire, dorénavant, l'œuvre scénique) ne traduit plus seulement l'œuvre dramatique. Il reprend celle-ci en charge ; il la fait signifier. Le contexte compte autant que le texte. Antoine exige encore que, à la cohérence du milieu, l'interprétation réponde par la même cohérence. Ce ne devrait plus être des acteurs qui jouent une pièce, mais un «ensemble» : «L'interprétation d'un ouvrage exige, avant tout, une qualité tellement essentielle qu'elle dispense des autres, *l'ensemble*, condition sans laquelle l'œuvre littéraire est défigurée et massacrée *comme le serait une œuvre musicale dont les exécutants ne joueraient pas en mesure.*» Le comédien doit devenir un matériau, le plus riche et le plus subtil, que le metteur en scène agencera avec les autres matériaux scéniques pour réaliser son œuvre propre, voire personnelle.

Certes, Antoine a rencontré bien des résistances. On connaît ses démêlés avec les acteurs auxquels il veut imposer une discipline stricte : cela commençait par le respect des horaires, respect symbolisé par l'horloge qu'Antoine faisait installer dans chaque salle où il s'établissait, et allait jusqu'à la fameuse fin de non-recevoir (plus ou moins inspirée du *Paradoxe sur le comédien*, de Diderot) qu'il opposa à Le Bargy souhaitant que François de Curel modifie le personnage qu'il devait interpréter : «L'idéal absolu de l'acteur doit être de devenir un clavier, un instrument merveilleusement accordé, dont l'auteur [nous dirions aujourd'hui : le metteur en scène, mais Antoine n'en était pas encore là] jouera à son gré.» Car, ajoutait-il, «les comédiens ne connaissent jamais rien aux pièces qu'ils doivent jouer. Leur métier est de les jouer tout bonnement, d'interpréter le mieux possible des personnages dont la conception leur échappe ; ils sont en réalité des mannequins, des marionnettes plus ou moins perfectionnées, suivant leur talent, et que l'auteur agite à sa fantaisie» (cité par A. Thalasso, *Le Théâtre-Libre*). Faute d'argent, Antoine ne parvint pas non plus à transporter, effectivement, «le réel sur la scène» : s'il peuple ses spectacles d'objets véridiques, voire — cela est resté dans la légende — de vrais quartiers de viande (en l'espèce, deux moutons écorchés, suspendus à des crocs) dans *Les Bouchers*, de Fernand Icres (Théâtre-Libre, 19 octobre 1888) ou une fontaine publique d'où jaillit un véritable jet d'eau (*Chevalerie rustique*, de Giovanni Verga, même soirée du Théâtre-Libre), souvent ses décors restent des toiles peintes, et il doit en rabattre sur son appétit de réel. Lui qui rêve de disposer, au moins, de «plafonds ouvragés en relief, de solives apparentes», de vraies portes munies, effectivement, de solides serrures, il est parfois contraint de se servir à plusieurs reprises d'un même décor. Enfin, ne l'oublions pas, le Théâtre-Libre n'est, à l'origine, qu'un cercle d'amateurs (ce qui lui permet d'échapper à la censure) : il ne dispose pas d'une salle qui lui soit propre, il ne joue qu'une ou deux fois chaque spectacle (mais il en crée, en principe, un par mois) et son public n'est fait que d'abonnés.

Pourtant, Antoine l'emporte. Dès 1897, après un malheureux intermède à l'Odéon (sa «première direction» de l'Odéon, qui fut une codirection avec Paul Ginisty, ne tint pas un mois, en octobre 1896), Antoine a son théâtre à lui : le Théâtre-Antoine. Et, en 1906, il devient, cette fois, à part entière et sans contestation, directeur de l'Odéon. Aristide Briand se dit «particulièrement satisfait d'avoir pu installer à la tête du second Théâtre-Français M. Antoine qui, par son passé, son talent et son inlassable activité a créé en France, avec un éclatant succès, une forme nouvelle de l'art dramatique» (James B. Sanders, *André Antoine directeur de l'Odéon, dernière étape d'une odyssée*). Non sans déboires, Antoine va y étendre sa réforme, et donc la mise en scène, à la représentation des classiques.

La Terre, *d'après Zola, mise en scène d'Antoine, au Théâtre-Antoine (1902). Cette fois, Antoine renchérit sur l'illusion du réel. S'il avait, devant les protestations de Jules Renard, renoncé à placer un lapin dans* Poil de Carotte *(1900), il lâche ici des poules vivantes. Lui-même campe un Fouan spectaculairement cassé par l'âge. Mais qu'on ne s'y laisse pas prendre : cette grange, avec ses recoins et ses avancées, fait aussi un décor multiple, admirablement agencé pour le déploiement théâtral d'une action romanesque.*
(Dép. des arts du spectacle, Bibl. nat., Paris. Phot. © Larcher/Photeb.)

L'art du théâtre

L'exemple d'Antoine a vite fait tache d'huile. A Berlin, dès 1889, un critique théâtral, Otto Brahm, fonde, sur le modèle du Théâtre-Libre, la Freie Bühne. A Moscou, Stanislavski et Nemirovitch-Dantchenko créent, en 1898, le Théâtre d'Art qui devait s'intituler aussi «accessible à tous». En Angleterre, Harley Granville Barker se réclame également d'Antoine. En dix ans à peine, ce nouveau personnage du théâtre : le metteur en scène, a conquis sa place, la première, dans l'activité théâtrale. S'il est encore discuté et si, dans certains pays comme l'Italie, il mettra encore bien du temps à s'imposer (le metteur en scène n'y éclipsera définitivement le «grand acteur» qu'à la fin des années quarante, avec Luchino Visconti et Giorgio Strehler, nonobstant les réalisations, bien antérieures, de Virginio Talli, Dario Niccodemi ou Anton Giulio Bragaglia), il a déjà pris corps, figure et autorité. Son règne est ouvert.

Parallèlement, le concept de mise en scène s'émancipe du contexte naturaliste. Deux théoriciens lui donnent d'emblée une amplitude maximale : Adolphe Appia (1862-1928) et Edward Gordon Craig (1872-1966). Ils font la critique de l'illusion naturaliste : Appia dénonce «la fausseté d'un univers scénique à deux dimensions où s'inscrit la réalité à trois dimensions du corps de l'acteur» et Craig ne voit pour le théâtre de possibilité de «rétablir son art» qu'à la condition de «s'affranchir de toute idée d'imitation de la nature» *(De l'art du théâtre).* Par là, la mise en scène, plus qu'un moyen du spectacle ou une médiation entre le réel et le théâtral, devient l'acte même de la création scénique. Refusant le *Gesamtkunstwerk* (l'œuvre d'art total ou commune) wagnérien qui lui paraît aboutir, dans les faits, à un «chaos complet», Appia prône le rétablissement d'une nouvelle hiérarchie théâtrale dont la clef de voûte est, sans doute, l'acteur (auquel doivent être subordonnés l'espace scénique, l'éclairage et la peinture) mais dont le garant ne saurait être que le metteur en scène. Et Craig fait de celui-ci, qu'il persiste à appeler le régisseur, non seulement le maître de la scène mais encore le véritable «artiste du théâtre futur» – un artiste qui «composera ses chefs-d'œuvre avec le *mouvement*, le *décor*, la *voix*». Ce qu'il commente ainsi : «J'entends par *mouvement,* le geste et la danse qui sont la prose et la poésie du mouvement. J'entends par *décor,* tout ce que l'on voit, aussi bien les costumes, les éclairages, que les décors proprement dits. J'entends par *voix,* les paroles dites ou chantées en opposition aux paroles écrites ; car les paroles écrites pour être *lues* et celles écrites pour être parlées sont de deux ordres entièrement distincts» *(De l'art du théâtre).*

Enfin, dès la fondation du Théâtre d'Art de Moscou, Stanislavski ajoute au travail du metteur en scène une autre dimension : celui-ci n'est pas seulement le maître du plateau, il ne se contente pas de penser, de prévoir et d'ordonner le spectacle, il dirige aussi la troupe, il forme et enseigne les comédiens : «L'essentiel, c'était le travail avec les acteurs. Il fallait unifier, souder, réduire à un même dénominateur tous les membres de la troupe, jeunes et vieux, *amateurs* et professionnels, ceux qui débutaient et ceux qui avaient de l'expérience, ceux qui avaient des dons et ceux qui n'en avaient aucun, ceux qui déjà étaient gâtés et ceux qui étaient intacts. Il fallait que tous les membres de notre troupe apprissent à connaître les fondements essentiels de notre art» *(Ma vie dans l'art).* Avec Stanislavski, le metteur en scène devient aussi pédagogue – et l'on sait que, dans son cas, le pédagogue, un pédagogue qui voit dans sa fonction une mission quasi spirituelle, l'emportera vite et durablement sur le maître de la scène.

Au-delà de l'avènement du metteur en scène comme agent autonome et prédominant de l'activité scénique, la mise en scène s'affirme ainsi, dès le début du XXe siècle, dans son ambition la plus large : elle n'est rien de moins que la création théâtrale. C'est elle qui fonde le théâtre dans sa prétention à devenir, à redevenir, dit Craig, un art à part entière. Il ne fait pas de doute que, comme le déclarait, en 1946, Jean Vilar (qui allait pourtant réagir contre la primauté du metteur en scène), «les vrais créateurs dramatiques de ces trente dernières années ne sont pas les auteurs, mais les metteurs en scène» *(De la tradition théâtrale).* Ce sont, en effet, ceux-ci qui, depuis près d'un siècle, ont donné au théâtre occidental son visage et c'est au niveau de la mise en scène qu'ont été prises les grandes décisions. Même si, aujourd'hui, le pouvoir et jusqu'à la figure du metteur en scène sont contestés et si la notion de mise en scène telle qu'elle a été posée, dans toute son ampleur, au début du siècle, appelle un nouvel examen, le théâtre contemporain reste tributaire de cet avènement du metteur en scène et de la promotion de la mise en scène comme activité dominante et productrice de sens.

Rethéâtraliser le théâtre

Le premier lieu de la mise en scène, c'est le plateau, son premier objet, le spectacle, et son premier choix, le style. Mettre en scène, c'est d'abord styliser. Ranger un texte, un espace et un ensemble de comédiens sous un style commun. Or, comme l'écrivait Meyerhold en 1907, «le concept de stylisation est, à mon avis, indissolublement lié à l'idée de convention, de généralisation et de symbole. *Styliser* une époque ou un fait signifie rendre par tous les moyens d'expression la synthèse intérieure de telle époque ou de tel fait, reproduire les traits spécifiques cachés d'une œuvre d'art» *(Ecrits sur le théâtre,* tome I). Contre la volonté naturaliste d'installer tel quel le réel sur la scène, contre Antoine, Brahm et Stanislavski, les metteurs en scène entendent *rethéâtraliser le théâtre* (la formule sert d'exergue au livre de

Esquisses d'Edward Gordon Craig pour Macbeth, *de Shakespeare, mise en scène de Douglas Ross (New York, 1928) : plan et élévation du dispositif des actes II et III, maquette du décor pour les dernières scènes. Sans doute, le spectacle tel qu'il fut réalisé ne répondit pas à l'idée exigeante que Craig se faisait du théâtre. Il avait, du reste, signé certaines de ses esquisses «C.p.b.» – entendons «Craig pot-boiler» («Craig-qui-fait-bouillir-la-marmite»)! Mais on y retrouve, néanmoins, l'image d'une scène monumentale, «architectonique», qui est à elle seule, pour Craig, presque tout le théâtre. (Collection Gordon Craig, dép. des arts du spectacle, Bibl. nat., Paris. Phot. © Bibl. nat. / Photeb.)*

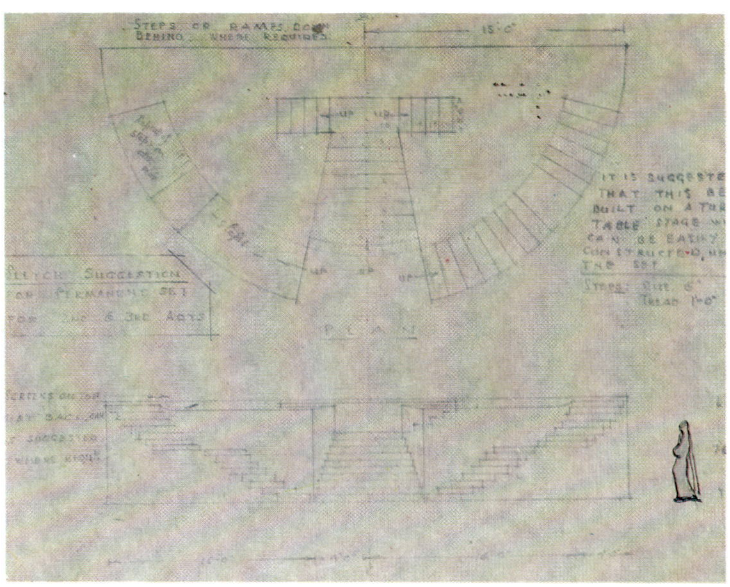

«Le Revizor; *auteur : Gogol; auteur du spectacle : Vsevolod Meyerhold» au Gos T.I.M., 1926 (Théâtre d'Etat Meyerhold de Moscou). C'est l'épisode 14 : «Une fête, c'est une fête», l'avant-dernier du spectacle. Les personnages forment un chœur; ils dansent, ils chantent, pour finir par s'agglutiner autour du directeur des postes (à gauche) qui lit la lettre leur apprenant que Khlestakov n'était pas le revizor (l'inspecteur général) attendu. La fête tourne au cauchemar. (Nationalbibliothek, Vienne. Phot. © Nationalbibliothek/Photeb.)*

Georg Fuchs, *Die Revolution des Theaters,* 1909). Cette rethéâtralisation va de pair avec l'appel à «la convention consciente» lancé, en 1902, par Valeri Brioussov et repris par le jeune Meyerhold dès l'expérience du Théâtre-Studio du Théâtre d'Art de Moscou (1905, expérience qui se soldera par la rupture entre Meyerhold et Stanislavski). Dans cette perspective, un double recours s'impose : le recours aux plasticiens (peintres ou sculpteurs) contre les décorateurs et autres ensembliers, la redécouverte du théâtre traditionnel, «rétabli, selon André Biely, dans sa dignité modeste», comme détenteur des «lois de la théâtralité», contre les faux semblants du théâtre de l'illusion. Dès le Théâtre-Studio, Meyerhold proscrit les maquettes construites à la façon du Théâtre d'Art et privilégie les esquisses : «Au lieu d'une grande quantité de détails, une ou deux touches principales.» Un peu plus tard, se fondant sur des textes de Wagner, de Fuchs et d'Appia, il rapprochera même le travail du metteur en scène de celui de l'architecte : la scène doit être «une scène-relief» où les «flexions d'un corps isolé et les groupements d'ensemble deviennent plastiques» *(ibid.).*

Le théâtre se revendique comme fait scénique, spécifique et autonome. Une nouvelle conception du spectacle se déclare : elle ne repose pas sur la volonté de traduire scéniquement un texte littéraire ou de reproduire une réalité extérieure au théâtre. Elle prescrit la nécessité d'inventer, pour chaque spectacle, un style propre qui soit, en quelque sorte, la clé (ou le chiffre) de la représentation. Le metteur en scène ordonne les éléments et invente les figures de cette représentation, mais, surtout, il décide du style. Et donc du sens. Car le spectacle n'a plus pour fonction d'être spectaculaire : il se pose d'emblée comme signifiant.

Certes, ce spectacle peut encore être varié, abondant, envahissant. Ce fut le cas avec Max Reinhardt (1873-1943). Il avouait lui-même que sa conception de la mise en scène, qui le mena des «*Kammerspiele*, des petits théâtres intimes, véritables laboratoires d'art dramatique» aux «*Festspiele* qui se déroulent en plein air devant la cathédrale de Salzbourg ou dans la cour du grand manège», ne connaissait «pas d'exclusive» et qu'il pourrait «la qualifier de totalitaire». Non seulement Max Reinhardt tenta, avec succès, d'apprivoiser presque tous les styles de la scène européenne au cours de la première moitié du XXe siècle, mais il essaya aussi de faire reprendre en charge par celle-ci les procédés et les lieux de jeu d'autres continents ou d'autres époques : pour *Sumurün,* pantomime de Friedrich Freksa et Viktor Hollaender donnée au Kammerspiele de Berlin puis au Coliseum de Londres, au Casino Theatre de New York et au théâtre du Vaudeville à Paris (1910-1912), il emprunte au kabuki japonais le *hannamichi* (chemin de fleurs). Il utilise, comme un lieu théâtral à l'antique, le cirque Schumann de Berlin, avec *Œdipe roi,* de Sophocle (1910), et transforme même l'Olympia Hall de Londres en une espèce de cathédrale pour *Le Miracle*, de Vollmoeller (1911), dans l'espoir de retrouver la ferveur et la participation de masse qu'ont connues les mystères médiévaux. Tantôt il mobilise une scène tournante (*Le Songe d'une nuit d'été*, au Neues Theater en 1905) et les plus récentes innovations techniques (moyens d'éclairage raffinés et scène plastique avec des arbres en relief, pour cette même pièce); tantôt il revient à un jeu pur et presque élémentaire, rêvant (après Craig) de ressusciter la commedia dell'arte et monte, coup sur coup, la *Turandot*, de Gozzi, et *Arlequin serviteur de deux maîtres*, de Goldoni (1926). Il ne dédaigne même pas les genres dits «mineurs» comme l'opérette et réalise, à plusieurs reprises, avec un succès triomphal, *La Belle Hélène,* d'Offenbach, et *La Chauve-Souris,* de Johann Strauss. Bref, c'est tout le théâtre du monde que Reinhardt veut donner en spectacle. Le metteur en scène tourne au magicien, et le théâtre au musée imaginaire. Les spectacles de Reinhardt convoquent tous les styles — comme s'il fallait en faire un dernier feu de joie.

Le démiurge caché

A l'opposé, Jacques Copeau (1879-1949) réduit au maximum la part du spectacle. «Par *mise en scène*, déclarait-il, en 1913, dans le manifeste annonçant la fondation du Vieux-Colombier, nous entendons le dessin d'une action dramatique. C'est l'ensemble des mouvements, des gestes et des attitudes, l'accord des physionomies, des voix et des silences, c'est la totalité du spectacle scénique, émanant d'une pensée unique, qui le conçoit, le règle et l'harmonise. Le metteur en scène invente et fait régner entre les personnages ce lien secret et invisible, cette sensibilité réciproque, cette mystérieuse correspondance des rapports faute de quoi le drame, même interprété par d'excellents acteurs, perd la meilleure part de son expression. A cette mise en scène qui concerne l'interprétation, nous ne saurions apporter trop d'étude. A l'autre, qui a trait aux décors et aux accessoires, nous ne voulons pas accorder trop d'importance» *(Le Théâtre du Vieux-Colombier).* Ainsi, pour Copeau, la mise en scène n'ajoute pas. Au contraire, elle retranche : «Que les autres prestiges s'évanouissent et, pour l'œuvre nouvelle, qu'on nous laisse un tréteau nu !» *(ibid.).* Tous les disciples de Copeau, directs comme Jouvet ou Dullin, ou indirects, comme Vilar qui, pour ce qui est du travail scénique, a repris et élargi, au Théâtre national populaire (1951-1963), l'«essai de rénovation dramatique» du Vieux-Colombier, ont conçu la mise en scène comme une façon non d'illustrer ou de décorer le texte mais de faire apparaître celui-ci dans sa nudité et dans sa vérité, voire dans son essence. Selon eux, les metteurs en scène — mais Vilar parle de «régisseur» et refuse «ce mot pédant de metteur en scène» *(Mot pour mot)* — ne sauraient être qu'«artisans» et «interprètes» : il convient d'«espérer qu'ils resteront honnêtes hommes et s'en tiendront à leur rôle d'interprète».

Est-ce à dire qu'ils tendent à se supprimer et reviennent sur la conception moderne de la mise en scène? Certainement pas, car c'est le metteur en scène, et lui seul, qui mime ce renoncement. Tout comme la scène, nue ou presque, du palais de Chaillot, fermée d'amples rideaux noirs et balayée des faisceaux des projecteurs, était non une absence de

Louis Jouvet (à gauche, de profil) et Jacques Copeau (de face) dans l'atelier de décors du théâtre du Vieux-Colombier en août 1917. Peut-être Copeau étudie-t-il avec Jouvet le «dispositif scénique fixe» qui sera réalisé à New York lors de la tournée qu'y fera le Vieux-Colombier (fondé en 1913) de novembre 1917 à 1919. Ce dispositif servira aussi de modèle pour l'aménagement de la scène et de la salle du Vieux-Colombier, tel qu'il réouvrira, en octobre 1919. Le jeune Jouvet, tout en jouant dans les spectacles de Copeau, dirigeait les ateliers de menuiserie et de décoration du Vieux-Colombier.
(Coll. Louis Jouvet, dép. des arts du spectacle, Bibl. nat., Paris. Phot. © X. D.R./Photeb.)

décor mais bel et bien un décor, un lieu puissamment et autoritairement suggestif, cette parcimonie et ce jansénisme quant au spectacle ne constituaient nullement une abdication du metteur en scène. Elles ne faisaient, au contraire, qu'en affirmer la puissance. Car c'est à lui seul qu'il revenait, en fin de compte, de décider de ce qui était la vérité de l'œuvre dramatique. Ainsi, son règne n'était plus seulement plastique : il était aussi moral et, dans le cas de Vilar, social. De nouveau, le metteur en scène se faisait pédagogue. Il révélait au public l'œuvre dramatique dans son essence même. Et le style de ses spectacles – car il y eut un style Vilar comme il y eut un style Jouvet, voire un style Dullin – se donnait non pour le produit d'un choix esthétique ou idéologique mais pour la manifestation même du texte dans ce que celui-ci avait de plus profond et d'essentiel. Alors même qu'il prétendait s'effacer, se subordonner à l'œuvre, n'en être que le serviteur ou l'artisan – rien qu'un interprète ou un régisseur – le metteur en scène se retrouvait en position de suzeraineté absolue : il était l'agent et le garant de l'universalité et de la véracité de la représentation.

Peut-être un metteur en scène comme Giorgio Strehler s'est-il situé à la croisée des chemins d'un Max Reinhardt et d'un Jean Vilar. Ses choix scéniques sont clairs et univoques : tout son *Roi Lear* (1972) est déjà dans le lieu qu'il lui a, avec Luciano Damiani, donné – cette piste de sable en polystyrène noir, brillant et léger, clos par la toile de tente d'un cirque que, en fin de spectacle, déchirera Lear, faisant son entrée par le fond, le cadavre de Cordelia sur ses bras... Mais la représentation prétend aussi dire la totalité de l'œuvre dramatique. C'est ce que Strehler appelle les «trois boîtes chinoises» : toute représentation comporte «trois boîtes : l'une dans l'autre, encastrées, la dernière contient l'avant-dernière, l'avant-dernière la première», et «la première boîte est celle du *vrai*», celle de «l'histoire vraie» qui montre «comment vivent réellement les personnages et où ils vivent», «la seconde boîte est en revanche la boîte de l'Histoire» et la troisième «la boîte de la vie, la grande boîte de l'aventure humaine», celle de la «parabole *éternelle* (pour autant que puisse être éternel le bref passage de l'homme sur la terre)» *(Un théâtre pour la vie)*. Ainsi assemblée par le metteur en scène, cette totalité renvoie, en fin de compte, au théâtre. Tout le spectacle dit également, sinon d'abord, la situation du metteur en scène : le drame du théâtre. *Le Roi Lear* par Strehler est aussi l'histoire d'un magicien (c'est encore plus expressément le cas avec *La Tempête*, qu'il a montée ensuite en 1978). De Copeau-Vilar, Strehler est passé à Max Reinhardt. Son théâtre est, proprement, *le* théâtre du metteur en scène.

Un aveu

A cette conception de la mise en scène qui referme le théâtre sur lui-même et où le metteur en scène oscille entre l'interprète et le démiurge, face à l'immobilité et à la splendeur d'un texte tout à la fois présent et hors d'atteinte, opposons celle où le metteur en scène agit en son nom propre et, en quelque sorte, à visage découvert, jusqu'à intervenir parfois dans le texte, mais avoue aussi sa place et sa responsabilité dans le spectacle. En apparence, il accroît encore ses pouvoirs. En fait, il renonce à sa position de démiurge qui suppose un accord «secret» (Copeau) et intemporel avec la vérité d'un texte, pour n'être plus que le premier de ceux qui, d'un texte, font une représentation pour un public et dans des conditions donnés (donc modifiables). C'est ce que Meyerhold annonçait, avec une étonnante clair-

Deux croquis de Christian Bérard pour L'Ecole des femmes *de Molière, mise en scène de Louis Jouvet (théâtre de l'Athénée, 1936). L'un représente la petite place qui entoure la maison d'Arnolphe, fermée par deux murs en angle aigu ; l'autre, le jardin de cette maison, une fois les deux murs rabattus côté jardin et côté cour. C'est sur une idée de Jouvet que Bérard imagina ce décor, naïf et raffiné. L'ouverture et la fermeture des murs donnaient comme une nouvelle respiration à* L'Ecole des femmes, *les deux lustres suspendus à mi-hauteur de la scène rappelant bien que tout n'était jamais que théâtre.*
(Coll. Louis Jouvet, dép. des arts du spectacle, Bibl. nat., Paris. Phot. Charmet © Arch. Photeb. Phot. © Bibl. nat. / Photeb © Spadem 1980.)

De gauche à droite, Jean Vilar, Gérard Philipe et Michel Vitold pendant les répétitions de Lorenzaccio, *d'Alfred de Musset, au festival d'Avignon en juillet 1953. Peut-être Vilar éclaircit-il pour un Philipe (Lorenzo) attentif et inquiet, et pour un Vitold (Philippe Strozzi) confiant, cette pièce complexe qui, l'espace de la cour du palais des Papes et le ciel d'Avignon aidant, fera l'un des grands spectacles du tout jeune T.N.P.*
(Phot. © Agnès Varda/Photeb.)

La Tempête, *de Shakespeare, mise en scène de Giorgio Strehler (Piccolo Teatro, Milan, 1978). Ici, théâtre et réalité s'entrecroisent. Réfugié dans son île, Prospero, ex-roi de Naples, est devenu magicien. Mais son passé va le rejoindre et il brisera sa baguette. Strehler se sent très proche de Prospero. Toutefois, il n'a pas encore brisé sa baguette – en l'occurrence les machines de théâtre, simples et compliquées, de Luciano Damiani, son scénographe.*
(Phot. © Luigi Ciminaghi.)

voyance, dès 1907, quand, dans *Du théâtre*, il opposait au «théâtre-triangle», le «théâtre de la ligne droite». Dans le premier, le metteur en scène est la clé de voûte de tout l'édifice de la représentation, «un triangle dont le sommet représente le metteur en scène, les deux angles de base l'auteur et l'acteur. Le spectateur perçoit l'art des deux derniers *par l'intermédiaire de l'art du metteur en scène* (dans ce dessin, la place du spectateur est au-dessus du sommet du triangle)». Dans le second, le théâtre de la ligne droite, il n'est plus qu'une articulation, essentielle, il est vrai, du travail signifiant qui produit la représentation, «une ligne droite (horizontale), où les quatre éléments fondamentaux du théâtre sont figurés par quatre points de gauche à droite : l'auteur, le metteur en scène, l'acteur, le spectateur (...). L'acteur y dévoile son âme librement devant le spectateur, en assimilant l'œuvre du metteur en scène tout comme ce dernier a assimilé celle de l'auteur.» Mais alors, l'intervention du metteur en scène, tenu en bride dans le spectacle, s'étend à deux autres domaines : celui de la formation ou, au moins, de la préparation de l'acteur et celui de l'adaptation ou de la dramaturgie (au sens allemand du mot) du texte.

La pédagogie libératrice

Revenons à Stanislavski. Ses premières préoccupations et la fondation, avec Nemirovitch-Dantchenko, du Théâtre d'Art de Moscou coïncident avec l'affirmation de la suprématie du metteur en scène. Stanislavski avait vu «la célèbre troupe du duc de Meiningen avec le régisseur Chronegk en tête» à Moscou. Il avait «apprécié ce que nous avaient apporté de bon les Meininger, c'est-à-dire une mise en scène qui mettait en lumière le sens profond des œuvres» (Stanislavski, *Ma vie dans l'art*). Mais il savait déjà que «si le metteur en scène peut faire beaucoup, il ne peut faire tout. L'essentiel reste entre les mains des acteurs. Il importe de les aider, de les aiguiller. Les régisseurs des Meininger ne le faisaient pas assez, de toute évidence, et ils se condamnaient à créer seuls. Le plan du régisseur était toujours vaste et profond, mais ne pouvant le réaliser sans acteurs, la mise en scène devenait le centre du spectacle. La nécessité de travailler, de créer pour tous, engendrait le despotisme du régisseur» *(ibid.)*.

Aussi, chez Stanislavski, le pédagogue supplanta-t-il vite le metteur en scène. Il constate : «Régisseur et acteur, j'ai travaillé, d'une part, dans le domaine de la mise en scène, d'autre part, dans celui de la création spirituelle de l'acteur.» Ce dernier domaine lui apparut bientôt plus vaste et plus essentiel que l'autre : «J'ai essayé toutes les voies et tous les moyens ; j'ai payé mon tribut à tous les modes de mise en scène — réaliste, historique, symboliste, idéologique ; j'ai étudié les courants et les principes les plus divers — réalisme, naturalisme, futurisme, architecture, statuaire, stylisation par le moyen de draperies, paravents, tulles, effets de lumière. Je suis arrivé à la conviction qu'aucun de ces moyens ne crée pour l'acteur le fond que réclame son art (...). Le seul maître de la scène, c'est l'acteur de talent.»

Dès lors, le plateau importe moins à Stanislavski que le studio, le spectacle moins que les exercices préliminaires. Ce metteur en scène de la première heure rêve déjà de supprimer le metteur en scène. Stanislavski passe des périodes entières (sa mauvaise santé y est aussi pour quelque chose) sans mettre les pieds dans son théâtre. Il entreprend même de diriger un *Othello* à quelques milliers de kilomètres de distance, de Nice où il réside de la fin de 1929 à mars 1930 : «Je prépare cette mise en scène loin du lieu où se déroule le travail», et il multiplie les notes, les lettres qui comportent, il est vrai, des indications aussi précises que : «Un autre détail qui toujours crée l'ambiance voulue : que l'unique rame du gondolier soit faite en zinc et qu'elle soit creuse. Il faut la remplir d'eau : quand la rame se lèvera, l'eau bruira et produira le clapotis si caractéristique de Venise.»

Stanislavski est loin de se démettre de son pouvoir mais il le conçoit à plus longue échéance. C'est à la mise au point du «système» qu'il consacre l'essentiel de son travail. Ce système, dont la formulation devait constituer une monumentale somme, ne comprenant pas moins de huit volumes, sorte d'immense «roman théâtral» dans la tradition des romans d'éducation du XIXe siècle (en fait, il n'a écrit que les deux tomes du premier de ces livres, et le deuxième est resté à l'état de notes et d'ébauches), avait pour ambition d'aider le comédien «à restaurer les lois naturelles bouleversées par le fait que l'acteur est obligé de travailler devant un public» et à «retrouver l'état créateur d'un être humain normal» *(La Construction du personnage)*. Ainsi, celui-ci serait en mesure de devenir, en même temps que le personnage qu'il créerait, naturellement, de sa propre substance, son propre metteur en scène. Aujourd'hui encore, soit

La Punaise, *de Vladimir Maïakovski, mise en scène de Meyerhold (Moscou, 1929). Dans des décors et des costumes du peintre constructiviste Rodtchenko (pour les derniers tableaux), Meyerhold évoque, en opposition au monde vaudevillesque petit-bourgeois de la première partie, l'univers aseptique et fonctionnel de l'avenir. Igor Ilinski joue «la punaise», Prissypkine, comme un paillasse balourd. Cirque et théâtre ne font plus qu'un. (Phot. © A.P.N.)*

Esquisse de Vladimir Egorov pour La Vie de l'homme, *de Leonid Andreev, mise en scène de Stanislavski, au Théâtre d'Art de Moscou (1907). Ce spectacle est à l'opposé du naturalisme tel que Stanislavski l'avait imposé dans ses premières réalisations. «Pas un instant le spectateur ne doit oublier qu'il a sous les yeux un tableau, qu'il se trouve au théâtre et que, devant lui, des acteurs représentent ceci ou cela» (Andreev). (Musée Bakhrouchine, Moscou. Phot. Jacques Faujour, centre Georges Pompidou, Paris © Musée Bakhrouchine.)*

additionné de préceptes réalistes-socialistes (dont la *méthode des actions physiques* qui, pour avoir des relents pavloviens, n'en reprend pas moins en charge certains des enseignements de Meyerhold), soit réduit à ses «moments privés» par le truchement de «la méthode» selon l'Actors Studio et Lee Strasberg, le «système» demeure la vulgate de toute formation un peu rigoureuse du comédien. Mais a-t-il, pour autant, permis à un acteur parvenu à un stade adulte (ou naturel, selon Stanislavski) de reprendre la place de ce père souvent abusif qu'est le metteur en scène ?

L'acteur saint ?

On peut en douter. C'est que le metteur en scène, parfois battu sur son propre terrain (le plateau), en a trouvé un autre : il est devenu un mage, voire un gourou. Stanislavski s'est réincarné sous les traits de Jerzy Grotowski. Le premier souci de celui-ci est aussi d'«éduquer l'acteur». Mais l'ambition de Grotowski est plus radicale que celle de Stanislavski. Alors que ce dernier «voulait réaliser les intentions du dramaturge, créer un théâtre littéraire», Grotowski entend, lui, retrouver le théâtre dans son essence même, c'est-à-dire comme *rencontre* : «Rencontre entre créateurs. C'est moi-même, en tant que metteur en scène, qui suis confronté avec l'acteur, et l'autorévélation d'un acteur me donne la révélation de moi-même. Les acteurs et moi-même sommes confrontés avec le texte (...). Ma rencontre avec le texte ressemble à ma rencontre avec l'acteur, et à la sienne avec moi. Pour les deux, le metteur en scène et l'acteur, le texte de l'auteur est une espèce de bistouri qui nous permet de nous ouvrir nous-mêmes, de nous transcender, pour trouver ce qui est caché en nous et accomplir l'acte de rencontrer les autres; autrement dit, transcender notre solitude» *(Vers un théâtre pauvre).* Au Théâtre d'Art de Moscou, l'activité des studios venait doubler celle du théâtre proprement dit. A Opole (1959), puis à Wroclaw (1965), c'est tout le théâtre qui est devenu studio et ce Théâtre Laboratoire (c'est son titre officiel) a le statut d'Institut de recherche pour le jeu de l'acteur. Il s'agit avant tout d'y créer une nouvelle sorte d'acteur — ce que Grotowski appelle un *acteur saint* par opposition à l'*acteur courtisan*, de règle encore aujourd'hui. Ce dernier, s'il «possède un fonds considérable d'expériences, peut se forger ce que nous pouvons appeler son propre *arsenal* — autrement dit, une accumulation de méthodes, d'artifices et de trucs» et «parmi eux (...) choisir un certain nombre de combinaisons pour chaque rôle et, ainsi, atteindre à cette expressivité nécessaire pour accrocher le public»; l'acteur saint, lui, «se révèle lui-même et sacrifie la partie la plus intime de lui-même — celle qui n'est pas faite pour les yeux du monde», afin d'arriver à un «acte total, à une autorévélation totale» qui soit aussi un véritable «don de soi» : «On doit se donner totalement dans son intimité nue, avec confiance, comme on se donne en amour. C'est la clé.»

Parallèlement, au *metteur en scène souteneur* doit succéder le *metteur en scène saint*. Certes, «le travail du metteur en scène exige un certain *savoir-faire* tactique, nommément l'art de diriger. Généralement parlant, ce genre de pouvoir démoralise. Il implique la nécessité d'apprendre comment manipuler les hommes. Il exige un don pour la diplomatie, un talent froid et inhumain pour les intrigues». Aussi, à la limite, ce metteur en scène, fût-il devenu saint (mais il ne saurait jamais l'être tout à fait car «ce que l'on pourrait appeler la composante masochiste dans l'acteur existe dans le metteur en scène sous forme d'une composante sadique; ici, comme partout ailleurs, l'obscurité est inséparable de la lumière»), devrait-il s'effacer, se supprimer lui-même, pour laisser toute la place à ce qui est proprement le théâtre, un «théâtre pauvre», ou essentiel, comme l'appelle Grotowski, soit à «ce qui se passe entre spectateurs et acteurs».

Mais en va-t-il vraiment ainsi pour les spectacles de Grotowski ? Même dans le plus beau d'entre eux, celui aussi qui repose le plus sur l'acteur (sur un acteur, il est vrai, extraordinaire : Ryszard Cieslak), *Le Prince Constant*, le metteur en scène est loin d'avoir abdiqué ses pouvoirs. Au contraire, à ceux de metteur en scène, il a encore ajouté de véritables prérogatives d'auteur — quoique Ludwik Flaszen écrive dans le texte du programme : «Le metteur en scène pense que, même en n'étant pas fidèle à la lettre du texte de Calderon, il n'en retient pas moins le sens profond de la pièce.» Et le spectacle est réglé, dans le moindre détail, avec une implacable rigueur et avec une fermeté telle qu'il a pu être donné, aux quatre coins du monde, plus de dix ans (il a été créé en 1965 — et *Apocalypsis cum figuris*, présenté en 1968, était encore joué en 1979 !). En outre, *Le Prince Constant* n'est pas seulement, selon les termes du programme, «une étude du phénomène de l'*inflexibilité* qui ne consiste pas en une manifestation de force, de dignité ni de courage», ou une «variation» sur le thème de la Passion : il peut encore être déchiffré comme une parabole des rap-

Richard III, *de Shakespeare, dans une mise en scène de Leopold Jessner au Staatliches Schauspielhaus de Berlin, en 1920. Pas d'évocation historique : tout est subordonné à l'expression d'une idée force : celle de la tyrannie du pouvoir. (Institut théâtral, Cologne. Phot. © Inst. théâtral, Cologne/Photeb.)*

La Guerre et la paix, *d'après Léon Tolstoï, adaptation d'Alfred Neumann, Erwin Piscator et Guntram Prüfer, mise en scène de Piscator, avec le Schiller Theater de Berlin-Ouest (Théâtre des Nations, Paris, 1956). Pierre Bézoukhov (Hans Dieter Zeidler) raconte la bataille de Borodino. Ce spectacle dans lequel il voyait l'accomplissement de sa conception du théâtre épique, Piscator tentait de le réaliser depuis une vingtaine d'années. Il n'avait pu en donner qu'une première esquisse à New York. Au Schiller Theater, il réussit à mettre au point cette scène éclairée par en dessous : il l'intitula «la scène du destin». (Phot. © Roger Pic.)*

ports entre le metteur en scène, Grotowski, et le plus doué de ses acteurs, Ryszard Cieslak, voire comme une mise en scène de la méthode de Grotowski elle-même, destinée à «préserver son indépendance et sa pureté [le programme parle du Prince — mais il n'est pas abusif d'entendre l'acteur] jusqu'à l'extase». Flaszen ne conclut-il pas sa présentation : «Le spectacle est également une espèce d'exercice qui rend possible la vérification de la méthode de Grotowski. Tout est coulé dans l'acteur : dans son corps, dans sa voix et dans son âme.» Au lieu de s'effacer au profit d'un acteur créateur, le metteur en scène devient omniprésent, et là encore la mise en scène apparaît, en dernière analyse, comme l'objet du spectacle. Jamais le théâtre n'a été, à ce point, clos sur lui-même.

Aujourd'hui Grotowski veut «faire quelque chose d'autre», peut-être, précisément, pour échapper au statut démiurgique du metteur en scène. Mais, logiquement, c'est au théâtre, entendu comme spectacle présenté par un groupe (actif) à un autre groupe (passif), qu'il envisage de renoncer — en radicalisant la notion de rencontre : «Nous allons proposer un événement où les gens peuvent entrer. S'il n'y a pas de division entre l'acteur-spectateur et l'action, il ne s'agit ni d'un spectacle ni d'un workshop. C'est une œuvre, mais cette œuvre est uniquement à l'état de processus, c'est-à-dire l'œuvre-rivière, l'œuvre avec soi-même, l'œuvre des êtres humains qui, en même temps, sont sa substance» *(Les Nouvelles littéraires,* 14 juin 1979). Toutefois, une question reste posée : une fois encore, l'effacement volontaire du metteur en scène ne se soldera-t-il pas par son contraire : c'est-à-dire par sa métamorphose en mage ou en gourou et par un accroissement pervers de ses pouvoirs ?

Dramaturgie ou imitation du modèle ?

Comme Stanislavski, Brecht ne situe pas le metteur en scène au centre de l'activité théâtrale. Mais alors que le *système* de Stanislavski se fonde sur le fait que «Stanislavski, metteur en scène, est comédien avant tout», celui de Brecht (qui revendique aussi l'appellation de système : «Désignons ainsi, désormais, ces deux méthodes de travail, afin de souligner la cohérence interne de leurs divers éléments») tient à ce que «lorsque je mets en scène, je suis avant tout auteur». Remarquons-le : si, dans les *Ecrits sur le théâtre,* de Brecht, reviennent bien des noms de metteurs en scène de la première moitié du siècle, dont ceux de Max Reinhardt, de Leopold Jessner et, au premier rang, celui de Piscator («Le théâtre de Piscator dispensait l'enseignement visuel»), ni le metteur en scène comme opérateur de théâtre ni la mise en scène comme activité scénique prédominante ne sont souvent évoqués. Le metteur en scène ne figure même pas parmi les personnages de *L'Achat du cuivre* : les cinq partenaires de ces «entretiens à quatre sur une nouvelle manière de faire du théâtre» sont, en effet, le Philosophe, le Comédien et la Comédienne, le Dramaturge (au sens allemand du mot) et l'Electricien, quasi muet, «qui figure le public nouveau. C'est un ouvrier, il est mécontent du monde tel qu'il est» *(Ecrits sur le théâtre).*

C'est que, selon Brecht, les deux axes du travail théâtral sont, pour un texte donné, l'élaboration de la fable qui incombe, pour l'essentiel, au dramaturge, et la construction des personnages qui est l'œuvre des comédiens — sans oublier, bien entendu, le rapport du spectacle au spectateur qui produit, en fin de compte, le sens de la représentation théâtrale. Dans un tel processus, le metteur en scène est — ou ne devrait être que — un médiateur : «Chez nous, le metteur en scène ne pénètre pas au théâtre avec son *idée* ou sa *vision,* un *plan des mises en place* et des *décors tout faits.* Son désir n'est pas de *réaliser* son idée. Sa tâche consiste à éveiller et à organiser l'activité productrice des comédiens (musiciens, peintres, etc.)» ou une courroie de transmission et un agent de vérification : il communique au groupe des acteurs la fable telle qu'elle a été établie d'un commun accord par le collectif du spectacle (on sait que, au Berliner Ensemble, le metteur en scène Brecht établissait cette fable avec le ou les dramaturges, le scénographe et, parfois, un ou deux acteurs...) et veille à ce que acteurs et techniciens permettent au spectateur de lire cette fable dans le spectacle.

La notion de dramaturgie recouvre et éclipse — au moins théoriquement — celle de mise en scène. Pour le futur, Brecht souhaitait que le travail dramaturgique ne soit plus seulement la tâche ou le privilège d'un seul ou d'un petit groupe : dans un théâtre brechtien idéal, c'est tous les participants qui devraient l'assumer, chacun à sa place et tous prenant une part égale dans les décisions d'ensemble. Ainsi, la mise en scène serait faite par tous et non plus par un.

La pratique brechtienne n'a pas fait de cette utopie une réalité. Certes, le metteur en scène Brecht se voulait discret et plus propédeute que directif : «On n'a pas l'impression qu'il tente, par le truchement de comédiens, de *représenter quelque chose dont il porte en lui-même l'image.* Les comédiens ne sont pas ses instruments. Il cherche plutôt à découvrir avec eux quelle est l'histoire que raconte la pièce, et à les aider à trouver leur efficacité maximale (...). Il n'est pas l'un de ces metteurs en scène qui savent tout. A l'égard de l'œuvre, il se comporte comme celui qui *ne sait rien* : il attend» (cité dans *Théâtre populaire,* n° 39). De plus, Brecht n'était pas le directeur (ou *Generalintendant*) du Berliner Ensemble et ne faisait même pas partie du conseil d'administration de celui-ci (placé sous l'autorité de Helene Weigel), mais cette discrétion était, évidemment, plus symbolique que réelle : le Berliner Ensemble restait bien l'affaire de l'auteur, du metteur en scène et du pédagogue Brecht. Il n'a cessé de le devenir davantage, après la mort de celui-ci, au point de se transformer en musée Brecht (ou en conservatoire). Mais là où une conception autoritaire et directive de la mise en scène a fait retour dans la pratique brechtienne, c'est par le biais du *modèle.* On sait que Brecht prescrivait, pour chacun de ses spectacles, la constitution d'un livre modèle comprenant notamment le texte joué, des remarques et commentaires du collectif de réalisation et un ensemble de photos rendant compte, le plus précisément possible, de la continuité comme de certains détails importants (l'art de Brecht tient souvent dans le détail) du spectacle. Ce modèle devait être une sorte de texte de la représentation. Brecht considérait de tels modèles comme des armes pour la transformation du théâtre, dans un sens épique et socialiste : «Dans notre domaine particulier, le théâtre, nous jetons des modèles à travers la brèche» *(Ecrits sur le théâtre).* Ils n'étaient «pas faits pour remplacer la réflexion, mais au contraire pour la stimuler, pas faits non plus pour épargner à l'artiste tout travail de création, mais au contraire pour le lui rendre inévitable». Or, tels qu'ils ont été employés, ils ont contribué à rétablir la mise en scène comme idée ou vision préalable. De ce qui était le résultat d'un travail collectif, dans le Berliner Ensemble des années cinquante, ils ont fait un *style.* C'est que, au lieu de l'*imitation souveraine* prônée par Brecht, on a pratiqué, à leur égard, une *imitation servile,* qu'il refusait. Et le metteur en scène brechtien — celui qui connaissait le modèle, celui qui *savait* — est devenu plus tyrannique que jamais. Non seulement le modèle imposait un style, mais encore il garantissait à celui-ci une légitimité presque sacrée. Par un étrange retour des choses, c'était moins le texte dramatique qui était intouchable, comme détenteur du sens, que le modèle, que la mise en scène. Pour une bonne part, la crise du brechtisme, aujourd'hui, tient à ce mauvais usage du modèle, à la sacralisation de celui-ci, devenu un texte encore plus intangible que le texte littéraire même. La conception du travail théâtral selon Brecht s'en est trouvée pervertie, tout comme sa volonté de dépasser, par une pratique dramaturgique collective, sinon l'idée de mise en scène du moins le règne du metteur en scène absolu.

Mère Courage et ses enfants, *de Bertolt Brecht, mise en scène d'Erich Engel et Bertolt Brecht, avec le Berliner Ensemble (Berlin, 1949; présentation au Théâtre des Nations, Paris, 1957). C'est le tableau VI : une halte dans la misérable épopée de Mère Courage. L'aumônier (Wolf Kaiser) a conté fleurette à Mère Courage (Helene Weigel) tout en lui expliquant que la guerre ne pouvait que durer, malgré les obsèques (hors champ) du maréchal d'empire Tilly. Aussi Mère Courage a-t-elle envoyé sa fille à la ville acheter des marchandises. Or Catherine (Angelica Hurwicz) vient de rentrer : elle a été attaquée par des soldats et blessée au visage. La guerre ne désarme pas : elle est présente même dans l'apparente quiétude du quotidien et dans la tranquille existence des objets. (Phot. © Roger Pic.)*

Le théâtre et la vie

A l'opposé de Brecht, Antonin Artaud semble concevoir que le théâtre ne fait qu'un avec la mise en scène : «Pour moi le théâtre se confond avec ses possibilités de réalisation quand on en tire les conséquences poétiques extrêmes, et les possibilités de réalisation du théâtre appartiennent tout entières au domaine de la mise en scène, considérée comme un langage dans l'espace et le mouvement» *(Le Théâtre et son double).* Il oppose un refus formel à un théâtre où «la parole est tout et [où] il n'y a pas d'autre possibilité en dehors d'elle», à un théâtre qui ne serait qu'une «branche de la littérature, une sorte de variété sonore du langage», comme aux «chefs-d'œuvre du passé [qui] sont bons pour le passé : ils ne sont pas bons pour nous». Pour lui, «toute création vient de la scène». Il ne se lasse pas de le répéter : «Tous les thèmes proposés partent on pourrait dire de la scène. Ils sont tels, ils en sont à ce point de matérialisation objective qu'on ne peut les imaginer, si loin que l'on creuse, hors de cette perspective dense, de ce globe fermé et limité du plateau», et donc «un théâtre qui soumet la mise en scène et la réalisation, c'est-à-dire tout ce qu'il y a en lui de spécifiquement théâtral, au texte est un théâtre d'idiot, de fou, d'inverti, de grammairien, d'épicier, d'antipoète et de positiviste, c'est-à-dire d'occidental». Le théâtre dont rêve Artaud est exclusivement de mise en scène. Mais, par son exigence même, la conception qu'il se fait de celle-ci aboutit peut-être à la nier — du moins entendue dans son sens habituel : «Il faut considérer la mise en scène, non comme le reflet d'un texte écrit et de toute cette projection de doubles physiques qui se dégage de l'écrit mais comme la projection brûlante de tout ce qui peut être tiré de conséquences objectives d'un geste, d'un mot, d'un son, d'une musique et de leurs combinaisons entre eux.» Dès l'époque du Théâtre Alfred-Jarry (1927-1930), Artaud oscillait entre la proclamation de l'inutilité absolue de la mise en scène («le mépris dans lequel nous tenons tous les moyens du théâtre proprement dits, tout ce qui constitue ce que l'on est convenu d'appeler la mise en scène comme éclairage, décors et costumes») et la volonté de faire du spectacle une machine minutieusement et implacablement réglée («la mise en scène étayant la pièce fonctionnera comme une machine bien montée. Et tout, de l'ensemble aux moindres détails, y répondra»). Dans *Le Théâtre et son double,* il ne récuse plus la mise en scène : il y voit, au contraire, «le langage théâtral pur» et prescrit que, tout «ne [pouvant] se faire que sur la scène et

Photos-montages d'Eli Lotar, composées par Antonin Artaud et Roger Vitrac, et jouées par eux-mêmes avec Josette Lusson (attitudes et ensembles réglés par Antonin Artaud), publiées dans la brochure : Le Théâtre Alfred-Jarry et l'hostilité publique. *Mieux que les photos rares et souvent médiocres des spectacles d'Antonin Artaud, ces illustrations d'une «histoire sans paroles, en neuf tableaux vivants», rendent compte de l'esprit qui a présidé à la fondation, en 1927, par Artaud, Vitrac et Robert Aron (qui s'en est retiré très vite), du Théâtre Alfred-Jarry, «créé en réaction contre le théâtre, et pour rendre au théâtre cette liberté totale qui existe dans la musique, la poésie ou la peinture et dont il a été jusqu'ici curieusement sevré». (Phot. © Eli Lotar-D.R./Photeb.)*

[les] conséquences [de cette «projection brûlante» dont il parlait] trouvées devant la scène et sur la scène, l'auteur qui use exclusivement de mots écrits n'a que faire et doit céder la place à des spécialistes de cette sorcellerie objective et animée». Mais dès qu'il édicte : «Le théâtre est le seul endroit au monde où un geste fait ne se recommence pas deux fois», il va bien au-delà de la mise en scène et en annule le statut.

Le refus de la répétition qu'Artaud oppose à tout le théâtre occidental est aussi, en fin de compte, refus de la mise en scène. Le seul metteur en scène du «théâtre de la cruauté» ne peut être que l'acteur — un acteur capable d'«en revenir par le théâtre à une idée de la connaissance physique des images et des moyens de provoquer des transes, comme la médecine chinoise connaît sur toute l'étendue de l'anatomie humaine les points qu'on pique et qui régissent jusqu'aux plus subtiles fonctions». Artaud l'a bien senti lui-même : après l'échec des *Cenci* (1935), il n'a retrouvé le théâtre et ce qu'il estimait être le «premier spectacle vrai du théâtre de la cruauté» qu'avec *Pour en finir avec le jugement de Dieu* (1948), cette émission radiophonique dont il fut à la fois l'auteur, le metteur en scène (ou en ondes) et le principal acteur.

Du reste, c'est au nom d'Artaud, sinon à son exemple — car, à parler rigoureusement, Artaud est inimitable, même s'il a été beaucoup, et souvent piteusement, imité — que, autour de 1968, beaucoup de jeunes hommes de théâtre ont proclamé la fin du règne du metteur en scène et le droit de tous à la création. L'acteur revendique non seulement d'assumer une part de responsabilité dans la représentation théâtrale mais encore d'y apparaître à visage découvert, en utilisant librement son corps et en parlant en son nom propre. Alors le Living Theatre devint un modèle de théâtre mais aussi de vie. Julian Beck récapitule ainsi l'évolution de cette troupe et de son rôle au sein de celle-ci : «Dans les débuts du Living, nous [Julian Beck et Judith Malina] préparions tout d'avance. Peu à peu, nous avons laissé décors et mise en scène *émerger* de la pièce (...). Avec les années, Judith a laissé une liberté grandissante à l'acteur, en en faisant un élément de plus en plus créateur. Elle rendait l'action fluide pour l'acteur, puis l'acteur pouvait se mouvoir et inventer dès le moment des répétitions où il en savait plus, sur son personnage, que le metteur en scène» (cité par Pierre Biner, *Le Living Theatre, histoire sans légende*), et il conclut, plus tard : «La communauté du Living est, je pense, d'une certaine façon l'aspect le plus important de notre travail (...). Nous voudrions que cette communauté fonctionne vraiment comme une association anarchiste. (...) L'aboutissement ultime de nos théories, c'est une société sans autorité (...). Judith et moi, nous nous efforçons de disparaître, de nous fondre dans la collectivité. Nous nous évanouissons peu à peu comme nous voudrions que l'Etat le fasse. Mais il reste un long chemin (...). Nous voudrions parvenir au point où le travail théâtral lui-même soit réellement une œuvre collective.»

Good Bye Mister Freud, *de Jérôme Savary et Copi, par le Grand Magic Circus (théâtre de la Porte-Saint-Martin, Paris, 1974). Savary est de la génération de «mai 68». Mais de la rue, il est revenu à la scène. Il essaie d'y recréer, à grand renfort d'«animaux tristes», de paillettes effrangées, d'à-peu-près théâtraux... la fête rêvée en mai 1968. (Phot. © Philippe Coqueux.)*

Une restauration ?

Bien des troupes ou des groupes se sont, après 1968, engagés sur le chemin du Living Theatre. Au centre de leur projet, il y avait toujours – condition ou conséquence ? – la dépossession ou la suppression du metteur en scène. Mais leur évolution les a conduits dans deux directions opposées. Ou ces groupes ont accordé plus d'importance à la vie qu'au théâtre et ils ont constitué des communautés plus ou moins fragiles dont l'ambition a été tout autre que de faire des spectacles (au mieux, suivant encore en cela l'exemple du Living Theatre, ils sont allés jusqu'à se donner eux-mêmes en spectacle). Ou ils sont revenus à la production théâtrale, et le metteur en scène est réapparu en leur sein, s'est affirmé jusqu'à devenir, avec une autorité encore accrue, l'auteur des spectacles du groupe. C'est ce qui s'est passé, par exemple, avec le Grand Magic Circus et Jérôme Savary comme, de manière bien différente et aux antipodes du Living, avec le Théâtre du Soleil et Ariane Mnouchkine.

Tout en s'imposant comme l'animateur du Grand Magic Circus, Jérôme Savary y a assumé une responsabilité croissante : dès 1973, coproduit par le Grand Magic Circus et le Théâtre national de Strasbourg, *De Moïse à Mao* était sous-titré «opérette historique écrite et mise en scène par Jérôme Savary» sur des textes de «Pierre Larousse, Molière, Shakespeare, Cervantes, Savary, Chateaubriand, Victor Hugo, Abraham Lincoln, Magic Circus» et Jérôme Savary en était un présentateur-Frégoli omniprésent : Moïse Marmeduke. Le Grand Magic Circus n'est plus. Après le succès de *La Périchole* qu'il avait montée à Hambourg (1977) Jérôme Savary a réalisé un peu partout des mises en scène d'Offenbach, puis de Rossini : il est devenu un habitué des grandes scènes lyriques. Cet entrepreneur de spectacles joue sur tous les tableaux. Il monte aussi bien Pagnol (*La Femme du boulanger*) que des music-halls américains (sa recréation de *Cabaret* a fait le tour du monde). Et ce soixante-huitard est devenu un homme d'institution : après avoir dirigé le Centre dramatique de Montpellier, puis le Théâtre du VIIIe de Lyon, il est depuis 1988 à la tête du Théâtre national de Chaillot. Il y a ouvert sa direction par *D'Artagnan*, « un spectacle de Jérôme Savary », avec un texte de Jean-Loup Dabadie.

Le cas d'Ariane Mnouchkine et du Théâtre du Soleil est plus complexe. D'une part, jamais cette troupe n'a sacrifié au mythe de la création collective, entendue – c'était le rêve du Living Theatre – comme «suppression de la place spécifique de chacun» (cité par Denis Bablet, *Travail théâtral*, janvier-juin 1975) : «La création peut être collective, et absolument collective, justement si chacun est à sa place, assure le maximum de création dans sa fonction et s'il y a quelqu'un qui centralise. Ce qui n'implique aucune vision hiérarchique» *(ibid.)*. Ariane Mnouchkine a toujours été ce *quelqu'un qui centralise* : c'est du moins ce qu'indiquait, dans les génériques du Théâtre du Soleil, la mention «mise en scène» qui suivait son nom. D'autre part, il y a toujours eu, depuis *Les Clowns* (1969 – première création collective du Théâtre du Soleil), un travail collectif effectif pour ce qui est de l'élaboration du spectacle – et d'abord en ce qui concerne le texte établi à partir des improvisations des comédiens. Ceux-ci y étaient donc aussi auteurs, et Ariane Mnouchkine soutenait que la véritable évolution, dans ce domaine, serait non que «son rôle diminue» mais que «le rôle des autres augmente» *(ibid.)*. Pourtant, la pratique du Soleil s'est infléchie. La réalisation de spectacles plus lourds, et du moins techniquement plus compliqués, a ramené le metteur en scène, à savoir Ariane Mnouchkine, au premier plan. De plus, celle-ci est devenue un auteur. Le film, *Molière*, n'est pas un film du Théâtre du Soleil, avec, pour la mise en scène, Ariane Mnouchkine ; c'est un film « écrit et réalisé par Ariane Mnouchkine » avec le Théâtre du Soleil. La différence n'est pas mince. *Méphisto* (1979) confirme ce changement. C'est à partir d'un texte d'Ariane Mnouchkine qu'a été réalisé le spectacle – ce texte ayant, de surcroît, sa source dans un autre texte : le roman de Klaus Mann. Certes le projet initial a été revu, modifié, lors des répétitions, par les comédiens, mais *Méphisto* est davantage l'interprétation scénique, claire et univoque d'une histoire et de personnages donnés, que le résultat d'improvisations d'un groupe de comédiens sur une certaine situation historique et sociale (ce qu'étaient, à des titres divers, *1789, 1793* et *L'Age d'or*). Le texte français de la trilogie shakespearienne du Soleil (*Richard II, La Nuit des rois* et *Henry IV* (1re partie 1981-1984) est aussi signé Ariane Mnouchkine. *L'Histoire terrible mais inachevée de Norodom Sihanouk roi du Cambodge* (1985) et *L'Indiade ou l'Inde de leurs rêves* (1987) sont non des spectacles élaborés à partir d'une réflexion collective du Soleil sur des données historiques, mais des pièces écrites par Hélène Cixous et dirigées par Ariane Mnouchkine. Il est vrai toutefois que ces pièces ont été conçues à l'ombre du Soleil, et que leur réalisation va bien au-delà de la simple interprétation d'un texte par des comédiens : elle continue à mettre en jeu toutes les virtualités de cette compagnie, au sens fort du mot, qu'est toujours le Soleil.

Une analyse de l'évolution du travail à la Schaubühne de Berlin-Ouest et du pouvoir croissant dévolu à Peter Stein (avant que celui-ci n'abandonne la direction de la Schaubühne en 1984) nous conduirait à des constatations analogues. Certes, Stein a eu de plus en plus le souci de respecter le texte écrit par un autre que lui (qu'il s'agisse de Shakespeare ou de Botho Strauss, qui fut « dramaturge » à la Schaubühne et qui est maintenant un auteur à part entière), mais son rôle n'en a pas moins été dominant : il commence par le choix exclusif des grands partis pris scéniques fondant le spectacle, voire celui – comme c'est aussi le cas au Théâtre du Soleil – d'une modalité, différente chaque fois, des rapports entre la salle et la scène.

Une nouvelle mutation ?

Serions-nous en passe de revenir au point de départ et à l'affirmation du pouvoir absolu du metteur en scène ? Sans doute, dans une partie de l'activité théâtrale (notamment le secteur public du théâtre en France, les théâtres d'Etat ou de ville en Allemagne, les *teatri stabili* en Italie), les metteurs en scène se taillent-ils, plus que jamais, la part du lion. C'est que l'organisation de ce secteur repose de plus en plus sur la production d'imposants spectacles de prestige destinés à des tournées dans le pays même ou à l'étranger (il en va ainsi, par exemple, au TNP-Théâtre de la Cité de Planchon). Mais, même là, le metteur en scène ne jouit plus d'une autorité incontes-

A.A., Théâtres d'Adamov, *spectacle-montage de Roger Planchon sur des textes d'Arthur Adamov (Théâtre national de Chaillot, 1976). Planchon a tenté de recréer une cosmogonie adamovienne. Assemblant des textes de pièces (notamment* Le Sens de la marche *et* Comme nous avons été*) avec des fragments de* L'Homme et l'Enfant, *l'autobiographie d'Adamov, il voulait donner une image globale de cet univers où le rêve et la réalité sont étroitement tissés ensemble. (Phot. © Philippe Coqueux.)*

tée : la notion de *dramaturgie* tend sinon à supplanter du moins à battre en brèche celle de mise en scène. D'où une double réaction. Ou le metteur en scène assume cette vocation dramaturgique : alors, il a affaire au texte, et il est amené sinon à devenir auteur du moins à se tenir pour responsable de ce texte en collaboration ou non avec un collectif dramaturgique ainsi par exemple, au Théâtre national de Strasbourg, entre 1975 et 1983, lorsque Jean-Pierre Vincent le dirigeait, où il était difficile de distinguer ce qui, dans un spectacle, revenait à Vincent, directeur et metteur en scène, ou à ses dramaturges parmi lesquels figurait aussi, parfois, un comédien. Ou bien il se réfugie dans un domaine où le spectacle garde une relative autonomie et où d'autres que lui assument la responsabilité de la transmission directe du texte : il en est ainsi dans l'opéra où se produit, aujourd'hui, cette prise en main par le metteur en scène qu'avait connue le théâtre au début du siècle.

D'autre part, certains metteurs en scène-pédagogues conçoivent le spectacle davantage comme une occasion de fixer passagèrement, d'éprouver le travail (peut-être vaudrait-il mieux dire le jeu) de formation et de recherche qu'ils poursuivent avec des comédiens que comme un but. Dès lors, pour eux, ce qui compte, c'est moins la réussite d'un spectacle, voire sa cohérence, que cette quête du jeu, la représentation ne constituant qu'un des moments de ce jeu. Antoine Vitez le remarque, à propos de Brook, mais cela vaut aussi pour lui-même : «Brook, et c'est pour cela que je l'admire tant, a décidé de faire un théâtre où le château de sable est montré comme un château de sable. Ce qui doit être montré au spectateur, c'est la fragilité du théâtre, c'est son caractère éphémère. Brook s'est dépouillé en grande partie de son ambition de remplir la scène de signes (...). Le théâtre, c'est précisément l'éphémère, il est dans sa nature de disparaître, comme les événements politiques, comme les vies elles-mêmes» (interview dans *Ça Cinéma*, nº 17). Par là, le metteur en scène tend aussi à l'auteur. Mais cet auteur est, peut-être, d'une nouvelle sorte : au lieu d'être le réalisateur d'un spectacle destiné à durer – un spectacle qui soit l'équivalent d'un livre (telle était bien, en effet, l'ambition des premiers metteurs en scène, et l'on sait que le Théâtre d'Art de Moscou a longtemps joué des pièces de Tchekhov dans des réalisations signées Stanislavski ou Nemirovitch-Dantchenko) – il se rapproche de «l'artiste du théâtre futur qui composera ses chefs-d'œuvre (mais, cette fois, l'idée même de chef-d'œuvre est écartée) avec le *mouvement*, le *décor* et la *voix*» dont parlait Gordon Craig en 1905. Aujourd'hui, nous y ajouterions : avec, aussi, toute la personne du comédien.

Un retour à l'état de choses antérieur – à un théâtre d'écrivain ou à un théâtre d'interprétation – est évidemment exclu. La contestation du metteur en scène et le dépassement de l'idée de mise en scène s'inscrivent dans la perspective ouverte, au début du siècle, par l'avènement de la mise en scène moderne. Maintenant, c'est la notion de spectacle comme tout achevé et fermé sur soi, aux significations définitivement fixées, qui est en question, ainsi que le rapport entre comédiens et spectateurs. Peut-être une nouvelle mutation du théâtre se dessine-t-elle. Et un nouveau partage des tâches.

Les Iks, *d'après le livre de Colin Turnbull,* The Moutain People, *adaptation de Colin Higgins et Denis Cannan, version française de Jean-Claude Carrière, mise en scène de Peter Brook, avec le Centre international de créations théâtrales (Bouffes-du-Nord, 1975). Dans ce théâtre des Bouffes-du-Nord, à demi ruiné, dont Brook a soigneusement conservé la lèpre et le dénuement, les acteurs formés par lui et qui avaient fait un voyage en Afrique deux ans auparavant, «peu à peu devinrent des Iks ou plutôt ils essayèrent de témoigner, à leur manière, sur le phénomène Ik [cette tribu passée à la suite de circonstances économiques particulières à un état plus que sauvage], conscients à la fois de l'impossibilité d'un documentaire réaliste et cherchant les éléments nouveaux, indéfinissables, que pourrait en revanche apporter le théâtre»* (Jean-Claude Carrière). *(Phot. © Nicolas Treatt.)*

L'acteur et son jeu

Les jeux de l'être et du paraître

Quelles que soient les origines de la représentation théâtrale, le jeu est une activité naturelle à l'homme, que l'on peut repérer dans toutes les sociétés depuis l'aube de notre histoire. Rien de plus spontané que le goût du simulacre et du déguisement, qui permettent à chacun de se projeter dans des images de soi assemblées pour le plaisir, pour le réconfort ou, plus agressivement, en vue de la conquête du monde et de la domination d'autrui. A un premier degré, le jeu est pratiqué comme une conduite désintéressée et libre, sans d'autre profit pour le joueur que la métamorphose qu'elle lui procure en le soustrayant aux contraintes et aux soubresauts de la vie. Néanmoins, c'est toujours pour constituer un univers harmonieux et transparent à lui-même, régi par une nécessité qui ne doive rien à l'ordinaire logique : on devient alors un autre sans s'oublier soi-même et sans perdre le contrôle des événements nouveaux que l'on déclenche, à l'aide des témoins et des acolytes qui veulent bien tenir leur partie dans cette escapade pour achever de l'authentifier. Mais, si cette complicité affermit le joueur à l'égard du monde alentour, elle n'est pas vraiment indispensable à l'obtention de son plaisir : elle lui confère un piment intéressant, en l'agrégeant à la satisfaction collective d'un groupe.

Pour se représenter ainsi à lui-même, l'enfant a certes une aisance incomparable, mais qui oserait dire que l'adulte, parce qu'il dissimule cette faculté, l'a complètement perdue ? A en croire Pirandello, on se déguise comme on respire, puisque, à peine rencontre-t-on autrui, on se voit dispersé dans des images contradictoires et contraint de se fabriquer la sienne propre pour s'accrocher à un semblant de certitude : de proche en proche, alors, tous les gestes, tous les mots, toutes les pensées de chacun sont répercutés dans des miroirs, corrigés dans des chambres d'écho et travestis dans des figures préméditées. Mais, une fois reconnu ce tourniquet universel d'être et de paraître, on rencontre à chaque instant dans la vie des attitudes de jeu plus délibérées et plus directement utiles. Acteur et metteur en scène de lui-même, voici d'abord le séducteur, mais quel discours amoureux ne se propose de séduire ? Joueurs encore, celui qui détient et transmet le savoir, celui qui exerce ou conteste le pouvoir, le marchand et le chaland, le juge et l'inculpé, le maître et le serviteur. Joueur enfin, et perçu comme tel, le menteur qui avance sous le masque et produit à froid ses contrefaçons. A mesure qu'elle se socialise, pour se mettre au service de l'expansion du moi, la pratique du jeu perd tout semblant de gratuité, encore qu'elle reste immanquablement liée à un plaisir, en pleine conscience obtenu, qui s'attache à modifier la perception d'autrui et à lui faire prendre la paille des mots et des images pour le grain même des choses. Supprimez cependant cette distance entre le joueur et son jeu, confondez le même et son double, et les rôles se brouillent : c'est alors une autre histoire, qui ne concerne pas notre propos, où l'on verrait le dupeur dupé s'abîmer dans le délire, et la mythomanie succéder à la subtile lucidité du travestissement.

L'activité ludique demeure par définition en deçà du théâtre, quoique le théâtre s'inspire probablement de ce travail de l'imaginaire à travers la réalité : du simple joueur, l'acteur ne se distingue pas seulement parce qu'il simule par métier et pour ainsi dire à volonté, dans un temps et dans un espace conventionnels. Il procède autrement, selon des protocoles qui, tout en l'abritant de la vie, lui fournissent un pouvoir d'intervention sur elle, à condition d'obtenir de qui le regarde une adhésion constante : tenu de gouverner son action dans cet état de liberté surveillée, il doit tirer un principe de clarté de l'obscurité où il plonge et donner à mieux voir le visage par le masque, la vérité par l'artifice et le monde par son ombre. Du plaisir qu'il communique, on attend communément un surcroît de connaissance, quand ce n'est pas une sorte de libération.

Jouer, pour un acteur, c'est en effet incarner et interpréter. En donnant corps à un personnage préétabli et étranger à lui-même, il l'inscrit dans une image physique accessible à tous : c'est au prix de cet échange entre l'immatérialité d'un fantôme et sa propre réalité qu'il peut susciter un sens intelligible, dans un processus délibéré de création, soit qu'il attribue à son personnage une évidence irréfutable par le simple poids de sa présence, soit qu'il lui constitue une cohérence en mettant au jour sa démarche intime. C'est ici qu'intervient, en dernier ressort, l'action du public, en dehors de qui il n'existe ni théâtre ni comédien : sous peine de s'annuler lui-même dans une exhibition inutile, l'acteur a besoin de dédier son jeu à un destinataire qui accorde à cette fiction qu'il est en train de construire une garantie de vérité et d'efficacité. Anonyme et par là plus présent, complice et d'autant plus lucide dans la connivence qu'il accorde ou refuse, le spectateur tient un rôle essentiel dans l'exercice du théâtre : à la fois juge et partie, il définit souverainement, selon ses aspirations et ses désirs, la mission de l'acteur, dont l'art est ainsi commandé, qu'il le veuille ou non, par la sensibilité collective et par les doctrines dominantes de son époque. Selon le sens dévolu ici et maintenant, par exemple, aux notions de vérité, de figuration ou de morale, le jeu théâtral se modifie d'âge en âge et de civilisation en civilisation. Sans cesse ajusté à la société où il se produit, il épouse le mouvement de la culture et des mœurs, tantôt pour conserver et transmettre une tradition, tantôt pour innover et pour aider à la naissance souhaitée d'une modernité. D'où la multiplicité de ses techniques, la diversité de ses ambitions successives et les variations du statut social qui a été reconnu, de génération en génération, à l'acteur par ses contemporains.

Donner figure au monde

Si l'on voulait esquisser une histoire de l'acteur à travers les âges de la dramaturgie occidentale, elle serait pleine de contradictions, de retours en arrière et de répétitions. Moins décevante que la chronologie et ses tracés erratiques, une réflexion sur l'évolution de l'esthétique du théâtre peut, en revanche, apporter quelques lumières sur l'art du comédien, puisqu'il est inséparable de la finalité qu'on lui attribue, et sur l'exercice de sa profession, qui est étroitement lié aux structures de la société à laquelle il appartient. Les questions liminaires à poser ici se ramènent toutes à une seule : quels rapports faut-il reconnaître sur la scène entre l'illusion et la réalité ? Chaque société répond en fonction de ses besoins et modèle ses comédiens à cet effet, parce qu'elle les constitue toujours, explicitement ou non, en délégués de son imaginaire et en porte-parole de son inconscient. Elle peut ainsi leur demander, selon les nécessités du moment, de mettre en représentation sa difficulté de vivre ou les élans de son énergie, son aspiration au renouveau ou sa méfiance face à l'inconnu, quitte à les utiliser d'autres fois comme repoussoirs, en rejetant sur eux ses désirs inavoués et ses contradictions honteuses. Mais, pour peu qu'on choisisse un belvédère d'où embrasser comme un tout la diversité du théâtre occidental, on s'aperçoit qu'il a été fondé depuis ses origines sur une constante essentielle : l'imitation de la vie. A la différence du théâtre de l'Orient, qui ne s'est jamais détourné du symbole et du mythe, il n'a cessé d'être hanté par un désir de ressemblance.

Cependant, jusqu'aux débuts de la civilisation industrielle et bourgeoise, la notion d'imitation est restée indissociable d'un souci d'exemplarité : ne concernant guère le pittoresque des événements et la vérité anecdotique des individus, elle appelait à constituer des images significatives, capables de figurer les grands conflits de la destinée, les mécanismes fondamentaux de l'Histoire, les passions et les désordres de la vie. Aristote a admirablement décrit cette *mimesis* et ses procédures, qui soumettent les personnages à l'empire d'une action fortement concertée, dans un espace fictif

Farceurs français et italiens, *peinture anonyme, vers 1670 (collection de la Comédie-Française, Paris). Une parade imaginaire des acteurs qui s'étaient illustrés à Paris au cours des cinquante années précédentes : de Gautier-Garguille à Jodelet, d'Arlequin à Scaramouche (Tiberio Fiorilli) ; à l'extrême gauche, Molière. (Phot. Luc Joubert © Archives Photeb.)*

et une temporalité abstraite, en vue de libérer les spectateurs de leur angoisse ou de leur timidité, de les instruire sur eux-mêmes, les choses et les gens, de modifier leur regard sur la réalité au moyen de sa figuration même. Le théâtre, ainsi, se voit reconnaître une mission morale et sociale.

De ces propositions, il découle plusieurs conséquences pour l'acteur. Et d'abord celle-ci, qui est la plus importante : jouer, sur une scène, c'est beaucoup moins exhiber sa personnalité et sa sensibilité privée que mobiliser ses ressources vocales et plastiques au service d'une représentation qui vous dépasse, selon les codes d'une poétique rigoureusement définie. Placé dans un cadre arbitraire et qui se suffit à lui-même (*orkhêstra*, *skênê* et *proskênion* chez les Grecs, mansions du théâtre médiéval, scène à trois dimensions et à plans superposés des élisabéthains, palais à volonté de la tragédie française), invité à vivre une durée artificielle, tour à tour étirée, syncopée ou concentrée pour offrir du temps vécu une épure intelligible, cet acteur n'incarne pas un personnage doué de singularités individuelles mais une figure en dialogue ou en conflit avec le monde, issue de l'imaginaire social qui produit des types familiers, ou de l'inconscient collectif qui s'exprime en construisant des héros légendaires. Masqué, travesti ou maquillé, jouant de sa voix comme d'un instrument — nasillard dans la comédie ou riche des modulations du chant tragique — se servant de son corps comme d'un signe expressif, il ne parle pas pour s'expliquer ou pour informer, mais il est porté par un langage aux multiples harmoniques, musicalement réglé, codifié dans son déroulement et irrigué par une symbolique aux réseaux bien gouvernés. S'il se déplace ou dessine un geste, son mouvement, de la même manière, est orchestré par une chorégraphie qui organise l'espace scénique.

Voyez l'acteur grec, le visage dissimulé sous un masque colorié et le corps sous une tunique, la voix déformée, en attendant de se percher sur des cothurnes à l'époque hellénistique. Voyez l'acteur élisabéthain, rompu à toutes les conventions de son emploi, apte à incarner des personnages de l'un et l'autre sexe, maître d'une gestuelle et d'une mimique aux figures soigneusement répertoriées, expert dans le chant, dans la danse et dans la lutte. Voyez l'acteur de la comédie italienne, prodigieux acrobate, virtuose de la cabriole et du jargon, au costume et au masque typés, et ainsi de suite, jusqu'aux farceurs enfarinés du Pont-Neuf ou de l'Hôtel de Bourgogne et jusqu'aux tragédiens, à la voix travaillée inflexion par inflexion, qui jouèrent en leur temps Corneille et Racine. Aux temps forts de l'histoire du théâtre, cet effacement de la personnalité de l'acteur derrière son rôle peut même entraîner son anonymat : ainsi à Athènes et dans notre Moyen Age, lorsque la représentation était étroitement intégrée à la vie de la cité. Puis, les premières troupes professionnelles se formant à la fin du XVIe et au début du XVIIe siècle, acteurs et actrices acquirent les moyens de se faire une notoriété, mais l'admiration

William Kempe dansant, *gravure de Harding, XVIII*ᵉ *siècle, d'après un bois gravé daté de 1600. Kempe, le plus célèbre acteur comique du théâtre élisabéthain, faisait partie, avec Shakespeare et Burbage, de la troupe du Chambellan, installée au théâtre du Globe depuis 1599, tandis que ses concurrents de l'Amiral jouaient au Rose. (Bibliothèque nationale, Vienne. Phot. © de la bibliothèque/Photeb.)*

Loge d'une compagnie ambulante, *gravure de Hogarth, 1738 (Guildhall Library, Londres). Ces acteurs londoniens en tournée se préparent à jouer une farce intitulée* Diable ! Payer au paradis ! *Dans leur débraillé pittoresque ils sont semblables aux comédiens ambulants décrits par Scarron dans son* Roman comique *et à toutes les troupes qui sillonnaient l'Europe du XVI*ᵉ *au XVIII*ᵉ *siècle. (Phot. Eileen Tweedy © Photeb.)*

portée aux Burbage, Kempe, Locatelli, Biancolelli, Baron ou Champmeslé s'adressait beaucoup moins à leurs personnes qu'à leurs capacités artisanales et à l'originalité de leur invention; sans doute s'accompagnait-elle aussi de l'obscure intuition du service qu'ils rendaient à la collectivité. C'est qu'ils exerçaient leur profession dans des structures reconnues d'utilité publique, indépendamment des lois de l'offre et de la demande : d'où l'honorabilité qu'ils ont revendiquée et souvent obtenue. Même lorsqu'elles ont une solide organisation corporative et gagnent beaucoup d'argent, les principales troupes, en Angleterre et en France, bénéficient alors de la protection et du mécénat de la cour ou de grands seigneurs : l'Etat n'a pas été le dernier à s'aviser de l'importance du théâtre, tel que nous venons de le décrire, pour le bon fonctionnement des sociétés et pour l'élaboration d'une culture commune qui cimente leurs valeurs.

Qu'on se souvienne, par exemple, de l'intérêt porté au théâtre par Elisabeth Iʳᵉ et Jacques Iᵉʳ d'Angleterre, puis, en France, de l'action conduite par Richelieu pour faire sortir l'art dramatique d'une longue période d'humiliation. Si cette dernière démarche s'est accompagnée d'un souci minutieux de définition et de codification, c'est qu'elle visait beaucoup moins à pourvoir au divertissement du bon peuple qu'à fournir des modèles de grandeur, en exaltant la tragédie, à la nouvelle société en train de naître. Corneille ne fait rien d'autre, en 1635, lorsqu'il plaide dans *L'Illusion comique* pour l'excellence du métier de comédien, au double point de vue financier et social : il ne songe pas à vanter la réussite d'histrions ou de saltimbanques, mais de véritables artistes qui créent du beau et de l'utile pour tous et qui méritent ainsi de se voir reconnaître, avec l'appui du pouvoir, un statut honorable dans le monde.

Le moins qu'on puisse dire, en effet, c'est que les réformateurs du théâtre, dans toute l'Europe, avaient à combattre à ce moment-là des préjugés tenaces et à redresser une situation désastreuse. Etroitement tenus en bride par la police et, s'ils ne bénéficiaient de la protection d'un prince, assimilés en 1572 encore aux malfaiteurs et aux mendiants, les comédiens anglais durent longtemps se tenir à l'écart du centre des villes afin de se soustraire à la persécution vigilante des Puritains : cette guerre d'usure devait se terminer en 1642 par la fermeture des théâtres pour une vingtaine d'années.

En France, les salles de théâtre passent au début du XVIIᵉ siècle pour de mauvais lieux où les femmes ne sauraient se rendre sans danger. Si la réconciliation de la bonne société avec la scène est chose faite dès les années 1640, l'Eglise ne va pas désarmer si aisément contre les arts du spectacle, qu'elle accuse de diffuser une morale mondaine, et contre les comédiens, qu'elle tient pour des agents de l'immoralité publique et à qui, au Siècle des lumières encore, elle persiste à refuser la sépulture religieuse.

Il faut dire que cette méfiance ne remonte pas seulement à saint Augustin ou à Tertullien, mais à la Rome païenne pour le moins. Depuis le mime latin, tenu pour une école de libertinage, et les mises en scène écrasantes de faste, dont Cicéron blâmait la nullité intellectuelle, jusqu'aux bouffonneries volontiers obscènes des bateleurs et aux grands spectacles de danse et d'opéra, servis au XVIIᵉ siècle par un luxe étourdissant et par une machinerie de plus en plus complexe, le théâtre s'était acquis une réputation d'immoralité et de futilité dépensière, de longue main confirmée par le nomadisme, la liberté des mœurs et le goût de l'intrigue des comédiens eux-mêmes, qui étaient rejetés en marge de la société. A cette tradition du spectacle, dénuée d'ambition littéraire et de prétention morale, appartenait aussi la commedia dell'arte malgré les mérites que nous lui reconnaissons aujourd'hui : en valorisant la virtuosité gratuite du jeu, au rebours des préceptes aristotéliciens, ne soumettait-elle pas le théâtre au bon plaisir de l'acteur, qu'elle affranchissait à la fois du contrôle du texte et du respect de la rationalité ? C'est le prestige grandissant des auteurs dramatiques, longtemps humiliés eux aussi et tenus pour des écrivains à gages, qui a introduit le théâtre dans le «temple du goût» et permis de réhabiliter progressivement, de Shakespeare à Marivaux, les comédiens dans la société. Encore faut-il remarquer en passant, à propos des formes théâtrales les plus étrangères à la *mimesis*, qu'elles n'ont jamais mis en cause les idées dominantes sur l'illusion scénique ou sur l'exemplarité du personnage : c'est l'avènement progressif d'une nouvelle culture, renforcé par les progrès d'une nouvelle classe sociale, qui va rendre peu à peu ces définitions caduques, les remanier profondément et imposer enfin d'autres modèles de théâtralité.

Du masque au miroir

Que l'Europe soit entrée dans un âge nouveau au XVIIIe siècle, personne ne le conteste aujourd'hui. A la critique de plus en plus radicale d'un ordre politique et d'une hiérarchie sociale fondés sur le droit divin correspondent alors dans le domaine privé une affirmation croissante des droits de l'individu et, dans le domaine culturel, un intérêt de plus en plus attentif porté à la diversité des civilisations et des esthétiques, à l'évolution des idées en fonction de l'Histoire et à l'interaction de la culture, de l'économie et des comportements sociaux. Si le progrès existe, comme on le croit désormais, encore faut-il aplanir la route devant lui, en déclarant la guerre aux forces irrationnelles qui règnent encore et qui assurent la survie du monde ancien. Aucun art ne pouvait échapper à cette révision générale des valeurs et, moins encore, à cette transformation des sensibilités, mais comment s'étonner qu'elles aient concerné au premier chef le théâtre, toujours si fortement tributaire de son entourage? De l'avis unanime, les spectateurs de 1750 ont de plus en plus de mal à se reconnaître dans les personnages et dans les actions de la dramaturgie classique : c'est donc, conclut Diderot, l'esthétique de la scène tout entière qu'il faut remanier, en tenant compte des goûts et des intérêts contemporains. Il va conduire cette mise à jour en allant jusqu'au bout de ses implications théoriques et pratiques, avec tout ce qu'elle entraîne de révolutionnaire à propos de l'acteur.

Son propos essentiel est de mettre le théâtre dans la vie, telle qu'on peut la saisir ici et maintenant, à travers le réseau des événements, des relations et des sensations où chacun est personnellement impliqué. D'où une nouvelle théorie de l'imitation, appelée à prendre pour objet la nature la plus concrète et à traduire la vérité du vécu, en montrant, à travers des cas individuels, la liaison intime des conditions et des caractères. Le spectateur, du fait même qu'il rapportera directement à lui les images de la scène, pourra s'identifier aux personnages et aux situations où ils sont impliqués, et voici du même coup restaurée l'efficacité de l'illusion théâtrale : dans l'émotion partagée, le public se verra tel qu'il est et tel qu'il doit devenir pour se réconcilier avec lui-même, car le drame, par sa seule vérité, délivre dans ses tableaux enseignement et réconfort. Il suffit d'admettre, comme à l'époque des lumières, que l'homme est fondamentalement bon et la société indéfiniment perfectible pour accepter que la mission du théâtre, seul capable d'ébranler la sensibilité de son public, soit d'aider les hommes à retrouver leur innocence première et, grâce au plaisir des larmes, les chemins de la vertu.

Que ces principes modifient du tout au tout les données de l'écriture théâtrale, l'organisation de la scène, le jeu de l'acteur et sa relation avec le public, rien de plus évident. «Transporter sur la scène les effets de la nature», comme le veut Diderot, exige que l'écrivain puisse déployer des images précises, nourries de son observation et de son expérience, dans des lieux fidèlement reconstitués et dont la seule configuration introduise le spectateur en pays de connaissance. Rien de plus approprié à cet effet que la scène à l'italienne, telle qu'elle achève de se constituer à ce moment-là, séparée de la salle, soumise aux lois de la perspective et équipée comme une boîte optique dont on aurait ôté la paroi frontale. Comme le romancier, nouveau venu et rival redoutable, l'auteur dramatique moderne doit décrire le milieu ambiant où vivent ses personnages, avec sa couleur spécifique et ses composantes particulières, et ses personnages à leur tour doivent être représentatifs des hommes réels. Pourvus d'un état civil, d'une biographie et d'une psychologie bien à eux, vêtus d'un costume et dotés d'une allure qui leur appartiennent en propre, montrés dans leur comportement quotidien, ils sont aux prises avec des problèmes que chacun peut identifier.

A l'acteur, il ne revient plus dès lors de se confronter à des archétypes, mais de chercher à ressembler à des individus qui, bien qu'ils ne puissent être soustraits à toute convention, parlent un langage mesuré à l'aune de la vie. Nul besoin, pour cette incarnation, de grandeur lyrique ou de simplification caricaturale, mais bien d'un ton juste et d'un mouvement réglé sur les effets de la nature. Ce qui prime, dans une telle dramaturgie, c'est le *rendu* des comportements, à condition que leur reproduction soit soumise à l'harmonie générale de la *pantomime,* c'est-à-dire, à peu près, du dynamisme concret d'une mise en scène. Mais si l'écrivain doit prévoir jusqu'au détail les rôles ainsi définis, il laisse à l'acteur, comme le compositeur à son interprète, toute la liberté de l'exécution. Une fois affranchis de ce qui, dans la tradition, «les symétrise, les empèse et les engourdit», les comédiens pourront user de leur corps avec souplesse et variété, tout en composant leurs personnages de l'intérieur, avec le secours de leur expérience, de leur mémoire et de leur imagination. Autorisés désormais à se livrer à des mouvements familiers (s'asseoir, boire, manger, écrire) et à parler pour tout le monde le langage de tout le monde, ils auront de quoi relier leur discours à des sentiments qu'ils ressentent personnellement, à cette réserve près que, pour assurer l'efficacité dramatique de leur rôle et du spectacle tout entier, ils devront imposer un style à leurs personnages et contrôler leur propre affectivité pour permettre à leur public de donner libre cours à la sienne. «Un grand comédien, écrit Diderot, n'est ni un piano-forte, ni une harpe, ni un clavecin, ni un violon, ni un violoncelle; il n'a point d'accord qui lui soit propre, mais il prend l'accord et le ton qui conviennent à sa partie, et il sait se prêter à toutes. J'ai une haute idée du talent d'un grand comédien : cet homme est rare, aussi rare et peut-être plus grand que le poète.»

Loin de chasser la convention du théâtre, Diderot modifie le rapport qu'elle entretient avec la réalité et la nature pour lui rendre sa pleine efficacité morale et sociale. Mais, si le théâtre doit être utile, il faut en persuader d'abord l'acteur lui-même et lui donner conscience de sa mission de «prédicateur laïque». Si tel est le cas, c'est «par goût pour la vertu, par le désir d'être utile dans la société et de servir son pays ou sa famille» qu'on embrassera désormais la carrière théâtrale. Une troupe serait alors, «comme elle devrait l'être chez un peuple où l'on attacherait à la fonction de parler aux hommes rassemblés pour être instruits,

David Garrick et Mrs Cibber dans Venise sauvée, *d'Otway, peinture de J.J. Zoffany, vers 1760 (coll. du Garrick Club, Londres). Garrick (1717-1779), qui dirigea le théâtre de Drury Lane de 1747 à 1776, était aux yeux de Diderot le premier acteur des temps modernes, pour s'être mis le premier à l'école de la nature. Son registre très étendu lui permettait de passer de la comédie à la tragédie et au drame. (Phot. Eileen Tweedy © Garrick Club.)*

Talma et Mlle Duchesnois dans Hamlet, *de Ducis, d'après Shakespeare, gravure non datée. (Biblioteca Civica, Turin. Phot. Chomon Perino © Photeb.)*

Ci-dessous : Lekain et Mme Vestris dans Andromaque, *de Racine, gouache de Fesch-Whirsker. (Bibliothèque de la Comédie-Française, Paris. Phot. Jeanbor © Archives Photeb.)*

amusés, corrigés, l'importance, les honneurs, les récompenses qu'elle mérite, une corporation formée, comme toutes les autres communautés, de sujets tirés de toutes les familles de la société et conduits à la scène comme au service, au palais, à l'église, par choix ou par goût et du consentement de leurs tuteurs naturels».

Ce faisant et ce disant, Diderot donne sa charte au nouveau théâtre, tout en répondant aux demandes informulées du public et, plus encore, aux aspirations des meilleurs comédiens de son époque, qui avaient commencé dans leurs théâtres à se libérer des routines du passé. Garrick en Angleterre, Lekain et la Clairon en France n'ont pas attendu l'apparition d'un nouveau répertoire pour jeter la tradition aux orties et pour se rapprocher de la vie. La Clairon, célèbre pour avoir osé jouer la première sans paniers et les bras nus, raconte, par exemple, comment en 1752 elle a décidé d'interpréter Agrippine *pour elle* : «Ce genre simple, posé, d'accord, étonna d'abord. J'entendis distinctement, au milieu de ma première scène : *Mais cela est beau !*»

Quant à Lekain, dit Talma, «il fit entendre pour la première fois au théâtre les accents de la nature. Plein d'une sensibilité forte et profonde, d'une chaleur brûlante et communicative, son jeu, d'abord fougueux et sans règle, plut à la jeunesse, entraînée par les emportements de son action, par la chaleur de son débit, et surtout émue par les accents d'une voix profondément tragique. Les amateurs de l'ancienne psalmodie le critiquèrent amèrement». Préoccupés de la vérité de leurs costumes (alors que, traditionnellement, acteurs et actrices s'habillaient à la scène comme les gens du monde, qu'ils eussent à incarner des personnages antiques ou contemporains, bourgeois ou paysans, français ou étrangers), décidés à s'affranchir du ton de mélopée déclamatoire et de la noblesse d'attitude qui faisaient le *bel acteur,* beaucoup de comédiens multiplièrent les innovations pour imposer peu à peu le goût d'une vérité sociale et psychologique à leurs spectateurs.

Parallèlement, la réforme de la scène prend un tournant décisif en 1759, lorsqu'on évacue enfin du plateau les petits-maîtres qui continuaient à s'y tenir et qu'on dispose des bancs pour asseoir les gens du parterre. Une fois acquise l'homogénéité et la clôture sur lui-même de l'espace du jeu, le décor va pouvoir contribuer à accréditer une imagerie illusionniste et les comédiens, éloignés du public, sont mis en mesure de susciter des effets de ressemblance. Dès 1774, Lekain et Préville déposent un projet d'école dramatique, mais c'est Molé qui fait aboutir le sien douze ans plus tard (de là sortira notre Conservatoire) : voilà consacrée l'idée que le théâtre est un métier auquel il faut se préparer, comme aux autres, par la discipline d'un apprentissage et par l'acquisition d'un savoir. Cette réhabilitation à pas lents se confirme dans les années qui suivent : bientôt Monvel sera membre de l'Institut et l'Empereur admettra Talma dans son intimité. Au début du XIXe siècle, tout donne à croire que les comédiens vont dorénavant être intégrés à la vie de la cité, au même titre que les intellectuels et les artistes.

Dans les décennies qui suivent, cependant, le développement de la civilisation industrielle et urbaine, l'expansion, en marge de la nation au travail, d'une vie de société de plus en plus ouverte et, bientôt, l'accession de la bourgeoisie au pouvoir transforment profondément la composition du public. Le théâtre, échappant au mécénat officiel ou privé, devient une entreprise soumise aux lois du marché, docile aux désirs et aux gourmandises de sa clientèle, vouée à la rentabilité ou, du moins, à un conformisme de plus en plus marqué. S'il s'est bien dirigé dans la direction pressentie par Diderot, l'art dramatique nouveau a fait litière de nombre de ses préceptes essentiels : l'amour de la vérité, l'ambition de trouver un style moderne, la nécessité de

Rachel (1821-1858), aquarelle d'Eugène Lami, 1841 (Enthoven collection, Victoria and Albert Museum, Londres). A vingt ans, elle triomphe à Covent Garden. De ses débuts en 1838 à sa retraite en 1856, Rachel a redonné vie aux héroïnes de Corneille et de Racine. (Phot. Sally Chappel © Photeb. D.R.)

soumettre les divers éléments de la représentation à une organisation concertée et le souci d'instruire le public pour changer le monde. Désormais subordonné aux envies des spectateurs, le théâtre va se scléroser par degrés : en se coupant du mouvement des idées et des arts, il ne remplit plus d'autre office que de divertissement. Pour assurer son succès, il compte sur le réseau d'information et de publicité que lui fournit une presse en constant essor : c'est elle, déjà, qui fait et défait les réputations, entretient la curiosité autour des coulisses, s'assure de la conformité des œuvres au goût dominant. Acteurs et chanteurs défraient la chronique, entourés d'une aura fascinante et un peu trouble : de Marie Dorval et de la Malibran à Rachel, de Frédérick Lemaître à Sarah Bernhardt et à Mounet-Sully, s'ouvre alors le grand cortège des *monstres sacrés* qui arrive jusqu'à nous et qui, en attendant la formidable diffusion du cinéma, de la radio, du disque et de la télévision, tient le haut du pavé sans concurrence. Marcel Proust, parlant de la Berma, nous donne une idée de l'extraordinaire prestige de ces vedettes du théâtre.

Forts de leur gloire et de la valeur commerciale qu'elle affecte à leur talent, les acteurs du XIXe siècle règnent sans partage sur le plateau, où ils éclipsent largement l'intérêt qu'on peut porter aux auteurs. S'habillant à leur guise, réglant comme ils l'entendent leurs mouvements sur la scène, prompts à dicter leur loi aux écrivains et aux décorateurs, ils font assaut de talent et de faste, multiplient les caprices, soignent en toute occasion, avec excentricité, leur célébrité à la ville et à la scène : d'où une production de pièces en série, écrites sur mesure pour mettre en valeur le «métier» des acteurs et leur fournir des morceaux de bravoure, où l'on se garde surtout de déranger la quiétude et les convictions du public. Passée la querelle d'*Hernani,* les grands écrivains se sont détournés de la scène ou, comme Musset et Büchner, ils ont écrit pour leur plaisir, sans espoir d'être joués. A l'exception de Labiche, la dramaturgie bourgeoise n'a produit aucun auteur important dans les deux tiers du siècle où elle a régné quasiment sans partage.

Si bien que, vers 1870, l'idée d'une nouvelle révolution scénique s'impose à beaucoup d'écrivains et de gens de théâtre. Après Wagner, Nietzsche fait une critique radicale de l'idéologie de la ressemblance qui, selon lui, a dévoyé le théâtre européen depuis Euripide. Tout à l'opposé, Emile Zola veut régénérer la scène en la ramenant au respect de la réalité. En schématisant à peine, on peut résumer la discussion qui s'ouvre à partir de là dans toute l'Europe en deux propositions qui ne s'excluent pas obligatoirement : pour les uns, le salut du théâtre implique la restauration des pouvoirs de l'écriture ; pour les autres, il requiert la suprématie d'un nouveau personnage, le metteur en scène, dont le rôle se cantonnait presque toujours jusqu'alors à assurer la régie du spectacle. Dans l'une et l'autre hypothèse, il s'agit bien de réévaluer la place de l'acteur dans la représentation : cela ne va pas sans de difficiles questions, qui ne cesseront pas d'être agitées une à une de 1890 à nos jours. Ici commencent l'histoire du théâtre moderne et la définition de l'acteur au XXe siècle.

La vie et son double

Même s'ils s'opposent dans leur conception de la théâtralité, de l'illusion scénique et de la figuration, les réformateurs de la scène apparus dans divers pays d'Europe entre 1885 et 1914 s'entendent tous sur trois points : ils reconnaissent d'abord la nécessité de réconcilier le théâtre avec la modernité et de le remettre au rang des arts, en lui restituant gravité, force et cohérence. A cette fin, ils proposent de placer la représentation tout entière sous la responsabilité d'un maître d'œuvre unique, qui impose sa volonté à tous les collaborateurs du spectacle, du décorateur et du costumier au musicien, à l'éclairagiste et à l'acteur. De là découle, troisièmement, la conviction que les vedettes doivent perdre leur empire sur la scène au profit d'un travail collectif de troupe, où chacun se trouverait astreint à une discipline rigoureuse pour servir l'économie générale de la mise en scène. Antoine, Appia, Craig, Lugné-Poe, Stanislavski, puis Meyerhold, Copeau, Reinhardt sont également persuadés que le renouveau du théâtre est subordonné à l'avènement d'un nouveau type d'acteur, dont le talent ne se bornerait plus à la maîtrise de la déclamation et de la rhétorique gestuelle en usage, qui ne chercherait plus à accaparer l'attention du public en exhibant son moi sur le plateau, mais saurait se dévouer avec abnégation à la défense et à l'illustration d'une œuvre. Quant à savoir quelles conclusions pratiques tirer de ces prémisses communes, c'est une autre affaire : l'apparition du metteur en scène au gouvernail du spectacle peut aussi bien ouvrir une nouvelle carrière à l'ambition du comédien que lui retirer la majeure partie de ses pouvoirs et le réduire à un rôle purement instrumental. A partir de là s'ouvrent donc plusieurs voies, qu'il faut explorer une à une.

La première est frayée par Antoine et approfondie, avec une longue persévérance, par Stanislavski. L'un et l'autre sont venus à la scène mus par une égale méfiance de la théâtralité, c'est-à-dire des conventions dont le respect aveugle a condamné le théâtre européen à la futilité, au mensonge et au clinquant le plus artificiel : ils pensent comme Zola qu'il «faut injecter du sang frais à ce cadavre», en renouant avant toute chose la liaison interrompue entre la scène et la réalité, et rendre à l'art dramatique le souci d'exprimer la vie comme elle est, pour la mieux faire comprendre et mieux aider à sa transformation. Or, pour accomplir ce dessein, il ne suffit pas d'imposer de nouvelles conceptions du décor, de la lumière, des costumes et de la musique : la confiance et la collaboration des acteurs sont indispensables au metteur en scène. Antoine et Stanislavski leur demandent principalement de se souvenir qu'ils ont à incarner des personnages, en interaction les uns avec les autres, et qu'ils ne disposent pas seulement, pour ce faire, de l'usage de la parole, mais du mouvement, du silence, des souvenirs puisés dans leur vie et des acquis multiples de leur observation. Placés dans un décor qui leur sert de milieu, ayant à manier des objets extraits de la réalité et à énoncer un texte comme s'ils l'improvisaient sous la pression des événements, ils sont requis de vivre leur rôle tout autant que de le jouer, de ne puiser dans leurs ressources personnelles les plus profondes qu'au bénéfice de leurs personnages et de faire oublier, enfin, à leurs spectateurs qu'ils se donnent en spectacle. L'important, dans une telle perspective, c'est de subordonner talent et invention à la logique que chaque pièce exige en propre : l'harmonie de la représentation prend le pas sur la performance individuelle de l'acteur, quelque rôle qu'il remplisse dans le spectacle et quels que soient sa réputation, ses capacités et son désir de s'exprimer. Sa responsabilité, loin de se diluer, n'en est que plus fortement engagée à la place où il se trouve dans l'ensemble scénique : du protagoniste au figurant, il est reconnu ici à tous les comédiens une créativité inépuisable, pour peu qu'ils ne confondent plus avec la création une virtuosité gratuite ou une émotivité généreusement dépensée. Dans un tel programme, on reconnaît, bien entendu, les grandes leçons de Diderot. Mais où trouver les indispensables interprètes de cette volonté de rénovation, alors que conservatoires et écoles, partout en Europe, se bornent à transmettre des codes de jeu périmés pour obéir aux besoins du théâtre officiel ou commercial ? Antoine essaie de former des débutants, tout juste sortis de l'amateurisme, et Stanislavski impose à ses

La Duse. Parmi les «monstres sacrés» de la fin du XIXe siècle, Eleonora Duse (1859-1924) tient une place à part : dirigée par Lugné-Poe et Craig, entre autres, elle a souvent employé son lyrisme au service d'œuvres symbolistes, très loin du réalisme en vogue. (Phot. © Fondation Giorgio Cini, Venise/Photeb.)

acteurs un travail de préparation extrêmement exigeant. Néanmoins, ils sont l'un et l'autre limités dans leur entreprise par l'insuffisance technique de leurs collaborateurs : c'est ce qui décide l'animateur du Théâtre d'Art de Moscou à se consacrer lui-même à l'élaboration d'une pédagogie de l'acteur et, par degrés, à constituer une méthode complète pour sa formation.

A la base de ce système, il y a l'assurance, de plus en plus clairement formulée par Stanislavski à mesure des progrès de sa recherche, que la réalité n'est pas exclusivement faite d'événements mesurables et de choses visibles, mais qu'elle ressemble à un iceberg, dont la surface apparente recouvrirait une masse énorme de sentiments non exprimés, d'affects ambigus, de souvenirs enfouis, de constructions imaginaires, d'impulsions inconscientes, etc. Cette effervescence cachée constitue pour ainsi dire le potentiel du personnage dramatique, qui se présente à nous par ses seuls faits et dits dans l'actualité de la scène. Pour libérer ce dynamisme et le rendre sensible derrière les mots, il n'y a guère que l'acteur, au moment où il s'empare d'un rôle pour l'incarner devant un public. En d'autres termes, la mission de l'acteur est de se faire le double corporel de son personnage, non point en s'identifiant à lui comme on essaie de coïncider avec la vie d'un autre, mais en se substituant à ce fantôme sous le couvert du masque théâtral. Ce qui n'implique nullement de glisser son moi dans l'enveloppe du personnage, mais d'«éprouver des sentiments analogues» aux siens, en vivant à sa place, par procuration, comme si l'on avait à affronter les conditions qu'il affronte avec les mêmes moyens que lui, à cette différence près qu'il s'agit en même temps de rendre intelligible et sensible ce qu'il y a d'obscur et d'impalpable dans son action et dans son comportement.

Engagement intime et mise à distance de soi, pour dire la vérité intérieure et la mettre en forme, tel est ici, comme chez Diderot, le paradoxe dont doit triompher le comédien : ce qui est nouveau, c'est que Stanislavski étudie dans le détail la manière de développer la subjectivité et de la gouverner, décrit dans la pratique ces opérations contradictoires et suggère tout un éventail de moyens pour les mener à bien.

Dans son approche du personnage, entrent à la fois en jeu le corps et la pensée, la technique et la mémoire, l'inspiration et le travail. Comme cette méthode postule que tout texte dramatique porte la trace, provisoirement figée dans les mots, d'une activité psychique intense, elle entraîne pour l'acteur le devoir de libérer cette énergie et d'en retrouver la puissance spécifique, en s'incorporant pour ainsi dire le courant imaginaire qui circule sous son rôle et qui «est l'expression manifeste du contenu humain du rôle». Ce *sous-texte,* comme dit Stanislavski, est «un réseau de schémas divers et innombrables, existant dans chaque pièce et dans chaque rôle, réseau tissé de *«si» magiques*, de *circonstances données*, de toute sorte de créations imaginaires, d'impulsions internes, d'attention concentrée, de vérités plus ou moins exactes et plus ou moins chargées de réalité, d'adaptations, de mises au point, et d'une foule d'autres éléments analogues».

Il faut immédiatement ajouter que, dans l'ordre matériel, le sous-texte a pour Stanislavski un correspondant inséparable, qui est le *tempo-rythme* de l'écriture et de la parole. Défini par la vitesse et la mesure de l'élocution, qui se répercutent dans le mouvement, il permet à l'acteur de se mettre corporellement dans une situation donnée avant même d'en analyser logiquement le sens. L'imaginaire étant à la fois mémoire affective et projection concrète, il est immédiatement traduisible en influx nerveux et en énergie physique, dont les mots et les gestes sont les matériaux privilégiés, préalablement à la mission qui leur est reconnue de véhiculer des idées et de transmettre des informations. La maîtrise de ce tempo-rythme peut, seule, aider l'acteur à donner forme à sa recherche, c'est-à-dire, très exactement, à trouver des appuis et des relais pour la soustraire aux aléas de l'inspiration et pour ancrer solidement la construction de son personnage. Le recours à l'imaginaire, s'il favorise des excursions ou des plongées dans le subconscient, n'en doit pas moins aboutir à dégager des lignes directrices dans l'expression scénique et à mettre en harmonie les diverses composantes de l'action. Une émotion, pour être utilisable au théâtre, ne saurait demeurer liée aux caprices énigmatiques de la mémoire et du désir, par la raison qu'elle doit pouvoir être reproduite à volonté avec une efficacité toujours égale. D'où tout un ensemble d'exercices qui obéissent à une finalité unique : assurer à l'acteur la possibilité de contrôler son jeu sans tarir la fraîcheur de son sentiment, dans un juste rapport avec ses partenaires et sous le contrôle de son metteur en scène, qui est seul à voir la configuration générale du spectacle.

La méthode stanislavskienne a connu une considérable fortune. Sans cesse réajustée aux découvertes de la psychologie ou aux progrès accomplis dans la connaissance du corps humain, elle a été plus délibérément dirigée par Michael Chekhov (neveu du dramaturge, émigré aux Etats-Unis) sur la maîtrise des virtualités physiques et des ressources plastiques de l'acteur, tandis que Lee Strasberg, plus tard, l'a remise sur le chantier à l'Actors Studio de New York en empruntant à la psychanalyse et en valorisant surtout, avec la mémoire émotionnelle, le développement de la subjectivité du comédien. Devenu en Union soviétique doctrine officielle d'enseignement, corrigé ici et travesti là, le *système* est aujourd'hui encore un point de référence obligé pour qui réfléchit sur l'art de l'acteur et sur la construction du personnage. Le recours qu'il préconise à l'improvisation gestuelle et parlée, la liaison qu'il établit entre l'imagination et le corps, la définition qu'il suppose d'une éthique rigoureuse pour le métier d'acteur, tout cela continue à exercer partout une influence diffuse. Une fois accordé que la pédagogie de Stanislavski est tributaire d'une certaine conception du théâtre et d'un certain genre de répertoire, il n'en est pas moins indéniable qu'aucun praticien, aujourd'hui encore, ne peut la contourner : ainsi Brecht et Grotowski, qui, chacun à sa manière, se situent à ses antipodes, se sont appuyés sur elle en inaugurant leur propre recherche. En réalité, Stanislavski ne paraît s'éloigner de nous que dans la mesure où la scène moderne s'écarte elle-même d'un théâtre de la *mimesis,* qui met en délicate balance l'imaginaire et le réel, en faisant appel à l'intervention conjuguée de la raison et du corps dans le travail du comédien.

L'acteur comme signe

Dès la première moitié du XIXe siècle, plusieurs travaux avaient attiré l'attention sur les potentialités expressives immenses du corps humain et sur la nécessité d'en faire l'étude systématique pour servir de base à l'enseignement du théâtre. Ainsi François Delsarte (1811-1871), suivi par de nombreux disciples en Europe et aux Etats-Unis, a-t-il établi un réseau de correspondances entre les sentiments et les mouvements, jetant du même coup les bases d'une connaissance scientifique de la respiration, de l'activité musculaire et du trajet physique des émotions. Emile Jaques-Dalcroze (1865-1950), à Genève puis à Hellerau (près de Dresde), a développé ce premier acquis pour l'intégrer dans un système qu'il a appelé *rythmique,* aux fins d'«établir des communications rapides entre le cerveau qui conçoit et analyse et le corps qui exécute». A partir de ces études tournées surtout vers la danse et l'opéra, il était facile, comme l'ont vu Appia, Claudel et Copeau, de faire dériver des applications pratiques concernant l'espace théâtral et le travail de l'acteur. D'Appia à Artaud et de Barrault à Grotowski, on peut suivre le développement d'une telle recherche, qui n'a cessé de s'enrichir et de se préciser jusqu'à nos jours, tout en donnant naissance à des pédagogies originales (comme celle de Jacques Lecoq).

Cet intérêt porté au geste, au mouvement et au rythme n'est pas contradictoire en lui-même avec le système de Stanislavski, ni, plus généralement, avec les diverses méthodes qui se proposent de favoriser l'interprétation du personnage par le comédien : tant Jouvet que Dullin, par exemple, ont pris en compte la motricité du jeu et la matérialité physique du langage. Dès le symbolisme, toutefois, et plus décisivement dès l'énoncé des théories d'Appia et de Craig, l'importance reconnue à la plasticité de l'acteur entraîne une révision radicale de la définition même de la théâtralité. De l'idée du comédien comme instrument et vecteur d'un rythme à la conception d'un acteur dépersonnalisé, protégé des soubresauts de l'émotion et privé de toute accointance avec la rationalité, la distance est vite franchie. L'écriture symboliste commence par enlever au personnage théâtral son individualité et par le mettre à l'abri des accidents de l'actualité et de l'histoire : il devient un être exclusivement tissé de mots et qu'il serait, à la limite, dommageable de dégrader dans la matérialité de la scène. C'est Mallarmé récusant «tout simulacre approprié au besoin immédiat», Anatole France découvrant la supériorité des marionnettes, plus aptes que le comédien à «traduire la pensée du poète», et Maeterlinck persuadé, à ses débuts du moins, que «le symbole ne supporte jamais la présence active de l'homme». Plus concrètement, Alfred Jarry interdit à l'acteur de prêter au personnage ses traits et ses intonations, lui suggérant de se remodeler plutôt visage, corps et voix pour disparaître derrière un masque et un costume stylisés, comme «une abstraction qui marche». Dévoré par l'idée et par le texte, l'acteur est ainsi voué à un parfait anonymat psychologique et social, plus encore qu'au temps jadis, et il est invité à user de ses capacités vocales et mimétiques comme des notes d'un instrument pur et simple.

Edward Gordon Craig va beaucoup plus loin : c'est la collusion même du théâtre avec la réalité et avec la littérature qu'il récuse fondamentalement. Comme Adolphe Appia, il dénie à l'art le droit et la possibilité d'imiter la nature, ruinant d'un seul coup toutes les dramaturgies fondées peu ou prou sur l'illusion. Mais, alors qu'Appia maintient l'acteur au centre de l'opération théâtrale comme l'élément le plus dynamique de l'orchestration de l'espace, Craig affiche d'emblée sa défiance à son égard. En un premier temps, il lui interdit de régler lui-même son jeu, parce qu'il est un signe, parmi d'autres, dans un système d'expression dont le contrôle lui échappe. «L'art du théâtre, écrit-il, n'est ni le jeu des acteurs, ni la pièce, ni la mise en scène, ni la danse : il est formé des éléments qui les composent : du geste qui est l'âme du jeu; des mots qui sont le corps de la pièce; des lignes et des couleurs qui sont l'existence même du décor; du rythme qui est l'essence de la danse.» Dans sa spécificité, le théâtre n'appartient donc pas à l'ordre de l'écriture littéraire, mais il est images en mouvement, où lignes, volumes, formes et couleurs jouent ensemble leur partie pour imposer l'existence d'un monde autonome.

Puisqu'il ne s'agit plus désormais de «confondre en notre esprit l'art et la réalité», il s'ensuit que l'acteur n'a pas (ou, plus exactement : n'aura plus, une fois achevée l'évolution du théâtre) à incarner et à interpréter. S'il veut demeurer un élément important sur la scène, il lui faudra devenir impersonnel à l'égal d'une poupée de pierre, de bois ou de chiffon, en abandonnant son tempérament et ses idées, c'est-à-dire tout ce qui peut en lui faire obstacle à l'artifice du spectacle. Manipulé comme un matériau par l'ordonnateur de la représentation, il doit prendre comme modèle la marionnette, qui ne connaît «ni les faiblesses ni les frissons» de la chair. S'il est amené à user encore de la parole, ce ne sera ni pour communiquer une pensée ni pour exprimer un sentiment, mais au même titre qu'il se servira d'un geste, d'une mimique ou d'une sonorité, comme autant d'idéogrammes mis à la disposition de son metteur en scène. Cette théorie maximaliste, qui ne vise à rien de moins qu'à détacher le théâtre occidental de sa tradition millénaire, a exercé une fascination remarquable sur les contemporains de Craig les plus divers, de Meyerhold à Copeau, et annoncé bien des recherches

La Surmarionnette, *lithographie d'Edward Gordon Craig, 1907 (collection Craig, dép. des arts du spectacle, Bibl. nat., Paris). A défaut d'avoir rencontré l'acteur de ses rêves, aussi impersonnel et malléable qu'une poupée, Craig en a esquissé le portrait idéal : la «surmarionnette». (Phot. © Bibl. nat./Photeb.)*

Le Regard du sourd, *spectacle de Robert Wilson (Nancy, festival mondial du théâtre, 1971). Wilson, né en 1941, est un de ces metteurs en scène apparus dans les années soixante-dix qui pensent essentiellement en images. En cela il est un héritier de Craig, théoricien d'un théâtre qui serait un art du mouvement pur. (Phot. © Martin/Gamma).*

Jean-Louis Barrault et Roger Blin, dans La Faim, *d'après Knut Hamsun (1939, à l'Atelier). Au sortir de* Autour d'une mère *(1935), Antonin Artaud a décelé en Barrault un homme capable de refaire de la scène «un lieu pathétique et vivant», en consonance avec son Théâtre de la cruauté.*
(Phot. © Agence Bernand/Photeb.)

ultérieures, comme celle d'Antonin Artaud. Mais, avant ces dernières années, elle n'avait guère trouvé à se réaliser dans son intégralité : on peut croire qu'elle a quitté le domaine de l'utopie autour de 1970, grâce à quelques metteurs en scène américains comme Meredith Monk, Richard Foreman et Robert Wilson. Pour ceux-ci et quelques autres, la scène est littéralement un espace qui se suffit à lui-même et où l'imaginaire peut imposer l'évidence de ses figures. Le comédien y est un objet sonore et mobile qu'un créateur souverain place et déplace à sa guise, sans avoir besoin de l'intervention d'un autre poète que lui-même; quant au spectateur, par un retour radical à l'étymologie, il est tout entier réduit à un regard.

Ce qu'Antonin Artaud partage avec Craig, dès ses débuts, c'est le refus de l'impérialisme du sens au théâtre, l'abomination de tout réalisme psychologique et social, le mépris du divertissement, la volonté de rompre avec la littérature et tout ce qu'elle charrie d'imitation redondante, de prétention à la rationalité, d'émotion dévoyée, de parole superficielle. Mais, à l'inverse du théoricien britannique, il nourrit une suspicion vigilante contre les notions de beau et d'art : ce qu'il veut, c'est rendre au théâtre une violente agressivité en l'orientant sur l'énergie vitale du monde. Quant aux moyens à employer pour y parvenir, il en a essayé plusieurs, sans se faire d'emblée une doctrine définitive sur l'acteur : après avoir cru au rôle du hasard objectif dans la représentation et préconisé au comédien de se laisser conduire par l'imprévu pour secouer son public soir après soir, Artaud a découvert la nécessité d'une grammaire scénique rigoureuse, en recevant la révélation du théâtre oriental. Rien de plus général, certes, que cette référence à l'Orient entre 1900 et 1930 : on la retrouve chez Craig, Claudel, Meyerhold et Brecht, par exemple, mais chacun d'eux en tire des applications différentes. Ce qui a séduit Artaud dans la danse balinaise, ce n'est pas d'abord l'image d'un acteur dépersonnalisé et maître de sa technique, mais la possibilité entrevue d'une écriture dans l'espace qui permette de communiquer métaphysiquement avec le monde. Telle est du moins sa position au moment où il jette les bases du Théâtre de la cruauté, entre 1930 et 1935. Il est de bonne méthode de s'y tenir pour l'instant.

L'image cruelle, dit Artaud, «porte directement sur les organes de la sensibilité nerveuse, comme les points de sensibilisation de la médecine chinoise portent sur les organes sensibles et les fonctions directrices du corps humain». Pour toucher de plein fouet les nerfs du spectateur, il y a donc une formule presque scientifique à trouver : où la chercher, sinon dans l'étude du corps, considéré comme le principal hiéroglyphe du langage théâtral? Non seulement il n'y a plus de place ici pour le hasard et pour l'improvisation, mais une exigence nouvelle s'affirme très explicitement : geste, voix, mouvement doivent avoir une efficacité intellectuelle et sensorielle immédiate, garantie par ce qu'on pourrait appeler une grammaire de la scène, voire par une véritable mathématique des signes, toutes deux fondées en majeure partie sur la connaissance de l'anatomie et de la manière dont s'impriment en elle la pensée et le sentiment. Tout comme sons, lumières, couleurs et mouvements peuvent être notés dans une partition reproductible *ad libitum,* l'action du comédien, qui est geste, souffle et voix, doit pouvoir être programmée. Mais, si celui-ci accepte en un premier temps de se laisser traiter comme un matériau *passif et neutre,* c'est pour découvrir les chemins de sa vraie liberté : Antonin Artaud, loin d'imposer à l'acteur la soumission, l'insensibilité et la malléabilité que Craig attendait de la surmarionnette, l'incite à acquérir la science de son corps et à en récupérer la maîtrise.

Etre libre, pour l'acteur de la cruauté, cela consiste à devenir un *athlète affectif,* soit quelqu'un qui connaît et gouverne le circuit physique des impulsions et des passions, jusqu'à savoir, corporellement, en reconstituer la chaîne. Le premier article de ce credo, c'est en effet la réversibilité du corps et de l'âme, qui implique, dans le domaine du théâtre, que l'énergie du sentiment est une matière mesurable pouvant être réglée selon un tempo harmonique. Peu importe qu'Artaud ait tantôt eu recours à la Kabbale et tantôt à l'étude de l'acupuncture pour désigner les points nodaux qui balisent le trajet des muscles et des nerfs : son intuition a été largement confirmée depuis par les travaux de Jean-Louis Barrault sur le *solfège respiratoire* et de Jerzy Grotowski sur les *résonateurs.* Le langage dont dispose l'acteur est donc bien celui de sa chair, avec son alphabet de sons, de cris, de gestes et de grimaces, mais pour quoi faire? Pour, exclusivement, exprimer les exigences et résoudre les souffrances de l'homme torturé sur la terre, en dépensant son énergie sur la scène. A ce point-là de sa réflexion, cependant, Artaud place toujours entre l'acteur et le spectateur un intermédiaire qu'il veut, lui aussi, omnipotent : c'est, une fois de plus, le metteur en scène. Et, après avoir chassé le personnage en tant qu'instance extérieure au comédien, il le réintroduit sous les dehors d'une effigie archétypale, qui ne doit rien à la littérature, mais qui n'en demeure pas moins dessinée antérieurement au jeu, comme une idole venue d'ailleurs et qu'il s'agit de matérialiser, pour faire coïncider magiquement âme et matière, rêve et réalité, langage et pensée.

Le travail du montreur

Si, dans tous les cas, l'antinaturalisme dissuade l'acteur de s'impliquer psychologiquement dans son rôle et de confondre la représentation avec l'objet représenté, s'il lui réclame toujours de récuser la prétention illusionniste du théâtre et de réviser ses rapports avec le texte, il ne l'entraîne nécessairement ni vers l'exercice d'un art autarcique, sans attaches avec le monde, ni vers une rupture radicale avec la littérature, ni à la recherche d'une efficacité métaphysique par le recours à la transe. Le procès-verbal dressé contre la tradition peut aussi bien conclure à la réhabilitation des conventions scéniques et du travail artisanal de l'acteur, tel qu'il a été pratiqué dans la commedia dell'arte ou dans la pantomime et tel qu'il s'exerce encore au cirque, au music-hall, voire à l'opéra. L'acteur et le danseur d'Orient ne fascinent plus alors par leur aptitude à figurer le symbolisme de l'univers mais, très matériellement, parce qu'ils sont les champions de la maîtrise de soi et du savoir technique, à l'instar, toutes proportions gardées, de nos clowns, de nos acrobates et de nos jongleurs. A la suite de Jarry, Guillaume Apollinaire et Pierre Albert-Birot ont ainsi souhaité des acteurs qui, dit le second, «ne parlassent pas la langue déminéralisée qu'on parlasse tous les jours» mais expriment un au-delà et un au-rebours de la réalité, dans une totale liberté de mouvement et d'énonciation, au milieu d'une sarabande d'images énigmatiques. Mais, par un renversement plus décisif encore, parce qu'elle n'en est pas restée au stade des manifestes et des essais, cette conception de l'acteur-artisan a abouti, pour certains et au même moment, à des propositions très différentes qui en appelaient à la fois au savoir-faire et à l'ambition d'agir, au goût du jeu et à la nostalgie d'une raison pratique, à la défiance du moi et à un désir d'expliquer le monde. Meyerhold, Piscator et Brecht, avec des moyens divers, ont montré l'exemple d'un tel usage de la théâtralité, en même temps définie comme univers de fiction et engagée dans l'histoire des hommes.

Le premier précepte destiné à guider le comportement de l'acteur pourrait alors s'énoncer comme suit : puisqu'il est impossible d'éliminer la théâtralité du théâtre, autant la faire percevoir volontairement au spectateur, en éveillant sa lucidité et en le mettant en présence d'une fiction visiblement machinée, où chacun jouerait toutes ficelles dehors, sans prétendre s'effacer derrière son personnage ou reproduire la vie telle quelle. On s'appuiera donc sur des textes démontés et reconstruits par ajouts, coupes, contractions et collages, qu'ils appartiennent ou non au répertoire classique, comme des machines à jouer aux rouages apparents. Voilà qui rompt avec le *continuum* dramatique et la nostalgie d'un décor où les comédiens pourraient s'immerger comme dans un environnement naturel : après avoir eu recours à des peintres, à ses débuts, Meyerhold ne tarde pas à demander plutôt a des sculpteurs et à des architectes de créer le cadre de la représentation, pour en venir enfin à préconiser un décor construit en plans et en volumes abstraits, sur un plateau vide, où les acteurs soient obligés de montrer une extraordinaire habileté dans le mouvement et dans le maniement des objets. Puis le voilà qui les entraîne selon les principes de la *biomécanique,* dont le but est de développer le dynamisme corporel en empruntant aux techniques de la gymnastique, de l'acrobatie, de la danse, de la jonglerie : rompu aux exercices les plus périlleux, comme un ouvrier du spectacle, le comédien aura à exécuter sur la scène un véritable travail (à l'époque du constructivisme, Meyerhold habillera hommes et femmes, uniformément, d'une cotte bleue). Le cirque, le cabaret, le music-hall sont les grandes écoles des acteurs de l'âge moderne : au moment de présenter leurs propres numéros, comment pourraient-ils ne pas se surveiller et se mettre à distance de la «vie» de leurs personnages? Comme les trapézistes et les chanteurs, c'est par un brio quasiment fonctionnel qu'ils ont à soutenir l'intérêt de leur public : ils suscitent un plaisir de connaisseurs, beaucoup plus par la manière dont ils mènent leur partie que par le contenu du message qu'on veut leur faire transmettre.

Le retentissement politique et révolutionnaire de ces idées peut sembler hasardeux, faute de s'appuyer sur une réflexion approfondie qui définisse avec un peu de rigueur les rapports à établir entre la réalité et sa représentation théâtrale : il est un peu rapide d'assimiler acteur et ouvrier, technologie et matérialisme, mouvement des corps et lutte des classes. Plus délibérément, Piscator, au lendemain de la guerre de 1914-1918, tourne l'usage du théâtre vers l'action politique et demande au comédien de mettre son métier au service d'une cause à faire triompher : membre d'un collectif, engagé dans l'affrontement social, il doit désigner son personnage au public en le montrant comme une force qui se heurte à d'autres forces, en fonction d'un choix idéologique déterminé. Est-il possible, toutefois, de transformer directement la société par le théâtre et d'arrimer la scène au monde au point de lui donner un pouvoir d'intervention sur l'Histoire? Piscator, l'heure du bilan venue, a dû reconnaître que non.

De ces deux expériences et de quelques autres, Bertolt Brecht est indubitablement l'héritier : il a fondé sa démarche sur un examen critique de l'histoire du théâtre européen depuis ses origines aristotéliciennes, tout en prenant en compte les principales tentatives de réforme conduites à l'ère moderne et les dramaturgies les plus significatives depuis le naturalisme. Ayant fait la part des acquis à conserver, des essais à reprendre et des impasses à contourner, il a eu le mérite d'avoir fondé sur une pratique de la scène une théorie complète de la représentation : l'acteur y tient, bien entendu, une place essentielle.

Appelé à jouer dans le cadre d'une dramaturgie épique (c'est-à-dire narrative, ou qui a volontiers recours aux techniques de la narration), laquelle tire ses figures d'un démontage de la réalité et veut faire apparaître les moyens de la transformer, l'acteur brechtien n'est pas contraint d'imposer silence à son moi et de museler systématiquement ses émotions lorsqu'il aborde son personnage : il doit percevoir plutôt la division qu'il y a entre son rôle et lui-même, s'étonner de cet écart, chercher à se l'expliquer, puis rendre perceptible la nature de cette contradiction telle qu'il l'aura définie. Il se pose donc, d'emblée, à l'extérieur de l'œuvre qu'il doit interpréter, en s'évertuant beaucoup moins à en tirer des effets d'harmonie que de discordance : à son étonnement, en effet, doit correspondre une égale surprise du public, averti par le plaisir théâtral que rien ne va éternellement de soi dans le monde. C'est que l'acteur aura développé une mémoire dynamique pour saisir son personnage. En tournant autour de lui, il a multiplié ébauches, explorations, découvertes provisoires, avec l'intime conviction que, dit Brecht, «une critique du genre : *il ne jouait pas le rôle de Lear, il était Lear,* serait pour lui le pire des éreintements».

L'acteur se présente donc à son public comme un homme qui s'est informé, par les techniques d'approche les plus variées, sur les tenants et les aboutissants du rôle qu'il interprète : son art ne consiste pas à en construire une synthèse figée, à prendre ou à laisser par le spectateur, mais doit permettre à celui-ci d'accomplir le même parcours et de découvrir derrière l'action la manière dont elle s'est constituée, les autres chemins qu'elle aurait pu emprunter et ce qu'il y a de positif dans cette multiplicité de solutions (c'est ce que Brecht appelle, dans le jeu, le *peu à peu,* le *non pas mais* et le *oui-non*). Pour parvenir à ce résultat, l'acteur, après le premier dédoublement qu'il a éprouvé entre son «je» et le «il» du personnage, ne peut évidemment pas solliciter la connivence de son public : aussi se tient-il sur la scène comme devant un interlocuteur (un «toi», dit Brecht), dont le rôle est de prendre le relais de l'interrogation et de lui trouver, pour son propre compte, une réponse. Ainsi la fiction peut-elle s'inscrire dans la réalité, et l'imaginaire poursuivre son travail dans l'épaisseur concrète des choses.

A la lumière de ce qui précède, on comprend peut-être comment Brecht fait servir le jeu corporel de l'acteur à une recherche rationnelle et comment il fonde intellectuellement le matérialisme de la description qu'il préconise. Reproduire la réalité, pour lui,

Helene Weigel, dans sa loge au théâtre Sarah-Bernhardt en 1954, où se tint le premier festival international du théâtre. Née en Autriche en 1900, elle épousa en 1929 Bertolt Brecht, dont elle fut aussi la plus grande interprète. Cofondatrice avec lui du Berliner Ensemble en 1949, elle devait en assumer la direction jusqu'à sa mort en 1971. (Phot. © Roger Pic.)

c'est la produire de nouveau, dans une autre configuration, en montrant sensiblement, à travers la chaîne concrète des situations et des événements, la manière dont elle se fait, se défait et peut se refaire. D'où l'importance du *gestus* pour le comédien, qui «donnera des émotions de ses personnages une expression sensible, extérieure, et la traduira même, si possible, dans une action qui trahisse ce qui se passe en eux». Le trajet de la pensée au corps est ici rationnel et pas à pas gouverné, d'autant plus que c'est la vie des hommes en société qu'il s'agit de représenter : le point de vue de chaque acteur se compose avec celui de chacun de ses partenaires, et c'est le nombre deux qui constitue la plus petite unité théâtrale, comme il est la plus petite unité sociale.

Gérard Philipe et Maria Casarès dans Les Epiphanies, *d'Henri Pichette, mise en scène de Georges Vitaly (théâtre des Noctambules, Paris, 1948). Gérard Philipe (1922-1959) a mis sa jeune gloire au service du T.N.P., dès sa fondation par Jean Vilar en 1951. (Phot. © Agence Bernand/Arch. Photeb.)*

Ryszard Cieslak dans Le Prince Constant, *d'après Calderon et Slowacki (Odéon-Théâtre de France, 1966). Collaborateur de Grotowski au Théâtre-Laboratoire de Wroclaw dès 1961, Cieslak est l'acteur qui a été le plus loin dans la traduction scénique des théories grotowskiennes. (Phot. © Agence Bernand.)*

Pour mettre en branle ce tourniquet d'épreuves et de contre-épreuves, où le comédien est physiquement engagé, il lui faut user de son corps avec lucidité et intelligence : rien de plus contraire à cette dramaturgie que la recherche de la transe ou l'étalage gratuit de la virtuosité. Les exercices pratiques que Brecht prévoit pour servir à la formation de l'acteur, en alliant affectivité et raison, se ramènent tous à un apprentissage de l'objectivité à partir de l'acquis personnel de chacun : ainsi, au cours de la préparation d'un spectacle, la permutation des rôles, la variation des cadences du mouvement et de la parole, la dissociation entre geste et pensée, le passage du jeu au commentaire, et toute une série de transcriptions, d'écarts, de retournements, de suspens. En point de mire, simplement, deux ou trois choses que l'acteur doit savoir : son travail n'est pas d'identification, mais de démythification ; il n'y a pas de héros qui ne puisse être désarticulé et autrement rebâti ; il existe un plaisir propre au théâtre, où se confondent dans une même démarche l'imagination et la critique, la gaieté et le savoir, l'enthousiasme et la raison. C'est pourquoi l'acteur brechtien est un montreur qui se tient en retrait des images qu'il anime : le fameux effet de distanciation, sur lequel tant de commentateurs se sont hypnotisés, n'est rien d'autre qu'un moyen technique mis au service d'une entreprise qui demande à la fois beaucoup de subtilité et beaucoup de rigueur.

L'acteur au bûcher

De Diderot à Brecht, l'importance de la fonction sociale de l'acteur a fini par s'imposer à beaucoup. Qu'il s'agisse du «prédicateur laïque» que le premier appelait de ses vœux ou de l'artiste dialecticien et engagé dans la lutte des classes défini par le second, c'est le même postulat qui est avancé : l'acteur a un rôle à tenir dans la cité, qui consiste à faire lever des images éclairantes pour guider la marche des hommes et à utiliser le plaisir théâtral non seulement pour les divertir, mais pour les armer d'un savoir plus sûr. Qu'il prépare les voies de la révolution ou de la réforme, qu'il éveille la conscience des endormis ou excite le courage des combattants, le théâtre peut être alors considéré comme un service public et l'acteur comme chargé d'une mission par la collectivité (ce point de vue, brillamment illustré par Jean Vilar, a présidé en France à la diffusion du théâtre subventionné). Mais encore faut-il que l'acteur préserve sa liberté de création et la spécificité de sa démarche : selon les régimes politiques, on l'imaginera soit en franc-tireur appointé par le gros de la troupe, soit en yogi allié au commissaire (ou, à tout le moins, assuré de sa neutralité). Tantôt désigné pour donner un *supplément d'âme* à la nation et pour contribuer à l'entretien de son musée imaginaire, tantôt promu artiste d'Etat et tenu en bride par sa fonction, l'acteur qui a renoncé à son statut libertaire se heurte à un paradoxe nouveau et imprévu. En échange d'une telle situation, comment ne se reconnaîtrait-il pas une certaine responsabilité ? Mais il cesse d'être lui-même s'il n'est plus un joueur et s'il s'intègre aux structures d'un ordre. Inversement, tente-t-il sa chance en acceptant les lois du marché qu'il lui faut encore échapper au conformisme et à la dictature de la mode régnante. Comment sortir de ce cercle ? Le seul moyen d'y échapper, en toute rigueur, est de récuser la double tutelle du pouvoir et de l'argent, en allant jusqu'au bout des conséquences d'un tel choix. Et voici, du même coup, l'acteur renvoyé à la marginalité. Mieux : requis de devenir un signe de contradiction dans la société. Ni agent culturel, ni distributeur d'amusement, ni militant, ni saltimbanque, quel programme peut-il encore se tracer ?

A cette interrogation, Antonin Artaud a apporté une réponse radicale, après l'échec de son Théâtre de la cruauté et au sortir de son enfermement à Rodez. Qu'il y ait dans le martyre d'Artaud une expérience incommunicable et un absolutisme qui ne se prête guère à être monnayé dans la pratique quotidienne, rien de plus vrai, mais cet homme ne se trompait pas tout à fait lorsqu'il se croyait autorisé à parler aussi pour les autres : en proposant d'inventer une autre scène, dont le seul corps de l'acteur soit le lieu et la formule, il a désigné une voie praticable à certains conditions, comme la preuve en a été apportée depuis. Il a eu en effet, dans les dernières années de son existence, l'intuition fondamentale qu'il n'y a pas de théâtre qui vaille si l'acteur ne risque pas littéralement sa vie et sa raison chaque fois qu'il se montre devant des témoins-spectateurs.

Conçu et joué à la première personne, sans aucun intermédiaire, irreproductible, aussi dédaigneux de charmer que de convaincre, le théâtre doit être pour l'acteur un «creuset de feu et de viande vraie où, anatomiquement, par piétinement d'os, de membres et de syllabes, se refont les corps». Son enjeu, ce n'est pas de représenter la vie, mais de la faire surgir, «avec ses transports, ses hennissements, ses borborygmes, ses trous de vide, ses prurits, ses rougeurs, ses arrêts de circulation, ses maelstroms sanguinolents, ses précipitations irritables de sang, ses nœuds d'humeur, ses reprises, ses hésitations». La place de l'acteur est sur un bûcher, allumé à la face de ses contemporains et diffusant parmi eux un grand désordre salutaire : qu'ils s'enfuient ou qu'ils restent, qu'ils aient peur ou qu'ils se moquent, plus rien ne doit rester comme avant. Voilà qui exige de l'acteur plus que de l'audace : un véritable héroïsme, qui s'apparente à la sainteté. En acceptant de se livrer au regard d'autrui sans défense, l'âme nue, comme un paria couronné d'épines, il renonce à tous les masques tutélaires pour transmettre, au lieu de beauté, une foudre contaminatrice, et tant pis s'il s'abîme lui-même dans la secousse qu'il doit propager.

D'une semblable ambition, plusieurs hommes de théâtre ont pris le relais à travers le monde, et en particulier Grotowski pendant une longue partie de sa carrière : non qu'il eût été explicitement influencé par Artaud, mais à l'appel d'une exigence plus répandue qu'on ne croit dans notre siècle et que Stanislavski, en termes moraux et psychologiques, a été l'un des premiers à formuler. Mais, là où le maître russe en appelait à l'abnégation du comédien et à la constitution d'une éthique pour son métier, Grotowski lui propose d'aller jusqu'au bout de ses limites et d'atteindre au dépouillement par un travail forcené, qui lui apporte jour après jour une plus grande maîtrise de son corps et une connaissance plus profonde de son être le plus secret. Si l'on écarte en effet toutes les conceptions du théâtre qui font écran ou diversion à la vie, pour chercher le noyau le plus irréductible de la théâtralité, que trouve-t-on d'autre, une fois tout enlevé, que l'acteur et le spectateur face à face? Pour supporter ainsi tout le poids du théâtre, comme l'y invite Grotowski, l'acteur doit reconnaître sa voie la plus authentique et ce qui constitue exactement la nature de sa fonction parmi les hommes, si souvent dévoyée en un troc honteux : il est le seul artiste à pouvoir livrer passage, toute résistance brisée, à ses pulsions les plus occultes et à les porter au jour à travers son propre corps, devant autrui, dans une sorte d'holocauste contrôlé. Ici aussi, dans l'actualité de la représentation, l'acteur, au lieu de vendre son organisme, «en fait l'offrande, il répète le geste de la rédemption, il est alors proche de la sainteté», mais il ne faut chercher dans cette métaphore aucun mysticisme : elle essaie plutôt de rendre compte d'une âpre lutte contre le chaos, d'une recherche austère de l'essentiel où l'on joue à qui perd gagne, d'une discipline sans relâche qui soumet l'esprit et le corps à une tension ininterrompue.

Habitué à affronter la difficulté et le danger, astreint à un entraînement rigoureux qui exige de lui à la fois spontanéité et soumission, une fois pour toutes dissuadé de quêter les applaudissements, il se présente, au moment de la cérémonie théâtrale, vêtu d'un pagne ou d'étoffes informes, sans maquillage, dans un espace austèrement architecturé, sous un éclairage réduit à l'essentiel : en un mot, dans ce théâtre pauvre, il est privé de tous les éléments qui lui fournissent d'ordinaire ses points d'appui. Son seul secours, il l'aura trouvé pendant la préparation du spectacle en la personne d'un maître exigeant, qu'il serait plus exact d'appeler guide que metteur en scène, mais qui n'en demeure pas moins le gouverneur du travail de tous. «Contrairement à l'opinion commune, disait Grotowski, nous croyons qu'un processus psychique qui n'est pas doublé de discipline, d'articulation du rôle, de mise en structure, n'est pas une délivrance, mais engendre le chaos. La composition du rôle ne limite en rien le processus spirituel, mais au contraire lui prépare sa voie.» Tout se trame ici à l'écart de la société, envers qui on fait montre d'une indifférence courtoise : le théâtre, rentré dans les catacombes, ne s'adresse pas à elle, mais à des individus, admis en petit nombre en vue d'un échange personnel au retentissement imprévisible. De l'acteur au spectateur, les images vont cheminer lentement et germer peut-être, mais elles n'ont besoin pour agir que d'un peu de recueillement. Sans fracas ni provocation, l'acteur, sorti de scène, se fond à nouveau dans la grisaille ambiante. Cette neutralité lui est nécessaire pour concentrer ses forces sur l'unique combat qui vaille et qui le concerne au premier chef : lui-même.

Tel n'est pas le choix de certaines communautés théâtrales qui ont pris leur essor dans les années soixante, avec un égal souci d'intransigeance et d'engagement personnel de l'acteur dans son travail : le Living Theatre de New York en est un bon exemple. Pour mieux porter son témoignage, cette troupe s'est installée d'emblée dans le défi, au risque d'être frappée d'ostracisme. Bientôt condamnée à l'errance, elle offre de l'acteur une image volontairement débraillée, irrégulière et provocante à l'égard de tous les ordres établis. Sans feu ni lieu, gagnant en internationalisme à chacune de ses étapes, affichant sa pauvreté et son mépris des tabous, elle plante son anarchisme au milieu des sociétés qu'elle traverse et qu'elle interpelle à chaque fois violemment. A la scène comme à la ville, l'acteur du Living Theatre est le même : pour mieux armer sa contestation, il s'est choisi comme paria. A la suite d'Artaud, sa méthode est d'attaquer les spectateurs par leurs nerfs, en les plongeant dans un

*Julian Beck et Judith Malina dans l'*Antigone, *de Brecht, d'après Sophocle (Théâtre 347, Paris, 1967). Après avoir fondé le Living Theatre «pour accroître la conscience claire, mettre l'accent sur l'aspect sacré de la vie, faire tomber les murs», Beck et Malina ont quitté les Etats-Unis en 1963 et constitué en Europe une communauté qui a semé sur son passage une contestation virulente. (Phot. © Agence Bernand.)*

The White Horse Butcher, *par le Bread and Puppet Theatre (théâtre d'Orsay, Paris, 1977). L'esprit de résistance contre la société ne se nourrit, chez le fondateur du Bread and Puppet, Peter Schumann (né en 1934 en Allemagne), ni de provocation ni de dogmatisme : ce qui anime ses marionnettes et les acteurs qui les manipulent, c'est plutôt un rituel aux images capables d'engendrer des paraboles. (Phot. © Agence Bernand.)*

paroxysme de bruit et d'inquiétude : il s'exhibe sans retenue, sans craindre d'entrer en conflit avec le public qu'il appelle à détruire toutes les contraintes. A la rationalité, il oppose les dérèglements et les projections de l'utopie; à la communication parlée, il préfère l'incantation, la transe et le choc du langage corporel; à temps et à contretemps, il fait de la scène un lieu privilégié pour les expériences interdites, pour la dépense effrénée de soi et pour la proclamation de ses désirs.

On voit, à partir de ces trois modèles, se définir l'autonomie de l'acteur et s'esquisser la déclaration nouvelle de ses droits et de ses pouvoirs. Reconnu comme le support principal — et parfois unique — de la théâtralité et comme le locuteur d'un langage qui lui appartient en propre, avec sa richesse expressive sans rivale, il redécouvre désormais sa singularité. L'y autorisent, entre autres, son statut d'insoumis, son affranchissement de la tutelle exercée par le personnage et par le texte, voire l'indépendance qu'il est parfois en mesure de revendiquer face au metteur en scène.

Mais, en contrepartie, cette liberté fraîchement conquise lui enlève les protections qui lui étaient assurées dans l'ordre de la représentation et au sein de la pyramide sociale : d'où l'urgence, pour lui, de reconsidérer ses rapports avec l'institution théâtrale, les appareils culturels et cette collectivité multiforme que composent ses spectateurs, puis d'agir en fonction de la marge de manœuvre qui lui reste ouverte. Se fondra-t-il dans une troupe en déléguant ses pouvoirs à un animateur-metteur en scène ou en partageant les responsabilités de la création? Fera-t-il de son corps un théâtre et prendra-t-il seul la parole, mais pour quoi dire? Rebelle jusqu'au bout, restera-t-il en dehors des circuits économiques, mais au prix de quels sacrifices ! Ou exigera-t-il des pouvoirs la reconnaissance d'un autre statut? Voilà quelques-uns des choix qu'il est sommé de faire pour devenir, dans le monde contemporain, ce qu'il rêve d'être. Mais c'est à la condition de triompher chaque jour de ses deux tentations familières : l'abdication devant les courants de la mode et l'évasion dans les simulacres stériles du narcissisme.

Questions pour aujourd'hui

De tous les styles de jeu apparus en Occident depuis un siècle, sous l'influence de conceptions divergentes de la figuration théâtrale et du rôle à lui impartir dans la société, on ne saurait dire qu'il y en ait un aujourd'hui, qui prédomine. Loin de se chasser l'un l'autre, on les a vus se juxtaposer dans des provinces mitoyennes de l'art dramatique, aux frontières assez poreuses pour permettre échanges réciproques et compromis. Réalisme psychologique et jeu non figuratif, célébration des classiques et refus de la littérature, engagement militant et futilité boulevardière, tout cela cohabite dans l'actuelle géographie du théâtre. Ici on joue dans des salles à l'italienne et là dans des architectures plus ou moins expérimentales qui découragent l'illusion scénique, tandis que, partout dans les villes, des comédiens investissent halles, églises ou usines désaffectées, aménagent librement des volumes vides ou se produisent dans des cafés, dans la rue et autres lieux habités.

A cet éventail extraordinaire de pratiques artistiques répond, dans le métier d'acteur, une multiplicité de statuts sociaux, en fonction de la formation reçue, de la carrière choisie et de l'idéologie adoptée. De l'acteur-fonctionnaire et de l'artiste honoré par l'Etat au saltimbanque vagabond, du membre anonyme d'un collectif de travail au comédien solitaire contraint de courir le cachet, de l'expérimentateur à l'aise dans les laboratoires à l'animateur qui aime dialoguer avec les groupes scolaires ou les comités d'entreprise, de la vedette chèrement payée au camarade intégré dans une «coopérative ouvrière de production», de l'amateur semi-professionnel enfin au figurant en quête de silhouettes entre deux pointages à l'Agence nationale pour l'emploi, quelle hétérogénéité ! Etroitement planifiée dans les démocraties populaires, par un système de sélection qui ajuste d'aussi près que possible le nombre des étudiants en art dramatique aux emplois qu'on peut leur proposer, la profession de comédien est livrée à l'Ouest à une liberté qui, dans certains pays, frise l'anarchie et que seul limite, dans quelques autres, un corporatisme vigilant.

En France, par exemple, c'est peu de dire qu'elle échappe à toute réglementation : ni diplôme ni carte professionnelle ne sont exigés de quiconque se dit ou se veut comédien, pour peu qu'il exerce chaque année un minimum d'activité salariée dans ce domaine. Quant à l'apprenti acteur, à moins qu'il n'ait franchi les portes étroites des trois grandes écoles nationales (Conservatoire, Ecole des arts et des techniques du théâtre, école du Théâtre national de Strasbourg), il ira chercher une formation souvent fort onéreuse dans l'un des nombreux cours privés qui ne cessent d'éclore au petit bonheur la chance – il y en a deux cents peut-être – sans offrir toutes les garanties de sérieux et de compétence qu'on serait en droit d'attendre. Il pourra aussi, s'il a le bonheur de s'intégrer à une troupe qui dure un peu, acquérir sur le tas une expérience pratique du jeu. Mais, lorsqu'il se présentera dans le monde du travail, il s'apercevra de toute façon que la plupart des centres dramatiques nationaux, à la différence des théâtres municipaux allemands, n'entretiennent plus d'acteurs à demeure, que les chaînes de télévision ne font pas beaucoup de créations originales et que l'accès à la radio est réservé à quelques privilégiés. Résultat : le nombre de comédiens qui vivent en France plus ou moins bien de leur métier n'a cessé de se réduire depuis vingt ans. Pour deux ou trois cents confortablement rémunérés, le nombre des artistes dramatiques ayant reçu des cachets réguliers est tombé de 1 670, en 1968, à 4 500 en 1975 et la situation n'a fait que se dégrader depuis. Du point de vue social, tel qu'il fonctionne aujourd'hui, le théâtre est une profession sinistrée.

Vues du côté des spectateurs, ces divisions et ces incertitudes reflètent un compartimentage de plus en plus prononcé du public et un désarroi qui, aggravé par la concurrence du cinéma et de la télévision, réduit tous les ans davantage la fréquentation des théâtres. Tel qui, dans la région parisienne, se rend volontiers à la Cartoucherie de Vincennes, n'ira jamais dans une salle de la rive droite et, inversement, l'amateur de boulevard ignorera jusqu'à l'existence des théâtres d'Ivry ou d'Aubervilliers. Si les salles subventionnées, chacune selon son répertoire, possèdent leurs adeptes et les jeunes troupes leurs amis, tandis que de fervents admirateurs entourent les entreprises marginales, tous ces micropublics ne se mélangent pas : ce qui les oppose, au demeurant, c'est beaucoup moins leur origine sociale que leur âge et l'idée qu'ils se font du théâtre. Ainsi, à la précarité de sa situation matérielle, s'ajoute pour l'acteur d'aujourd'hui l'obligation de choisir son camp et la fraction de spectateurs dont il réclamera les suffrages, sans être jamais assuré de trouver les moyens nécessaires pour aller jusqu'au bout de sa vocation. A quoi qu'il se résolve, il doit savoir qu'il ne lui est plus seulement demandé du talent, mais aussi du courage, de la persévérance et de l'esprit d'aventure, en ce moment confus de l'Histoire où le théâtre est entré dans une mue si longue et si incertaine qu'on le dirait vraiment suspendu entre la vie et la mort.

Une place publique, quelques cartons, un tambour, trois ou quatre oripeaux, un maquillage à grands traits, il n'en faut pas plus à ces comédiens, venus au festival de Nancy en 1977, pour établir une communication avec leurs spectateurs. Tourné vers l'agit-prop ou vers le simple plaisir de jouer, le théâtre de rue a connu depuis 1968 une renaissance incertaine : il est difficile de se faire entendre des institutions.
(Phot. © Enguerand/ Photeb.)

DU CÔTÉ DU SPECTATEUR

Public et spectateurs

Naissance du public

Il est malaisé de parler d'*un* public et d'*un* type de spectateur pour le théâtre : les deux termes ne désignent pas la même chose. Ainsi, le plaisir de voir qui, selon Huinzinga, caractérise le déclin du Moyen Age se perpétue au-delà du XVIIe siècle. Et la représentation liturgique ou, plus précisément, ce que l'on peut nommer «l'hallucination sacrée» mobilise les représentants de toutes les castes autour d'un spectacle où la vue a plus d'importance que le texte. Si le Parlement de Paris interdit la représentation des mystères en 1548, plus tard la Ligue saura utiliser ce besoin de voir en organisant des processions, des dramatisations sacrées et pieuses dans les rues des villes. On en parle dans le *Journal* de L'Estoile et dans la *Satire Ménippée.* On parle aussi, et c'est un autre genre de spectacle, des exécutions ou châtiments publics, des «entrées royales», des fêtes.

Quant au public, la plupart des critiques estiment qu'il apparaît au début du XVIIe siècle, quand se constitue un groupe cohérent et assidu (il correspondrait, selon Maurice Descotes, à l'apparition du théâtre d'Alexandre Hardy). Ce groupe parvient à son expression définitive au moment où la monarchie absolue (en l'occurrence Richelieu) intervient directement par le truchement de «ses» intellectuels dans le domaine de l'esthétique. Mais, de toute manière, le public en tant que tel n'est pas séparable de l'apparition du *texte* écrit : il est une production du livre et de la littérature — une institution.

Cette distinction en appelle une autre : les stratifications sociales se diversifient suivant les lieux, les genres, les contenus des pièces. Il faut éviter la dichotomie primaire qui sépare l'«élite» du «peuple» — sauf à ranger parmi le peuple les gens de la maison du roi, la jeunesse guerrière, les notables, petits ou grands.

D'autre part, plus on avance dans le siècle, plus la littérature dramatique avec ses publics se distingue des spectacles maintenant enfermés dans la scène à l'italienne avec ses ballets, sa musique, ses féeries illusionnistes. Les attitudes des hommes ou des femmes qui fréquentent ces manifestations ne sont pas les mêmes, et eux-mêmes peuvent, en changeant de salle ou de genre, appartenir à des groupes différents entre eux.

L'effervescence

La première moitié du XVIIe siècle est une période d'une extrême diversité et d'une grande effervescence, caractérisée également par une grande variété de publics. On mesure, en l'étudiant, ce que la culture française a perdu avec l'imposition de règles, de normes du «bon goût» et d'une esthétique.

Un jeu de paume utilisé en théâtre, dessin d'Abraham Bosse, 1630 (Bibliothèque nationale, Paris). Au XVIe siècle, en Europe, apparaît à nouveau, après la Grèce, l'étrange hypnose qui attire en un lieu étroit des hommes qui se laissent fasciner par la représentation d'une action imaginaire. Le public désordonné, debout en bas, assis aux loges qu'on voit ici, qu'est-ce qui le retient ? Recevant les comédiens à Elseneur, Hamlet s'interroge : « N'est-il pas monstrueux que ce comédien, par une simple fiction, pour l'ombre d'une douleur, puisse plier si fort son âme à une idée ? Et tout cela pour rien ! » (Phot. Luc Joubert © Archives Photeb.)

Public des tragédies d'école : il est en voie de disparition, mais les disciples de Jodelle et de Garnier existent encore. Tel Claude Billard, qui appartient à l'entourage de Marguerite de Navarre. Le raffinement de ces productions appliquées et souvent pédantes touche un petit nombre de clercs.

Public des troupes errantes : ici, le spectacle l'emporte évidemment sur le texte, et pourtant c'est un public qu'on peut appeler international puisqu'il assiste aux représentations de troupes anglaise (1613), espagnole (1617), grecque même avec des ballets et des farces, et surtout italienne. On a noté que les guerres d'Italie, sans parler de la succession de deux reines venues de la péninsule, avaient généralisé l'usage de cette langue. Henri III avait rappelé, dès 1576, la troupe des *Gelosi* qui donne des représentations triomphales en 1577. Acteurs et surtout actrices — fait sinon nouveau du moins plus marqué — demeurent en place et l'on sait le goût que Louis XIV leur témoignera. Ceux qui viennent applaudir les pièces de Niccolo Barbieri, dit Beltrame, ou de Giovan Battista Andreini, dit Lelio, ou la troupe de Fiorilli (Scaramouche) sont issus de toutes les castes de la société.

Public naissant d'une littérature dramatique : on le trouve en cet Hôtel de Bourgogne où fréquentent les gens de la maison du roi, de jeunes étudiants, et surtout (Garasse les dénonce) les *libertins,* les *esprits forts,* tous «intellectuels». Fils de notables, ils sont entrés dans la littérature sans y chercher respect ni statut social (Régnier, Théophile de Viau, Saint-Amant). Ils trouvent dans ce théâtre l'unique lieu où exhiber leur non-conformisme. Public composé d'hommes qu'on a comparé à celui d'une salle de corps de garde, ce qui est exagéré sans doute, bien que les relations de police y dénoncent nombre d'incidents, de duels, voire de viols. Mais les femmes «de qualité», quand elles s'y risquaient, y entraient voilées, masquées, et s'installaient dans des loges grillagées. On ne sait si c'est le désordre ou la présence des libertins qui ont entraîné la réputation de ces salles où furent jouées les pièces d'A. Hardy, de Rotrou, de Corneille.

Public des spectacles de cour : Henri IV ne se souciait pas de théâtre. L'Estoile et Tallemant des Réaux ne citent que deux représentations auxquelles il aurait assisté : une bouffonnerie à l'Hôtel de Bourgogne et une prestation du «farceur» Gros-Guillaume qu'il fait venir au Louvre. C'est avec la régence, Richelieu, Mazarin et les Italiens qui entourent la reine que se développent les représentations données à la cour. Bientôt, le théâtre devenant le genre privilégié de la culture monarchique, c'est à l'art dramatique que les clercs au service du pouvoir s'attacheront. Lorsque Richelieu fait construire le théâtre Cardinal (sans doute pour y faire jouer ses propres pièces), une idéologie nouvelle cimente l'unanimité du groupe — celle du *goût*.

Kermesse, *peinture de David Vickboons, 1576-1629(Herzog Anton Ulrich Museum, Braunschweig). L'obsession de voir entraîne les foules urbaines et rurales du Moyen Age et du XVIe siècle. Ces hommes qui vont et viennent sont des spectateurs. Ils ne constituent pas encore un public. L'illusion imaginaire erre de lieu en lieu et ne s'enferme pas dans un espace clos. (Phot. B.P. Keiser © H.A. Ulrich Museum.)*

La stratification

L'ordre monarchique impose à la fois une esthétique et une police rigoureuses des lieux de spectacles. Malaisément appliquées l'une et l'autre, il est vrai, comme le notent également E. Rigal et E. Despois. Du moins, aux alentours de 1660, et pour une période qui va durer jusqu'aux abords de la Révolution, une stratification des publics s'esquisse :

Public de la ville : ce sont les théâtres parisiens encore mal policés où s'impose le type de spectateur «honnête homme» : Hôtel de Bourgogne, théâtre du Marais, troupe de Molière, Comédie-Italienne, Opéra.

Ici se distinguent, mieux qu'auparavant, le parterre où se pavanent les jeunes officiers, mêlés à de moins jeunes, artisans ou clercs, et la galerie que fréquentent les notables et les gentilshommes, auxquels se joignent maintenant les dames. Stratification qui est aussi celle de l'argent puisque le prix d'entrée diffère notablement entre le haut et le bas. Du moins trouve-t-on aussi en bas le *rang des pédants*, c'est-à-dire des clercs, des «savants», des comédiens rivaux dont l'influence sur ce que l'on nomme maintenant le succès d'une pièce est souvent déterminante.

Public de la cour : l'élite, on dirait aujourd'hui les «snobs». Mais aussi de grands commis et des notables. Il arrive qu'on se plaigne de cette diversité (Saint-Simon). Mais c'est le public du roi et le roi-public. Certains, comme Molière ou Racine, ont écrit pour ce groupe d'hommes et exclusivement pour lui. D'ailleurs certaines libertés auraient été inconcevables sans l'appui de ces spectateurs doués aussi de la toute-puissance politique.

Public des «visites» : c'est celui des châteaux, des domaines royaux ou princiers, des grands, qui invitent les troupes des théâtres de la ville. On transporte les comédiens avec les domestiques, et ils jouent devant une élite très sélectionnée — celle du château de Vaux avant la chute de Fouquet par exemple. On a calculé que, en quinze ans, ces visites avaient rapporté à la troupe de Molière la somme énorme de 120 000 livres. Et Molière n'était pas le seul invité devant ce public, souvent plus détendu que celui de la cour.

Public de l'opéra : grâce à la scène à l'italienne et aux grands ingénieurs des machines et de l'illusion (Vigarani, Torelli, tous lecteurs de Sabbatini et de son *Traité*), le spectacle et la fête se sont encastrés dans un lieu clos, une scène construite à perspective en profondeur où la magie des métamorphoses s'impose librement. Ici, le spectateur l'emporte sur la littérature : la musique, la danse, la féerie, le chant rassemblent la cour et la ville, mais aussi un public de notables, de bourgeois, qui finira par devenir le seul public payant et donc le seul client de ces représentations.

La foire Saint-Germain, le Pont-Neuf : là aussi le spectateur l'emporte sur le public attaché à un texte. Est-ce à dire qu'il soit «populaire»? Sans doute, on y trouve en grand nombre laquais, merciers, artisans, ouvriers même comme l'attestent Le Sage, Marmontel et les pièces elles-mêmes. Mais ni les clercs ni les gens de qualité ne les dédaignent. La foire Saint-Germain présente traditionnellement des marionnettes et des clowns. Mais des théâtres s'installent, malgré les «privilèges». D'où une lutte constante qui occupe les journaux autant que les *parleries* de ce qu'on appellera plus tard le café. Ceux qui jouent en ce lieu se réclament, contre le Parlement et les ordonnances royales (qui viennent d'interdire les Italiens en 1697), d'un édit de François Ier déclarant les foires lieu de franchise. D'ailleurs, dans le désordre ainsi provoqué, des auteurs écrivent pour ces théâtres des pièces volontairement contraires aux fameuses règles et s'écartant de l'esthétique imposée. On y verra naître ce que l'on appellera plus tard le *vaudeville*, mélange de drame et de chant, de musique et de *jeux*. Un contemporain, Dufresny, dans ses *Amusements sérieux et comiques,* évoque aussi les représentations données en été aux bains de la porte Saint-Bernard (la *culaison*) où fréquentent les femmes de notables en quête d'amants ou les filles à la recherche d'un mari.

Fort justement, M. Descotes évoque, pour la fin du XVIIe et le début du XVIIIe siècle, une stabilisation suivie d'une sclérose du public. Il devrait préciser : du public littéraire qui meurt du respect des règles et du mirage de l'école de 1660 à laquelle s'attacheront longtemps encore les intellectuels, sur ce point rétrogrades, comme Voltaire.

Sclérose qui n'affecte ni les spectateurs de l'opéra ni ceux de la foire, bien au contraire. A aucune autre époque l'un et l'autre n'ont atteint à la richesse et à la diversité qui les caractérisent alors. Bien plus, un peu partout, des théâtres privés apparaissent qui témoignent d'une fascination : chez de grands seigneurs comme le duc de Chartres, le maréchal de Richelieu, la duchesse de Villeroy, chez de riches comédiennes comme Mlle Guimard et surtout, ce qui est neuf, chez des notables, financiers ou magistrats, tels que Trudaine, Bertin, le président de Brosses, sans parler de moins grands, de moins connus, en province et à Paris. Un peu partout naissent des troupes d'amateurs où l'on se donne entre soi la comédie. Piron, dans sa *Métromanie*, a évoqué cette mode, mais il s'agit plutôt de la généralisation d'un *pirandellisme* avant la lettre qui affecte surtout la bourgeoisie naissante.

Faut-il rappeler que la cour, après la lourde domination des dernières années du vieux roi, n'est plus ce qu'elle était : une nouvelle génération émerge, composée d'aristocrates sans culture et seulement formés aux règles du protocole. C'est le prix que la monarchie française a payé pour l'écrasement de cette pensée libertine sans laquelle la littérature du Grand Siècle n'aurait pourtant pas vu le jour. Hors cette effervescence et sans elle, la culture de la monarchie n'était qu'une bureaucratie froide.

L'acteur et son public

C'est depuis peu que l'acteur se préoccupe de son public.

Nous savons peu de chose des spectateurs du passé. Molière ou Racine, la Champmeslé ou Floridor ne connaissent que les «honnêtes gens» — reflet de la conscience du roi — la cabale et les agitateurs du parterre. Nous n'en savons pas davantage au siècle suivant : ni Adrienne Lecouvreur ni Lekain, pourtant si attentifs par ailleurs, ne décrivent leur public. Voltaire et Diderot s'adressent comme Beaumarchais aux «honnêtes gens», c'est-à-dire, maintenant, aux gens «éclairés». Talma, qui, pourtant, connut quatre publics — celui de l'Ancien Régime, celui de la Révolution, celui de l'Empire et celui de la Restauration — n'en parle jamais.

C'est dans les rapports de police qu'il faut chercher à connaître quelque chose des spectateurs : La Reynie, les relations d'espions du XVIIIe siècle, le rapport quotidien de Foucher (puis de Savary) à l'Empereur nous fournissent les seules données que nous puissions obtenir. On constate dans ces rapports l'extension subite du public dans la seconde partie du XVIIIe siècle : de nouvelles catégories de spectateurs accèdent au théâtre, et c'est le début de la «comédie larmoyante» de Nivelle de La Chaussée, des drames moraux des philosophes puis du mélodrame. Encore s'agit-il souvent, dans la bouche de la police, d'un terme confus : le peuple.

Au siècle dernier, l'acteur se soucie davantage de son public, mais c'est dans la mesure où il est lui-même l'objet d'un culte. De Joanny, acteur dramatique, à Sarah Bernhardt s'accentue la prise de possession d'un groupe d'adorateurs par une vedette. Nous sommes infiniment mieux informés sur cette période.

En effet, le marché du théâtre, et plus généralement du spectacle, a remplacé le privilège royal ou impérial. On connaît mieux la stratification sociale : le spectateur des boulevards et du mélodrame, le spectateur romantique, le spectateur classique. Bientôt, sous le règne de Louis-Philippe puis sous le second Empire, se dessine le flux continu d'une classe moyenne, en partie provinciale. En France, il faut attendre les acteurs-metteurs en scène pour parvenir à une conscience souvent aiguë et précise des publics du théâtre : Antoine, Stanislavski, Copeau, Dullin, Jouvet, Piscator, Meyerhold et Vilar entament un dialogue avec le spectateur — souvent même pardessus la tête de l'auteur et du comédien. Et, s'il s'agit de théâtre politique (Piscator ou Brecht en Allemagne), la détermination a priori du public domine même la préoccupation esthétique.

Tendance qui s'accentue avec toutes les formes de «théâtre prolétarien» en Union soviétique, dans les pays de lutte (Chine, Viêtnam, Espagne, etc.). Ici, le public devient la finalité du théâtre. Est-ce encore du théâtre ?

Si la structure du public reste la même dans sa stratification, le renversement s'opère qui rejette la cour et impose la ville où émerge un nouveau public – celui des riches notables, des intellectuels. Résistent seulement ceux qui, comme Voltaire, ont les yeux tournés vers le Grand Siècle. Bientôt, on reléguera la tragédie et la noblesse esthétique au rang des vieilleries : le chevalier de Cubières, tardivement sans doute – en 1787 – s'en prend à Boileau (comme le fera Lessing dans *La Dramaturgie de Hambourg*) et à l'idéal du classicisme – mais, avant lui, Sébastien Mercier et bien d'autres avaient rejeté l'idéal classique et bâillé devant Racine. Cette désaffection est importante surtout pour le Théâtre-Français que le public déserte – au grand dam de Voltaire.

Le public payant

On parle d'une véritable révolution théâtrale quand un public ne comportant ni gens de cour, ni notables «éclairés», ni intellectuels immobilisés dans le modèle de 1660 imposa le succès des pièces de Nivelle de La Chaussée, aux alentours des années quarante du XVIIIe siècle.

Un public nouveau qui *paie* et qui rend une pièce valable lorsqu'elle est rentable. Fait nouveau, considérable puisqu'il consacre l'émergence d'un «marché du théâtre» dont le consommateur, le public, est seul maître. Fait inséparable de l'apparition d'une économie neuve, sans doute, mais qui ne se réduit pas à ce seul mécanisme économique. Car ce qui entraînera le succès de Nivelle, comme plus tard les demi-succès des pièces de Diderot, il est vrai médiocres, et surtout le triomphe de Pixérécourt, c'est que la tragédie ou la comédie dans leur formule classique laissent place au *drame*.

Le drame est sans doute la formule neuve, la seule qui soit née d'un public et non du génie d'un auteur : suite d'anecdotes et d'événements dont la trame sensible ou sentimentale est plus importante que la facture elle-même. On devrait dire aussi que cette bourgeoisie, ces notables qui voient le jour et définissent cet «esprit bourgeois» dont parle Bernard Groethuysen, vient d'inventer à la fois le roman (à qui, en Angleterre, Daniel de Foe donnera ses lettres de noblesse et, plus tard, en France, Marivaux puis Restif) et sa transposition à la scène, le drame, bientôt le *mélodrame*.

C'est oublier qu'un autre genre sollicite ce même public et dans des lieux différents où il rejoint des couches sociales qui jusqu'ici n'étaient jamais venues au théâtre : les artisans pauvres, les manouvriers, ceux qui constitueront plus tard, sous la Révolution, ce que Daniel Guérin nomme les *bras nus*. C'est à la fin du siècle, sans doute, mais ce théâtre historique où l'on évoque Bayard ou le «bon roi Henri IV» va jouer un rôle politique, comme l'a bien compris Lennart Breitholtz dans l'ouvrage qu'il lui consacre, et qui n'a pas d'équivalent en France. On obtiendrait donc la stratification des publics suivante :

Public classique : Théâtre-Français et apparentés. Dernière obsession des intellectuels, des clercs et des attardés du XVIIe siècle, Voltaire compris, qui s'indigne de la bêtise de ses contemporains devant ses pièces, lesquelles lui paraissent insignifiantes après celles du Grand Siècle.

Spectateurs de l'opéra et de la foire : expansion nouvelle et puissante de ce mouvement dramatique mal étudié dont, il est vrai, il ne subsiste que peu de chose, sauf dans les souvenirs et les Mémoires. Faut-il rappeler l'extrême puissance des mises en scène d'opéra de Servandoni dont Per Bjurström a rappelé l'importance : ne serait-ce que par l'effet que ces visualisations ont eu plus tard sur la peinture, à commencer par Watteau ? Quant au théâtre de la foire, il est en train d'inventer ce qu'on appellera le vaudeville, ce mélange de chants, de paroles et de danse dont Favart donnera le modèle. On «fait pleurer» certes, et l'on chantera même plus tard des maximes philosophiques de J.-J. Rousseau; donnant ainsi au divertissement un élan politique. Grétry et Sedaine, à la foire et sur les boulevards, feront éclater le «privilège» accordé par le roi à l'Opéra ou au Théâtre-Français, malgré les interminables procès où l'opinion publique est, pour la première fois, partie prenante.

On ne doit pas oublier que c'est sur un théâtre de la foire que le 14 juillet 1789 l'acteur Plancher Valcour, condamné par les lois à ne plus parler ni même à jouer, sauf derrière un rideau de gaze, jette son poing et son épée de bois à travers ce rideau et s'écrie : «Vive la liberté !».

Public de l'Opéra-Comique et de la Comédie-Italienne : on sait que ces deux troupes fusionnent en 1762 et qu'on présente des comédies musicales, mêlées de réminiscences historiques souvent comiques. Voltaire en écrivant son *Henriade* n'avait sans doute pas songé à cette *Partie de chasse de Henri IV* de Collé ou se mêlent la légende, la musique, les chants et une certaine poésie. Nous sommes en 1764 et le public qui fréquente ce théâtre est celui des petits notables ou des fonctionnaires moyens, ceux-là même dont les fils seront les instigateurs de la Révolution de 1789. Le «succès larmoyant» de la pièce évoqué par l'auteur lui-même, Collé, dans son *Journal historique*, dépasse le simple effet du théâtre. On devrait parler ici d'un public utopique ou d'un public d'anticipation.

Public du drame et du mélodrame : là aussi, comme pour Nivelle de La Chaussée, plus tôt dans le siècle, l'attente des publics détermine le contenu de la pièce. Dans une polémique célèbre avec La Harpe (qui entendait réserver le théâtre à un public de connaisseurs – nostalgie du Grand Siècle), Mercier rétorquait : «Pourquoi fermez-vous votre théâtre au peuple... le pauvre a pourtant plus besoin qu'un autre de pleurer et de s'attendrir.» Passons sur ces «pauvres» qui n'eurent jamais accès au théâtre. On connaît la réponse de Pixérécourt : «J'écris pour ceux qui ne savent pas lire.» Mais furent-ils nombreux à entrer dans une salle avant l'ouverture des usines ?

La Révolution française n'est point novatrice. Quelle révolution peut l'être? se demande Henri Focillon. De fait, durant les années 1789-1800, le public se fait conservateur : ce qu'il recherche, ce sont des pièces qui satisfassent son attente. Attente confuse s'il en est et que ne matérialisent que des œuvres idéologiques, de Chénier, de Laya, d'épigones de Voltaire. Le 13 janvier 1791, l'Assemblée nationale avait «libéré» les théâtres. Un peu plus tard, on voudra en faire une école de civisme. Mais aucune «tragédie nationale» ne paraîtra. Le public vient entendre ce qui justifie l'action politique qu'il entreprend. Le vrai théâtre est ailleurs, dans la rue, à la tribune des Assemblées, dans les clubs – et le dernier acte se joue devant la guillotine.

Représentation dans un théâtre de province en Angleterre, *dessin de James Wright, 1788 (British Museum, Londres). Il s'agit sans doute du 1er acte de* Macbeth. *On ne s'embarrasse guère ici de l'illusionnisme du théâtre à machines, même si la scène à l'italienne a remplacé la scène élisabéthaine. Ce n'est évidemment pas le théâtre des «grands Anglais» que découvrit Voltaire.*
(Phot. © British Museum/Photeb.)

Vue de la nouvelle décoration de la foire Saint-Germain, gravure anonyme, 1760 (musée de l'Opéra, Bibliothèque nationale, Paris). Dès 1596 le théâtre était apparu à la foire Saint-Germain parmi les spectacles précisément «forains» (acrobates, montreurs d'animaux, etc.). Il y eut des marionnettes au XVIIe siècle et, au XVIIIe, des spectacles dialogués ou chantés, malgré la guerre perpétuelle que leur firent la Comédie-Française et l'Opéra, mécontents de voir des indépendants empiéter sur leurs privilèges et... leur prendre des spectateurs, même parmi les gens de «qualité».
(Phot. Jeanbor © Photeb.)

Une représentation dans un théâtre du Bowery, à New York, en 1833. Autant de monde sur la scène que dans la salle. Plantations conventionnelles à droite et à gauche, décor en trompe-l'œil, le romantisme n'a rien changé dans l'illusionnisme théâtral. Il faut attendre l'invention du projecteur et l'émergence du metteur en scène pour que se modifie cette disposition stéréotypée. Seuls le public et son goût changent avec les classes nouvelles qui entrent au théâtre. (Theatre and Music collection, museum of the city of New York. Phot. © du musée.)

Il est frappant qu'un acteur, sans doute le plus grand de l'époque, Talma, ait connu successivement plusieurs types de publics — qui correspondent aux changements sociaux dont il est le contemporain : public de l'Ancien Régime du Théâtre-Français, public idéologique des sans-culottes, public reconstitué sous Napoléon, quand l'Empereur entend par la scène réhabiliter les valeurs de noblesse et de courage national, enfin, sous la Restauration, le nouveau public né du «marché du théâtre».

Le Paradis, *lithographie de F. Delarue, 1827 (dép. des arts du spectacle, Bibl. nat., Paris). Voilà les «enfants du paradis». Le «peuple» est passé du parterre aux galeries supérieures. Le drame romantique et le mélodrame se sont enracinés dans ce public-là : jeunes des écoles, employés, militaires, artisans, fonctionnaires, gens de «bohème». Le succès d'une pièce ne dépend plus de la volonté d'un prince ou d'un notable : le public payant achète du rire, de la violence, du rêve ou de la passion. (Phot. Jeanbor © Photeb.)*

Le boulevard et les lecteurs

La première image de ce public consommateur payant apparaît, on l'a vu, au moment de la création des drames de Nivelle de La Chaussée. Après la Révolution il prend d'autant plus d'importance que la disparition des privilèges monarchiques plonge le monde de l'art dramatique dans le monde des affaires. Certes, les comédiens-français reçoivent une subvention — ce qui leur permet, tout en prolongeant le répertoire des pièces de la fin du XVIIIe siècle (Stendhal parle de ces soirées qu'il fréquentait dans son *Journal*), de chercher à restaurer le jeu classique. Pure invention d'esthétique puisqu'il ne restait rien — et qu'on ne savait rien — de la manière dont on jouait Racine ou Corneille, mais invention polémique, dirigée contre le «relâchement» du mélodrame puis du drame romantique : le public qui s'y attache vient apaiser ici la nostalgie qui rendra Balzac amoureux de l'ordre monarchique. Ce qui n'empêche pas la *Gazette de France* de se désespérer de la «stérilité» du théâtre classique et de s'attrister de voir le public fréquenter les théâtres de boulevard. Quel public, pour ce journal? La haute société? Mais ce n'est plus celle de l'aristocratie : c'est celle des nouveaux notables, financiers, hommes d'affaires, hauts fonctionnaires, politiques, la caste où rêve de pénétrer Rastignac, à laquelle se mêlent encore quelques noms prestigieux.

Les publics et les spectateurs se décomposeraient alors ainsi — et cela, jusqu'à la fin du siècle :

Public du boulevard : il faut rappeler la fascination qu'exercent encore ici jusqu'au milieu du siècle Pixérécourt et ses émules. Ajoutons le mélodrame fantastique avec apparitions de spectres et de démons, et le recours permanent à la violence (le «boulevard du Crime»). La porte Saint-Martin est intermédiaire entre les «beaux quartiers» et les taudis habités par les ouvriers d'industrie. Louis Chevalier dans *Classes laborieuses, classes dangereuses* a montré avec force ce que signifiait cette conjugaison. D'ailleurs, un renversement topologique s'opère à l'égard des salles du Grand Siècle : le public pauvre occupe les hautes galeries (le «pigeonnier») et le public plus aisé le bas de la salle, les loges étant réservées aux notables.

Le coup de génie des poètes romantiques est d'avoir quitté les lieux du théâtre classique, comme Hugo le fera après *Hernani*, pour ce théâtre où se rencontre un double public payant. Dumas, Vigny et leurs amis l'y retrouvent. Faut-il dire qu'aux notables et au peuple se joint aussi une caste nouvelle, devenue presque une classe sociale : celle de la jeunesse ?

Spectateurs du boulevard et de ses attractions : la technologie se met au service de l'illusionnisme, pour des manifestations «curieuses», comme le *Panorama*, les exhibitions de toutes sortes et entre autres celles du *mime*. Deburau, Mme Saqui qui combine ses exercices avec les feux d'artifice de Ruggieri sur les Champs-Elysées, autre attraction, mobilisent une attention spectaculaire qui prolonge le théâtre de la foire. Le théâtre des Funambules, boulevard du Temple, attire là aussi des couches différentes de la population : jeunes, notables, intellectuels et surtout ces «classes dangereuses» encore exclues de l'école et qui trouvent dans la gestuelle pure un langage accessible.

Public de lecteurs : on a toujours lu du théâtre. L'édition des pièces de Molière et de Racine était souvent destinée à des amateurs vivant en province, loin des théâtres parisiens, notables ou gentilshommes. Le XVIIIe siècle a connu aussi ce courant de lecture dramatique solitaire. Mais c'est au moment où le livre entre lui aussi dans le domaine du marché économique que la lecture devient un support constant de l'art dramatique.

Il s'agit ici de ce *théâtre dans un fauteuil* dont parle Musset, et pour lequel il écrit malgré tout. Le coût des représentations dramatiques ne permettant que rarement de courir le risque d'un échec, la plupart des œuvres dramatiques étrangères et françaises sont lues plus que jouées. L'influence de Shakespeare ou des Espagnols, c'est par la lecture qu'elle atteint connaisseurs et auteurs.

Le second Empire ne change guère cette situation. Il accentue le fonctionnement du marché du théâtre et surtout du divertissement. Ni la princesse Mathilde ni le prince Napoléon, qui sont seuls à s'entourer d'intellectuels et d'artistes, ne peuvent freiner ce mouvement d'«enchantement» par le spectacle dramatique où l'amusement, le non-sérieux, la distraction fascinent d'abord. Ajoutons à cela que le développement nouveau des transports par le chemin de fer amène à Paris un nouveau public de provinciaux venus pour affaires et qui cherchent dans les spectacles du boulevard l'illumination légère du vaudeville, de l'opéra-comique et de la comédie légère. Plus sérieux, il soutiendra le succès de Scribe, de Dumas fils au Gymnase, de Montigny, dont Barbey d'Aurevilly dit qu'il est le «premier théâtre français». Les classiques sont évidemment représentés – mais cela dépend de la qualité d'émotions et de sentiments qu'un acteur ou une actrice (comme Rachel) est capable de «vendre».

Les nouveaux publics

Le théâtre reste jusqu'à nos jours dominé par la rentabilité : comment en serait-il autrement ? Pourtant, un fait nouveau apparaît en Allemagne à la fin du siècle et en France un peu plus tard, qui est la constitution de nouveaux publics soit par association, soit par aide directe des pouvoirs publics.

Derrière tout cela apparaît l'idéologie que définit Romain Rolland dans *Le Théâtre du peuple* : il faut réconcilier les couches d'hommes et de femmes jusque-là étrangers à la culture ou à la simple instruction avec le patrimoine universel de l'art.

Une autre préoccupation se fait jour autour de la *Nouvelle Revue française* et de Jacques Copeau, et qui sera à l'origine du Vieux-Colombier : constituer un public indépendant de toute préoccupation d'affaires, d'argent ou de politique et qui donne à la poésie dramatique son expression. Il s'agit évidemment d'un public de lecteurs et d'amateurs fervents.

Se répartissent donc ainsi les formes de public dans une civilisation où le cinéma va accaparer définitivement (autant sinon plus que les spectacles sportifs et politiques comme les «meetings») ce qu'on appelait auparavant le spectacle.

Public du boulevard : c'est celui de ce qu'on peut appeler le théâtre bourgeois où l'on va assister à la simple mise en scène de la vie quotidienne compliquée de quelques intrigues. Théâtre de consommation courante dont la rentabilité est grande, surtout avant la guerre de 1914 quand la concurrence du cinéma n'existe pas encore – Georges Ohnet, Henry Bernstein, Sacha Guitry, etc.

Public du théâtre expérimental : à l'Œuvre, Lugné-Poe et, dans le même temps, Antoine composent autour d'œuvres étrangères ou d'une mise en scène qui s'arrache aux conventions illusionnistes de la scène des boulevards, un groupe de grands amateurs et de spectateurs éclairés que ne rejoint que rarement un autre public. C'est dans ce cadre qu'on joue Strindberg, Tolstoï, Ibsen, Zola puis Jarry. Faut-il préciser que la rentabilité de ces théâtres est faible et qu'on ne peut parler de leur longévité ?

Types emblématiques des théâtres de Paris, *par Cham, 1819-1879 (Bibliothèque nationale, Paris). Tous les types de consommateurs d'émotions théâtrales, sont ici représentés au milieu du XIXe siècle : le vaudeville, le mélodrame, la pièce classique, le drame romantique ou historique, le mime, le «boulevard du Crime», le cirque trouvent ici leur emblème. (Phot. © Bibl. nat./Photeb.)*

Plus tard, autour de Copeau, le Vieux-Colombier prolonge autour d'œuvres nouvelles (Claudel, Martin du Gard, etc.) une recherche qui elle non plus ne trouvera pas dans la rentabilité une source de survie. On connaît les difficultés de Charles Dullin malgré cet accord entre Baty, Jouvet et lui-même pour constituer un «cartel», victoire momentanée et qui tient au succès de pièces comme *Knock*, de Jules Romains, ou l'œuvre de Giraudoux.

Ce public-là est intermédiaire entre le journalisme, la critique (Blum, Gide, Rémy de Gourmont), la lecture (NRF, Mercure de France, etc.) et les grands amateurs de province. Public, en France du moins, tout à fait neuf et qui a fait la notoriété puis la gloire de Jarry, de Claudel, d'Artaud, d'Ionesco, d'Adamov, de Genet, de Beckett. Et cela, après la Seconde Guerre mondiale lorsque, jusque vers 1960, les «petits théâtres» sont devenus les lieux d'asile et de création. Période assurément brillante

L'hypnose collective

Toute dramaturgie repose sur une connivence entre spectacle et spectateurs.

La réunion d'hommes et de femmes disposés selon les lois internes d'un lieu théâtral n'est jamais neutre. L'attente commune agit sur la simulation. Le public n'est pas un simple miroir. Il ne renvoie pas seulement les signes qu'il reçoit. Il achève, pour ainsi dire, par le sens qu'il leur donne, les signes que le comédien propose par sa gestuelle.

On a souvent évoqué cette rétroaction *: les théoriciens de l'information l'expliquent par la constitution d'un réseau ou d'un système invisible qui envelopperait l'émetteur du message, le mode de transmission de ce dernier et le récepteur. Que le* forum intérieur *soit atteint par les informations diffusées par un centre émetteur, voilà qui fait partie du mécanisme d'une société et de l'exercice de ses fonctions principales.*

Seulement, la plupart des spécialistes de l'information ne tiennent pas compte de la transmission de signes imaginaires qui, par conséquent, ne servent en rien à l'autorégulation d'un groupe, à l'intégration des individus dans une «culture moyenne». C'est de tout le contraire qu'il s'agit : les signes diffusés par les personnages de fiction, et précisément ceux du théâtre, tendent le plus souvent à «déstabiliser» cette conscience moyenne, à l'inquiéter.

Le caractère a-structurel, *déstabilisateur ou, si l'on veut,* a-typique *des simulations dramatiques modifie l'harmonie préétablie supposée par les théoriciens de l'information. Ni le* Tamerlan *de Marlowe, ni le* Macbeth *de Shakespeare, ni la* Phèdre *de Racine, ni le* Henri IV *de Pirandello ne rassurent ni ne renforcent le groupe dans la sécurité d'une conscience moyenne. Le théâtre, du moins dans sa forme occidentale, présente sur la scène des personnalités excessives, marginales, criminelles, en tout cas hors du commun. Et la réponse du public ne peut être identique à ce qu'elle paraît être à l'égard des simples mécanismes de communication.*

L'acteur ne transmet pas une banale information. La situation dont il assume la représentation est presque toujours une situation de transgression. La situation imaginaire repose ici entièrement sur la crédibilité que lui accorde le public, sur cette sorte d'hypnose collective, au sens qu'ont fait à ce mot les anthropologues. Ainsi, une part sans doute cachée du public rend ce dernier, pour un moment, solidaire d'un criminel, d'un fou ou d'un malade. Nous sommes Tamerlan, Macbeth ou Henri IV. Nous nous reconnaissons dans les larves de Beckett. Complicité collective, à laquelle ni l'Eglise ni Rousseau ne se sont trompés.

Une représentation en Avignon, dans la cour du palais des Papes, en 1977. Un lieu scénique, non un théâtre, que Jean Vilar utilise dès 1947. Chaque année, le festival d'Avignon est une sorte de messe moderne au théâtre.
Un nouveau public apparaît : grande proportion de jeunes, d'étudiants, d'apprentis, d'employés, de fonctionnaires, d'universitaires, de syndicalistes. On se réconcilie, dans ce cadre qui déborde enfin la scène à l'italienne, avec le théâtre classique, le drame romantique ou élisabéthain.
(Phot. © Agence Bernand.)

et qui s'éteint en même temps que les petites salles ou lors de réorganisations (les Noctambules, l'Œuvre des mardis, le Théâtre des Champs-Élysées, au dernier étage, le Théâtre de Poche, la Huchette.

Public populaire : c'est à partir de 1889 que se constitue en Allemagne la «Freie Volksbühne», la scène populaire libre. Modulée en principe sur le théâtre d'Antoine, mais avec cette particularité que, sans être idéologique, elle se réclame du populisme social-démocrate de ces années-là, afin d'attacher au théâtre des publics jusque-là éloignés de la culture. En ce sens, elle a été une réussite durant quelques années puisque l'on dénombre, selon son historien, Siegfried Nestriepke, une majorité d'ouvriers parmi les spectateurs.

En France, dans la foulée d'Antoine, Paul-Boncour, inspiré par Romain Rolland, fait admettre par le Parlement, en 1920, le vote d'une allocation pour un théâtre populaire qui serait situé au Trocadéro, puis, après l'exposition de 1937, au palais de Chaillot. Débuts difficiles et dont Gémier n'a pas su saisir la chance. C'est seulement après la dernière guerre, en 1947, que, à l'inspiration d'un haut fonctionnaire dont on ne dira jamais assez l'influence, Mme Jeanne Laurent, Jean Vilar tente et réussit cette synthèse depuis longtemps cherchée entre une mise en scène et des œuvres de haute qualité les unes et les autres, et un public nombreux, quantitativement supérieur à l'ensemble de tous les autres spectateurs de théâtre, le même soir.

D'une enquête entreprise au palais de Chaillot, il résulte pourtant que le public est constitué surtout de cadres moyens, de petits fonctionnaires, de jeunes en très grand nombre, d'intellectuels et de notables, à l'exclusion d'ouvriers et de paysans. On a pu représenter à la fois les classiques étrangers ou français mais plus rarement des modernes, sinon déjà célèbres comme Claudel ou Sartre, sans imposer d'auteur nouveau. L'immense talent de Vilar n'est pas en cause, mais seulement la situation culturelle française contemporaine.

Public des maisons de la culture : dans le droit fil de Romain Rolland, de l'idéologie du Front populaire et de la Libération, Malraux a voulu en faire des églises de la culture et multiplier en France les TNP. Effectivement, certaines de ces maisons ont rempli ce projet généreux et ambitieux, prolongeant la réussite momentanée du Théâtre des Nations qui a réuni entre 1950 et 1960 un public comparable à celui du TNP autour de pièces jouées en langues étrangères et qui a fait connaître, à l'instigation d'un animateur remarquable (J. Planson), les premières mises en scène de Peter Brook, Brecht, l'Opéra de Pékin, Visconti, etc.

Mais le public des maisons de la culture ne s'est pas constitué vraiment. Les créations entreprises à Grenoble, au Havre, à Villeurbanne (Planchon), à Rennes, à La Rochelle ont été sans lendemain. Peut-être la création culturelle implique-t-elle d'autres lieux, d'autres dynamismes.

Sans doute, la stratification et la composition des publics et des spectateurs ont-elles varié en France. Du moins reste-t-il, au fil des temps, un noyau solide, composé d'un petit nombre (intellectuels, jeunes, amateurs fervents), qui met entre parenthèses son attente ou ses préjugés, son idéologie ou ses présuppositions esthétiques pour «recevoir» une œuvre telle que ses créateurs la proposent. Ce noyau dur, on le retrouve dans beaucoup de pays mais à un moindre degré qu'en France : sans lui «l'illumination» venue d'œuvres nouvelles comme de celles de Corneille, de Beaumarchais, de Claudel, de Genet, de Beckett ne se serait jamais produite. Et c'est justement cela que Jouvet appelait un «public de génie».

L'Orlando furioso, *de Luca Ronconi. Une scène qui n'est plus* une *et qui se distribue en des plateaux divers, sur des chars en mouvement, arrachant le spectateur à son confort. Une relation autre, qui évoque le «théâtre physique» d'Antonin Artaud, s'instaure entre le jeu théâtral et le public redevenu spectateur. Cette nouvelle forme de l'hypnose dramatique paraît capable de remettre en cause la définition de l'art du théâtre admise depuis la Renaissance. (Phot. © Jean-François Bauret/Rapho.)*

Theatre of war, *par la troupe du Bread and Puppet Theatre à la Cité universitaire, Paris, 1978.*
L'idée de cette représentation est un non-sens : le Bread and Puppet, comme le Living Theatre, comme Ronconi, comme Mnouchkine, expérimente une nouvelle dimension de l'étendue scénique qui implique une relation également nouvelle entre le jeu théâtral et le spectateur. Enfermer cette «manifestation» dans le lieu clos d'une scène à l'italienne ne peut qu'en détruire la force.
(Phot. © Nicolas Treatt.)

La critique entre l'humeur et la théorie

An OLD MACARONI CRITIC at a NEW PLAY.

Deux façons d'être un guide

«La profession de critique est certainement l'une des plus anciennes : de tout temps il y eut des gens incapables d'agir ou de créer, qui se donnèrent pour tâche, et le plus sérieusement du monde, de juger les actions et les œuvres des autres.»

Ainsi s'exprime Marcel Pagnol, dans sa *Critique des critiques*. C'est que la critique n'a pas bonne presse, si l'on ose dire, auprès des gens de théâtre. Elle leur semble l'apanage d'auteurs manqués qui dénigrent par jalousie les véritables créateurs et, abusant de leur pouvoir, ne songent qu'à se mettre en valeur au détriment de ceux dont ils parlent.

Pagnol, dira-t-on, c'est une forme bien particulière de théâtre, et son emportement n'est que l'expression de la méfiance traditionnelle que nourrissent certaines couches sociales à l'égard des «intellectuels». Mais Sartre, qui n'est pas suspect d'anti-intellectualisme, ne dit pas autre chose lorsque, dans un article de *Combat*, en 1944, il défend Charles Dullin contre «ces critiques futiles et légers» qui «ne louent jamais la pièce qu'il leur présente, mais celle qui vient de quitter l'affiche». Et Antoine Vitez, metteur en scène habitué à peser ses mots autant que ceux des autres, reprend le même thème, au cours d'un colloque à Avignon en 1977, en se disant «frappé par le manque de culture, la légèreté, la frivolité» de la critique et par la tendance des gens de théâtre à «filer doux devant elle».

A cette critique qu'ils croient malveillante et injuste, les gens du théâtre opposent volontiers une critique compréhensive et chaleureuse. Jean Vilar considérait comme d'authentiques critiques ceux qui répondaient à «cette définition impérieuse mais nécessaire» de Jacques Copeau : «Je veux qu'il soit sincère, grave, profond, se sachant investi, à l'égard du poète, d'une fonction créatrice, digne de collaborer à la même œuvre que lui et de porter, comme lui, la responsabilité de la culture.»

Ainsi d'un côté trouverait-on le critique qui «assassine» les spectacles, décourage les auteurs et, n'ayant rien produit, est «comme un abbé qui courtise la femme d'un laïque : celui-ci ne peut lui rendre la pareille ni se battre avec lui» (la comparaison est de Théophile Gautier dans sa préface à *Mademoiselle de Maupin*). De l'autre côté serait le critique qui assiste «le poète», le traite avec respect, contribue, au même titre ou presque que le metteur en scène, le décorateur ou les comédiens, au travail théâtral.

Malentendus ? On est tenté de le croire. Car il y a au moins deux façons d'être un guide, si telle doit être, comme l'écrit Jean Vilar, la mission du critique : on peut guider par ses observations l'homme de théâtre — et c'est ainsi que l'entend Jean Vilar — ou le spectateur. Ce sont deux tâches différentes, qu'il ne faut point confondre. L'une s'adresse aux professionnels, dont elle parle le langage et dont elle épouse les préoccupations ; l'autre vise le public et tente de répondre à ses besoins. L'une regarde le spectacle de l'intérieur, l'autre reste délibérément extérieure. La première est savante, elle est celle du spécialiste ; la seconde est spontanée, elle est celle de l'honnête homme.

Critique d'humeur ou de réflexion

Depuis quelques décennies — disons, pour simplifier, depuis la guerre — s'est effectuée une plus stricte répartition des rôles entre ces deux types de critiques, les théoriciens et les chroniqueurs : les premiers se recrutant parmi les professeurs, les seconds parmi les journalistes. Pour des raisons qui tiennent à la fois à l'évolution de l'Université et à celle de la presse, une division du travail s'est instituée, qui a introduit entre ces deux métiers une opposition tranchée, voire une rivalité profonde.

Cet antagonisme est même constitutif du champ de la critique contemporaine, dont il assure le dynamisme. Ainsi le débat organisé il y a quelques années par la revue

Ibsen, le dramaturge norvégien, accorde une audience au critique William Archer. Illustration de Max Beerbohm dans Poets corner, *1904 (collection Mrs Reichmann, Londres). Le critique s'incline devant l'auteur et lui baise les pieds : une image qui va à l'encontre du mythe de la critique toute-puissante. (Phot. Sally Chappell © Photeb.)*

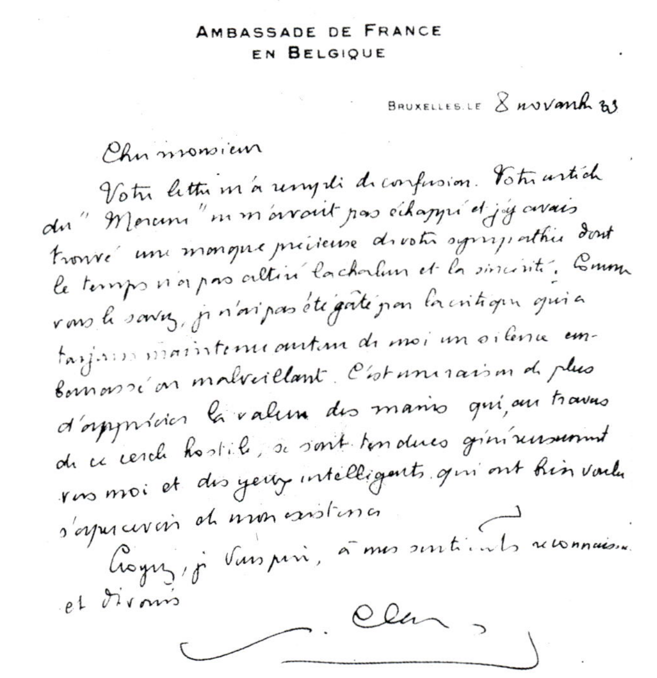

AMBASSADE DE FRANCE
EN BELGIQUE

Bruxelles, le 8 novembre 33

Cher monsieur

Votre lettre m'a rempli de confusion. Votre article du "Mercure" ne m'avait pas échappé et j'y avais trouvé une marque précieuse de votre sympathie dont le temps n'a pas altéré la chaleur et la sincérité. Comme vous le savez, je n'ai pas été gâté par la critique qui a toujours maintenu autour de moi un silence embarrassé ou malveillant. C'est une raison de plus d'apprécier la valeur des mains qui, au travers de ce cercle hostile, se sont tendues généreusement vers moi et des yeux intelligents qui ont bien voulu s'apercevoir de mon existence.

Croyez, je vous prie, à mes sentiments reconnaissants et dévoués

Claudel

Lettre de Paul Claudel à Henri Derieux pour le remercier de son article Quelques propositions sur Claudel *dans le* Mercure de France *d'octobre 1933. Claudel dut attendre l'après-guerre pour voir son œuvre théâtrale reconnue. (Dép. des arts du spectacle, Bibliothèque nationale, Paris. Phot. Michel Didier © Photeb.)*

La Critique de l'Ecole des femmes *et, à droite,* L'Impromptu de l'Alma *au studio des Champs-Elysées (1956). De* L'Impromptu *de Molière à celui de Ionesco, des querelles d'hier aux polémiques d'aujourd'hui, ou quand l'auteur contre-attaque et s'en prend aux cabales, réelles ou supposées, avec l'argument décisif, emprunté à Destouches : «La critique est aisée, mais l'art...»*

(A gauche : frontispice gravé par Pieter Sané, 1663, département des arts du spectacle, Bibliothèque nationale, Paris. Phot. © Archives Photeb. A droite : phot. © Agence Bernand. D.R.)

Travail théâtral sur le thème de «l'intervention critique» entre Bernard Dort, principale figure de la critique «universitaire», et Bertrand Poirot-Delpech, parfait représentant de la critique «journalistique», exposait-il clairement les deux positions d'où s'exerce la fonction critique et la façon aussi dont chacune subit l'influence — à la fois par attraction et différenciation — de l'autre.

Thèse de Bertrand Poirot-Delpech : «Dans le quotidien, la critique joue un rôle d'information. Elle ne peut pas prétendre aller bien loin dans la réflexion et elle est, plus qu'aucune autre, sujette à l'erreur puisqu'elle doit opérer dans une hâte extrême. Aussi lui fait-on souvent, dans *Travail théâtral* et dans les revues, un procès : cette critique journalistique, trop hâtive, serait, de surcroît, trop subjective, approximative et finalement légère, elle n'irait pas au fond des choses (...). Je préférerais prendre un certain recul dans le temps et amorcer une réflexion plus sérieuse, plus circonstanciée, mais enfin j'appartiens à un quotidien et je crois utile que, dans ce quotidien, on trouve dès le lendemain de la «première» un son de cloche de quelqu'un d'honnête (...). C'est une garantie, certes relative, mais qui un jour pourrait bien paraître d'un grand prix : celle d'avoir immédiatement l'avis de quelqu'un de bonne foi, totalement indépendant de ce qui se produit et, bien sûr, digne de confiance sur le plan intellectuel, de quelqu'un qui vous dit à chaud : voilà ce à quoi ça ressemble, voilà ce à quoi vous pouvez vous attendre.»

Résumons en quelques mots les vertus de cette critique «de première réaction» : elle est un service rendu au «consommateur», elle est indépendante du «producteur»,elle fait «caisse de résonance» autour de quelques spectacles, elle répond à une demande du spectateur : «Faut-il que j'y aille ou non ?»

Réponse de Bernard Dort : «La critique ne saurait s'en tenir à cela : plutôt qu'appâter le public, ne devrait-elle pas aussi se préoccuper de le former — de le former en l'informant d'abord ? (...) Le spectateur virtuel n'attend peut-être plus seulement de savoir s'il doit ou non acheter tel ou tel billet. Il est devenu, lui aussi, plus professionnel. Ce qu'il demande à la critique, c'est aussi de le tenir au courant de l'activité théâtrale dans son ensemble et de lui proposer une réflexion sur celle-ci. (...) Ne faut-il pas — nous en revenons toujours au même point — aller au-delà du spectacle ?»

Autrement dit, cette critique «de réflexion» se distinguerait de la critique «d'humeur» par son attention au «travail théâtral» (c'est le titre de la revue à laquelle collabore Bernard Dort) : elle serait en quelque sorte une interlocutrice privilégiée dans ce dialogue entre «professionnels» qui réunit, à travers la représentation théâtrale, spectateurs et créateurs.

Le professeur de théâtre

Héritiers lointains des doctes du XVIIe siècle (rappelons-nous la querelle du *Cid*), les tenants de la critique savante viennent aujourd'hui principalement des rangs des universités et s'expriment dans des revues dont les lecteurs, outre les professionnels du théâtre, sont surtout des enseignants. Cette extension de la zone d'influence du savoir universitaire est relativement récente. La place qu'occupent désormais dans ce domaine les «professeurs» était autrefois tenue par des écrivains.

Caractérisée à la fois par sa distance à l'égard de la critique au jour le jour et par sa proximité des gens de théâtre, elle était, par exemple, celle d'un Zola à la fin du siècle dernier ou d'un Jacques Copeau (avant qu'il ne devînt lui-même metteur en scène) dans l'entre-deux-guerres.

Comme l'écrit Bernard Dort, Zola critique se propose de «mener une campagne systématique pour un nouveau théâtre». C'est un des traits de cette critique non journalistique (dont Bernard Dort, répétons-le, est un représentant typique) que d'être une critique de combat, qui se présente elle-même comme militante et qui soutient, à la façon de Théophile Gautier lors de la bataille d'*Hernani*, une école ou une tendance contre l'ordre artistique régnant. En devenant «universitaire», elle s'est sans doute un peu assagie, mais elle a gardé de ce caractère primitif d'ineffaçables empreintes, dont ses liens privilégiés avec le théâtre dit d'avant-garde et ses animateurs assurent la pérennité.

Jacques Copeau illustre la même attitude. Comme critique, il en appellera à une rénovation dramatique, à une «salutaire réaction» contre la médiocrité de la production courante. Comme metteur en scène, il continuera d'entretenir d'étroites relations avec les écrivains de la *Nouvelle Revue Française* (dont il fut un des fondateurs). De ces hommes de lettres il attend une sorte de compagnonnage intellectuel plutôt qu'un jugement ou une sentence. Il écrira, à l'intention du critique idéal : «Vous êtes l'ami de notre art avant d'en être le mentor, votre fonction est de nous aider et nous convaincre plutôt que de nous blesser ou nous nuire. Nous faisons, vous et nous, ensemble, le même métier» (*Les Nouvelles littéraires,* 1932).

Au lendemain de la guerre, cette tradition de coopération entre critiques et gens de théâtre est reprise d'une façon exemplaire autour du Théâtre national populaire. La revue *Théâtre populaire* jouera un peu à l'égard de Jean Vilar, dans un premier temps au moins, le rôle qu'avait tenu la NRF à l'égard de Jacques Copeau ; la différence est que les principaux animateurs de cette revue ne sont pas des écrivains, mais des univer-

L'auteur sifflé *et, en bas,* L'auteur applaudi, *gravures anonymes, 1817 (Bibliothèque nationale, Paris). Le verdict du critique n'est pas définitif. Le public tranche en appel et, jugeant la pièce, juge aussi... le critique. A chacun de choisir son meilleur porte-parole. (Phot. © Bibl. nat./Photeb.)*

sitaires, à commencer par Roland Barthes. Dans un second temps, après avoir découvert Brecht (Bernard Dort entrant alors au comité de rédaction), la revue, qui avait d'abord soutenu avec force l'entreprise de Jean Vilar, s'en détournera, reprochant au TNP d'en appeler plus volontiers «au sens moral qu'à la conscience politique de son public».

Une affaire de spécialistes

Cependant, qu'elle fût pour ou contre les idées de Jean Vilar, *Théâtre populaire* défendait un certain type de théâtre. En ce sens, comme le dit Emile Copfermann, qui fut l'un de ses fondateurs, elle aspirait à «intervenir davantage au niveau des créateurs, des animateurs, qu'à celui du public» et «visait moins à régler la «consommation», comme les critiques des journaux quotidiens, qu'à l'expliquer».

Roland Barthes s'interrogeait, par exemple, sur «les maladies du costume de théâtre», se demandait «comment représenter l'antique», réfléchissait sur la notion d'avant-garde et, bien entendu, commentait le théâtre brechtien (articles recueillis dans ses *Essais critiques*). Définissant «les tâches de la critique brechtienne» (dans la revue *Arguments*), il précisait qu'elle devait couvrir les champs de la «sociologie» (en analysant l'accueil fait à Brecht), de l'«idéologie» (en décrivant le contenu de ses pièces), de la «sémiologie» (en s'intéressant à sa dramaturgie) et de la «morale» (en recensant les situations archétypiques du théâtre brechtien et les solutions proposées). Vaste programme, on le voit, qui relève d'une critique plus proche de la recherche scientifique que du sentiment immédiat.

Théâtre populaire disparue, les deux principales revues de théâtre aujourd'hui en France sont *Travail théâtral*, où l'on retrouve notamment Bernard Dort, et *Théâtre Public*, publiée par le Théâtre de Gennevilliers. A recenser les articles parus dans l'une ou l'autre publication et les noms de leurs auteurs, on constate, d'une part, la place importante qu'y tiennent les universitaires, et, d'autre part, l'interpénétration entre ceux-ci et les professionnels de théâtre.

Les critiques universitaires se distinguent par leur connaissance personnelle de ce milieu théâtral à la fois suspect et révéré. Connaissance encore accrue par la fréquentation des mêmes lieux d'enseignement supérieur (nombre de professionnels du théâtre sont passés par l'Université et certains, comme Ariane Mnouchkine, ont été des élèves de Bernard Dort) et par le développement de ces dramaturges à l'allemande, mi-universitaires, mi-gens de théâtre, qui collaborent avec les metteurs en scène et qui sont chargés notamment de toutes les recherches historiques nécessaires à la pièce. Ainsi les hommes qui représentent la critique savante et ceux qui font le théâtre contemporain sont-ils en définitive très proches. Ils ont souvent le même âge, la même formation, les mêmes lectures. Ils ont découvert Althusser, Derrida, Lacan, ils ont parcouru les mêmes étapes : brechtiens d'abord, structuralistes ensuite, sémiologues aujourd'hui, ils travaillent ensemble.

Comme la critique d'art, la critique dramatique repose sur une complicité entre celui qui produit l'œuvre et celui qui en parle. Sous sa forme érudite, c'est-à-dire principalement universitaire, elle fonde cette complicité sur une communauté de pratiques et d'intérêts qui conduit à regarder la création et le discours sur la création comme les deux faces d'une même activité, les deux moments d'une même démarche. L'homme de théâtre et son commentateur répondent à la même vocation ou, si l'on préfère, partagent le même secret.

De leur côté, les critiques qui s'expriment dans la presse, quotidienne ou hebdomadaire, ne sont pas des journalistes comme les autres. En effet, ils ne se contentent pas d'informer, ils jugent. On objectera peut-être que tous les journalistes, quel que soit leur domaine, ne se bornent pas à rapporter des faits, mais qu'ils portent des jugements, expriment des opinions, formulent des commentaires, qu'un journaliste politique, par exemple, ne peut pas s'abstraire entièrement de ses propres préférences lorsqu'il relate une manifestation ou qu'un chroniqueur judiciaire laisse nécessairement apparaître son point de vue quand il rend compte d'une audience.

Cependant la critique, dont l'appellation déjà, quoique refusée par certains, dit la singularité, se distingue de la pratique journalistique habituelle en deux points au moins. Le premier est que la subjectivité y est une chose admise et l'humeur une disposition tolérée, alors qu'en d'autres matières la neutralité, voire l'objectivité, est fortement valorisée ; le second est que son influence est tenue pour déterminante et qu'elle semble l'être d'autant plus qu'en l'absence de faits «réels» — comme le sont, par exemple, un accident de chemin de fer, un coup d'État, une élection — le lecteur est bien obligé de faire confiance à ceux qui étaient sur place. Cette toute-puissance des critiques qui videraient ou rempliraient les salles à volonté, au gré de leurs caprices ou de leurs amitiés, est couramment admise par les créateurs. La vérité est sans doute plus complexe.

La critique n'est qu'un élément d'incitation parmi d'autres : l'information «de bouche à oreille», le système des abonnements, l'attrait, comme au cinéma, de certaines vedettes (acteurs pour le théâtre de boulevard, metteurs en scène pour le théâtre plus «intellectuel») contribuent à la fréquentation théâtrale. L'approbation de la critique peut donc fort bien ne pas coïncider avec celle des spectateurs.

Les exemples ne manquent pas de spectacles encensés par la presse et boudés par le public ou, à l'inverse, encore que ce soit plus rare, de salles bondées malgré une critique négative. C'est que les amateurs de théâtre, en ces circonstances, se sont décidés sur des critères différents : conseils d'amis, souvenirs personnels, publicité, etc. Quelquefois l'accord se fait entre critiques et spectateurs, et au jugement défavorable des premiers correspond... l'absence des seconds. Est-on sûr que l'opinion des uns ait été pour les autres le principal facteur de dissuasion ?

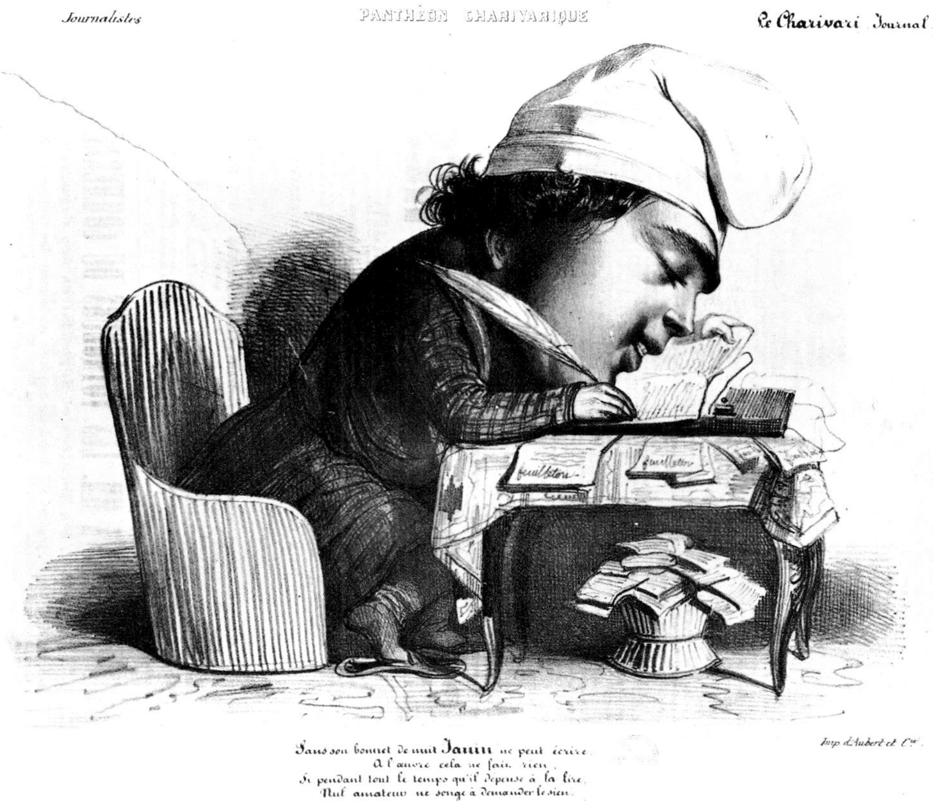

Jules Janin, caricature anonyme parue dans Le Charivari *(bibliothèque de la Comédie-Française). Surnommé le prince des critiques, «le charmant Janin» exerça son principat de 1830 à 1874 au* Journal des débats, *mais, selon Faguet, «à force de mettre des riens délicieux dans son feuilleton, la verve s'épuisant, il en vint à très peu près à n'y mettre rien». (Phot. Jeanbor © Photeb. D.R.)*

Il peut arriver enfin qu'une pièce soit louée à la fois par la critique et le public. Comment savoir si le succès est dû à l'article élogieux du critique ou à la «rumeur»? Cependant, nous dira-t-on, avant que l'article ne fût publié, il n'y avait personne dans la salle ; dès sa parution il y avait foule. Soit. Mais si la pièce n'était pas bonne, croit-on que les spectateurs se seraient précipités ? Les premiers soirs peut-être. Bien vite, le bouche à oreille aurait dissuadé les candidats. On sait par exemple que, après un compte rendu du *Monde* sur *Ah Qiou* par le Théâtre de l'Aquarium, il y eut aussitôt la queue aux guichets de la Cartoucherie. Que se serait-il passé si *Le Monde* n'avait pas attiré l'attention du public sur le spectacle de l'Aquarium ou s'il avait éreinté celui-ci ? Peut-être les premières réactions des gens, la réputation de la troupe, celle du lieu aurait-elles attiré du monde, un peu plus tard. Qui peut le dire ?

Les critiques font partie d'un système : on ne saurait sans erreur les considérer isolément. S'ils commettent une injustice, ils ne sont pas les seuls coupables. Ils sont seulement les personnages les plus en vue dans cette partie du public qui fait l'opinion. Cela limite leur pouvoir, sans l'annuler.

Citons encore une fois Marcel Pagnol, qui fournit la conclusion la plus plausible : «La critique peut freiner un succès, elle peut infliger à l'auteur une semaine d'inquiétude ; elle peut aussi amortir une chute. Mais son action sur le public n'est vraiment sensible que dans un seul cas : lorsqu'elle a raison.»

Les secrétaires du public

Il faut admettre en effet que le critique est le porte-parole du public, ou plutôt de son public, puisque à chaque organe de presse répondent un certain type de lecteurs et, par conséquent, pour schématiser, un certain genre de théâtre. Cela peut quelquefois conduire le journaliste à atténuer son jugement pour satisfaire, ou tout au moins ne pas heurter de front, le goût dominant de sa clientèle ou à formuler son appréciation de telle manière que les initiés en comprennent les réserves, par exemple en insistant sur un thème particulier, éventuellement hors sujet, ou en glissant habilement sur tel ou tel défaut de la pièce (ce que lui permet la liberté qui lui est reconnue). Le plus souvent, toutefois, l'adéquation entre l'orientation du critique et celle de son journal est assez forte pour que l'arrêt rendu soit sincère. C'est même, comme l'a noté Jean-Paul Sartre, ce qui lui donne son autorité.

«Le critique d'un quotidien ou d'un hebdomadaire, déclarait-il dans un entretien à *L'Express* en 1959 (repris dans *Un théâtre de situations*, Idées, 1973), est en réalité le représentant qualifié d'une certaine fraction du public. Il n'est écouté que si son jugement est en général confirmé par ses lecteurs. Autrement dit, tout se passe comme s'il devinait l'opinion des milieux qui le liront : et cela vient de ce qu'il en fait lui-même partie.»

Lorsqu'un spectacle agite le public, dans un sens ou dans l'autre, le critique, selon Sartre, ne crée donc pas ce mouvement d'opinion, mais «l'interprète et le cristallise». Par exemple, la pièce de Sartre *Les Mains sales* a été considérée, après quelques hésitations, comme une œuvre anticommuniste : ainsi l'ont comprise les journalistes, les uns pour s'en indigner, les autres pour s'en réjouir ; ainsi l'on reçue les spectateurs ; ainsi le voulaient sans doute «l'époque, ses besoins, les conflits qui lui [étaient] propres».

Les «feuilletonistes» du XIXe siècle se sont voulus eux-mêmes, modestement, les «secrétaires» ou les «greffiers» du public. Celui-ci attendait, selon Emile Faguet, «un critique qui écoute attentivement la pièce jouée, qui en subit consciencieusement l'impression et dit pourquoi il a été ému, amusé ou ennuyé». Le spectateur moyen, disait encore celui qui fut, après Jules Lemaître, le chroniqueur des *Débats*, «sent confusément ; à la réflexion,

Un «sonnet de l'entracte», par Henri Second, illustration de Douhin dans La Revue théâtrale *(dép. des arts du spectacle, Bibl. nat., Paris).*

Le critique exerçant sa toute-puissance non pas même sur les œuvres mais sur les «étoiles». (Phot. Jeanbor © Photeb. D.R.)

il se rend compte un peu plus clairement de sa sensation ; que quelqu'un fasse ce dernier travail mieux que lui et l'aide à le faire, c'est ce qu'il désire».

A ceux qui lui reprochaient son «individualisme», Jules Lemaître répondait pour sa part qu'il se trouvait être «l'interprète de toutes les sensibilités pareilles à la sienne». Quant à Francisque Sarcey, qui s'avouait «l'esclave de l'opinion», Zola disait de lui qu'il voulait «sentir comme le public» et qu'il était devenu ainsi «le grand homme de la bourgeoisie».

Jules Lemaître, dessin de Cappiello, 1905 (Bibliothèque nationale, Paris). «Consentant au plaisir, nous consentons à l'erreur», affirmait Jules Lemaître, critique «impressionniste» des ... Impressions de théâtre *(1888-1898). (Phot. © Bibl. nat./Photeb. © by Spadem, 1980.)*

Pour ou contre le boulevard

La critique contemporaine — de Jacques Lemarchand (décédé en 1974) à Jean-Jacques Gautier, qui en ont été les deux grandes figures, l'un pour l'avant-garde, l'autre pour la tradition — pourrait revendiquer de la même manière ce que Zola appelait «la communion entre le critique et son public».

Analysant l'accueil fait par la presse à la pièce de Françoise Dorin *Le Tournant*, exemple typique de théâtre de boulevard, Pierre Bourdieu, dans un article de la revue *Actes de la recherche en sciences sociales* (février 1977), montre comment les différents jugements portés sur ce spectacle varient selon le journal dans lequel ils s'expriment, c'est-à-dire «depuis la plus grande distance du critique et de son public au monde "intellectuel" jusqu'à la plus grande distance à la pièce de Françoise Dorin et à son public "bourgeois"».

Ainsi le glissement qui, de l'approbation bruyante de *L'Aurore* et du *Figaro* au silence éloquent du *Nouvel Observateur* en passant par les réserves de *L'Express* et la neutralité du *Monde*, correspond à «une élévation continue du niveau d'instruction des lecteurs» et à un accroissement parmi eux de la proportion de cadres du secteur public et de professeurs au détriment des gros commerçants et des industriels. «L'espace des discours, dit Pierre Bourdieu, reproduit, dans son ordre propre, l'espace des organes de presse et des publics pour lesquels ils sont produits, avec, à l'une des extrémités de ce champ, les gros commerçants et les industriels, *France-Soir* et *L'Aurore*, et, à l'autre, les cadres du secteur public et les professeurs, *Le Monde* et *Le Nouvel Observateur,* les positions centrales étant occupées par les cadres du secteur privé, les ingénieurs et les membres des professions libérales et, du côté des organes de presse, *Le Figaro* et surtout *L'Express*... Ainsi l'espace des jugements sur le théâtre est homologue de l'espace des journaux pour lesquels ils sont produits et par lesquels ils sont divulgués.»

Francisque Sarcey, dessins d'Eugène Rapp (bibliothèque de l'Arsenal, Paris). De «l'oncle» Francisque, Zola écrivait en 1877 : «Dès qu'on joue une œuvre nouvelle, la première question dans les coulisses est celle-ci : Sarcey a-t-il ri ? Sarcey a-t-il pleuré ? S'il applaudit, la fortune de l'œuvre est faite ; s'il bâille, tout est perdu.» (Phot. Jeanbor © Photeb.)

Veut-on quelques échantillons ? Pour *L'Aurore*, «l'impertinente Françoise Dorin risque d'avoir maille à partir avec notre intelligentsia marxisante et snobinarde, les deux vont de pair». L'intelligentsia, voilà l'ennemi. Quant au «crime» que l'on reprochera, selon *L'Aurore*, à cette «réactionnaire perverse», il est de préférer «la fantaisie de Sacha Guitry et les caleçonnades de Feydeau aux obscures clartés de Marguerite Duras et d'Arrabal». Circonstance aggravante : «C'est un crime commis dans la gaieté et l'allégresse, avec tous les procédés condamnables qui font les succès durables.» Les valeurs esthétiques de la droite s'affichent ici avec ostentation : la gaieté et l'allégresse, l'aisance et la grâce, le refus de la prétention et de l'obscurité, le culte du succès durable qui prouve l'art de plaire.

Ces catégories d'appréciation sont aussi celles du *Figaro*, mais son critique (Jean-Jacques Gautier) les applique d'une manière moins polémique. Il félicite «Mme Françoise Dorin» (l'emploi mondain du «Madame», qui s'adresse à la personne à travers la personnalité, est caractéristique de son style) d'être un auteur «courageusement léger», c'est-à-dire, précise-t-il, «spirituellement dramatique» et «sérieux avec le sourire». Désinvolture, subtilité, élégance, virtuosité, maîtrise, équilibre, saine allégresse sont ensuite les mots qui définissent le talent de l'auteur. A la différence de *L'Aurore,* qui s'en prenait à Marguerite Duras et à Arrabal, l'adversaire n'est pas nommé, et l'allusion politique est évitée.

L'Express (Robert Kanters) prend déjà quelques distances, tout en louant le spectacle. «Cela devrait aller droit au succès», dit-il, parlant d'une pièce «astucieuse» (ce qui est un éloge mesuré) et d'une «virtuosité sans défaut, à quelques longueurs près». Il note que «seuls les pédants moroses» discuteront le fond, suggérant qu'il est discutable.

Le Monde (Louis Dandrel) occupe une position centriste, qui lui permet de ne pas vraiment se prononcer. Le lecteur saura que «le public jubile de cette peinture dérisoire du théâtre moderne», tout en ignorant si cette jubilation est aussi celle du critique. Il apprendra que le personnage principal est «caricatural à l'extrême» et que cependant, à travers lui, s'exprime «une critique véhémente de la bourgeoisie». Il découvrira que *Le Tournant* «peut être considéré comme une œuvre importante», mais seulement parce qu'il «reflète l'état du théâtre bourgeois». Enfin, *Le Nouvel Observateur* ne dit mot de la pièce.

A parcourir le spectre des opinions, on constate qu'il recouvre à peu près exactement celui des publics : de la bourgeoisie traditionnelle conquise par le «boulevard» à l'intelligentsia qui le dédaigne, certains journaux, comme *Le Monde* (et aussi *La Croix,* qui pousse la conciliation jusqu'à évoquer un «boulevard d'avant-garde»), étant contraints par l'hétérogénéité de leur clientèle à un compromis entre ces diverses couches sociales.

Un art de la conversation

Si elle est tant liée à son public, c'est que la critique dramatique est depuis sa naissance un art de la conversation. La critique universitaire en a gardé quelques traits, mais c'est surtout la critique journalistique qui a fait fructifier cet héritage des salons : l'appréciation d'un spectacle est d'abord un échange d'impressions et d'informations entre des spectateurs qui ont en commun la même notion du goût.

De là le style «impressionniste» de cette «critique voluptueuse» que Jules Lemaître opposait à la «critique raisonneuse». «Consentant au plaisir, nous consentons à l'erreur», disait-il, précisant : «Cela nous est égal de nous tromper en aimant ce qui nous plaît et nous amuse et d'avoir à sourire demain de nos admirations d'aujourd'hui.» Le critique a pour mission de traduire l'émotion que le spectateur moyen ressent sans parvenir à la formuler : ainsi affirme-t-il sa supériorité par sa maîtrise du langage.

Le trait d'esprit, la trouvaille brillante, la «chute» heureuse font la valeur de sa *chronique* (terme qu'il préfère à ceux d'*article* ou de «*papier*», trop techniques, trop prosaïques, bref trop professionnels, et de ce fait contraires à sa liberté d'allure). Certains poussent même la coquetterie jusqu'à feindre l'ignorance du jargon, comme Jean-Jacques Gautier qui prétend ne pas comprendre ce qu'est un «dramaturge» et ajoute modestement : «Mais je suis loin de tout savoir.» Si le pamphlet n'est plus de mode, l'écriture doit être piquante, dans le compliment comme dans le blâme, ou, selon la pièce, dénoter une discrète sensibilité.

Selon la logique de cette fonction, la plupart des critiques sont aussi des écrivains. Sans remonter à Théophile Gautier ou à Barbey d'Aurevilly, sans même parler de Colette qui, avant guerre, tint le feuilleton de plusieurs journaux, Jean-Jacques Gautier a reçu le prix Goncourt en 1946, François-Régis Bastide le Femina en 1956, Bertrand Poirot-Delpech l'Interallié en 1958 ; Jacques Lemarchand, Michel Cournot, Guy Dumur ont également débuté comme romanciers. C'est que leur tâche de critique est, pensent-ils, d'offrir à l'aide de mots et de phrases un équivalent du spectacle auquel ils ont assisté et que leurs lecteurs n'ont pas vu. Il ne leur suffit pas de décrire ou d'expliquer, il leur faut, à leur façon, recréer la pièce ou, si l'on préfère, faire revivre la jouissance esthétique que celle-ci leur a procurée et qu'ils veulent, à leur tour, inspirer aux autres. Peu leur importent les professions de foi de l'auteur ou du metteur en scène. Ce qui les intéresse, c'est l'effet que l'œuvre produit sur eux, en eux. S'il est positif, ils tentent d'en donner une idée, même approchée ; s'il est négatif, ils s'en désolent, et les voilà qui passent pour d'impitoyables procureurs, incapables d'apprécier le travail accompli et probablement influencés par quelque cabale.

Jean-Jacques Gautier, dessin de Sennep. Il tenait Ionesco, à ses débuts, pour «un plaisantin», «un fumiste démodé» et jugeait «vide et misérable» en 1957 Fin de partie, *de Beckett. Mais* Les Glorieuses, *de Roussin, «voilà de la bonne comédie»; et* Patate, *d'Achard, «que cela fait du bien, qu'on est heureux!». Sur Beckett et Ionesco, il a changé d'avis. Pas sur Roussin ni Achard. (Phot. © by éd. Flammarion, 1962. © by Spadem, 1980.)*

Ci-dessous : les critiques new-yorkais, caricatures de John Held dans The Theatre, *1917 (bibliothèque des Arts décoratifs, Paris). Les oracles capables de faire et de défaire toutes les gloires dans les «temples» de Broadway. (Phot. Michel Didier © Photeb.)*

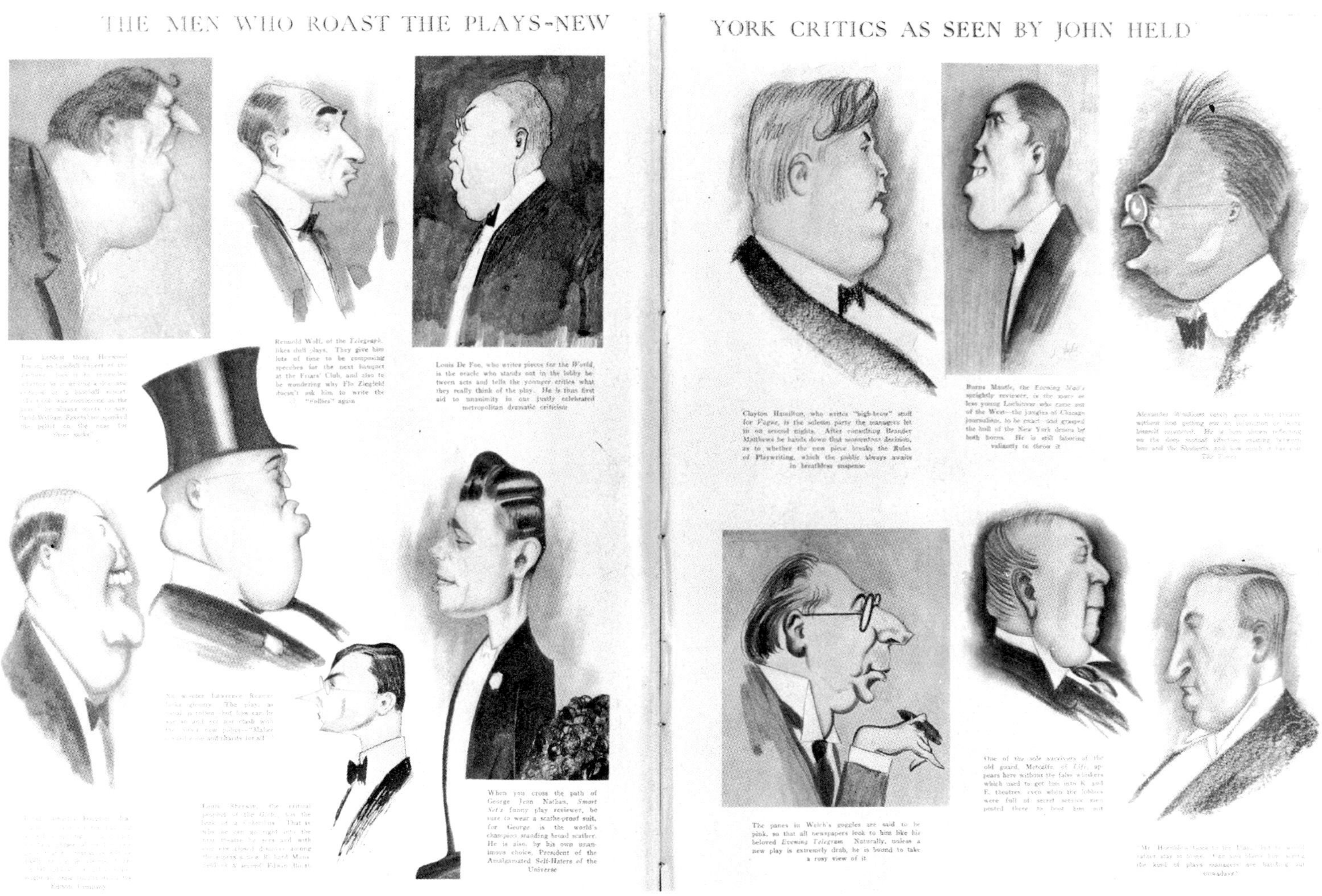

Critique subjective, fondée sur la réaction personnelle du journaliste, la chronique théâtrale n'est pas nécessairement un compte rendu hâtif et superficiel. Si elle l'est parfois devenue, c'est que sa place dans la presse s'est trouvée réduite au fil des années et que le délai laissé au critique s'est également amenuisé. Le feuilleton hebdomadaire a disparu de la plupart des journaux entre les deux guerres, ceux qui l'avaient conservé l'ont abandonné au lendemain de la Libération. Le rôle du «courriériste», qui rendait compte au jour le jour des spectacles nouveaux, et celui du «feuilletoniste», qui pouvait se donner le temps de la réflexion, se sont ainsi confondus. A ses débuts au *Figaro*, Jean-Jacques Gautier assurait la critique quotidienne, tandis que Pierre Brisson était le titulaire du feuilleton.

Aujourd'hui l'abondance des représentations (trois cents générales par an, rappelait Lucien Attoun au colloque d'Avignon, sans compter les pièces non inscrites au calendrier officiel des générales) oblige à écrire de plus en plus vite des articles de plus en plus courts, alors même que d'autres formes de spectacle (le cinéma surtout) sollicitent l'attention. Il en résulte un affaiblissement de la chronique dramatique dans la presse quotidienne, en particulier en province, où la plupart des journaux n'ont pas de critiques spécialisés.

La critique des hebdomadaires tend à s'aligner sur ce régime. Mieux même, elle l'encourage en multipliant les mini-chroniques de quelques lignes (les «rendez-vous» du *Nouvel Observateur*, le «guide» du *Point* l'«agenda» de *L'Express*) qui ne laissent guère de possibilité d'explication. On comprend qu'un animateur de théâtre, Jacques Livchine, ait regretté, au colloque d'Avignon, que le critique, au lieu d'être «un compagnon de route», ne soit qu'un «poteau indicateur» : «Il faut y aller ou non.»

La chronique dramatique comme genre (on serait tenté de dire : comme genre littéraire) a donc perdu du terrain. Cette évolution est probablement liée à la crise de fréquentation du théâtre et aux changements qui ont affecté son public. La complicité qui unissait, au XIXe siècle et au début du XXe, auteurs, spectateurs et critiques s'est défaite, et le théâtre lui-même s'est diversifié. Le feuilleton, qui était comme le symbole de cette unité, a ainsi décliné, à mesure que d'autres couches sociales accédaient à la «consommation» d'œuvres dramatiques. Il a fait place, peu à peu, à une autre approche du fait théâtral, plus dirigée sur l'information.

Répondant en partie aux vœux de la critique universitaire, la presse a en effet développé, parallèlement aux comptes rendus de spectacles, des articles qui tiennent plus de l'enquête ou du reportage que de la critique proprement dite. L'intérêt s'est porté sur l'ensemble des conditions qui aboutissent à la création d'une pièce, autant, sinon plus, que sur la représentation elle-même. La vie des gens de théâtre, l'activité des metteurs en scène, des comédiens, des techniciens, les difficultés financières des troupes, leurs revendications professionnelles et, plus généralement, la politique menée par le gouvernement à l'égard des diverses institutions culturelles ont fait l'objet d'études, de dossiers, d'entretiens, de points de vue. La pratique des *avant-premières*, qui annoncent les spectacles, est également apparue.

Des intercesseurs

Les journalistes qui conçoivent ainsi leur fonction sont plus attentifs aux besoins des professionnels et, contrairement aux critiques habituels, ne se comportent pas seulement en spectateurs privilégiés qui ne connaissent du monde du théâtre que l'avant-scène. Ils fréquentent aussi les coulisses, se mêlent au milieu, sont un peu ses porte-parole.

De fait, une nouvelle génération de critiques s'est affirmée, qui défend plus ouvertement les intérêts du théâtre, qui ne craint pas par exemple de servir d'intermédiaire entre les animateurs et les pouvoirs publics, soit qu'elle siège dans les commissions d'aide, soit que, plus curieuse ou plus active, elle parle de jeunes troupes encore inconnues, qui brandissent ses articles pour réclamer une subvention au ministère ou se faire valoir auprès de leur municipalité. Jean-Jacques Lerrant, du *Progrès* de Lyon, un des rares chroniqueurs spécialisés d'un journal de province, expliquait au colloque d'Avignon que son métier consistait «non seulement à voir des spectacles et à faire des chroniques, mais aussi à faire des démarches auprès d'un maire, d'un conseil général, de collectivités locales, pour aider le jeune théâtre, pour obtenir des crédits, des salles.» Il ajoutait : «Je crois que la critique dramatique doit s'engager davantage, mener un combat, défendre une politique culturelle.»

Sans être aussi directement impliqués, une partie des critiques, qui sont en général en deuxième position dans leur journal auprès du chroniqueur vedette et qui sont, eux, plus journalistes qu'écrivains, jouent plus ou moins ce rôle d'intercesseurs et d'amplificateurs, au risque de paraître liés à des chapelles, et refusent celui de guides et d'oracles. Certes ils expriment leur jugement. En ce sens ils ne donnent pas entière satisfaction à ceux qui croient, ou feignent de croire, comme Gildas Bourdet, animateur du Théâtre de la Salamandre, au colloque d'Avignon, qu'«informer et juger ne doivent pas aller de pair». Mais leur attitude est sans doute plus compréhensive et plus balancée (trop parfois, leur reproche-t-on) que celle des «grands» critiques.

Le paradoxe est que les créateurs préfèrent encore les élans d'enthousiasme, qui relèvent pourtant de cette critique d'humeur qu'ils abhorrent, aux commentaires explicatifs, même si ceux-ci sont plus conformes à la mission d'information qu'ils assignent aux journalistes. Quant au lecteur qui aime le théâtre, il lui appartient d'apprendre à connaître les goûts de son critique et de les rapporter aux siens.

L'entreprise critique, qu'elle soit universitaire ou journalistique, repose, en son principe, sur un modèle classique, celui de l'identification du spectateur au personnage, selon lequel la représentation théâtrale est d'abord la communion de quelques dizaines ou quelques centaines de personnes en un même lieu, pour un même soir, dans la célébration des mêmes mythes, de la même idéologie. Dès lors le discours d'accompagnement, aussi savant soit-il, s'inscrit dans cette même problématique.

Mais peut-on ignorer la question que pose Louis Althusser, au terme de sa réflexion sur Brecht, dans ses *Notes sur un théâtre matérialiste*, et qui est de savoir «quel sera le destin de cette identité tacite»? «Que va devenir, demande-t-il, cette reconnaissance de soi idéologique? S'épuiser dans la dialectique de la conscience de soi, approfondissant ses mythes sans jamais s'en délivrer? Mettre au centre du jeu ce miroir infini? Ou bien le déplacer, le rejeter sur les côtés, le prendre et le perdre, le quitter, y revenir, le soumettre de loin à des forces étrangères, et si tendues, qu'il finisse, comme par cette résonance physique qui brise à distance un verre, par n'être plus soudain qu'un tas d'éclats au sol?»

Si la pièce est «la production d'une nouvelle conscience» dans le spectateur — professionnel ou non — c'est-à-dire «la production d'un nouveau spectateur, cet acteur qui commence quand finit le spectacle, qui ne commence que pour l'achever, mais dans la vie», comment rendre compte de cet ébranlement sans briser le miroir de la critique?

Le théâtre, qu'est-ce que c'est ?

A la question : «Qu'est-ce que le théâtre ?», nous avons entendu bien des réponses, et les possibles ne sont pas épuisés. D'Aristote à Brecht, d'Artaud à nous, une constante se dégage : quoi qu'il (en) soit, le théâtre est un processus organisé par l'être humain social, selon un projet d'action à la fois fictive et réelle, qui signifie pour lui seul. C'est précisément dans le rapport entre le réel tangible de corps humains agissants et parlants, ce réel étant produit par une construction spectaculaire, et une fiction ainsi *représentée*, que réside le propre du phénomène théâtre.

En tant que jeu dramatique, expression, message, corps imaginaire, espace scénique, temps fictif, présentation et représentation, le théâtre est toujours «structuré comme un langage», selon une formule à la mode et qui prétend définir l'inconscient, c'est-à-dire l'homme. Ce «comme un langage» implique «en tant que système signifiant». Le surgissement et la gestion du sens (la *semiosis*) en expression du désir et en communication caractérisent avec d'autres objets sociaux le spectacle dramatique. La connaissance du sens est l'espace même où se révèlent les paradoxes du spectacle. Paradoxes qui engendrent, au sein de la *passion* du théâtre, une intolérable gêne. N'est-il pas pénible, vraiment, de voir agir et parler fictivement, dans un lieu d'où l'on est exclu, des humains qui exhibent la plus manifeste indifférence pour le spectateur qui pourtant les justifie ? Ces fantômes de chair s'exposent indécemment, insensibles à l'intérêt qu'on leur porte. Au cirque, le lion ne rugit pas que pour son dompteur : il s'adresse au public, à moi-même. Au cinéma, je ne surprends que des ombres. Autre chose : au théâtre, comme devant l'équilibriste, comme à l'opéra ou au ballet, il faut supporter l'angoisse du vivant dans le prévisible. L'objet scénique est programmé avec rigueur, et, pourtant, le comédien peut oublier ou altérer son rôle, trébucher, se tromper de geste ou d'espace, le projecteur peut flancher, le décor se gondoler. J'assiste au simulacre d'une liberté où le seul possible est l'échec. Enfin, je suis exclu du drame, mais enfermé avec lui, contre lui, dans cet espace commun et divisé qu'est le lieu théâtral.

Relation conditionnelle, toute de frustration. Je pourrais parler à cette femme qui agit devant moi et (il faut le croire contre toute apparence) pour moi : je pourrais la toucher, l'embrasser, la gifler, sentir la chair. Mais non, j'ai accepté le contrat intolérable qui me fait «spectateur». Les dérisoires libertés que m'accorde la modernité, me lever, marcher, m'approcher, m'éloigner, n'y changent rien ; je reste aliéné, mutilé. De fait, dans notre culture, le spectateur ne peut intervenir que pour détériorer, pour perturber, pour annuler (il lui suffit d'être absent). S'il accepte le contrat : venir, se masser, attendre, rester suffisamment tranquille, mais éveillé, mais vigilant, mais attentif, il ne peut, faute de tout démolir ou de chasser les acteurs, qu'approuver ou désapprouver en mesure, contribuant au rituel. Claqueurs et siffleurs n'assument aucune liberté : ils transmettent un message qui n'est pas souvent le leur ou font partie du spectacle, souvent à leur insu.

Tout cela, bien connu et ressenti. «Spectateur, écrit Augusto Boal, est un mot obscène.» Propos dangereux. Si l'on peut établir que le théâtre, comme le voyeurisme qu'il fonde, est établi en perversion, alors le mot «théâtre» aussi est à vomir. Pour conjurer l'esclavage spectaculaire et la domestication sociale (théorisée par Aristote) il faut bien s'essayer à substituer nos théories.

Deux évidences jettent le théoricien à la rencontre du théâtre, système signifiant complexe, machine à messages et à «massages» sociaux. Ce système de signes est complexe. Il structure de la parole, des paroles, des gestuelles, des mimiques, des «codes vestimentaires», de la figuration, plane ou spatiale, des objets sonores, et il aboutit à un processus évolutif dans l'espace et le temps, appelé «représentation» — alors qu'on devrait dire : «représenté». Ce représenté est englobé dans un système actif plus vaste, où prend place le destinataire collectif (le public), et qui est bien une présentation répétable, une re-présentation.

L'évidence d'une production d'actes de langage au centre de ces processus permet de leur appliquer des méthodes d'inspiration linguistique. Mais c'est au prix d'un détournement : l'objet théâtral n'a pas à être traité comme un texte narratif «joué», actualisé. C'est au contraire l'effet d'un projet dramatique et mimétique, certes conservé par l'écriture littéraire et appuyé sur la syntaxe d'un récit.

Des questions comme «Y a-t-il une communication, une expression spécifiquement théâtrales?», «un système signifiant dramatique» ou «spectaculaire», etc. sont préalables à toute définition. Et d'abord, qu'est-ce que ce projet théâtral?

Il y a chez certains créateurs le projet d'exprimer en exposant, en faisant bouger, agir fictivement, parler, crier, chanter, pleurer, rire... des êtres humains ou humanoïdes, prélevés sur la réalité sociale et jetés dans une fiction. Cette expression fut d'abord puissamment collective. La naissance de la tragédie suppose un peuple; non des écrivains, mais bien des organisateurs. Ceux-ci ont à inventer un espace et à tourmenter le temps; ils y délèguent des porte-voix, porte-masques, porte-signes en un mot, chargés de simuler pour le groupe, de simuler le groupe en son désir. Plus tard, avec l'écran et le tube cathodique, ces porte-signes sont devenus des illusions d'optique. Non par hasard, c'est alors qu'ils s'affichent comme de simples humains et, plus souvent que jamais, dénudent leurs corps de mammifères. A l'extrême opposé, l'acteur oriental ou antique (et aussi le singe dressé et la marionnette) sont toujours vêtus, cachés. Aux origines, le projet théâtral suppose un montreur de simulacres et des corps humains traités (disent encore certains modernes très cyniques) «comme du bétail». L'irrespect destructeur de l'homme mais l'amour projectif de la poupée et de la bête fondent le spectacle. L'acteur est pour ceux à qui il est montré (c'est un *monstre*) l'homme caché, derrière des oripeaux, derrière voix et image. Ses cordes vocales, son larynx, son souffle doivent être discrets, congédiés par la tourmente qui dissipe l'être présent et convoque l'imaginaire. La chair, les muscles, les membres, le sexe, les humeurs sont en coulisses : des ficelles, des machines, révoquées par la draperie, le masque et le cothurne. Un corps artificiel, dépecé-construit, fonde cette abstraction confuse : le personnage, que son nom attache au masque *(persona)*. Dans de nombreuses cultures, les signes du sexe s'échangent; désignant des vagins culturels, les maquillages et vêtements féminins du *nô*, du *kabuki* cachent sans équivoque et sans gaudriole possible les pénis absentés. Ce congédiement du corps se marque aussi par les registres vocaux travaillés, invraisemblables et signifiants du théâtre oriental. Le «réalisme» occidental moderne, lié à la perspective en profondeur, à la musique imitative, compromet l'essence même du théâtre. Artaud l'a hurlé; nous le ressassons.

La négation des sources physiologiques de l'action garantit la mimésis, que l'on s'est trop longtemps acharné à comprendre comme «imitation», alors qu'elle est «production du signe et du simulacre». Tout personnage est une perversion : le jeune est vieux, le malade gambade jusqu'à la limite de ses forces, le robuste s'épuise à montrer l'agonie et la mort, puis remeurt, sans avoir à renaître. Le plus miteux spectacle bat les tours de passe-passe réalistes que les narrateurs évangéliques appellent des miracles.

Il n'y a pas de paradoxe du personnage; seulement un creux. Une admirable et passagère institution exprime la nature théâtrale, c'est le trou du souffleur. Car le théâtre est souffle d'illusion et trou dans le phénomène. Il vient d'une lacune essentielle, celle qui fonde la signification, renvoi sans repos. La représentation, en tant que signe, tire sa vérité d'une annulation de son être, dans un rejet qui vise une cible mal connue. Comme dans le tir à l'arc mystique, l'intention signifiante est une abolition de soi, l'intention théâtrale une suppression des moyens jetés vers un représenté, vers l'«autre scène», vers l'inconnu.

Barrés par la grille des signes, les corps et les âmes de la «troupe» peuvent s'évanouir : les comédiens avec leurs paradoxes, les tissus diligemment cousus, les matières taillées, recouvertes, ornées, déployées, expansées, les surfaces de plancher ou de toile, le travail des ouvriers, les peines et les salaires, les conflits, les illusions, les sueurs et les larmes vraies, les tracs, les passions, les besoins, les sécrétions, les drames de la vie. Nécessaires à la production du monstre, du montré, il y sont consommés, consumés, pour que surgissent personnages, décors, illusions contrôlées, et donc peines et conflits, espoirs et larmes, passions, besoins et drames. Le représenté mange et efface le présent, le présenté.

Ce bouleversement sans cesse interrogé peut toujours être affiché (le théâtre dans le théâtre), ou nié, ou déplacé. Il lui arrive même de se découvrir, tranquillement, comme chez les montreurs-montrés de marionnettes japonaises, au visage pourtant illisible s'il n'est caché. C'est cet orage dramatique qui tue et fait naître. Assassin de la nature et avec elle du projet culturel de figuration de la nature. Maïeuticien du rêve ou de la révolte.

Le Théâtre et son double. Entendu, le titre célèbre d'Artaud nous chuchote : le théâtre *est* son double. De même, il est *son* double, écho redoublé, toujours repris.

Parmi les arts, un classement premier peut opposer la production d'un objet unique, irremplaçable (tableau, pure improvisation musicale) à celle d'un objet à reproduire (œuvre de langage, gravure, partition). Cette reproduction peut être neutre. Les doubles ne sont alors que des variables accidentelles. Un film, matériellement, c'est une suite de photogrammes sur un support et une bande sonore qui lui est synchronisée. Il peut être reproduit en copies, et chacune d'entre elles pourra s'actualiser maintes fois en un objet visuel mouvant.

Ainsi, la reproduction, créatrice sur le plan de la communication concrète, peut être neutre ou dégradée sur le plan de l'expression artistique. L'étude fascinante du double et de la réplique couvre le domaine esthétique entier. Qu'elles soient homogènes et techniques (reproductions de tableaux par l'impression, enregistrements sonores, maquettes de monuments reproduites) ou hétérogènes et artisanales (gravures par rapport à un tableau, photos d'œuvres d'art), elles posent non seulement le problème des rapports entre art et technique, mais celui de la médiation entre production esthétique et communication sociale.

C'est dans ce contexte qu'il faut situer une recherche de la spécificité théâtrale. Avec d'autres arts de l'espace et du temps, le théâtre est un système double. Mais cette duplicité reconnue est-elle suffisamment interrogée? Ecrire une pièce, de même qu'une œuvre musicale, est une étrange opération. Il ne s'agit pas de produire un objet qui sera, directement ou par médiation technique, en proie à l'écoute et au regard, mais de forger un code intermédiaire pour d'imprévisibles messages. Dans la double production théâtrale (ou musicale, chorégraphique), l'objet central présente, dans une pertinence absolue, le double caractère de l'actuel et du virtuel. C'est bien un message prêt à être communiqué : M. ou Mme X «lit» du Ionesco, peut-être avec l'idée vague de personnages sur une scène, peut-être même avec une intention précise de «mise en scène». C'est bien un texte, produit d'un discours plus ou moins littéraire (intentionnellement ou socialement). Mais c'est aussi un code prêt à produire des effets d'un ordre différent, des spectacles : M. ou Mme X décide de mettre en scène *Amédée*, ou peut-être d'en tirer un film. *Code* est ici quelque peu métaphorique : en fait, le texte théâtral écrit, imprimé est, comme la partition musicale, un système signifiant assez particulier, dont la nature singulière n'exclut pas la qualité *légale* : produit d'une créativité langagière esthétique où se cache, s'expose, se déforme une créativité spectaculaire, il s'érige immédiatement en stimulateur d'une autre créativité, celle qui aboutit à la finalité du théâtre, au théâtre même. Nos sociétés, depuis la Renaissance, ont favorisé la première créativité : l'auteur (comme le compositeur) éclipse l'«interprète». Ce nom trahit une idéologie : une fois l'«œuvre» créée, notée (la note est l'aspect critérial, dans une culture fondée sur la trace), il n'est besoin que d'une instance intermédiaire, d'un transmetteur, d'un messager fidèle, pour rendre effective, réelle, observable, vivante, la communication artistique. Or nous savons bien que la notation n'est pas essentielle : les musiques africaines s'en passent, comme s'en passaient les trouvères, qui récitaient, re-convoquaient le discours poétique qu'ils pouvaient avoir ou non formé (mais la langue médiévale trahit une autre attitude : ils l'avaient «trouvé»).

Art dédoublé, le théâtre est plus visiblement art de monstration, de spectacle. En cela non plus il n'est pas seul : le concurrencent *dramatiquement* le cinéma et la télévision. Les intersections sont multiples : comme le cinéma, la danse ou le mime, le théâtre met en œuvre la durée. Il s'en sert, comme la plus active littérature, pour y développer une organisation narrative. Comme l'opéra, la chanson, le cinéma parlant, il fonde ou accompagne cette narration sur du langage naturel. Comme la danse, le mime, le cirque, c'est l'art du corps humain dans un espace, son «écriture».

Spectaculaire et simulateur, le projet dramatique est par nature dévié par le système des valeurs sociales. Il est d'abord modelé par l'idéologie. De la tragédie archaïque au système politique d'Aristote, le chemin n'est pas tant d'une rationalisation que d'une volonté de maîtrise sociale, de police, au sens noble (eh oui!) du terme. L'indignation est ici naïve. Les avatars religieux de la narrativité témoignent d'un encadrement «policier» beaucoup plus ferme et d'un appétit de récupération plus vorace : de Gilgamesh aux livres bibliques — où de beaux esprits voient, fabuleusement, la source de nos libertés — le récit devient loi. Le théâtre occidental n'est pas épargné dans cet investissement, de l'Antiquité païenne à la chrétienté.

Plus spécifique, la prolifération d'un code aux dépens des autres. L'histoire de la culture occidentale moderne, par rapport à celles de l'Antiquité ou de l'Orient, voit le triomphe de la lettre sur le corps. C'est non seulement la domination du texte, du livre, sur le geste et le cri, mais du noté, du fixé, du répétable, sur l'événement et l'impermanence. Le théâtre, dans son institution, incarne un conflit préhistorique. «Le geste et la parole»; Leroi-Gourhan situe avec simplicité le surgissement de notre espèce animale, et dit d'où vient l'énergie dramatique. Du geste, l'écriture, laquelle veut enfermer en son tracé la voix. Mais la main qui écrit pour le théâtre veut enfermer aussi le corps signifiant, les autres gestes.

Qu'on retourne le problème en tous sens, le théâtre est fait par des corps, pour des corps. Bourré de suppléments d'âme, il a bien failli crever d'asphyxie, parce que l'âme oubliait qu'elle n'était que souffle, respir, rythme biologique. L'écriture, ses lettres et ses ratures, issue de la main, conduite par des nerfs, feignait l'immatériel et l'angélique. Cela s'est appelé *littérature*. Cependant, l'écriture théâtrale peut difficilement oublier qu'elle vise à jeter des corps signifiants en un lieu de simulacre, de vérité. Qu'elle vise à investir. Lire Eschyle, Racine ou Schiller est une opération métonymique : exactement, une perversion. Mais si l'ajout des corps, des bruits, des gestes, des sites, des objets, des lumières, saute littéralement aux yeux, la soustraction de tout cela est imperceptible, puisque le texte conservé, imprimé, ne fait que l'impliquer. Le texte de théâtre est au projet spectaculaire ce qu'une gravure est à un tableau, un récit en langage à un film. En outre, il est projet, et non objet. Ce devrait être — c'était — un aide-mémoire. Grâce au terrorisme de la littérature, repérable en Occident vers la fin du Moyen Age, une notation s'arroge d'être une œuvre.

Oublieux du corps, le texte de théâtre ne dit rien de la voix. De vagues spécifications signalent des intentions expressives («d'une voix sourde, étouffée...») ou pittoresques («enrhumé»). Ainsi «jouer» un rôle dans une pièce n'est pas comparable à «jouer» la partie de deuxième violon dans une symphonie ; les contraintes sont plus faibles, les éléments à ajouter innombrables. L'acteur doit inventer sa voix : respiration, timbre, hauteurs, intensités, mélodie, rythme, accents.

En dépit d'apparences d'ailleurs démasquées, la pièce de théâtre écrite n'est pas un texte, mais une prescription globale : l'ordre, intimé à des agonistes, d'avoir à paraître, agir, se mouvoir on ne sait comment dans un espace nu ou peuplé d'objets, tout en énonçant strictement, selon un ordre rigoureux, des suites syntaxiques toutes préparées. Lue dans le silence et l'unicité d'une relation intime, cette prescription est en grande partie perdue ; le projet est annulé, remplacé par l'effet d'une autre communication, la lecture.

Le texte théâtral est un résidu, non pas un embryon ; la structure de l'œuvre en est absente. Et c'est bien cette *struttura assente* (pour voler à Umberto Eco son beau titre) qui définit la littérature théâtrale. Mais cette absence, gêne, et parfois remords, est un appel.

Il ne s'agit pas d'ajouter au texte, comme pelures d'oignon, les voix humaines, les actes de parole, des figures et des mimiques, des membres et des gestes, des pieds et des déplacements, des vêtements, des objets, des images fixes et mobiles, des lumières, des bruits... pour obtenir enfin le spectacle. Celui-ci n'est pas une addition, ni un oignon ; c'est (ce devrait être) un projet collectif réalisé autour d'une contrainte de langage, une structure faite pour communiquer. Ces plans sont entrelacés dans le phénomène, mais profondément distincts.

Aux arcanes de la re-présentation, la genèse du spectacle ajoute donc un mystère et une ambiguïté. Les actualisations du *Roi Lear* ou du *Mariage de Figaro* sont littéralement des inventions : aucun dramaturge conscient ne cherche à «illustrer» un texte, fût-il génial, à proposer une lecture parmi d'autres (ôtez les négations, et vous obtenez le pire théâtre, ou les adaptations de l'infortuné Stendhal au cinéma). Il va, derrière le texte, réveiller l'intention mimétique et spectaculaire dont le dialogue noté est la seule trace observable, avec les souvenirs lacunaires de mises en scène antérieures.

Cependant, «mettre en scène» est une notion récente ; alors que l'opération qu'elle désigne mal coïncide avec le théâtre même. L'expression est ambiguë et trompeuse, ne supposant au verbe *mettre* qu'un amalgame de compléments indécis : texte ? pièce ? spectacle ? Elle révèle par sa forme même une tradition d'enfermement : *en* scène, comme on dit (au cinéma) c'est *dans* la boîte !

Parmi les dramaturges, certains ont été conduits a créer dans la globalité par une situation technique concrète. Shakespeare, Molière vivent des projets directement théâtraux, à plusieurs niveaux : direction de troupe, organisation de spectacles. Leur «écriture» plonge dans un dynamisme où la «mise en scène» est évidemment incluse, au point de perdre (eux présents) tout sens spécifique.

Le problème capital est sans doute l'éclatement du projet dramatique en un ensemble de rôles créateurs. Tour à tour, un concepteur d'espace, un fournisseur de visions, un magicien optique, un incarnateur de fantômes, un organisateur prennent l'affaire en main : ainsi décorateur, scénographe, éclairagiste, acteur, régisseur peuvent accaparer les décisions qui aboutissent à *ce* spectacle. Parfois, c'est l'«auteur», source commune d'un objet observable, le texte, et d'une intention globale souvent implicite ou perdue, le spectacle, qui maîtrise la production de ce dernier. Le cas Brecht-Weigel est peut-être le dernier témoin de ce phénomène créateur. En réalité, la mise en scène est le résultat d'une individuation et d'une série de démissions. Division du travail en miettes, reflet de l'évolution contemporaine du capitalisme économique, qu'il soit privé ou étatique. Si «spectateur» est un mot obscène, «metteur en scène» est un nom désespérément limité, tristement fonctionnel. Et la noblesse ambiguë du nom d'«acteur» est répudiée par la désignation d'une spécialité professionnelle, «comédien».

Œuvre littéraire et produit scénique, acteurs et organisateurs se renvoient une balle diablement coupée. Dans ce jeu des responsabilités, la globalité du projet est fissurée, ou ne se rétablit que par une série de métaphores réductrices. L'œuvre théâtrale est pour Craig une «régie», pour Meyerhold une «architecture». Chez les grands théoriciens, une rhétorique de la hiérarchie et de la domination n'est pas rare : il s'agit de savoir qui doit être le «maître de la scène» (Stanislavski). Et dans la réalité quotidienne de la troupe avant les représentations, dans l'établissement d'une signification transmissible au public, ce problème du pouvoir est primordial. La prise du pouvoir, le maintien au pouvoir, qu'il soit assumé (le metteur en scène roi), camouflé, masqué, déplacé (le mage-pédagogue-thérapeute), fui ou nié, règle l'expérience dynamique qu'est la genèse du spectacle. Son caractère insupportable explique bien des ambiguïtés, et jusqu'aux contradictions, elles-mêmes inconciliables, d'Artaud et de Brecht. La «liberté» de l'acteur, au nom de quoi la partie la plus vivante du théâtre occidental, après 1968, a fait écho à l'expérience majeure et probablement inimitable du Living Theatre, n'est pas un système ou un principe, mais bien le surgissement d'une possibilité nouvelle de relations interhumaines, plus proche des communautés contestataires que de l'autogestion ouvrière, et aussi fragiles, aussi récupérables.

Les racines sociales du spectacle, pourtant, ne sont ni arrachées ni transplantées par de telles expériences. Essentielles quant à l'évolution du théâtre, comme concept actif et dialectique ; mineures, momentanément et tristement, quant à la sociologie immédiate du spectacle. Car le roi à détrôner, ici, n'est ni l'auteur, ni l'acteur, ni le metteur en scène, ni même le dramaturge total, mais le public. Et le public, c'est l'homme social, c'est-à-dire à la fois l'objectif, la cible, la raison d'être du spectacle théâtral et la source profonde des besoins, des désirs, des structures acceptables, des fureurs et des bruits que le théâtre met en œuvre. Avoir réduit cet homme public au statut mutilé de spectateur immobile, grégaire, alors même qu'on voulait le mouvoir et l'émouvoir, tel est le méfait historique. Pas plus grave que celui qui organise les rapports du thérapeute au *patient*, dira-t-on. Mais justement, le jeu rassurant à l'«anti» (antithéâtre, antimédecine, antipsychiatrie), s'il fait bouger les chaînes et les force à cliqueter, à se manifester comme chaînes, ne parvient jamais à les rompre. Heureux encore s'il ne les renforce pas.

Tout discours sur le théâtre, et ce livre même, repose sur une ambiguïté. Il n'y est question que des spectacles qui entrent dans un système de valeur fondé sur le dynamisme du dérangement. Retournant le programme aristotélicien quant à ses fins dernières : réconcilier et soumettre l'individu à la *polis*, le retrouvant quant à ses méthodes : provoquer les remous de l'âme, secouer, terrifier, troubler, nous ne voulons voir dans cet «art» que son aspect progressif : théâtre de recherche, de création, d'agression, spectacles vivants. Et de larguer joyeusement les spectacles appelés «bourgeois», digestifs, commerciaux, avec leurs institutions, leurs phynances pompeuses, leurs comédiens-vedettes, leur public bourgeois pas si bourgeois, et, avec eux, l'image, la signification même du mot «théâtre» pour l'immense majorité de nos contemporains. C'est-à-dire une histoire présentée par des acteurs célèbres, à la voix et au visage familiers, qui parlent comme des livres et qu'on va voir dans une salle confortable, histoire de se distraire. La mort de ce théâtre semi-populaire, relayé par l'opérette, est plus que douteuse : la télévision en fait une ombre, un simulacre, mais multiplie par mille son public. Phénomène sémiotique essentiel : un néo-spectateur isolé dans sa vie domestique est né. Le modèle de communication est brisé et, grâce à la technique des électrons, une confusion totale s'instaure.

Sur le petit écran, aplatis et scintillants, sont juxtaposés discours politiques et théâtre, catastrophes et cinéma, cirque et palabres savantes, le tout mêlé à la publicité (autre spectacle fascinant à catharsis financière) et à la représentation terrifiante de l'Histoire immédiate. Pourtant, la télévision, dévorant un peu le théâtre, ne le tue pas. Et dans le réalisme préservé des corps mimétiques, tiennent fortement les traces du passé, parfois travesties à la moderne (cela n'est pas propre au théâtre : témoin le spectacle hyperréaliste d'un imaginaire crétinisé que donne avec brio le trust Disney en Floride et en Californie). Donc, la Comédie-Française n'est pas vide ; ajoutons, sans agressivité, qu'elle ne mérite pas de l'être. Quant au théâtre littéraire-bourgeois-à-l'italienne, en général oublié, s'il n'est évoqué dans l'Histoire ou vilipendé, il mérite au moins, aujourd'hui comme hier, l'attention du sociologue.

Le mythe d'un public populaire recouvre deux notions : celle d'un prolétariat trouvant au théâtre une semence pour les vignes de la colère ; celle d'une participation collective des citoyens de bonne volonté. Utopie, et attrape-nigaud.

Car l'histoire du théâtre occidental paraît être celle d'une élitisation progressive, alors même que les sociétés, lentement et imparfaitement, semblent se démocratiser. Le caractère rassembleur de la tragédie antique est lié à la démocratie esclavagiste ; celui du mystère à une vision hiérarchique féodale et chrétienne. De même, le théâtre tout velours rouge et dorures, au XIXe siècle, est entre autres choses le lieu où la bourgeoisie se retrouve et se montre à elle-même. Il est le signifiant de la conscience encore fraîche d'être la classe dominante, l'indiscrétion du charme bourgeois.

Introduire cette dimension sociale dans l'analyse de la rencontre théâtrale est indispensable. Dans le modèle de communication qu'est le spectacle, l'émetteur doit d'abord attirer, rassembler, puis retenir ses destinataires. La rencontre médiévale, à l'occasion d'une grande fête, autour d'un symbole majeur et porteur d'une ombre sacrée, l'Eglise, a évidemment peu à voir avec le concours quotidien du public payant aux théâtres des métropoles modernes. La communication proprement dite, au cours de la représentation, n'est pas moins changeante. Mais ses caractères propres sont essentiels à toute définition, autant sans doute que la nature plus ou moins contraignante des textes, des lieux, que les rapports de force entre acteurs, auteurs, organisateurs et financiers.

Il n'est peut-être pas inutile de rappeler ici quelques «universaux». Un ensemble humain, occupant un lieu organisé, souvent structuré par des constructions ad hoc, et déroulant, dans un temps parfois interrompu, une action ponctuée de paroles, fonctionne donc comme source. Il produit une multiplicité de visions, car les observateurs sont multiples et diversement placés, et ces visions sont elles-mêmes mouvantes : tout autant que les proportions, les couleurs et les contours, les mouvements et leurs négations construisent le message. Ce dernier s'établit autour des corps humains ; un plateau vide signifie : «absence humaine», et non pas «espace vide». Il en va de même pour le massif sonore, organisé autour des voix qui dialoguent parallèlement à l'assistance. Car le modèle événementiel présenté feint d'ignorer le spectateur ; les voix s'adressent à un Autre mimétique, qui appartient à la fiction, et dans le

monologue aussi. Leur silence même annule la pseudo-communication de la scène : il est signe de silence.

L'émetteur théâtral est d'autre part très complexe : outre ses éléments actuels, *in præsentia*, il met en œuvre toutes les sources, *in absentia*, du régisseur au décorateur, du directeur d'acteur à l'éclairagiste en coulisses, et jusqu'au lointain démiurge qu'on appelle auteur. De ces derniers, l'un ou l'autre, historiquement, est perçu, admiré : on envisage ou non, on reconnaît parfois le *style* de la mise en scène, du décor, à travers leurs manifestations physiques, qui signifient dès lors cela aussi. Un public de plus en plus « averti » fabrique un méta-théâtre : est signifiée avec l'histoire de deux clochards l'écriture de Beckett, avec des gesticulations ou des immobilités apparemment spécifiques le style de Strehler ou de Chéreau. Au point, parfois, de tuer le plaisir premier de la mimesis, et d'instaurer un pédantisme du ludique, au moins autant dans la salle que sur la scène.

Quant aux émetteurs présents, ils adressent des messages directs, brutaux, que le public ne se contente pas d'absorber. Le rapport libidinal entre l'acteur et la salle est renvoyé, indéfiniment. L'acteur est signe de son personnage, mais aussi de lui-même en tant que porteur du masque. Le spectateur — c'est son métier — aime et hait, désire et rejette : mais il ne peut signifier que collectivement et pauvrement. La pauvreté du code ne correspond pas à une faiblesse. Cela, tous les comédiens, tous les hommes de théâtre le savent : le silence d'une assistance, sa lourde présence, ses frémissements sont plus violemment perçus que les éléments assimilés du cérémonial : applaudissements, sifflets, sorties ou imprécations individuelles. Ces dernières instaurent un autre échange : du spectateur au spectacle, certes, mais aussi à l'intérieur même de l'auditoire.

Entre les victimes du théâtre, ça communique, honteusement. Par l'incongruité d'une réaction individuelle, par le défoulement déplacé des commentaires d'entractes, par la requête magique ou mystique de silence, d'annulation de cette intercommunication, que sauvegardent les indiscrétions, les anomalies. Les fureurs contre un chapeau-écran, contre un tousseur, contre les échanges furtifs d'un microgroupe sont les minables témoins d'une circulation interne qu'il faudrait saluer avec émotion. Misérable miracle ; signe de vie collective.

Le public-signe n'est donc pas un bloc inerte ; mais il ne peut nier son inertie que par la plus basse spontanéité ou en s'abandonnant au grégarisme de l'enthousiasme et du mépris (et c'est le snobisme, la mode). Cependant, il est un : réuni progressivement, il s'éprouve, se connaît, se reconnaît, se déteste et s'aime ; il investit, selon des règles un peu répugnantes (placeurs, ouvreuses, location cadastrale), un espace qui devrait être conquis. On rêve, pour reformer le spectacle, d'un public furieux et enthousiaste, qui envahisse, se batte pour la meilleure place ; mais ce serait l'objet d'une autre pièce, et comme dit l'expression : le spectacle (serait) dans la salle, enfin... Le dialogue scène-salle est un mythe ; le vrai rideau est tissu de respect et d'angoisse. Il symbolise une hiérarchie, difficile à défaire, et dont le responsable est en deçà de tout spectacle. Aujourd'hui, le spectateur est à la fois un voyeur et un cochon de payant (mais « le client a toujours raison ») : cette relation perverse-économique n'est pas aisément transcendée.

L'insistance sur le public n'est jamais excessive : elle se fonde en histoire. Le mot *théâtre* vient au français (et à quelques langues) du grec, où *theatron* est l'*espace du voyeur*. A reculer pour mieux cadrer, on se heurte aux limitations du regard historique : le théâtre antique occidental, les scènes orientales sont déjà structurés ; presque des institutions. Leurs aspects sacrés, qui nous fascinent — et que l'on a souvent exagérés — ne suppriment pas, pour l'essentiel, les définitions qui nous empêtrent. Le cirque, le music-hall, le mime ou les marionnettes ne modifient pas très profondément le rapport social dont on vient de parler : enfermement, bornage de l'animal-voyeur en son troupeau. Pour échapper à cette politique du parc à bœufs, quels modèles ? Des cérémonies exotiques, moribondes ou menacées, des idées incomplètes sur les pratiques d'un lointain passé, des regrets et des illusions quant à la fête populaire. Et de la rhétorique par là-dessus, en un pot-pourri où le ludique, le sacré, le festif, le révolutionnaire, le symbolique, le rituel, la liberté, l'imaginaire ou l'inconscient sont tour à tour chargés de convoquer l'esprit du spectacle.

Directions stimulantes ; mais chemins piégés si on les suit à reculons. Ni messe, ni corrida, ni cour de récréation, ni sacrifice rituel, ni kermesse, ni stade en folie, ni défilé militaire, le théâtre peut sans doute tirer profit de la connaissance de tous les actes spectaculaires où des hommes se montrent à d'autres, en prétendant agir sur eux.

Les racines du théâtral sont en l'homme depuis la préhistoire, activités fondamentales, très étudiées et peu définissables, tels le besoin de s'exposer, celui d'agir sur autrui, par l'intimidation ou la séduction, l'intention de convaincre et de faire partager, la tendance universelle à reproduire (mimer, raconter), la volonté de secouer symboliquement les contraintes réelles en parodiant, la recherche complémentaire des rires et des pleurs, la quête du sacré. Derrière, ces fonctions essentielles : jeu, magie, symbole, pour nier la contrainte sociale et alléger le poids de la destinée. Fondés dans la nature de l'homme, de l'animal social, ces types d'activités relèvent d'abord de l'anthropologue, et peut-être déjà de l'éthologue.

Les parades nuptiales et les jeux enfantins ne sont pas spectacle, mais il y a en eux du spectaculaire. Les rituels totémiques ne sont pas du théâtre ; en leur accordant métaphoriquement ce nom, Marcel Mauss voulait en dégager le théâtral. Sans forcément parler avec André Schaeffner de «pré-théâtre», on ne pourra plus négliger ses études, où l'on découvre la préhistoire de nos spectacles et leur double moteur : rassemblement-dédoublement, rapprochement-éloignement. La présentation d'un ailleurs, en effet, éloigne le lieu qui est pourtant ici ; plus profondément elle écarte du spectateur ce qu'elle lui tend. «Plus j'y réfléchis, et plus je trouve que tout ce qu'on met en représentation au théâtre, on ne l'approche pas de nous, on l'en éloigne», écrivait lucidement Rousseau (que cite Schaeffner). Eloigner et rendre visible, séparer et rassembler, jouer avec l'espace relatif, telle est peut-être la plus essentielle vertu théâtrale.

Ce n'est pas en puisant aux techniques du passé, en croyant ranimer des forces privées de racines qu'on redonnera une vertu au spectacle organisé en institution. En fait, tout le mouvement du théâtre contemporain le prouve, les décadences majeures sont profondément ressenties ; les remèdes pressentis. Par leurs méthodes, le Living, Ronconi, le Théâtre du Soleil ont tenté d'agir sur le rapport de communication qui aliène le spectateur ; eux et d'autres entrouvrent l'«obscure prison» (Rousseau) qu'est devenue la salle de spectacle ; eux et d'autres veulent modifier les rapports de force entre les instances du projet théâtral. Et les difficultés, on s'en doute, ne viennent pas des femmes et des hommes, ni des idées et des courages, mais des contraintes de toute sorte. Comme chez Aristote (encore et toujours), la clé de la *Poétique*, en matière de théâtre, est dans la *Politique* et dans ses plus profonds moteurs. Elle est aussi, n'en doutons pas, dans la pulsion humaine qui anime toute action socialisée. Des faiblesses et des inconséquences du théâtre contemporain, de ses échecs, de ses communes infamies, de ses fulgurantes et rares trouvailles, il faut remonter à leurs raisons plus générales et à leurs causes profondes.

Ainsi l'engendrement de la poche spectaculaire dans le milieu des exigences de survie, son remplissage ludique, imaginaire, symbolique, rhétorique, d'abord magique et fondamentalement politique, sont commandés par les formes et les forces sociales. Les idéologies tout entières sont quasi spectaculaires ; le spectacle, entièrement idéologique. La révolution des médias ne fait que grossir une relation historique constante. L'«Etat spectacle» (président vedette, ballets parlementaires, fatrasies financières, soties sociales...) est de tout temps : Louis XIV, sans télévision, avait su faire de Versailles un spectacle, et de sa vie une extravagante fête baroque (alors qu'il imposait un «classicisme»). Sa pulsion était si puissante qu'il parsemait la tragi-comédie du règne d'intermèdes techniquement, strictement spectaculaires. La plus légère métaphore nous convainc d'une terrible méprise : le «théâtre de la cruauté»? Nous y sommes, comme poissons dans l'aquarium.

C'est bien pourquoi le petit, le vrai théâtre doit être (aussi) cruel un peu, sous peine de ne rien mimer. Cette cruauté commence avec le projet. C'est la confiscation des besoins sociaux par une prise de pouvoir *singulière*.

Nul paradoxe n'est requis pour lier l'exigence absolue d'une communauté vivante dans l'échange et l'idiosyncrasie d'un pouvoir dans le projet théâtral. Dès l'aube des temps spectaculaires, et dans la démocratie naissante, il a bien fallu que le peuple de la cité trouve son expression et nourrisse ses besoins, ses fantasmes dans une activité exceptionnelle. Qu'elle se cherche, pour se libérer, des maîtres. La vertu collective doit être distillée. Quelques promoteurs ou visionnaires se sont emparés de l'alambic : c'est en créant qu'ils reflètent et transmettent.

Le spectacle, action organisée, est aussi une rencontre autour de cette action. «Répétitions» et représentations, dans leur redondance apparente, sont au service d'une durée dont les véritables limites sont fixées par les structures de la société. Le temps historique condamne à terme toute forme spectaculaire et, très vite, tel spectacle. Une seule survie : la mémoire collective et son réseau de traces. Parmi celles-ci, l'écriture et les «monuments» du passé. Mais que seraient les ruines d'Epidaure, que seraient même les images du théâtre médiéval ou renaissant (quelques gravures figeant des moments mal liés) sans la machinerie textuelle qui leur assigne une fonction?

Les spectacles sans textes notés sont tributaires d'une pratique, que conserve et modifie ce que l'on appelle une tradition. Ils se perpétuent par une altération profonde : celle de leurs rapports avec le public, avec la société, qui ont changé, qui changent. A supposer que l'on puisse reproduire avec fidélité un spectacle élisabéthain du Globe Theatre, une pantalonnade italienne du XVIIe siècle, ils fonctionneraient tout autrement, dans l'espace, la durée et la réceptivité sociale de notre temps. Les Japonais spectateurs de nô célèbrent un cérémonial dont la part vivante s'amenuise ou se déplace : ils ajoutent au voyage imaginaire de tout théâtre un voyage dans le temps.

Dans ce grand mouvement de recul, où tout ce qui dure s'éloigne, où ce qui se rapproche est mort, un élément fixe rassure : le texte. Il subit pourtant le même sort. Nous n'entendons plus Shakespeare et Corneille, mais des bouches qui les citent, en une langue mourante, pour nos oreilles nourries d'un autre idiome. Un extravagant paradoxe nous prive de notre propre héritage. Les Français peuvent, par la douteuse magie traductrice, entendre et lire selon leur langage,

dans leur temps vivant, Eschyle, Lope de Vega ou Schiller; pas Racine, pas Marivaux dont le discours est un piège perpétuel, un déplacement subtil, un entre-deux de la compréhension. Quand le texte joue sur le langage même, le contresens est total : les discours paysans ou pédants de Molière établissent un jeu entre une norme que nous ignorons et la simulation d'écarts dont plus rien ne témoigne. Sur scène, il faut recourir, avec la partition minutieuse des mots, à une orchestration fictive, sans cesse renouvelée. Distribuer des accents régionaux ou étrangers, des voix enrhumées ou pompeuses, qui ont été réglées il y a des siècles selon des codes à peu près perdus, relève du même subterfuge que toute mise en œuvre d'un projet pour un autre temps.

Ainsi, dans le mouvement accéléré des évolutions sociales, le spectacle tourbillonne autour d'un pivot invisible : ce projet théâtral dont ne nous reste qu'une apparence, le texte. De fait, après avoir redit ce que tout dans ce livre proclame : que la lettre tue le théâtre, car elle est dépouille et cadavre, il faut affirmer ceci : sans ce que nous nommons Sophocle, Eschyle, Shakespeare ou Molière, sans ces livrets infirmes, mutilés, sans ces paroles gelées et géniales, sans ces phrases ambiguës, abstraites et contraignantes, il n'y aurait peut-être pas lieu de parler de théâtre ; celui-ci s'évanouirait dans l'immense territoire indécis du spectacle. Sans ces formes individuelles, porte-parole de la substance collective, l'intersection floue du spectaculaire et de ce fantôme indiscutable qu'on est réduit à nommer littérarité n'aurait pas pris l'importance paradoxale de notre objet. Le mal actuel du théâtre est là : un littéraire réduit à la lettre, un spectaculaire réduit à la scène, leur rencontre réduite à une soumission ou à des réactions de colère enfantine. Conflit parental étrange, pour une activité dont on aurait pu penser qu'elle était usée, valétudinaire, cacochyme. S'apercevoir, par le plus grand pessimisme, qu'elle en est aux agitations prépubertaires, n'est-ce pas faire confiance à l'avenir?

ANNEXES

Le lieu théâtral

Le théâtre, c'est aussi un édifice, un lieu, un espace conçu pour assembler, montrer, divertir, informer, communiquer des idées et des émotions.

Du théâtre, il s'en est fait, il s'en fait partout : dans des temples et des églises, dans des palais, sur des places et dans des granges, sur des stades et dans des cafés, dans des hôpitaux et dans des prisons, sur des navires et sous des chapiteaux; mais il s'en est fait surtout dans des théâtres.

Parmi les édifices consacrés au théâtre, la diversité est grande : certains, de construction ancienne (théâtres grecs, théâtres romains), subsistent et sont encore utilisés ; d'autres sont reconstitués (théâtre élisabéthain, théâtres à scène centrale). D'autres sont transformables à volonté, permettant de composer ces structures traditionnelles auxquelles peuvent s'ajouter, pour certains, des structures nouvelles. D'autres édifices ont été, ou sont spécialement aménagés (palais, salles de jeu de paume). Des théâtres ambulants transportent des spectacles par route, par fer, par eau. Des édifices, enfin, accueillent, parmi diverses manifestations, des spectacles de théâtre.

Plus variés autrefois qu'on ne serait enclin à l'imaginer, les édifices, les structures et les lieux de théâtre font l'objet, dans la plupart des pays, depuis la fin du siècle dernier, de recherches et de réalisations d'une richesse inégalée. «Repenser le théâtre», pour reprendre l'expression de quelques grands réformateurs du théâtre moderne, a consisté, pour une part importante, à repenser l'espace théâtral. Ces recherches se situent elles-mêmes au sein d'un large courant où se rencontrent urbanistes et architectes.

A l'occasion du développement des villes anciennes, de la reconstruction de villes ou de quartiers détruits pour faits de guerre, de la construction de villes nouvelles, urbanistes, architectes, ingénieurs, écologistes se préoccupent d'«espaces à vivre» : loger, environner, circuler, travailler, jouer, se divertir vont constituer les sujets majeurs de leurs préoccupations.

Or assembler pour jouer, divertir et communiquer n'ont cessé de constituer les principales vocations du théâtre. Cette remarque explique que, à l'occasion de la conception de leurs plans d'aménagement et d'animation des villes, certains urbanistes aient préconisé d'utiliser les résultats des recherches appliquées au lieu théâtral, qu'il s'agisse de la composition d'espaces, de la circulation et de l'aménagement de lieux de rencontre, ou du recours à l'emploi des moyens propres à l'animation théâtrale : son, éclairage, projections. Dans la même perspective, des exigences plus impérieuses d'échange, de communication et de diffusion vont s'imposer aux constructeurs d'édifices culturels au cours des trois dernières décennies : centres d'action culturelle, maisons des jeunes et de la culture seront fréquemment prévus avec, comme foyer principal d'animation, une salle de spectacle, et, pour leurs autres locaux, la mise en œuvre des techniques propres aux moyens scéniques d'expression.

Renouvellement du théâtre

Les principes du renouvellement du théâtre moderne ont été définis au début de ce siècle par deux hommes de théâtre : le Suisse Adolphe Appia et l'Anglais Edward Gordon Craig. En réaction contre les opinions admises en Occident, ils se sont préoccupés de démontrer :
- que, par nature, le théâtre est un spectacle à voir et à entendre et non un texte à lire ;
- que ce spectacle se déroule en un certain lieu et sur un certain espace ;
- que le public s'assemble dans ce lieu et devant ou autour de cet espace pour voir et entendre ;
- que, pour reprendre une idée chère à Appia, l'artiste qui conçoit et anime cet espace, l'architecte (on dirait aujourd'hui le scénographe), est le «premier artiste du théâtre» ;
- que le décor traditionnel à deux dimensions est en dysharmonie avec le corps de l'acteur, volume à trois dimensions ;
- que le jeu gestuel et corporel de l'acteur est mis en valeur par un dispositif construit, offrant des plans, à différents niveaux, aux mouvements et à la circulation de l'acteur, selon un tracé rigoureusement déterminé par la partition, ou le texte, et la mise en scène.

Décor d'Appia pour Parsifal *(1896). Une véritable architecture théâtrale, dépourvue de tout élément anecdotique. (Fondation Collection suisse du théâtre, Berne. Phot. © de la fondation/Photeb.)*

Théâtre taziyé. Représentation dans le Tekié Dowlat, 1880 (peinture de Kamal al-Molk, musée Golestan, Téhéran). Une des très rares représentations de ce théâtre religieux iranien, interprété sur une aire circulaire. (D.R.)

A partir de la fin du siècle dernier, le «règne du metteur en scène» va confirmer par des écrits, et traduire par des réalisations, les principes qui viennent d'être énoncés : recherches du Bauhaus en Allemagne, réalisation des expressionnistes allemands, des constructivistes russes, et nombreuses autres tentatives collectives ou individuelles. Ces conceptions qu'Appia et Gordon Craig avaient formulées à travers leurs écrits et leurs esquisses et quelques rares réalisations, la mise en espace, les rapports de l'acteur et de l'espace, les rapports entre acteurs et spectateurs sont restés, pour la plupart des hommes de théâtre, des préoccupations constantes.

Ainsi, en opposition au décor traditionnel, un second courant, celui du «décor» construit, va prendre une place de plus en plus large. Les valeurs plastiques et architecturales vont réellement l'emporter sur la recherche de valeurs picturales, ou le souci archéologique et naturaliste de reconstitution. Un décor qui joue avec l'acteur tend à se substituer à un décor-tableau.

Cette seconde tendance aboutira à l'apparition d'une fonction nouvelle : celle du scénographe, dont les attributions prendront trois orientations différentes. Près de l'architecte, il sera le conseiller technique à l'occasion de la construction et de l'aménagement d'une salle (aire de jeu, aire réservée au public et leurs rapports réciproques), et des appareillages et équipements (lumière et son). Près du metteur en scène, il apparaîtra avec les mêmes attributions de conseiller et de collaborateur technique d'un spectacle donné, se substituant ainsi au décorateur. Enfin, à partir des mêmes constantes, certains scénographes dépasseront ce double rôle d'assistant et de collaborateur pour réaliser eux-mêmes des spectacles qui devront l'essentiel aux images en mouvement dans l'espace. Parmi les effets recherchés au moyen de la lumière et du son, ceux qui évoquent, suggèrent, signifient, des structures spatiales vont constituer une préoccupation majeure : «décor-lumière», «plans sonores», projections sur écrans, compositions, au moyen du laser, d'images en relief et d'images sans écran...

Il ne serait peut-être pas sans intérêt de rappeler, à propos de l'espace théâtral, que, à l'occasion des réalisations de ce théâtre dit «pour aveugles» qu'est le théâtre radiophonique, la nécessité de suggérer l'espace a, indirectement, mais peut-être d'autant plus impérieusement, contraint nombre de créateurs et de techniciens à imaginer, pour mieux les suggérer, les valeurs dramaturgiques de l'espace.

Enfin la configuration de l'espace occupé par le public dans un lieu, le *front de contact* établi entre le public et les acteurs, la participation accentuée par ses déplacements concertés ou spontanés, les rapports de communion ou de distanciation vont déterminer la nature des effets éprouvés par lui, en tant que public, objet même du spectacle théâtral.

C'est, en effet, vers le public que se sont orientées, à notre époque, à la suite d'un Romain Rolland, d'un Firmin Gémier, d'un Jacques Copeau, d'un Charles Dullin et d'un Jean Vilar — pour ne prendre que des exemples français — nombre de préoccupations majeures : conquête d'un public élargi, d'un public nouveau, de tous âges et de toutes origines sociales, utilisation des centres de production ou, à la périphérie, en dehors des grandes villes, de salles de spectacles dans les institutions culturelles, spectacles donnés dans des salles aménagées et dans des lieux improvisés, information et sensibilisation de ce public.

En nous plaçant au cœur des préoccupations actuelles, les considérations qui précèdent nous amènent à décrire les lieux traditionnels occidentaux et certains aspects de leur évolution. Ils offrent, à la pratique, les structures qui demeurent les plus exploitées.

Théâtre à scène centrale

Le premier lieu théâtral serait, comme certains le prétendent, le cercle, aire de jeu délimitée par les spectateurs entourant les acteurs. En de nombreuses occasions, hier et aujourd'hui, et un peu partout dans le monde, cette forme s'impose à l'observateur. Le théâtre grec doit l'essentiel au cercle ; mais l'analyse des manifestations théâtrales spontanées et la logique ne peuvent se substituer à l'absence de preuve (vestiges et documents) établissant que le rond ou l'aire de jeu centrale furent les premières structures spatiales du spectacle théâtral.

Ce n'est qu'à partir du XIe siècle que quelques exemples peuvent être évoqués, avant de montrer le développement pris par cette structure à l'époque contemporaine et d'énoncer les principales raisons mises en avant par ses partisans.

A partir du Xe siècle, le *taziyé* persan, acte religieux pour le musulman chiite, présentera des analogies marquées avec les mystères occidentaux. A partir du XVIIIe siècle, il constituera le reflet de la protestation des masses opprimées contre le despotisme. Jusqu'au XIXe siècle, le taziyé était joué en plein air, sur des places de villes et dans des lieux publics, ou encore dans les jardins des mosquées. Puis des salles de spectacle (*tamasha khaneh*) furent utilisées par des troupes professionnelles de taziyé dans les principales villes d'Iran : Ispahan, Téhéran et Azerbaïdjana.

Inspirés par des événements attribués à la famille de Mahomet, ces spectacles se déroulent sur un espace central constitué de plates-formes rondes ou carrées. Cette disposition, qui est la plus répandue, n'exclut pas l'existence, au XIXe siècle, de dispositifs comprenant une scène entourée de spectateurs sur trois côtés, les musiciens étant placés devant la scène. Une interdiction de principe ne cessera de frapper ce spectacle qui, toléré hors des villes, survivra en reproduisant ses modes de présentation originels.

Comparaisons particulièrement significatives : mieux que la scène, la plate-forme centrale permettait une circulation plus aisée des acteurs et une participation active des spectateurs au jeu en facilitant leur circulation et leurs mouvements, en mettant en valeur les scènes jouées précisément sur les plates-formes centrales, exploitant ainsi, dans la perspective d'une dramaturgie épique, toutes les ressources propres à ces aires de jeu.

Autres exemples : au XVe siècle, deux théâtres de plein air ont été construits en Angleterre pour la représentation des Passions, l'un à Penwith, l'autre à Perranzabuloe, en Cornouailles. Construits en pierre, leur diamètre était de 40 mètres environ. Plus près de nous, au congrès Volta (Rome, 1934), Gaetano Ciocca a présenté un projet de théâtre dont le plan comprend deux cercles s'emboîtant l'un dans l'autre, le plus petit constituant la scène, le plus grand, la salle. A l'époque contemporaine, les théâtres à scène centrale connaîtront un large développement qui fera l'objet d'une prochaine analyse.

Théâtres grecs et romains

Ecrites entre 490 et 390 avant notre ère, les œuvres qui nous sont connues d'Eschyle, de Sophocle et d'Euripide ont été représentées dans des théâtres en bois. Les rares vestiges qui subsistent de ces édifices permettent de concevoir que les mêmes principes de composition spatiale ont inspiré la construction en pierre des théâtres qu'il nous est donné de contempler encore aujourd'hui. L'un des plus connus d'entre eux, le théâtre d'Epidaure, a été construit vers 340 avant notre ère. L'ampleur et, en même temps, la simplicité de sa conception architecturale permettent de distinguer deux espaces : l'un, aire circulaire d'évolution du chœur, constitue l'*orkhêstra* ; l'autre, adossé à une colline, emplacement pour douze mille spectateurs à l'origine, embrasse, en quelque sorte, l'orkhêstra, et compose un hémicycle ouvert à 240 degrés. Un édifice rectangulaire, la *skênê*, borde, au fond, le cercle de l'orkhêstra. A l'intérieur, les acteurs attendaient leur entrée. Le mur frontal était utilisé comme support de décor.

Vers la fin du Ve siècle, des décors latéraux seront ajoutés sur des dispositifs pivotants en forme de prismes, les *périactes*, permettant de présenter, en accord avec le décor frontal, une forêt, une maison, un temple, un palais, une tente, des paysages rustiques ou marins.

La machinerie, très élaborée à l'époque hellénistique, permettra les vols de dieux ou de héros. Un second étage praticable sera construit sur la skênê, permettant d'offrir aux acteurs une aire supplémentaire de jeu. L'aménagement de trappes et d'escaliers souterrains et, dans certains cas, l'emploi d'ascenseurs permettaient l'apparition des dieux infernaux et des morts.

Devant la skênê, un espace étroit, le *proskênion*, aire de jeu des acteurs. Au centre de l'orkhêstra l'autel, point d'arrivée de la procession qui y installait la statue de Dionysos, après l'avoir extraite de son temple. Marquant le commencement de cette fête théâtrale annuelle qui amène la foule des citoyens au théâtre, se succéderont deux jours de représentations dithyrambiques avec un cortège le soir du deuxième jour, puis trois jours de spectacles dramatiques comprenant trois tragédies et un drame satyrique le matin, une comédie l'après-midi.

Théâtre d'Epidaure.
Utilisation de la topographie naturelle d'un site pour réduire les travaux.
La pente des gradins prend appui sur le flanc d'une colline.

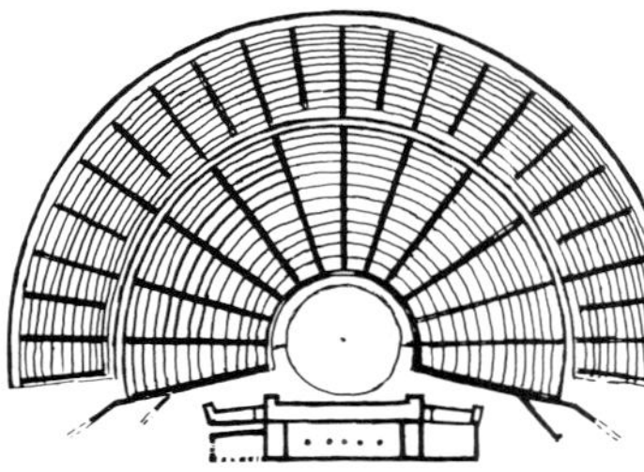

Théâtre de Marcellus, à Rome.
Plus rarement, en l'absence de site favorable, le théâtre antique est entièrement bâti en énormes blocs de maçonnerie (en coupe à gauche, et sur la partie droite du plan).

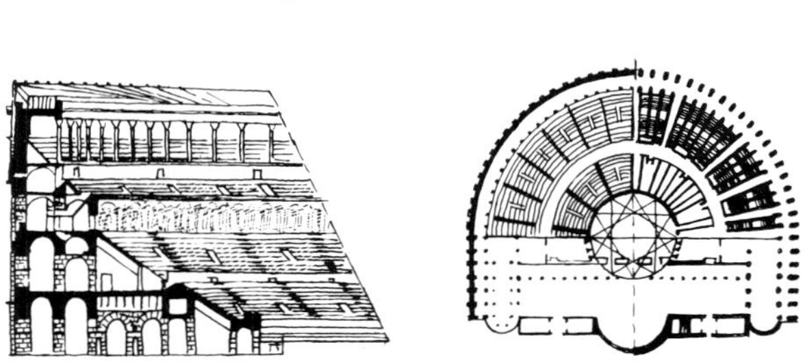

Précédant la première journée, les poètes choisis et leur troupe auront été présentés au public. Celui-ci occupera les places souvent réservées par catégories de citoyens correspondant à l'âge, au sexe, aux fonctions.

Alors que les théâtres grecs comprendront des dimensions variables et offriront de 300 à 14 000 places, généralement en fonction de la dimension des villes voisines et de la topographie des lieux choisis, les théâtres romains connaîtront, pour la plupart d'entre eux, de plus vastes dimensions, comme, par exemple, le théâtre de Pompée (160 mètres de diamètre, 27 000 places) ou le théâtre de Marcellus (150 mètres de diamètre, 14 000 places).

En fait, l'utilisation d'un terrain incliné ne sera plus constante et des différences marqueront la configuration des aires de jeu et des emplacements réservés aux spectateurs.

L'*orchestra* forme un demi-cercle et, sur le pourtour, sont disposées des places réservées aux magistrats et aux sénateurs. Les acteurs évoluent sur une scène avancée, le *proscenium*, décorée en façade par des bas-reliefs, des colonnes et des statues. Un rideau, constitué de plusieurs éléments, ferme cette scène et descend verticalement au moyen de mâts télescopiques.

Au fond, un mur élevé est percé, au centre, par une porte royale, encadrée de deux autres portes permettant, par rapport aux spectateurs, à droite, l'entrée de personnages censés provenir du *forum* ; à gauche, de l'extérieur. Des trappes et une machinerie suspendue équipent la plupart des scènes romaines. Des colonnes et des statues ornent le mur du fond. Comme dans le théâtre grec, des périactes permettent des changements de décors. La scène est entourée de dégagements comprenant des coulisses, des loges et des magasins. Fermés horizontalement, les théâtres romains ont été quelquefois couverts d'une toile.

L'espace réservé au public comprenait deux ou trois séries de gradins en hémicycles, occupés selon une hiérarchisation très rigide : les premiers rangs étaient réservés aux sénateurs, puis des sièges destinés à ces derniers orneront l'orchestre. Les représentants des corporations et, enfin, le public occupaient les derniers rangs.

Le lieu théâtral au Moyen Age

Les documents les plus fréquemment reproduits de l'espace de jeu des mystères sont à l'origine d'une opinion qui s'est généralisée : ils évoquent un jeu qui se déroule sur une estrade, frontalement à la vue du public, en suivant une série de mansions contiguës. Avec ses dix mansions, le *Mystère de Valenciennes* (1547) en est l'exemple le plus fréquemment cité ; mais à Rouen (1474), le *Mystère de l'Incarnation* en comptait vingt-deux et celui de Mons (1501) se jouait avec soixante-dix mansions.

En réalité, nées dans l'église — au IXe siècle, la *Chute d'Adam*, d'Ignace, n'est autre qu'une lecture à plusieurs voix des Evangiles — les manifestations para-théâtrales vont quitter la nef pour le parvis à partir de l'instauration de la Fête-Dieu (1264).

Entre le XIVe et le XVIe siècle, certaines manifestations se poursuivront dans le lieu saint : dans le Haut-Adige, à Florence et à Valence. Mais, hors des églises, les multiples épisodes des récits inspirés par la vie et la Passion du Christ, l'histoire du monde, de la Création au Jugement dernier, les miracles de la Vierge et la vie des saints, l'Annonciation et les nativités, les moralités feront l'objet d'une grande diversité d'implantations supposant, entre acteurs et spectateurs, des rapports spatiaux très variables.

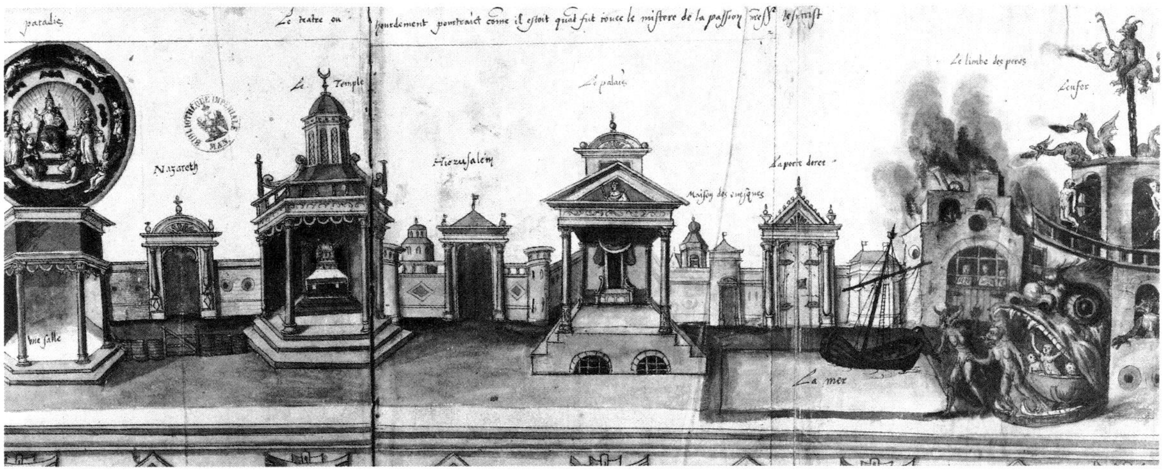

La Passion et la Résurrection de Notre-Seigneur Jésus-Christ, *Valenciennes, 1547. Espaces de jeu simultanés, utilisation conjointe de lieux scéniques bâtis et permanents («mansions» ou maisons) et de quelques décors provisoires : jardin, montagne, mer, etc.*
(Bibliothèque nationale, Paris, Phot. © Bibl. nat./Archives Photeb.)

Le Château de Persévérance, *moralité jouée sur une aire circulaire, les acteurs évoluant à travers la masse des spectateurs.*
(Richard Southern Accession, Theatre Collection, University of Bristol. Phot. © de l'université/Photeb.)

Ci-dessous : théâtre élisabéthain, essai de reconstitution du théâtre de Shakespeare.
(Courtesy of the George C. Izenour Archive.)

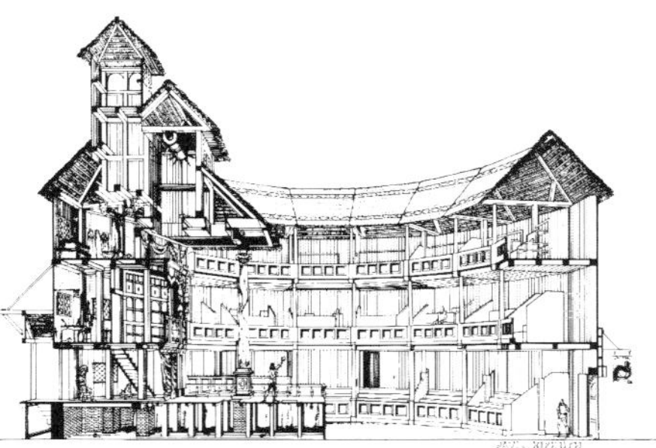

Ces spectacles étaient interprétés, sous l'autorité du clergé, par des troupes dont certaines, telle la Confrérie de la Passion, ont bénéficié, à la fin du XIVe siècle, du monopole de la représentation des drames sacrés.

Certaines manifestations prévoyaient, à des endroits fixes, la présentation de l'action sur des chars. Au château de Persévérance, une moralité a été jouée sur une surface circulaire, les évolutions des acteurs se déroulant parmi les spectateurs. A Lucerne (1583), l'action avait lieu en différents points d'une place, les spectateurs se tenant sur le pourtour. A Vienne, au cours de la première moitié du XVe siècle, les mansions se répartissaient en deux places de jeux où parvenait et d'où repartait une procession figurant le portement de la Croix. A Rouen, la représentation avait lieu dans un cimetière et, à Bourges, dans l'ancien amphithéâtre romain.

Un décor de paradis, évoquant un site enchanteur, constituait la première mansion ; tandis que la dernière comprenait une tour fortifiée, un puits ou une chaudière destinés à engloutir Satan, alors que flammes et diables apparaissaient et disparaissaient dans une vaste gueule voisine. Une machinerie complexe et des trappes permettaient de procéder à des voleries, des ascensions, de produire des nuées, d'exécuter des changements à vue. Mêlé à un vaste public, le drame liturgique adopta la langue vulgaire, et le jeu toujours symbolique fit une part grandissante à un comique qui rappelait les manifestations des baladins et farceurs de la même époque.

Dans d'autres pays, en Espagne notamment, avec les *autos sacramentales* (actes ou drames du Saint-Sacrement), des représentations seront données, du XIIIe au XVIIIe siècle, dans des églises, des monastères, des palais, des demeures seigneuriales et aussi, en plein air, par le moyen de chars.

Théâtres élisabéthains et "corrales"

Quelques rares planches gravées ont, seules, permis de définir les structures du théâtre élisabéthain, qu'il s'agisse des édifices spécialement construits (théâtre du Globe, théâtre du Swan, par exemple), qu'il s'agisse des constructions provisoires installées dans quelque cour d'auberge, au cours de la seconde moitié du XVIe et de la première moitié du XVIIe siècle.

De forme généralement ronde ou polygonale, le lieu scénique était entouré par les spectateurs sur trois côtés et réparti sur trois étages. Il comprenait lui-même, de la sorte, trois aires de jeu : une scène dite en éperon, prolongée jusqu'au milieu d'un parterre, large de 12 mètres environ et comprenant une trappe ; une aire moyenne, dominée par un toit de chaume, porté par deux piliers ; enfin, une arrière-scène qu'un rideau pouvait clore. Des portes donnaient accès de cette arrière-scène aux coulisses.

Cette arrière-scène était dominée par un second étage constituant une aire de jeu en retrait et, sur chaque côté, une fenêtre accessible des coulisses par des praticables. Au-dessus, un troisième étage pouvait être utilisé soit comme aire de jeu, soit comme emplacement pour les musiciens. Des accessoires ou de simples panonceaux permettaient de préciser certaines indications de lieu. L'absence de décor et de couleur était compensée par la richesse des costumes.

Ce théâtre, sur un espace de faible dimension, répondait à la complexité du théâtre élisabéthain, de Thomas Kyd à Robert Green, de Christopher Marlowe à Thomas Heywood, de Shakespeare à Ben Jonson et à John Ford : variétés de places de jeu sur plusieurs plans. Il permettait, en outre, la présentation simultanée de plusieurs scènes.

En Angleterre, les théâtres dits à scène ouverte, ou à scène en éperon, pour ce qui est du premier étage de jeu tout au moins, constitueront, plus particulièrement, les «continuateurs» du théâtre élisabéthain.

Les théâtres élisabéthains qui viennent d'être décrits présentent de nombreuses analogies avec les théâtres publics espagnols de la fin du XVe siècle : aménagés dans une cour intérieure (cour d'auberge le plus souvent) ou dans une cour limitée par quelques maisons, les *corrales* offrent différentes aires de jeu à plusieurs étages sans recourir à aucun décor. Certaines des maisons, dont les façades constituaient les côtés arrière et latéraux de la scène, servaient fréquemment de loges, les comédiens pouvant utiliser les fenêtres pour gagner les aires de jeu. Au cours de la représentation, les spectateurs se tenaient debout ou occupaient les bancs portés par des gradins installés sur les côtés.

C'est dans ces théâtres que furent jouées *La Célestine*, attribuée à Fernando de Rojas, puis les œuvres de Navarro de Tolède, de Cervantès et, surtout, de Lope de Vega.

Mais l'année de la mort de Lope de Vega achevant le Siècle d'or, à Madrid, Valence, Séville et Salamanque, des théâtres avaient été construits en grand nombre, et certains selon les principes du théâtre à l'italienne. Le théâtre espagnol était loin de l'époque décrite par Cervantès où «tout l'équipement d'un acteur de comédie tenait dans un sac : quatre vestes de peau de mouton, quatre fausses barbes et perruques, la scène elle-même se composant de quatre bancs sur lesquels étaient posées quelques planches...»

Le théâtre de la Renaissance

Les différents types d'espaces qui viennent d'être décrits vont constituer, simultanément, les principales structures de jeu de la Renaissance : théâtres de palais et d'académies, salles de châteaux ou de maisons bourgeoises, salles de collèges, cours d'auberges, jeux de paume, théâtres permanents ou temporaires utilisés ou aménagés à l'occasion de fêtes ou d'événements importants ou à des fins d'édification. Par définition légers, mobiles, aussi multiples et vivants qu'éphémères, les tréteaux des foires, des places ou des rues vont constituer, fréquemment avec les troupes de commedia dell'arte, les divertissements populaires dispensés par des groupes d'acteurs professionnels qui seront également invités, de plus en plus, à présenter leurs spectacles dans les demeures seigneuriales.

De cette variété des conditions de représentations faisant le lien entre le modèle grec antique et d'une unification des moyens d'expression scénique, dans le dernier quart du XVIe siècle, devaient naître en Italie les principes essentiels du théâtre dit à l'italienne.

La diffusion des éditions de Vitruve, les *Dix livres* d'architecture d'Alberti vont provoquer un intérêt passionné pour les théâtres grecs et romains. D'autre part, le *Deuxième livre* d'architecture de Serlio paru en 1540, les décors réalisés par Peruzzi pour la *Calandria* du Bibbiena, à Urbino en 1514, contiennent les premières amorces du décor en perspective qui, à l'époque, surprirent. On tenait, en effet, pour extraordinaire que l'on pût «mettre en un si petit espace» tant de rues, de palais, de temples, de loggias, de corniches «si bien faites qu'elles ne paraissent pas peintes, mais tout à fait vraies...».

Le théâtre Olympique de Vicence (1584) répond, en quelque sorte, au souci qui peut paraître contradictoire de concilier la notion d'amphithéâtre avec celle de la scène en perspective à l'italienne. Son architecte, Andrea di Pietro, dit Palladio, très influencé par Serlio, réalisa ainsi un véritable instrument de transition. Un second édifice, le théâtre de Sabbionnetta (1588-1590), de l'architecte Scamozzi, s'inspirera des mêmes principes.

Pour l'essentiel, ces principes tendent à inscrire, dans le rectangle d'une salle ou d'un *cortile*, des rangées de gradins entourant l'*orchestra*, en arrière de laquelle la scène est composée de deux parties : une plate-forme en avant ; en arrière, une aire inclinée sur les côtés de laquelle sont implantés les châssis du décor. Un escalier permet le passage entre la scène et l'orchestra qui peut être utilisée pour le jeu. Des passages sous la scène permettent aux acteurs l'accès de la salle.

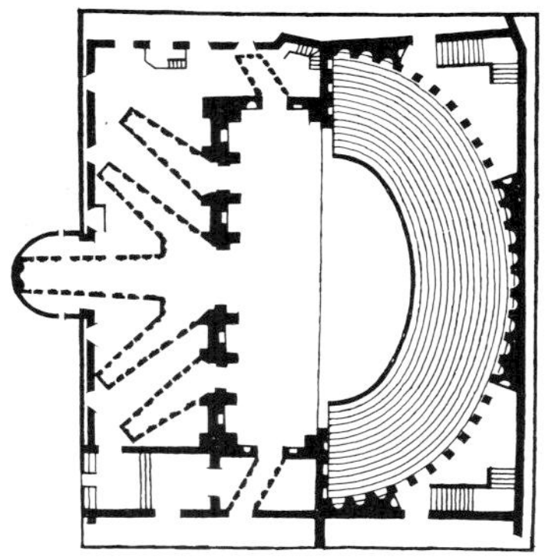

Théâtre Olympique, par Palladio, Vicence. Un des premiers théâtres permanents construits dans un local clos. Transition entre les mansions traditionnelles du Moyen Age et le décor en perspective de la plantation classique. (Phot. © Federico Arborio Mella/Photeb.)

Théâtre Farnèse, G. Aleotti, architecte, Parme, 1618. Premier théâtre à proscenium conçu pour l'utilisation de décors provisoires peints en perspective. Les spectateurs sont disposés à la périphérie de la salle, dégageant entièrement le parterre utilisé comme aire de jeu occasionnelle. (Courtesy of the George C. Izenour Archive.)

Les gradins du théâtre Olympique de Vicence dessinent une demi-ellipse, le dernier rang étant surmonté d'une colonnade. Au-dessus, une balustrade est ornée de statues. L'aire de jeu, rectangulaire, est limitée par le front de scène et deux murs latéraux. En façade, une ouverture centrale est constituée d'une arche de caractère triomphal. Cette arche présente, de part et d'autre, deux portes de moindre importance. Les murs latéraux comprennent chacun une ouverture. Un décor permanent occupe l'arrière-scène, constituée de sept rues, visibles par les ouvertures de la façade, paraissant se prolonger en profondeur, l'une au centre, les autres réparties systématiquement de part et d'autre. Quelle que soit la position des spectateurs, l'une des perspectives offertes permet de suivre l'action. Acoustiquement, la disposition des rues évite les effets d'écho.

S'agissant d'une salle fermée, des sources artificielles de lumière constituées de lampes à huile munies de réflecteurs furent disposées entre le plafond de la scène et celui de la salle. La scène se trouvait fermée par un rideau qui tombait au début de la représentation.

Œdipe roi, de Sophocle, fut le premier spectacle représenté sur ce théâtre avec la participation de 108 acteurs dans une mise en scène «moderne» s'écartant délibérément de toute préoccupation archéologique.

Le théâtre à l'italienne

En apparence tout au moins, les caractéristiques architecturales du théâtre à l'italienne sont simples, et en dépit des modifications apportées, plus particulièrement au cours des soixante dernières années, elles nous sont familières. Elles trouvent avec la représentation de *La Calandria*, du cardinal Bibbiena, par Baldassare Peruzzi en 1514 une de leurs premières réalisations. Le *Traité sur les machines de théâtre*, de Niccolo Sabbattini, paru en 1637, formulera les règles architecturales de ce type de salle. Le théâtre de la Fortune à Fano (Giacomo Torelli, architecte) et le théâtre Falcone à Gênes (Giovanni Angelo Falcone, architecte) apparaîtront comme les deux modèles proprement italiens du XVIIe siècle, Giacomo Torelli demeurant le grand innovateur des perfectionnements les plus élaborés de la scène à l'italienne.

Le schéma de base de chaque édifice est un rectangle divisé en deux parties distinctes : la scène et la salle. La scène est fermée verticalement par un rideau et délimitée à la face par un cadre, dit cadre de scène. Une rampe contenant le dispositif d'éclairage constitue la base plus ou moins avancée du cadre. Derrière le cadre de scène sont dissimulés les dispositifs techniques. Des toiles peintes sont placées sur les parois du cube ainsi constitué, et des toiles sur châssis plantés verticalement contribuent à figurer les lieux de l'action. Les plateaux des théâtres à l'italienne sont souvent étroits et profonds : 9 mètres de long sur 5 de large pour le théâtre du Marais, 7 mètres de long sur 6 de large pour l'Hôtel de Bourgogne.

Pour les ouvrages lyriques, les fosses occupées par un orchestre sont aménagées en contre-bas le long de l'avant-scène. Sous le plancher de scène, les «dessous» contiennent des éléments utilisables sur scène ou pour certains dispositifs de machinerie. Des dégagements entourent le cube scénique ainsi délimité sur les trois côtés.

Séparée, et à l'opposé, se situe la partie réservée aux spectateurs. Cet espace est composé généralement d'un parterre sur plusieurs étages : des balcons, baignoires et loges, fragmentant l'espace en y introduisant une hiérarchisation d'ordre économique et social. Une bonne visibilité de la scène est limitée aux spectateurs y faisant face ; mais, composée des spectateurs qui se répartissent de chaque côté de la salle, la moitié du public ne jouit que d'une visibilité médiocre.

Il est important de noter que, tout au long du XVIIe siècle, des spectateurs privilégiés assis-

Ci-contre : théâtre Astley, Londres, 1805. Un des nombreux héritiers du théâtre Farnèse. Les spectacles comportaient toujours des scènes équestres utilisant le parterre transformé en arène de cirque. (Courtesy of the George C. Izenour Archive.)

Ci-dessous : théâtre de la Scala, L. Piermarini, architecte, Milan, 1778. Triomphe des principes du théâtre à l'italienne. Environ la moitié des places offrent de mauvaises conditions de visibilité. (Courtesy of the George C. Izenour Archive.)

En bas : Staatsoper, E. Bolten Stern, architecte, Vienne, 1955. Reconstitution de l'ancien Opéra, conservant les caractéristiques du théâtre à l'italienne. Machinerie modernisée, comportant plateaux élévateurs et tournette. (Courtesy of the George C. Izenour Archive.)

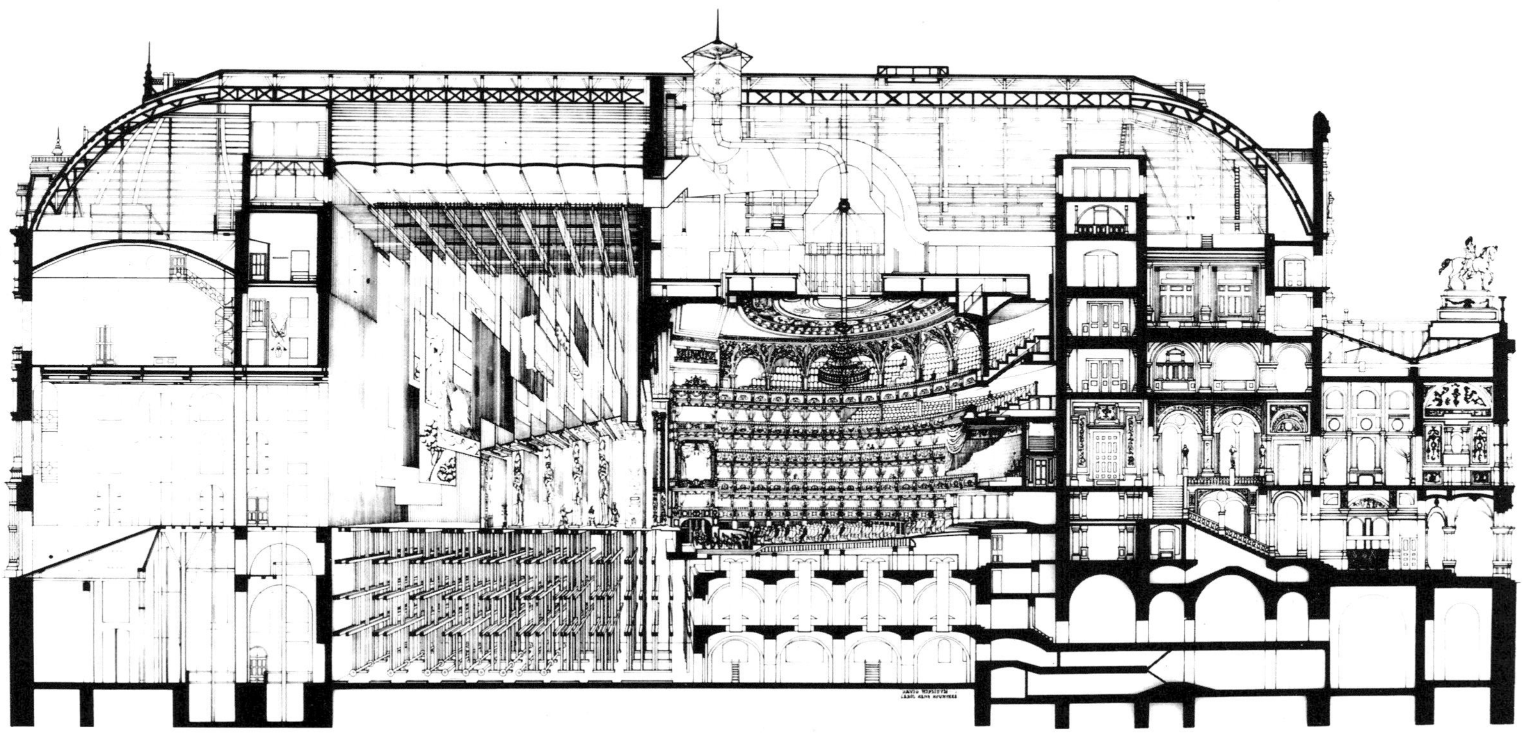

taient aux représentations théâtrales grâce à des sièges disposés à cet effet sur les côtés de la scène même.

Si le cube scénique a répondu aux règles rigides de temps et de lieu, il n'a pas empêché, puisqu'il en est issu, les fastes des mises en scène d'opéra, ni les drames et mélodrames du XIXe siècle, ni la présentation des répertoires grec ancien ou élisabéthain. Nombreux sont donc ses défenseurs, qui ne peuvent être tous accusés de routine puisque certains, comme Louis Jouvet, étaient particulièrement avertis des problèmes de l'architecture scénique.

Architecture et machinerie

Trois siècles d'utilisation de cet espace en Occident ont permis de pallier certains défauts et d'accroître certaines des possibilités du théâtre à l'italienne. C'est en ce qui concerne l'utilisation des possibilités traditionnelles ou nouvelles de «changements» que cet espace permanent du théâtre occidental doit être examiné, face aux griefs de fixité et de rigidité qui lui ont été plus particulièrement opposés.

Les mouvements scéniques (déplacements de décors, d'accessoires) peuvent, sur la scène à l'italienne, être effectués horizontalement au moyen de chariots, de châssis ou de panneaux coulissants, et verticalement au moyen de trappes, de planchers de scène à plateaux ou à ponts et de dispositifs de levage. Les gloires, nuages et appareils à vol ont été réutilisés dans le théâtre à l'italienne, mis en mouvement à partir des cintres.

Un changement de décor, par rotations, sera réalisé au moyen d'une scène tournante dès 1717 pour *La Délivrance de Renaud.* Certaines techniques de machinerie vont permettre les déplace-

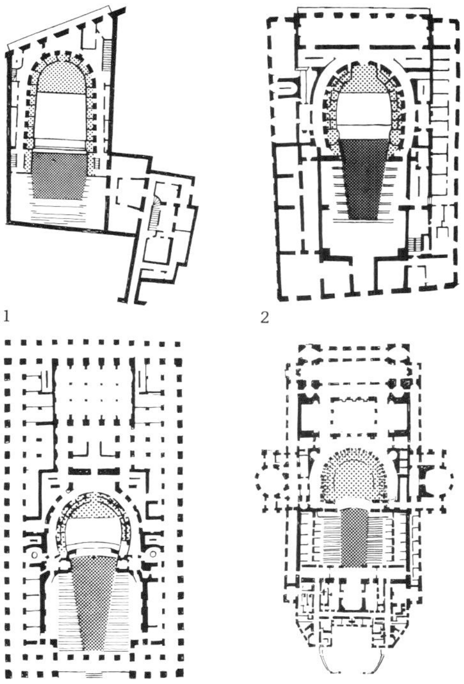

1. Comédie-Française (1689); 2. Comédie de Lyon (1756); 3. Grand Théâtre de Bordeaux (1778); 4. Opéra de Paris (1875). Evolution de l'emplacement du public par rapport à la scène, avec occupation progressive du parterre. Accroissement des espaces d'apparat, au détriment du complexe salle-scène.

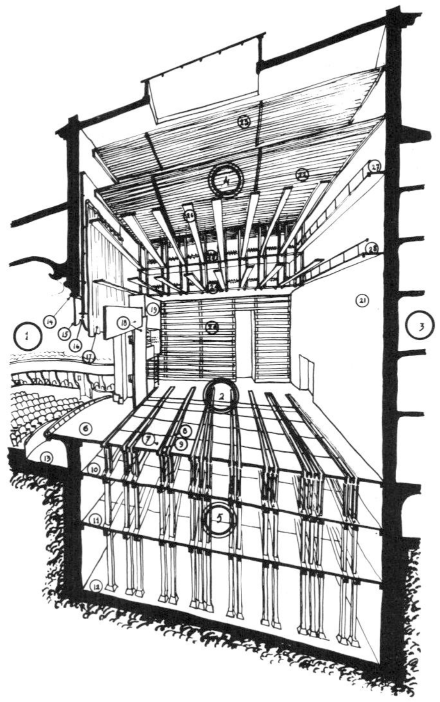

Disposition générale de la cage de scène (théâtre à l'italienne).
1. Salle; 2. cage de scène; 3. services du théâtre; 4. cintres; 5. dessous; 6. avant-scène; 7. rue; 8. costière; 9. fausse rue; 10. premier dessous; 11. deuxième dessous; 12. troisième dessous; 13. fosse d'orchestre; 14. cadre de scène; 15. lambrequin; 16. rideau de fer; 17. rideau d'avant-scène; 18. manteau d'arlequin; 19. jeu d'orgues; 20. cheminée des contrepoids; 21. mur du lointain; 22. gril; 23. petit gril; 24. passerelle du premier service; 25. second service; 26. pont volant; 27. pont du second service; 28. pont du premier service.
(Dessin de Pierre Sonrel, paru dans son Traité de scénographie, *Librairie théâtrale, 1944, reproduit avec l'autorisation de l'auteur.)*

Théâtre de Bayreuth, O. Brückwald, architecte. Inauguré le 13 août 1876, avec L'Or du Rhin, *de Wagner.*
(Musée Richard Wagner, Bayreuth. Phot. © du musée/Photeb.)

ments horizontaux au moyen de plateaux roulants facilitant les changements de décor derrière un rideau ou à vue, dès 1719, pour le *Ballet de Tancrède*. Des tapis roulants, généralement parallèles à la rampe, seront également utilisés.

A l'époque moderne, les déplacements verticaux seront obtenus par des ascenseurs ou des plateaux montés sur vérins, et certaines des scènes comprendront un plateau central circulaire mécanisé et automatisé.

Voici quelques exemples d'application de ces modifications concernant l'architecture et la machinerie au cours des cent dernières années.

La réforme architecturale qui présida à la construction du théâtre de Bayreuth, en 1876, traduit, chez Wagner, le souci de répondre, par l'édification d'un instrument nouveau, à sa conception de théâtre-art total : prolongement des coulisses le long des murs latéraux de la cage de scène; prolongement de la scène par un proscenium sous lequel l'orchestre est dissimulé; retour à l'amphithéâtre afin de retrouver ses qualités de visibilité et d'audibilité pour l'ensemble du public, uniformément et harmonieusement disposé sur les gradins en hémicycle; augmentation sensible des volumes de dégagement entourant la cage de scène afin de permettre un changement rapide des décors.

Ce souci de changement accéléré des décors sera repris au théâtre Pigalle (Paris, 1929) au moyen de quatre ascenseurs et d'une scène tournante. Même solution à l'Opéra de Berlin-Est (en 1955) avec l'installation de trois ascenseurs. Au théâtre du centre culturel de Bourges (1963), Pierre Sonrel, architecte, et Camille Demangeat, scénographe, adoptèrent le principe d'une scène classique au centre tout en prévoyant une aire de jeu, constituée pour sa plus grande part par un proscenium. Latéralement, un réseau de tubes métalliques soutient des panneaux mobiles permettant de créer des ordonnances architecturales, des portes, des fenêtres, des portiques. Ces réseaux latéraux de tubes se prolongent dans la salle abritant les commandes d'éclairage et de son.

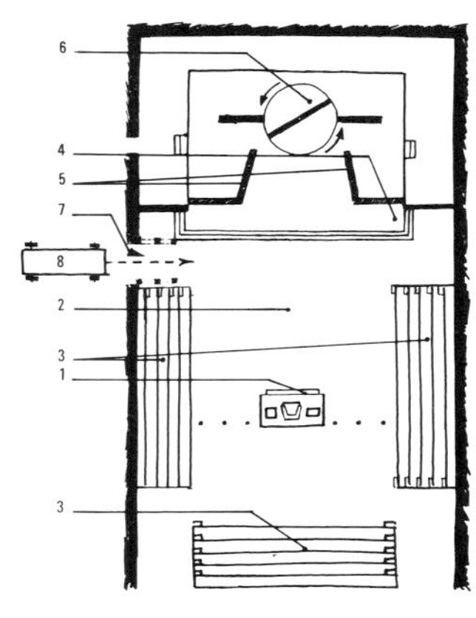

Ballet de la délivrance de Renaud, *monté par Francini, dans la grande salle du Louvre, 1617 :*
1. le roi; 2. espace réservé à la danse; 3. gradins; 4. scène surélevée; 5. châssis; 6. scène tournante; 7. entrée des figurants; 8. chariot mobile.

Théâtre de la Ville, A.U.A., J. Perrottet, architecte, R. Allio, scénographe, Paris, 1968. Transformation moderne d'un théâtre classique à l'italienne. Balcons, loges, orchestre ont été remplacés par un amphithéâtre de 1 100 places. La scène est équipée de 61 ascenseurs, d'un cintre ponctuel multidirectionnel et de deux jeux de trois passerelles mobiles. Un plafond technique couvre la totalité de la salle.
(Phot. © Birgit.)

Les transformations architecturales réalisées en 1968 au Théâtre de la Ville à Paris impliquent, à volonté, le maintien avec ouvertures variables ou la suppression du cadre de scène. Le plateau est constitué de 61 damiers dont chaque élément peut, au moyen d'un ascenseur, se placer à des hauteurs variables, au-dessus ou au-dessous de la scène. Le proscenium peut se prolonger dans la salle ou être agencé en fosse d'orchestre.

Certaines des dispositions qui viennent d'être précisées présentent des analogies avec la scène de l'auditorium de l'université d'Akron, aux Etats-Unis. Des praticables sur vérins télescopiques permettent de prolonger la scène de 6 mètres, la hauteur du proscenium pouvant varier entre 7 et 10 mètres.

Dans différentes salles, la séparation entre la salle et la scène subit une atteinte par l'aménagement de marches au-dessus de la fosse d'orchestre. Au Grosses Schauspielhaus de Berlin, en 1919, des marches prolongent un large et profond proscenium. Plus récemment, le Théâtre d'Etat de Malmö, en Suède, et le Vivian-Beaumont Theater du Lincoln Center, à New York, adopteront le principe de la projection, selon les besoins, d'une scène avancée. Ces différentes salles retrouvent l'unité qu'offre l'amphithéâtre, en particulier, par la suppression des balcons

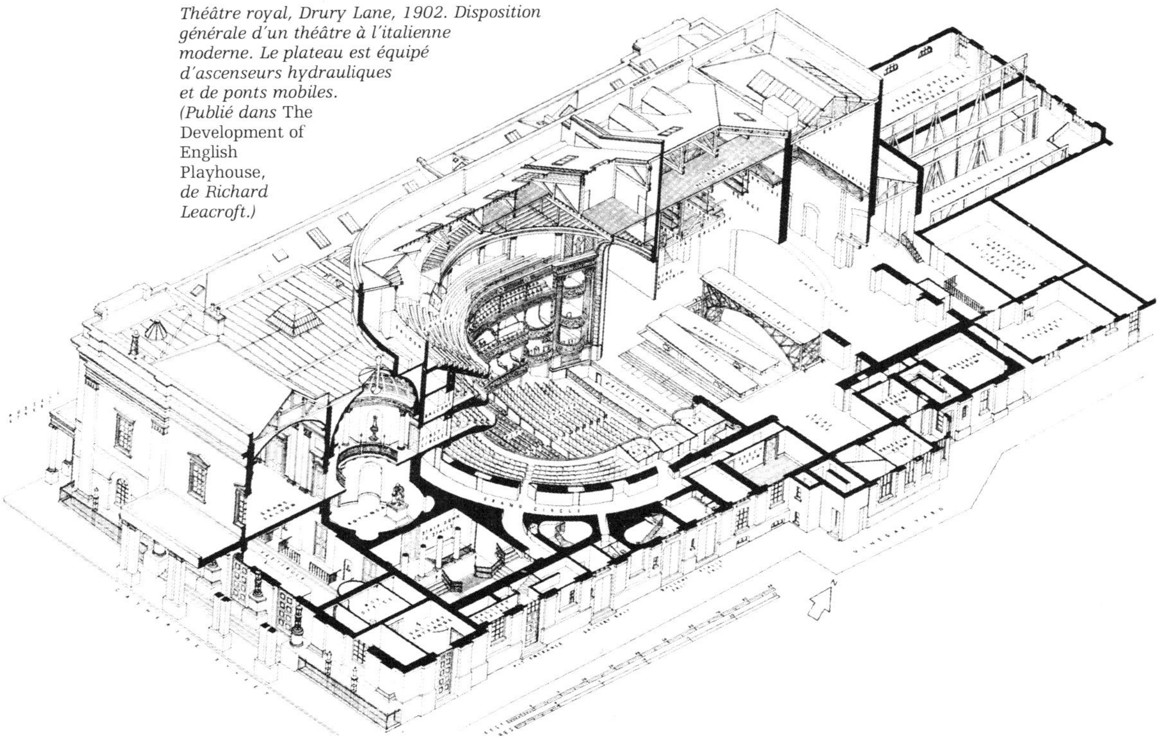

Théâtre royal, Drury Lane, 1902. Disposition générale d'un théâtre à l'italienne moderne. Le plateau est équipé d'ascenseurs hydrauliques et de ponts mobiles. (Publié dans The Development of English Playhouse, *de Richard Leacroft.)*

et des loges, suppression qui redonne aux spectateurs une meilleure, sinon égale, possibilité de vision et d'audition. Ces quelques exemples de réformes architecturales traduisent la préoccupation d'accélérer les changements de décors et d'en augmenter le nombre, d'établir aussi, par la suppression du cadre de scène, de la rampe, de la fosse d'orchestre, ou la dissimulation de celle-ci, le souci accru de rendre plus efficaces les échanges entre acteurs et spectateurs.

Aménagements scénographiques

Parmi les modifications scénographiques qui ont été imaginées au cours des trois dernières décennies, certaines complètent et accentuent des aménagements architecturaux qui viennent d'être décrits. D'autres ont été conçues, spectacle par spectacle, par des metteurs en scène et des scénographes. Ces dernières consistent, le plus souvent, à occulter les parois du cube scénique et le cadre rectangulaire de l'image scénique, permettant ainsi l'installation de dispositifs construits sans créer d'opposition visuelle et mettant en valeur le jeu corporel de l'acteur à différents niveaux, les faisceaux de projecteurs les isolant au surplus des autres parties du plateau (*Les Nègres,* de Jean Genet, théâtre de Lutèce, 1959, mise en scène de Roger Blin, scénographie d'André Acquart; *Intégrale Eric Satie,* théâtre national de l'Opéra-Comique, 1979, scénographie de J.-A. Deroudille).

L'espace en profondeur peut être exploité au moyen de panneaux distincts montés sur des structures légères représentant les décors et disparaissant successivement, par un jeu rapide de substitution, à l'occasion du passage d'un lieu à un autre (*Tartuffe*, de Molière, théâtre de la Cité de Villeurbanne, 1962, mise en scène de Roger Planchon, décors de René Allio).

Parfois, le plateau est divisé symboliquement en différents espaces de jeu à deux niveaux. Procédé ancien fréquemment utilisé : un immense escalier dont les marches se prolongent en hauteur vers les cintres et jusqu'au parterre en avant de la scène, constituant une sorte de masque du cadre de scène. Ce dispositif architectural, répondant aux recherches d'Appia et de Craig sur la mise en valeur du jeu plastique de l'acteur, fut utilisé par le scénographe Josef Svoboda au Théâtre national de Prague en 1963, pour *Œdipe roi.*

Des accessoires et des constructions de dimensions réduites dessinant différents espaces de jeu sont employés dans certains cas (*Marchands de villes*, création collective de la troupe du Théâtre de l'Aquarium, palais de Chaillot, salle Gémier, 1972).

Des projections, sur écran, de diapositives ou de films permettent de rompre avec l'unité de lieu en faisant éclater l'action en différents espaces, certains effectivement occupés, d'autres simplement suggérés (*Les Ames mortes*, d'après Gogol, mise en scène de Roger Planchon, scénographie de René Allio, Odéon - Théâtre de France, 1960).

D'autres types de projections fixent l'attention du spectateur sur un univers où profondeur et relief sont représentés, détournant l'attention des parois du cube scénique (expériences de la Lanterna Magika de Prague, à partir de 1958, sous la direction de Josef Svoboda et d'Alfred Radok). Dans cette perspective peuvent être évoquées les récentes recherches effectuées dans différents pays au moyen du rayon laser.

Les modifications architecturales et scénographiques, dont quelques exemples viennent d'être cités, restent d'autant plus nombreuses que la

Savonarole, *A. Barsacq, scénographe, J. Copeau, metteur en scène. Place de la Seigneurie, Florence, 1935. Appropriation d'un lieu public non destiné au théâtre. (Phot. © Bibl. nat. Paris/Photeb.)*

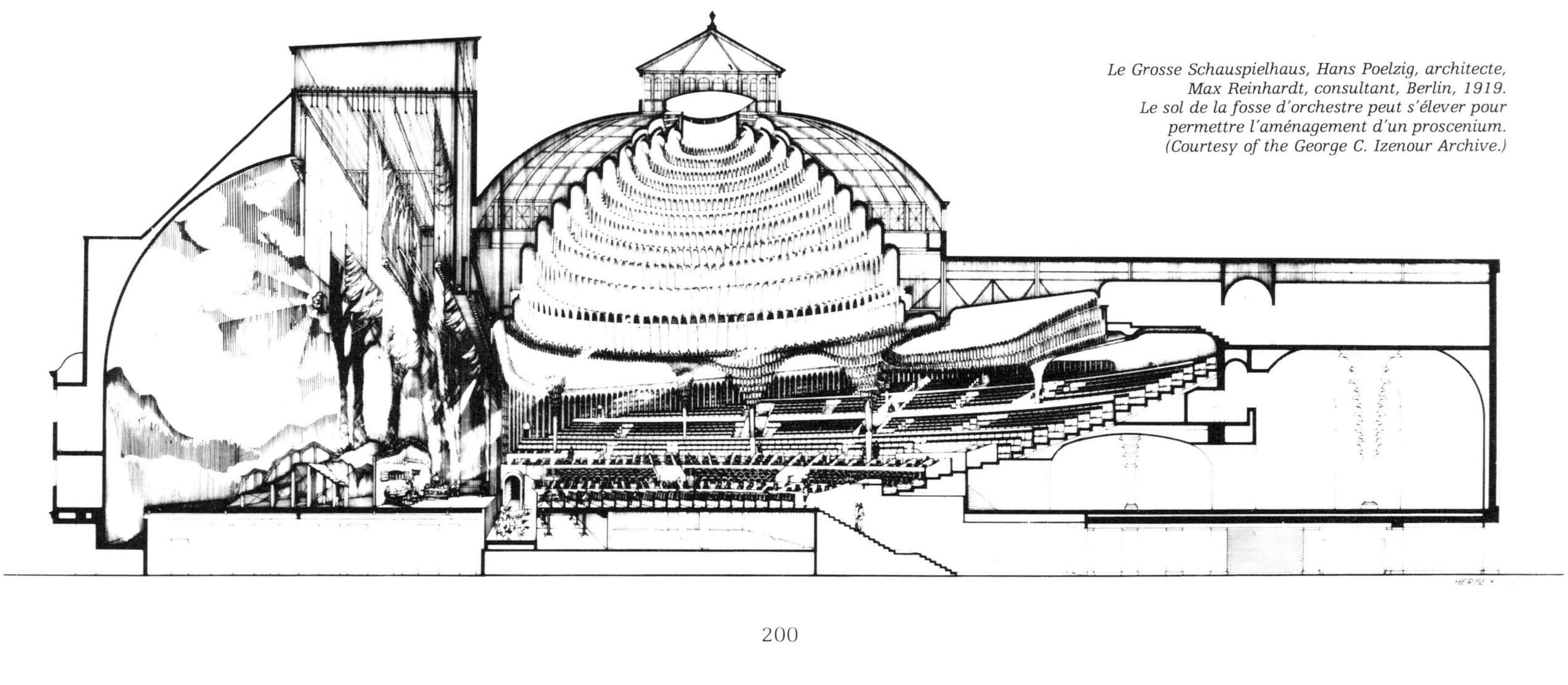

Le Grosse Schauspielhaus, Hans Poelzig, architecte, Max Reinhardt, consultant, Berlin, 1919. Le sol de la fosse d'orchestre peut s'élever pour permettre l'aménagement d'un proscenium. (Courtesy of the George C. Izenour Archive.)

Scénographie de Josef Svoboda pour Œdipe roi *au Théâtre national de Prague, 1963. Modification du théâtre à l'italienne par une conception très architecturale du décor. (Phot. © Jaromir Svoboda.)*

Ci-dessous : Les Contes d'Hoffmann *d'Offenbach, par la Lanterna Magika, de Prague, scénographie de Josef Svoboda. Eclatement de l'espace théâtral par utilisation de films projetés. (Phot. © Jaromir Svoboda.)*

majorité des salles utilisées aujourd'hui répondent à certains des principes fondamentaux du théâtre à l'italienne.

Les réflexions et les faits qui viennent d'être évoqués ont été précédés et, à l'occasion, accompagnés d'expériences qui furent souvent déterminantes.

Répertoires, acteurs, publics

Au cours de la seconde moitié du XIXe siècle, de nombreux spectacles vont être joués dans les théâtres grecs et romains. En outre, des hommes de théâtre ont présenté différents spectacles dans des cirques : en Angleterre, E.W. Godwin (1886) ; en France, Lugné-Poe (1898) ; en Allemagne, Max Reinhart (1910) ; en France encore, Firmin Gémier (1919). Des spectacles de plus en plus fréquents ont été montés sur des espaces de plein air : stades, places, lieux historiques.

Dans de nombreuses villes d'Europe, des festivals de théâtre vont provoquer l'utilisation, en plus d'édifices traditionnels, de lieux couverts ou de plein air improvisés. La seule ville d'Avignon offre, à l'occasion de son festival, plus de vingt lieux de jeu.

La comparaison de la période contemporaine avec celle de la Renaissance est frappante et prend valeur d'enseignement. A la diversité des lieux et des manifestations répond un effort analogue de réflexion et de recherche d'intérêt pratique.

Revenons au théâtre à l'italienne afin de préciser les principaux griefs invoqués à son encontre, justifiant, pour certains, l'abandon total, pour d'autres, partiel, des principes les plus caractéristiques de son architecture :

- le théâtre à l'italienne a accueilli des œuvres qui répondaient, par leur époque et leurs structures (par exemple, la tragédie grecque antique, le drame élisabéthain), à des structures spatiales traditionnelles différentes ;
- contre-épreuves liées aux expériences vécues par les spectateurs : la variété des structures offertes par le théâtre contemporain permet à ceux-ci de comparer en fait, pour une même pièce, interprétée dans certaines de ses différentes structures, les compatibilités et les incompatibilités de chacune ;
- dans le théâtre à l'italienne, l'acteur se trouve soumis à un ensemble de conditions particulièrement contraignantes : celles du cadre, de sa fixité, de son cloisonnement, du réseau géométrique de lignes qui s'imposent à ses évolutions, limitées en outre par le souci de pallier les défauts de perception visuelle subis par une partie importante des spectateurs.

A ces contraintes, et aux conventions qu'elles impliquent, s'ajoute celle — que nous avons déjà signalée — d'imposer aux spectateurs la vision d'un volume à trois dimensions (le corps de l'acteur) devant des toiles peintes représentant les objets sur deux dimensions. Seul un dispositif construit, praticable (plans inclinés ou surélevés, escaliers), peut permettre à l'acteur d'ajouter au pouvoir de la parole celui, trop souvent négligé en Occident, du geste et de l'expression corporelle. Or considérer le corps de l'acteur en tant qu'architecture mobile, et sa mise en valeur par l'emploi de dispositifs construits, ne peut se concevoir à l'intérieur du volume cubique de la scène à l'italienne.

Enfin, de Gémier à Vilar, chacun eut le souci d'étendre l'auditoire sans discrimination d'ordre social ou économique, de rendre la communication plus directe et plus efficace — que ce soit dans le sens d'une identification acteurs-spectateurs (Antoine, Stanislavski) ou d'une mise en perspective critique (Brecht) — tout en tenant compte, sous l'influence de l'évolution des arts plastiques, de la musique, du cinéma et de la télévision, de l'évolution des modes de perception du public se traduisant par une dynamique accrue dans la composition des images et des sons, voire l'intégration dans le spectacle de ces moyens ou de certaines de leurs techniques.

Ces multiples raisons ne peuvent qu'aboutir au renouvellement des rapports scène-salle, champs séparés, et y substituer toutes sortes de mises en rapport nouvelles, fixes ou modifiables.

Si l'on essaie de caractériser les principales tendances propres à l'intense mouvement de recherches architecturales des cent dernières années, nous distinguerons, en fonction des préoccupations qu'elles traduisent, quatre grands courants.

Le premier répond à un souci d'ordre artistique et culturel, à savoir que les grands répertoires du passé doivent retrouver l'espace théâtral qui fut le leur : théâtre à scène centrale, théâtre grec, théâtre élisabéthain, théâtre à l'italienne. Il apparaîtra, notamment, dans le cadre d'enseignements universitaires de théâtre, soit sous la forme de la reconstitution de l'une de ces structures, soit au moyen d'édifices dotés d'équipements modifiables permettant d'opérer la reconstitution de certaines ou, à la limite, de toutes ces structures.

Le deuxième, sans souci de référence à une structure traditionnelle, veut mettre en place des structures permanentes nouvelles, dont les principes restent stables avec, néanmoins, certaines possibilités d'adaptation.

Le troisième procède des soucis de recherche, d'expérimentation et de création, et consiste à offrir des éléments permettant de composer librement toutes sortes d'espaces de jeu.

Enfin, le quatrième courant répond au souci d'obtenir, grâce à la plus large «flexibilité», les possibilités offertes par les différents courants qui précèdent : reconstitution des structures traditionnelles ou création, pour chaque spectacle, d'un espace approprié, espace conçu pour constituer l'instrument d'une création.

Préoccupations culturelles

La «redécouverte» de la scène centrale comme aire originelle et fondamentale de l'action théâtrale a trouvé de nombreux adeptes : Okhlopkov à Moscou en 1933, à l'occasion de sa mise en scène de *La Mère*, de Gorki, et, comme architectures permanentes, le Penthouse de Seattle (1940), le théâtre de Margo Jones à Dallas (1947), le Théâtre en rond de Houston (1951), le théâtre Sant'Erasmo de Milan (1953), le Théâtre en rond de Paris (1954), enfin l'Arena Stage de Washington (1961), pour nous limiter à quelques-uns des exemples les plus marquants.

Le théâtre élisabéthain, ou ses principes les plus caractéristiques, a donné lieu à plusieurs tentatives de reconstitution. Citons le théâtre de Stratford (Ontario) ou le théâtre Bedford en Angleterre. Ce théâtre de 450 à 500 places, doté d'un plancher de scène modulable, peut être agencé avec une scène centrale.

Une flexibilité plus large appliquée aux structures traditionnelles est offerte à Bronxville (Etats-Unis) par le centre d'art dramatique du collège Sarah Lawrence. Conçue avec un amphithéâtre à large gradins offrant 500 places, cette salle peut être aménagée en théâtre à l'italienne ou à scène centrale. En outre, la scène peut être prolongée jusqu'au centre de l'auditorium et permettre ainsi de reconstituer la structure de la scène en éperon. En s'abaissant, une plate-forme située à l'avant-scène peut devenir une fosse d'orchestre.

Le Théâtre en rond, Paris. Conception : C. Paquita et A. Villiers. Réalisation : A. Gomis et J. Peccoux. Architecte consultant : P. Sonrel. Jauge : 305 places, plateau central, 5,30 mètres de diamètre. (Ph. © Nicolas Treatt/Photeb.)

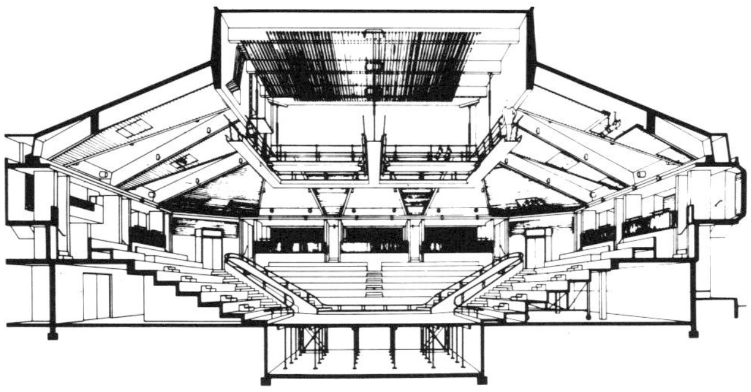

L'Arena Stage de Washington, Harry Weese architecte, 1961. Jauge : 754 places. Scène centrale : 9 × 11 mètres. Un retour à la scène centrale. (Phot. © Collection Harry Weese. D.R.)

Ci-dessous : théâtre de Stratford, Ontario, Canada. Une reconstitution moderne du lieu théâtral élisabéthain. (Phot. © Douglas Spillane.)

La petite salle du Théâtre national de Mannheim peut offrir une scène de style élisabéthain, une scène centrale, une scène ouverte, ou encore une scène à l'italienne. L'aire de jeu est composée de trois podiums constitués de trois plateaux interchangeables. L'un d'eux, en position basse, permet d'accueillir des musiciens. Ce théâtre, selon la solution scénographique adoptée, peut offrir de 580 à 780 places.

Le théâtre d'Orsay à Paris, installé dans le hall de l'ancienne gare d'Orsay, comprend 906 places sur des gradins dont la mobilité relative peut permettre des représentations d'œuvres appartenant aux répertoires du théâtre à l'italienne, du théâtre élisabéthain ou des œuvres considérées comme particulièrement mises en valeur par la scène centrale.

Enfin certaines réalisations de théâtre de plein air s'inspirent, plus ou moins librement, des principes architecturaux des théâtres grecs : le théâtre d'Hammamet, en Tunisie, et le théâtre de la fondation Cini, dans l'île San Giorgio, à Venise, le théâtre de Saint-Gilles-les-Bains à la Réunion présentent des points d'analogie concernant, notamment, le nombre des places, entre 1 000 et 1 200, ainsi que les éléments construits derrière les aires de jeu ou se confondant avec elles, discrets et fonctionnels, qu'il s'agisse de plans de jeu variés, de podiums amovibles, d'éléments construits pouvant se substituer aux décors.

Mais, à partir des années cinquante, les universités et collèges américains et britanniques, préoccupés de donner aux étudiants une expérience concrète de l'utilisation des structures architecturales et scénographiques traditionnelles, comprirent des théâtres «adaptables», certains utilisant des moyens de changements mécanisés et automatiques (université Harvard), le Ring Theater de l'université de Miami, le Loeb Drama Center aux Etats-Unis, ou, en Angleterre, le Cannon Hill Theatre et le théâtre de l'université de Bristol. Les recherches, dans cette perspective, et les travaux de George Izenour et de John English figurent parmi les plus marquants.

Au cours des dernières décennies, les recherches qui viennent d'être brièvement décrites concernent plus particulièrement le théâtre dramatique : les salles nouvelles, consacrées au théâtre lyrique, profiteront des perfectionnements apportés par les progrès de la technologie. Notons toutefois à l'occasion d'une construction à Osaka (Japon) en 1956 de l'Umeda Koma Stadium Theatre, l'édification d'une salle de 2044 places, réparties au parterre comme aux balcons sur des gradins concentriques en hémicycle comprenant une fosse d'orchestre à ouverture variable.

Reprenant, comme ce dernier théâtre, la formule éprouvée du vénérable amphithéâtre grec, suivant en cela l'exemple du théâtre de Bayreuth, le théâtre du Metropolitan Opera de New York, construit en 1966 pour 3 800 spectateurs, comprend un amphithéâtre, mais celui-ci est surmonté de cinq étages de loges et balcons.

Un scénographe belge, Arsène Joukosky, tentera, en 1973, d'élaborer un projet acceptable à la fois pour le théâtre musical et le théâtre dramatique, ainsi que pour des ballets et des concerts. Ce projet fera écho aux préoccupations des architectes et des scénographes spécialistes du théâtre dramatique. Selon le dispositif adopté, la salle peut accueillir de 1 280 à 2 280 spectateurs, conciliant les exigences du théâtre à l'italienne, avec ou sans fosse d'orchestre, du théâtre en rond avec grand ou petit plateau, et du théâtre à scène ouverte, avec grand ou petit plateau également. De telles dispositions impliquent différentes réformes d'ordre architectural et scénographique : plafond technique continu, absence de cadre de scène visible, cintres mobiles, fosse d'orchestre étroite et adaptable, éventuellement installation de l'orchestre et des chœurs dans un studio de prise de son en liaison optique et acoustique avec la salle.

Théâtre d'Hammamet, Tunisie. A.U.A., Chemetov. Deroche, architectes. 1 200 places. Architecture dissymétrique n'imposant pas un axe de jeu unique. (Phot. © Jean-Claude Raveau.)

Le célèbre projet élaboré en 1927 par l'architecte allemand Walter Gropius peut être considéré comme marquant une étape entre les projets et les réalisations reconstituant ou s'inspirant des structures traditionnelles et les propositions nouvelles. Sous le nom de Théâtre total, il s'agit d'une enveloppe en forme d'œuf. Une aire de jeu circulaire peut constituer le fond de la coquille et instaurer un rapport frontal avec le public réparti sur des gradins en hémicycle. La rotation de l'aire occupée par le public permet d'utiliser ces plateaux circulaires comme avant-scène, comme scène ouverte, ou encore comme scène centrale. A l'occasion du rapport frontal, la scène se compose de trois plateaux utilisables conjointement ou séparément. Dans cette dernière hypothèse, une scène annulaire peut constituer une aire de jeu continue entourant les spectateurs.

Structures spatiales nouvelles

Les projets et certaines réalisations qui ont suivi les années vingt n'ont pas échappé à une ambiguïté d'appréciation qui sévit encore aujourd'hui. Ambiguïté qui provient d'une confusion

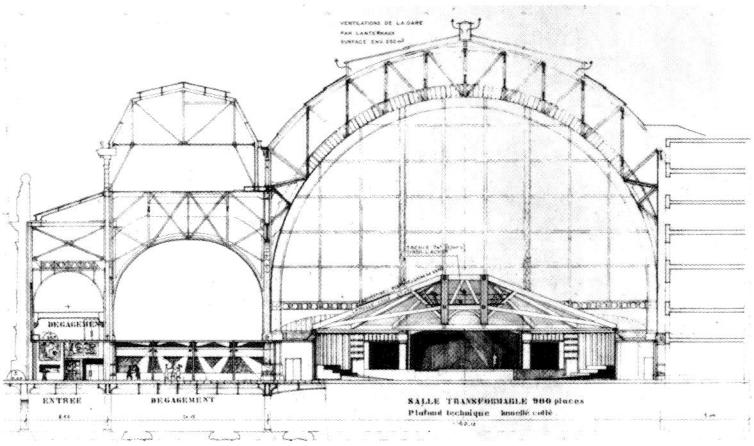

Le théâtre d'Orsay. C. Perset, scénographe, Paris. La mobilité d'une partie des gradins permet le remodelage de la salle et de l'aire de jeu. (A gauche : phot. © Gérard Guillat ; ci-dessus : dessin © Claude Perset.)

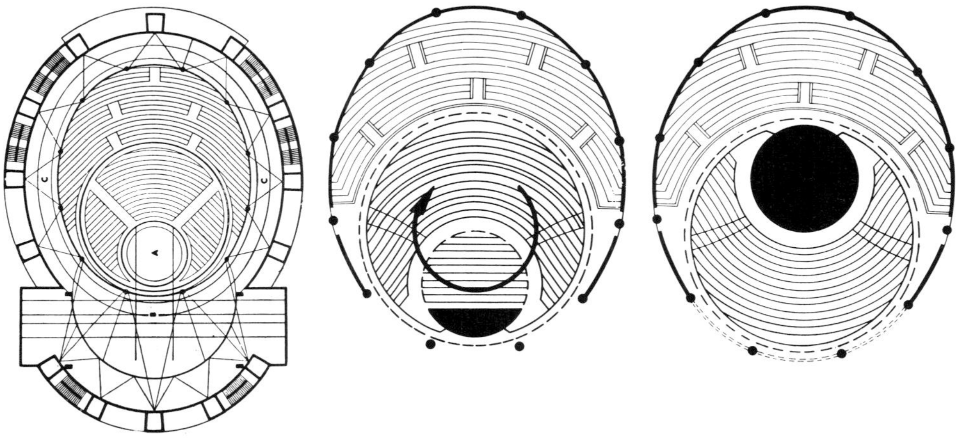

Projet de Théâtre total, Walter Gropius, architecte, 1927. Installation théâtrale faisant largement appel à la machinerie moderne pour reconstituer plusieurs rapports scène-salle traditionnels.
(© Walter Gropius. D.R.)

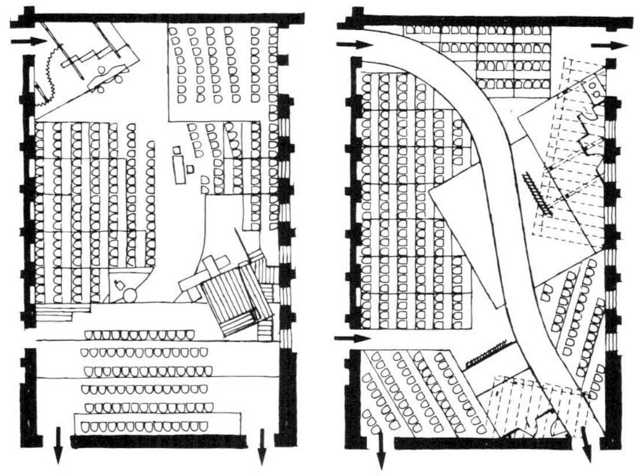

Théâtre simultané de Szymon Syrkus, Zolibar, Pologne, 1937.
Un seul espace, englobant spectateurs et acteurs, dans lequel des scènes multiples permettent une simultanéité du jeu dramatique.

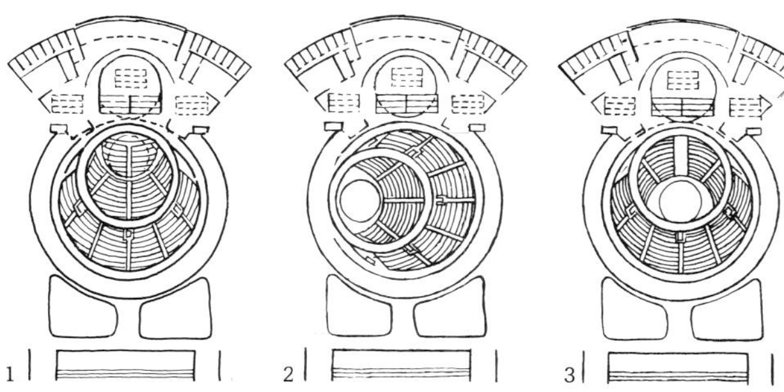

Projet du Théâtre expérimental Maïakovski, Moscou.
1. Utilisation de la scène frontale; 2. Utilisation de la scène annulaire;
3. Utilisation des scènes découvertes et du panorama naturel.

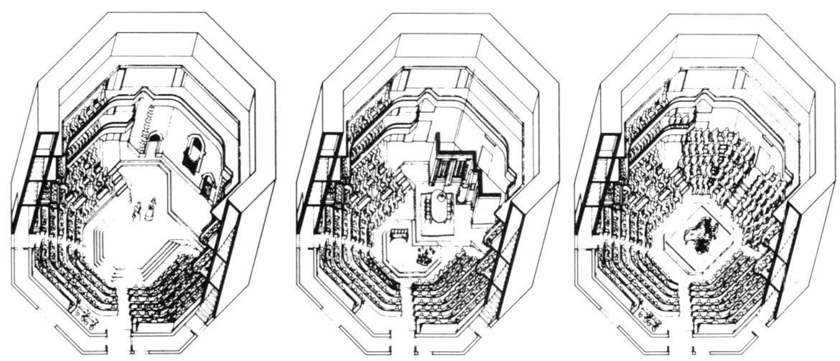

Théâtre de Bedford, en Grande-Bretagne. R. Ham et associés, architectes.
Il permet différents types de rapports scène-salle.
(Dessin paru dans Techniques et architecture, *n° 310, 1976 © Roederick Ham.)*

entre espaces constituant par eux-mêmes un sujet de recherche et espaces destinés à faciliter la recherche théâtrale orientée vers des sujets divers.

Dans le premier cas, il s'agit d'une ou de plusieurs structures spatiales qui vont être étudiées et mises à l'épreuve. Dans le second cas, il s'agit d'un ou de plusieurs espaces, instruments capables de composer à volonté différents modèles de structures traditionnelles ou nouvelles, en vue de procéder à toutes sortes d'études concernant globalement le théâtre, ou certains de ses aspects ou moyens, parmi lesquels peut figurer l'espace théâtral en général, ou un espace par rapport à d'autres. Cette seconde catégorie d'«espaces pour la recherche» sera étudiée dans le prochain paragraphe.

Très influencé par le Théâtre total conçu par Walter Gropius, le Théâtre expérimental Maïakovski à Moscou apparaît, ainsi, comme un théâtre de recherche et non comme un théâtre *pour* la recherche.

Parmi ces structures nouvelles ou ces éléments relativement stables, on peut retenir ainsi des structures à la fois synthétiques et abstraites, conçues pour une plus grande diversité et un plus grand pouvoir d'expression. Le théâtre du Vieux-Colombier, dû à la collaboration de Jacques Copeau et de Louis Jouvet (1919-1924), en offre un premier exemple particulièrement significatif : plateau à deux hauteurs avec marches sur le front de scène en vue d'accéder au proscenium et, éventuellement, au parterre; absence de cadre de scène et de rideaux; passerelle à l'arrière-scène offrant des espaces de jeu à différents niveaux.

En dehors de ces éléments architecturaux, pas de décor, mais des dispositifs mettant en valeur le jeu de l'acteur et variant selon les œuvres représentées : tréteaux placés au centre de la scène pour *Les Fourberies de Scapin*, quelques paravents pour *Les Frères Karamazov*.

Vers 1923-1924, Frederik J. Kiesler, sous l'appellation de Théâtre sans fin, imaginera, sur une spirale centrale, plusieurs aires de jeu entourées du public. En 1930, au Théâtre simultané, les Polonais Szymon Syrkus et Andrej Pronaszko imagineront, à leur tour, plusieurs aires de jeu réparties parmi les spectateurs. Cette conception inspirera le dispositif du laboratoire de théâtre Art et Action à l'exposition des arts et techniques de Paris (1937).

En 1963, à Dijon, Jacob Agam, Claude Parent et Jean-Marie Serreau présentèrent, à titre expérimental, leur Théâtre simultané en contrepoint : le public, entouré par le jeu simultané qui se déroule sur quatre côtés, composera son spectacle par le choix qu'il effectuera de telle ou telle scène — souci de participation qui répond, en outre, aux conditions de perception des événements de la vie moderne et au rythme accéléré auquel le public s'est accoutumé par le cinéma et la télévision.

Répondant, dans une certaine mesure, au même souci, le théâtre de la maison de la culture de Grenoble (Wogenski, architecte; Polieri, scénographe) a été conçu en entourant les spectateurs par des plateaux annulaires mobiles. Pour des spectacles de plein air, deux théâtres ont été édifiés, l'un en Tchécoslovaquie au château de Cezky Krumlov, l'autre, en Finlande, à Temperé, comprenant un amphithéâtre rotatif plaçant successivement les spectateurs devant les différentes aires de jeu prévues pour l'action. Peut-être est-il opportun de rappeler ici, avec Jacques Polieri, que Daguerre en 1822, avec son Diorama, construisit à Paris la première salle pivotante.

Au cours des années 1924-1926, au Bauhaus, Xanti Schawinsky imagine, dans une sphère, des aires de jeu communiquant par passerelles et des plans de jeu inclinés à différentes hauteurs au moyen d'ascenseurs. Il prévoit, en outre, dans cette sphère, une piscine suspendue pour ballets

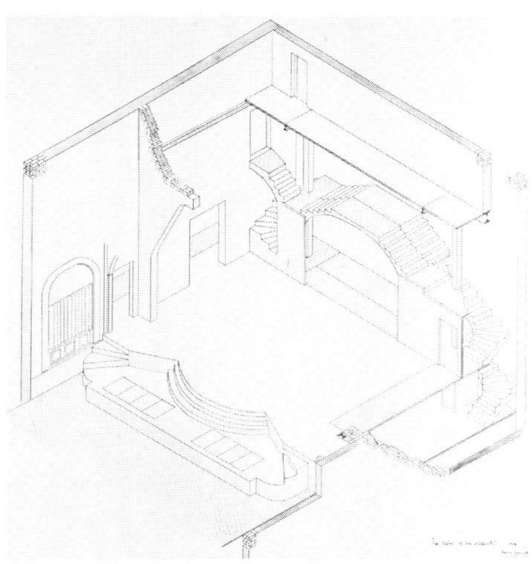

Deux dessins de Louis Jouvet pour le Vieux-Colombier. A gauche : la scène et son dispositif, en vue de la réouverture du théâtre (1919). Ci-dessous : étude pour La Nuit des rois *(1920). Scène architecturée conçue dans l'esprit des scènes élisabéthaines. Machinerie très simplifiée, sans dessous ni cadre de scène.*
(Collection L. Jouvet, département des arts du spectacle, Bibl. nat., Paris. Phot. Jeanbor © Photeb. D.R.)

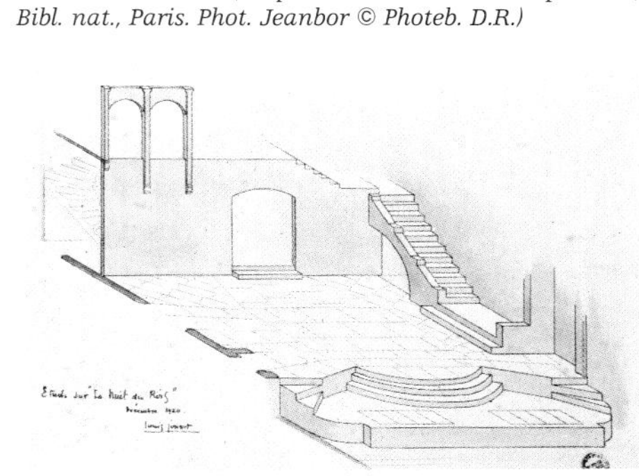

Théâtre du mouvement total, maquette de Jacques Polieri. Projet faisant suite aux tentatives du Bauhaus.
(Phot. Michel Didier © Photeb.)

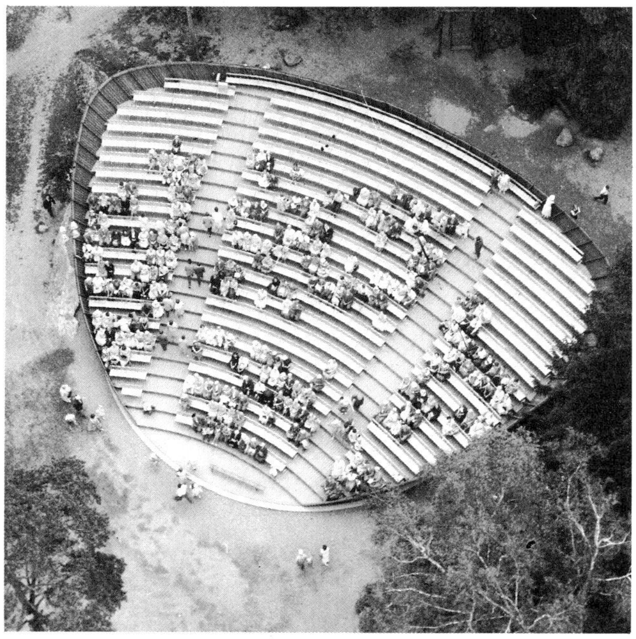

Tribune tournante, R. Ojanen et J. Ilveskosken, architectes, Tempéré, Finlande, 1959. Tribune mobile de plein air. Jauge : 800 places. Le paysage naturel est associé aux décors.
(Phot. © Juhani Riekkolo.)

nautiques. Toujours au Bauhaus, Andreas Weininger élaborera le projet de placer, dans une sphère, des aires de jeu autour d'une spirale axiale.

Recherche, expérimentation, création

Avec le concours de différents architectes, Jacques Polieri a conçu plusieurs projets de volumes sphériques. Sous le nom de Théâtre du mouvement total, il imagina des spectacles se déroulant sur trois dimensions, les spectateurs étant placés sur des plates-formes en mouvement. Des séries d'images et des séquences filmées, accompagnées de musique, seraient projetées sur les parois de cette sphère.

Depuis la fin du siècle dernier, sous les noms de théâtres expérimentaux, théâtres d'essai, laboratoires, ateliers, se sont constitués, dans de nombreux pays, avec des fortunes diverses, de nombreux foyers d'étude et de création.

Les objectifs des metteurs en scène, des scénographes, des architectes et des techniciens ont été et demeurent multiples : correspondance avec les autres arts et avec les sciences et techniques, modifications des structures permanentes, dosage de leurs mesures spatiales ou temporelles, implantation de structures nouvelles, établissement d'une certaine hiérarchie parmi les structures adoptées, unité de style, rapports entre acteurs et spectateurs, missions assignées au théâtre. En opérant une rupture avec le théâtre traditionnel, ces chefs d'intérêt, indirectement ou directement, ont conduit à sortir des cadres spatiaux traditionnels, de leurs contraintes physiques et culturelles, pour imaginer des espaces libres, ouverts, disponibles, considérés comme facteurs fondamentaux de tout renouvellement et, d'une manière générale et permanente, de création.

Walter Gropius, qui en fut, nous le savons, après Appia, Gordon Craig et Artaud, l'un des pionniers, écrivait : «L'architecte de théâtre contemporain se doit de chercher à créer un vaste clavier de lumière et d'espace d'une formule si objective et adaptable qu'il pourrait répondre à toute vision imaginable d'un metteur en scène.»

Deux sources principales de travaux vont illustrer cette tendance : d'une part, des projets et des réalisations d'architectes et, d'autre part, des réalisations dues à des metteurs en scène et à des scénographes dans des lieux le plus souvent théâtralement improvisés. A partir de 1960 — mais, postérieurement, remarquons-le, aux réalisations du metteur en scène soviétique Okhlopkov et de son décorateur Chtoffer au Théâtre réaliste de Moscou (1931) — les travaux du Polonais Jerzy Grotowski et de son scénographe Gurawski vont constituer le point de départ d'expériences retentissantes, tant en ce qui concerne le travail de l'acteur que de l'utilisation de l'espace de jeu, renouvelant, à l'occasion de chaque œuvre, quelquefois au cours de la représentation de la même œuvre, les rapports acteurs-spectateurs, essayant de ranimer, de stimuler la vie intérieure des spectateurs en brisant toutes les résistances, tous les clichés mentaux qui protègent l'accès de leur subconscient. Par définition, les procédés adoptés seront, pour chaque spectacle, différents.

Dans *Le Prince Constant*, des spectateurs entourent une action se déroulant en contre-bas ; dans *Kordian*, incorporation des spectateurs en qualité de patients dans une action se déroulant en hôpital psychiatrique. Entre ces deux pôles, la scénographie des *Aïeux* mettait en œuvre une dispersion des spectateurs autour de différentes places de jeu.

Dans la même perspective se situent, depuis une douzaine d'années, les spectacles dirigés par un émule de Grotowski, Eugenio Barba, fondateur au Danemark de l'Odin Teatret. Certaines troupes ont atteint le stade de l'exploitation pour un large public : hangars, salles d'usines, halles ont offert des espaces «neutres» ou, au contraire, insolites que certaines mises en scène requièrent. Lorsque, occasionnellement, un théâtre sera utilisé (*Le Prince Constant*, mis en scène par Grotowski au théâtre de l'Odéon à Paris), ce sera en y installant un dispositif qui, de par ses conditions spatiales de fonctionnement, «niera» la salle traditionnelle et ses moyens propres.

Lieux théâtralement aménagés

Certaines réalisations de deux troupes : celles du Théâtre libre de Rome, celles du Théâtre du Soleil de Vincennes, nous fournissent des exemples particulièrement marquants : en mai 1970, le Théâtre libre de Rome, dans une mise en scène de Luca Ronconi et une scénographie d'Uberto Bertacca, présentait *Orlando Furioso*,

1

2

3

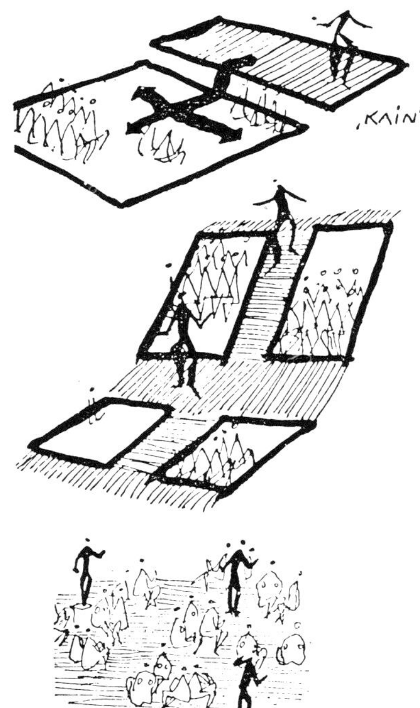

4

Croquis d'actions scéniques, de Jerzy Grotowski : 1. pour Les Aïeux, *de Mickiewicz ; 2. pour* Kordian, *d'après Slowacki ; 3. pour* Le Dr Faust, *d'après Marlowe ; 4. pour* Kaïn, *d'après Byron. Les acteurs sont figurés en noir, les spectateurs en blanc. Ceux-ci sont intégrés à l'action.*
(Dessins © Jerzy Grotowski.)

d'après l'Arioste, dans un pavillon des anciennes halles de Paris. Deux théâtres à l'italienne reconstitués se faisaient face, séparés par une aire neutre où jeu et spectateurs se trouvaient mêlés : des chariots, certains offrant des aires mobiles de jeu, intervenaient par moments sur l'aire neutre, d'autres représentaient des accessoires du spectacle. L'espace libre permettait ainsi d'évoquer, selon l'action, la place publique d'une cité médiévale et un théâtre de cour de la Renaissance italienne.

A Vincennes, en 1971, le Théâtre du Soleil, dans d'anciens locaux militaires désaffectés, créait *1789* : cinq tréteaux reliés par des passerelles constituaient le dispositif de jeu. Les spectateurs, assis sur des gradins, dont une partie se trouvait à l'extérieur, l'autre à l'intérieur des aires de jeu, pouvaient se déplacer librement au cours de l'action. Le public accédait successivement à chaque espace. Sur le premier – un praticable de 15 mètres sur 4 – une parade évoquait l'histoire des années 1791-1792 ; sur le second étaient présentées les assemblées que tenaient les sans-culottes. Les spectateurs étaient disposés, assis ou debout, sur des gradins ou dans des galeries à double étage.

Créé en 1979, *Méphisto* se jouait dans un espace en forme de rectangle dont deux côtés se faisant face comprenaient, l'un, un théâtre à l'italienne, l'autre, une estrade évoquant la piste d'un cirque. Les deux autres côtés étaient constitués d'une galerie rejoignant, de part et d'autre, ces deux aires de jeu. L'une évoquait, avec réalisme, certains moments vécus par un groupe symbolisant une certaine société allemande des années trente-quatre, l'autre, de façon grotesque, les spécimens qui, aux mêmes moments, faisaient la «préhistoire» de l'Allemagne nazie. Sur des gradins constituant l'espace intérieur du rectangle, le public faisait face, alternativement, à chacune des deux aires de jeu, c'est-à-dire, aux mêmes moments, aux deux aspects complémentaires d'un même monde.

Théâtres instruments

Mais, de leur côté, répondant aux mêmes impératifs, certains architectes et scénographes, dans différents pays, proposeront, ainsi que nous l'avons déjà écrit, des instruments exploitant les ressources de la technologie moderne. Limitons-nous à quelques exemples.

Le théâtre à cellules mobiles (Werner, Runhau, architectes ; Jacques Polieri, scénographe) est constitué, pour la totalité de sa surface (scène et salle), de podiums élévateurs permettant d'adapter à volonté les rapports entre acteurs et spectateurs, ainsi que de modifier verticalement les volumes, soit de façon permanente, soit au cours d'un même spectacle : scène entourant totalement le public ; scène entourant le public sur trois côtés ; public entourant complètement la scène ; scène se situant de part et d'autre du public ; salle et scène composées d'éléments éparpillés. Telles sont les solutions scénographiques offertes par le théâtre à cellules mobiles. De 400 à 600 places peuvent être prévues, constituées de fauteuils pivotants et amovibles.

La salle du théâtre expérimental de l'université de Miami en Floride (R.M. Little, E. Marion et I. Manley, architectes et scénographes), réalisée en 1950, comprend huit sections triangulaires et quatre sections rectangulaires lui permettant d'être exploitée pour toutes les formes de spectacles. Elle peut accueillir 400 spectateurs.

Soucieux de solutions architecturales qui permettraient de «tout faire et de tout chercher», le scénographe René Allio prévoit un ensemble composé de deux salles : une salle d'essai et un laboratoire de théâtre. Ces salles ne diffèrent que par le nombre de spectateurs qu'elles pourraient accueillir : la première, de 600 à 800 ; la seconde, de 50 à 100.

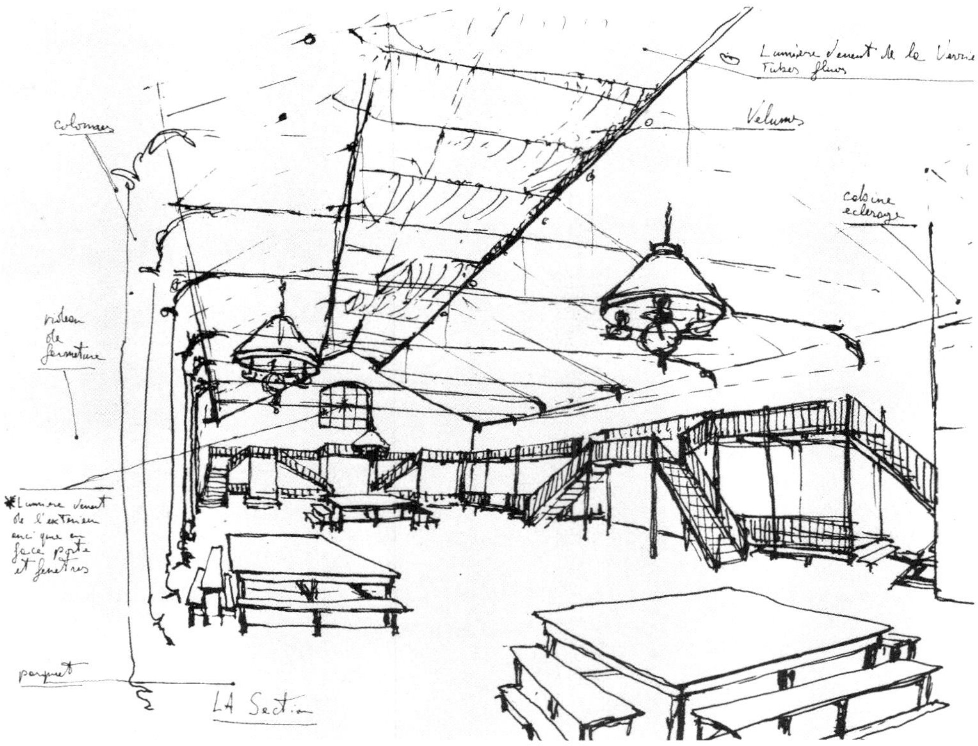

La Cartoucherie de Vincennes, aménagée pour 1793*, spectacle du Théâtre du Soleil, 1972. Exemple de récupération d'un lieu au profit du théâtre. Trois grandes tables servent de plateaux. (Dessin © Roberto Moscoso. D.R.)*

Mais leurs structures répondent aux mêmes caractéristiques : chaque salle serait, en effet, de forme carrée, leur sol étant constitué de seize grandes dalles disposées de manière symétrique. Des plates-formes légères, au ras du sol, porteraient des sièges pivotants par groupes de dix ou vingt. Une trame métallique recouvrant les murs qui supporterait des passerelles permettrait de disposer les projecteurs ou tous autres appareils ou équipements. Un plafond technique, composé de passerelles suspendues, couvrirait intérieurement la salle, offrant des séries de cintres à dispositions ponctuelles.

Le studio expérimental du théâtre universitaire de Strasbourg (Vivien et Dick, architectes ; Veilhan, scénographe, 1966) offre une solution simplifiée : vingt praticables de 1 mètre sur 2 suffisent à composer les rapports entre salle et scène les plus variés, les modifications pouvant être effectuées manuellement. Trois rails, disposés dans le sens de la longueur, permettent à des chariots supportant des projecteurs ou des pendrillons de coulisser. La capacité d'accueil est de 200 spectateurs.

Une conception due à Pierre Faucheux et à Michel Jausserand, architecte, apparaît comme l'aboutissement raisonné des préoccupations et des solutions dont quelques exemples viennent d'être cités. Elle contient, en effet, formulés en termes claires, les principes essentiels qui les animent : rendre possible toute action dramatique nouvelle ; refuser toute forme de salle ou de scène définie par avance. Tout metteur en scène, tout auteur, doit pouvoir à sa guise, et dans la forme souhaitée, imaginer librement son dispositif. L'intention des auteurs de ce projet est, logiquement, de dégager les traits essentiels, fonctionnels et morphologiques, de l'instrument, plutôt que l'aspect architectural fini. Les volumes proposés sont des halls continus de grande portée. Au niveau principal, sur toute la surface, un plancher assure la mise en place d'un ou de plusieurs dispositifs de spectacle : gradins, plateaux, cabines, etc. A partir d'éléments mobiles, interchangeables, la structure supérieure, porteuse des halls, est constituée par un gril continu et praticable permettant la suspension de tous équipements techniques nécessaires et de parois-écrans délimitant les espaces de spectacle.

Théâtres à tout jouer

«Tout jouer», c'est répondre aux soucis de recherche, d'expérimentation, de création, mais c'est aussi, logiquement, retrouver, de surcroît, les espaces de jeu traditionnels : d'où les propositions de solutions universelles que certains architectes n'ont pas manqué de formuler.

D'une certaine manière, il s'agit là d'une réponse, que certains considèrent comme provisoire, au grief, fréquemment énoncé, selon lequel les structures nouvelles ont été jusqu'à présent imaginées par les seuls architectes et scénographes et ont été peu suivies par les auteurs, les acteurs et, même, par les metteurs en scène.

L'évolution du théâtre, au cours de la prochaine décennie, permettra, seule, de conclure sur ce point.

Un exemple particulièrement simple de solution universelle est fourni par le petit théâtre de la Leeds Grammar School en Angleterre (G. Alan Burnett et autres ; consultant : Stephen Joseph). Ce théâtre est composé d'une salle rectangulaire qui peut comprendre quatre parties : le premier quart est occupé par un balcon fixe. Des gradins, rétractables sous le balcon, constituent le deuxième quart. L'utilisation du balcon et des gradins permet d'agencer la salle à l'italienne. Dans ce cas, 350 spectateurs y trouvent place. Le balcon étant dissimulé derrière un rideau, dans la salle réduite d'un quart, peuvent être reconstituées, manuellement, les différentes structures traditionnelles, ainsi que toutes sortes de structures nouvelles.

Le studio du Théâtre national de Budapest (Weyer et Rubinow, architectes) comprend une salle carrée composée de vingt podiums de 5 mètres

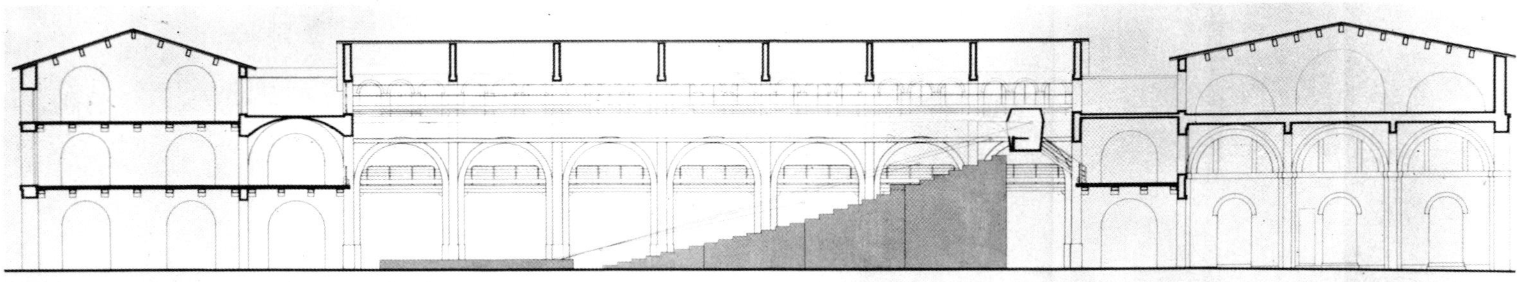

Entrepôt Lainé. Joane, Mazery, Valode, architectes. B.E.R.S., B. Guillaumot, scénographe, Bordeaux. Transformation d'un monument classé en lieu de spectacle. Le plafond technique se compose de deux passerelles fixes et de six passerelles mobiles pouvant se replier vers le fond de la salle. Tous les aménagements au sol sont amovibles. La plantation de l'estrade peut être frontale, comme ci-dessus, mais aussi centrale. (D.R.)

sur 5 chacun. Ces podiums constituent indifféremment les planchers et les reliefs de la salle et de la scène. Huit podiums constituent la partie réservée aux spectateurs, offrant ainsi 306 places. La salle comprend un balcon circulaire permettant les entrées d'acteurs et pouvant être utilisé pour l'éclairage et autres dispositifs techniques. Au-dessus, un plafond comprend des ouvertures permettant, notamment, de fixer des sources d'éclairage.

Le projet de théâtre transformable pour la maison des jeunes centrale de Strasbourg (G. Jung et M. Veilhan, scénographes) prévoit un espace rectangulaire contenant au sol un jeu de praticables mobiles de construction légère, de même module, pouvant s'emboîter et constituer indifféremment les gradins de la salle, comprenant 400 places, et les éléments de la scène. Un faux plafond, en forme de gril, court sur l'ensemble salle-scène, permettant de fixer ou de faire descendre tous les éléments de décors et d'éclairage désirés. Ce théâtre peut être l'instrument de toutes recherches nouvelles ainsi que de la reconstitution des structures grecques, élisabéthaines, à l'italienne, à scène centrale et de la structure du théâtre de nô. Il peut être utilisé, en outre, comme salle de cinéma, de concerts, de danse.

Le Théâtre variable (Raimund von Doblhoff, architecte) apparaît enfin comme le projet le plus riche en combinaisons dont les réalisations techniques ont fait l'objet d'études particulièrement poussées, qu'il s'agisse des structures traditionnelles aux aménagements les plus libres en passant par les nouvelles structures stables telles que la scène circulaire cernant les spectateurs; l'aire de jeu visible à 360 degrés; les dispositifs à passerelles de conception orientale. Il permet d'accueillir des manifestations provenant d'autres arts du spectacle, comme le cirque, ou encore des activités sportives. Enfin, une ouverture peut permettre la vue d'une scène de plein air installée au milieu d'un parc. Le changement des différentes combinaisons est automatique. La salle peut encore être utilisée comme studio de cinéma ou de télévision. Elle offre de 1 000 à 3 000 places. Des rideaux mobiles verticaux et horizontaux permettent de délimiter l'espace nécessaire.

Théâtre variable. Raimund Van Doblhoff, architecte. Le dispositif scénique est planté dès le début de la représentation; des tribunes motorisées se déplaçant pendant le spectacle orientent les spectateurs vers l'action.

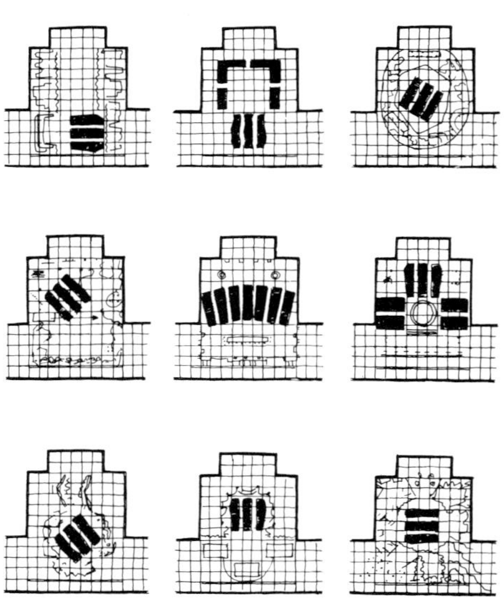

Polyvalence artistique et culturelle

Quelques-uns des exemples qui viennent d'être décrits nous font entrevoir la triple acception que prend le terme *polyvalence,* fréquemment employé à l'occasion des réalisations architecturales dans les domaines théâtral et culturel : par «polyvalence» on entend, en effet, la possibilité de jouer toutes les formes théâtrales traditionnelles; ou encore, toutes les formes théâtrales traditionnelles et imaginables; ou enfin, toutes les formes théâtrales et toutes les manifestations d'intérêt culturel, socio-éducatif, social et sportif d'une population donnée.

Parmi les édifices culturels, la salle dite polyvalente constitue, pour des raisons diverses — manque de place et de moyens financiers notamment — une solution qui connaît la faveur accrue de municipalités de petites villes, de villes nouvelles, de quartiers ou de secteurs périphériques.

La conception architecturale et scénographique d'une telle salle, par la variété même des activités qu'elle est appelée à accueillir en alternance, doit répondre aux impératifs suivants, retenus par référence aux précédents que constituent les salles d'Ivry et du théâtre des Amandiers de la maison de la culture de Nanterre (Bernard Guillaumot, scénographe) ou, plus spécialement, par référence à un exemple récent et particulièrement riche de possibilités : il s'agit du Centre culturel intégré de Rixheim, près de Mulhouse (Robert de Busni, architecte, et Jacques Bosson, scénographe) : rapidité de passage d'un type d'activités à un autre; légèreté, confort et maniabilité des éléments mobiles; éléments de gradins et éléments de scène identiques; stockage aisé des éléments non utilisés.

Le Centre de Rixheim est composé de deux salles polyvalentes de 20 mètres sur 30 et de 8 mètres de hauteur. Chaque salle peut accueillir des activités sportives (volley-ball, tennis), des activités socio-éducatives et culturelles : spectacles (théâtre, danse et variétés), musique, et servir de foyer aux fêtes locales. Ce sera le choix des moyens techniques opérant les changements d'implantations qui constituera le critère décisif d'une bonne exploitation.

Ainsi, pour prendre le cas le plus complexe, celui d'une production théâtrale, les combinaisons suivantes sont envisageables : scène centrale, scène frontale, scène bifrontale. De 400 à 1 200 places peuvent être aménagées selon la combinaison choisie. Un jeu de rideaux mobiles permet de dissimuler les murs ou, frontalement, les changements. Les gradins constitués de 9 places et les praticables composant l'aire de jeu peuvent être déplacés ou évacués manuellement sur des sortes de porte-manteaux roulants. Une journée est nécessaire à quatre hommes pour passer d'un aménagement à un autre. Le gril est composé de ponts roulants permettant l'arrimage de projecteurs ou d'éléments utiles au jeu. Dans l'hypothèse d'un spectacle à l'italienne, quatre plans de décor peuvent être placés en attente. Des couleurs sombres et mates permettent d'opérer, sans heurt, le passage d'un type d'activités à un autre.

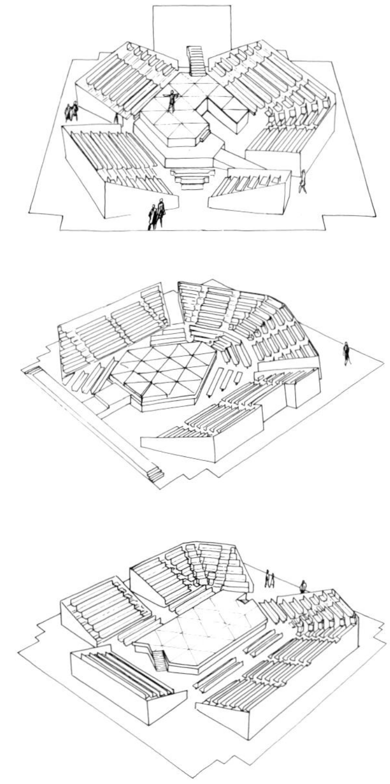

Théâtre des Amandiers, Nanterre. D. Darras, architecte; B. Guillaumot, scénographe. Salle polyvalente de forme carrée, surface 850 mètres carrés, couverte par un plafond technique formé de passerelles fixes et mobiles. L'organisation intérieure est modifiable à l'aide d'éléments modulaires amovibles.

Théâtre de rue en Sardaigne, par la troupe d'Eugenio Barba. Une façon de retrouver le cercle, qui est peut-être l'aire dramatique primitive. (Phot. © Antonio d'Urso.)

Si nous avons insisté sur ces considérations d'ordre technique, c'est que, après avoir connu une phase critique (les griefs pouvant se résumer par la formule : «Tout faire, mais ne rien faire bien»), les expériences antérieures incitent architectes et scénographes à résoudre les problèmes techniques difficiles que ne peut manquer d'impliquer une formule aussi complexe sous son apparente simplicité. La recherche d'un élargissement du public et l'action politique et sociale que certains ont assignée au théâtre les ont conduits à utiliser des instruments ambulants ou à jouer sur les lieux improvisés qu'offrent les rues ou les places publiques, afin d'établir le contact avec un public (le «non-public») que le théâtre dit populaire n'avait pas réussi à rejoindre.

Les théâtres ambulants ont donné lieu à de nombreuses formules où se retrouvent — en plus des multiples problèmes techniques qui leur sont propres — la plupart des problèmes et des solutions qui ont été évoqués précédemment.

Qu'ils soient construits ou aménagés, qu'ils soient stables ou ambulants, les édifices et les structures que nous venons de décrire constituent des entreprises institutionnalisées. Depuis une soixantaine d'années, le théâtre d'intervention politique révolutionnaire, marginal, a tenté, dans différents pays, de toucher un public nouveau partout où il se trouve : places, rues, cours d'usine, camps de travail, lieux de réunions syndicales ou politiques, etc.

Après les troupes révolutionnaires d'agit-prop (agitation-propagande) russes ou allemandes, des troupes américaines comme la San Francisco Mime Troop à partir de 1959; le Teatro Campesino à partir de 1965, le Bread and Puppet Theatre à partir de 1965, ou européennes comme le Teatro de la Carriera à partir de 1970, ont dénoncé des faits de guerre, des injustices sociales, certains types de régimes politiques ou l'oppression subie par des minorités. Tant qu'il reste interdit, poursuivi, ce «théâtre à la sauvette» doit répondre, pour frapper vite et fort, à une exploitation scénographique d'autant plus rigoureuse de l'espace choisi. Plus précisément, créer un événement, opérer une rupture avec l'environnement (par l'emploi de masques, de maquillages, de costumes, d'instruments à percussion), capter l'attention, procéder à une communication claire des propos, opérer une adaptation constante du jeu aux réactions des spectateurs.

Plus orientée vers des objectifs culturels, pédagogiques et éducatifs que socio-politiques, l'*antenne culturelle* peut offrir une solution intermédiaire. Projetée d'un foyer culturel central, elle constitue un équipement léger, susceptible de «saupoudrer», en de nombreux points culturellement déshérités, des manifestations variées (théâtre, musique, cinéma, marionnettes, etc.) ou de susciter des travaux collectifs intéressant les écoles, les groupes d'amateurs et les associations locales. D'autre part, sur des espaces rigoureusement choisis pour leur pouvoir de stimulation théâtrale, la participation du public, sous la forme d'une communication et d'une création libres, a constitué l'objet de certaines tentatives qui ont connu un grand succès, en particulier aux Etats-Unis avec le happening au cours des années soixante, puis, à certains égards, dans les manifestations de la «fête redécouverte», enfin dans ces zones permanentes de rencontres qu'offrent, en Allemagne, les Spielstrasse, dont la première a été organisée à Munich en 1972 à l'occasion des Jeux Olympiques.

Du cubique au sphérique

Ouverture à la fois sur les faits qui appartiennent au passé, au présent et à l'avenir du théâtre, adoptons la distinction opérée par l'esthéticien Etienne Souriau entre ce qu'il appelle «les deux conceptions différentes de la réalisation scénique, peut-être de l'art théâtral tout entier». Il s'agit de deux univers : le *cubique*, représenté par le théâtre à l'italienne; le *sphérique*, par le théâtre en rond, le théâtre grec, le théâtre au Moyen Age, les théâtres élisabéthain et espagnol. Le premier,

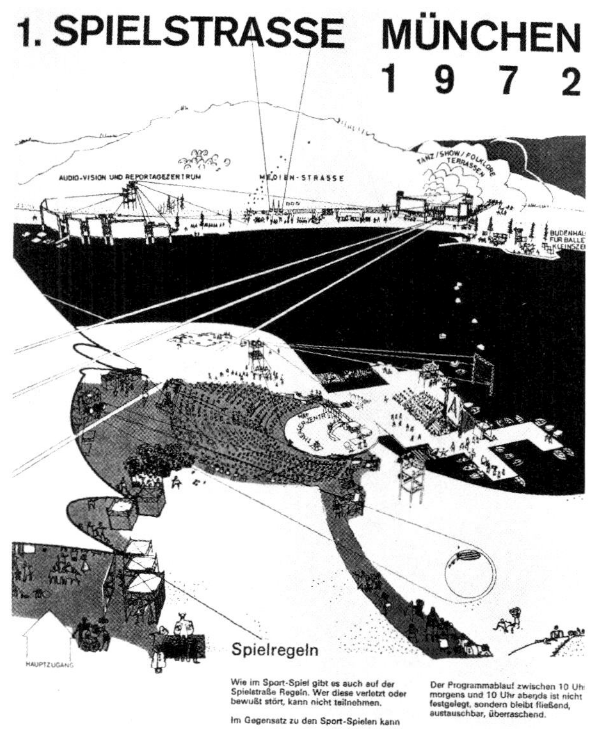

Spielstrasse, Munich, 1972. Conception globale de l'animation théâtrale à l'occasion des jeux Olympiques de 1972. Cette «rue du jeu» est composée de petites aires d'actions, entre lesquelles se déplacent les spectateurs qui peuvent intervenir dans le jeu des comédiens. (Dessin paru dans la brochure Spielstrasse *publiée à l'occasion de la création de la «rue». D.R.)*

clos, le second, ouvert ; le premier découpant un fragment déterminé ; le second constituant un foyer d'irradiation ; le premier, apollinien, le second, dionysiaque ; le premier, structuré, solide ; le second, plus primitif, plus originel ; le second appelant la participation des spectateurs au sein de vastes auditoires ; le premier appelant la distanciation au sein d'un auditoire restreint. Le cube est le lieu des contraintes acceptées et fécondes, la sphère inspire la création libre.

Au cours des quatre-vingts dernières années, la transformation puis l'exclusion du cube ont conduit vers la sphère. Entre le cube et la sphère, poursuit Etienne Souriau, il y a «une antinomie essentielle». Ce double principe (ou «cette alternative-tentation») lui paraît faire partie de la chose théâtrale. Il évoque, illustrée en fait par certaines tentatives que nous avons décrites, l'«incomparable portée» que pourrait avoir, pour une œuvre, le passage du cubique au sphérique.

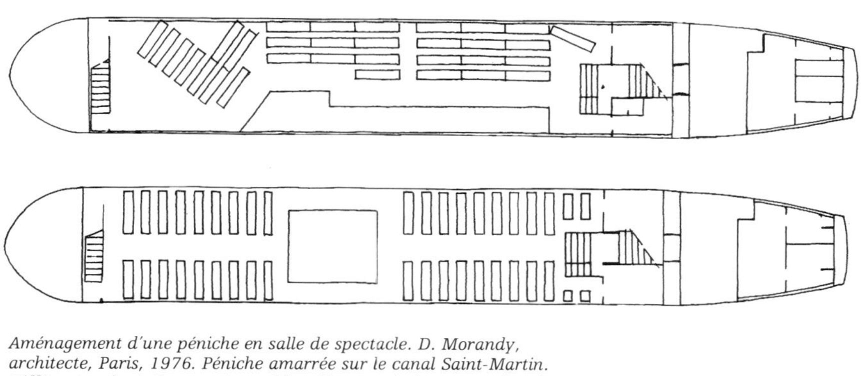

Aménagement d'une péniche en salle de spectacle. D. Morandy, architecte, Paris, 1976. Péniche amarrée sur le canal Saint-Martin. Différentes plantations sont possibles. L'espace de jeu est sur le sol même, sans estrade.

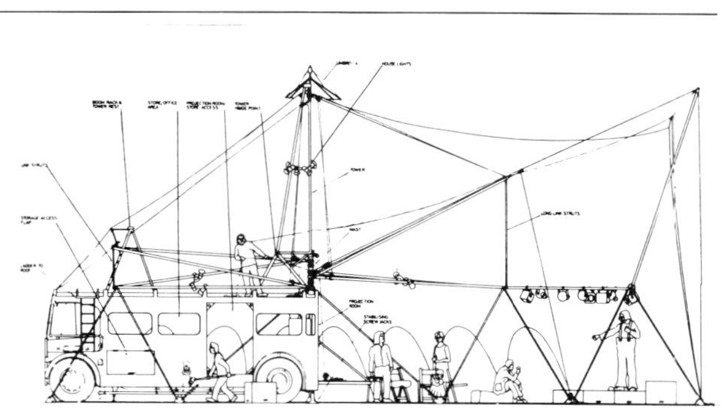

Antenne mobile d'animation. Murchland, Ridout, Farrel, architectes. Petite structure servant de théâtre mobile ou atelier destiné aux scolaires. L'ensemble est véhiculé dans un autobus à étage, servant de base au chapiteau (© des architectes. D.R.)

Théâtre et documentation

D'après une enquête internationale effectuée il y a une dizaine d'années, plus de trois cents collections spécialement consacrées aux arts du spectacle étaient accessibles au public. Une seconde enquête récente a permis de dénombrer plus de mille collections (*Bibliothèques et musées des arts du spectacle dans le monde*, Centre national de la recherche scientifique, Paris). Le choix du terme collection répond à des motifs aussi impérieux que variés : ce mot désigne à la fois les établissements publics et les fonds privés. Il évite surtout de distinguer les musées des bibliothèques. De la diversité même des éléments nécessaires à la représentation théâtrale procède, en effet, la variété des traces qui en subsistent : textes imprimés, manuscrits, correspondances, maquettes et plans d'architecture, de décors et de costumes, photographies, diapositives, costumes, masques, cahiers de mise en scène, accessoires, affiches, enregistrements sonores et visuels, etc. La connexité organique des éléments qui composent le spectacle théâtral doit réapparaître à l'occasion du traitement des documents qui en subsistent.

En fait, en matière de théâtre, tout ensemble documentaire de quelque importance contient la plupart des éléments qui viennent d'être cités, et l'existence d'établissements spécialisés, appelés soit bibliothèques de théâtre, soit musées de théâtre, répond, dans tous les cas — pour des motifs divers, tous étrangers au théâtre — à une prédominance accordée à une catégorie donnée d'éléments. Il n'est pas de bibliothèque de théâtre de quelque importance qui ne possède maquettes, masques, accessoires et disques ; inversement il n'est pas de musée de théâtre qui ne possède textes ou études.

Évolution des collections

Le nombre, la richesse, la variété des bibliothèques et musées de théâtre dans le monde démontrent la place privilégiée qu'occupe cet art dans la vie intellectuelle de chaque pays. A l'origine, qui peut être située en Europe au XVIIIe siècle, les collections théâtrales contenaient des textes imprimés ou manuscrits de pièces de théâtre et, dans une mesure limitée, des études concernant la littérature dramatique, des bibliographies d'auteurs et d'acteurs et des études concernant l'architecture théâtrale, la «vie des coulisses», l'art du comédien.

Puis, jusqu'au milieu du XXe siècle, on assiste à une évolution, caractérisée par :

1. le passage, du fait de dons, de nombreuses collections sous la dépendance d'organismes d'Etat ;

2. le regroupement de ces collections dans le cadre d'établissements publics et leur organisation en bibliothèques ou musées indépendants, ou en départements ou sections ;

3. la fondation de bibliothèques ou de musées dépendant de grandes entreprises ou d'organismes privés (théâtres, associations syndicales ou professionnelles, associations d'étude, stations de radiodiffusion et de télévision) ;

4. l'enrichissement considérable des fonds en raison de l'accroissement de l'édition théâtrale, de la multiplication des recherches érudites, de l'extension des recherches d'ordre documentaire entreprises par les professionnels (que ces recherches procèdent du souci de reconstitution de lieu ou de milieu, ou du souci proprement artistique de renouveler les formes dramatiques) ;

5. le désir accru de conserver, sous tous leurs aspects, les manifestations du spectacle théâtral.

Au terme de cette évolution, une distinction peut être établie entre établissements généraux et établissements spécialisés.

- A la première catégorie appartiennent, par exemple, les musées et bibliothèques soviétiques d'Etat, les musées d'art théâtral de Belgrade ou d'Amsterdam, de Montevideo ou d'Athènes, le Brander Matthews Dramatic Museum (New York, Columbia University Library), le département des arts du spectacle de la Bibliothèque nationale (France).
- A la seconde catégorie appartiennent les collections consacrées à un homme de théâtre (musée Stanislavski à Moscou, collection Gordon Craig au département des arts du spectacle de la Bibliothèque nationale) ; à un genre (théâtre populaire : au Musée national des arts et traditions populaires de Paris) ; ou à une catégorie de documents ou d'objets (mises en scène écrites : bibliothèque de l'Association des régisseurs de théâtre, France, département des arts du spectacle de la Bibliothèque nationale, France ; maquettes de reconstitution d'architectures classiques : collections théâtrales du Cleveland Museum of Art aux Etats-Unis).

A l'accentuation des tendances qui viennent d'être indiquées, s'ajoutent, au cours des dernières années, les soucis, manifestés par la plupart des responsables des établissements ou collections spécialisés :

— de préserver, autant que possible, les documents et objets les plus précieux ou les plus significatifs ;

— de rationaliser le plus largement possible les méthodes de conservation, d'agencement des locaux. de classification et de catalogage ;

— de rompre avec l'ancienne distinction, aberrante en matière de théâtre, établie entre objets de musée et documents de bibliothèque ;

— de participer activement à la production dramatique et aux recherches théoriques.

Des rencontres internationales et nationales, ainsi que des publications, permettent l'élaboration d'une doctrine de plus en plus précise en ce qui concerne la valeur documentaire des différentes catégories de documents et d'objets, les exigences des utilisateurs, les méthodes et les moyens de conservation, de classement et de catalogage.

Registre de la Comédie-Française, au 12 août 1732 ; première représentation de Zaïre, de Voltaire. Un tel registre permet de connaître avec précision les différents aspects économiques de la production, ainsi que, par les recettes enregistrées à l'occasion de chaque représentation, le taux de fréquentation du public. (Bibliothèque de la Comédie-Française, Paris. Phot. © Bibl. nat., Paris/Photeb.)

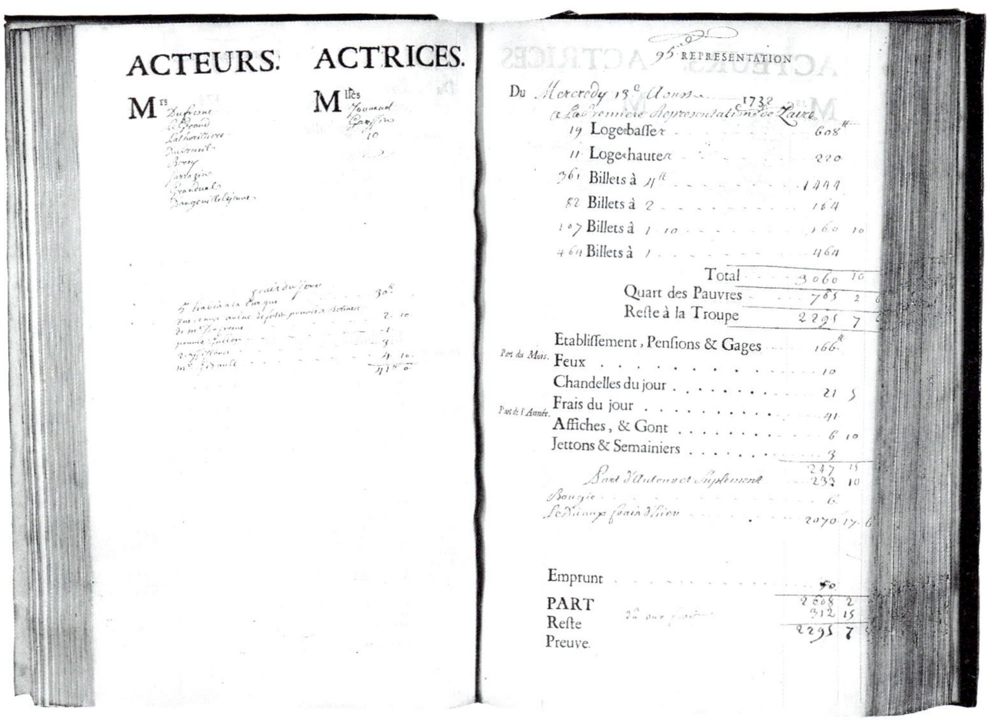

Géographie et composition des fonds

En Europe, en Amérique du Nord et en Amérique du Sud, en Orient, la répartition géographique des collections, leur composition, leur destination sont très variables, et la présente étude ne peut fournir à cet égard que de brèves indications et quelques exemples.

La répartition géographique des collections est naturellement liée à la vie théâtrale et, d'une manière générale, à la vie intellectuelle nationale. A cet égard, la forte centralisation des bibliothèques et musées français de théâtre s'oppose à l'éparpillement des mêmes établissements dans des pays tels que l'Italie, l'Allemagne fédérale ou la Grande-Bretagne.

A l'intérieur de pays à forte production théâtrale, on trouve généralement :

1. des départements théâtraux dépendant des bibliothèques, musées ou théâtres nationaux : aux Etats-Unis, la collection théâtrale de la New York Public Library dont les éléments ont été regroupés avec ceux provenant d'autres établissements new-yorkais, au Lincoln Center; en Autriche, le département théâtral de la Bibliothèque nationale; en Angleterre, le département théâtral du Victoria and Albert Museum et, dans le même établissement, le récent Musée national du théâtre; en Ecosse, la collection théâtrale de la Bibliothèque nationale d'Edimbourg; en Italie, la Biblioteca nazionale de Florence et le Musée du théâtre national de la Scala de Milan; en Hongrie, le département théâtral de la Bibliothèque nationale; en France, les bibliothèques-musées de la Comédie-Française et de l'Opéra; en Argentine, le Museo Teatro Colón; en Yougoslavie, la bibliothèque-musée du Théâtre national de Zagreb;

2. des fonds dépendant d'établissements privés (par exemple, les sociétés d'auteurs dramatiques : à Athènes, le musée du Théâtre; à Rome, la Biblioteca teatrale del Bucardo); de fédérations d'amateurs : la bibliothèque de la British Drama League à Londres; d'associations d'étude : la bibliothèque de la Société d'histoire du théâtre à Paris; la Collection suisse du théâtre à Berne;

3. des collections dépendant des instituts théâtraux de grandes universités : Yale, Harvard, New York, Buenos Aires, Cologne, Hambourg, Berlin, Vienne, Varsovie;

4. enfin, des collections privées, ouvertes au public : en Grande-Bretagne, la Raymond Mander and Joe Mitchenson Theatre Collection.

Si arbitraires que soient les différenciations qui peuvent être opérées de ce double point de vue, il est possible de distinguer les grands fonds de référence, destinés plus particulièrement aux chercheurs, aux théoriciens et aux étudiants — fonds riches en textes de pièces, en études sur la littérature et le spectacle dramatiques, en recueils de critiques dramatiques, en iconographie concernant tous les aspects du théâtre — des collections destinées plutôt aux professionnels et composées, notamment, des textes de pièces pour directeurs, chefs de troupe ou acteurs; de mises en scène écrites; de maquettes de décors et de costumes; de documents concernant le mobilier les tissus; de partitions musicales, etc. Mais, d'une part, l'esprit positif qui anime les érudits et, d'autre part, le souci d'information de plus en plus développé chez les artistes et les techniciens font que ces deux séries de collections offrent, l'une et l'autre, un intérêt essentiel pour ces deux catégories de visiteurs.

Cette situation implique, pour les responsables des ensembles les plus importants, l'obligation de les enrichir de livres, documents et objets concernant l'histoire et l'esthétique du théâtre, ainsi que de documents et d'objets issus directement de la production théâtrale. Le directeur de bibliothèque et le conservateur de musée de théâtre constituent les intermédiaires de plus en plus actifs entre la recherche scientifique et la production artistique.

Le musée du Théâtre à l'université Waseda, Tokyo. Dans la vitrine : trois poupées du théâtre bunraku (grandes marionnettes manipulées à vue) et une marionnette à fils. (Phot. © du musée.)

Collections de théâtre et vie culturelle

La conservation inévitable, dans le cadre des collections de théâtre, d'objets et de documents écrits, la communication, indistinctement effectuée, des mêmes pièces au profit des érudits et des professionnels ont des conséquences particulières; ces établissements constituent, le plus souvent, des foyers d'étude liés à une université : ainsi le Museo del Arto Escenico del Instituto del Teatro de Barcelone, le Brander Matthews Dramatic Museum de l'université Columbia, à New York, le Waseda Museum à Tokyo, la collection Niessen à Cologne, la Theatersammlung de l'université de Hambourg.

D'autres collections, administrativement indépendantes, ajoutent à leurs activités habituelles l'organisation de spectacles expérimentaux. Dans cette catégorie, il faut citer les théâtres-musées de Drottningholm, en Suède, ou de Christianborg, au Danemark.

Ces musées de théâtre, installés dans des théâtres anciens, apparaissent comme des réalisations exceptionnelles sur le plan muséographique.

Les collections consacrées à un homme de théâtre, tout en réunissant les documents et objets utiles à l'étude de sa vie et de sa carrière, constituent aussi, fréquemment, des foyers vivants d'initiation et d'étude. Le musée Stanislavski à Moscou organise deux fois par mois des soirées dites pédagogiques, au cours desquelles les jeunes gens qui appartiennent aux différentes écoles d'art dramatique et studios de Moscou participent à des exercices soumis à l'appréciation de maîtres qui sont les derniers élèves de Stanislavski ou leurs successeurs.

De même, le Musée du théâtre d'Athènes organise des cycles d'enseignements consacrés à l'histoire du théâtre grec moderne et le Musée de théâtre Christianborg de Copenhague des cycles de conférences et débats à la suite de la présentation d'extraits de spectacles. De son côté, le Musée serbe du théâtre de Belgrade prévoit, chaque année, un programme de conférences, de concerts et de rencontres avec des hommes de théâtre.

Enfin certaines collections rattachées au théâtre et destinées avant tout, semble-t-il, à constituer de petits centres de documentation réservés au personnel de l'établissement dont ils dépendent, organisent régulièrement des expositions et autorisent assez largement les chercheurs à consulter leurs documents : les musées de la Comédie-Française, de l'Opéra de Paris, du Burgtheater de Vienne, du Théâtre national de Zagreb constituent des exemples particulièrement significatifs à cet égard.

Grâce à la coopération établie par l'intermédiaire de la Société internationale des bibliothèques et musées des arts du spectacle, les responsables des collections de théâtre peuvent s'initier aux travaux susceptibles d'apporter des réponses satisfaisantes aux multiples questions que posent l'accroissement rapide des collections et le volume accru des communications.

Plus, peut-être, que d'autres collections documentaires, celles qui sont consacrées au théâtre exigent renouvellement, mobilité, contacts avec un public habitué aux efforts de présentation, aux effets combinés de l'éclairage, de la couleur et du son, au mouvement, au rythme, à l'ambiance. Peu d'activités similaires exigent, de la part de leurs animateurs, autant d'érudition et de sensibilité artistique.

La vie d'une troupe : le Théâtre du Soleil

Je dédie ce texte à René Patrignani, comédien et ami, qui nous a quittés.

Jean-Claude Penchenat

Octobre 1959. Un peu partout sur les murs du quartier Latin une affiche, un sigle : A.T.E.P., Association théâtrale des étudiants de Paris ; président d'honneur : Roger Planchon ; cours, conférences. A la Sorbonne, une jeune fille, derrière une petite table, reçoit les étudiants qui répondent à l'offre de l'affiche. Avec quelques amis, Ariane Mnouchkine vient de fonder un nouveau groupe de théâtre universitaire. Contrairement aux groupes existants (Théâtre antique de la Sorbonne, Groupe de théâtre moderne), cette association se propose de regrouper des étudiants de toutes disciplines et de leur donner une formation. L'enseignement du théâtre est assuré successivement par Charles Antonetti (Jeunesse et Sports) et Gérard Lorin (comédien). Selon les méthodes de l'époque, on y présente des scènes : Corneille, Marivaux, Brecht, Ionesco, Beckett, etc. Au théâtre Sarah-Bernhardt, les étudiants peuvent suivre des cours de scénographie ou travailler comme stagiaires à la réalisation de décors sous la direction de Jean-Baptiste Maistre. L'A.T.E.P. organise des conférences : dans le grand amphithéâtre de la Sorbonne, sous la protection de la police (on est alors en pleine guerre d'Algérie), Jean-Paul Sartre condamne le théâtre bourgeois en opposant le théâtre épique au théâtre dramatique. La troupe de théâtre guatémaltèque du Popol Vuh est accueillie par l'association qui organise ses représentations. Les cours sont donnés dans une petite salle près des Halles. C'est là que vont se retrouver ceux qui seront plus tard parmi les fondateurs du Théâtre du Soleil : Jean-Pierre Tailhade, Philippe Léotard, Jean-Claude Penchenat, ou qui rejoindront la troupe dès les premiers spectacles : Anne Demeyer, Françoise Jamet.

Pour la plupart, ils ont déjà touché au théâtre (groupes d'amateurs, conservatoires de province, cours privés, troupes universitaires). Ariane Mnouchkine se limite à l'organisation et à l'administration de l'association. Rien ne laisse à penser qu'elle s'intéressera un jour à la partie artistique. Ni elle ni les membres du bureau (Martine Franck, France Dijoud, Pierre Skira) ne participent aux cours. Vers le mois de janvier 1960, un spectacle entre en répétition : *Noces de sang*, de Federico García Lorca. Il est mis en scène par un semi-professionnel, Dominique Sérina, joué par les étudiants-élèves des cours (Léotard, Penchenat, Tailhade, Jamet, Demeyer, etc.). Les décors sont de Pierre Skira, les costumes réalisés par Jacques Schmidt d'après les maquettes d'Ariane Mnouchkine. La pièce sera créée en mars à Vincennes dans une salle paroissiale, puis reprise en mai au Centre américain du boulevard Raspail. Rien ne distingue pour l'instant ce travail de celui de n'importe quelle troupe universitaire. Les comédiens-étudiants répètent une ou deux fois par semaine à la Maison des Lettres. Le metteur en scène ne sort en rien des conventions. Le groupe n'est pas spécialement uni. Ce n'est qu'avec le spectacle suivant que l'envie d'une transformation et du passage à un groupe professionnel et permanent va se formuler.

A la rentrée universitaire suivante (novembre 1960), l'A.T.E.P. poursuit ses activités. Les cours ont lieu au studio Morin, rue du Bac, là où Jacques Lecoq commence à donner ses propres cours. Un de ses professeurs, Monique Godard, transmet son enseignement aux étudiants de l'association. Parallèlement, Ariane Mnouchkine réunit dès le début de l'année les comédiens qui créeront sous sa direction *Gengis khan*, de Henri Bauchau. Cet écrivain belge, qui vient de recevoir le prix Max-Jacob pour un recueil de poèmes, est un ami de longue date d'Ariane. Sa pièce, à mi-chemin entre le théâtre épique et le théâtre littéraire, retrace la vie du célèbre conquérant mongol. Pendant toute l'année universitaire, les étudiants, auxquels se sont joints quelques comédiens professionnels (Jacques Torrens, Armel Marin, Pierre Garin), vont travailler avec une grande régularité. Les lieux de répétition se succèdent : salles paroissiales, studios de théâtre, préaux d'écoles. Gérard Hardy, Myrrha Donzenac, Pierre Giuliano, Françoise Tournafond (qui créera les costumes) rejoignent le groupe. Tout s'organise dans les nouveaux locaux de la Maison des Lettres, rue Férou, où l'association a son siège tout comme les autres troupes de théâtre universitaire. On apprend alors

1960

En 1989, le Théâtre du Soleil aura trente ans : cinq années de préhistoire et vingt-cinq ans d'histoire. Raconter cette histoire est difficile. On tentera seulement ici de situer le Soleil, *de poser ses ressemblances et ses différences dans une vie théâtrale française largement déterminée – dans ses formes, ses difficultés, ses succès – par l'évolution politique, sociale et idéologique.*

Une vocation artistique se réfère toujours à des modèles ou à des antimodèles. Quelles images pouvaient bien avoir en tête ceux qui firent le Soleil, *vers 1960 ? D'un côté, les professeurs de littérature, au lycée et à l'université, veulent des auteurs. Ils se préparent à juger de la vitalité du théâtre français de leur temps à l'existence d'auteurs faisant jouer des pièces nouvelles. Anouilh et Salacrou les rassurent, mais le style, ils le trouvent, après Claudel et Giraudoux, dans Mauriac et Montherlant, toujours actifs en 1960. La première génération d'après-guerre leur désigne en outre Sartre et Camus (philosophes et engagés) – auxquels ils opposent, tout en les ajoutant bientôt au patrimoine de la littérature dramatique nationale, Ionesco et Beckett. L'Académie française consacrera Marcel Achard, André Roussin, Eugène Ionesco.*

Cependant, pour la jeunesse de la classe moyenne, le point de mire n'est pas le théâtre, mais le métier d'acteur. Devenir comédien est un rêve d'évasion et de gloire. Si, de façon plus réfléchie, certains pensent à « faire du théâtre » plutôt qu'à « devenir acteur », le problème n'est pas sensiblement différent : y a-t-il, dans le théâtre, d'autre métier que celui de comédien, d'autre porte d'entrée ? Est-ce un métier artistique qui s'apprend, comme la peinture ou la musique, et où ? Les réticences des familles ou des intéressés eux-mêmes ne viennent pas de ce que c'est un métier honteux, mais plutôt de ce que ce n'est pas un métier du tout. Peut-on choisir de faire des études de comédien plutôt que d'autres ? En fait, nul ne débouche dans le théâtre sans hasard et sans prendre de risques.

Deux voies se présentent. On fréquente, en province, un conservatoire municipal ayant un cours de comédie, ou un acteur exilé de Paris qui donne des leçons. Ou, à Paris, un cours privé. Souvent, dans ces institutions médiocres, le professeur joue au maître, fait travailler des scènes, des bouts de rôle... et raconte des anecdotes qui entretiennent le mythe du théâtre ; pas d'exercices d'ensemble ; on vous étiquette avec un « emploi » : valet, coquette, ingénue. L'ambition suprême est d'entrer au Conservatoire de Paris, qui est encore la seule école d'Etat. Le même type de travail (présenter une « scène ») se pratique au Conservatoire national, aux concours d'entrée (qui sélectionne les élèves) et de sortie (qui les classe), et donc, tout au long de la scolarité. Débouchés : la Comédie-Française, le cinéma, le Boulevard.

L'autre voie concerne une autre clientèle. Le secrétariat d'Etat à la Jeunesse et aux Sports entretient dans chaque académie des instructeurs qui forment ou aident des groupes amateurs et encadrent des stages, aux petites et grandes vacances scolaires. L'esprit de l'école laïque et de l'éducation populaire (née en 1936) imprègne ce réseau. On y retrouve comme cadres pédagogiques d'anciens instituteurs ou professeurs d'éducation physique qui se réclament de Jacques Copeau, de Léon Chancerel et de la décentralisation théâtrale. Ici, on parle de compagnies, d'effort collectif, de mission culturelle. Un discours sur le théâtre se diffuse, qui vient de Dullin, de Jouvet (les grands disparus), de Jean Dasté et de Jean Vilar (les maîtres en activité du théâtre populaire).

Car une vie théâtrale nouvelle existe, caractéristique de la IVe *République, et dont la V*^e^ *– avec le plus inamovible de ses ministres, André Malraux, aux Affaires culturelles – va consacrer l'essor. Les origines en remontent aux « espoirs de la Libération ». La vie théâtrale bourgeoise du XIX*^e^ *siècle était bien morte alors, les théâtres municipaux dégradés et sans troupes. Ce fut une volonté du pouvoir central (grâce à l'obstination d'un haut fonctionnaire résolu, Jeanne Laurent) de rendre à la province une activité créatrice, authentique et populaire. La date aujourd'hui officielle de naissance de la décentralisation nou-*

qu'Ariane Mnouchkine a déjà travaillé en Angleterre, où le théâtre universitaire, dit-elle, a une autre envergure. Qu'elle a été assistante à la mise en scène de deux spectacles : *Coriolan*, de Shakespeare, et *Ulysse*, adaptation du roman de James Joyce. *Gengis khan* sera sa première mise en scène. Elle prépare soigneusement les répétitions dans un grand classeur d'écolier où chaque page du texte a pour vis-à-vis les indications de déplacement des acteurs. Elle travaille sur une maquette avec des petites figurines qu'elle déplace comme un général avant la bataille. L'Opéra de Pékin, qui vient de passer à Paris, l'a éblouie. Elle en retient l'économie des signes, la beauté des déplacements de foules. Les bannières qui symbolisent l'arrivée des troupes de Gengis khan, les combats signifiés par des affrontements de torches, les entrées de personnages sur la musique devront beaucoup au théâtre chinois. Plus tard, Ariane séjournera au Cambodge et au Japon pour se familiariser avec le théâtre oriental.

Pour monter le spectacle, l'association a obtenu une subvention de la Jeunesse et des Sports et une aide de la Ville de Paris. Le spectacle se donnera dans les arènes de Lutèce, équipées de gradins, de praticables, de tourelles pour les projecteurs. L'U.N.E.F. prête ses locaux pour l'atelier de costumes. La dernière quinzaine de répétitions, plus de cinquante personnes travaillent jour et nuit dans les arènes. Le temps est superbe. Les comédiens dorment, par roulement, sur les lieux pour surveiller les installations menacées par les gamins du quartier. Le spectacle est donné cinq ou six fois. Certains soirs, il faut faire appel aux clochards pour faire nombre.

A partir de cette aventure, exceptionnelle pour tous les participants, le groupe va se souder autour d'Ariane Mnouchkine. L'essentiel des fondateurs du Théâtre du Soleil est là. De nombreux étudiants étrangers (canadiens, américains, iraniens, etc.) ont participé à l'expérience. L'A.T.E.P. faisait ainsi la preuve qu'une troupe d'amateurs pouvait atteindre un tout autre niveau de qualité que les représentations de patronage qui étaient le lot des troupes de théâtre universitaire françaises. Cette première aventure donnait à tous l'envie urgente d'un lendemain.

Ariane Mnouchkine et les comédiens du Théâtre du Soleil avec Jean Renoir.
(Phot. © Martine Franck/Viva-Photeb.)

A la rentrée suivante (novembre 1961), Ariane annonce qu'elle abandonne la direction de l'A.T.E.P. Pendant quatre ans, l'association se survivra sur les mêmes bases : cours, spectacles montés par des étudiants, tournées même. Philippe Léotard, Jean-Claude Penchenat, Frances Ashley seront successivement présidents et metteurs en scène. Marivaux, Regnard, Larrivey, Garnier, Brecht y seront joués. C'est pendant cette période (1962-1964) que le projet de création d'un groupe permanent va se préciser. Depuis *Gengis khan*, les membres les plus intéressés de l'association avaient, sur le mode de la confidence, évoqué l'hypothèse d'une aventure commune autour du théâtre, mais pas de n'importe quel théâtre : les modèles étaient alors pour eux Planchon (*Les Trois Mousquetaires, Edouard II*), Strehler (dont certains avaient pu voir *Arlequin, valet de deux maîtres*), le Berliner Ensemble qui venait de jouer au Théâtre des Nations. Beaucoup parmi eux, les Parisiens surtout, avaient suivi pendant leur adolescence les représentations de Vilar à Chaillot.

Ils avaient ressenti ensemble le besoin d'une formation commune, d'une gestion collective, d'un théâtre différent. Avec Ariane, l'utopie va devenir certitude. Elle formule le projet : pendant son voyage en Extrême-Orient, qui va durer plus d'un an, tout ce qui pourrait être une entrave à la mise en route du futur théâtre devra être réglé. On termine les études en cours, on expédie le service militaire, on continue le travail de formation, on

velle est 1947, avec la fondation par Jean Dasté de la Comédie de Saint-Etienne, précédée cependant par celle du Grenier de Toulouse. Strasbourg et Rennes suivent rapidement. En 1947 également, Jean Vilar crée le festival d'Avignon. Des troupes sont fondées : elles ne jouent pas seulement dans leur ville-siège, mais parcourent régulièrement des villes moins importantes. Accueil populaire, prix populaires, organisation du public (abonnements, collectivités), réseau de correspondants, publication de revues, tout cela est connu. Le phénomène s'affirme lorsque est confiée à Jean Vilar, en 1951, la direction du Théâtre national populaire, avec les 2 800 places de Chaillot, relayées, l'été, par les 3 500 places du palais des Papes à Avignon. Le succès est grand auprès d'un public élargi et s'accompagne d'un âpre débat politique, d'une bataille pour les statuts, les subventions.

Ce succès fait des émules. La décentralisation « octroyée » (avec un soutien de l'Etat plus important que celui des collectivités locales) suscite une génération de créateurs. Amateurs, semi-professionnels ou professionnels se regroupent un peu partout (en province, en banlieue ou à Paris même) et, après s'être manifestés quelque temps sans moyens, réclament les moyens de survivre et de se développer.

Le ministère des Affaires culturelles, devenu indépendant de l'Education, organise le subventionnement théâtral : un peu au coup par coup (subventions aux animateurs, aux jeunes compagnies, à la création, selon les vœux d'une commission consultative) ou dans le cadre d'une politique territoriale, ce qui suppose des théâtres permanents, implantés, avec cahier des charges : ce sont les centres dramatiques nationaux. Mais une hiérarchie se dessine déjà, qui distingue, par « grade » ascendant : troupes permanentes, centres dramatiques, théâtres nationaux (tous les théâtres nationaux sont encore à Paris). Tous apprennent vite à connaître les règles du jeu et les détours du sérail. Par opposition au théâtre privé, le secteur public du théâtre est bien lancé et en expansion. Quelques exemples autour de cette date repère : Malraux détache l'Odéon de la Comédie-Française et le donne à la compagnie Renaud-Barrault (Théâtre de France, 1959). Marseille a, pour quelques années, son Théâtre quotidien, dans une petite salle qui sert en fait de premier terrain à de futurs artistes « nationaux » du théâtre public. Centres dramatiques nouveaux : Grenoble (1960), Tourcoing (1960), Bourges (1961).

Après avoir dirigé le petit Théâtre des Marronniers à Lyon de 1953 à 1957, où Marcel Maréchal lui succède, Roger Planchon est directeur du Théâtre de la Cité à Villeurbanne depuis 1957. Cette nouvelle grande entreprise de théâtre populaire joue et fait tourner (y compris à Paris) en 1959 et en 1960 Shakespeare, Marlowe, Molière, Marivaux, Gogol, Brecht et une adaptation des Trois Mousquetaires. *Naissance, en 1961, du premier théâtre de la périphérie parisienne, le Théâtre de la Commune d'Aubervilliers. Ces théâtres publics sont-ils populaires ? Ce grand débat bat son plein, et c'est d'abord le T.N.P. qui est en cause. Public de masse ? Oui, mais peu d'ouvriers en son sein. Destruction du rituel bourgeois, coûteux et ségrégatif ? Oui, mais la bourgeoisie intellectuelle a adopté avec reconnaissance ce nouveau style et se l'approprie. Les classiques « œuvres mères d'où tout peut et doit sortir et qui appartiennent à tous » (Vilar) ? Oui, mais quel théâtre nous montrera notre temps et osera diviser, politiquement et socialement, le public, s'il est vrai que la lutte des classes existe ?*

La solution est-elle dans Brecht ? Arturo Ui *triomphe à Chaillot et le public entend ces avertissements, alors que dure la guerre d'Algérie avec son cortège de soulèvements militaires. Mais depuis la venue à Paris du Berliner Ensemble, son œuvre de metteur en scène et de théoricien est le plus souvent opposée à ceux qui, en France, montent ses pièces. Le critique Bernard Dort multiplie les interventions en faveur de la dramaturgie épique (*Lecture de Brecht, *1960). Un an plus tôt, il avait proposé aux lecteurs de* Théâtre populaire *une autre action « exemplaire » : celle de Giorgio Strehler au Piccolo Teatro de Milan.*

Deux acteurs meurent prématurément en 1959-1960 : Gérard Philipe, qui s'était donné au T.N.P. de Vilar ; Marcello Moretti, avec qui Strehler avait réinventé l'Arlequin de la commedia dell'arte et de Goldoni.

Les masques de Fracasse *réutilisés pour* L'Age d'or *: le maquillage des comédiens.*
(Phot. © Martine Franck/Viva- Photeb.)

cherche un lieu. Il est très fortement question de s'installer en Ardèche pour y faire l'élevage des moutons. Un des comédiens, Gérard Hardy, doit même faire l'Ecole de bergerie de Fontainebleau. Certains s'installent dans un appartement, rue Croulebarbe, où ont lieu les première réunions d'information. C'est en quelque sorte la première expérience de vie communautaire. Dès le retour d'Ariane, les premières démarches administratives sont faites. Une licence d'entrepreneur de spectacle est demandée au ministère des Affaires culturelles. Comment s'organiser? On consulte le syndicat des acteurs, très réticent quant à ce genre d'entreprise. Sur ses conseils, on s'adresse au siège du S.C.O.P. (Syndicat des coopératives ouvrières de production), 88, rue de Courcelles. La coopérative est, au dire du syndicat, la seule solution. Encore affirme-t-on que ce type d'expérience est toujours voué à l'échec. En dépit de cela, en mai 1964, le groupe s'organise. Chacun des neuf fondateurs verse sa part de capital constitutif, soit 900 francs, pour permettre à la coopérative d'exister et de faire face aux premiers frais. La réunion de fondation a lieu chez Liliane et Philippe Léotard. Ariane est élue présidente; Tailhade, Penchenat, Léotard, administrateurs. Composition initiale du groupe: Gérard Hardy (vendeur), comédien; Martine Franck (étudiante), photographe; Françoise Tournafond (maquettiste), costumière; Myrrha Donzenac (professeur), comédienne; Georges Donzenac (professeur), éducation physique; Ariane Mnouchkine (sans profession), metteur en scène; Jean-Claude Penchenat (étudiant), administrateur; Jean-Pierre Tailhade (maître auxiliaire), comédien; Philippe Léotard (maître auxiliaire), comédien.

Les films Ariane, dont le père d'Ariane est codirecteur, mettent à la disposition du groupe un petit bureau au 44, avenue des Champs-Elysées, qui restera le siège social de la compagnie jusqu'à l'installation définitive de la Cartoucherie. Le nom, Théâtre du Soleil, est choisi en réaction contre la mode des sigles et en hommage aux cinéastes de la lumière et du plaisir que sont Jean Renoir, Georges Cukor, Vincente Minnelli, Max Ophuls...

Coopérative

Ariane choisit très vite une pièce : *Les Petits Bourgeois,* première expérience théâtrale de Maxime Gorki, dans l'adaptation d'Arthur Adamov. Les coopérateurs ne reçoivent pas de salaire (leur nombre s'est élevé : de neuf il passe à treize) ; seuls ont un cachet à la représentation les comédiens qui ont choisi de rester hors de la coopérative. Le travail des coopérateurs est évalué en parts « travail », investies dans l'entreprise. C'est le système qui prévaudra jusqu'à *La Cuisine,* où tous, coopérateurs compris, seront payés. Dès la création des *Petits Bourgeois,* le spectacle est très bien reçu par le public. Ariane a bien compris l'atmosphère de la maison de province où moisissent les enfants Vassilievitch : sur un fond de rideaux de dentelle, une salle à manger Henri II situe le lieu classique de la petite bourgeoisie (russe comme française). Il y a le canapé où stagne la fille, Tatiana, le samovar, le piano, la table. Ariane, comme Gorki, a ressenti l'influence de Tchekhov : tragique et comique étroitement associés. L'épisode de la tentative de suicide de Tatiana est, de ce point de vue, particulièrement réussi : le public ne sait plus s'il doit rire ou pleurer.

Ce n'est qu'un an plus tard, après la création de son second spectacle, que *Les Petits Bourgeois* seront joués à Paris. La Communauté théâtrale les accueille au théâtre Mouffetard en septembre 1965. La pièce se jouera jusqu'au mois de novembre devant des salles combles. Le bouche à oreille a bien fonctionné, mais peu de critiques se sont dérangés : seuls Gabriel Marcel, Renée Saurel, Raymonde Temkine en parlent. Le ministère des Affaires culturelles verse sa première subvention : 5 000 francs. Le spectacle est retransmis à la radio : 2 500 francs. Il est vendu en banlieue : à Noisy, Choisy, Gennevilliers, Vincennes, etc. Il tourne en province : à Bourges, où Gabriel Monnet

1967

En 1967, on ne peut dire que le Théâtre du Soleil ait déjà une identité : que signifie l'itinéraire qui va de Fracasse *à* La Cuisine *et se prolongera dans* Le Songe d'une nuit d'été*? S'il la trouve, c'est dans son organisation créative. L'expliquer exige un certain détour.*

A une époque où Ariane Mnouchkine n'est pas seule à percer et où tout le système théâtral de Gaulle-Malraux connaît une expansion remarquable, l'histoire marque un palier : la guerre d'Algérie et l'O.A.S. sont des pages tournées ; la Constitution est achevée avec l'élection présidentielle au suffrage universel. En ces années d'expansion économique, l'indicateur de tendance le plus important pour le théâtre et l'action culturelle ne serait-il pas la multiplication des étudiants, des enseignants et des bâtiments universitaires, que mesure aussi la montée en flèche du tirage du journal Le Monde *et la prospérité – temporaire – de l'organisation étudiante, l'U.N.E.F. ?*

Quoique le premier rendez-vous d'Ariane avec des compagnons de travail ait été un rendez-vous sorbonnard, le Théâtre du Soleil est nominalement absent de l'essor que connaît un moment le théâtre universitaire. Articles, débats théoriques, festivals, rencontres se multiplient. C'est d'abord le réveil de la F.N.T.U. (Fédération nationale du théâtre universitaire). Fondée en 1948, la F.N.T.U. avait dormi jusqu'en 1964. La France ne produisait guère, dans les festivals internationaux, que le Groupe de théâtre antique de la Sorbonne et les Théophiliens, assurément spécifiques, mais centrés sur une forme d'archéologie théâtrale. L'U.N.E.F. prit en main la F.N.T.U. et, de façon assez centralisatrice et directive, proposa des structures d'échange et de formation, une assistance technique et même des modalités de sélection pour les festivals de théâtre estudiantin. Mais le phénomène gauchiste commença à briser l'U.N.E.F. dès l'élection présidentielle de décembre 1965 et la F.N.T.U. replongea. Elle comptait alors parmi ses membres le groupe théâtral du lycée Louis-le-Grand (où Patrice Chéreau et Jean-Pierre Vincent commençaient à vingt ans à faire des expériences néo-brechtiennes sur les classiques ; ils seront, dix ans plus tard, directeurs de théâtres nationaux) et le Théâtre de l'Aquarium, né du regroupement des troupes des Ecoles normales supérieures, qui s'affirmait déjà dans le montage littéraire, puis documentaire. La F.N.T.U. avait inscrit quelques principes dans une charte : le théâtre universitaire doit se démarquer du théâtre professionnel dont il n'assume pas les risques, en étant un théâtre de recherche, désintéressé et de préférence anonyme. Mais la carte du théâtre estudiantin se jouait ailleurs, sur la scène internationale, et ne devint une carte française que lorsque le festival de Nancy supplanta celui d'Erlangen en Allemagne fédérale, et jusqu'au moment où il renonça à se définir comme universitaire.

Nancy célébra les Dionysies du théâtre étudiant de 1963 à 1967. Leur fondateur, Jack Lang, part de cette déclaration liminaire : « Le théâtre universitaire n'est pas, et ne doit pas devenir, une imitation, si parfaite soit-elle, du théâtre professionnel, même quand il est excellent », et précise vite d'autres objectifs. Le moment est venu, sans renier Brecht, de faire place à Artaud, à la démesure et à la violence, à la négation de la primauté du texte, à la remise en cause de l'espace théâtral, et de poser le théâtre – ce théâtre amateur exemplairement créatif – comme moment et instrument de contestation.

Nancy révèle Grotowski et la contestation en Espagne et en Amérique latine. Il propose une nouvelle forme d'enseignement théâtral liant la théorie universitaire à des expériences sur

est le premier à faire confiance à la troupe. A Sartrouville, où le Soleil rencontre la compagnie toute récente de Patrice Chéreau qui vient de s'installer. Le spectacle continuera d'être joué jusqu'en 1967 pendant les représentations de *La Cuisine.*

Parallèlement à ces tournées, le Théâtre du Soleil répète un nouveau spectacle. Depuis longtemps – on en avait déjà parlé à l'A.T.E.P. – Ariane voulait travailler sur l'univers du *Capitaine Fracasse* : l'errance des comédiens, leurs succès et leurs insuccès, leurs emplois proches de ceux de la commedia dell'arte dont ils portent les noms (Matamore, Scapin, Isabelle, Zerbine, Léandre), le démontage et le remontage des tréteaux, tout cela semblait préfigurer l'histoire d'une troupe et, à quelques détails près, ce sera aussi l'histoire des comédiens de Molière qu'Ariane évoquera plus tard au cinéma. Philippe Léotard et elle commencent l'adaptation du roman de Théophile Gautier. La maison des jeunes de Montreuil met de nouveau ses locaux à la disposition de la compagnie. Succédant aux judokas, les comédiens travaillent les roulades, les équilibres, les duels sur le même tapis de sol. Un musicien fait répéter à l'accordéon les couplets qui commentent l'action ou font passer d'une scène à l'autre. Roberto Moscoso peint les toiles de fond vivement colorées que les comédiens (comme plus tard dans *1789*) montent et redescendent à chaque changement de lieu. Au sous-sol, Françoise Tournafond et Liliane Léotard travaillent sur les costumes qui serviront plus tard aux improvisations sur la commedia dell'arte et dont certains reparaîtront dans *1789*. Philippe Léotard arrive aux répétitions avec les scènes qu'il écrit au jour le jour, en s'appuyant souvent sur les images que lui fournissent les acteurs. Il ne s'agit pas d'une reconstitution historique ni d'une adaptation fidèle, mais plutôt d'une variation sur Gautier et le Soleil. Truands et putains dansent le tango pendant que les comédiens essaient en vain d'échapper aux griffes du méchant duc de Vallombreuse. La troupe se cherche à travers le spectacle. Ses qualités et ses défauts y éclatent. Josette Derenne, spectatrice enthousiaste des *Petits Bourgeois,* François Joxe, Daïna Lavarenne, Nicole Félix, maquilleuse de cinéma – laquelle commence le travail qui trouvera son plein accomplissement avec *1789* – rejoignent le groupe. Le spectacle est lourd : plus de vingt comédiens, des décors et des costumes ; la troupe doit commencer à emprunter pour fonctionner. Le Crédit Lyonnais consent un léger découvert avec la caution du père d'Ariane. Les répétitions ont lieu le soir, après le travail de chacun. Hardy est toujours vendeur dans une librairie, Penchenat attaché de mission au ministère de l'Intérieur, Derenne secrétaire à l'Education nationale, Léotard pion à Sainte-Barbe, Giuliano et Besset travaillent dans des cabinets d'architecture, etc. Le matin, ils arrivent à leur travail avec encore quelques bribes de maquillage et un œil hagard qui doivent les rendre suspects à leurs collègues ! Ils arrivent d'ailleurs de plus en plus en retard.

Le spectacle est créé en juin 1965, en plein air, à Gennevilliers. Les costumes s'achèvent dans l'après-midi qui précède la représentation. La fin n'est pas trouvée. On hésite entre deux versions. Elles seront jouées ou plutôt improvisées à la suite : le spectacle n'arrête pas de finir. Il est donné au milieu d'une fête foraine, les acteurs doivent s'égosiller pour que leurs voix ne soient pas couvertes par les tirs à la carabine ou la musique ambiante. Quelques jours plus tard, le spectacle est repris dans le stade de la maison des jeunes de la porte de Montreuil. Il pleut, il fait froid. Les spectateurs et les comédiens sont gelés ; ensemble, ils se ruent sur les boissons chaudes à l'entracte.

En janvier 1966, après le succès des *Petits Bourgeois,* repris à Mouffetard, la troupe tente le tout pour le tout et cherche un lieu pour présenter *Fracasse.* On pense d'abord au Vieux-Colombier, puis on se décide pour le Récamier. La troupe est sortie indemne des *Petits Bourgeois,* presque sans dettes. L'expérience suivante sera moins probante. Elle commence à se frotter aux directeurs de théâtre, préoccupés avant tout par l'épineuse question du loyer. Dans le cas présent, c'est la Ligue de l'enseignement, représentée par un gérant particulièrement borné. Mais peu importe, tous les espoirs sont permis : la fin a été récrite (on la changera encore la veille de la première), le travail sur les comédiens approfondi, les costumes perfectionnés. On s'installe dans ce vrai théâtre, les comédiens y auront des loges, la presse est invitée à une vraie générale, tout ira bien. Le soir venu, tous les critiques sont là. Aucun ne parlera du spectacle. *Le Figaro* se contente d'un petit dessin humoristique avec comme légende : « Théophile Gautier me paraît un peu fracassé ! » Quelques jours plus tard, Gilles Sandier, seul, rendra compte du spectacle dans *Arts* : « Il y a là-dedans une jeunesse, une fraîcheur, un goût et une intelligence du théâtre qui se traduisent par un constant bonheur d'invention dans les gags et l'humour. Il y a aussi une grande sûreté de jeu, pas le moindre cabotinage (et c'est si rare)... Ce qui dans ce spectacle m'a donné un si vif plaisir c'est la justesse d'accent que trouve la ferveur d'une jeune troupe pour rendre hommage au théâtre et à son univers fabuleux. »

Le spectacle se jouera le plus souvent devant des salles aux trois quarts vides. Le froid, la neige, la presse en avaient eu raison. En dépit de tout, *Fracasse* tournera jusqu'en 1967 pendant les répétitions de *La Cuisine.* Certains rôles seront joués par deux ou trois acteurs différents. Les acteurs changent, les représentations aussi. Belles soirées à Cahors, Figeac, Gourdon, où la troupe parade en costumes dans les rues, l'été 1966. Matinées scolaires bruyantes à Argenteuil avec échange de projectiles de spectateurs à acteurs. Montage de chapiteau sous la neige, en banlieue où, devant quelques spectateurs égarés et transis, les acteurs pataugent dans la sciure. La réalité des acteurs dépasse souvent la fiction du spectacle.

Le mois à Récamier a lourdement endetté la compagnie. La subvention des Affaires culturelles est inchangée, toujours 5 000 francs. La troupe est nombreuse. Certains des comédiens de *Fracasse* ont abandonné, mais les effectifs se sont gonflés. Tout le monde travaille pour tenir le coup. Un laboratoire providentiel permet à une dizaine de comédiens un travail à mi-temps inespéré. L'impréparation des acteurs qui était apparue pendant les représentations de *Fracasse* impose la nécessité de s'arrêter pour apprendre. A cet effet, Ariane suit des cours chez Jacques Lecoq pendant la journée et les retransmet aux autres, le soir, au studio Maubel. Pour la première fois depuis les débuts de la compagnie, on prend le loisir de s'arrêter sur des exercices choraux, de travailler dans la nécessité de réussir immédiatement, sans tenir compte des impératifs d'une distribution. Toute la troupe s'inscrit aux premiers cours d'acrobatie, dans un gymnase fréquenté par les artistes du cirque d'Hiver, tout proche. Alfred Abondance, un ancien de chez Dullin, initie au chant et à la diction.

C'est alors que Martine Franck, la photographe de la compagnie, ramène de Grande-Bretagne le texte d'un jeune auteur, Arnold Wesker, dont la renommée arrive à peine en France. La pièce se déroule exclusivement dans les cuisines d'un grand restaurant semblable à l'un de ceux où Wesker lui-même a longtemps travaillé. Elle s'organise en trois temps : la mise en train du travail

les pratiques : c'est la fondation, en 1965, d'un centre de recherches et d'études, le C.U.I.F.E.R.D.

A Erlangen, où les sages et les turbulents se confrontaient en un dialogue de sourds en 1965, on se met, en 1966, à élaborer aussi des « thèses » et des éléments de charte : il faut aller vers ce qui est interdit aux professionnels pour des causes financières, politiques ou philosophiques ; choisir des formes telles que le théâtre tract, l'enquête, le montage documentaire ; des enquêtes et pas des oratorios, c'est-à-dire politiser l'esthétique, surtout pas esthétiser la politique. Chéreau et l'Aquarium se sont produits à Nancy. Non primés, éclipsés par des révélations plus exotiques, ils se sont quand même présentés devant la presse, l'opinion théâtrale active. Une nouvelle opposition se dessine entre « jeune théâtre » et « théâtre établi ». Le premier, au statut incertain, invente perpétuellement ses moyens d'existence, sa formation d'acteurs, son écriture et son espace, sa conquête d'un public, son orientation politique ou philosophique et, malgré tout aussi, sa reconnaissance par les autorités culturelles. Le Théâtre du Soleil s'inscrit dans ce contexte, fait partie de ce courant, mais il a sauté l'étape « théâtre universitaire » qui n'a pris forme, pour d'autres, que pendant ces quelques années.

Le théâtre établi méritait-il qu'on lui opposât ainsi un bouillonnement extérieur, comme s'il n'était capable ni de recherche, ni de risque, ni de contestation ? (Et notamment en France, mais la même question était posée en Allemagne, en Grande-Bretagne, aux Etats-Unis.) Bernard Dort, dans son article Les Nouveaux Théâtres à l'heure du choix *(1966), y répond. Il y décrit la routine heureuse (plus pour longtemps) des théâtres plus ou moins investis (contre subvention) d'une mission de service public. La fréquentation des théâtres de la décentralisation est excellente, mais leur public, en principe disponible, se comporte comme des habitués qui ne fêtent plus que ce qu'ils connaissent. Sensible au phénomène, Vilar surprend en cassant le rituel du festival d'Avignon (c'était devenu le T.N.P. en vacances célébrant les grands textes et les grandes idées dans la cour d'honneur) et en démultipliant les lieux de création. L'éclectisme du répertoire de la décentralisation, écrit Dort, n'est pas unifié par la mise en scène (comme au T.N.P. de Vilar, au Piccolo de Strehler ou chez Planchon à Villeurbanne), on n'a plus guère de troupes, et les directeurs « demeurent d'une incroyable timidité devant toute recherche de nouveaux moyens d'expression scénique, comme devant tout engagement idéologique effectué, non par des prises de position retentissantes, mais au niveau même du choix des éléments de la représentation théâtrale ». Ce choix, ces choix, le Théâtre du Soleil saura les faire.*

Bilan officiel du ministère des Affaires culturelles : il existe trois théâtres nationaux à Paris, huit centres dramatiques, et neuf troupes permanentes (dont certains sont des « unités de création » liées à des maisons de la culture). Objectif déclaré : il faut dix théâtres nationaux en province et vingt centres ou troupes. Le plein n'est pas fait. Alors, espérez, vous, les nouveaux, surtout si vous êtes déjà pris en charge par la Commission d'aide aux jeunes compagnies – il est vrai consultative – où les supporteurs de Nancy, les premiers découvreurs de Chéreau et du Soleil se font entendre : Robert Abirached, Bernard Dort, Renée Saurel, Alfred Simon (mais non Emile Copfermann et Gilles Sandier) en sont membres.

Un dernier retour sur une date repère, avant de reprendre la chronique du Théâtre du Soleil. Octobre 1966, c'est le numéro un d'A.T.A.C.-Information, à l'orée d'une saison qui voit l'« implantation » (fragile, sans statut d'Etat) de Chéreau et de son équipe à Sartrouville – où il accueillera la reprise des Petits Bourgeois *par le Théâtre du Soleil – qui met en chantier la création de* La Cuisine.

La Cuisine *d'Arnold Wesker jouée, en 1967, au cirque Médrano. (Phot. © Martine Franck/Viva.)*

jusqu'au service, la pause après le service, la reprise du travail, et met en scène un grand nombre de personnages que l'auteur livre en quelques répliques mais sur lesquels acteurs et metteur en scène peuvent laisser aller leur imagination. Il faut leur inventer un passé, les rendre plausibles dans leurs moindres comportements. C'est un travail énorme pour tous et la pièce arrive juste au moment où la troupe éprouve le besoin de se confronter à un exercice rigoureux et astreignant. Ariane le comprend bien. Elle s'emballe sur ce projet avec toute la passion communicative qui la caractérise. Elle rencontre Wesker, obtient les droits et charge Léotard de l'adaptation. Les répétitions commencent dès le début de la saison 1966-1967. Un spectacle choral. Certains comédiens reculent devant le pari : trente personnages, pas de lieu pour répéter ou jouer, pas de répétitions payées ; les rôles, surtout ceux des filles, sont minces à la lecture. Pour la première fois, un comédien est exclu de la coopérative car il refusait de jouer un rôle qu'il jugeait trop court. Pierre Giuliano quitte la compagnie. Des nouveaux arrivent : René Patrignani, Serge Coursan, Fabrice Herrero, Elisabeth Azan, Mireille Franchino. Anne Demeyer et Françoise Jamet, anciennes de l'A.T.E.P., Geneviève Penchenat, Myrrha Donzenac et Nicole Félix font leurs débuts de comédiennes. Un lieu de répétition est trouvé : la salle paroissiale de la rue Pelleport. Pendant six mois, les acteurs se couchent sur le béton glacé pour se « chauffer » par des exercices physiques. Le décor est rapidement planté. Des meubles de bois, disposés en fer à cheval, recouverts de plaques de métal, représentent les fours ou les tables sur lesquels la nourriture pour les quinze cents repas est préparée. La troupe rachète le matériel des cuisines de l'ancienne gare Montparnasse. Il faut s'atteler au travail de manipulation qui est capital. Pendant des semaines chacun lève des filets de poissons invisibles, pare des viandes invisibles, travaille de la pâte invisible. Les acteurs observent minutieusement les gestes sans cesse répétés des cuisiniers du Colisée, grand restaurant du quartier des Champs-Elysées.

Ariane cherche toujours un lieu pour jouer. Le Récamier (Ligue de l'enseignement) renvoie le texte, jugé trop « vulgaire ». Finalement, Ariane pense au cirque Montmartre (ex-Médrano). Ici vont commencer les démêlés avec Joseph Bouglione. M. Joseph. Dangereux charmeur, grand-père bienveillant, aventurier près de ses sous ? On ne sait toujours pas. Les répétitions continuent. Le froid est obsédant. « Trouvez la chaleur ! », dit Ariane. Bouglione consent à louer le cirque. Neuf cents francs par soir. « Mais, ajoute-il, vous allez audevant de la catastrophe. » Le dernier spectacle qui s'y est joué a été un four. Une comédie musicale sur Jeanne d'Arc. Ah ! s'il l'avait montée, lui ! Tant pis ! Ariane fonce coûte que coûte. Que de stages dans l'antichambre de M. Joseph ! Que de palabres autour de la signature du contrat ! Il faut lutter avec charme et assiduité, et souvent en passer par ses moindres volontés. Jean-Pierre Tailhade est le premier à être libéré de son travail à l'extérieur et à être rémunéré comme permanent. Avec Ariane il mène le combat pour le lieu. Les répétitions se font maintenant au cirque d'Hiver, toujours dans le froid. Chaque soir, les comédiens montent entièrement le décor de Moscoso, tubes et feuilles de plastique, installent les meubles, portent les piles d'assiettes et de casseroles du fin fond de la ménagerie, où ils sont entreposés, jusqu'à la piste. Les rugissements des lions et les barrissement des éléphants ponctuent les entrées des serveuses. Chaque répétition commence par une « italienne » du service où les garçons et les filles face à face se lancent les répliques ; Ariane, texte en main, arbitre, orchestre, presse le mouvement, le ralentit comme s'il s'agissait d'une partition musicale. Puis il est repris trois ou quatre fois de suite dans le décor avec les accessoires, les portes à battants que les serveuses poussent du pied. Wesker est venu voir. Il a dit : « Si le service marche, c'est gagné. » Sa présence à Paris est un petit événement. On est en pleine vogue du théâtre anglais, la presse consent enfin à se déranger. Pour lui. Avant-premières : dans *Le Monde* (qui découvre la compagnie), dans *Arts,* dans *Les Lettres françaises.* Le décor est enfin monté au cirque Montmartre, le contrat signé ; un parquet recouvre la piste, des rideaux coupent le cirque en deux pour jouer en hémicycle. Cependant, M. Joseph avait oublié un gala avec la télévision américaine : il faut tout redémonter... Mais il raconte de si belles histoires sur les tournées de ses cirques !

Le spectacle est créé à l'Antenne culturelle, curieux théâtre de béton, prétendu transportable, planté provisoirement à Malakoff. Les premières représentations sont pleines de promesses. Puis, en avril 1967, c'est la première au cirque, le triomphe en un soir, les critiques admiratifs qui viennent féliciter les comédiens et Ariane à l'issue du spectacle. La presse paraît. C'est gagné ! On peut dormir tranquille. Le grand public, le Tout-Paris aussi vont se succéder sur les gradins du cirque. Les comédiens guettent à travers les bâches en plastique les visages des célébrités. Les dettes vont s'éponger. Les coopérateurs vont enfin pouvoir vivre de leur métier. Tout le monde est payé 1 500 francs par mois. Prix de la Critique, prix des Associations de spectateurs, prix du Brigadier. Françoise Descotils, qui vient de s'adjoindre à la compagnie pour l'administration, a beaucoup de mal à canaliser les spectateurs qui se battent pour avoir des places. Gérard Hardy a pris en main le service des collectivités, il a suivi les conseils de Sonia Debeauvais et l'expérience du T.N.P. Chaque soir la moitié de la salle est réservée aux tarifs réduits, au grand dam de la caissière du cirque qui fonctionne encore en favorisant ses agences. Le spectacle se joue d'avril à juillet, puis de septembre à novembre 1967. En décembre il doit être arrêté en plein succès car Bouglione a ses galas de Noël. La troupe fait alors sa première grande tournée en France, toujours devant des salles combles. Villeurbanne chez Planchon, Marseille chez Bourseiller, Bourges chez Monnet...

Après le réalisme, le quotidien de *La Cuisine,* le Théâtre du Soleil va se mesurer à un classique : William Shakespeare et l'une de ses comédies les plus connues et les plus jouées, *Le Songe d'une nuit d'été. Le Songe* est en partie financé par *La Cuisine.* Même pendant les tournées en décembre les répétitions se poursuivent à la sauvette entre deux montages sur les plateaux de province. C'est seulement en mars 1968 que la compagnie réintègre le cirque Montmartre pour y répéter à plein temps. Un cirque complètement transformé. Guy-Claude François, que la troupe avait rencontré à Récamier, devient directeur technique. Jusque-là on n'avait eu que des régisseurs plus ou moins experts. Guy-Claude propose un plan d'aménagement du cirque pour une longue période. Ariane rêve : quel merveilleux théâtre ce pourrait être pour une troupe permanente ! Bouglione, consulté, ne dit ni oui ni non. Sans attendre sa réponse, le Théâtre du Soleil s'équipe, il emprunte pour acheter le matériel de sonorisation, des projecteurs, un jeu d'orgue.

Pour *Le Songe,* Roberto Moscoso a conçu un merveilleux décor. D'un chemin de circulation élevé, masqué par un rideau de lattes de bois sculptées à l'africaine, descend en pente douce un plateau recouvert de centaines de peaux de chèvre assemblées. Les différentes nuances de ces peaux en font un tapis étonnant, sol de terre de lune. Les comédiens le découvrent un soir, doucement éclairé par des rais de lumière qui semblent partir des différentes lunes suspendues au cyclo (lunes de bois sculptées, de cuivre, de métal). Il y a alors un moment magique où chacun se laisse glisser et se roule sur ce gigantesque lit où va se dérouler le spectacle.

Le Songe est aussi bien accueilli par le public et la presse que *La Cuisine.* Le lieu est lancé. Les spectateurs se battent de nouveau à l'entrée pour obtenir des places. Une nouvelle troupe parisienne est née. Sans qu'on y prenne garde les rapports ont un peu changé. Les salaires ne sont plus les mêmes pour tous : ils sont proportionnels aux rôles. Les activités se multiplient. Ariane confie à Catherine Dasté la mise en scène d'un spectacle pour enfants qu'elle écrit en s'entretenant avec les élèves d'une classe de Sartrouville. Ce sera *L'Arbre-Sorcier, Jérôme et la Tortue,* spectacle donné les samedis et dimanches en matinée, avant les représentations du *Songe,* par ceux des comédiens de *La Cuisine* qui n'étaient pas distribués. Nouveau succès.

Les dernières représentations du *Songe* avant la tournée se jouent dans une ambiance surexcitée. En coulisses, les comédiens échangent les dernières informations sur les événements qui commencent à agiter les nuits parisiennes : les premières barricades de 1968 et les premiers affrontements dans la rue Gay-Lussac, les premiers bruits sur une grève générale et illimitée. A la fin du spectacle les comédiens se précipitent à la Sorbonne occupée. Le soir du départ en tournée, c'est l'Odéon qui est à l'ordre du jour. Une assemblée générale des comédiens se tient dans le grand amphithéâtre de l'Institut d'art et d'archéologie.

Les acteurs du Théâtre du Soleil y assistent avant de prendre l'autocar qui les emmène à Saint-Etienne, où débute leur tournée. Ils découvrent que tous les problèmes de remise en question de leur carrière que se posent les acteurs parisiens, ils se les sont posés depuis longtemps et les ont partiellement résolus à l'intérieur du groupe. Les gens du spectacle décident la grève générale. C'est chez Jean Dasté, où ils jouent, que les comédiens du Soleil en auront confirmation. Grève totale ou grève active ? D'interminables discussions opposent à l'intérieur du groupe les partisans de l'une ou l'autre solution. Sur la proposition de Dasté la majorité se rallie à la seconde : la troupe jouera dans les usines occupées. Le décor de *La Cuisine* est planté comme chez lui, sur les rails et les sols noircis des usines du Creusot. La tournée continue donc. A Grenoble, les comédiens logent dans les locaux tout neufs de la maison de la culture occupée par son personnel. Les représentations sont suivies de débats où souvent est évoquée la condition du comédien. Les ouvriers interrogent les acteurs sur leur travail et déplorent fréquemment que *Le Songe* ne puisse être joué chez eux ; ils regrettent même quelquefois le côté trop réaliste de *La Cuisine*. Villeurbanne est tout proche : Ariane et certains des comédiens sont admis à assister au colloque des directeurs de la décentralisation. Les jeunes (Chéreau et Maréchal sont là aussi) écoutent, pratiquement muets, les remises en question des aînés.

A Paris, les comités d'entreprise proposent de continuer la tournée des usines occupées. Dès le retour de la troupe, les décors de *La Cuisine* sont chargés sur les camionnettes prêtées par les usines. Un petit spectacle de cabaret se répète en vitesse. Citroën, Kodak, la SNECMA, Renault, etc., accueillent les deux spectacles. Bouglione, lui, très peu intéressé par les événements, réclame le loyer du cirque où les représentations du *Songe* auraient dû reprendre. Elles ne recommenceront qu'en juin et pour un mois seulement. La situation de la compagnie est de nouveau critique. Les festivals d'été ont tous annulé leurs contrats. Ni Moscou ni Chiraz ne tiennent. Le conseil général du Doubs, qui devait accueillir *Le Songe* dans le cadre des Nuits de Bourgogne, propose à Ariane de prêter un lieu en échange d'une animation.

Arc-et-Senans

Il s'agit des salines d'Arc-et-Senans, cité idéale construite par Nicolas Ledoux, architecte utopiste du XVIIIe siècle. La proposition est acceptée. Après le démontage du *Songe* et les adieux au cirque Montmartre et à tous les beaux espoirs engloutis, le Théâtre du Soleil s'installe pour deux mois dans le Jura. A la fin du mois de septembre, Jean Vilar convoque Ariane à Avignon. Il lui propose de participer au prochain festival qui doit s'appuyer plus spécialement sur les jeunes compagnies. La troupe part pour l'Italie. La biennale de Venise lui a demandé de venir jouer *La Cuisine* ainsi que *Jérôme et la Tortue*. Après son passage dans les usines, *La Cuisine* semble tout empruntée dans les ors et fioritures de la Fenice, superbe théâtre à l'italienne. Les comédiens découvrent le luxe : hôtels trois étoiles, conférence de presse, défraiements qui paraissent somptueux. Ils découvrent pour la plupart l'admirable architecture de cette ville où, quelques années plus tard, ils reviendront jouer *L'Age d'or*. Après cet entracte illusoire, le retour à Paris ramène à la triste réalité. Toujours pas de lieu de répétition ou de création. Chaillot met à la disposition du groupe une salle où commencent les répétitions des *Clowns*.

Aux salines, une décision a été prise : *Le Songe d'une nuit d'été* aura été la dernière expérience sur un texte du répertoire. Pour trouver un nouveau rapport avec le public il faut rechercher un nouveau langage théâtral. En partant d'une pro-

Le Songe d'une nuit d'été
de Shakespeare à Médrano en 1967.
(Phot. © Martine Franck/Viva-Photeb.)

1968

En 1968, la force du Théâtre du Soleil est de n'avoir reçu de leçons de personne. Ni en avance, ni en retard, ni à côté, c'est un groupe qui se donne le temps de la maturation et qui, travaillant d'abord sur lui-même, vivant pauvrement pour fabriquer des spectacles riches, tombe juste à chaque fois qu'il reprend contact avec le public.

Rappelons quelques mythes du moment : la politisation du théâtre, la société de consommation, « nous et la guerre du Viêt-nam », la fête et la libération du corps, la participation (ce dernier repris par le pouvoir gaullien pendant son année de sursis).

Ariane Mnouchkine, n'étant pas membre de l'A.T.A.C., ne signera pas le manifeste des directeurs d'établissements culturels, seule production de l'« assemblée permanente » (en fait circonstancielle et éphémère) qui les réunit en mai à Villeurbanne, mais c'est le Soleil qui jouait alors la seule pièce qui, à travers son propre investissement théâtral, disait la misère matérielle et culturelle d'un groupe précis de prolétaires. L'assemblée de Villeurbanne a seulement préfiguré la fondation, en 1971, d'un Syndicat des directeurs d'établissements d'action culturelle (le S.Y.N.D.E.A.C.), nécessaire à côté de l'association des entreprises (A.T.A.C.). Les ouvriers et employés « aliénés » par le réfrigérateur, la 4 CV, les vacances et la télé – qui les détourneraient du théâtre et de la fête –, ceux qui jouaient La Cuisine *ne pouvaient entonner ce couplet-là, dont la stupidité est devenue évidente dès le premier choc pétrolier en 1973.*

On objectait volontiers à ceux qui montaient Goldoni (comme Strehler) ou Shakespeare (comme Brook et le Soleil) : et le Viêt-nam ? Mais la guerre du Viêt-nam posait un problème socioculturel immédiat aux Américains. Réellement mobilisateur, éveillant le « Black Power » et allumant les campus, il animait les créations et l'action du Bread and Puppet, avec ses grandes poupées, ses ateliers pour tous, ses défilés dans la rue et sa référence à la culture biblique commune à tous les Américains, Blancs ou Noirs. Armand Gatti eut raison de produire, en 1967, avec le Grenier de Toulouse, une pièce un peu philosophique sur la lutte des rizières contre les ordinateurs, et, dans un beau spectacle à Londres, Peter Brook faisait admettre l'équation U.S. = US (nous). En Europe il s'agissait surtout de prêcher un avertissement : ne nous croyons pas « loin du Viêt-nam » – mais le théâtre doit-il prêcher ?

Ce fut aussi le temps où Grotowski et le Living Theatre faisaient fureur. Le spectacle du Living, Paradise now, *au titre-slogan utopique, fit exploser le festival d'Avignon 1968 : le public sur la scène et le théâtre dans la rue (sauf pour le Bread and Puppet et sa sérénité calme), c'était bien la fête, mais la fête réprimée par les C.R.S. et les commandos fascisants. Démonstration faite. Pendant que ce « happening » se déroulait à Avignon, le Soleil faisait retraite aux salines de Chaux et travaillait. Deux ans et demi plus tard,* 1789 *fera revivre ces tentatives et ces thèmes, mais pour plus de 350 représentations et près de 300 000 spectateurs, pour qui ce sera, à la Cartoucherie de Vincennes et en tournée, la fête.*

A l'ouverture de la saison 1968-1969, les cendres de mai sont amères pour la profession théâtrale. L'Odéon a été pris, d'autres théâtres et maisons de la culture, en province, ont servi de forums au même titre que les amphis de facultés. Les autorités de tutelle s'en vengent sans scrupules. L'Etat donne le mauvais exemple : Jean-Louis Barrault est chassé de l'Odéon et le Théâtre de France supprimé par son initiateur, André Malraux. Comment s'étonner dès lors que les députés-maires de Caen, Bourges, Toulouse – triomphalement réélus en juin 1968 – poursuivent et obtiennent l'éviction des animateurs locaux que l'Etat devra réinstaller comme il peut ? Et, plus grave, le public n'accourt plus : le bref théâtre de la rue a partiellement vidé les salles.

On voudrait bien retrouver ce qu'en pense le « comité permanent » de Villeurbanne, depuis sa déclaration de mai. Mais comment ? le bulletin de liaison, A.T.A.C.-Information, *suspend sa parution et la reprend un an plus tard sans un mot d'explication.*

Malraux se retire avec de Gaulle en 1969. Le nouveau ministre, Edmond Michelet, prêche les vertus de la pauvreté aux troupes instituées et aux jeunes compagnies. Le temps n'est donc plus à l'expansion promise des théâtres implantés. Chéreau s'en aperçoit : il est lesté de dettes personnelles importantes, lorsqu'il arrête l'expérience de Sartrouville et va se faire connaître en Italie. A l'étranger précisément, les deux théâtres les plus dignes d'attention sont aussi menacés : le mai rampant italien pousse Strehler à quitter le Piccolo et à tenter une aventure indépendante avec le groupe Teatro e Azione. A Prague, les autorités de la répression commencent à étouffer efficacement le Za Branou d'Otomar Krejca.

position d'Ariane, les comédiens laisseront aller leur créativité. La proposition touche plus à la forme, celle de personnages directement préhensibles par le public, proches de ceux des bandes dessinées. Bécassine, Bibi Fricotin ou les Pieds-Nickelés ne pourraient-ils rencontrer Pantalon, Arlequin ou les clowns, le tout autour de la plante magique qui permet de devenir ce que l'on veut, de voyager dans le futur, de connaître son avenir : la mandragore ? Peu à peu les clowns dévorent tout. Ils sont les plus forts. Leur anarchie ne laisse de place à personne. Chacun cherche alors « son » clown. Les silhouettes se transforment. Les nez rouges fleurissent sur tous les visages. Les faces se colorent de blanc, de jaune, de rouge. Les démarches se cherchent. Les voix se cassent. Plus d'une vingtaine de comédiens prendront le départ. Il en restera quatorze à l'arrivée. Encore certains ne seront-ils que clowns-musiciens. Chaque comédien affronte ses problèmes de créativité. *Les Clowns* seront la quintessence de la création individuelle de chacun plutôt qu'une véritable création collective.

Le clown fonctionne par associations d'idées, par jeux de mots. Pour certains, cela coule de source. Pour d'autres, c'est un cauchemar. Ursula Kubler, Josette Boulva, Loleh Bellon, Philippe Léotard, Jean-Pierre Tailhade, etc., déclarent forfait. Certaines soirées sont particulièrement pénibles. Celles de la dernière chance. Les comédiens et comédiennes tentent pour la dernière fois leurs « entrées ». L'orchestre, dirigé par Teddy Lasry, scande les démarches : ils font et refont des tours de piste, suants, aphones, en vain. Certains comme Josette Derenne et Gérard Hardy, deux des meilleurs à la représentation, sont repêchés à l'extrême limite. Les répétitions continuent dans des lieux différents : maison de la culture de Grenoble où la troupe est en tournée pour un mois, Antenne culturelle de Malakoff, toujours en place malgré sa vocation tournante. Là où avaient commencé les représentations de *La Cuisine* et là où elles se termineront. On la reprend trois ou quatre fois pour payer la location du lieu. C'est fini. On ne la jouera plus jamais. Enfin, peut-être... Gabriel Garran propose une coproduction avec le Théâtre de la Commune d'Aubervilliers. C'est une solution inespérée car la troupe est dans une situation difficile. Les conditions de travail ne sont plus les mêmes : les salaires ont été réduits, de 1 500 francs à 900 francs par mois, quand ils peuvent être payés ! La subvention, qui pour *Le Songe* est passée à 100 000 francs, a été entièrement absorbée par les dettes. Le Théâtre de la Commune fait des avances. L'équipe technique, où certains des comédiens se sont recyclés (Lucia Ben Sasson, Marc Godard, entre autres), s'installe sur place et construit le castelet tapissé de miroirs entourés d'ampoules. C'est le retour au théâtre à l'italienne. Une grande passerelle traverse la salle au-dessus des sièges. Les clowns y font leurs entrées en courant comme les acteurs du kabuki. Peu de clowns blancs, sauf dans l'orchestre. Quatre clownesses. Les musiciens-clowns aux costumes rutilants pénètrent sur la pointe des pieds dans la salle, cherchant le plateau dans l'obscurité. Ils s'installent. Ils attaquent et la grande baraque foraine s'illumine. La panique des deux premiers clowns qui commencent n'est pas tout à fait feinte. Les comédiens n'ont pas, il s'en faut, le calme et la décontraction nécessaires. Le spectacle est en dents de scie, la presse réservée. Un demi-succès. Les thèmes sont proches des obsessions des comédiens : la lutte pour le pouvoir, la séduction, la crainte du lendemain difficile, la situation de la femme au foyer. Peut-être aurait-il fallu être moins éclectique sur la forme, plus sur le fond. On a oublié la règle essentielle au théâtre, qui est de raconter une histoire. Le même problème se posera plus tard quand la troupe se mesurera à la commedia dell'arte dans *L'Age d'or*.

Avignon

Après Aubervilliers, la troupe descend à Avignon pour préparer l'expérience proposée par Vilar à Ariane. Deux pôles : jouer en décentralisation et préparer le public local à recevoir le spectacle. Le castelet des *Clowns* sera monté successivement à Avignon, dans la cour du collège Saint-Joseph, dans la banlieue de la ville (à Champfleury notamment) et dans la grande banlieue, à Sorgues. Enorme travail que de monter et de démonter la lourde baraque foraine qui brille déjà des mille ampoules de *L'Age d'or*. Les comédiens rencontrent les associations locales, les comités d'entreprise, les troupes d'amateurs. Le spectacle sera mieux accueilli qu'à Aubervilliers. Deux ou trois soirées donnent la mesure de ce qu'aurait pu être le spectacle. Les rires sont plus nombreux, les enfants entrent dans le jeu, apostrophent les clowns. La presse est plus compréhensive. Jean Vilar prend des notes, loin, dans la salle. Tout le monde quitte Avignon éreinté, à bout de souffle. Il en reste le souvenir de soirées épuisantes mais merveilleuses, celle en particulier où le mistral a failli soulever la baraque et où tous, techniciens et comédiens qui n'étaient pas en scène, s'accrochaient aux guindes pour empêcher le théâtre de s'envoler. La troupe de *Molière* connaîtra les mêmes tribulations dans le film qu'Ariane fera plus tard.

A la rentrée de la saison 1969-1970, la troupe reprend *Les Clowns* à Aubervilliers. Mireille Franchino et François Joxe quittent le spectacle. Ils sont remplacés par Ariane, qui joue pour la première fois, et Philippe Léotard. Un soir, les comédiens ont la surprise d'être attendus au foyer par Jean Renoir qui tient à les féliciter. Il ne se doutait pas de l'émotion profonde qu'il déclencherait en faisant part de son plaisir à ceux qui avaient vu et revu ses films.

La période est grise : après Aubervilliers, la troupe n'a plus de lieu de création. La subvention des Affaires culturelles a été ramenée à 30 000 francs, sous le prétexte de l'intervention du Théâtre de la Commune dans la production des *Clowns*. Le seul moyen de subsister c'est de jouer. Tout a été envisagé : des propositions ont été faites à des municipalités de banlieue, Choisy notamment. Elles ont été repoussées. Trop de gens dans l'équipe, trop d'exigences. Les Halles de Baltard ?

1970

*Pour le Théâtre du Soleil, la décennie se divise en deux périodes : l'ère de l'ascension heureuse et de la création collective (*Les Clowns *en 1969,* 1789 *en 1970,* 1793 *en 1972), de l'installation à la Cartoucherie et de la conquête d'un statut (ou d'un non-statut) original en 1973 ; une période beaucoup plus fragmentée où la compagnie s'interroge durement sur l'histoire, la politique, le théâtre, sa propre identité. Entre les silences et les productions qui en émergent (*L'Age d'or *en 1975, le film* Molière *en 1978,* Méphisto *en 1979) on se demande à chaque fois si le Théâtre du Soleil va trouver ce qu'il cherche à être et à dire.*

Autour de lui, le rythme de l'évolution politique et idéologique n'est guère plus rapide : union de la gauche de 1972, trop fraîche pour gagner en 1974, triomphante aux municipales de 1977, mais aussitôt rompue pour perdre les législatives de 1978. « Nous sommes au pouvoir jusqu'en l'an 2000 », s'écrie alors un responsable de la droite. Quant à la crise économique, au choc pétrolier et au chômage, ils mettront bien du temps à faire évoluer les idées reçues. Plus vite et plus brutalement, le modèle des pays communistes a perdu ses couleurs attrayantes, compromettant dans le naufrage de son image l'analyse marxiste des faits sociaux. L'Etat gère désormais un vaste secteur aidé du théâtre, mais sans grand dessein et avec des bouffées de politique politicienne qui finissent par retomber mollement. Les théâtres, qui se multiplient, ont des problèmes financiers et des problèmes de public.

Dans un tel contexte, le Théâtre du Soleil montre courage, pertinence et fidélité à lui-même. Fondée en 1970, la revue Travail théâtral *a d'emblée fait du travail d'Ariane et de ses compagnons son cheval de bataille et lancé la formule « un théâtre différent ». Différent par rapport à un passé dont il est l'héritier, qui s'éloigne et que symbolise la mort, en 1971, du Père et de la Mère. Helen Weigel, veuve de Brecht, disparaît quelques semaines après être venue avec le Berliner Ensemble (elle joua encore* La Mère *de Brecht d'après Gorki) célébrer, en banlieue parisienne, un centenaire de la Commune que les compagnies françaises ont finalement délaissé. Même le Soleil, puisque* 1789 *s'était substitué au projet de travail sur Jules Vallès. A noter que le jeune éclat de* 1789 *avait éclipsé cette ultime visite en France de l'historique « maison de Brecht ». Mort, aussi, de Jean Vilar, à la veille du XXV*[e] *festival d'Avignon.*

Sous le règne de Jacques Duhamel, au ministère de la Culture de 1970 à 1973, beaucoup d'argent est dépensé sur de grosses opérations concernant la musique et le théâtre. L'Opéra de Paris est relancé, l'Odéon trouve son rythme : 50 % à la Comédie-Française, accueil de spectacles provinciaux ou étrangers, quelques productions maison, une petite place pour le Jeune Théâtre national (destiné, sans direction artistique précise, à offrir des contrats d'un ou deux ans aux anciens élèves du Conservatoire) : l'ensemble fait une saison avec abonnements, comme celle du Théâtre de la Ville, purement municipal, qui tourne rond.

Jacques Duhamel s'occupe aussi de tenir une promesse de Malraux, la multiplication et la décentralisation des théâtres nationaux. L'opération est compliquée et aboutit, en 1972, à quatre « promotions » : à Villeurbanne, le théâtre rénové ouvrira avec le sigle et les subventions du T.N.P., sous la direction artistique de Planchon et Chéreau. Un Théâtre national de Chaillot à repenser entièrement (et à reconstruire) est confié au jeune inventeur du festival de Nancy, Jack Lang. Le T.E.P. de Guy Rétoré à Paris et le Théâtre de Strasbourg (doublé d'une école réputée) deviennent nationaux. La distinction entre centres et troupes, à l'échelon au-dessous, tend à s'effacer : les directeurs ont signé en 1972 des contrats de trois ans. Quant aux « sans statut », ils fondent à leur tour leur association (A.J.T., Action pour le jeune théâtre), à laquelle n'adhère pas le Théâtre du Soleil, et ils reçoivent annuellement leur subvention après avis de la commission d'aide aux animateurs... à moins d'être « promus » centres dramatiques, comme il est arrivé, en 1971, à deux théâtres de banlieue (Aubervilliers et Nanterre).

En refusant d'accepter sa place dans ce système, le Théâtre du Soleil suscite un beau tohu-bohu en 1973.

Premier épisode : en février, la commission d'aide aux « sans statut » constate que les crédits à répartir, fortement augmentés les

Des spectacles y étaient donnés qui démontraient leur parfaite adéquation à une exploitation théâtrale (Ronconi y joue en mai 1970 *Orlando Furioso*). De nouveau, comme pour le cirque Montmartre, Guy-Claude François et Ariane établissent des projets, rencontrent des architectes et des conseillers municipaux. En vain, ni les Halles ni le cirque, deux merveilleux témoins de l'architecture du XIXe siècle, ne seront classés.

A l'Elysée-Montmartre, Barrault vient de terminer l'exploitation de son *Rabelais*. Pourquoi ne pas y reprendre *Les Clowns* qui n'ont jamais été joués à Paris ? C'est en janvier 1970. Petit rappel du *Capitaine Fracasse :* la neige, le froid, les salles à moitié pleines. La caissière du cirque (on est fidèle) se lamente. Ah ! le bon temps de *La Cuisine !* Le directeur de l'Elysée-Montmartre, Roger Delaporte, un ancien catcheur, est un sous-Bouglione. Les fins de semaine sont difficiles pour le loyer et les salaires.

Une association vient de se constituer : les Amis du Théâtre du Soleil. Ses membres ont été recrutés en grande partie au moyen des questionnaires distribués à l'issue des spectacles, questionnaires dont les réponses faisaient souvent part d'une volonté d'aider la troupe à continuer son action. Michèle Clergue, qui avait été de la création des Amis du Théâtre populaire, Emilie Lefranc, les Marty constituent le bureau. Pendant cinq ans ils vont soutenir le Soleil au moyen de prêts, de souscriptions, de manifestations diverses. Les spectateurs seront juste assez nombreux pendant les deux mois de la reprise pour éviter la catastrophe financière.

Humeur grise

L'humeur est grise. Ariane s'est retirée pour réfléchir au prochain spectacle. Pour tenir le coup, Penchenat et Derouin font travailler la quasi-totalité du groupe sur *Barbe-Bleue*, d'Offenbach. Le travail sur le chant à l'occasion des cabarets leur avait donné l'envie d'aller plus loin. Le livret est totalement bouleversé. Pendant deux mois, chœurs et solos sont répétés avec assiduité. Le spectacle sera donné à l'usage des initiés, un soir de juin, dans la salle Vercingétorix, et se prolongera dans la cour, sous les marronniers en fleurs.

Ariane revient avec une idée : il faut décidément être conséquent avec la décision prise aux salines et renoncer à un texte écrit. Son choix s'arrête sur un spectacle qui utiliserait la forme entrevue avec *Les Clowns*, un langage direct, le pouvoir des images. Elle pense d'abord à un thème comme les contes populaires. Mais très vite cela se révèle illusoire ; les contes sont reçus, aujourd'hui, comme un produit culturel esthétisant. Le projet se concentre alors sur le seul patrimoine commun à tous les Français : l'histoire de France et, dans cette histoire, la période qui est à l'orée de notre époque : la Révolution de 1789. On se trouvait alors devant une alternative : ou entreprendre un spectacle qui montre les personnages décisifs et, partant, les conflits psychologiques entre « grands hommes » ; ou raconter l'histoire d'un ouvrier, ou d'une famille, face aux événements. Le parti pris de l'une ou de l'autre solution amènerait soit à un spectacle mythifiant, soit à une imagerie édifiante. Ariane choisit une troisième solution : une troupe de bateleurs, forains, crieurs publics ou agitateurs joue ce qu'elle ressent, ce qu'elle connaît ou ce qui lui parvient des événements historiques, des personnages majeurs.

Tout se précise. Elisabeth Brisson, disciple de Jean Massin, vient donner tous les soirs deux heures de cours aux comédiens sur la période qui va de 1788 à Thermidor. Les comédiens ont chacun leurs petits cahiers. Ils commencent à lire Michelet, Jaurès, Lefèvre, Soboul, Massin. Après le démontage de *La Cuisine*, dix jours de vacances, puis tout le monde se retrouve au Palais des Sports pour répéter à partir du 15 juillet. Michel Toty, Louis Samier, Jean-François Labouverie ont rejoint le groupe comme comédiens. La direction du palais, trouvant sans doute le loyer de 400 francs par jour trop modeste, en profite pour faire repeindre les sièges. L'odeur est à peine supportable.

L'équipe technique s'est installée sur place et construit la maquette grandeur nature du décor qui est très vite mise en place et expérimentée. De même, Françoise Tournafond et Christiane Candries suivent, crayon en main, les comédiens qui, à partir d'un stock de vieux costumes, s'improvisent des silhouettes, se déguisent. Françoise fait ses croquis, redresse les erreurs trop flagrantes, encourage les imaginations. Sur les gradins, un peu en retrait, une petite stagiaire du Centre d'études théâtrales de l'université de Nanterre, Sophie Lemasson, prend timidement des notes. Elle tiendra le journal des répétitions et sera baptisée « aide-mémoire ».

Ariane est de nouveau en grande forme. Chacun plonge à plaisir dans ses souvenirs d'école. Toutes les formes de théâtre sont abordées : farce, tableaux vivants, allégories, opéra, marionnettes, discours parlementaires, harangues. Le travail consiste, d'une part, en une approche soit personnelle soit collective de la période historique choisie : lectures, projections à la Cinémathèque (*La Marseillaise*, de Renoir, *Napoléon*, de Gance, *Les Deux Orphelines*, de Griffith), recherches en bibliothèque, travail autour de documents iconographiques ; d'autre part, pendant les heures d'improvisation, les acteurs se répartissent par groupes interchangeables de quatre ou cinq et brodent librement sur les thèmes retenus. Est-ce le fait qu'on n'a plus travaillé depuis longtemps, ou la volonté acharnée de survivre coûte que coûte malgré les difficultés inextricables ? Il y a chez chacun une débauche d'imagination, un appétit, une gourmandise qui font de chaque moment de travail un instant de joie pure. Tous les événements historiques y passent, du plus anodin au plus austère : une famille à la fête de la Fédération, l'émigration rocambolesque des sœurs de Louis XVI, l'Autrichienne gardant ses moutons à Trianon, mais aussi les cahiers de doléances, le droit de veto, les Etats généraux. Les sujets les plus abstraits, grâce à la forme choisie, trouvent

années précédentes, sont en diminution. Explication : trois compagnies importantes, dont le Théâtre du Soleil, ont été placées « hors commission » avec des subventions augmentées ; ainsi le Soleil passe de 350 000 à 450 000 francs. L'enveloppe à répartir est donc diminuée du montant des subventions obtenues par ces compagnies l'année précédente. Les membres de la commission admettent mal de devenir des répartiteurs de restes. Libre au ministère de consacrer certaines entreprises sans leur proposer ou leur imposer un statut dont toutes ne voudraient pas, mais qu'on ne les empêche pas de continuer à aider un nombre croissant de jeunes compagnies à cause de la consécration des moins « jeunes ».

Deuxième épisode : le Théâtre du Soleil fait ses comptes et s'adresse au ministre. Les 450 000 francs ne suffisent pas. Il faudra, pour terminer 1973, 120 000 francs de plus. La réponse est un refus et un conseil : « Vous devriez sans doute chercher à proportionner le volume de vos dépenses aux moyens financiers dont vous disposez plutôt qu'à déterminer le montant de l'aide dont vous estimez devoir bénéficier à partir de décisions prises à votre seule initiative. » La réaction du Soleil ne se fait pas attendre. En mars, Ariane réunit une conférence de presse et dénonce l'arbitraire et la désinvolture du système.

Troisième épisode : un nouveau ministre, l'académicien Maurice Druon, entre en fonctions, prend ou ne prend pas connaissance de ces demandes de rallonges immédiates (son prédécesseur avait reçu des assurances pour 1974), et, débarquant, il lance une énorme provocation. Il déclare à l'A.F.P. : « Qu'on ne compte pas sur moi pour subventionner en priorité les expressions dites artistiques qui n'ont d'autre but que de détruire les assises et les institutions de notre société » et « ceux qui viennent à la porte de ce ministère avec une sébile dans une main et un cocktail Molotov dans l'autre devront choisir ».

Il y eut deux réactions immédiates : des démissions à la commission d'aide (qui n'avait d'ailleurs plus de rôle à jouer dans l'histoire du Théâtre du Soleil) ; une belle manifestation de rue, le 13 mai, de la Bastille à la Nation, en forme théâtrale, à l'appel du Soleil, de l'Aquarium, du Théâtre de l'Espérance (Compagnie Vincent-Jourdheuil), de l'Ensemble théâtral de Gennevilliers (Bernard Sobel) et de l'A.J.T. Des personnages masqués, tendant sébiles et chapeaux, tiraient le corbillard de la Liberté d'expression conduit par un académicien en bicorne.

Le théâtre, même dans la rue, ne change pas le monde, et le système s'est maintenu. Le Théâtre du Soleil est devenu une « grosse » compagnie hors commission, rejointe depuis par beaucoup d'autres. Peu après, Michel Guy, secrétaire d'Etat à la Culture sous le règne conjoint de Giscard et de Chirac, resitua le théâtre « populaire » et les créateurs dans un jeu où le prestige, la mondanité, les intrigues d'antichambre et les coups d'éclat (plus rarement la médiocrité grise et invisible) furent la clé des promotions. Fondateur du festival d'Automne à Paris, il concurrença Nancy dans le rôle de plaque tournante internationale, avant de retirer à Jack Lang la mission Chaillot. Il servit l'Europe des théâtres d'Etat. Il installa Peter Brook à Paris et fit de Giorgio Strehler un hôte régulier de l'Odéon. En nommant Jacques Rosner, un homme de la décentralisation, à la tête du Conservatoire, il obtint que cette école de comédiens oscille entre la tradition et la recherche expérimentale, mais non qu'elle se préoccupe d'une éthique et d'une esthétique du théâtre public. Surtout, il promut six très jeunes metteurs en scène, qui avaient chacun un ou deux spectacles brillants à leur actif, comme directeurs ou codirecteurs (auprès d'un ancien) de centres dramatiques. A côté du cahier des charges habituel (implantation, animation, production régulière de spectacles), il leur offrait la tentation de développer leur œuvre commencée sur quelques coups d'éclat, avec ce nouveau cahier des charges implicite : réussissez au moins un spectacle, en trois ans, qui fasse parler de lui, et vous serez maintenus. Résultat : des équipes artistiques de direction, mais plus de troupes permanentes ; les jeunes patrons entrant dans la hiérarchie des salaires et les contrats âprement discutés, selon chaque circonstance, avec les comédiens ; des batailles confuses avec les pouvoirs locaux et un désarroi supplémentaire dans le public régional ; très peu de spectacles, mais tous nationaux, grâce aux coproductions, aux échanges, aux festivals ; les « sans statut » commencèrent à vendre aux « nantis » leurs spectacles plus mobiles et plus légers.

A la fin du septennat Giscard, six compagnies de théâtre pour l'enfance et la jeunesse deviennent centres dramatiques. Le Théâtre du

Aménagement de la Cartoucherie de Vincennes, en décembre 1970.
(Phot. © Martine Franck/Viva-Photeb.)

une explication simple, directe et efficace. A la fin de la journée de travail, dix à quinze improvisations sont proposées, certaines sont immédiatement abandonnées, les autres constituent la matière du spectacle, dans laquelle on puisera plus tard, au moment de la construction définitive. Chaque individu intervient dans cette construction, l'élaboration finale lui appartient, devient pour lui l'objectif principal.

Les problèmes matériels sont de plus en plus obsédants : le ministère a enfin reconnu la compagnie comme troupe permanente et à ce titre lui a octroyé une subvention de 180 000 francs. Mais cette somme est tout à fait insuffisante pour faire face au reliquat des dettes du Soleil, au nouveau spectacle et à une vraie permanence du personnel. A force de persuasion, le ministère rallonge la subvention de 50 000 francs pour l'année 1970. Parallèlement, il faut trouver des sympathisants riches et généreux (Béjart, Brel, Miró prêtent ou donnent), chercher enfin un autre lieu de répétition car la direction du Palais des Sports est inflexible : il faut payer le loyer au jour le jour. Christian Dupavillon, ami du groupe, arrive avec une proposition : Mme Alexandre-Debray, conseillère municipale de Paris, lui a parlé d'un lieu possible de répétition ; il s'agit des anciennes cartoucheries situées dans le bois de Vincennes. Les locaux, qui appartenaient à l'armée, dépendent maintenant du parc floral qui pourrait les mettre provisoirement à la disposition du Théâtre du Soleil. On est fin août ; Ariane et Guy-Claude se rendent sur place, choisissent trois des bâtiments et toute la troupe débarque dans le lieu. Les tréteaux des bateleurs de *1789* envahissent la vieille usine à cartouches au sol aussi noirci que les usines du Creusot. On pique-nique sous les marronniers roux. L'imagination continue de galoper. L'équipe technique s'installe dans un des bâtiments, la couture et les accessoires campent dans les rez-de-chaussée des anciens bureaux, l'administration trouve sa place au premier étage. Il fait chaud et beau. Les grandes marionnettes représentant les époux royaux se bâtissent sur le terre-plein devant les locaux.

Les comédiens continuent d'improviser à tour de bras. Il y a maintenant de quoi faire vingt heures de spectacle. Il faut choisir. La troupe se réunit et décide de ne traiter dans un premier temps que la période qui va de janvier 1789 à juillet 1792. Un autre spectacle traitera de 1793. Certains épisodes de la période choisie n'ont pas encore été abordés, la prise de la Bastille, par exemple. La Bastille ! Il faut la prendre une seconde fois ! Depuis le début du travail on y revient et on l'abandonne sans cesse. De nouveau, on butte deux, trois jours, puis tout se débloque et le plus beau moment du spectacle est trouvé. Les récits simultanés des bateleurs s'élaborent, la musique de foire éclate. Un souvenir, au passage : c'était celle qui servait aux saluts du *Capitaine Fracasse*. La fête de la prise de la Bastille s'organise : Serge Coursan se déchaîne en catcheur réactionnaire, Josette Derenne s'invente un serpent fait dans un bas de coton bourré qu'elle promène avec des allures de Cléopâtre, la petite Geneviève lutte en David-peuple contre le grand Luc-Goliath ; Bonnaud, Penchenat, Gonzalès brocardent allégrement le maire de Paris et le roi qui lui remet la cocarde, Lucia et Roland Amstutz dressent une gigantesque loterie ; Gérard, Rosine, Nico et Fabrice inventent une cruelle et scatologique émigration du comte d'Artois, Françoise Jamet dit la bonne aventure, tout cela devant un public imaginaire. Ariane,

Soleil est l'ancien parmi les compagnies « hors commission ». Pour les compagnies qui se forment encore en collectif autour d'un metteur en scène, les voies d'accès au théâtre public professionnel sont les suivantes : monter un spectacle sans verser de salaires (on dit « en participation », et cela rappelle les débuts du Soleil), se faire accueillir (pour 60 à 100 % de la recette nette, avec des places à bas prix) à la Cité universitaire ou à la Cartoucherie-Théâtre de la Tempête, et se partager ce pactole, frais de production déduits ; même chose, mais l'animateur nominalement aidé par une subvention d'Etat, sans montant ni reconduction garantie, peut promettre des salaires pendant les représentations : il risque alors l'endettement personnel ; même chose sous le régime d'une coopérative. On peut encore se faire coproduire par les institutions, ce qui ne prend pas la forme d'un risque écarté ou partagé, mais d'une assistance technique et d'un achat à forfait d'un certain nombre de représentations. Ou se faire produire (c'est plus rare et souvent insuffisant) par Beaubourg, le festival d'Automne, le Petit T.E.P., le Petit-Odéon. Enfin, chercher, moyennant un projet d'animation suivie, un soutien municipal. C'est ce que les élections municipales de 1977 (gagnées à gauche) permettent parfois de négocier. L'Etat peut intervenir à court terme avec le Fonds d'intervention culturelle, mais ce n'est plus l'indépendance, c'est déjà un statut local préfiguré. Partiellement issu du Théâtre du Soleil avec Jean-Claude Penchenat, le Théâtre du Campagnol en était à cette étape. On peut aussi, mais c'est risqué, mettre la clé sous la porte, devenir tout à fait un metteur en scène qui propose à la demande ses talents aux théâtres privés ou publics : ce fut l'aventure de Daniel Mesguich ; on peut aller se promener avec des droits acquis, avec en poche une petite subvention personnelle de pseudo-compagnie...

L'originalité très grande du Théâtre du Soleil, à la fin de la décennie, c'est de n'avoir pas joué la carte de l'institutionnalisation et de l'implantation. On ne lui a pas confié un public à constituer, on ne lui en a pas donné un par héritage et jeu de « mutations » ou « promotions » dans l'« action culturelle ». Il n'a fait que du théâtre, a fait son public lui-même sur son projet et son image, et a maintenu un travail de troupe.

*Tandis que les animateurs-directeurs tournent aux gestionnaires, qui sont les créateurs ? Ce ne sont toujours pas les auteurs. On y a cru un moment, avec le théâtre « du quotidien ». Michel Deutsch, Jean-Paul Wenzel, l'Allemand F.-X. Kroetz et surtout le revenant Michel Vinaver ont enfin su écrire des scènes d'aujourd'hui en élaborant la parole de ceux qui n'ont pas appris à parler ce qu'ils vivent. Non pas photographie, mais travail sur des silences pleins et des mots vides. Cela mis à part, il faudra attendre la décennie suivante pour que des textes français nouveaux aient leurs chances, grâce à des structures et à des aides. Pour lors, les créateurs restent les metteurs en scène, mais ils développent leur œuvre en puisant à corps perdu dans le répertoire international, quitte à l'élargir. Le fonds allemand du XXe siècle anime les années 1975-1980 : Wedekind, Sternheim, Horvath et le jeune Brecht accompagnent la mode rétro. On commence aussi à travailler les textes non dramatiques. Pour les romans et nouvelles on joue la mémoire, les contradictions qui s'instaurent entre le récit et le jeu. Contre l'art illusionniste, on montre, voire on dénonce la place de l'écriture et de l'écrivain dans une fabrication littéraire. On se garde d'illustrer ou de dramatiser naïvement l'œuvre originale : on cherche un juste équilibre entre l'analyse intellectuelle, l'ironie hautaine et la sensibilité. Le résultat, quand il est bon, peut être un spectacle populaire (*Martin Eden, *du Théâtre de la Salamandre,* David Copperfield, *du Campagnol) ou une recherche passionnante (quand Vitez fait lire, au cours d'un repas bourgeois, des fragments des* Cloches de Bâle, *d'Aragon, et Jacques Lassalle réciter intégralement une nouvelle d'Anna Seghers par sept voix et corps de femmes dans un espace calculé).*

Il y a désormais des grands internationaux du théâtre. La politique de Michel Guy les a attirés ou fixés à Paris. Giorgio Strehler, par exemple, qui ne détruit pas les œuvres, ne les réduit pas à un seul aspect : on ne peut mieux que lui lire un grand texte, faire vibrer, par la seule théâtralité, l'individuel et le social, l'existentiel et l'historique. Ou Peter Brook : il avait un groupe expérimental à Paris, il aura bientôt son théâtre ; dans les Bouffes-du-Nord détruites et ranimées, à force de références édéniques à l'enfance du jeu, de clarté, de simplicité, il arrive à faire avec une pièce noire de Shakespeare, ou avec Ubu roi, *des soirées* comme au temps de *La Cuisine* avec le « service », orchestre la montée des récits aux côtés de Derouin qui tape à coups redoublés sur les timbales.

Mais où jouera-t-on ce beau spectacle ? Paolo Grassi, directeur du Piccolo Teatro de Milan, où la compagnie avait joué *La Cuisine* et *Les Clowns*, propose le Pallalido, gigantesque palais des sports de Milan : plus de deux mille places. En France, à de rares exceptions près, personne ne veut tenter l'aventure. Il faut sortir des lieux habituels du théâtre. Le spectacle a été conçu pour être joué en tournée dans les dimensions d'une salle de basket. La dernière répétition à la Cartoucherie, un soir frisquet d'octobre, est superbe. Quelques projos, des braseros, ce lieu étrange au fond des bois. Ceux qui l'ont vu ne l'oublieront pas.

En route pour Milan ! Création triomphale. Presse délirante. La Révolution française est mal connue du public italien et cependant la communication s'établit dès le début. Quelle joie pour les acteurs de découvrir les réactions vivantes à tout ce qu'ils ont imaginé ! Paolo Grassi a bien fait les choses. Tous les soirs avant la première, il est là, attentif à tous les détails du spectacle. Il a invité la presse française, il fait reporter un match international de basket pour pouvoir donner une représentation supplémentaire. Deux mille personnes chaque soir. Où trouver son équivalent en France ? A part Sartrouville et Le Havre qui ont acheté le spectacle, personne ne se décide à l'accueillir en dépit des critiques très élogieuses de la presse française. Il ne reste qu'une solution : faire de la Cartoucherie un lieu de représentation. Grande réunion de la compagnie. L'équipe décide de tenter le tout pour le tout. L'hiver est venu. Le mois de décembre est particulièrement froid. Le lieu n'a pas de chauffage, les verrières des toits sont brisées, les murs délabrés, le sol endommagé, les gouttières fuient. Tout le monde se met au plâtre. D'immenses échafaudages sont dressés pour repeindre les murs et les structures en fer du XIXe siècle. Des radiateurs de chauffage à air pulsé sont loués. Il faudra les éteindre au début des représentations à cause du bruit. Le 23 décembre, après trois semaines de travaux, les représentations commencent. Les spectateurs, debout au centre du dispositif, sautent sur place pour conjurer le froid, ceux qui choisissent de rester assis sur les gradins sont emmitouflés dans des couvertures. « La Bérésina », titre *Le Figaro*, toujours bienveillant. Les bateleurs, à demi nus pendant les changements de costumes, regardent, stupéfaits, la buée qui sort de la bouche de leurs camarades sur les tréteaux.

Pendant six mois le spectacle se jouera devant des salles combles, scandant avec les comédiens le slogan de mai 1968 : « Ce n'est qu'un début, continuons le combat ! » La saison s'achève le 14 juillet par une représentation gratuite ; plus de deux mille personnes (les portes sont ouvertes) assistent à la première partie du spectacle qui, au moment où la fête de la prise de la Bastille éclate, trouve son prolongement naturel à l'extérieur, là où s'improvise un immense bal. Durant les deux derniers mois, certains des comédiens (Bonnaud, Hardy, Ben Sasson) avaient monté un spectacle sur la Commune pour la fête de Lutte ouvrière pendant que le reste de la troupe travaillait avec Penchenat et Derouin sur un nouveau spectacle musical. Le thème en était le cinéma hollywoodien, qui sera donné une fois pour les initiés. La troupe se sépare en se donnant rendez-vous en septembre pour la fête de *l'Humanité*, où *1789*, joué sous un grand hangar, devrait trouver une large audience.

A l'étranger

Au début de la saison 1971-1972 la renommée de la troupe déborde les frontières. La presse de tous les pays a célébré *1789*. Le spectacle est réclamé à l'étranger. L'action artistique au ministère des Affaires étrangères intervient pour la première fois en subventionnant les différents séjours. C'est d'abord le festival de Berlin qui est l'occasion pour les comédiens du Soleil de rencontrer la troupe de Peter Stein ; elle joue *Peer Gynt* et les acteurs des deux groupes se réunissent pour comparer le fonctionnement et les moyens de chacun. Les comédiens allemands, quoique très admiratifs, ont du mal à envisager pour eux l'égalité des salaires et la création collective telles que les pratiquent leurs camarades du Soleil. Après Berlin, Belgrade, où l'accueil du public est plus froid. A Londres, où *1789* continue sa tournée, le succès dépasse toutes les espérances. Après trois semaines d'exploitation, on aurait sans doute pu continuer plusieurs mois. Un nouveau système, inauguré à Berlin, contribue à une meilleure écoute du public étranger : pour le récit de la Bastille, les comédiens sont doublés dans la salle par des acteurs anglais qui répercutent leur texte sur le public. C'est parmi eux que le Soleil rencontrera Jonathan Sutton qui propose de transmettre ses connaissances de la technique vocale aux comédiens ; il les suivra en France pendant les répétitions de *1793* et s'incorporera à la troupe au moment de *L'Age d'or*. Le spectacle est joué au Round House, théâtre des quartiers périphériques de Londres, installé à l'initiative d'Arnold Wesker dans une ancienne gare de triage. Tous les jours les comédiens y reprennent leurs entraînements. Ariane revient à la commedia dell'arte ; elle fait également travailler de courtes pièces de Brecht comme *L'Achat du cuivre*. La troupe est à l'aise dans ce lieu où l'accueil du public, les relations avec les collectivités, les rappports avec la presse sont similaires à ce qui a été mis en place à la Cartoucherie. De même chez Planchon à Villeurbanne où la troupe joue sous un chapiteau planté place Rivière, quartier particulièrement populaire de cette ville. Le chapiteau est très vite le point de rencontre de tous les gosses du quartier qui voient et revoient *1789*. Ils se massent autour des acteurs au moment du maquillage. Un après-midi ils se maquilleront eux-mêmes et participeront à une grande séance d'improvisations sur la commedia dell'arte et les clowns. Les cours d'histoire ont repris sur la période du prochain spectacle ; ils sont donnés par des professeurs lyonnais. Un soir de relâche, Ariane prévient les acteurs qu'une jeune troupe a demandé à jouer devant eux un spectacle sur la Commune. Quatre garçons et une fille débarquent d'une camionnette des décors sommaires, se déguisent et jouent au milieu des tréteaux de *1789*. Leur liberté, leur décontraction et leur émotion séduisent Ariane et toute la troupe.

---

charmantes et euphorisantes ; il évacue, dit Bernard Dort, le scandale du théâtre. On a pu voir aussi, à Paris, les maîtres du théâtre ouest-allemand : Peter Stein et Klaus Mikael Gruber ; géniaux, démesurés, ne sont-ils pas tentés par une inflation illimitée des coûts de production ?

Et si c'étaient ceux qu'Alfred Simon, dans un pamphlet rageur de 1979, appelle les jeunes loups qui menaçaient le plaisir large du théâtre ? « Ils ne sont pleinement à l'aise que lorsqu'ils peuvent donner libre cours à leur fantaisie, sans contrainte financière ni souci de rentabilité et même sans prendre en compte le public [...] Quant au texte, il peut tout supporter. Coupures et rajouts, traductions sophistiquées, introjections de citations marxiennes, freudiennes, lacaniennes (n'importe quoi, en fait !), dans la chair vive du texte shakespearien ou racinien. Est bon tout ce qui peut détruire son sens immédiat pour lui substituer une "lecture dialectique". Grimaces et contorsions de Grotowski, biomécanique de Meyerhold. Le geste et l'élocution oscillent entre l'automatisme du robot et la transe du possédé. L'acteur change de rôle sans changer d'apparence, le personnage saute d'un acteur à un autre sans prévenir [...] Retour en force du décor lourd, régression infantile vers la surcharge décorative. Moulages et chromos, copies conformes, maquettes géantes, vitrines de luxe et forêts en simili. De vraies bagnoles, des grues, des machines à pleuvoir, à neiger, à fumer. Des nuages de fumée pour masquer l'absence, des trombes d'eau pour noyer le poisson. » Mais il ne faut prendre personne, en particulier, comme tête de Turc. Il a plu, 1977-1978, sur le Dom Juan *de Caubère,* La Bonne Ame *(Brecht) de Strehler à Hambourg, Si l'été revenait (Adamov) de Chavassieux à Lyon et sur le* Puntila *de Lavaudant. Et il y a tous ces sols meubles ou liquides (eau, sable, boue, feuilles mortes, billes de plastique, copeaux de caoutchouc) dans lesquels les comédiens pataugent, se maculent, s'ensevelissent ou s'immergent, dans une compétition où ce qui n'est pas surenchère inédite est taxé de plagiat. Et les animaux envahissent le plateau. Si les matériaux et animaux sont vrais, c'est que le théâtre propose, au mieux, une rêverie bachelardienne ; s'ils sont ouvertement faux (en polystyrène, peluche ou carton-pâte) c'est pour référer, au second degré, à l'émerveillement et à l'innocence de l'enfance. C'est Bob Wilson (*Le Regard du sourd*) et Patrice Chéreau (*Massacre à Paris*) qui sont à l'origine de ces modes, héritières ou sous-produits de spectacles fascinants qui hantent les mémoires.*

Il ne faut pas beaucoup pour sauver ces ingrédients de la théâtralité moderne : un peu de sincérité et d'estime du public, d'amour de la vie et de sens de la mort, l'invention ou la redécouverte de rituels tendres ou cruels. Ainsi de ces deux formes extrêmes que sont l'acteur nu ou les marionnettes et mannequins : corps nus des amoureux de la plage dans L'Age d'or*, marionnettes grommelantes, dansantes ou musiciennes du Bread and Puppet, mannequins des enfants manipulés par les vieillards-écoliers de* La Classe morte *(du Polonais Kantor).*

Les trois grosses productions du Théâtre du Soleil pour la fin des années soixante-dix reflètent à leur manière les contradictions entre le théâtre et le monde. Merveilleux, ils plaisent merveilleusement ; fruits d'une recherche parfois déboussolée (que raconteront, en 1986-1987, les « one-man shows » de Philippe Caubère, protagoniste de L'Age d'or *et du* Molière*), ils ne vont pas au bout de leur dessein ou de leur discours, explicite ou secret.* L'Age d'or*, ou le rêve, issu de Jacques Copeau, de raconter le monde contemporain avec les masques de la commedia dell'arte réinventés : cette tentative, pas tout à fait viable, a été beaucoup prospectée, depuis, par d'autres. Le film* Molière *ou une aventure entre l'art, les jeunes bourgeois et le pouvoir d'Etat, mais aussi les aventures d'amour et de mort de ceux qui composent une troupe – les aventures amoureuses et les risques mortels de la troupe elle-même : entre l'histoire et l'autobiographie.* Méphisto*, où les personnages, artistes allemands des années trente, et le public de 1979 sont coincés entre deux théâtres possibles – drame bourgeois « sensible » et cabaret satirique – mais aussi entre Hitler et Staline.*

Au cours d'un débat avec les intellectuels du P.C.F. (Avignon, juillet 1979), Ariane refuse de suspendre son jugement sur le rapport de notre intelligentsia à l'écrasante machinerie communiste. Et si NOUS avions cédé à un enrôlement quasi religieux ? Et si nous avions, de ce fait, ratifié des crimes politiques, un impérialisme, des génocides... n'est-ce pas cette aventure-là, LA NÔTRE, où nous avons été acteurs, qu'il faudrait mettre en théâtre ?

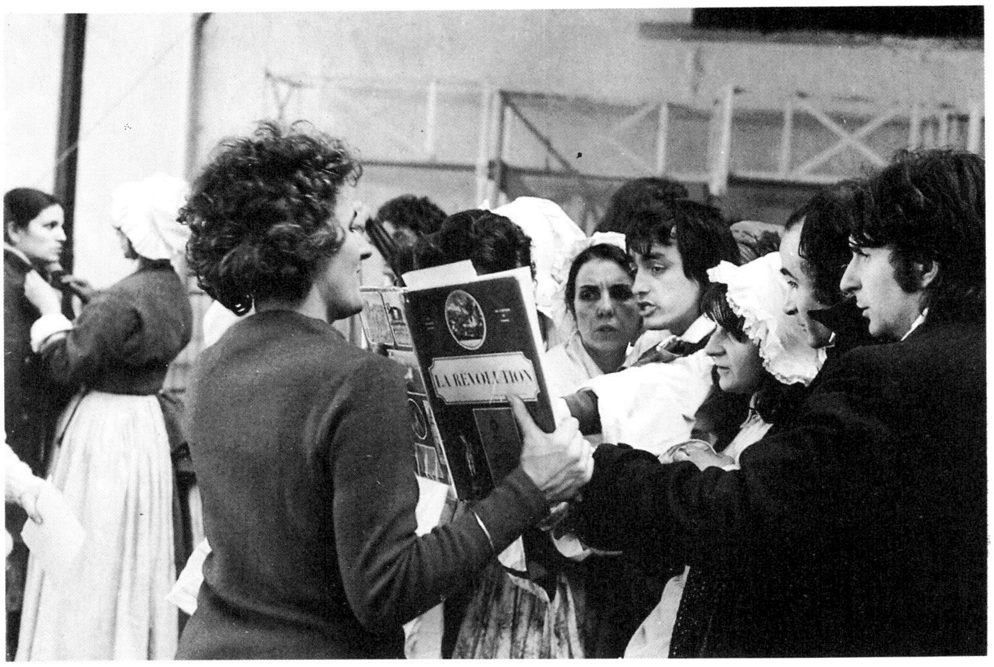

Ariane Mnouchkine et les comédiens de la troupe pendant une répétition de 1793.
(Phot. © Martine Franck/Viva-Photeb.)

Les acteurs du TEX (c'est le nom du groupe) et ceux du Soleil tombent dans les bras les uns des autres. Le Soleil a fait des petits. Quoique profondément différent, le spectacle a tiré des leçons de *1789*. Les trois comédiens qui semblent être le noyau du groupe, et qui seront très vite baptisés les «Marseillais», font part à Ariane de leur désir d'entrer dans la compagnie. Désir si chaleureusement exprimé qu'il vient à bout des scrupules d'Ariane qui craignait le démantèlement de leur groupe. Philippe Caubère et Maxime Lombard seront de droit les Fédérés marseillais de *1793*. Très vite, avec Jean-Claude Bourbault, ils vont s'assimiler à la compagnie tout en ne perdant rien des liens étroits qui les unissent.

La troupe se retrouve enfin en novembre à la Cartoucherie qui, entre-temps, avait accueilli des groupes sans lieu : le Théâtre de l'Acte de Toulouse où l'on retrouvait Jean-Pierre Tailhade, ancien du Soleil ; le Théâtre du Chêne noir d'Avignon... Les répétitions commencent comme si l'on reprenait sur les rails de *1789*. Même répartition par petits groupes qui doivent traiter les événements importants de l'époque, même parti pris de parades de bateleurs, etc. Très vite le souvenir de *1789* devient gênant. Il faut partir sur une autre forme. Ariane hésite. Elle cherche. Un jour elle montre aux comédiens une gravure représentant l'intérieur d'une section pendant une réunion. Le spectacle racontera la vie d'une section, celle de Mauconseil. Et, comme pour *Les Clowns*, chacun cherche son sectionnaire. 1793, c'est le départ à l'armée pour la plupart des hommes. Les femmes, à l'arrière, se constituent en groupes pour se défendre contre la vie chère et les accapareurs. De ce fait le travail s'organise différemment : groupe des femmes, groupe des hommes. Chaque personnage doit représenter une tendance à l'intérieur de la section : partisans de Marat, de Jacques Roux, de Babeuf. La voix de Robespierre se fait entendre en la personne de Jean-Baptiste Dumont, dont le rôle sera partiellement écrit par Ariane à partir des discours. Chacun trouve chez ses propres ancêtres le prénom, le nom, la profession de son ou de sa sectionnaire ; il lui invente les traits caractéristiques qui expliquent son langage, son comportement, son itinéraire politique. Rose-Marie Quentin, Angèle Lafargue, Jean Choux, Honoré Ferron, Agricol Chapette ou Louise Cassius de Lenval, pour ne citer qu'eux, sont ainsi le croisement de la réalité et de l'imagination des comédiens qui leur ont donné naissance. Il n'y a pas de couples. Les femmes ne sont jamais envisagées comme les épouses, les filles ou les mères des sectionnaires mais comme des personnages à part entière. Leur groupe se soude mieux que celui des hommes, peut-être parce que, pour la plupart, elles se connaissent depuis le «service» de *La Cuisine*. Seules deux d'entre elles ne trouveront pas leur place dans le spectacle.

Leur départ et celui de certains des garçons introduiront brutalement et maladroitement ce que l'on appellera au sein du groupe le «malaise». Peut-être est-ce le résultat d'un conflit de pouvoir ? Le rôle du metteur en scène a évolué à travers les créations collectives successives. Les rapports ont changé. Le metteur en scène semble moins directif. Le désir d'intervention des acteurs-auteurs peut aller plus loin que lorsqu'il ne s'agissait que d'un texte écrit où l'on faisait moins appel à leur créativité. Où doit s'arrêter le pouvoir de décision du metteur en scène-directeur de troupe, où doit commencer celui des acteurs qui lui font face ? La démocratie directe est à l'ordre du jour. La question n'est pas mieux résolue que dans les constitutions successives de la période révolutionnaire. Pour la première fois, la conséquence entre la vie du groupe, son idéologie, le contenu du spectacle va se poser à chacun de façon particulièrement douloureuse. Jusque-là, les différentes tendances politiques à l'intérieur de la troupe n'avaient posé aucun problème particulier ; tout au plus en souriait-on. Au contraire, ces divergences apparaissaient comme le reflet d'un échantillonnage d'âge, d'origines sociales, de modes de vie extrêmement différents. Les diverses sources d'imagination, les acquis culturels ou les traditions opposées ne pouvaient qu'enrichir la vérité du contenu du spectacle. Pour *1793*, les comédiens vont quelquefois partager les dissensions idéologiques de leurs personnages. «Il faut de la passion, de l'amour, pour faire ce spectacle et ne pas tricher», disait Ariane. Pas de place pour les girondins ! Pourtant, *1793* est sans doute le spectacle où la solidarité entre comédiens pendant les répétitions a été la plus forte.

Pendant les répétitions, le lieu imaginé par Roberto Moscoso et Guy-Claude François est réalisé par l'équipe technique. Dans la première nef, séparée de la deuxième par un rideau, se construit l'immense podium où se déroulera la parade des puissants de 1792. Un présentateur, armé d'un micro, les lance en pâture au public, soutenu par la musique tonitruante de la *Symphonie funèbre et triomphale* de Berlioz. Empereurs, rois, pape, généraux, émigrés viennent tour à tour défier le peuple par leur arrogance et leur traîtrise. Puis l'immense rideau, peint par Moscoso, s'écarte et les comédiens invitent les spectateurs à les rejoindre dans la section : un plancher de bois recouvre le sol de la deuxième nef ; deux galeries à étages sont adossées à deux des murs, les spectateurs s'assoient sur les bancs qui y sont disposés, d'autres prennent place sur des petits gradins de bois, d'autres encore, le plus grand nombre, s'installent à même le plancher, au centre du dispositif. Ils n'ont qu'à tourner sur eux-mêmes pour suivre le spectacle qui se déroule successivement sur chacune des trois gigantesques tables, entourées de bancs et brillamment éclairées. Les tables seront, selon l'action, lieux de réunion, guinguette, lavoir, église désaffectée, caserne, etc. Par le simple miracle du récit et sans autres accessoires que des petits tabourets, quelques bâtons ou des ballots de linge toute transformation devient convaincante. L'éclairage, réalisé par Jean-Noël Cordier, donne la dimension du temps. Temps de la représentation et temps réel. Les spectateurs qui quittent la Cartoucherie en plein jour de théâtre sont étonnés de retrouver la vraie nuit à l'extérieur.

Le spectacle, un des plus beaux du Soleil, trouvera son vrai rythme plus tard, au moment où il sera repris en alternance avec *1789*. Là, après le déferlement ludique de la première représentation, la parade de *1793* prendra tout son sens comme point d'orgue entre les deux époques et les deux styles de jeu. Le silence religieux, l'écoute grave de *1793*, la ferveur des centaines d'yeux sur le banquet final, les voix qui osent à peine reprendre l'*Hymne à la raison* seront une autre forme de participation tout aussi exaltante que les farandoles et les applaudissement scandés de *1789*.

En juin 1973, un collectif gauchiste de Renault-Flins invite la troupe à jouer *1793* dans le parc de la Vallée, à Mantes. Seules les tables avaient été transportées. Le public y grimpe et les acteurs doivent les en écarter pour jouer. Après le spectacle, Ariane et les comédiens sont entourés par les spectateurs qui les questionnent longuement sur leur travail, leurs projets. Puis tous, public et acteurs, chargent les camions. C'est sans doute une des plus belles et des plus justes représentations de ce spectacle.

L'année 1973 avait été marquée par la reprise de *1789* dont les recettes inépuisables étaient venues au secours de celles moins sûres de *1793*. La sobriété et la rigueur de ce dernier spectacle avaient surpris le public et une partie de la critique. Malgré les fanatiques, *1793* n'aurait pas tenu le coup financièrement. La compagnie était passée «hors commission» et sa subvention avait atteint pour 1973 la somme de 450 000 francs. Ce qui n'était toutefois pas suffisant pour faire face aux dettes qui s'accumulaient. L'entretien d'un lieu comme la Cartoucherie, les dimensions de la troupe (presque cinquante personnes), le temps de répétitions d'un spectacle pendant lequel aucune rentrée d'argent ne pouvait être envisagée, le coût enfin de l'aménagement du lieu pour chaque spectacle expliquent l'amoncellement des dettes.

Ariane avait écrit au ministre pour réclamer une augmentation ; il lui avait été répondu que la troupe devait proportionner ses dépenses à ses revenus. A la suite de cette réponse, une conférence de presse fut organisée pour expliquer au public la situation désespérée du Soleil, condamné à exploiter ses spectacles deux cents ou trois cents fois. Encore n'avait-il pas le droit à l'erreur ! L'explication était même donnée en cours de spectacle. Un comédien interrompait *1789*, faisait baisser les lumières, enlevait une partie de son costume, et expliquait au public, sur le mode clownesque, les mesures d'économie qu'il était indispensable de prendre pour respecter les conseils du ministère. Il terminait en demandant aux spectateurs de rentrer chez eux à pied car l'autobus loué par le théâtre était trop onéreux.

Les conditions difficiles dans lesquelles se débattait le Soleil expliquent en partie la morosité de cette période. La perspective d'une nouvelle création avait été lancée par Ariane dès janvier 1973. Le projet concernait de nouveau l'histoire. Il s'agissait cette fois de la période allant du Front populaire à la Libération. Le spectacle devait se dérouler dans une immense salle de bal aux dimensions des deux nefs de la grande salle. Déjà, Guy-Claude François et l'équipe technique étudiaient le nouvel aménagement du lieu. La troupe s'entraînait aux claquettes et aux danses de l'époque. On commençait à lire, à consulter la documentation. Le projet est abandonné. Est-ce la crainte pour Ariane de traiter d'une époque un peu trop à l'ordre du jour, voire à la mode? Elle reprend les entraînements; tout le monde passe des claquettes aux charmes et aux difficultés inépuisables des masques de la commedia dell'arte.

Certains entraînements mêlent les comédiens du Soleil à de tout jeunes comédiens qu'Ariane fait travailler parallèlement aux représentations de *1793*. Sans doute le départ de *L'Age d'or* naît-il de ces séances où, en toute liberté, sans l'obsession de l'efficacité, les acteurs laissent aller leur imagination et leur plaisir d'improviser. La morosité a fait place à la colère quand les propos du nouveau ministre des Affaires culturelles, Maurice Druon, sont connus. L'organisation de la manifestation pour la défense de la liberté d'expression redonne des forces à la troupe comme si un nouveau spectacle était mis en route. Pendant les dix jours qui la précèdent, l'équipe, élargie à tous ceux qui ont ressenti le danger, réunit des centaines de signatures, persuade ceux qui, parmi les nantis, craignent les représailles, règle le cortège, tresse les couronnes de fleurs qui orneront le corbillard.

Druon ne survivra pas comme ministre à la manifestation. La situation financière du Soleil n'en restera pas moins précaire. Il faudra atteindre 1975 pour que la subvention des Affaires culturelles prenne en considération l'arriéré des dettes et distingue une somme réservée à la création (un million de francs) et une autre (330 000 francs) reconduite sur trois ans pour le remboursement des 900 000 francs de dettes de la compagnie.

La saison 1972-1973 est marquée par deux événements : *1789* est filmé *in extremis* pendant les dernières représentations à la Cartoucherie; le spectacle part en tournée à la Martinique.

A la rentrée 1973-1974, Ariane précise le projet qu'elle avait évoqué avant les vacances : le Théâtre du Soleil parlera du monde qui l'entoure, de son époque, en utilisant la forme de la commedia dell 'arte. Depuis 1968, on y revenait sans cesse pendant les entraînements. Cette fois, le spectacle y puisera ses modèles, on utilisera les masques qu'Erhard Stiefel avait fabriqués sur les types anciens. Certains (Arlequin, Pantalon, Polichinelle) seront utilisés comme tels, même si leurs noms sont transformés; d'autres (Salouha, Dussouille, Lheureux, Max, Lou) seront le résultat du travail conjugué du créateur de masques et des acteurs qui les portent.

Les quatre premiers mois de répétitions de *L'Age d'or* sont d'une rare fertilité. La quasi-totalité des personnages y sont découverts. On travaille du matin au soir, passant des improvisations sur la commedia dell'arte au travail musical et choral; le soir les comédiens se confrontent à des textes écrits (Labiche, Shakespeare). On passe méthodiquement des canevas traditionnels de la commedia dell'arte aux thèmes modernes. On transpose dans le passé ce qui paraît difficile à traiter de plain-pied dans le monde actuel. L'épidémie de choléra à Naples, en cet été 1973, devient la peste dans la même ville, mais en 1500. L'affaire Thévenin est resituée dans une province chinoise des centaines d'années auparavant. A Avignon, la troupe avait commencé à expérimenter ce qu'elle appelait «l'histoire racontée». Cet exercice consiste à confier à un comédien le soin de raconter une histoire. Il le fait d'abord par son propre récit puis il utilise, pour prolonger celui-ci par le jeu théâtral, d'autres comédiens qui sont prêts à entrer dans son jeu.

L'Age d'or

C'est à partir de cet exercice que le jeu de *L'Age d'or* s'établit. C'est la légende de nos temps racontée au public, comme si celui-ci, installé dans un lieu utopique qui serait celui du théâtre ciquante ans après notre époque, recevait les légendes d'un temps révolu. Après *1789* et *1793*, le saut dans le temps demandait sans doute cet artifice : utiliser des formes anciennes, leur redonner la vitalité sans laquelle ils ne seraient que de vains exercices de style, les mettre au service d'une histoire contemporaine sur laquelle la troupe ne dispose ni du recul ni des exégèses dont elle avait bénéficié lors des précédents spectacles. Cette approche très ambitieuse demandait un travail plus proche de la recherche que les répétitions habituelles. Cela, le Théâtre du Soleil le revendiquait encore plus que pour ses précédents spectacles.

Or la situation financière était telle que le temps requis apparaissait comme un luxe. La troupe, pour tenir ce nouveau pari, choisit, malgré les difficultés de chacun, de poursuivre. Pour consacrer tout le temps nécessaire à l'étude et à l'acquisition de ce nouveau métier, les comédiens se mettent au chômage pendant près d'un an. Ils trouvent des ressources financières là où ils le peuvent : chantiers de peinture, cours, animations, comme au temps des débuts. Les Amis du Théâtre du Soleil les aident à chercher et à trouver des prêts, des dons. Une vente de tableaux est organisée par un groupe de peintres pour venir en aide à la compagnie. Des collectivités et des particuliers achètent leurs places plus d'un an avant le début du spectacle. En dépit de ces conditions particulièrement austères, la création se poursuit. Les comédiens font face durement, une fois de plus, à leurs insuffisances. Il n'est pas question de s'en tenir à ce qu'ils savent faire. Ceux qui possèdent le verbe doivent découvrir le geste. Le masque est sans pitié : il révèle tout ce qui est flou, indéfini, insuffisant. Certains des acteurs qui avaient été des guides pour *1789* et *1793* se trouvent en difficulté. De plus, la solidarité entre acteurs est ici impossible. L'univers créé par chaque personnage est tellement complet qu'il l'isole dans un monde où il est difficile aux autres de pénétrer. La rencontre peut se faire entre deux personnages forts même s'ils ne participent pas exactement du même système de jeu. Mais la puissance d'un acteur, sa liberté d'évoquer par sa simple imagination et les signes qui en sont les véhicules tout le décor qui l'entoure rendent vite dérisoires les moyens traditionnels, même sincères, de ceux qui ne sont pas prêts.

Dès le début des répétitions, Ariane a constaté que les masques ne pouvaient suffire ; il fallait trouver une ou plusieurs formes pour soutenir les personnages non masqués qui devaient leur faire face. Les personnages non masqués de la commedia dell'arte (amoureux, servante) n'étaient pas suffisamment définis par rapport à leur époque pour servir réellement d'appui : seul Olivier l'architecte (prolongement du prince du prologue) peut être rattaché à cette tradition. Les personnages féminins seront travaillés à partir de masques nouveaux ou à partir du théâtre chinois; les comédiens, le visage recouvert d'un maquillage blanc d'où ressortent certains traits violemment soulignés de noir, utilisent cet autre type de masque pour signifier chacune de leurs réactions. Un haussement de sourcils, le trait de la bouche qui se déplace vers le haut ou le bas peuvent signifier l'étonnement, la joie ou la tristesse. Dans ce théâtre, l'acteur peut être qualifié de décorateur. Il crée à lui seul tout son environnement. Qu'il entre sur un marché ou qu'il voyage en bateau, il sera à lui tout seul les objets qu'il achète, l'enfant qu'il caresse, les rames, l'eau de la rivière, la corde d'amarrage. S'il voit tout cela et que sa manipulation d'objets invisibles est pure de toutes scories, point n'est besoin d'accessoires. Peu à peu ce système s'étend à tous les acteurs.

Les premiers à l'utiliser sont ceux qui l'ont découvert par le théâtre chinois. La Ficelle (l'ouvrier

Ariane Mnouchkine.
Pause à la Cartoucherie.
(Phot. © Lesly Hamilton-Gamma.)

français), Bernarda (la bonne espagnole), Mme Mondial (la patronne de bistrot) peuvent à eux seuls faire exister un port, une auberge, la foire du Trône. Très vite les personnages masqués les suivent. La voiture de Ramon Granada (ouvrier immigré), la prison de Max (flic), la télévision d'Irène (petite bourgeoise) deviennent évidentes et les autres doivent en tenir compte comme d'un vrai décor ou de vrais objets. C'est, poussée encore plus loin, la magie qui existait déjà dans *1793*. Là, un mot suffisait à créer un lieu : ce matin-là, Rose-Marie Quentin se rendit au lavoir, et le lavoir existait du simple fait que deux femmes lavaient un linge imaginaire. Ici, Max entre avec un trousseau de clés imaginaires, ouvre des portes imaginaires, fait grincer des gonds, et une prison existe sans que le nom en ait été prononcé.

Que fallait-il sélectionner dans l'histoire de notre temps? La recherche de la forme avait pendant près d'un an prédominé sur la recherche du contenu. La multiplication des personnages et leur force expliquent la difficulté d'effectuer une sélection qui va se révéler impitoyable dès que l'on va songer à la représentation. Celle-ci devient urgente.

Les comédiens commencent à ressentir cruellement l'absence des spectateurs. Brusquement, il est décidé de partir dans le Midi, pour une dizaine de jours, et de confronter les personnages et leurs univers à la réalité d'un public non averti. Aux alentours d'Alès, les comédiens s'installent sur les places de village, dans les salles des fêtes ou les foyers ruraux et travaillent à la carte. Le public (paysans, mineurs, élèves de C.E.T.) leur donne des thèmes d'improvisations et, à partir du matériau qui leur est proposé, ils racontent une descente à la mine, ils jouent les embarras de la circulation à Paris, ils inventent les avatars d'une campagne électorale locale. Le public intervient, conseille, corrige, approuve, découvre les moyens prodigieux du théâtre. Cette rencontre réalimente l'imagination des comédiens et du metteur en scène. Dès le retour à Paris, des rencontres de ce type sont organisées avec l'aide des comités d'entreprise, des associations, des groupes de professeurs et de lycéens, des foyers de gens du troisième âge, des militaires du contingent. Certains des thèmes proposés serviront au spectacle : la scène qui montre une famille de petits bourgeois prise entre la télévision et la drogue sera d'abord improvisée par des lycéens, puis reprise et élaborée par les comédiens...

Une répétition de L'Age d'or : *la résurrection de la commedia dell'arte.*
(Phot. © Martine Franck/Viva-Photeb.)

L'Arlequin Abdallah

En janvier 1975, le premier filage a lieu dans l'espace imaginé par Guy-Claude François et l'équipe technique : les deux nefs de *1789* et *1793* ont été aménagées en un paysage composé de collines et de cuvettes. Le tout est recouvert de tapis-brosse roux. Les verrières sont dissimulées par un faux plafond fait de plaques de cuivre. Des milliers d'ampoules en font un ciel de fête foraine. Les spectateurs seront assis sur les pentes qui entourent les quatre espaces de jeu. Ils suivront les aventures des personnages en passant d'une cuvette à l'autre. Celles-ci seront, suivant les images proposées par les acteurs, le port de Marseille ou la maison de l'architecte, l'usine à dormir de l'hôtelier véreux ou une plage idéale. Cette première confrontation des scènes amène progressivement à réduire les ambitions primitives. La simultanéité de certaines scènes doit être abandonnée, ce qui conduit à supprimer un certain nombre de séquences pour des raisons de durée. Il vaut mieux suivre l'histoire de quelques personnages bien connus du public. Ariane regrettera plus tard de ne pas avoir privilégié la seule histoire de l'ouvrier immigré Abdallah. La recherche doit maintenant faire place à la représentation. Les dates sont arrêtées. Il faut faire le tri définitif dans tout le matériau. C'est le moment le plus cruel pour les comédiens et le metteur en scène. Le moment des frustrations difficiles à supporter mais impératives. Des personnages superbes comme la cabaretière de Clémence Massard ou le gros professeur de Jean-Claude Bourbault devront attendre une deuxième version du spectacle. D'autres comme Bernarda, la femme de ménage espagnole, de Françoise Jamet, seront réduits à une trop brève apparition.

En fait, le spectacle suivra plus particulièrement Abdallah et Pantalon (trois scènes sur le premier, deux pour le second). Les deux autres moments du spectacle : la scène de Salouha, la femme algérienne, et de Lou, la militante féministe, et celle de la drogue seront deux moments en marge de l'histoire générale et non reliés ; dès la reprise en septembre, elles seront jouées en alternance, ce qui permettra un allégement très sensible de la durée du spectacle.

L'Age d'or commencera par un hommage à ses origines. Dans le hall d'accueil du public, des tréteaux seront dressés contre les galeries de *1793* et les Pantalons de la commedia dell'arte ancienne commenceront le spectacle par la fable du prince de Naples aux prises avec la peste. C'est Arlequin qui sera chargé de tous les maux par les puissants et c'est cet Arlequin du XVIe siècle qui passera le flambeau à l'Arlequin moderne, l'ouvrier immigré Abdallah. Celui-ci entraînera les spectateurs dans son voyage d'Algérie en France vers la grande salle où se jouera l'essentiel du spectacle. Il sera accueilli par Salouha qui assumera seule le rôle de la conteuse, qui devait initialement être partagé entre divers personnages.

Dès le premier soir, les spectateurs éprouveront la même joie enfantine à dévaler et à remonter les pentes des collines de *L'Age d'or* que les comédiens avaient jadis ressentie en se roulant sur les peaux de bêtes du *Songe*. Le moment de la plage ne sera d'ailleurs pas sans rapport avec la sensualité des scènes d'amour shakespeariennes. La forme facilitera admirablement une rencontre privilégiée entre comédiens et spectateurs. L'improvisation se glisse partout. Le moindre incident qui d'ordinaire peut abîmer ou gêner une représentation est ici l'occasion d'un lazzi supplémentaire. Le

1980

De 1981 à 1987-1988, le Théâtre du Soleil a produit six gros spectacles, pas moins, six soirées de théâtre commençant à 18 heures 30 pour s'achever après 23 heures. Il n'a pas crié à l'étranglement pour cause d'endettement ou de financement insuffisant. Il est resté indépendant, il n'a pas fait de stratégie. Pour qui ne pénètre pas la vie intime de la troupe, faite de travail, de doutes et de ruptures, le Soleil a été un repère stable. Or, tout autour, le théâtre est, plus que jamais, sans repères, éclaté. Si, tout au long de la législature socialiste (avec au ministère de la Culture Jack Lang) et même du septennat Mitterrand (avec à la direction du théâtre Robert Abirached), le théâtre a pu prospérer grâce à des crédits d'Etat fortement augmentés, il s'est diversifié à l'infini.

On ne parlera ici que du théâtre professionnel, car très peu a été fait pour encourager un théâtre amateur, ou social, ou lycéen. Il était pourtant urgent de faire naître un théâtre alternatif dégagé des angoisses de la consécration nationale et médiatique. La France ne connaît pas le développement d'un théâtre « communautaire » encadré par des animateurs professionnels spécialisés. Mais l'Education nationale et la Culture se sont mises d'accord pour développer les ateliers et même les enseignements de théâtre, notamment dans les collèges et les lycées. Dans ce cas, il y a contrat entre un établissement d'enseignement et une compagnie reconnue par la Culture qui accorde une subvention spécifique à la compagnie pour mener cette collaboration suivie. Quoique le Théâtre du Soleil ne se soit pas engagé dans cette voie, il a accordé son patronage à l'A.N.R.A.T., association nationale qui regroupe, à part égale, gens de théâtre et gens d'éducation qui veulent le succès de ces actions mixtes. Le Théâtre du Soleil est un lieu de prestige susceptible d'accueillir ou d'honorer les rencontres et manifestations de la mouvance « théâtre et enseignement ». Pour en revenir aux spectacles professionnels, ils ont été consommés par un public de plus en plus expert, mais déboussolé et en diminution. Si en 1970 13 % de la population allait au théâtre, en 1987 on n'en compte plus que 7 %.

Dans ces années le théâtre ne se lasse pas d'explorer ses extrêmes. On voit des spectacles de plus en plus longs. Antoine Vitez a pu donner (rarement) en alternative à son Hamlet *de cinq heures un* Hamlet *intégral de sept heures. Après Chéreau (un* Peer Gynt *en deux soirées), le Campagnol risque un* Vautrin *d'après Balzac sur deux soirées également ou en continu le samedi. Au cours de la saison 1985-1986, le Soleil propose son* Sihanouk *en deux spectacles de quatre heures et demie chacun. Mais les sommets du genre resteront le* Mahabarata *de* Peter Brook *: créé à Avignon pour être joué du coucher au lever du soleil, il sera repris l'hiver, à Paris, aux Bouffes-du-Nord, en trois soirées (on s'abonne pour y aller trois mardis de suite, par exemple) ou, en continu, le samedi. Et* Le Soulier de satin *intégral de Claudel (onze heures et demie de beau jeu, de belle langue, un drame cosmique sur tous les tons) est, avec Vitez, ou une nuit entière à Avignon, ou trois soirées, ou « un dimanche dans un théâtre », de 12 heures à 24 heures, repas inclus, à Chaillot. Ces marathons ont beaucoup de succès. Le public* développe, *entre soi et avec les acteurs, un sentiment de solidarité pour le meilleur, de courage rare et partagé, qui ne doit rien à la mode et à la démagogie, presque rien à la médiatisation. En allongeant Shakespeare* dès Richard II, *en risquant* Sihanouk, *en fabriquant un style d'accueil, le Théâtre du Soleil a participé, sans excès, à ce courant, avec la grâce particulière d'être chez soi, à la Cartoucherie. Tout cela peut se réclamer d'une tradition théâtrale – antique, chrétienne ou orientale – et sauve la spécificité du théâtre.*

A l'opposé se multiplie un théâtre de récital ou de solistes. Trois voix, deux, le plus souvent une seule ; un texte poétique, littéraire ou philosophique, lu ou dit et joué, dans un espace proche et sobre, et voilà que le théâtre sert à diffuser une certaine passion pour le verbe et l'écriture : Thérèse d'Avila, Saint-Simon, Joyce, Gadenne, Deleuze, Blanchot, ou des poètes inconnus à qui des comédiens donnent leur chance, tout y passe. Dans l'intimité (car l'offre ne correspond pas à un marché travail d'Ariane pendant les représentations consistera à ramener les comédiens à l'essentiel, à les maintenir dans leurs personnages, la complicité avec le public pouvant les conduire à oublier les caractéristiques fondamentales et à pousser jusqu'à la sympathie certains personnages particulièrement négatifs.

Sauf une interruption pour aller jouer sous un grand chapiteau à Varsovie, dans le cadre du Théâtre des Nations, le spectacle se poursuit à Paris jusqu'aux vacances. En septembre, la biennale de Venise invite la compagnie à jouer en plein air dans les lieux mêmes où Meyerhold et Strehler avaient joué Shakespeare et Goldoni : le Campo San Trovaso. Sur cette place entourée de maisons et serrée entre une église et un petit pont, une grande pente de bois remplace le tapis-brosse et chaque soir les habitants du quartier et les touristes s'y installent pour assister aux répétitions. Les Italiens découvrent, comme à Milan plus tard, une commedia dell'arte vivante et dégagée des contraintes de la tradition. Des aménagements sont apportés au spectacle ; la scène de la drogue est supprimée car elle ne passe pas en plein air ; à la fin, les méchants ne grimpent pas au mur, comme à la Cartoucherie, mais sont jetés dans le canal selon la coutume vénitienne.

Après trois mois d'exploitation à Paris, le spectacle est arrêté en plein succès pour partir en tournée sous un chapiteau dont le toit est orné de mille ampoules. *L'Age d'or* se joue de janvier à mai 1976 en Belgique, en Italie, en France.

Dès le mois de juin 1975, Ariane avait parlé à la troupe de son projet : le Théâtre du Soleil, pour faire une coupure dans ses activités, changerait de moyen d'expression. La troupe avait approuvé le désir d'Ariane de faire un film pour raconter la vie exemplaire d'un homme de théâtre, auteur, chef de troupe, comédien : Molière. Chacun lit le roman de Boulgakov qui doit servir de départ au scénario qu'Ariane a choisi d'écrire seule. Pendant la tournée elle s'isole et rejoint la troupe pour lire les premières scènes. Le jour de la dernière de *L'Age d'or*, elle remet à chacun le scénario définitif de *Molière ou la Vie d'un honnête homme.* Pendant les six mois qui avaient précédé, Ariane s'était un peu éloignée du roman de Boulgakov. Comme l'écrivain russe, elle avait inventé autour de la légende de la vie du comédien : son enfance, le collège, ses débuts, les tournées sont en fait très mal connus. Chaque biographe a brodé autour de quelques éléments. Sa propre expérience et celle de la troupe du Soleil seront pour Ariane le creuset idéal où elle pourra puiser pour enrichir sa création. Des rapports avec le père, à la fois réticent et bienveillant, de la rencontre avec les compagnons de voyage, des rapports tendres et tumultueux avec son entourage, des départs douloureux, des retours attendus, des difficultés financières, des contradictions d'un créateur face au pouvoir, elle fera l'essentiel de son récit. Elle passera ainsi de la légende passée à la légende en train de se faire. L'image constante du chariot de Thespis, qui la hante depuis *Fracasse,* traverse le film. A la différence des comédiens de Molière, ceux du Soleil n'ont pas eu le temps ni les moyens de s'embourgeoiser. Ils continuent, à quarante ans et plus, de passer leur temps entre des moments d'insécurité totale et de sécurité minimale. Ils ont fait depuis le début la légende du Théâtre du Soleil, et le chariot que Molière revoit une dernière fois avant de mourir, c'est eux qui le poussent, qui le hissent, qui le traînent. Et c'est à eux tous que, dans cette dernière image, Ariane rend hommage.

Retour à l'histoire

Automne 1978, la compagnie se retrouve autour d'un nouveau projet de théâtre proposé par Ariane : l'adaptation d'un roman de Klaus Mann : *Méphisto,* le roman d'une carrière. La troupe affronte de nouveau l'histoire. Deux départs importants : Philippe Caubère et Jean-Claude Penchenat qui crée sa propre compagnie, le Théâtre du Campagnol. Deux nouveaux venus du film, Christian Colin et Yves Gourvil.

Le roman de Klaus Mann propose la fable : les destinées de deux comédiens, Hendrik Höfgen et Otto Ulrich, liés par l'amitié, leur passion du théâtre et leur souci de lui donner une fonction politique dans l'Allemagne de 1923. Egalement talentueux, ils vont connaître deux destinées totalement opposées : au cours de l'année 1933, Hendrik est nommé intendant des Théâtres nationaux ; Otto, communiste, est licencié du théâtre où il joue puis, après quelques mois de lutte clandestine, le 24 novembre 1933, il est assassiné par la Gestapo. Autour de cette armature, tout un monde créé par les autres personnages et leur histoire, tous appartiennent au théâtre ou à la vie intellectuelle. Chacun raconte un destin particulier et significatif, chacun est confronté à l'importance des décisions individuelles apparemment anodines ou purement privées.

Une fable, un thème essentiel : celui des petits coupables, piliers des puissants et des assassins, et celui de la responsabilité, d'une part, des artistes et des intellectuels, et, d'autre part, du théâtre lui-même : que peut-il raconter et comment ? Une fable, deux destins, deux théâtres face à face, deux formes de théâtre : lorsque Ariane propose un nouveau projet, l'image du lieu qui inscrit le thème dans la métaphore théâtrale lui est immédiatement nécessaire. Ici, donc, deux théâtres se feraient face, l'un qu'on appellera le Théâtre officiel, l'autre, le cabaret politique, l'Oiseau d'orage. Le public suivra le spectacle assis entre ces deux théâtres, Guy-Claude imaginera des bancs à dossiers qui basculent et le public, après un premier moment de surprise, s'adaptera à cette mobilité ! Les destins de tous les personnages se joueront entre ces deux espaces.

Ariane écrit l'adaptation du roman, et elle l'écrit pour la troupe : chaque comédien sait, lorsque le travail de répétition débute, quel personnage il va incarner. D'autre part, *Méphisto* est un roman à clés : Klaus Mann a vécu l'histoire qu'il raconte, a connu, aimé ou détesté les personnages qu'il décrit, il s'y met lui-même en scène sous le nom de Sébastien et cela donne au livre une dimension d'émotion et de pathétique qui est importante au cours du travail de répétition. S'est ensuivie toute une période d'exploration des sources historiques et des traces de vie des personnes réelles pour découvrir les clés de l'armature passionnelle des

repérable), voilà des séances de cinquante à quatre-vingt-dix minutes où l'acteur, qui a follement investi, fait partager souffrance, fureur, peurs, étonnements – parfois avec la distance de l'humour. Le Théâtre du Soleil n'a pas la pratique de cette dramatisation minimale. Mais lorsque Philippe Caubère propose avec succès dans toute la France trois longs « one-man shows » pour raconter (en mimant tous les personnages) son histoire de petit bonhomme marseillais qui devint Abdallah dans L'Age d'or, *les extrêmes du théâtre minimal et du grand théâtre chronique se touchent.*

Le théâtre coûte de plus en plus cher. C'est un art du singulier et non du multiple, et les lois économiques le condamnent à être de moins en moins rentable ; mais les professionnels tendent à renchérir sur cette tendance en jouant dans des lieux très petits, en prévoyant des espaces originaux si spécifiques que les spectacles ne peuvent tourner dans des salles standardisées : aussi faut-il des circonstances très exceptionnelles (festival d'Avignon, jeux Olympiques de Los Angeles, Tel-Aviv) pour que le Théâtre du Soleil sorte de la Cartoucherie. Le théâtre privé survit à Paris avec des tarifs élevés (200 francs en 1988) sans pour autant gagner d'argent, les succès servant seulement à compenser les échecs. La crise du cinéma et de la production télévisuelle, la restriction des indemnités de chômage pour les comédiens aboutissent à une très forte hausse des cachets et salaires : 20 000 à 30 000 francs de salaire mensuel pour un bon « acteur de théâtre » employé trois mois à répéter et jouer un spectacle au Théâtre national de Chaillot ; des cachets inavouables pour telle vedette de cinéma dont Roger Planchon et son T.N.P. estiment avoir besoin (Michel Serrault en Harpagon et Annie Girardot en Frosine pour un Avare *qui passe du secteur public au secteur privé).*

A cela on peut opposer l'austérité et l'égalitarisme du Théâtre du Soleil. En 1988, la compagnie verse 7 500 francs nets par mois à soixante-trois personnes ; le chômage d'au moins trois mois qui ne sera pas épargné aux acteurs de L'Indiade *réengagés pour le spectacle suivant ne sera indemnisé qu'à 4 000 francs. Le Théâtre du Soleil a sa rigueur : s'il traîne une dette, elle est stable et il équilibre à peu près (47 % - 53 %) recettes et subvention (une subvention annuelle unique de l'Etat : 5 150 000 francs en 1987 et 1988). C'est beaucoup mieux que ce que l'Etat exige des centres dramatiques auxquels il fixe quelques règles de fonctionnement. La subvention du Soleil est méritée. Si elle suffit, c'est parce qu'on ne fait pas de folies, parce que le maintien d'une troupe a permis la présentation des Shakespeare en alternance, parce que le public reste nombreux et fidèle, parce qu'on a réussi à élever le prix des places. Pour* L'Indiade *les individuels paient 120 francs, les collectivités et assimilés 90 francs, les lycéens 50 francs. Bilan des Shakespeare : de décembre 1981 à juillet 1984, on a joué 344 fois pour 252 884 spectateurs (moyenne 732, alors que la jauge à la Cartoucherie est de 500, mais on la dépasse et il y a eu Avignon, Los Angeles, etc.), avec une répartition des tarifs sans « laxisme » : gratuits 2,50 % seulement, scolaires 7,60 %, collectivités 38,70 %, individuels 56,20 %.*

Ainsi le Théâtre du Soleil – là-bas, à la Cartoucherie, aux marges de la ville – continue à fonctionner comme une entreprise de théâtre structurée en troupe, avec un côté Emmaüs ou Cour-des-miracles-bien-tenue : il est le seul dans le paysage théâtral français. En effet, en 1988, les théâtres avec salles ont deux fonctions : produire et programmer, mais seuls quelques théâtres nationaux – et encore ! – produisent tout ce qu'ils programment et programment seulement ce qu'ils produisent.

Dans une analyse présentée à Saint-Etienne pour le 40e anniversaire de la décentralisation dramatique (octobre 1987), Michel Corvin remarque : « Le terme de production vient du cinéma et a envahi depuis peu le théâtre [...] La production n'est-elle pas en passe de devenir le moment premier et déterminant de toute création théâtrale ? » Cela veut dire qu'un projet (on aimerait écrire un désir) de spectacle n'est mis en répétitions (avec des contrats artistiques) et en fabrication (avec des dépenses matérielles et techniques) que si l'on a pu boucler une coproduction. Dans le budget, différentes structures qui accueillent des spectacles engagent une somme x *payable à l'avance en échange d'un nombre* y *de représentations la saison suivante. « Je ne ferai ce spectacle, est obligé de se dire la "jeune* personnages, leur chair, leur vie, leurs passions, leurs secrets. Donc, on se plonge dans les livres d'histoire, les biographies, les autobiographies, les correspondances, on lit les livres de Lionel Richard, de J.-M. Palmier, on voit beaucoup de films – l'exposition Paris-Berlin et le programme de la cinémathèque tombent à pic ! –, on cherche photos, documents ; émotion de Lucia lorsqu'elle découvre le visage d'Elisabeth Bergner, celle de Marie-Françoise Audollent devant celui de Thérèse Ghiese, clés de leur personnage ; on va à Munich, la courtoisie et l'accueil de M. Spangenberg, éditeur de la famille Mann, permettent d'accéder à des documents et à des photos précieux pour l'imagination et l'émotion, Gérard visionne *Faust* (film où Gründgens joue le rôle qui fait de lui un acteur encore très connu en Allemagne), Jean-Claude Bourbault part, avec Ariane, sur les traces de Hans Otto à Berlin-Est où il rencontre Kurt Trepke qui fut son compagnon et son biographe ; il en reviendra bouleversé.

Le théâtre agit' prop

Autre axe de recherche : celui sur les formes de théâtre ou de textes satiriques de l'époque, essentiellement Karl Valentin et Kurt Tucholsky. C'est ce qui nourrira le travail des acteurs et des personnages qui cherchent comment raconter à l'Oiseau d'orage l'histoire immédiate : l'inflation, le chômage ou l'alliance des gros industriels avec Hitler qu'ils viennent chercher en 1924 jusque dans sa prison. Les questions que se posent concrètement Otto et ses compagnons sur la petite scène de leur cabaret politique sont les mêmes que celles de la troupe : comment raconter l'inflation sans être didactique mais en étant clair ? Comment faire comprendre sans être bêtement militant ? Quelle peut être l'action du théâtre ?

Le rapport très intime d'émotion de chacun des acteurs avec chacun de ses personnages, qui pour la plupart ont connu un destin tragique, et les questions autour des formes de théâtre ouvrent un terrain de recherche autour d'une forme de jeu qu'Ariane appelle la « troisième couleur », c'est-à-dire un jeu qui cherche ses racines dans une plus grande intériorité et une plus grande profondeur pour exprimer les sincérités et les contradictions de chaque personnage. Il s'agit d'assouplir la discipline de jeu masqué, mais de ne rien céder au réalisme et au psychologique. La référence directe à Tchekhov dans une scène au cours de laquelle les personnages, réunis dans la véranda de la famille Brückner, dans le temps suspendu d'un monde qui s'achève, monde d'une certaine culture humaniste (c'est une scène qui se situe juste avant les élections de 1930 qui voient le parti national-socialiste devenir le deuxième parti d'Allemagne), se récitent *La Cerisaie*, est significative.

Ariane écrit, elle est donc dans la double situation d'auteur et de metteur en scène et remet à chaque instant les scènes qu'elle propose à l'épreuve du plateau pour débusquer les parts d'erreur et de justesse ; les comédiens se sentent par instants abandonnés. D'autre part, le projet de décor est très important et sans doute parce que *Méphisto* succède immédiatement au tournage de *Molière*, au cours duquel la participation d'une importante équipe technique a été essentielle, un gros investissement est fait sur la réalisation du décor de *Méphisto*. L'équipe technique est très nombreuse et l'équilibre entre le nombre des comédiens et celui des techniciens est un peu rompu.

De cette époque date une rencontre essentielle pour la troupe : Jean-Jacques Lemêtre, musicien qui joue de plus de cent instruments ! Il écrira les musiques du spectacle et formera, avec les comédiens dont certains n'avaient jamais touché un instrument de leur vie, l'orchestre de l'Oiseau d'orage. Autre élément qui date de cette période et qui inaugure une tradition : la présence de très jeunes apprentis comédiens engagés comme stagiaires : John Arnold, Julien Maurel, puis Pierre Fatus et Véronique Gargiulo. Liliana Andreone prend la direction du service des collectivités et de relations avec le public. Elle est réfugiée politique argentine. Le Théâtre du Soleil, par la suite, va accueillir des ressortissants de multiples nationalités. A ce jour, il en compte plus de vingt et une différentes.

Méphisto est créé en coproduction avec l'Atelier théâtral de Louvain-la-Neuve et Armand Delcampe (qui joue le rôle du père de Molière dans le film) le 4 mai 1979 à la Cartoucherie. Les comédiens se préparent à vue dans le hall d'accueil, et lorsque le public pénètre dans les deux nefs voisines il découvre un lieu totalement transformé, rouge-or. Dans la première nef deux scènes se font face, les murs sont couverts de fresques : l'une, du côté du théâtre officiel, peinte avec minutie et obsession par Fabrice Herrero, évoque l'Allemagne de Guillaume II ; l'autre, du côté du cabaret, rappelle la naïveté de paysages champêtres et heureux, les pentes du toit sont devenues ciel peint de théâtre aussi, d'un côté des lustres, de l'autre une boule à mille miroirs. La seconde nef, séparée de la première par de hautes grilles, est totalement vide, pavée de bois : Christian Colin qui joue Klaus Mann, devenant Sébastien pour la fiction, parcourt tout cet espace vide puis les deux théâtres pour lancer le récit qui commence : « Pour Klaus Mann l'histoire de ce roman avait commencé un soir de novembre 1923 à Hambourg... »

Durant ce voyage d'une nef à l'autre, il est successivement Klaus Mann qui hurle son indignation (son éditeur refuse son roman à cause de la notoriété de Gustav Gründgens) puis, lui-même, acteur lançant le récit qui va commencer, enfin, lorsqu'il franchit les grilles-coulisses du théâtre officiel où l'attendent, immobiles, ses compagnons qui vont jouer l'histoire avec lui, il devient Sébastien. Ce parcours, c'est tout le voyage effectué de la réalité au théâtre pour essayer de percer la vérité de l'histoire et rendre hommage à tous ceux qui l'ont vécue.

Et à la fin du spectacle, après qu'Hendrik (Gérard Hardy) se soit écroulé misérablement : « Que puis-je faire ? Je ne suis qu'un comédien ordinaire », c'est la réalité qui reprend l'espace vide et laisse le spectateur silencieux : sur le grand mur transversal de la seconde nef, des images des camps défilent, Martine Rouvières chante un poème d'Archangelski qui était chanté clandestinement par

compagnie", mais aussi le C.D.N., qui a conçu le projet, que si le C.A.C. (centre d'action culturel) de Sartrouville, la maison de la culture de Bourges ou de La Rochelle, le festival d'Avignon ou de Carcassonne, etc., coproduisent avec moi ; et si, en outre, j'ai obtenu personnellement des subventions annuelles ou au projet de l'Etat, de ma région, de ma ville et quelques promesses d'accueil à la recette sans part de production de la part de structures efficaces, comme le théâtre de l'Athénée à Paris, qui compte pour la promotion. » Tout se négocie de janvier à mars et aboutit ou échoue au mois de mai.

Grâce à sa réputation, à sa continuité, à son « lieu », le Soleil échappe aux aspects déprimants de ce système. Il n'a pas à convaincre et séduire des interlocuteurs. Sa position acquise lui a permis, dans son parcours Shakespeare – histoire contemporaine, de se passer de partenaires et d'intermédiaires. Cependant, en tant que valeur établie, son rapport à la critique et aux médias entre dans une phase ambiguë : il a « droit à » une couverture automatique importante à chaque nouveau spectacle ; il est attendu et célébré ; il sera désiré internationalement et le problème financier de son déplacement sera résolu par des négociations spécifiques. Mais d'un autre côté il n'est pas assez sensible à la mode ou « branché » sur les derniers retournements esthétiques et idéologiques pour surprendre : la dialectique entre continuité et renouvellement ne lui est pas favorable. Le Peter Brook des Bouffes-du-Nord licenciant sa compagnie pour faire Carmen *et* La Cerisaie, *puis réengageant une troupe pour la très longue aventure du* Mahabarata *en français et en anglais ; le Vitez de Chaillot produisant beaucoup et s'aérant en allant mettre en scène des opéras à Milan et à Montréal, tout en gardant un style reconnaissable ; Jean-Pierre Vincent passant trois années houleuses à la Comédie-Française sans parvenir à la changer, ont des parcours plus variés.*

En fait, l'argent public et le discours ambiant se polarisent sur des « dispositifs » qui favorisent plutôt l'art international avancé. Si, à Paris, le Théâtre de l'Europe de Strehler (voulu et soutenu seulement par la France) favorise surtout le « service du répertoire » à un niveau élevé, la maison de la culture de Bobigny et le festival d'Automne servent à continuer les aventures difficiles ou fracassantes de Bob Wilson ou Jean-Marie Patte, à faire découvrir des Japonais ou des Néerlandais hors normes. Ces structures de coproduction ont aussi aidé au succès d'un genre de spectacle scénique réellement contemporain et fondé sur les recherches de la danse moderne. Art peu narratif, visuel et spectaculaire sans excès de « matière » car le corps y est souverain, art exportable car il utilise peu de texte – et la voix, dans toutes les langues, y est surtout matériau sonore –, le théâtre-danse brasse, de l'humour au tragique, les images et les mythes du monde actuel. Dans sa nécessité et dans sa naïveté philosophique et fantasmatique, il lance un défi au théâtre et à l'opéra, enfoncés dans le répertoire et la culture passés. Un seul trait, mais important, dans cet art, fait penser au Théâtre du Soleil : il ne se réalise que par un travail de compagnie, intensivement conduit par son chef qui, très souvent, est une femme, de l'incontestable modèle qu'est Pina Bausch à ses émules françaises Maguy Marin, Régine Chopinot, Anne-Marie Reynaud.

Et l'on retombe, par contraste, sur la question des textes, des auteurs. Le Théâtre du Soleil a résolu la question à sa façon, dans les années quatre-vingt. D'abord, il a reculé devant le contemporain, utilisant Shakespeare de manière originale et personnelle comme tremplin. Puis Ariane Mnouchkine a provoqué la jonction de deux chemins : le projet du spectacle contemporain fécondé par Shakespeare ; la pratique d'écriture, jusque-là indépendante et autre, d'Hélène Cixous. Le Soleil a trouvé son écrivain de théâtre sans aller vers une écriture préexistante. Différemment, au théâtre de Nanterre-Amandiers, Patrice Chéreau a noué une complicité avec un écrivain de théâtre, Bernard-Marie Koltès, mais il l'influence moins, car, comme directeur et comme metteur en scène, le chemin de Chéreau est moins tracé que celui d'Ariane. D'autres auteurs sont apparus dans ces années, Daniel Lemahieu, Philippe Minyana, Enzo Cormann, Daniel Besnehard... avec des structures d'aide à la création (Théâtre ouvert, devenu centre dramatique) et à l'édition, mais le manuscrit ou l'imprimé autonomes restent en situation fragile. L'écrivain spécialisé gagne à être rattaché, pour quelque temps, les groupes de résistance internés à Buchenwald en hommage à leurs camarades assassinés. Le spectacle est dédié aux artistes, poètes, intellectuels qui ont refusé la barbarie et qui en sont morts.

Eté 1979 : Avignon, c'est l'année de la démission de Paul Puaux. Il avait demandé à Ariane de lui succéder, elle refuse car elle ne peut diriger à la fois un festival et continuer son propre travail de création. 1979 c'est aussi l'année de l'ouverture de la maison Jean Vilar. Le Théâtre du Soleil joue à Champfleury dans le décor spécialement construit pour les tournées. Le 24 octobre 1979, choc et chagrin bouleversant, René Patrignani, notre Puck du *Songe*, notre Marat de *1789*, qui dans *Méphisto* jouait le rôle de Théophile Sarder, personnage sombre et tragique, portant en lui la vision de la barbarie et du mal apocalyptique qui sourd en Allemagne, choisit de se donner la mort. C'est Bruno Sermonne, avec une extrême délicatesse et gentillesse, qui jouera le personnage créé par René. Le spectacle est joué à la Cartoucherie jusqu'en février, puis une longue tournée a lieu en Belgique, en France, en Italie et en Allemagne (Munich et Berlin). Le décor est modulable suivant le lieu qui l'accueille, plein air comme à Avignon, chapiteau ou entrepôt de tramways désaffecté.

Le spectacle prend une importance particulière en Allemagne, d'autant plus que le roman de Klaus Mann y est toujours interdit. Autre moment de la vie de *Méphisto :* suite et grâce à une proposition d'une chaîne de télévision bavaroise et malgré le refus des chaînes françaises prétextant la longueur et la présence de deux scènes osées (!), Bernard Sobel, sollicité par Ariane, tourne le spectacle, sans public, en treize jours. Pour que le projet puisse aboutir, le Théâtre du Soleil choisit de ne pas se payer. Le film, diffusé trois fois en Allemagne, ne passera jamais à la télévision française. Durant l'exploitation du spectacle, sur la demande pressante de jeunes comédiens, Ariane organise un stage. Il débute sur le travail de masque de commedia dell'arte, travail de base du Théâtre du Soleil, sans cesse repris, jamais épuisé. Il se prolonge, avec l'aide d'Erhard Stiefel, sur plusieurs mois. Certains comédiens de la troupe y participent dans la mesure de leur temps. Moment totalement gratuit de recherche commune et d'amour du théâtre, les stages seront par la suite un élément important de la vie de la troupe. *Méphisto* a donc été joué, tournées comprises, de mai 1979 à juillet 1980. Les longues périodes d'exploitation d'un spectacle sont toujours les moments les plus difficiles à vivre pour la compagnie : maintenir une qualité de jeu, préserver la relation privilégiée avec le public et veiller à la délicatesse des rapports humains. *Méphisto* est une étape dans la démarche théâtrale sur l'histoire contemporaine, mais la troupe se rend compte que le spectacle posait plus de questions qu'il ne résolvait de problèmes : l'essentiel étant d'éviter le réalisme et le psychologique pour créer vraiment du théâtre ! Le décor était un symptôme de ce mi-chemin où le travail était resté dans le jeu et dans l'écriture : en effet le Théâtre officiel a réellement imposé les contraintes d'un théâtre à l'italienne alors que ses limites étaient dénoncées par le travail acharné qui se faisait en face, à l'Oiseau d'orage, pour découvrir de nouvelles formes !

Après l'été 1980, plusieurs réunions. Ariane parle du spectacle futur : le génocide d'un peuple au vu et au su du monde entier. Un royaume et une tragédie. Sous les regards aveugles et les oreilles sourdes, incrédules ou cyniques de l'Occident, un royaume est rayé de la carte du monde, avec son peuple, sa mémoire, sa culture, ses temples, ses terres, ses villes, sa langue... Ce royaume, c'est le Cambodge. (Au cours de son voyage dans ce pays Ariane l'avait traversé et aimé avec tendresse.)

On se sépare pour quelques mois de chômage obligatoire dus à la situation financière, chacun essayant de les vivre selon ses urgences vitales : stages, chantiers... On se sépare avec quelques lectures sous le bras, notamment le livre de W. Shawcross : *Une tragédie sans importance*, qui retrace les épisodes monstrueux de l'implication dans la guerre, par les Etats-Unis, en 1970, du Cambodge alors que celui-ci s'était jusqu'alors efforcé de rester neutre, et le livre de Pin Yathay : *L'Utopie meurtrière*, témoignage vécu de l'enfer khmer rouge. Durant cette période, Ariane doit écrire elle-même le futur spectacle.

Période école

Janvier 1981, la troupe se retrouve. Six comédiens de *Méphisto* sont partis pour des raisons diverses : besoin d'aventures individuelles ou projets extérieurs. Le groupe de comédiens est réduit à trois, Gérard Hardy, Georges Bonnaud et Jean Dupond, plus trois stagiaires, Julien Maurel, John Arnold et Pierre Fatus. Le groupe des femmes, lui, en revanche, est stable : Marie-Françoise Audollent, Lucia Bensasson, Anne Demeyer, Joséphine Derenne, Myrrha Donzenac, Nicole Félix, Louba Guertchikoff et Odile Cointepas, ancienne de la troupe et nouvellement comédienne, plus une stagiaire, Véronique Gargiulo.

Ariane annonce qu'elle n'arrive pas à écrire et raconte ses difficultés à décoller des documents ou de l'opinion : elle n'a pas envie de faire un spectacle bêtement militant et le théâtre du « quotidien » ne la tente pas ! Bref, elle n'a pas trouvé la clé pour placer la tragédie du Cambodge dans la métaphore théâtrale. Elle a même essayé de changer de tragédie et de partir en Afghanistan, mais le problème n'est pas là, il est d'écriture. La question est donc : quand le Théâtre du Soleil reprend-il ? Ariane ne veut pas retarder tout le monde parce qu'elle n'arrive pas à écrire. La situation d'une troupe qui attend oblige à trouver une solution. Chacun s'exprime, les désirs sont divers : certains ne détesteraient pas prolonger l'arrêt pour le transformer en un temps sabbatique, d'autres ont envie de reprendre le travail tout de suite, d'autres encore lient leur désir à la nature du prochain projet. Ariane le dévoile donc : se mettre en atelier, faire un travail d'école. Elle-même, pour essayer de comprendre ses difficultés, s'est replongée dans les pièces historiques de Shakespeare : les tétralogies sur les rois et les pièces romaines ; pourquoi ne pas travailler un ensemble de ces pièces, entrer dans le monde de Shakespeare, chercher ses personnages, comprendre comment les jouer, confronter le jeu du masque non plus seulement au corps mais à un grand texte, explore les situations des passions qui construisent l'histoire ? Comment Shakespeare parle-t-il de son temps ? Shakespeare est un

à une maison de production, une compagnie, un metteur en scène. C'est plus sûr, plus clair pour échapper à l'enfer des opérations de coproduction telles que décrites plus haut. Dans le cas d'Hélène Cixous, le (la) poète, fournisseur de « verbe », travaille en interaction avec la dramaturgie propre à la compagnie et au (à la) metteur en scène.

Dernier trait majeur de la décennie : la mort des idéologies, une dépolitisation générale, une séparation de l'art et de la politique : l'art, de nouveau, refléterait une telle évolution (repli sur le psychologique, le privé, le magique, le mystique) et renoncerait à sermonner, avertir, intervenir. Le Théâtre du Soleil reste politisé. Il l'a manifesté souvent, dirigeant l'A.I.D.A. (Association internationale de défense des artistes victimes de la répression dans le monde – sans distinction Est/Ouest ou Nord/Sud). Il y eut de belles manifestations théâtralisées pour Vaclav Havel, pour les disparus en Argentine. Toutefois l'A.I.D.A. est retombée en sommeil et la dernière aventure de rue conduite par le Soleil avec d'autres équipes, en décembre 1986, fut une manifestation pour les subventions théâtrales...

En réalisant ses grandes chroniques historiques du monde contemporain sur le Cambodge et l'Inde, le Soleil n'a pas résolu les difficultés actuelles d'un théâtre politique. Puisqu'il n'est plus certain que LA Révolution ou l'Indépendance puissent aller sans horreurs et apporter LE bonheur et LA dignité, l'effet de ces représentations est lui-même incertain : appels désolés à la conscience humaniste, ils sont tout justes réchauffés par quelques figures positives de responsables de premier plan ou de personnages populaires. Dans un autre spectacle de la saison 1987-1988, notre histoire politique et idéologique est bien présente. Il s'agit d'Allemagne, mais La Route des chars, *textes de Heiner Müller, mis en jeu plutôt qu'en représentation par Jean Jourdheuil et Jean-François Peyret, pose, avec une tendance mal contenue au scepticisme et à l'ironie, des questions pertinentes de fond et de forme : comment peut-on être un Allemand de l'Est, de 1945 à nos jours ? Comment vivre les régimes nationaliste et communiste et leur discours ? Tout cela est-il représentable ou seulement à mettre en perspective ? Spectacle plus « moderne » (et moins accessible) que* L'Indiade, *plus à la mode,* La Route des chars, *pas plus que* L'Indiade, *n'a été sélectionné par la profession pour les prix Molière de l'année 1988.*

En vérité le recul historique nous dit qu'aucune aventure théâtrale, celle d'un collectif avec son chef, n'a duré trente ans. La plupart ont évité le déclin interrompues par une mort prématurée (Molière, Brecht, Jouvet, Jean-Marie Serreau), par une rupture délibérée (Copeau, Vilar), par l'émancipation (le retrait sans retraite) de son chef : Georges Wilson après le T.N.P., Hubert Gignoux après le T.N.S., Pierre Vial après le C.D.N. de Saint-Etienne (établissements officiels qu'ils n'avaient pas créés !) font d'heureuses carrières d'acteur, de metteur en scène, de professeur. Shakespeare a pris sa retraite, et Marivaux, mais ils n'étaient pas directeurs de théâtre.

A travers Ariane Mnouchkine, son œuvre, sa méthode, ses buts, le Théâtre du Soleil a résolu le problème de la permanence et du renouvellement. Il résoudra sans doute la dialectique de sa fidélité à lui-même et de sa sensibilité au changement. Le Théâtre du Soleil n'a jamais oublié ceci : on ne va pas au théâtre pour voir (consommer) des spectacles. On va au théâtre pour sortir avec des gens, pour rencontrer des gens, pour percevoir des corps vrais, des voix, et pour en parler après. Cela est nécessaire en plus du drame et de l'histoire, de la fiction habilement racontée. Il devra donc inventer de nouvelles proximités (scénographiques, dramaturgiques, thématiques) pour ne pas devenir un théâtre de nostalgiques de Vilar et de 1789 ; pour que les zappeurs, les rockers, les repus du show-biz et les blasés du festival d'Automne, les lycéens de décembre 1986 et les troupes de S.O.S.-Racisme, les rénovateurs du parti communiste, les lecteurs de Libé et les centristes rosissants, ceux d'après la révolution sexuelle et du temps des préservatifs, ceux de l'anti-gymnastique et des stages de jeu dramatique, les amateurs de ballet-théâtre sans fable et les écolos randonneurs – pour que tous ces gens-là s'y retrouvent parfois, décalés par la réception du spectacle, traités avec délicatesse et sans complaisance.

Cela peut durer jusqu'à l'an 2000 ou s'arrêter avant...

maître, mettons-nous à l'école, soyons débutants. Et comme le Théâtre du Soleil ne peut pas se permettre de travailler sans production, on rendrait publics les fruits de notre travail d'apprentissage. La proposition comporte tout de suite l'idée du cycle : pas moins de huit pièces historiques, du *Roi Jean* à *Richard III !* Comme ces pièces comportent peu de rôles de femmes, Ariane – et là, elle est face à sa responsabilité de chef de troupe – propose deux ou trois comédies qui auraient une fonction de respiration, comme les kyôgens à l'intérieur du nô japonais, et qui ne seraient jouées que par les femmes. Les pièces sur le pouvoir, les pièces sur le désir amoureux. Personne ne pouvait imaginer, à ce moment-là, combien la seule comédie qui sera montée, *La Nuit des rois*, a donné de mal et causé de souffrances. La création de plusieurs spectacles, montés rapidement, joués peu de temps chacun, résoudrait les problèmes des longues exploitations : monotonie, accoutumance, difficulté à maintenir la tenue de la troupe. S'étant penchée sur les traductions existantes, certaines très belles mais par instants trop littéraires, Ariane se propose de traduire elle-même le texte de Shakespeare : en se souciant plus des images, des sons et des rythmes que contient la langue de Shakespeare que de la construction grammaticale et du phrasé de la langue française. Les pièces du cycle seraient jouées dans un lieu unique, avec quelques éléments variables selon les pièces.

A part la déception de quelques-uns comme Gérard qui regrette le report du spectacle contemporain, le projet est accueilli avec enthousiasme et personne n'imagine que la folie de travailler et de monter huit pièces de Shakespeare rapidement et successivement est irréalisable ! Les femmes sont inquiètes, elles sentent que les comédies sont secondes par rapport aux tragédies historiques. On travaillera pendant une période les pièces dans n'importe quel ordre et il n'y aura aucune distribution préalable ; celle-ci se fera le plus tard possible et d'évidence, pour conserver la richesse d'imagination que chacun déploiera pour travailler les personnages. Tous les personnages sont ouverts à tout le monde. D'autre part, vu la multitude de ceux-ci, il est nécessaire que de nouveaux comédiens entrent dans la compagnie. Philippe Hottier, parti après *L'Age d'or*, revient, Jean-Baptiste Aubertin et Antoine Del Pin, rencontrés grâce à l'A.I.D.A. (Association internationale de défense des artistes) rejoignent la troupe, mais il faudra, pendant une période de répétitions-auditions, faire connaissance avec d'autres.

Les lois de la troupe

Le départ de comédiens, l'arrivée future de nouveaux, le fait que l'équipe technique est réduite au noyau vraiment attaché au Soleil : l'équipe lumière avec Jean-Noël Cordier et Laurence Aucouturier, l'équipe bois avec Claude Forget et l'équipe « portugaise » avec Antonio Ferreira et José Vasconcelos, puis Victor Costa, qui assume de multiples travaux à la fois d'entretien des bâtiments de la Cartoucherie et de constructions ponctuelles nécessitées par chaque décor, qui la rendent donc compétente en de multiples matériaux – contrairement à la période de *Méphisto* dont le décor avait exigé une multiplication des spécialisations et des corps de métier, peintres, sculpteurs, maquettistes... –, tous ces éléments donnent l'occasion de redéfinir les lois de fonctionnement de la compagnie dont on ne parlait plus depuis longtemps : salaire égal pour tous, bien sûr, sauf pour les stagiaires jusqu'à ce qu'ils soient capables d'assumer un vrai personnage dans un spectacle, ne pas dépasser le nombre de cinquante, sinon personne ne trouve plus le temps de se parler ! Garder un équilibre entre équipe technique et comédiens, et remettre à l'ordre du jour la bonne circulation du travail entre les deux équipes : on retrouve le partage des tâches, un peu délaissé.

La situation financière toujours périlleuse, pour ne pas dire impossible, ne peut être vivable que si chacun considère le théâtre comme son propre outil de travail. Personne ne peut être que comédien ou que technicien, le théâtre appartient à tous et dépend de tous. Il s'agit de retrouver une nouvelle rigueur de fonctionnement. S'ensuit, de janvier à avril 1981, une période à la fois de travaux (nettoyage de la maison, agrandissement de la cuisine, création d'un atelier de masques pour Stieffel, de dessin pour Guy-Claude, de costumes pour Barriera et Nathalie Thomas puis Marie-Hélène Bouvet, qui jusqu'alors avaient été nomades, création encore d'une salle de répétitions qui va devenir un lieu essentiel de création et qui facilitera le partage du temps entre travail de construction du décor), de travail de répétition, de lectures (très peu, pas d'analyse à la table, juste lire ensemble et se donner les premières images du travail) et d'un stage-audition pour engager de nouveaux comédiens. La plupart de ceux qui y participent viennent du stage effectué pendant *Méphisto*.

Shakespeare, le moyen âge japonais, le théâtre oriental

Premières images, premières indications données par Ariane : le siècle élisabéthain était un grand siècle. Shakespeare en est le chroniqueur, le poète et le journaliste, mais pour autant que nous sachions, le théâtre élisabéthain n'a pas produit de grande forme de jeu comme la comedia dell'arte ou le théâtre oriental : japonais, balinais ou indien. Le public faisait partie de la représentation, l'architecture du lieu théâtral élisabéthain en témoigne, il venait au théâtre pour apprendre, entendre des histoires et en tirer des leçons. Le théâtre était dans la cité mais comment jouaient les acteurs ? Il nous faudra nous inspirer d'une grande forme de jeu comme celle du nô et du kabuki japonais ou du topèng balinais, ou encore du kathâkali indien.

Les images qui naissent du texte shakespearien lui-même : l'Angleterre, métaphore du monde, une île presque déserte – au temps de Richard II, à peine trois millions d'habitants –, une grève arrachée à la terre, isolée au milieu de la mer déchaînée. Sur cette île une « heureuse race d'hommes », personnages primitifs, visionnaires, archaïques, égocentriques comme des enfants sont à la conquête du monde et, comme Christophe Colomb, découvrent leurs paysages intérieurs, leurs passions, les affrontent et les racontent en un flot d'images crues. Aucun bon ton mais des rites, un code allié à une extrême violence. Les âmes se dénudent. Il s'agit d'explorer ce monde en se donnant comme outil le jeu masqué qui oblige l'acteur à un double travail : la recherche de la vérité d'un état et la traduction de cette émotion en signes du corps, de la voix, du regard. Stiefel commence déjà à travailler et à sculpter des masques inspirés du nô, dont l'un permettra à un très jeune acteur (John Arnold) de jouer un vieil homme (Jean de Gand).

Inspiration du Japon, aussi, parce que son Moyen Age, ses seigneurs de la guerre, ses samouraïs – *Kagemusha* de Kurosawa vient de sortir –, la netteté de la plume de ses dessinateurs, tel Hokusaï, permettent de dépasser les stéréotypes réalistes du Moyen Age occidental pour atteindre l'imagination de ce qu'était l'Angleterre de Richard II, ses usages, son code, la représentation que la société se faisait d'elle-même et sa sauvagerie. Les images qui nourriront *La Nuit des rois* viennent d'un Orient plus féminin : celles du harem où les femmes rassemblées et enfermées rêvent leur désir en contemplant les rayons du soleil qui viennent du jardin, de l'extérieur dessinant sur les tapis des dessins étranges et caressant les formes douces des moucharabiehs. Le naufrage de Viola serait un rêve. Celles, ensuite, de l'Inde, ses couleurs, ses odeurs, ses conteurs, ses paillettes et ses divinités polychromes. Durant les répétitions de *La Nuit des rois*, les comédiens s'initieront grâce à Maïtreyi au bhârata-nâtyam, dansé uniquement par les femmes dans le sud de l'Inde. Le « Il y a très longtemps, dans un pays très lointain » emmène par les vertus de l'imagination vers le « Il était une fois » des contes de fées, des chansons de geste ou des *Mille et Une Nuits* qui hantent les rêves et les cauchemars d'enfants parce qu'il ouvre les portes des mystères de l'existence humaine. L'Orient est donc discipline d'apprentissage de formes : théâtre des origines, origine du théâtre (on se rappelle de la phrase d'Artaud : « Le théâtre est oriental ») et voyage de l'imagination. Il faudra voyager très loin pour concevoir profondément ce que pouvait représenter dans l'âme de chacun l'image d'un roi représentant de Dieu sur terre et ce que cela pouvait supposer de comploter contre ce roi, quelle faute s'imprime, indélébile dans l'âme de celui qui l'assassine, qui sera illégitime à jamais, ce que cela peut supposer de violence, de scandale, de désespoir aussi, d'inverser le rite et d'inventer son cérémonial de découronnement comme le fait Richard lorsqu'il se dépose lui-même devant toute la cour.

A cette époque, donc, arrivée de nombreux nouveaux, après avoir passé les épreuves du stage-audition : Maurice Durozier, Georges Bigot, Cyrille Bosc, Guy Freixe, J.-P. Marry, Philippe Carbonneaux, Marc Dumétier et Philippe Blancher, et, du côté des femmes, Myriam Azencot, Clémentine Yelnik, Elisabeth Chailloux et Louise Maillard. Deux nouveaux stagiaires : Fabien Gargiulo et Hélène Cinque, qui jouait la très jeune Armande Béjart dans le film *Molière*. Pleins d'appétit et de confiance, ils savent pourquoi ils veulent entrer au Soleil, un rêve se réalise, certains ont aimé le théâtre grâce à lui et savent combien ils sont redevables à chacun de ceux qui l'ont construit depuis sa création, jour après jour.

Beaucoup de jeunes comédiens, un travail qui se veut de total apprentissage, aucune distribution établie au départ, les règles de discipline de travail réactualisées (travail d'entraînement physique intensif, partage des tâches sur les chantiers de construction du décor ou de vie quotidienne organisé chaque matin), tout a la couleur d'un nouveau départ pour la troupe. Certains « anciens » trouvent la discipline un peu dure et Ariane trop centralisatrice et autoritaire. On entend quelquefois les phrases comme : « J'ai passé l'âge » ou « J'ai assez donné ». Les nouveaux, eux, sont à l'aube d'une aventure, disponibles aux émerveillements multiples. Ils sont ressentis parfois comme un danger par les « anciens » qui, il faut le dire, ne les ont pas toujours très bien accueillis, par crainte sans doute : « Ariane a envie de travailler avec des troupes fraîches, plus jeunes » ; peut-être aussi, la question sans cesse reposée : comment jouer ? qu'est-ce que jouer ? était-elle difficile à supporter à nouveau pour certains.

D'avril à septembre 1981, travail sur les pièces, dans un ordre non établi, d'une part, *Richard II*, les *Henry IV* et *Henry V*, d'autre part, uniquement travaillées par les femmes, *La Nuit des rois* et *Peines d'amours perdues*. Parallèlement au travail de répétition, Ariane traduit. Les journées commencent tôt, l'exactitude est de rigueur. La salle de répétitions est inaugurée, préparée pour tous, elle appartient à tous, précieuse pour tous : un espace vide, un sol de tapis-brosse, une rampe, des lais de rideaux au fond qui ménagent plusieurs entrées possibles, des costumes des précédents spectacles et des éléments nouveaux (akhamas, tenues d'arts martiaux, armes, cuirasses...), quelques maquillages, une table où sont déposés les masques, une autre avec quelques livres d'images. Après une heure d'échauffement physique ou de taishi, les comédiens choisissent des scènes, des personnages, par petits groupes se « concoctent », se déguisent, se maquillent. Puis, sur le plateau, on explore : tout est possible, tout arrive, du plus burlesque au plus digne d'un feuilleton télévisé

Ariane Mnouchkine, au premier plan à gauche, donnant des indications de jeu aux acteurs de *Richard II*, à la Cartoucherie de Vincennes. A droite, sans masque, Georges Bigot (Richard II) ; d'autres acteurs portent le masque kabuki ou la fraise élisabéthaine (le duc d'York, Jean de Gond ou autres « shogun » shakespeariens), signes du passage et de la pérennité d'une violence à l'autre, de la violence du pouvoir au-delà du temps. *(Phot. © Martine Franck/Magnum.)*

pour enfants ! Peu à peu, on perce les mystères des passions des personnages et une grammaire s'élabore ; l'enfance : jouer à être vraiment le roi Richard ou le comte de Northumberland ; la légende : « Un jour, l'oncle du roi Richard, sentant venir la mort, fit venir son neveu... » ou « Il était une fois un jeune prince et un gros homme rond... » ; le voyage, le lointain, l'ailleurs : on invente des rituels imaginaires, des marches, des entrées, des chevauchées ; l'autopsie des âmes, la nudité : le jeu masqué dévoile ; le récit, le rapport au public, le pied de la lettre du texte, jamais d'introductions, Shakespeare taille dans le vif de l'histoire, les passions sont extrêmes, jamais tièdes et le temps galope. Le présent, la versatilité, jouer un état à la fois...

Trois ans d'école, trois créations

Sur les huit ou dix pièces prévues pour le cycle, trois seulement seront créées : *Richard II*, le 10 décembre 1981 à la Cartoucherie, *La Nuit des rois* à Avignon, au palais des Papes, le 10 juillet 1982, et *Henry IV*, 1re partie, le 18 janvier 1984 à la Cartoucherie. Les tentatives de répéter en même temps que de jouer se révèlent vite impossibles. Chaque spectacle se joue à 18 heures 30 ; il exige un entraînement physique intensif et une longue préparation, sans compter tous les autres travaux relatifs à l'accueil du public : location, nettoyage de la salle, de l'accueil, bar et chantier-sandwichs. L'espace pour les trois créations est unique : Ariane et Guy-Claude, au début d'un projet, ne s'interdisent aucun rêve. Les toutes premières images de lieux autour desquelles ils travaillent sont celles d'un théâtre de bois sur l'eau ; des pontons, des digues, des pierres, des briques et des pavés de bois affleureraient. Au fond, un cyclo évoquerait le lointain et des jeux de lumière la course des astres, omniprésents dans le texte de Shakespeare. Progressivement, le lieu s'épure. L'eau est abandonnée, trop réaliste : si elle est nécessaire, elle doit être jouée, ainsi que la construction qui représenterait un théâtre ou un palais. Il s'agit de créer un espace vide à l'intérieur duquel tout lieu possible peut être créé par l'imagination de l'acteur et celle du spectateur. Un plateau nu, géométriquement structuré par des bandes de velours noir, des passerelles et des castelets d'où vont surgir le roi Richard et sa cour qui l'entoure comme un nid de frelons, ou, solitaire et narcissique, le duc Orsino qui vient conter ses souffrances d'amour. (Le parcours de ces passerelles et du plateau, avec des costumes pesant plusieurs kilos, exigera un entraînement équivalent à celui du sportif qui s'entraîne pour un 100 mètres ! D'où un début de collaboration tout à fait indispensable avec Marc Pujo et Nicolas Bounines qui veilleront sur les acteurs comme sur les sportifs dont ils s'occupent à l'Institut national des sports et de l'éducation physique voisin.)

Au fond, de grandes toiles de soie, dont les couleurs et les tracés d'astres, de palais ou de villes d'un Orient imaginaire dessinés à la feuille d'or évoquent les changements de lieux ou d'espaces passionnels. Leur chute est réglée avec un système d'électro-aimants. Lorsque le public entre le soir de la première de *Richard II* il passe par un couloir un peu obscur, sous les gradins (structure démontable conçue par Guy-Claude et entièrement réalisée par l'équipe technique – ce seront les mêmes qui seront utilisés pour la création de *Sihanouk*) : dans la seconde nef, entre des lais de tissus tenus par des bambous et des cordages, tous les costumes de la future épopée sont suspendus, là, les comédiens se maquillent et se préparent, les miroirs de chacun entourés des mêmes petites lampes que celles de la baraque des *Clowns* ou du ciel de *L'Age d'or*. Le lieu de transformation est à la fois, comme toujours, à vue et mystérieux. L'espace, c'est aussi la musique qui le dessine ; espace extérieur : collines, champs de bataille, jardins, espace intérieur des passions, rythme et mouvement des cœurs, des corps et de l'histoire qui galope, couleur du mot et du vers shakespeariens. Jean-Jacques Lemêtre est présent à toutes les répétitions, les plus fructueuses comme les plus arides, et, récoltant ou fabriquant des instruments du monde entier, il renoue avec une tradition qui fait de la musique et du musicien un élément essentiel et naturel de la cérémonie théâtrale. Ce travail est l'occasion pour Jean-Jacques d'être en même temps compositeur et musicien, sans intermédiaire il agit la musique qui ne subit aucune perte, puisqu'elle reste exactement là où elle a été inventée, vibrante, chaque soir, des images qui l'ont fait naître et qu'elle suscite. Sa création désormais devient inséparable de celle des acteurs.

Les trois ans de travail sur Shakespeare ont été hérissés de souffrances et d'épreuves. *La Nuit des rois* a commencé par un mauvais destin et il a fallu bien des mois pour le conjurer ; tout d'abord, le fait de ne faire travailler la pièce que par des femmes s'est révélé être une erreur : la pièce a résisté au parti pris ; les vertiges et les troubles amoureux, les péripéties des désirs où affleurent les inconscients les plus profonds et le travestissement de Viola qui séduit homme et femme exigeaient la présence physique de la différence sexuelle. La seule rescapée de cette pénible aventure sera Clémentine Yelnik, qui jouera sir André Aguecheek. D'autre part, le travail effectué pour *Richard II*, et dont avaient été exclues par la force des choses la plupart des femmes, avait singulièrement fait monter la « barre » : « athlétisme du corps, de l'imagination et du cœur », ces deux éléments provoquèrent la dislocation du groupe des femmes qui, jusqu'alors avait été si important pour la troupe, et le départ de beaucoup d'entre elles : Nicole Felix, Myrrha Donzenac, Marie-Françoise Audollent puis Anne Demeyer. Après ces moments très pénibles, la pièce ne se confia pas si facilement. S'ensuivirent des mois de répétitions forcenés et douloureux ponctués de découvertes vertigineuses : comment rendre limpide le trouble ? Comment éviter le spectre abominable du comique au premier degré ? Des semaines entières se déroulent au cours desquelles les personnages et les scènes sont des énigmes absolues ; toutes les disciplines ou images susceptibles d'éclaircir sont invoquées : *Les Clowns*, *Le Roi des singes* de l'Opéra de Pékin et toutes les divinités polychromes et multiformes du panthéon indien. La souffrance infligée par la comédie restera imprimée dans bien des cœurs. *Henry IV* a plongé dans un monde en train de se construire, dans l'histoire des grands et dans celle des petits : il initie à une histoire d'initiation qui ose traverser toutes les grandeurs et toutes les faiblesses humaines. L'aventure d'*Henry IV* est interrompue. Philippe Hottier, qui crée et joue Falstaff, annonce rapidement sa volonté de ne pas poursuivre l'aventure. Joséphine Derenne, Viola de *La Nuit des rois*, qui fut une magnifique Madeleine Béjart dans le *Molière*, quitte la troupe. Dernière femme du groupe d'origine, c'est une séparation douloureuse.

Trois ans de répétition mêlés à trois ans de représentations. Les trois Shakespeare seront joués en alternance de février à juin 1984. Pendant ces trois ans, la troupe apprend le théâtre et la vie ; l'accueil du public est triomphal et chaleureux : l'équipe du bureau et de la location, Liliana, Louba, Naruna de Andrade et Pedro Guimarães, est littéralement submergée. Durant cette période : des stages, dont un, absolument cauchemardesque : quatre cent cinquante participants et l'arrivée de nouveaux comédiens qui commenceront leur apprentissage avec *Henry IV* : Serge Poncelet, Jean-François Dusigne et un jeune metteur en scène-comédien chilien, Andrés Perez Araya qui, grâce à Claire Duhamel, alors attachée culturelle et directrice de l'Institut français au Chili, obtient une bourse de la France. Tournées au festival de Munich, au festival olympique de Los Angeles, puis une deuxième fois à Avignon et enfin à Berlin où auront lieu irrémédiablement les dernières en octobre 1984. Le renoncement à la deuxième partie d'*Henry IV* fut difficile. Skakespeare, quatre années d'apprentissage intensif, éprouvant et joyeux, non seulement de formes de jeu mais aussi de vie de troupe, ont donné naissance à une équipe soudée. Le théâtre oriental n'est pas seulement une source d'inspiration formelle, mais la découverte d'une perception sacrée de l'acte théâtral. Charles Dullin dit : « Ce n'est pas la machine à descendre les dieux sur la scène, ce sont les dieux qu'il nous faut. » Les acteurs du Soleil donnent sérieusement et humblement cette mission à leur art et au théâtre.

En 1984, on renouvelle la coopérative. Certains anciens, qui ne sont plus dans la compagnie, démissionnent, remplacés par de nouveaux coopérateurs : Jean-Pierre Henin, Jean-Noël Cordier, Claude Forget, Maria Albaiceta, Jean-Claude Barriera, Liliana Andreone, Odile Cointepas, Sophie Moscoso, Maurice Durozier, Myriam Azencot et Georges Bigot.

Une troupe, un auteur

Janvier 1985. La troupe se retrouve après trois longs mois de chômage devant la tâche qu'Ariane lui avait assignée : raconter une histoire de notre temps. Le thème n'a pas changé : c'est l'histoire du Cambodge. Après Shakespeare, aborder l'histoire contemporaine aurait été impossible sans la rencontre d'un auteur : Hélène Cixous. C'est la première fois que le Théâtre du Soleil se trouve dans la situation idéale de travailler avec un auteur qui écrit pour lui et crée avec lui. La troupe connaît Hélène qui, spectatrice émerveillée et encourageante, a assisté aux répétitions des Shakespeare. De plus, la compagnie a découvert et aimé sa pièce créée en décembre 1983 au Petit-Odéon-Théâtre de l'Europe : *La Prise de l'école de Madhubaï*. Hélène, écrivain confirmée de nombreux ouvrages, essais et fictions poétiques, se lance corps et âme dans l'aventure que lui proposent Ariane et la troupe : créer un théâtre historique contemporain avec toutes les forces réunies qu'il exige : poésie du verbe et du jeu.

Dès 1984, Ariane demande à Hélène d'écrire sur le Cambodge. Ensemble, elles découvrent que l'histoire de ce pays passe nécessairement par celle de son roi : Norodom Sihanouk. Dès lors, le théâtre devient possible : le centre se plante, la scène peut naître et tous les autres personnages apparaissent. L'histoire, devenant matériau théâtral, se tisse. Le thème n'est plus le génocide, mais véritablement l'histoire d'un peuple, de son roi et de ses princes, de ses reines des palais et des marchés, de ses héros et de ses traîtres... Hélène écrit que Sihanouk est « théâtral ». « C'est-à-dire digne de théâtre. L'homme qui paraît sur la scène doit dévoiler son cœur et ses arrière-pensées. Il dit ce qui dans la vie ordinaire serait tenu caché, et plus rigoureusement encore lorsqu'il s'agit d'une personne politique. [...] Le prince Sihanouk vit sur la terre comme sur une scène de théâtre, il prend le monde entier à part. Il se montre tel qu'il est. Et il montre les autres tels qu'ils sont. Il fait sienne la malice shakespearienne : *All the world's a stage.* »

Hélène raconte volontiers savoir que, en travaillant pour Ariane et le Théâtre du Soleil, il lui était possible d'écrire en toute liberté des scènes se passant successivement dans un palais à Phnom Penh, un sanctuaire, une place de village sous un flamboyant, une ambassade à Paris, un aéroport à Pékin ou à Moscou, ou un avion qui survole la Mongolie. Après un travail titanesque d'historienne, Hélène construit et écrit sa pièce. Elle se déroulera en deux époques. La première couvre les années 1953-1970. 1953 : retour au Cambodge d'étudiants marxistes, dont Saloth Sar qui deviendra Pol Pot, lesquels avaient fait leurs études à Paris. 1954 : Sihanouk, à Genève, obtient la reconnaissance de la souveraineté et de l'intégrité territoriale du Cambodge, jusqu'alors protectorat français. 1955 : il abdique en faveur de son père, le roi Suramarit, crée un parti, gagne les élections et devient chef de l'Etat, socialiste, monarchiste et bouddhiste. 1970 : Sihanouk est destitué par un coup d'Etat fomenté par son cousin, le prince Sirik Matak, avec la complicité de Lon Nol, allié des Américains. La seconde époque couvre les années 1970-1979 : le viol du territoire cambodgien par les bombardements américains, l'enfer khmer rouge et l'entrée des Vietnamiens, qui « libèrent » le pays et l'occupent. Lorsque, en janvier 1985, ont lieu les premières lectures, les comédiens découvrent, fascinés, les grands personnages historiques connus jusqu'à présent par les livres d'histoire, les articles des journaux ou les images télévisuelles, transformés en véritables personnages shakespeariens : Chou En-laï, Kissinger et Nixon, Sihanouk et Pham Van Dong... Pour représenter le peuple qui subit cette histoire, Hélène a inventé deux personnages fictifs essentiels : Mme Khieu Samnol, la marchande de légumes cambodgienne, et son inséparable amie, la marchande de poissons vietnamienne : Mme Lamné.

En décembre 1984, Ariane, Hélène et Jean-Claude Barriera sont partis dans les camps de la résistance nationaliste, qui se trouvaient encore à cette époque sur une mince bande de terre appelée « zone libérée », à l'intérieur des frontières du Cambodge. Juste après leur retour, le 25 décembre, des attaques vietnamiennes repoussèrent hors de leurs terres, en Thaïlande, femmes, enfants, familles, dont certains sont là, depuis 1975 fuyant les khmers rouges, ou 1979 fuyant les Vietnamiens. Là-bas, à Ampil, à Tatum, ils font la rencontre lumineuse du père Pierre Ceyrac, qui les guide. Ils découvrent des visages, des sourires, si significatifs du peuple cambodgien, une confiance dans la France qui fait honte, une dignité, des récits, des mamans qui réapprennent à leurs petits enfants le salut du temps royal : le sampeâh qui, interdit du temps de la terreur de Pol Pot, entraînait la mort. Ils rencontrent Voan Savay et Mom qui apprennent aux petites filles les gestes millénaires des danses royales khmères. Revenus de la terre cambodgienne, ils font à la troupe le récit de ce qu'ils ont vu et appris, souvent sans pouvoir retenir leurs larmes. Le Cambodge, ainsi, devient non seulement une histoire à raconter mais aussi la vie qui se bat pour vivre, une « étincelle inextinguible ».

Le théâtre et la vie

Le théâtre donne vie, incarne, ranime ; lorsque la troupe commence à répéter, elle sent très fortement la gravité de sa tâche et le sacré de ce spectacle-ci apparaît dans son rapport étroit entre le théâtre et la réalité d'une histoire inachevée. La responsabilité devant la vérité des vies va faire souvent trembler. Peut-être, le théâtre pesant du poids d'une aile de mouche sur le cours des choses va-t-il participer à la lutte contre l'oubli et la disparition et, en racontant l'histoire, tenter de protéger ce qui est si fragile. Deux épisodes marquants parmi tant d'autres : au cours des répétitions, Penn Nouth, qui fut longtemps Premier ministre et compagnon fidèle de Sihanouk, meurt à Châtenay-Malabry. Il était âgé et malade. Ce fut comme si la troupe perdait un ami très proche, côtoyé tous les jours. Les comédiens vont à la cérémonie de sa crémation, rares Occidentaux parmi des nombreux Khmers, et lorsque le lendemain, très ému, Maurice Durozier retravaille le personnage, c'est comme si Penn Nouth était de nouveau vivant. D'autre part, alors que *L'Histoire terrible mais inachevée de Norodom Sihanouk, roi du Cambodge* se joue depuis quelques mois, le prince lui-même et son épouse la princesse Monique viennent assister au spectacle. On peut imaginer l'émotion de tous. Le vrai prince va assister à sa propre histoire. Comment va-t-il vivre la représentation ? Comment va-t-il réagir en revoyant sa mère, son père, qui, dans le spectacle, sortant de son urne revient du royaume des morts pour aider son fils ? Que va-t-il revivre devant le moment où Kossyguine lui annonce sa destitution avant de le pousser dans un avion pour Pékin ? Le prince a aimé le spectacle et admet que sa vie et celle de son pays sont dignes d'une tragédie shakespearienne. Il pense qu'il est un peu moins agité que Georges sur le plateau. Et, tout en disant cela, il devient de plus en plus agité ! Il est reconnaissant au Théâtre du Soleil de rappeler à la mémoire et de faire comprendre l'histoire de son pays.

Répétitions de janvier à septembre 1985. De nouveaux comédiens que les Shakespeare ont fait rêver entrent dans la compagnie : Simon Abkarian, que Georges Bigot a ramené d'un stage de masques qu'il a dirigé à Los Angeles, Zinedine Soualem, qui jouait Zouzou devant le palais des Papes à Avignon, Christian Dupont, Mario Chiapuzzo, Bernard Martin, puis Paul Golub et Baya Belal. Deux Cambodgiens vont entrer dans la troupe : Ly Nissay et Kim San. La façon de travailler est la même que pour les Shakespeare. Pas de distribution préalable, tout est ouvert, on explore, on travaille les scènes dans le désordre. Il s'agit d'entrer dans un monde qui cette fois-ci n'est pas un Orient imaginaire, mais une vraie Asie. Il faut se dépouiller. Plus de pourpoints, de grandes jupes, de lourds costumes, on apprend à nouer le sampot autour des hanches, à porter le kramah, écharpe ou foulard pour se protéger du soleil, on imagine la place familière du marché, la terrasse, la terre battue, le Cambodge, pays d'eau, monde paysan, paradis perdu. On essaie de devenir vraiment Cambodgiens. Le temps est important pour intérioriser vraiment une façon d'être, de marcher, de s'asseoir, d'exprimer naturellement les rapports de hiérarchie, le respect, l'amour filial, les coutumes et les codes, les dents noires d'avoir mâché le bétel, les pieds nus, les corps fragiles, le sampeâh. C'est en réalité un travail de masque. Marie Martin, ethnologue et chercheuse au C.N.R.S., qui connaît parfaitement le peuple khmer et sa langue, est d'une aide précieuse tout au long des répétitions. Hélène, tout en continuant à écrire, vient aux répétitions. Lorsqu'une difficulté surgit, qui ne vient pas d'un problème de jeu, mais d'un défaut de construction ou du fait que deux personnages font double emploi (c'est arrivé pour Nixon et Kissinger ou Lon Nol et son frère Lon Non) elle repart, récrit, supprime un personnage, propose une autre scène, reconstruit...

Dans un premier temps, on travaille dans l'abondance. Les premiers filages de chaque partie dureront chacun sept heures ! On doit réduire de moitié. On épure le jeu, on resserre le texte, Hélène coupe pour ne retenir que l'essentiel. Le travail de collaboration entre l'auteur, le metteur en scène et les acteurs est total. Les répétitions ne furent pas de tout repos pour Georges Bigot – Richard II, le duc Orsino et le prince Hal – qui, finalement, a la charge de jouer le rôle de Sihanouk. Le personnage est si central, si changeant, si versatile et complet, échappant à toute convention, que Georges se souviendra longtemps de l'enfer qu'il lui a fallu traverser pour arriver à incarner toutes les facettes, la vitalité et les contradictions du prince. Il recevra en 1986 le prix du Syndicat de la critique « meilleur acteur de l'année ».

Le théâtre, pour raconter le multiple, passe par l'un, mais comment rendre présents les deux millions et demi de morts du Cambodge ? Ariane, feuilletant par hasard un livre sur les rites funéraires du pays toradja en Indonésie, découvre une photo de statuettes qui chacune représente l'âme d'un mort et qui, du haut de balcons creusés dans la montagne, contemplent les vivants du village. Elle montre l'image à Stiefel, qui sculptera des modèles en bois d'hommes, de femmes et d'enfants. Et plus de sept cents poupées seront moulées, démoulées, assemblées, peintes et habillées, atelier assumé tout au long des répétitions par Beate Blasius et les comédiens. Initialement prévues pour figurer les morts, elles deviennent, au fur et à mesure qu'elles apparaissent sur les balcons aménagés tout le long des murs des deux nefs de la Cartoucherie, tellement vivantes qu'elles finissent par représenter le peuple khmer tout entier. Les comédiens connaissent chacune d'elles. Lorsque Mme Khieu Samnol, Myriam Azencot, à la fin du spectacle, dit simplement au public : « Etre khmer, c'est très difficile, c'est même ce qu'il y a de plus difficile ces temps-ci, mais quand même, moi, c'est ce que je préfère », les lumières du plateau baissent et les sept cents poupées qui s'éclairent deviennent le peuple khmer vivant qui attend, dans les camps, à Khao I Dang, ou en exil, en France ou au Canada, ou encore sur la terre même du Cambodge occupé.

La première partie du spectacle est créée le 11 septembre 1985 à la Cartoucherie et la seconde le samedi 14. Lorsque le public entre il trouve un lieu complètement transformé par Guy-Claude François. Le sol des deux nefs est entièrement pavé de briques. Une terrasse où se préparent à vue les comédiens sur des nattes, assis à la cambodgienne, dans la seconde nef un simple et épais plateau de bois dessiné et fabriqué par Claude Forget, posé sur de lourds madriers, deux passerelles étroites, un petit rideau safran et le plateau de la musique, royaume de Jean-Jacques et de ses deux cents instruments. La nudité et la simplicité du lieu sont à l'image de celles qu'essaie de créer chaque comédien dans son jeu et le récit au public. Le soir de la première un accident provoque la mort de Benoît Barthélemy, un des jeunes techniciens de la compagnie. Ce deuil marque profondément et demeurera imprimé en chacun.

L'exploitation de *L'Histoire terrible mais inachevée de Norodom Sihanouk, roi du Cambodge*, fut plus difficile que celle des Shakespeare : deux parties de quatre heures et demie chacune, le relatif silence de la critique qui ne perçoit pas ou ne veut pas percevoir l'importance de la collaboration d'Hélène Cixous avec le Théâtre du Soleil et celle de l'enjeu que représente un théâtre historique contemporain. C'est grâce au public qui accueille magnifiquement le spectacle et a véritablement lutté pour lui que celui-ci a pu être joué de septembre 1985 à mai 1986 à la Cartoucherie, puis en tournées aux Pays-Bas, en Belgique et en Espagne, où ont lieu les dernières en octobre. Les plus belles représentations furent les intégrales du dimanche. Le public assistait, de midi à minuit, à neuf heures de spectacle ponctuées de pauses durant lesquelles lui étaient servis des soupes et des plats cambodgiens préparés par Maria Albaiceta, Selahattin Öter et Kim San. Et lorsque, épuisés et rompus d'émotion, les spectateurs quittaient le théâtre, ils avaient l'impression d'avoir compris l'histoire du Cambodge, et le peuple khmer était entré dans leurs vies. Le théâtre alors avait-il peut-être accompli l'essentiel de sa mission.

1986-1987, Hélène Cixous écrit une nouvelle pièce pour le Théâtre du Soleil, *L'Indiade ou l'Inde de leurs rêves*, qui raconte l'histoire de la partition : le jour même où elle fête son indépendance, l'Inde est amputée d'une partie d'elle-même. Thème éternel de la division et de la séparation de frères pourtant nés d'une même mère. Il faut laisser passer un peu de temps avant de raconter la nouvelle aventure qui emmène tous les membres de la troupe sur les routes magnifiques et terrifiantes de l'Inde. Son histoire est encore trop présente.

Cartoucherie, 14 avril 1988. *L'Indiade* se joue depuis le 30 septembre 1987. Au cours d'un déjeuner amical, sous les marronniers et la première chaleur du soleil de printemps, Richard Monod rappelle qu'il y a bientôt trente ans Ariane collait, dans un couloir du septième étage de la Sorbonne, une affichette annonçant la création de l'Association théâtrale des étudiants de Paris. Au « meeting » (le meeting est le moment rituel et recueilli où les comédiens, déjà devenus indiens, en partie maquillés et habillés, se réunissent autour d'Ariane dix minutes avant que le public n'entre afin de se donner les messages essentiels et concrets pour bien jouer !), Ariane rappelle une loi : jouer au présent, puis raconte l'affichette et remarque que la troupe ne pense pas souvent aux vingt-cinq ans du Théâtre du Soleil. Sans doute est-ce normal, puisque le théâtre est l'art du présent. Maurice souhaite rendre hommage à la petite affiche verte qui a permis à chacun, ému, d'être là ce soir. Puis le cœur du présent se remet à battre, chaque Indien, du petit pousse-pousse aux plus grands dirigeants, va raconter sa lutte pour comprendre et construire l'Inde de ses rêves. Le public entre !

Répertoire des gens de théâtre

Les dramaturges

Antiquité classique

LES GRECS

Nous ne possédons qu'une partie infime du répertoire grec. Nous ne connaissons bien que trois poètes tragiques (Eschyle, Sophocle, Euripide) et un auteur comique (Aristophane), encore que leurs œuvres ne nous soient parvenues qu'incomplètes. Pour les autres nous ne connaissons que des fragments, voire simplement des noms ou des titres.

La tragédie

THESPIS créa en 534 avant notre ère la tragédie en incorporant un acteur aux spectacles dithyrambiques qu'il avait importés en Attique depuis Corinthe. Il fut certainement l'auteur d'un *Alceste*.

CHOIRILOS D'ATHÈNES, VIe siècle avant notre ère, écrivit une *Alope*. **PHRYNICHOS,** son contemporain et élève de Thespis, introduisit les rôles féminins dans ses tragédies, *Actéon, Les Pleuronaires, Les Egyptiens, Alceste, Antée, Les Maîtres, Les Danaïdes, La Prise de Milet* (– 492), *Les Phéniciennes* (– 476), *Tantale*.

ESCHYLE, 525-456 avant notre ère, subordonna la fonction du chœur à celle de l'action et du dialogue et ajouta un deuxième acteur; il inventa aussi la trilogie. Sur ses quatre-vingt-dix tragédies, il n'en reste que sept : *Les Perses* (– 472), l'unique tragédie grecque sans substrat religieux et au thème exclusivement nationaliste, *Les Sept contre Thèbes* (– 467), *Prométhée enchaîné* (qui faisait partie d'une trilogie à la date inconnue), *Les Suppliantes* (– 463) et les trois tragédies du cycle de *L'Orestie* (– 458) : *Agamemnon, Les Choéphores* et *Les Euménides*.

Eschyle : L'Orestie *par J.-L. Barrault, 1962 (phot. © ag. Bernand/Photeb).*

SOPHOCLE, 495-406 avant notre ère, ami de Périclès, assuma d'importantes fonctions publiques. Dans son théâtre, l'origine cultuelle disparaît et le drame tragique prend son autonomie d'œuvre d'art; un troisième acteur est introduit; le chœur ne participe plus à l'action mais la commente, une structure dramaturgique plus savante soutient le mouvement, la crédibilité psychologique des caractères est accentuée. Sept pièces ont été conservées : *Œdipe roi* (antérieur à 425 avant notre ère), *Œdipe à Colone, Antigone* (– 442), *Electre* (– 413), *Ajax, Philoctète* et *Les Trachiniennes*. Il nous reste aussi la moitié d'un drame satyrique intitulé *Les Limiers*.

EURIPIDE, 480-406 avant notre ère, pousse plus loin que Sophocle l'enquête psychologique : l'intérêt dramatique repose sur la création d'un personnage mû par la passion qui l'habite, et non pas par un «destin», et l'amour est introduit sur la scène. Sur ses quatre-vingt-treize œuvres dénombrées il ne reste qu'un drame satyrique, *Le Cyclope*, et dix-huit tragédies : *Alceste* (– 438), *Médée* (– 431), *Hippolyte* (– 428), *Hécube, Les Héraclides, Andromaque, Les Troyennes* (– 415), *Héraclès, Les Suppliantes, Ion* (– 414), *Electre* (– 413), *Iphigénie en Tauride, Hélène* (– 412), *Les Phéniciennes, Oreste* (– 408), *Les Bacchantes, Iphigénie en Aulide*, et sans doute *Rhésos*.

La comédie

EPICHARME, vers 525-450 avant notre ère, et qui vécut à Syracuse, avait déjà composé des parodies des dieux et des héros, et peint la vie quotidienne de la cité; mais c'est en Attique que naquit réellement la comédie avec les Athéniens **CRATINOS (520-423 avant notre ère)** et **EUPOLIS (446-411 avant notre ère)** qui laissèrent leur imagination jouer de façon bouffonne avec les mythes; du premier nous connaissons le *Dionysos Alexandros* et des fragments de *La Bouteille*, et du second *Les Dèmes*.

ARISTOPHANE, vers 450-386 avant notre ère, tira principalement les sujets de ses comédies dans l'actualité; conservateur en lutte contre les «démagogues» et l'extension de la démocratie, il s'est servi de son art qui repose avant tout sur des jeux de langage pour railler ses ennemis politiques et littéraires (Socrate, Euripide). Il nous est parvenu onze pièces d'Aristophane : *Les Acharniens* (– 425), *Les Cavaliers* (– 424), *Les Nuées* (– 423), *Les Guêpes* (– 422), *La Paix* (– 421), *Les Oiseaux* (– 414), *Lysistrata* (– 411), *Les Thesmophories* (– 411), *Les Grenouilles* (– 405), *L'Assemblée des femmes* (– 392), et *Ploutos* (– 388) qui, par le passage au récit purement fictif et la suppression du chœur, se différencie de la comédie ancienne.

ARAROS, fils d'Aristophane, écrivit dans cette nouvelle orientation des comédies «moyennes» : *Le Cocalos, L'Eolosicon*.

ANTIPHANE, 405-333 avant notre ère, (*L'Archonte, Les Jumeaux, La Question*, etc.) et **ANAXANDRIDE, 410-348 avant notre ère,** représentèrent également cette comédie moyenne où l'on retrouve toujours les mêmes types de personnages reconnaissables à leurs costumes (moins riches que dans la comédie ancienne).

MENANDRE, 343-292 avant notre ère, est considéré comme le principal auteur de la comédie nouvelle. Dans ses pièces, le chœur a disparu, l'intrigue s'est compliquée, le dialogue (toujours versifié) s'est rapproché du langage quotidien, la structure s'est simplifiée, réduite à cinq actes; il a brossé un tableau réaliste et moralisateur de la classe moyenne. Sur ses cent cinq comédies il ne nous est parvenu que des fragments de sept d'entre elles dont *L'Arbitrage, La Belle aux boucles coupées* et *La Samienne*.

D'autres auteurs connurent la gloire à cette époque parmi lesquels **PHILEMON, vers 361-236 avant notre ère, DIPHILE, 360-263 avant notre ère, APOLLODORE DE CARYSTOS** et **POSIDIPPE** (Macédonien), l'auteur de *Ceux qui changent d'opinion*. Ils ont tous grandement inspiré les Latins Plaute et Térence.

LES LATINS

La première forme d'expression théâtrale latine est d'essence comique. Aux *vers fescennins* (dialogues railleurs) succédèrent au IVe siècle avant notre ère la *satura* (mélange de dialogues, de bouffonneries, de chants et de danses) puis l'*atellane* qui représente le passage à une civilisation littéraire et qui mettait en scène des personnages masqués et populaires tels Bucco, Dossenus, Maccus et Pappus. Le Bolognais **Livius POMPANIUS, IIIe siècle avant notre ère,** auteur de *L'Adoption de Bucco*, de *Maccus jeune fille*, etc. est considéré comme le créateur de l'atellane littéraire. Celle-ci déboucha sur le *mime*, genre qui mêlait des éléments récitatifs et pantomimiques et dont l'auteur le plus fécond fut **Publius SYRIUS, Ier siècle avant notre ère.**

Des premiers dramaturges proprement dits, nous ne possédons guère plus que des titres. **Lucius Livius ANDRONICUS, IIIe siècle avant notre ère,** composa des tragédies d'inspiration grecque *(Achille, Ajax porte-fouet, Le Cheval de Troie, Andromède, Hermione, Danaé, Térée, Ino)* et quelques comédies *(L'Espadon, Ludius, La Vierge)*. **Gnaeus NAEVIUS, vers 270-201 avant notre ère,** écrivit des tragédies d'inspiration hellénique *(Aesonia, Danae, Le Cheval de Troie, Le Départ d'Hector, Iphigénie, Lycurge)*, mais il s'essaya aussi dans les sujets romains *(Romulus* et *Clastidium)*. De ses œuvres comiques, satires de la société romaine sur des modèles grecs, on retient *Tarentilla* (La Jeune Tarentine).

TITINIUS, IIe siècle avant notre ère, écrivit des *togatae*, comédies à sujet romain représentant avec le langage dialectal le monde des pauvres gens (*Le Barbu, L'Aveugle, La Comédie des lavandières, La Sœur, La Joueuse de flûte*, etc.). **Quintus ENNIUS, 239-169 avant notre ère,** son neveu **Marcus PACUVIUS, 220-132 avant notre ère, Lucius ACCIUS, 170-86 avant notre ère,** écrivirent des tragédies imitées des Grecs, dont il ne nous reste que quelques fragments. **Lucius AFRANIUS, IIe siècle avant notre ère** (*Les Tantes maternelles, L'Incendie, Le Coiffeur, L'Auspice*, etc.), fut un grand auteur de togatae, comme **Titus Quintus ATTA, mort en 77 avant notre ère,** très apprécié grâce à ses interprètes fameux, Esope et Roscius.

Trois noms s'affirment, par l'ampleur des œuvres et par leur influence sur le théâtre occidental, comme ceux des plus grands auteurs latins.

PLAUTE, en latin Titus Maccius Plautus, 254-184 avant notre ère, d'origine plébéienne, écrivain et directeur de troupe. Son théâtre remanie la comédie nouvelle grecque en y injectant le cru et le pittoresque de l'esprit latin. Il se distingue par l'invention verbale, jeux sur les mots et sur les changements de rythmes des vers, et par l'alternance des parties chantées et des parties parlées, qui évoque l'opérette ou la comédie musicale. Parmi la vingtaine de comédies qui subsistent il faut considérer à part *Amphitryon*, comédie mythologique appelée tragi-comédie par les Anciens car l'action mêle des personnages divins et humains. Parmi les autres titres : *L'Asinaire, Les Bacchides* (– 188), *Casina, La Cassette, Le Charançon* (– 192), *Epidicus, Le Marchand, La Marmite, Les Ménechmes, Le Carthaginois, Pseudolus* (– 190), *Le Revenant, Le Soldat fanfaron, Stichus* (– 199), *Les Trois Ecus, Le Rustre, Vidularia*.

TERENCE, Publius Terentius Afer, vers 190-159 avant notre ère, s'inspira délibérément des modèles fournis par la comédie attique nouvelle. A la suite de Ménandre, il donna un déroulement souple et réaliste à la comédie conçue comme peinture des mœurs. Le divertissement qu'il propose est plus aristocratique, plus mélancolique, plus moralisateur que celui de Plaute. Il mourut vers l'âge de trente ans, n'ayant écrit que six pièces : *L'Andrienne* (– 166 env.), *L'Hécyre* (La Belle-Mère, – 165), *Héautontimoroumenos* (Celui qui se châtie lui-même, – 163 env.), *Phormion* (– 161), *L'Eunuque* (– 161), *Les Adelphes* (Les Frères, – 160).

Térence : Les Adelphes, *enluminure d'un manuscrit du IXe siècle (Bibliothèque vaticane, Rome ; phot. Sergio Rossi © Photeb).*

SENEQUE, en latin Lucius Annaeus Seneca, 4 avant notre ère, mort en 65, eut comme loisir d'écrire des tragédie exclusivement destinées à la lecture. Les neuf tragédies tempétueuses et imagées qui ont survécu ont été au fondement de la renaissance du théâtre tragique baroque en Occident : *Hercule furieux, Les Troyennes, Les Phéniciens, Médée, Phèdre, Œdipe, Agamemnon, Thyeste, Hercule sur l'Œta* (attribution douteuse).

Le Moyen Age

COMÉDIES MÉDIÉVALES EN LATIN

L'étude de Plaute et de Térence dans les universités, à la fin du Moyen Age, est à l'origine de la réapparition du goût pour l'écriture dramatique. Partis d'un exercice d'école – rivaliser avec les Latins – les humanistes se piquèrent au jeu et composèrent des comédies originales et véritablement burlesques; ce mouvement est surtout le fait des Italiens. Les œuvres les plus importantes sont le *Paulus* (1389) écrit par un étudiant bolognais, **Pier Paulo VERGERIO, né en 1370,** la *Cauteriaria, écrite par* **Antonio BARBIZZA,** à Pavie vers 1430, ou la *Philogenia, d'***Ugolino PISANI** (première moitié du XVe siècle). En Allemagne, **HROTSVITHA, vers 932-1000,** abbesse de Gandersheim, écrivit six pièces dans la manière de Térence.

LE DRAME LITURGIQUE ET SEMI-LITURGIQUE

Les laudes italiennes

Les *laudes* (louanges) sont des poèmes glorifiant toute la thématique chrétienne et dont la forme est souvent dialoguée et dramatique. Elles étaient jouées notamment sur les places des villages d'Ombrie (où elles naquirent), les jours de carême. **Jacopone DA TODI (Jacopo dei Benedetti, dit), 1230-1306,** moine franciscain, écrivit les laudes les plus fameuses; son chef-d'œuvre est le *Pianto della Madonna* (Plainte de la Madone).

Les jeux, les miracles et les mystères français

JEAN BODEL, mort en 1210, bourgeois d'Arras, écrivit la première œuvre d'auteur en langue vulgaire du théâtre occidental qui nous soit parvenue : le *Jeu de saint Nicolas,* drame épique qui mêle la thématique religieuse à des aventures hautes en couleur. Le miracle anonyme *Cortois d'Arras* (début du XIVe siècle) est composé dans un même style.

RUTEBEUF, vers 1230-1285, poète lyrique, composa un drame édifiant constitué d'une suite d'épisodes narrant l'histoire d'un personnage (le clerc Théophile), le *Miracle de Théophile* (vers 1260). Dans la même veine réaliste et biographique, il faut classer les anonymes *Miracles de Notre-Dame*.

ADAM de la halle ou ADAM le Bossu, vers 1240-1285, écrivit une satire des bourgeois d'Arras, entremêlée d'éléments fantastiques : le *Jeu de la Feuillée*. Les épisodes directement tirés de la vie sociale, le mode burlesque de la représentation préfigurent le futur théâtre profane français.

Les plus fameuses passions sont la *Passion d'Arras* (1420), d'**Eustache MERCADÉ,** qui comprenait 29 944 vers (soit quatre journées), la *Passion de Paris* (1450; 34 574 vers), d'**Arnoul GRÉBAN, 1420-1470),** et la *Pastorale d'Angers* (1486; 65 000 vers) de **Jean MICHEL, vers 1435-1501.**

En Angleterre : miracle plays et morality plays

Les *miracle plays,* qui mettaient en scène les épisodes dramatiques de l'Ancien et du Nouveau Testament, apparurent dans la première moitié du XIVe siècle. Le langage simple et quotidien s'y étendait jusqu'aux personnages bibliques, alors que sur le continent il était réservé à des personnages marginaux. **Le Maître de Wakefield,** dont le nom véritable a été perdu, est l'auteur de *Noah* et de *Secunda Pastorum* (début du XVe siècle).

Les *morality plays,* apparues au début du XVe siècle, toujours anonymes, font évoluer des personnages allégoriques comme Mort et Humanité, dans *The Castle of Perseverance* (Le Château de Persévérance, 1429), et comme Mort et Tout-Homme dans *The Summoming of Everyman* (Le Jugement de Tout-Homme, fin du XVe siècle).

LE THÉÂTRE COMIQUE

En France, un théâtre exclusivement profane de caractère régional naquit au XIVe siècle, sous l'impulsion d'associations détachées de l'organisation religieuse, les «sociétés joyeuses» (Les Sots, Les Enfants sans souci, etc.). Les pièces sont des farces, comme l'anonyme *Farce de Maître Pathelin* (vers 1464), des moralités (*Le Mauvais Riche, L'Enfant prodigue,* anonymes) et des sotties, dans la production desquelles se spécialisa l'acteur-auteur **Pierre GRINGOIRE, 1475-1538,** au début du XVIe siècle.

Le théâtre comique est aussi représenté en Allemagne par **Hans SACHS (1494-1576),** cordonnier de Nuremberg, qui, à côté de nombreuses scènes à caractère religieux, est l'auteur de farces rustiques ou de parades populaires (les *Fastnachspiele*) traitant de sujets d'actualité dans la tradition aristophanique.

Hans Sachs, bois de H. Brosamer, 1545 (fonds Rondel, bibl. de l'Arsenal, Paris; phot. M. Didier © Photeb).

La Renaissance italienne

La comédie

L'ARIOSTE (Ludovico Ariosto dit), 1474-1533, qui vécut à la cour de Ferrare, est le créateur de la comédie «régulière» ou érudite. Il a su utiliser les mécanismes dramatiques empruntés à Plaute (ressorts de l'intrigue, procédés comiques) et à la littérature narrative pour faire vivre, dans un esprit satirique et parodique, les situations et les personnages de son temps. Cinq comédies lui sont attribuées : *La Cassaria* (La Caisse, 1508), *I Suppositi* (Les Quiproquos, 1509), *Il Negromante* (Le Nécromant, 1520), *La Lena* (L'Entremetteuse, 1528), *La Scolastica* (La Scolastique, œuvre inachevée).

MACHIAVEL, en italien Niccolo Machiavelli, 1469-1527, écrivit une des plus attachantes comédies du XVIe siècle, *La Mandragola* (La Mandragore, 1520); elle allie l'efficace de la construction dramatique à la finesse et à la clarté d'un langage qui exprime la morale nouvelle, laïque et sceptique de l'auteur.

L'ARETIN, en italien Pietro Bacci, dit l'Aretino, 1492-1556, fils de cordonnier parvenu à la condition de courtisan à Rome puis à Venise, se fit le témoin sarcastique de la mesquinerie et de la corruption régnant dans les mœurs courtisanes. Il écrivit cinq comédies, composées dans une langue érudite qui ne s'interdit pas le recours au jargon ni à aucune fantaisie : *La Cortegiana* (La Comédie courtisane, 1525), *Il Marescalco* (Le Maréchal-Ferrant, 1527), *La Talanta* (1541), *L'Hipocrito* (L'Hypocrite, 1542), *Il Filosopho* (Le Philosophe, 1544).

RUZZANTE (Angelo Beolco, dit), 1502-1542, acteur, auteur et directeur de troupe, s'attacha à représenter, dans un style cru et réaliste qui s'opposait à l'esthétisme des spectacles de cour, la «tragi-comédie» de la misère paysanne. Il contribua à instaurer un style de jeu sans maniérisme, apte à rendre la souffrance, implicite dans le grotesque, préludant ainsi à la commedia dell'arte. De ses œuvres, difficilement datables, nous citerons *La Pastorale* (1520), *La Moschetta* (1520), les *Dialoghi* (trois dialogues écrits dans un même esprit mais à des moments différents), *Fiorina* (1530).

Andrea CALMO, 1510-1571, utilisa déjà les masques de la commedia dell'arte (Pantalon et Zanni); dans un langage dialectal, comme Ruzzante, il s'adressa, lui, au peuple et à la bourgeoisie des villes; il écrivit entre autres : *Travaglia* (1546) et *La Spagnola* (La Comédie espagnole, 1569).

Tandis que les Romains, les Napolitains, les Vénitiens cherchaient l'invention scénique et la fantaisie, la comédie florentine, plus académique et dans la stricte tradition naturaliste de Boccace, satisfait, sans le choquer, un public choisi. **IL LASCA (Anton Francesco Grazzini, dit), 1503-1584),** écrivit notamment *Arzigogolo* (Le Caprice, 1550); **Giammaria CECCHI, 1518-1587,** est l'auteur de *Il Servigiale* (L'Infirmier, 1561). A Naples **Giambattista DELLA PORTA, 1535-1615,** a laissé quatorze comédies divertissantes, dont *La Choppinaria* (1598) et *Cinzia* (1601). Mais c'est surtout **Giordano BRUNO, 1548-1600,** qui se détache dans cette ville (il mourut à Rome sur le bûcher, condamné par l'Inquisition). Il écrivit *Il Candelaio* (Le Chandelier, 1582), comédie qui clôt le siècle par une satire amère et féroce de ses mœurs; le pouvoir dénonciateur et subversif de la comédie régulière y éclate au grand jour.

La pastorale et la tragédie

Ange POLITIEN, en italien Agnolo Ambrogini, il Poliziano, 1454-1494, fut, avec *Fable d'Orphée* (Favola d'Orfeo, 1480), le précurseur de la pastorale, genre qui reprend sur un mode dialogué et chanté les thèmes de l'idylle et de l'églogue. **LE TASSE, en italien Torquato Tasso, 1544-1595,** développa pleinement ce genre (*Aminta,* 1573). A Ferrare, la pastorale deviendra tragi-comédie avec *Il Pastor fido* (Le Berger fidèle, 1589) de **Battista GUARINI, 1538-1612;** elle donnera plus tard le mélodrame.

Au XVIe siècle, nombreux sont les essais de développement de la tragédie à partir de *La Poétique,* d'Aristote. Les premières tragédies régulières (suivant la règle des trois unités) sont la *Sofonisba* (1515), de **Giangiorgio TRISSINO, 1478-1550,** et la *Rosmunda* (1515), de **Giovanni RUCELLAI, 1475-1525).** Avec *Orbecche* (1541), de **Giambattista GIRALDI CINZIO, 1503-1573,** ces expérimentations montent sur la scène pour la première fois, à Ferrare. L'Arétin est aussi l'auteur d'une tragédie qui annonce celles de Corneille par les vertus héroïques dont sont parés les Romains, *Orazio* (Horace, 1546); quant au Tasse, il écrivit *Torismondo* (1585) à partir de thèmes médiévaux.

Le Siècle d'or espagnol

Après une activité théâtrale médiévale exclusivement religieuse (dont il reste peu de chose), la renaissance du théâtre profane espagnol s'ouvrit avec un poème d'amour évoluant sur le fond d'une peinture de mœurs : *La Célestine* ou *Tragi-Comédie de Calixte et Mélibée* (1499-1502), attribuée à **Fernando de ROJAS, 1475-1538.** Mais cette œuvre d'un genre particulier resta isolée, et c'est **Juan del ENCINA, 1469-1529,** qui est considéré comme le fondateur du théâtre laïque espagnol. Il écrivit, pour un public aristocratique, des églogues inspirés de Virgile, mais dont les personnages parlent un dialecte castillan, avec, pour les paysans, un caractère bouffon. Les thèmes deviendront de plus en plus profanes, notamment avec l'*Eglogue de Placide et Victorien* (1513).

La Célestine, *éd. 1534 (fonds Rondel, bibl. de l'Arsenal, Paris; phot. M. Didier © Photeb).*

Lucas FERNANDEZ, 1472-1542, professeur à Salamanque, imitateur d'Encina qui se limita à des sujets sacrés, a laissé notamment l'*Auto de la Pasión* (Acte de la Passion). Dans la même veine, le Portugais **Gil VICENTE, vers 1465-1536,** écrivit dans sa langue et en castillan des *autos* et des farces, telle la *Comedia do viudo* (Comédie du veuf, 1514). **Bartolomé de TORRÈS NAHARRO, mort en 1530,** subit comme Encina l'influence italienne. Il classa ses œuvres selon une distinction nouvelle : les comédies *a noticia* (de choses vraies) et celles *a fantasia* (de choses imaginaires); parmi les premières : *La Soldadesca* (La Soldatesque); parmi les secondes : *Himenea* (L'Hyménée).

Lope de RUEDA, 1510-1565, acteur, est le premier auteur professionnel : il écrivit des comédies et des *pasos* (intermèdes) pour alimenter le répertoire de sa troupe. Ses pasos se rattachent au comique grossier médiéval : *La Caratula* (Le Masque), *El Convidado* (Le Convive), *La Generosa Poliza* (La Généreuse Bastonnade).

Miguel de CERVANTES, 1547-1616, dans une inspiration solitaire, avec des formes qui ne devaient rien ni à l'imitation des classiques ni à celle des humanistes chrétiens, tenta de transformer directement le théâtre religieux médiéval en un théâtre profane national. Cette dramaturgie se concrétisa dans des épopées picaresques comme *El Cerco de Numancia* (Le Siège de Numance, 1585) et dans une trentaine de malicieux intermèdes écrits à la fin de sa vie, dont : *El Retablo de las maravillas* (Le Retable des merveilles), *El Viejo Geloso* (Le Vieux Jaloux), *La Elección de los alcaldes de Daganzo* (L'Election des alcades de Daganzo).

Juan de La CUEVA, 1550-1610, dramaturge sévillan, s'affranchit de l'exemple classique (grec) et institua, dans ses écrits théoriques (*Ejemplar poetico,* 1609), plus que dans ses pièces, les règles de la *comedia* : mélange du tragique et du comique, abolition des unités de temps et de lieu, variété des mètres. Parmi ses pièces certaines rapportent les légendes et l'histoire de son pays : *Los Siete Infantes de Lara* (Les Sept Enfants de Lara, 1579), *La Libertad de España por Bernardo del Carpio* (La Libération de l'Espagne par Bernardo del Carpio), etc.

Felix LOPE DE VEGA, 1562-1635, madrilène, est considéré comme le maître de la *comedia*. Il puisa sa matière librement dans la réalité ou dans le patrimoine culturel espagnol, et l'ordonna, pour le seul plaisir des spectateurs, sans atténuer sa variété et son mordant par une formalisation rigide ou par une intention didactique ; naturel, lyrisme, science du mouvement dramatique, efficacité scénique (coups de théâtre) étaient ses seuls préceptes. Il a joui pleinement de la liberté préparée par Juan de La Cueva, et son œuvre immense (environ quinze cents comédies) est une glorification du théâtre en soi, et de son pouvoir divertissant. A part *l'Arte Nuevo de hacer comedias* (Le Nouvel Art de faire des comédies, 1609), et les quatre cents *autos* qu'il semble avoir écrits, il composa des comédies légères et rustiques comme *El Anzuelo de Feniza* (L'Hameçon de Phénice), des comédies de palais *(de palacio)* et de cape et d'épée *(en capa y espada)*, comme *El Perro del hortolano* (Le Chien du jardinier) et des drames historiques comme *Peribanez, Fuente Ovejuna.*

TIRSO DE MOLINA (Fray Gabriel TÉLLEZ, dit), 1584-1648, fut un disciple déclaré de Lope de Vega. Dans ses œuvres, il soutient l'intérêt du spectateur par sa «théâtralité» qui recourt souvent à des apparitions surnaturelles et par son imagination qui se donne libre cours dans des péripéties compliquées. Mais sa plume, nerveuse et rapide, ne se borne pas à divertir : il entend utiliser le plaisir du théâtre aux fins d'une leçon morale et d'un témoignage sur la condition humaine, il rapporte les tourments de l'âme où combattent les passions avec la loi morale. Aussi, s'il écrivit beaucoup de comédies de palais, comme *Don Gil de las calzas verdes* (Don Gil de vert vêtu), le sommet de son œuvre fut-il atteint avec *El Condenado por desconfiado* (Le Damné par manque de foi), drame théologique, et *El Burlador de Sevilla y Convidado de piedra* (Le Trompeur de Séville et le Convive de pierre, publié en 1630).

CALDERON de la Barca (Pedro), 1600-1681, est le grand successeur de Lope de Vega, bien que se situant sur un terrain plus aristocratique, tant par son style baroque que par les passions des personnages (les conflits résultant du sentiment de l'honneur). Son théâtre est plus didactique que divertissant, il illustre et discute les dogmes de la monarchie chrétienne. Sur le plan technique, ses comédies tendent à plus de cohérence dans la psychologie des personnages, à moins de coups de théâtre et à plus de fluidité dans la progression. Il précise et affine aussi le ton des différents genres : comédies de palais, de jalousie, d'intrigues — il s'illustra particulièrement dans ces dernières avec *La Dama duende* (La Dame fantôme, 1629). Les possibilités nouvelles de machinerie et de décors lui ont permis de traiter de manière fantastique les thèmes religieux et mythologiques ; il écrivit ainsi des drames métaphysiques comme *La Vida es sueño* (La Vie est un songe, 1631-1634), *El Magico prodigioso* (Le Magicien prodigieux, 1637). *El Principe Constante* (Le Prince Constant, 1629). Il utilisa toutes les ressources des *autos sacramentales* (joués à la Pentecôte) pour mettre en scène des mythes chrétiens, *La Cena del rey Baltazar* (Le Festin du roi Balthazar, 1634), ou des visions fantastiques, *El gran teatro del mundo* (Le Grand Théâtre du monde, vers 1645).

GUILLÉN DE CASTRO, 1569-1631, fut l'auteur de *Las Mocedades del Cid* (Les Enfances du Cid, 1618) qui inspirera Corneille, comme *La Verdad sospechosa* (La Vérité suspecte, 1630) — de **Juan RUIS DE ALARCON, 1581-1639** — qui fera la matière du *Menteur*. Quant à **Francisco DE ROJAS, 1607-1648,** auteur de *Del rey abajo, ninguno* (Hormis le roi, personne ; 1650), et à **Augustin MORETA, 1618-1669,** auteur de bonnes comédies comme *El Desden con el desden* (Dédain pour dédain, 1654), ils ne pourront malgré leurs qualités faire revivre le Siècle d'or, qui a pris fin avec la mort de Calderón.

Guillén de Castro : Les Enfances du Cid, *éd. 1521 (phot. © Bibl. nat. Paris/Photeb).*

Le théâtre élisabéthain

En Angleterre, dès le début du XVIe siècle, les humanistes redécouvrirent les vertus édifiantes du théâtre ; ils étudièrent *La Poétique*, d'Aristote, ils firent jouer et imitèrent les auteurs latins. Sénèque, traduit à partir de 1559, les influença particulièrement : son œuvre témoignait d'une recherche morale et non pas de la glorification d'une idéologie religieuse ; les horreurs tragiques, dont il usa abondamment, frappaient leur imagination. **Thomas SACKVILLE, 1536-1608,** et **Thomas NORTON, 1532-1584,** sont les auteurs de la première tragédie anglaise, galerie de personnages forcenés, d'inspiration directement sénéquéenne : *Gordobuc* (1562).

Mais l'âge d'or du théâtre anglais ne commence qu'avec la génération suivante : un groupe d'étudiants des universités de Cambridge et d'Oxford tentèrent d'aborder le théâtre professionnellement dans la capitale ; bien qu'ils ne formassent jamais une clique, on les a appelés les University Wits (esprits universitaires). Ces «aventuriers» du théâtre se nomment John Lyly, Robert Greene, George Peele, Thomas Nashe, Thomas Kyd et Christopher Marlowe.

John LYLY, vers 1554-1606, fut le seul d'entre eux qui réussit à devenir poète de cour. Il introduisit la poésie sur la scène par sa réthorique savante et par l'abondance et la préciosité de ses images. Il est l'auteur notamment de *Gallathea* (vers 1588), de *Endimion, the Man in the Moon* (Endimion, l'homme dans la Lune, 1588) et de *Midas* (1589-1590).

Robert GREENE, 1558-1592, «dévoyé» qui vécut misérablement, écrivit surtout des comédies romanesques ; on lui doit une satire de la science avec *Friar Bacon and Friar Bungay* (Frère Bacon et frère Bungay, 1589), une de ses trois meilleures pièces avec *Jacques IV* (1591) et *George-a-Greene* (1592).

George PEELE, vers 1558-1597, composa dans un esprit de recherche poétique des drames historiques, féeriques et mythologiques, tels que *The Battle of Alcazar* (La Bataille d'Alcazar, 1589), *The Love of King David and Fair Bethsabe* (L'Amour du roi David pour la belle Bethsabée, 1594), *The Arraygnement of Paris* (Le Jugement de Pâris, 1584).

Thomas NASHE, 1567-1601, fut un pamphlétaire et un satiriste ; il fit un scandale avec *The Isle of Dogs* (L'Ile des chiens, 1597), pièce sur la vie d'Euripide. Le seul texte qui nous reste de lui est une comédie-masque sur le thème pastoral : *The Summer's Testament* (Le Testament de Summer, 1598).

Thomas KYD, 1558-1594, auteur «sénéquéen», a montré le modèle de la tragédie en lui donnant une intensité maximale, des thèmes comme la vengeance et les amoureux persécutés, quelques personnages (fantômes, nobles vieillards) et un répertoire d'effets (récits héroïques, scènes de folie, d'amour, de torture ou de crime, théâtre dans le théâtre). *The Spanish Tragedy* (La Tragédie espagnole, 1590) précède de peu les grandes œuvres de Marlowe.

Christopher MARLOWE, 1564-1593, sorti de Cambridge, mena une vie aventureuse à Londres. Ses tragédies, par la dimension titanesque des personnages qui butent contre les limites de la nature humaine, et, dans un même mouvement, les désignent, montrent quelles peuvent être les possibilités du théâtre, dans une situation aussi féconde en formes et en contenus. Par la puissance des sentiments, plus que par la finesse psychologique, elles révèlent certains conflits de civilisation, prenant ainsi une importance historique. Ainsi le pouvoir (maléfique) de l'argent est dénoncé dans *The Rich Jew of Malta* (Le Juif de Malte, 1589), tandis que la «soif» de conquête, et la faiblesse qu'elle peut révéler, est analysée dans *Tamburlaine the Great* (Tamerlan le Grand, 1587). Parmi ses œuvres les plus importantes il faut citer aussi *Doctor Faustus* (Le Docteur Faust, 1588) où le désir de connaissance est mis en question, *Massacre at Paris* (Le Massacre à Paris, 1593), *Edward II* (Edouard II, 1593) et *Dido, Queen of Carthage* (Didon, reine de Carthage, 1593).

William SHAKESPEARE, 1564-1616, porta à leur faîte les possibilités théâtrales désignées par les six auteurs précédents (les University Wits). L'adéquation du langage poétique et du drame, l'ampleur des enjeux humains débattus dans ce drame, la vérité de chaque personnage, et l'humour, qui peut toujours proposer sa «distance», font de la forme shakespearienne une forme ouverte, qui peut accueillir toutes les interprétations. Si Shakespeare pose un problème à l'histoire littéraire, son existence pourtant ne fait aucun doute. Baptisé à Stratford-upon-Avon le 25 avril 1564, fils de bourgeois aisés, il se maria dans sa ville en 1582. A partir de 1592, sa présence et son succès grandissant, à Londres, sont attestés par des documents certains : en 1592, Robert Greene, dans un pamphlet, lui enjoint d'abandonner le théâtre, et le traite de «Jean le Factotum» ; à partir de la même année ses œuvres commencent à être publiées ; en 1594, il est récompensé, comme acteur, par la reine Elisabeth ; en 1597, il devient actionnaire du théâtre du Globe. Il se retire en 1610 à Stratford, où il a accumulé des biens immobiliers considérables. Mais le problème reste de savoir s'il est bien l'auteur de son œuvre, et certains prétendent que Shakespeare n'est qu'un prête-nom, pour Marlowe, Bacon ou le comte de Derby. A l'appui de ce doute : les renseignements concernant Shakespeare touchent plus ses activités d'acteur et de directeur, et l'on n'a conservé aucun de ses manuscrits. Surtout, Shakespeare n'est pas allé à l'université, à une époque où tout s'y apprenait, et a mené une vie tranquille, en contradiction apparente avec son œuvre qui semble embrasser l'humanité entière. En fait, cette œuvre dénote une culture moyenne et jaillit de l'imagination, plutôt que d'une éducation littéraire. Sous le nom de Shakespeare sont recensées trente-sept pièces écrites entre 1590 et 1613. Celles-ci, tantôt tragédies à sujets historiques ou légendaires, tantôt comédies bouffonnes, féeriques, mélodramatiques ou élégiaques, sont habituellement classées en cinq périodes.

La période du début comprend les trois parties de *Henry VI* (1589-1590), *Richard III* et *Titus Andronicus* (1592-1593), *The Comedy of Errors* (La Comédie des erreurs, 1593), *The Taming of the Shrew* (La Mégère apprivoisée, 1593). Suit une période de pièces principalement lyriques : *The Two Gentlemen of Verona* (Les Deux Gentilshommes de Vérone, 1594-1595), *Love's Labour's Lost* (Peines d'amour perdues, 1594-1595), *Romeo and Juliet* (Roméo et Juliette, 1595-1596), *Richard II* (1595-1596), *A Midsummer Night's Dream* (Le Songe d'une nuit d'été, 1595-1596), *King John* (Le Roi Jean, 1596-1597), *The Merchant of Venice* (Le Marchand de Venise, 1596-1597). La troisième période est celle des drames historiques et des comédies de la maturité ; les deux parties de *Henry IV* (1597-1598), *Much Ado about Nothing* (Beaucoup de bruit pour rien, 1598-1599), *Henry V* (1598-1599), *The Merry Wives of Windsor* (Les Joyeuses Commères de Windsor, 1599), *Julius Caesar* (Jules César, 1599), *As you like it* (Comme il vous plaira, 1599), *Twelfth Night* (La Nuit des rois, 1599-1600). Ensuite vint la période des tragi-comédies, *Troilus and Cressida* (Troïlus et Cressida, 1602-1603), *All's Well that Ends Well* (Tout est bien qui finit bien, 1603), *Measure for Measure* (Mesure pour mesure, 1604), et des grandes tragédies, *Hamlet* (1600-1601), *Othello* (1603-1604), *King Lear* (Le Roi Lear, 1606), *Macbeth* (1606), *Anthony and Cleopatra* (Antoine et Cléopâtre, 1606-1607), *Coriolanus* (Coriolan, 1607-1608), *Timon of Athens* (Timon d'Athènes, 1607). Les dernières œuvres tendent plus à évoquer le monde fantastique du poète, et à suivre linéairement le déroulement d'une aventure, qu'à assumer les exigences directement théâtrales (rythmes et conflits) : *Pericles, prince of Tyre* (Périclès, prince de Tyr, 1608-1609), *Cymbeline* (1609), *The Winter's Tale* (Le Conte d'hiver, 1610-1611), *The Tempest* (La Tempête, 1611) ; *Henry VIII* (1613) et *The Two Noble Kinsmen* (1613) semblent avoir été écrits en collaboration avec Fletcher ; *Edward III* (1690-1695) est aussi attribuée à Shakespeare.

Ben JONSON (Benjamin Jonson, dit), 1572-1637, rival de Shakespeare, différait de lui sur tous les points. Humaniste érudit, ses œuvres sont claires et mesurées dans la forme (respectant les règles aristotéliciennes), mais percutantes par leur concision même quant à leur contenu moral. Enrichissant sa matière par de nombreuses références aux mœurs de son époque, il a surtout écrit des comédies aux mécanismes précis, qui peignent sans concession la «nature humaine» : *Every Man in his Humour* (Chacun dans son caractère, 1598) et *Every Man out of his Humour* (Chacun hors de son caractère, 1599), *The Poetaster* (Le Poètereau, 1601), *Volpone or the Fox* (Volpone ou le Renard, 1605), *Epicoene or The Silent Woman* (Epicoene ou la Femme silencieuse, 1609), *The Alchimist* (L'Alchimiste, 1610), *Bartholomew Fair* (La Foire de la Saint-Barthélemy, 1614), *The Devil is an Ass* (Le Diable est un sot, 1614). Il fut aussi l'auteur de deux tragédies : *Sejanus his Fall* (La Chute de Sejan, 1603) et *Catiline* (Catilina, 1611).

George CHAPMAN, 1560-1634, écrivit de nombreuses tragédies, souvent fondées sur des procédés rhétoriques, comme *Bussy d'Amboise* (1604), et des comédies de situation comme *All Fools* (Tous des fous, 1604).

John MARSTON, 1575-1634, fut un moraliste satiriste qui poussa, sans retenue, sa critique des mœurs courtisanes dans le sarcasme. Il est l'auteur de *The Malcontent* (Le Mécontent, 1604), de la comédie *Histriomastix* (1599), de la tragédie psychologique *The Wonder of Women, or the Tragedy of Sophonisba* (La Merveille des femmes, ou la Tragédie de Sophonisbe, 1606). **Thomas DEKKER, 1572-1632,** écrivit seul ou en collaboration une quarantaine de comédies populaires et de bonne santé dont on peut retenir *The Shoemaker's Holiday* (La Fête du cordonnier, 1599). **Thomas MIDDLETON, 1580-1627,** fit une aimable satire des mœurs de son temps dans des comédies comme *A Mad World, My Masters* (Un Monde fou, Mes maîtres, 1604-1607) ; il composa aussi des tragédies, autour d'amours et de crimes passionnels : *Women Beware Women* (Les Femmes se défient des femmes, 1621) et *The Changeling* (L'Enfant échangé, 1622).

Cyril TOURNEUR, 1575-1626, s'inscrivit en plein dans la lignée sénéquéenne des horreurs, de la cruauté, de la luxure, dévoilant impudiquement dans ses tragédies la composante sadique de la nature humaine. Il est l'auteur de *The Revenger's Tragedy* (La Tragédie du vengeur, 1607) et *The Atheist's Tragedy* (La Tragédie de l'athée, 1611). **John WEBSTER, 1580-1625,** écrivit dans le genre macabre des tragédies assez proches de celles de Tourneur : *The White Devil* (Le Démon blanc, 1611-1612), *The Duchess of Malfi* (La Duchesse de Malfi, 1613).

John FORD, 1586-1640, par le tour personnel qu'il lui a donné, est le dernier grand de la tragédie élisabéthaine. Il a montré, avec l'exaltation baroque que lui avaient transmise des poètes comme Robert Burton (*L'Anatomie de la mélancolie*, 1621), et avec pour toiles de fond les cours italiennes ou l'Antiquité, des personnages qui n'ont d'autre issue, à leurs passions douloureuses et excessives, que la mort. Il écrivit notamment *'Tis Pity she's a Whore* (Dommage qu'elle soit une putain, 1626), *The Broken Heart* (Le Cœur brisé, 1628), *Love's Sacrifice* (Sacrifice d'amour, 1630).

Francis BEAUMONT, 1585-1616, et **John FLETCHER, 1579-1625,** s'associèrent notamment pour écrire trois drames : *Philaster* (1608), *The Maid's Tragedy* (Tragédie de la jeune fille, 1611), *A King and no King* (Un roi sans être roi, 1611), et une comédie, *The Scornful Lady* (La Belle Dédaigneuse, 1613). Fletcher écrivit seul de nombreuses comédies d'humeur et de divertissement, dont *The Faithful Shepherdess* (La Bergère fidèle, 1609) et *The Wild Goose Chase* (La Chasse à l'oie sauvage, 1621). Beaumont est l'auteur de *The Knight of Burning Pestle* (Le Chevalier au pilon ardent, 1609). **Philip MASSINGER, 1583-1640,** qui collabora avec Dekker et Fletcher, est personnellement l'auteur d'une quinzaine de pièces, dont *A New Way to Pay Old Debts* (Une nouvelle façon de payer de vieilles dettes, 1623).

James SHIRLEY, 1596-1666, et **Richard BROME, mort en 1662,** préludent à l'affadissement et à la mort du genre.

Le grand siècle français

La tragédie

Le mouvement humaniste, qui se développa en France avec un demi-siècle de retard sur son équivalent italien, s'efforça dès 1500 de faire revivre les genres anciens. Parallèlement aux nombreuses traductions des Grecs, de Plaute et de Térence, on composa dans les collèges des drames en latin (comme le *Jules César*, de Muret, en 1545). Vers 1550 eurent lieu les deux premières tentatives de la tragédie française.

Etienne JODELLE, 1532-1573, fit représenter à Paris en 1552 une tragédie de forme classique (avec cinq actes, la présence du chœur, le respect des trois unités), *Cléopâtre captive ;* un sens du spectaculaire, un certain lyrisme, une leçon moralisante faisaient corps avec cet exercice rhétorique. **Théodore DE BEZE, 1519-1605,** avec *Abraham sacrifiant* (1552) renouvela le genre en injectant l'esprit nouveau du calvinisme. A la suite de cet exemple, de nombreuses tragédies, bâties sur le même modèle, virent le jour. Citons celles de **Jacques GREVIN, 1538-1570 :** *Jules César*, *La Trésorière*, *Les Esbahis* (1560); et celles de **Jean de La TAILLE, 1540-1608,** *Saül* (1572) et *Les Gabaonites* (1573).

Etienne Jodelle, gravure du XVIe siècle. (Bibl. nat. Paris; phot. © Giraudon/ arch. Photeb).

Robert GARNIER, 1544-1590, écrivit coup sur coup huit tragédies de forme classique, mais plus littéraires que dramatiques. Il tenta après Théodore de Bèze, mais avec plus de souplesse et de poésie, de substituer un esprit contemporain au mythe antique. Il écrivit notamment une tragi-comédie (sans chœurs) sur le thème du Roland furieux de l'Arioste, *Bradamante*, et une œuvre inspirée de la Bible, *Les Juives* (1583).

Antoine de MONTCHRESTIEN, 1575-1621, est l'auteur de tragédies au style parfois précieux; ses thèmes sont empruntés aux classiques *(Les Lacènes)*, à l'histoire biblique *(David)*, à l'histoire contemporaine (*L'Ecossaise*, i.e. Marie Stuart).

Alexandre HARDY, 1570-1632, fut le premier auteur professionnel français. Il était le fournisseur en tragédies, en tragi-comédies et en pastorales (sept cents pièces au total, dont une trentaine nous sont parvenues!) d'une troupe ambulante, la troupe de Valleran-Lecomte, qui s'installa en 1599 à l'Hôtel de Bourgogne. Il travaillait avec une exigence de rentabilité immédiate, en négligeant les règles classiques au profit du spectaculaire et en variant les sujets à l'infini. Son «métier» l'a conduit à réformer de manière essentielle la tragédie : il a créé l'intrigue, fortifié l'unité d'action, supprimé le chœur. Son œuvre comprend notamment *Didon* (1603), *La Mort d'Achille* (1607), *Marianne* (1610).

Jean MAIRET, 1604-1686, auteur quelque peu emphatique, fut très apprécié à partir de 1630 pour la rigueur qu'il institua dans le respect de la règle des unités. Ses succès les plus vifs furent *Sylvie* (1626, tragi-comédie) et *Sophonisbe* (1634, tragédie).

Pierre CORNEILLE, 1606-1684, avocat à Rouen, est issu d'une famille bourgeoise dont toutes les ambitions étaient tournées vers la cour. Il sera un grand protégé de Richelieu. Corneille fit ses débuts de dramaturge comme auteur de comédies et de tragi-comédies romanesques, genre «irrégulier» emprunté à l'Espagne. Mais l'esthétique alors dominante réclamait une application rigoureuse des règles aristotéliciennes et l'élimination des scènes violentes d'horreur ou de luxure : tout manquement à cette bienséance condamnait la pièce à l'insuccès. *Médée* fut une tentative malheureuse d'imitation de la tragédie latine, et c'est avec *Le Cid* que Corneille produisit une œuvre d'art achevée qui montrait la voie et les possibilités de la tragédie classique française. *Le Cid* est une pièce charnière (elle se dénommait encore tragi-comédie dans les premières éditions). Le respect de la forme classique s'allie avec un tragique nouveau, où le sublime est atteint dans la «grandeur», où la représentation d'un personnage et d'un événement hors du commun révèle des conflits d'ordre moral et politique de manière grandiose; de son ampleur la pièce tire sa valeur morale. D'autre part, à la forme régulière, Corneille marie son lyrisme romanesque qui donne à la pièce pathos et suspense; tout cela dans une utilisation parfaitement maîtrisée du vers tragique, qui renforce ici la recherche de «clarté». Puis vint le temps des grandes tragédies où Corneille, après quelques remontrances qui lui avaient été faites, respecta plus scrupuleusement les règles aristotéliciennes; mais bien qu'elles réapparaissent dans certaines pièces (comme *Rodogune*) l'imagination et la chaleur de la peinture romanesque des transports de l'âme sont souvent étouffées sous le poids du développement rhétorique et emphatique des deux concepts qui s'opposent : la réalité humaine et l'idéal moral absolu. Ses œuvres sont, dans l'ordre chronologique : *Mélite* (1630, comédie), *Clitandre* (1631, tragi-comédie), *La Veuve*, *La Galerie du palais*, *La Suivante*, *La Place Royale* (1631-1634, comédies), *Médée* (1635, tragédie), *L'Illusion comique* (1636, comédie), *Le Cid* (1637, tragédie), *Horace* (1640, tragédie), *Cinna ou la clémence d'Auguste* (1640, tragédie), *Polyeucte* et *La Mort de Pompée* (1643, tragédies), *Le Menteur* (1643, comédie), *Rodogune, princesse des Parthes*, *Héraclius, empereur d'Orient* (1645-1647, tragédies), *Andromède* (1649-1650, drame lyrique), *Don Sanche d'Aragon*, *Nicomède* (1649-1651, tragi-comédies), *Perthorite, roi des Lombards* (1653, tragédie qui subit un échec complet), *Œdipe* (1659, tragédie), *Sertorius*, *Sophonisbe*, *Othon*, *Agésilas*, *Attila* (1662-1667, tragédies), *Tite et Bérénice* (1667, tragédie où Corneille affronte Racine, et subit un échec), *Psyché* et *Pulchérie* (1671, tragédies), *Suréna, général des Parthes* (1674, tragédie; le public avait déjà abandonné Corneille).

Jean ROTROU, 1609-1650, devint à dix-neuf ans l'auteur attitré de l'Hôtel de Bourgogne; il écrivait notamment des tragi-comédies et des comédies inspirées de Lope de Vega. Plus tard, il accompagna Corneille dans la création d'une tragédie française analyse construite sur le modèle classique (il fut lui aussi protégé de Richelieu). Ses œuvres les plus notables sont une tragi-comédie, *Cléogénor et Doristhée* (1630), une comédie, *L'Hypocondriaque ou le mort amoureux* (1628) et trois tragédies, *Hercule mourant* (1630), *Le Véritable saint Genest* (1646), *Venceslas* (1647).

Une nombreuse production mineure affirma le genre, et notamment celle de **TRISTAN L'HERMITE (François, dit), 1601-1655,** avec *Marianne* (1636), tragédie dont le succès fit concurrence au *Cid*, *La Mort de Sénèque* (1645), tragédie, et *Le Parasite* (1654), comédie. **Isaac de BENSERADE, 1612-1691,** fut un des auteurs protégés par Richelieu, après le succès de sa tragédie *Cléopâtre* (1635).

Jean RACINE, 1639-1699, infléchit la tragédie dans une direction toute différente. Eduqué par les jansénistes, il s'oriente rapidement vers une tendance intellectuelle opposée et se lie d'amitié avec Molière, Boileau, La Fontaine. De la même manière que sa vie privée, faite de libertinage et d'arrivisme, contredit l'ascèce janséniste de Port-Royal, l'esprit de ses tragédies n'est pas celui d'une recherche liturgique du sacré; il ne se fonde pas non plus sur l'exaltation des vertus héroïques, comme chez Corneille. La nouveauté des tragédies de Racine, c'est qu'elles s'appuient exclusivement sur les «mouvements» des sentiments humains : les ressorts dramatiques et les jeux scéniques reposent sur l'analyse subtile des passions vécues intimement, et non plus sur une typologie des personnages ou sur le déroulement d'une fable. L'essence du tragique racinien est l'amour impossible, la passion destructrice que le personnage ne peut assumer, mais à laquelle il ne peut renoncer. L'expression de ce tragique est rendue par le langage : les armes des personnages de Racine sont avant tout des mots. La simplicité des conflits, la permanence et la puissance extrême des passions qui peuvent friser la folie (Phèdre) se développent dans une forme rigoureusement classique, avec un langage clair et direct dont l'importance est encore accrue par l'essentielle musicalité des vers, qui achève et referme sur elle-même la tragédie, œuvre parfaite. Bénéficiant d'un grand succès populaire et du soutien du roi, Racine accède à des charges officielles (historiographe et conseiller du roi); mais, à trente-sept ans, après *Phèdre*, paroxysme de son œuvre, il abandonne l'écriture comme le libertinage, et se réconcilie avec ses maîtres, les solitaires de Port-Royal. En 1689, sur la demande de Mme de Maintenon, il écrit, pour les jeunes filles de Saint-Cyr, *Esther*, puis *Athalie*, tragédies sur des thèmes bibliques, où le chœur est réintroduit. Les œuvres de Racine sont, dans l'ordre chronologique : *La Thébaïde ou les Frères ennemis* (1664, jouée par la troupe de Molière), *Alexandre* (1655), *Andromaque* (1667), *Les Plaideurs* (1668, comédie), *Britannicus* (1669), *Bérénice* (1670), *Bajazet* (1672), *Mithridate* (1673), *Iphigénie* (1674), *Phèdre* (1677), *Esther* (1689), *Athalie* (1691).

La comédie

Un certain nombre d'auteurs se sont illustrés aussi bien dans la tragédie que dans la comédie; leur production s'ordonne autour des trois grands pôles de ce siècle : Corneille, Racine et Molière.

Georges de SCUDERY, 1601-1667, devint, après l'avoir protégé, un rival et un détracteur de Corneille, qu'il attaqua dans ses *Observations sur le Cid*. Il écrivit des tragédies, des tragi-comédies et des comédies : *Annibal* (1631), *Le Fils supposé* (1635), *L'Amant libéral* (1636). **Paul SCARRON, 1610-1660,** écrivit uniquement des farces pour l'acteur Jodelet : *Jodelet ou le maître valet* (1645), *Jodelet souffleté* (1646).

CYRANO de BERGERAC (Sarinien de), 1619-1655, fut un libertin notoire. Il influença Molière dans ses comédies, notamment en introduisant un paysan au théâtre dans *Le Pédant joué* (1654); il est aussi l'auteur d'une tragédie : *La Mort d'Agrippine* (1653).

Thomas CORNEILLE, 1625-1709, frère du grand Corneille, écrivit quarante-trois pièces : des comédies héroïques à l'espagnole comme *Don Bertrand de Cigarral* (1650); des comédies de mœurs comme *La Dame vengée* (1695); des tragédies romanesques comme *Timocrate* (1656), qui fut le plus gros succès du siècle; des tragédies cornéliennes comme *La Mort d'Annibal* (1669); des tragédies raciniennes comme *Ariane* (1672); et aussi une adaptation en vers du *Festin de pierre,* de Molière (1677).

Philippe QUINAULT, 1635-1688, fils d'un boulanger, protégé de Tristan L'Hermite, débuta avec une comédie, *Les Rivales* (1653), suivie de nombreuses autres imitées du théâtre espagnol, puis de tragi-comédies et de tragédies; soit seize pièces spirituelles et galantes dont se détache une comédie de mœurs : *La Mère coquette* (1665). Après avoir été évincé par son jeune rival Racine, il se tourna vers l'opéra et travailla en collaboration avec Lully (*Cadmus et Hermione*, 1679).

MOLIÈRE, (Jean-Baptiste Poquelin, dit), 1622-1673, persécuté toute sa vie par le clergé (qui lui refusera l'extrême-onction, comme à tous les acteurs), et l'aristocratie, dépendait étroitement de la faveur du roi et de celle du public. D'où son comique délibéré, à l'état pur dans les farces, qui se charge d'une critique sociale parfois sans frein dans les comédies, et son importante production de pastorales et de comédies-ballets pour les spectacles de cour. C'est à la farce, d'abord, que Molière dut sa carrière à la cour, mais il est le créateur de la comédie classique de caractère et de mœurs : il a mis, pour la première fois en France, directement en cause les personnages et les mœurs contemporaines. Il fut le premier aussi à donner l'élégance et les raffinements de l'ironie à la comédie, à la tirer du comique grossier jusqu'à l'amener vers les confins du drame, dans les comédies philosophiques *(Dom Juan)*. Sur le fond général d'une morale du bon sens, en s'inspirant sans vergogne de modèles préexistants, Molière est un «peintre» du monde, s'attachant davantage à la justesse de l'observation qu'à l'intrigue et au dénouement. Ses personnages, dont le rôle social est toujours clairement défini (dans la tradition des masques de la commedia dell'arte), ont un parler réaliste, prosaïque (même s'il est en vers!), et diffèrent selon leurs origines (ainsi le galimatias des paysans). Molière a établi une base solide et ouverte pour les futurs développements de la comédie : le plaisir du théâtre en soi

Molière en Sganarelle, *gravure de Simonin, XVII*[e] *siècle (phot. © Bibl. nat. Paris/archives Photeb).*

sera continué par Feydeau et Labiche, nous retrouverons l'analyse psychologique chez Marivaux, la critique sociale chez Beaumarchais. Quant à la souffrance réelle que l'on pressent dans l'expression parfois amère du ridicule, elle se trouvera développée avec Courteline puis de nombreux auteurs du XXe siècle comme Pirandello. Les œuvres de Molière sont, par ordre chronologique : *Le Docteur amoureux, La Jalousie du barbouillé, Le Médecin volant,* farces ; *L'Etourdi* (1655), *Le Dépit amoureux* (1656), *Les Précieuses ridicules* (1659), comédies ; *Don Garcie de Navarre ou le Prince jaloux* (1661), tragédie malheureuse ; *Sganarelle ou Le Cocu imaginaire* (1660), *Les Fâcheux* (1661), *L'Ecole des maris* (1661), *L'Ecole des femmes* (1662), la *Critique de l'Ecole des femmes* (1662), *L'Impromptu de Versailles* (1663), comédies ; *La Princesse d'Elide* (1664), pastorale, *Le Mariage forcé* (1664), comédie-ballet ; *Tartuffe ou l'Imposteur* (1664 : version en trois actes ; 1667 : version définitive en cinq actes), *Dom Juan ou le Festin de pierre* (1665), *Le Misanthrope* (1666), comédies ; *La Pastorale comique* (1666), *Le Sicilien ou l'Amour peintre* (1667), comédie-ballet ; *Le Médecin malgré lui* (1666), *Amphitryon* (1668), *George Dandin ou le Mari confondu* (1668), *L'Avare* (1668), comédies ; *Monsieur de Pourceaugnac* (1669), comédie-ballet, *Les Amants magnifiques* (1670), pastorale-ballet ; *Le Bourgeois gentilhomme* (1670), comédie ; *Psyché* (1671), tragédie-ballet ; *Les Fourberies de Scapin* (1671), comédie ; *La Comtesse d'Escarbagnas* (1671), lever de rideau ; *Les Femmes savantes* (1672), *Le Malade imaginaire* (1672), comédies.

L'exemple de Molière fut suivi par un grand nombre d'imitateurs qui, par leurs qualités de divertissement, préludent à ce que l'on appellera le boulevard. **Jean-François REGNARD, 1655-1670,** écrivit des farces et des comédies pour la Comédie-Française ; il a composé notamment *Le Joueur* (1696), *Le Distrait* (1697), *Le Légataire universel* (1708). **DANCOURT (Florent Carton, sieur d'Ancourt, dit), 1661-1725,** acteur et auteur de la Comédie-Française, écrivit plus de cinquante comédies en prose critiquant les mœurs de la bourgeoisie ; citons *Le Chevalier à la mode* (1687), *La Maison de campagne* (1688), *La Foire de Bezons* (1695), *Les Vendanges de Suresnes* (1695), *Les Bourgeoises de qualité* (1700). **DUFRESNY (Charles Rivière, dit), 1648-1724,** fut l'auteur de comédies faciles comme *La Coquette du village* (1715).

Le XVIIIe siècle

LA FRANCE

La tragédie

Au début du XVIIIe siècle, la tragédie est le «grand» genre, le sommet qui peut couronner une carrière littéraire. Aussi de nombreuses tentatives furent faites pour retrouver la veine cornélienne ou racinienne ; mais, sous une forme emphatique ou spectaculaire, dans l'exotisme ou dans le «terrible», la tragédie du XVIIIe siècle, qui n'a pu revivifier la forme classique dans un esprit nouveau, est restée lettre morte.

FONTENELLE (Bernard Le Bovier de), 1657-1757, neveu de Corneille, régna avant Voltaire sur le monde littéraire parisien ; il tenta de couronner son œuvre par quelques tragédies, comme *Aspar* (1681), qui furent vite oubliées. **CREBILLON (Prosper Jolyot, sieur de Crais-Billon, dit), 1674-1762,** auteur très apprécié, fut considéré comme le successeur de Racine. Ses neufs tragédies narrent des histoires horribles et brutales, s'articulant sur de violents coups de théâtre. Les plus connues d'entre elles sont *Electre* (1708), *Rhadamiste et Zénobie* (1711), *Catilina* (1748).

VOLTAIRE (François-Marie Arouet, dit), 1694-1778, a tenté de renouveler la forme classique. Tout en gardant précieusement la structure et les techniques de la tragédie racinienne, il puisa son inspiration dans l'histoire française ou dans l'exotisme oriental et préconisa, pour soutenir ces atmosphères, des décors plus réalistes. D'autre part, à Shakespeare qu'il avait redécouvert, il emprunta le mouvement ; enfin, il supprima les banquettes de scène, isolant celle-ci du public. Mis à part *Mahomet* (1741), tragédie où résonnent ses conceptions morales et politiques, Voltaire n'a pu faire revivre le style classique pour ses contemporains. Ses principales tragédies sont : *Œdipe* (1718), *Artémise* (1720), *Mariamne* (1725), *Brutus* (1730), *La Mort de César* (1731), *Zaïre* (1732), *Alzire* (1736), *Mérope* (1743), *Sémiramis* (1748), *Oreste* (1750), *L'Orphelin de la Chine* (1755), *Tancrède* (1760).

Après Voltaire, la tragédie agonise dans l'emphase et la grandiloquence. Certaines dégradations annoncent cependant le drame, malgré la grande résistance du classicisme français.

Marie-Joseph de CHENIER, 1764-1811, figure importante de la Révolution, fit de ses tragédies des œuvres de propagande qui contiennent toujours, dans une forme classique, des allusions à l'actualité politique. Certaines de ses œuvres ont ainsi acquis une place importante dans le développement du drame historique : *Charles IX ou l'Ecole des rois* (1789), *Caïus Gracchus* (1792), *Fénelon ou les Religieuses de Cambrai* (1793), *Timoléon* (1794), etc.

Népomucène LEMERCIER, 1711-1840, disciple des philosophes des lumières, innova plus hardiment dans la forme : il assouplit l'unité de lieu, notamment dans *Christophe Colomb* (1809), où l'on pressent déjà un souffle romantique. *Pinto* (1799) est la première comédie historique française. Mais les personnages de Lemercier s'expriment toujours en alexandrins, même si comme Cristol, dans *Les Martyrs de Souli ou l'Epire moderne* (1825), ils parlent petit nègre.

Casimir DELAVIGNE, 1793-1843, fut un des médiateurs entre le classicisme et le romantisme : sans rompre avec la tradition tragique il épousa certaines revendications qui présageaient du romantisme. Auteur également de comédies historiques et plus tard de drames, ce sont surtout ses tragédies qui témoignent de l'évolution du théâtre : *Les Vêpres siciliennes* (1818), *Le Paria* (1821), *Marino Faliero* (1829), etc.

La comédie

Installés dans l'ancien Hôtel de Bourgogne, les Italiens s'étaient mis à jouer en français. C'est dans cette langue qu'**Evariste GHERARDI, 1663-1700,** écrivit un recueil de scénarios tirés de la commedia dell'arte (1696), où s'intercalent aussi des scènes en italien. Dans ce recueil, des simples saynètes nous passons à des comédies plus complètes, où l'acteur garde pourtant sa liberté d'improvisation. A l'école des Italiens se formèrent les auteurs français du théâtre de la Foire qui devinrent vite de sérieux concurrents pour ces premiers, grâce à la liberté de ton de leurs comédies de mœurs et de leurs vaudevilles à couplets. Nous citerons **DORNEVAL, mort en 1766, Charles-Simon FAVART, 1720-1792,** qui porta le vaudeville à son apogée et créa l'opéra-comique, en substituant une musique plus originale aux rengaines populaires (*La Chercheuse d'esprit, Les Trois Sultanes,* etc.) ; **Charles-François PANARD, 1674-1765,** chansonnier et auteur de cinq comédies et treize opéras-comiques ; **Alexis PIRON, 1689-1773,** auteur du monologue comique *Arlequin-Deucalion* (1772).

Alain-René LESAGE, 1668-1747, se dégage de cette multitude d'auteurs «faciles». Au cours de sa vie mouvementée il aborda le théâtre de multiples façons : d'abord adaptateur du Siècle d'or espagnol, il fit son premier succès avec une comédie d'intrigue, *Crispin rival de son maître* (1707). Son *Turcaret* (1709) — une des meilleures comédies du siècle — a pour centre un financier et inaugure l'apparition du démiurge «argent» sur la scène. *Turcaret* est très révélateur des mobiles et des intérêts de la société pré-révolutionnaire ; de plus, la liberté d'expression, fille de la philosophie des lumières, prend corps dans cette comédie de mœurs et de caractère de forme classique. A partir de 1722 Lesage n'écrivit plus que pour le théâtre de la Foire.

MARIVAUX (Pierre Carlet de Chamblain de), 1688-1763, fut lui aussi influencé par la finesse et la virtuosité auxquelles étaient parvenus les Italiens dans leurs broderies autour de l'amour ; ces mêmes Italiens qui deviendront ses interprètes. Marivaux renouvela la comédie moliéresque en la centrant presque uniquement sur l'analyse subtile de la psychologie amoureuse, et en introduisant des variations sur les thèmes contemporains de l'éducation, de l'aliénation d'autrui, du travestissement. Remuements incessants et métamorphoses impalpables de la passion, tentatives des êtres de communiquer réellement à travers le langage le plus futile en apparence, recherche du vrai dans la nuance, tels sont les bases et les ressorts du jeu théâtral qui se concrétise dans la finesse de sentiment propre au marivaudage. Avec Marivaux la comédie italienne prend une forme littéraire sans perdre sa vivacité. Cependant, sous des couleurs optimistes, il reste un observateur de l'injustice sociale. Ses œuvres sont, par ordre chronologique : *Le Père prudent et équitable* (1712), *Arlequin poli par l'amour* (1720), *L'Amour et la vérité* (1720), *La Surprise de l'amour* (1722), *La Double Inconstance* (1723), *L'Ile des esclaves* (1725), *La Seconde Surprise de l'amour* (1727), *Le Jeu de l'amour et du hasard* (1730), *Le Triomphe de l'amour* (1732), *Les Serments indiscrets* (1732), *L'Heureux Stratagème* (1733), *La Méprise* (1734), *Le Petit Maître corrigé* (1734), *Le Legs* (1736), *L'Epreuve* (1740), *La Dispute* (1744), *Le Préjugé vaincu* (1746), *La Femme fidèle* (1755), *Les Acteurs de bonne foi* (1757). Il écrivit encore une tragédie, *Annibal* (1720).

Dans un mouvement symétrique à celui de la tragédie, la comédie classique régulière tendit, dès la première moitié du siècle, à évoluer vers le drame. Après la concentration des sujets comiques vers des questions concrètes touchant la famille bourgeoise, l'intérêt, les préoccupations de classe, qu'avait abordées Regnard, Lesage et même Marivaux, une deuxième étape de cette métamorphose fut la popularité de la comédie «larmoyante». **Pierre-Claude de NIVELLE DE LA CHAUSSÉE, 1692-1754,** fut le créateur du genre larmoyant où éléments comiques, éléments tragiques, éléments moralisateurs se fondaient pour évoquer sur la scène des problèmes de morale sociale et familiale, et susciter de pieux attendrissements. Il a écrit entre autres : *La Fausse Antipathie* (1733), *Le Préjugé à la mode* (1735), *L'Ecole des amis* (1737). **DESTOUCHES (Philippe Néricault, dit), 1680-1754,** illustra ce même genre ; il écrivit notamment *Le Triple Mariage* (1716), *Le Philosophe marié* (1727), *Le Glorieux* (1732).

Denis DIDEROT, 1713-1784, fit franchir une autre étape à la comédie, en la transformant en drame «bourgeois». Dans ses écrits théoriques (*Paradoxe sur le comédien,* 1773), il préconise un théâtre «sérieux», à mi-chemin entre la comédie et la tragédie, qui peigne avec vraisemblance les problèmes familiaux et sociaux de ceux qui seront ses spectateurs, c'est-à-dire les bourgeois. Ce nouveau théâtre doit toucher le public, d'une part, grâce à ses qualités de naturel, et, d'autre part, par la description d'une action, plus que par la satire de caractères ; la déclamation est à éviter. Diderot écrivit quelques pièces mais, trop arides et moralisatrices, aux personnages schématiques, leur exemple porte moins que ses écrits théoriques. Nous citerons : *Le Fils naturel* (1757), *Le Père de famille* (1758), *Est-il bon, est-il méchant ?* (1781). Seul son roman, *Le Neveu de Rameau* (posthume), adapté au théâtre en 1962, s'est révélé d'une véritable efficacité dramatique.

Michel-Jean SEDAINE, 1719-1797, appliqua dans sa vaste production les règles de la comédie sérieuse ; il fournit même le modèle du genre avec *Le Philosophe sans le savoir* (1765), sage et édifiante comédie qui célèbre le triomphe du monde bourgeois. Tandis que le chansonnier **Charles COLLÉ, 1709-1789,** écrivait des pièces licencieuses pour le théâtre du duc d'Orléans, puis des comédies légères pour la Comédie-Française (*La Vérité dans le vin,* 1747, *La Partie de chasse d'Henry IV,* 1764, qui, plus grave, fait l'éloge de l'idée de démocratie) un aventurier du nom de Beaumarchais place toute son œuvre sous le signe de la comédie sérieuse.

BEAUMARCHAIS (Pierre-Augustin Caron de), 1732-1799, eut une vie très mouvementée : marié trois fois, tour à tour précepteur des enfants royaux, agent secret, financier, il connut la prison et l'exil, la richesse et la gloire, la persécution. Influencé par Diderot et par Sedaine, il se lança dans l'écriture de drames sérieux avec une pièce quelque peu larmoyante, *Eugénie* (1767), puis continua avec *Les Deux Amis* (1770), qui montre le monde des affaires. *Tarare* (1787) sacrifie à l'exotisme et aux ballets spectaculaires, très au goût du jour; quand à *La Mère coupable* (1792), c'est la troisième partie moralisante et pathétique de l'histoire de Figaro. Deux de ses pièces seulement ont connu le succès et sont restées comme des chefs-d'œuvre : *Le Barbier de Séville ou la Précaution inutile* (1775) et *Le Mariage de Figaro ou la Folle Journée* (1784). Ces deux pièces, qui ont inspiré deux opéras fameux de Rossini et de Mozart, ont présagé la Révolution française par leur contenu explicite, et explosif, de critique sociale (notamment sur la condition féminine); elles ont aussi marqué une étape dans l'histoire des formes dramatiques. En effet, à partir de techniques empruntées directement à Molière (telles que la localisation en Espagne), sur la base d'une psychologie simple inspirée de la commedia dell'arte et d'intrigues largement usées (prises, entre autres, chez Marivaux), en utilisant les couplets du vaudeville et l'effronterie des pamphlets, en couronnant l'ensemble d'un moralisme à la Diderot, Beaumarchais réussit à faire un tout, résumant toutes les formes d'expression dramatique de son siècle mais aussi nouveau et provocant dans la forme que dans le contenu. L'esprit et la verve de Beaumarchais, qui donnent la vivacité à l'intrigue et aux enchaînements de tous les divertissements, sont les catalyseurs de cette fusion. Mais il ne faut pas oublier sa capacité à comprendre les mouvements de l'opinion et à faire vivre un personnage (Figaro) plongé comme lui-même dans les conflits de son époque, capable de les analyser et d'y retrouver son parti, en ménageant toujours avec une incroyable vitalité, mais non sans fantaisie, ses intérêts.

L'ITALIE

Au XVIIe siècle, la littérature dramatique italienne est dans une période de torpeur. La comédie qui s'épanouit dans la commedia dell'arte, expression du quotidien, et un genre nouveau issu de la pastorale, le drame lyrique, expression de sentiments élevés, règnent en maître mais peuvent se passer l'un de l'autre de textes poétiques.

La tragédie

Du XVIIe siècle, il ne reste que peu de textes tragiques. Parmi eux, les œuvres édifiantes et pessimistes de **Federico DELLA VALLE, 1565-1628 :** *Judith* (1627), *Esther* (1628), *La Reina di Scotia* (La Reine d'Ecosse, 1628); l'*Adamo* (1657), de **Carlo DE DOTTORI, 1618-1680,** qui s'inspire de la tragédie grecque; l'*Adamo* (1613), de **Giovan Battista ANDREINI, 1578-1650,** également comédien «dell'arte» et auteur de comédies, tragi-comédies et pastorales.

C'est au XVIIIe siècle seulement, sous l'influence des théories esthétiques classiques et d'un courant en réaction contre le baroque, que l'idée d'une nouvelle tragédie nationale voit le jour.

Scipione MAFFEI, 1675-1755, est l'auteur d'une œuvre solide, *Mérope* (1713), d'inspiration mythologique. Le chœur y est supprimé, la forme classique s'allie à l'action plus qu'à la psychologie. Dans une même veine de réformes antibaroques, **METASTASE (Pietro Trapassi, dit Metastasio), 1698-1782,** redonna la priorité au texte, sur la musique, dans le drame lyrique; il créa ainsi le «melodramma», tentative de retrouver la tragédie grecque qui se borne en fait à une expression langoureuse des thèmes de l'amour, et qui ne respecte guère la règle des trois unités.

Vittorio ALFIERI, 1749-1803, fera aboutir les essais de fondation d'une tragédie italienne. Il composa ses pièces à partir de sujets classiques, bibliques ou romantiques (opposant alors tyrans et héros), dans le style des classiques français. Son œuvre est remarquable par la grande simplicité des moyens qu'elle utilise (les chœurs, les confidents, les grandes tirades sont supprimés) et par son inspiration libertaire. En effet, rebelle contre son temps, Alfieri entendit utiliser la tragédie pour réveiller le peuple et secouer le joug de l'oppression, et non pas pour divertir les seigneurs. Ses tragédies sont : *Cleopatra* (1774), *Filippo* (1775), *Polinice* (1775), *Antigone* (1776), *Agamennone* (1776), *Oreste* (1776), *Don Garzia* (1776), *Virginia* (1777), *Maria Stuarda* (1778), *Rosmunda* (1779), *Ottavia* et *Timoleone* (1779), *Saul* (1782, considéré comme son chef-d'œuvre), *Merope* (1782-1783), *Agide* (1784), *Mirra* (1784), *Sofonisba* (1784), *Bruto primo* (Brutus premier, 1786-1787), *Bruto secondo* (Brutus second, 1786-1787).

La comédie

Carlo GOLDONI, 1707-1793, puisa son inspiration dans la commedia dell'arte, mais il réforma profondément le théâtre italien en lui donnant de vraies comédies et non «des scènes cousues ensemble sans ordre et sans règles», comme l'habitude en avait été prise par les improvisateurs. Il reprit la stratification des types sociaux utilisée par les premiers comiques, et il utilisa les ruses et les engrenages grâce auxquels l'improvisateur tient son public. Cependant, il donna une forme littéraire au langage parlé par son peuple, et il tenta, derrière le «type», de créer un véritable personnage aux aspects divers. Il s'attacha à peindre de manière objective et réaliste la vie des petites places de Venise, sans pousser les conflits jusqu'au grotesque, sans chercher à transmettre un message : il entendait laisser parler la réalité pour elle-même, son travail se bornant à placer devant elle «le miroir de la théâtralité». Sur plus de cent comédies qu'il écrivit, nous ne citerons que les plus connues : *Il servitore di due patroni* (Le Serviteur de deux maîtres, 1747); *La Locandiera* (L'Aubergiste, 1753); *Il campiello* (La Petite Place, 1756); *Trilogia della villegiatura* (Trilogie de la villégiature, 1761) : *Le smanie per la villegiatura* (La Folie de la villégiature), *Le avventure della villegiatura* (L'Aventure de la villégiature), *Il ritorno dalla villegiatura* (Le Retour de la villégiature); *I rusteghi* (Les Rustres, 1759); *Le baruffe chiozzote* (Barouf à Chiogga, 1762); *Il ventaglio* (L'Eventail, 1763); *Una delle ultime sere di carnevale* (Un des derniers soirs de carnaval, 1764); *Le Bourru bienfaisant* (en français, 1771).

Carlo GOZZI, 1720-1806, fut un adversaire acharné de Goldoni, qu'il accusait d'avoir détourné la tradition de la commedia dell'arte. Au réalisme de ce dernier il opposait le langage poétique de ses fables. Il écrivit celles-ci à des fins divertissantes, satiriques ou allégoriques, le pathétique et le merveilleux y prenant toujours le pas sur le bouffon. Cette réaction contre la nouveauté, considérée comme immorale et prosaïque, allait avoir le destin contradictoire d'ouvrir, par sa fantaisie romanesque, les horizons du romantisme (et d'influencer notamment Mme de Staël et Goethe). Carlo Gozzi écrivit notamment : *L'amore delle tre melarancie* (L'Amour des trois oranges, 1761), *Turandot* (1762), *L'augellin belverde* (L'Oiselet vert-joli, 1765), *Zeim re dei Genii* (Zeim roi des génies, 1765), etc.

L'ANGLETERRE

Après une période de silence presque complet qui correspondit aux dix-huit années de domination puritaine de Cromwell, l'Angleterre de la Restauration vit surgir deux genres sous les influences conjuguées d'un Shakespeare remanié et des classiques français. Ces genres sont l'heroic tragedy, qui ne survivra guère au XVIIe siècle, et la comedy of manners, favorisée par le grand public et dont on peut suivre l'évolution jusqu'à nos jours.

L'heroic tragedy

John DRYDEN, 1631-1700, auteur et critique, connut un grand succès sous la Restauration. Avec pour fondement la matière shakespearienne qu'il a élaguée en supprimant le ton épique et les excès pour ne garder que les sentiments nobles et chevaleresques, John Dryden a fait une recherche stylistique : il appliqua avec rigueur la règle des unités et soigna particulièrement la qualité de sa versification. A part quelques comédies comme *Marriage of Mode* (Mariage à la mode, 1672) et tragi-comédies comme *The Rival Ladies* (Dames rivales, 1664), il écrivit surtout des tragédies : *Almanzor and Almahide or the Conquest of Granada* (La Conquête de Grenade, 1670), *Aureng Zebe* (1675), *All for Love* (Tout pour l'amour, 1677), etc.

Thomas OTWAY, 1652-1685, vécut une vie tourmentée qui lesta son œuvre d'un sentiment tragique intérieur. Après quelques heroic dramas, *Alcibiades* (1675), *Don Carlos* (1676), il abandonna le clinquant de cette forme versifiée pour laisser sa sensibilité pessimiste s'exercer librement sur des atmosphères et des thèmes typiquement élisabéthains. Il écrivit ainsi ses deux chefs-d'œuvre : *The Orphan* (L'Orpheline, 1680) et *Venice Preserved* (Venise sauvée, 1682). Parmi les nombreux auteurs d'heroic tragedy, il faut citer encore **Nicholas ROWE, 1674-1718 :** *Tamerlane* (1702), et *The Fair Penitent* (La Belle Repentie, 1703).

George LILLO, 1693-1739, fit basculer la tragédie héroïque dans la tragédie domestique avec *The London Merchant* (Le Marchand de Londres, 1731), qui, joué sur le continent, eut une grande influence sur Diderot et Lessing : réalisme, personnages bourgeois, moralisme, tous les ingrédients du futur drame bourgeois y étaient présents.

La comedy of manners

William CONGREVE, 1670-1729, à la suite de **George ETHEREDGE, 1635-1691,** auteur de *The Man of Mode* (L'Homme à la mode, 1675), et de **William WINCHERLEY, 1640-1716,** auteur de *The Country Wife* (La Provinciale, 1674), est le véritable créateur de la *comedy of manners* en ce qu'il se détache plus nettement de l'esprit français tout en se rapprochant de l'esprit élisabéthain. Il peint la société de son temps avec esprit et au fil de brillantes intrigues, sans rendre de jugements explicites. Ses deux pièces les plus fameuses sont *Love for Love* (Amour pour amour, 1695) et *The Way of the World* (Le Train du monde, 1700).

George FARQUHAR, 1678-1707, fut le dernier grand auteur de la Restauration. Il se lança plus franchement que ses prédécesseurs dans la caricature, et son humour plein de vitalité laisse échapper une impertinente liberté d'esprit. Il écrivit sept comédies dont : *The Recruting Officer* (Le Sergent recruteur, 1706) et *The Beaux' Stratagem* (Le Stratagème des roués, 1707).

John GAY, 1688-1732, écrivit une œuvre unique en son genre, dans l'intention de faire une parodie révolutionnaire de l'opéra : *The Beggar's Opera* (L'Opéra du gueux, 1728), qui sera remanié deux siècles plus tard par Brecht (*L'Opéra de quat' sous*). Formule mi-parlée, mi-chantée sur des musiques populaires, cette «comédie pastorale située dans les prisons de Newgate» est exceptionnelle par la violence de la critique sociale qu'elle contient; une actualité aussi brûlante n'avait pas été vue au théâtre depuis Aristophane. John Gay écrivit une suite, *Polly* (1729), qui fut interdite.

Oliver GOLDSMITH, 1728-1774, reprit un demi-siècle plus tard les principes de la comedy of manners, en réaction contre les plates comédies sentimentales que l'on jouait alors. Ses pièces fonctionnent sur des suites de quiproquos et d'imbroglios se déroulant dans l'intimité de la maison bourgeoise, sur le fond d'une ironie bonhomme. Il écrivit deux comédies : *The Good Natur'd Man* (L'Homme au bon naturel, 1768), et *She Stoops to Conquer* (Elle s'abaisse pour triompher, 1773).

SHERIDAN (Richard Brinsley Butler), 1751-1816, fut un auteur satirique, pessimiste et même cynique. Il étaye sa peinture des mœurs de jugements moraux qui n'enlèvent rien à la drôlerie de ses pièces, fondée sur l'habileté des inventions scéniques, sur la rapidité de l'action et sur la franchise de la langue. Il écrivit notamment : *The Rivals* (Les Rivaux, 1775), *The School for Scandal* (L'Ecole de la médisance, 1777), *The Critic or a Tragedy Rehearsed* (Le Critique ou la Tragédie en répétition).

LE DANEMARK ET L'ALLEMAGNE

Ludwig HOLBERG, 1684-1754, écrivit vingt-huit comédies entre 1722 et 1728 pour le premier théâtre permanent de Copenhague. En s'inspirant de Plaute et de Molière, il créa un style particulier fait d'observations satiriques sur les «caractères» de la bourgeoisie danoise. Nous retiendrons de lui : *Den politiske Kandestober* (Le Rétameur politicien, 1722), *Jeppe ga Bjerget* (Jeppe de la montagne, 1723).

Gotthold Ephraïm LESSING, 1729-1781, fut le premier grand dramaturge allemand. Son apparition suivit de peu la sédentarisation des comédiens, sous l'impulsion de Caroline Neuber. Il écrivit d'abord des comédies dans le style de Diderot, comme *Der Junge Gelehrte* (Le Jeune Savant, 1748) et des dialogues philosophiques, comme *Die Juden* (Les Juifs, 1749). Avec *Miss Sarah Sampson* (1755) il créa le drame bourgeois allemand, moraliste et larmoyant, dans la lignée de George Lillo. Dans la *Hamburgische Dramaturgie* (Dramaturgie de Hambourg, recueil d'articles, 1767-1769), dans ses comédies de mœurs et dans ses drames, il s'attacha à promouvoir une dramaturgie nationale qui ne soit ni le fruit des épigones du classique ni l'imitation du drame français. Il s'attacha ainsi à décrire la société allemande de manière réaliste et en renouant avec la tradition du symbolisme didactique du théâtre religieux médiéval allemand. Sa redécouverte de Shakespeare sera déterminante pour la naissance du romantisme allemand. Il écrivit ainsi la comédie *Minna von Barnhelm* (1767), le drame *Emilia Galotti* (1772) et le poème dramatique *Nathan der Weise* (Nathan le Sage, 1779).

Goldoni jouant la comédie à Pise, peinture du XVIIIe siècle (phot. © Roger Viollet/archives Photeb).

Le romantisme

LE ROMANTISME ALLEMAND

La diffusion des œuvres de Shakespeare traduites par **August SCHLEGEL, 1767-1845,** a nourri une génération de jeunes auteurs allemands qui parlaient de liberté, d'absolu et de mépris des règles et qui se révoltaient contre le classicisme français et contre le drame du Siècle des lumières, trop froid, trop mesuré. Ce mouvement, préromantique, qui grandit près des sources de la culture germanique, prit comme nom le titre d'un drame de **Friedrich Maximilian KLINGER, 1752-1831,** *Sturm und Drang* (Tempête et passion, 1776). Les Stürmer und Dränger se séparèrent quand certains d'entre eux abandonnèrent l'esprit de révolte pour s'intégrer dans la société, retrouver une partie de l'inspiration classique et tenter de donner une mission sociale à l'art en répondant aux besoins de leurs contemporains. **Heinrich WAGNER, 1747-1779,** écrivit des drames semblables à ceux de Klinger, qui rappelaient par leur pathétique ceux des élisabéthains mineurs et qui s'inspiraient du roman noir anglais; nous citerons ici *Die Kindesmörderin* (L'Infanticide, 1776).

Johann Wolfgang von GOETHE, 1749-1832, illustra le Sturm und Drang par son roman, *Werther* (1774), et surtout par son drame, *Goetz von Berlichingen* (1774), drame historique, shakespearien, mettant en scène un caractère titanesque propre à personnaliser l'esprit de rébellion qui habitait la génération nouvelle. Mais son *Faust,* commencé vers 1770 et qui l'occupa toute sa vie, qui exprimait au début (tel qu'on peut le constater dans la première version, *Urfaust,* 1774-1775) le défi passionné du Sturm und Drang, recueillit au fur et à mesure de l'évolution de Goethe la contribution du classicisme grec en même temps qu'une exigence d'expliciter avec rationalisme les conduites humaines. En effet, Goethe fut marqué par la Grèce (le lieu unique de la plénitude de l'être humain dans la société), par l'observation scientifique (qu'il aimait à pratiquer) et par le rationalisme kantien. A partir de son installation à Weimar et du commencement de son activité politique, qui développèrent chez lui un certain pessimisme, Goethe produisit une œuvre qui incorporait les tendances classiques à celles du romantisme dans une alliance originale de la spéculation philosophique et de l'imagination théâtrale. En sus de son activité d'écrivain, Goethe dirigea le théâtre d'Etat de Weimar pendant vingt-six ans (1791-1817). Ses œuvres principales sont : *Die Laune des Verliebten* (Le Caprice de l'amant, pastorale, 1767), *Clavigo* (comédie psychologique, 1774), *Stella* (comédie psychologique, 1776), *Egmont* (fresque historique, 1776), *Iphigenie auf Tauris* (Iphigénie en Tauride, drame en vers, 1786), *Torquato Tasso* (tragédie, 1790), *Faust, ein Fragment* (1790), *Faust,* première partie (1808), *Faust,* seconde partie (publiée en 1833), *Die natürliche Tochter* (La Fille naturelle, tragédie, 1803).

Jacob LENZ, 1751-1792, fut un des poètes maudits du mouvement Sturm und Drang. Ses œuvres, dans lesquelles résonne sa vie tourmentée, donnent une vision objective, et qui appelle le changement, de la société allemande compartimentée et hiérarchisée en castes féodales. Son langage sec et naturaliste, redécouvert par Brecht, fut incompris de ses contemporains. Il écrivit deux drames importants : *Der Hofmeister* (Le Précepteur, 1774) et *Die Soldaten* (Les Soldats, 1776).

Friedrich von SCHILLER, 1759-1805, commença par donner au mouvement du Sturm und Drang un drame vigoureux : *Die Räuber* (Les Brigands, 1782). Dans le même souci généreux d'appuyer didactiquement les causes justes et de dénoncer les pouvoirs excessifs de la religion et de l'autocratie, Schiller eut recours ensuite aux tragédies historiques, qui rencontrèrent un grand succès auprès du public. Il tenta ainsi de fonder une tragédie allemande, nourrie de symbolisme historique et de philosophie — les grandes passions vont toujours de pair, chez Schiller, avec les idées élevées — mais qui s'étouffe parfois sous le poids de ses figures allégoriques. Il écrivit notamment : *Die Braut von Messina* (La Fiancée de Messine, 1782), *Die Verschwörung des Fiesko* (La Conjuration de Fiesque, 1783), *Don Carlos* (1784), *Luise Miller* ou *Kabale und Liebe* (Cabale et Amour, 1784), *Marie Stuart* (1801), la trilogie de Wallenstein (1794-1799) : *Wallensteins Lager* (Le Camp de Wallenstein), *Die Piccolomini* (Les Piccolomini), *Wallensteins Tod* (La Mort de Wallesntein), et aussi *Die Jungfrau von Orleans* (La Pucelle d'Orléans, 1801), *Wilhem Tell* (Guillaume Tell, 1804).

Ludwig TIECK, 1773-1853, s'inspira de la littérature allemande médiévale, de Shakespeare et de Gozzi, et orienta le romantisme vers le fantastique grâce à ses contes dramatiques d'une pénétrante ironie : *Ritter Blaubart* (Le Chevalier Barbe-Bleue, 1797), *Der gestiefelte Kater* (Le Chat botté, 1797), *Prinz Zerbino oder die Reise nach dem guten Geschmack* (Le Prince Zerbino ou le Voyage vers le bon goût, 1799), etc.

Heinrich von KLEIST, 1777-1811, fut toute sa vie un poète désespéré et non reconnu. Il exprimait dans ses œuvres son déchirement intime, qui touchait au problème de la connaissance de soi et des rapports au monde. Ses émotions prennent corps dans une exaspération d'elles-mêmes et révèlent la profondeur des déterminations psychologiques. Le style de Kleist est souvent versifié et très imagé; il atteint une certaine sérénité dans *Le Prince de Hombourg.* Ses œuvres sont : *Die Familie Schroffenstein* (La Famille Schroffenstein, 1803), *Robert Guiskard, Herzog der Normänner* (Robert Guiscard, duc des Normands, 1803), *Der Zerbrochene Krug* (La Cruche cassée, 1803), *Amphitryon* (1807), *Penthesilea* (1808), *Hermanns Schlacht* (La Bataille d'Arminius, 1808), *Kätchen von Heilbronn* (1810), *Prinz von Homburg* (Le Prince de Hombourg, 1811).

Kleist : Penthésilée *interprétée par Clara Ziegler, peinture de R. Werner (phot. Klaus Broszat © arch. Photeb).*

Un certain nombre d'auteurs romantiques ont décrit des ébauches de drames, où le lieu scénique est considéré plus comme un lieu idéal où se projette l'imaginaire que comme un espace et une contrainte physiques qui déterminent une théâtralité, ensemble de techniques propres; aussi leurs drames appartiennent-ils plus au domaine de la poésie qu'à celui du théâtre. **Friedrich HÖLDERLIN, 1770-1843,** donna l'image d'un mode idéal, aux apparences helléniques, où le sage Empédocle prophétise sur la destinée humaine dans *Der Tod des Empedokles* (La Mort d'Empédocle, 1799). **Achim von ARNIM (Ludwig Joachim, dit), 1781-1831,** évoqua la magie avec *Die Appelmänner* (1813). **Zacharias WERNER, 1768-1823,** écrivit des drames religieux, surnaturels et baroques, comme *Martin Luther* (1806). **Nicolaus LENAU (Nicolas Niembsch von Strehlenau, dit), 1802-1850,** poète maudit qui mourut dans un asile d'aliénés, écrivit des poésies lyriques-dramatiques comme *Faust* (1836), *Mischka* (1837), *Don Juan* (1844), **Christian GRABBE, 1801-1836,** membre du mouvement *Das Junge Deutschland* (La Jeune Allemagne), fut, avec Büchner, un des pionniers du drame allemand épique et réaliste. Pour la première fois il fit du peuple le protagoniste du drame, dans *Napoleon oder die Hundert Tage* (Napoléon ou les Cent-Jours, 1831). Il écrivit aussi *Hannibal* (1835), *Kaiser Friedrich Barbarossa* (L'Empereur Frédéric Barberousse, 1829), etc.

Franz GRILLPARZER, 1791-1872, poète et dramaturge autrichien, tenta, dans la lignée de Goethe, de combiner l'ardente et fourmillante imagination romantique (amours, nostalgies) à une inspiration venant du théâtre viennois populaire et aux formes pures et aux raisonnements lucides de l'esprit classique. Cette dramaturgie originale contribua à l'édification d'une culture spécifiquement viennoise. Il écrivit notamment : *Die Ahnfrau* (L'Ancêtre, 1817), une trilogie : *Das Goldene Vlies* (La Toison d'or, 1822).

Georg BÜCHNER, 1813-1837, prit violemment parti dès ses dix-huit ans pour les idées révolutionnaires libérales. Ses pièces interrogent la fatalité historique et l'idée de destin. Ses formes romanesques ou épiques s'appuient toujours sur une observation naturaliste et sur un examen critique de la réalité, qu'il tirait de sa vocation scientifique. *Leonce und Lena* (Léonce et Léna, 1836), comédie-fable, succède à *Dantons Tod* (La Mort de Danton, 1835), interrogation sur la Révolution française; dans *Woyzeck* (inachevé, 1836) la misère est peinte à travers la tragédie réaliste, sur un rythme épique, d'un soldat et coiffeur.

LA RUSSIE

Pendant tout le XVIIIe siècle le théâtre littéraire russe s'était nourri du classicisme et du néo-classicisme français, et de ses imitations russes. Mais la nouvelle génération, et en particulier **Alexandre POUCHKINE, 1799-1837,** s'intéressa, par réaction, à Shakespeare et à Schiller, qui lui fournirent de nouveaux moyens d'expression. Pouchkine les expérimenta dans *Boris Godounov* (1826), drame historique et chronique turbulente du peuple russe, sans unité d'action ni de lieu. Il montra cependant plus de maîtrise dans ses petits drames tragiques qui développent déjà une analyse psychologique poussée, constante de la littérature dramatique russe du XIXe siècle : *Roussalka* (1830), *Mozart et Salieri* (1830), *Skoupoï rytsar* (Le Chevalier avare, 1830), *Kamenny gost* (Le Convive de pierre, 1830).

Le poète **Michel LERMONTOV, 1814-1841,** bénéficia du travail préparatoire de Pouchkine et fut le véritable porteur du drame romantique russe avec sa pièce expressive, allégorique et violemment passionnée : *Maskarad* (1835), où la fatalité est personnifiée par la figure de l'Inconnu. Il écrivit d'autres pièces versifiées : *Ispantsky* (Les Espagnols, 1830), *Strannyi Chelovek* (L'Homme étrange, 1831).

LA POLOGNE

Adam MICKIEWICZ, 1798-1855, marqua le départ du romantisme polonais avec son poème dramatique, *Dziady* (Les Aïeux, publié en 1823, 1832 et posthume). Initialement destiné à la lecture, d'une forme ample et impétueuse, il se propose de jeter les bases d'un imaginaire national en traçant le destin de la nation polonaise, depuis les temps archaïques jusqu'au futur.

Juliusz SLOWACKI, 1809-1849, vécut longtemps en exil. Il a brodé avec imagination sur le fonds culturel polonais; les thèmes choisis gardent cependant la marque de ce temps. Il écrivit notamment *Balladyna* (1834), *Lilla Weneda* (1840), *Beatrix Cenci* (écrit en français, 1840), *Mazeppa* (1840).

Zygmunt KRASINSKI, 1812-1859, écrivit deux pièces où s'exprime une pensée philosophique à travers des aventures réalistes : *Nie-Boska Komedia* (La Comédie non divine, 1835) et *Irydion* (1836).

L'ANGLETERRE, L'ITALIE, L'ESPAGNE

En Angleterre, le mouvement romantique allemand, et surtout le *Faust*, de Goethe, eut une grande influence sur deux poètes.

BYRON (George Gordon, dit lord), 1788-1824, écrivit huit poèmes dramatiques, riches et novateurs sur le plan de leur contenu philosophique; ils prirent beaucoup d'importance dans la vie culturelle anglaise mais ils ne furent joués que rarement. Les plus importants sont *Marino Faliero* (1821), *Manfred* (1817) et *Cain* (1821). Seul le premier fut joué du vivant de l'auteur.

SHELLEY (Percy Bysshe), 1792-1822, poète aux idées philosophiques et littéraires avancées, écrivit de nombreux ouvrages lyriques dramatiques, comme *Prometheus Unbound* (Prométhée délivré, 1820), ou burlesques comme *Œdipus tyrannus* (1720).

En Italie, le théâtre romantique se développa en rapport avec une action politique. Ainsi les pièces de **Silvio PELLICO, 1789-1854** *(Francesca da Rimini, Ester d'Engaddi, Gismonda),* s'élèvent contre la domination autrichienne et défendent le libéralisme politique en même temps qu'elles manifestent contre le classicisme traditionnel. **Alessandro MANZONI, 1785-1873,** écrivain milanais, se désintéressa, lui, de questions aussi actuelles et passa du débat politique au débat religieux. Dans ses tragédies, plus littéraires que théâtrales, il maîtrisa parfaitement une technique romantique faite de lyrisme poétique, de grandioses reconstitutions historiques du Moyen Age, de messages philosophiques transmis par les chœurs. Il écrivit deux tragédies : *Adelchi* (1822) et *Il Conte di Carmagnola* (1819).

Le XVIIe et le XVIIIe siècle sont des époques ténébreuses pour le théâtre espagnol : aux côtés d'auteurs néo-classiques comme **MORATIN (Nicolas Fernandez de), 1737-1780,** se développe avec beaucoup de succès un genre lyrique : la zarzuela. Au début du XIXe siècle surgit une vague d'auteurs qui introduisirent (tardivement) en Espagne le romantisme, depuis leur exil politique en France. **MARTÍNEZ DE LA ROSA (Francisco de Paula), 1787-1862,** fut le premier d'entre eux avec *La Conjuración de Venecia* (La Conjuration de Venise, 1830), drame typiquement romantique par la pratique du mélange des genres et l'attachement à la couleur locale. Ce romantisme exubérant à la Hugo fut aussi illustré par **RIVAS (Angel de Saavedra, duc de), 1791-1865,** avec son drame pathétique et outré *Don Alvaro o la fuerza del destino* (Don Alvaro ou la Force du destin, 1835), par **Juan Eugenio HARTZENBUSH, 1806-1880,** avec *Los Amantes de Teruel* (Les Amants de Terruel, 1837), par **José de LARRA, 1809-1837,** avec *Macias* (1834), etc. Un succès prodigieux fut obtenu par le *Don Juan Tenorio* de **José ZORRILLA Y MORAL, 1817-1893,** pièce religieuse qui met en scène Tirso de Molina.

Au Portugal, **GARRETT (João Baptista de ALMEIDA), 1799-1854,** écrivain libéral, apporta lui aussi sa contribution au romantisme avec des drames historiques comme *Dona Filipa de Vilhena* (1840) ou *Frei Luiz de Souza* (1844), qui sont considérés comme les premiers drames nationaux portugais.

LA FRANCE

Le mélodrame

Genre hybride que l'on a pu définir comme une tragédie populaire, le mélodrame envahit la scène française dès les premiers coups de la fête révolutionnaire et poursuit une carrière triomphale jusqu'à l'orée du XXe siècle, changeant de thématique (le naturalisme remplace l'historique), non de nature.
Sans revenir aux grands ancêtres (Beaumarchais, Sébastien Mercier) dont les écrits théoriques fondent le genre dès le

XVIIIe siècle, le mélodrame a trouvé en **René Guilbert de PIXÉRÉCOURT, 1773-1844,** un illustrateur habile et fécond (plus de cent dix pièces de sa seule main, davantage encore en collaboration) qui sut plaire à un public avide de sensations fortes et de décors complexes : *Coelina ou l'enfant du mystère* fut, l'année de sa création (1800), représentée plus de quinze cents fois à travers la France, et sous la monarchie de Juillet, son *Latude* dépassait encore le millier de représentations. Outre Pixérécourt qui régnait sur la scène de la Gaîté, le boulevard du Crime assura le triomphe de **Louis CAIGNIEZ, 1762-1842,** surnommé le «Racine du boulevard», de **Victor Brahain, dit DUCANGE, 1783-1833,** auquel on doit le chef-d'œuvre du genre : *Trente Ans ou la Vie d'un joueur* (1827), de **Benjamin Chevrillon, dit ANTIER, 1787-1870,** dont *L'Auberge des Adrets* (1823), transformée par Frédérick Lemaître, connut un vif succès et donna naissance au personnage de Robert Macaire. Parmi les représentants des générations postérieures, deux noms retiennent l'attention : **Joseph BOUCHARDY, 1810-1870,** le «Shakespeare du mélodrame», qui régna sur les scènes populaires pendant tout le deuxième tiers du siècle, et **Adolphe Philippe, dit DENNERY (puis D'ENNERY), 1811-1899,** auteur des célèbres *Deux Orphelines* (1874) et adaptateur de Jules Verne à la scène.

La scène romantique

A la suite des auteurs de mélodrames, qui dans les faits utilisaient depuis longtemps le mélange des genres, l'abolition des unités, l'exotisme et les coups de théâtre, les jeunes romantiques français justifièrent cette esthétique en faisant appel à Shakespeare et aux Allemands contre le classicisme. Ce fut la préface du drame historique de **Victor HUGO, 1802-1885,** *Cromwell* (1827), proclamant le droit à une expression libre de toute règle, qui marqua le début du mouvement. Son triomphe fut assuré lors de la représentation d'*Hernani* (la «bataille d'Hernani», 21 février 1830). Les personnages héroïques porteurs de passions torrentueuses et qui s'opposent aux tyrans, les intrigues à rebondissements, les fins tragiques, l'emphase de l'expression, tous ces éléments se retrouvent dans les drames de Hugo : *Marion Delorme* (1831), *Le roi s'amuse* (1832), *Ruy Blas* (1838), drames en vers, et *Lucrèce Borgia* (1833), *Marie Tudor* (1833), *Angelo, tyran de Padoue* (1835), drames historiques en prose. L'échec des *Burgraves* (1843) refroidit l'enthousiasme du poète pour le théâtre.

Alexandre DUMAS (Alexandre Davy de la Pailleterie, dit), 1802-1870, partagea avec Hugo les honneurs de la scène romantique. Il créa un style de drame populaire qui n'est profond ni dans les idées ni dans les caractères, mais qui possède un grand pouvoir divertissant grâce à sa vigueur et par la vie qu'apporte la profusion des détails. Le drame de Dumas, s'il est racoleur par l'abus de la couleur locale, par les tirades emphatiques, par les moyens violents et le manichéisme des personnages, donne au public un véritable spectacle, et aux acteurs l'occasion de morceaux de bravoure. Parmi les très nombreuses pièces qu'il a écrites nous citerons les plus connues : *Henri III et sa cour* (1829), *Antony* (1831), *La Tour de Nesle* (1832), *Kean ou Désordre et Génie* (1836); d'autres drames furent tirés de ses romans : *Le Comte de Monte-Cristo* (1840), *Les Trois Mousquetaires* (1844). Il écrivit aussi des comédies comme *Le Verrou de la reine* (1856).

Alfred de VIGNY, 1797-1863, évolua sur les marges du mouvement romantique. Il commença par traduire et adapter Shakespeare (*Shylock*, d'après *Le Marchand de Venise, Othello*, 1830). Il écrivit ensuite une comédie pour l'actrice Marie Dorval, sur l'infidélité, *Quitte pour la peur* (1833), et un mélodrame malheureux, *La Maréchale d'Ancre* (1831). Son chef-d'œuvre, c'est *Chatterton* (1835), un drame où est montrée avec sobriété et clarté une âme romantique de poète, seule et désespérée.

Prosper MÉRIMÉE, 1803-1870, commença sa carrière de dramaturge par une mystification littéraire : il écrivit huit petites pièces qu'il publia sous le titre de *Théâtre de Clara Gazul* (1825), faisant croire qu'une femme écrivain espagnol les avait laissées inédites. Parmi ces comédies, *L'Occasion* et *Le Carrosse du Saint-Sacrement* brillent par leur esprit satirique, par leurs jugements désenchantés. Mérimée écrivit aussi un récit historique de forme dialoguée, épique et réaliste, *La Jacquerie* (1828), dont le contenu est proche des théories du socialisme utopique. Enfin, il est connu à l'opéra avec *Carmen*, une nouvelle adaptée par Meilhac et Halévy pour la musique de Bizet (1875).

Alfred de MUSSET, 1810-1857, écrivit de courtes comédies ou des drames d'une inspiration romantique originale, d'un lyrisme subtil, à la fois plus mondain et moins vigoureux que celui de Hugo ou de Dumas. La plupart de ces pièces n'étaient pas destinées à la scène. Musset s'inscrit dans la tradition de Marivaux et brode, dans des atmosphères italiennes, sur les thèmes anciens du sentiment ou de l'intrigue amoureuse. Les qualités essentielles de ses pièces sont la limpidité de la dramaturgie, la finesse des dialogues, la délicatesse du dessin des caractères féminins, qui s'allient parfois à un gigantisme shakespearien *(Lorenzaccio)*. Il écrivit notamment *A quoi rêvent les jeunes filles* (1832), *Les Caprices de Marianne* (1833), *Fantasio* (1834), *On ne badine pas avec l'amour* (1834), *Lorenzaccio* (1834, créé en 1896), *Le Chandelier* (1835). *Il ne faut jurer de rien* (1836), *Il faut qu'une porte soit ouverte ou fermée* (1845).

Musset, dessin d'E. Lami, 1841 (musée Carnavalet; phot. Jeanbor © arch. Photeb).

La comédie bourgeoise

LA FRANCE

Descendant de la commedia dell'arte et du théâtre de la Foire, le vaudeville est à l'origine un genre populaire, où le chant se mêle au texte et au jeu scénique, et qui comporte parfois des ballets : c'est un ancêtre de la comédie musicale. Peu à peu, le texte sera favorisé au détriment du chant et le vaudeville désignera le théâtre professionnel comique, fait pour le seul plaisir du public. L'action tient, dans ce comique, plus de place que l'approfondissement des caractères; les pièces respectent les goûts des spectateurs dont elles sont la peinture pittoresque.

Eugène SCRIBE, 1791-1861, s'imposa longtemps aux sommets du genre par son art de comprendre et de flatter les courants de l'opinion (il adapta le vaudeville au public de la Restauration), par son habileté à inventer des situations originales et à les continuer sans fatigue. Ses «pièces bien faites», influencées par Goldoni et Diderot, aux constructions solides, ont contribué à faire du genre un instrument théâtral efficace, œuvre de professionnel. Sur ses 350 pièces, nous trouvons des comédies légères : *L'Ours et le Pacha* (1820), *Mon oncle César* (1821); des livrets d'opéra : *La Dame blanche* (1825), *Fra Diavolo* (1830); des «bluettes» pour les théâtres de boulevard : *La Demoiselle à marier* (1826), *Le Diplomate* (1827); des comédies historiques pour le Théâtre-Français : *Adrienne Lecouvreur* (1849), *Bataille de dames* (1851).

Honoré de BALZAC, 1799-1850, se plaça, quant à sa production dramatique, dans la tradition de la comédie de mœurs du XVIIIe siècle, dans la lignée du *Turcaret* de Lesage. Dans *Mercadet ou le faiseur* (1839), son œuvre maîtresse, Balzac dépeint la société avec une ambition réaliste, mais sur un ton de vaudeville donné par son héros, un génie de la finance mystificateur. En dehors des romans adaptés pour la scène, tels que *Le Père Goriot* (1835) ou *Vautrin* (1840), Balzac écrivit encore quelques pièces comme *Pamela Giraud* (1843) ou *La Marâtre* (1848), qui fit un gros succès.

Eugène LABICHE, 1815-1888, fut le successeur de Scribe, mais s'adressa au monde bourgeois alors que le public de prédilection de ce dernier était l'aristocratie. Aidé par de nombreux collaborateurs il donna une centaine de vaudevilles endiablés. Au mouvement, Labiche joint l'observation et la parodie, qu'il pousse parfois jusqu'à la caricature : son comique repose sur les caractères des personnages, évoluant sur le fil d'une mécanique théâtrale précise comme un mouvement d'horlogerie. Labiche, qui cherchait avant tout à épouser les désirs de son public et qui ne se départit jamais de son ironique gaieté, a pourtant révélé la frivolité, l'hypocrisie et l'égoïsme scandaleux de la bourgeoisie du second Empire; sous le vernis d'élégance de la peinture qu'il fait de son public, pour son public, apparaît un jugement sans merci des mœurs et de l'idéal bourgeois, qui sont toujours ramenés à la satisfaction brutale de besoins primaires. Citons de lui : *Un chapeau de paille d'Italie* (1851), *Le Voyage de M. Perrichon* (1860), *Les Deux Timides* (1860), *La Cagnotte* (1864). *Doit-on le dire ?* (1872).

A la fin du second Empire et au début de la IIIe République le vaudeville triomphe; il lui arrive cependant de déborder sur la comédie de mœurs, laquelle, comme le mélodrame, voit un renouveau.

Emile AUGIER, 1820-1889, s'efforça de donner une portée moralisatrice à ses comédies de mœurs; ses intrigues étaient mises ainsi au service de la «morale des honnêtes gens», et ne s'épuisaient pas, comme chez Scribe, dans une pure théâtralité. Il écrivit notamment *Gabrielle* (1849), *Le Gendre de M. Poirier* (1854), *Les Fourchambault* (1875).

Victorien SARDOU, 1831-1908, fut un des auteurs de vaudeville les plus prolifiques et les plus applaudis, y compris à l'étranger, un des maîtres, après Scribe, de la «pièce bien faite». Avec facilité et dextérité, s'occupant plus de l'effet à produire, et des applaudissements à conquérir, que de la cohérence de la pensée et de la vraisemblance des personnages, il écrivit quatre-vingts pièces, dont la plupart furent des succès. Parmi elles, beaucoup de comédies : *Les Pattes de mouches* (1860), *Divorçons* (1880), *Madame Sans-Gêne* (1893); mais aussi des mélodrames comme *Fédora* (1882) et *Théodora* (1884) créés par Sarah Bernhardt.

Henry MEILHAC, 1831-1897, et **Ludovic HALEVY, 1834-1897,** écrivirent en collaboration des livrets pour les musiques de Jacques Offenbach, illustrant un style d'œuvre à mi-chemin entre le vaudeville et l'opérette : l'opéra bouffe. Les plus fameux sont *La Belle Hélène* (1864) et *La Vie parisienne* (1867). Ils écrivirent aussi d'innombrables comédies parmi lesquelles *Le Réveillon* (1872), *Brevet supérieur* (1892), etc.

Edouard PAILLERON, 1834-1899, écrivit des comédies de mœurs dont le bavardage spirituel confine parfois à la satire; la plus connue d'entre elles est *Le monde où l'on s'ennuie* (1881). **Alexandre BISSON, 1848-1912,** se maintint lui aussi assez près de la comédie de mœurs, notamment avec *Le Député de Bombignac* (1884).

François COPPÉE, 1842-1908, est un auteur isolé, d'une poésie réaliste qui lui fit écrire des drames d'un esprit romantique et populaire comme *Les Humbles* (1872) et surtout une comédie en vers : *Le Passant* (1869), qui fonda sa réputation.

Georges FEYDEAU, 1862-1921, s'affirma comme un des maîtres de la farce, succédant à Labiche, Beaumarchais et Molière. Il poussa très loin la précision et la complication des situations, mettant en place des intrigues fondées sur des développements symétriques se déroulant selon une construction calculée et dans un rythme étourdissant. Sa satire est plus caustique encore que celle de Labiche, mais, si elle frôle le point de rupture, elle exprime pourtant, globalement, les exigences sociales et morales dominantes. Citons de lui : *Monsieur chasse* (1892), *Champignol malgré lui* (1892), *Un Fil à la patte* (1894), *L'Hôtel du libre-échange* (1894), *Le Dindon* (1896), *La Dame de chez Maxim's* (1899), *La Puce à l'oreille* (1907), *Occupe-toi d'Amélie* (1908), *Mais n'te promène donc pas toute nue* (1911).

Une multitude d'auteurs «gais» se firent les émules de Feydeau; leur humour, qui est parfois resté prisonnier des mœurs qu'ils entendaient railler, n'a pas toujours résisté au temps. **Henri LAVEDAN, 1859-1940,** mit en scène la société parisienne, notamment dans *Le Vieux Marcheur* (1899). **Alfred CAPUS, 1858-1922,** et **Maurice DONNAY, 1859-1945,** aujourd'hui oubliés, furent très applaudis au début du siècle; au second nous devons l'aimable philosophie et la psychologie délicate de comédies comme *Les Amants* (1895). **Tristan BERNARD, 1866-1947,** s'attacha à dépister les faiblesses humaines dans ses farces tendres et drôles, d'une technique parfaite; son plus grand succès fut *Le Petit Café* (1912). **Robert de FLERS (Robert Pellevé de La Motte-Ango, marquis), 1872-1927,** et **Gaston ARMAN de CAILLAVET, 1869-1915,** écrivirent en collaboration des vaudevilles efficaces et sans prétention, parmi lesquels *Le Roi* (1908), *L'Habit vert* (1912), *La Belle Aventure* (1913). **Paul HERVIEU, 1857-1915,** écrivit des comédies à préoccupation sociale, d'un humour énergique et d'une composition rigoureuse; citons de lui *Les Tenailles* (1895) et *La Loi de l'homme* (1897).

Edmond ROSTAND, 1868-1918, a dû sa gloire théâtrale à *Cyrano de Bergerac* (1897), pièce qui reprend en des vers chevaleresques et sonores, avec verve et facilité, la vie du poète contemporain de Molière. Cette comédie héroïque connut un succès extraordinaire car elle personnalisa la réaction contre le théâtre naturaliste et social. Rostand écrivit encore *La Princesse lointaine* (1895), *La Samaritaine* (1897), et surtout *L'Aiglon* (1900), créé par Sarah Bernhardt.

Henry BERNSTEIN, 1871-1953, se caractérisa d'abord par la violence de ses pièces, par la brutalité et l'immoralité qu'il mit dans les rapports entre les personnages. Il écrivit ainsi *Le Marché* (1900), *La Rafale* (1905), etc. Plus tard, il incorpora les théories freudiennes à ses études de caractères; *Mélo* (1926) fut un de ses plus grands succès de cette seconde période.

Henry BATAILLE, 1872-1922, se fit le chantre du «théâtre d'amour» et de la triste volupté de la chair; *Maman Colibri* (1904) fit de lui l'auteur le plus apprécié des années 1900. Il écrivit aussi *La Marche nuptiale* (1905), *La Femme nue* (1908), *La Vierge folle* (1910), etc.

LA COMÉDIE SATIRIQUE RUSSE

Denis FONFIZINE, 1745-1792, est le père de la comédie russe : il fut le premier grand auteur national à prendre le relais de la production française et italienne qui alimentait la scène de son pays. Ses comédies contiennent déjà les éléments caractéristiques de la future production comique russe, c'est-à-dire l'agressivité d'une satire des institutions et des mœurs, servie par un réalisme parodique. Il écrivit notamment : *Brigadir* (Le Général de brigade, 1768) et *Nedorose* (Le Dadais, 1782).

Alexandre GRIBOÏEDOV, 1795-1829, écrivit une œuvre unique avant d'être assassiné à Téhéran : *Gore ot ouma* (Le Malheur d'avoir trop d'esprit, 1823). Cette comédie satirique est bâtie sur une intrigue linéaire et les personnages sont caricaturaux; son but est de faire une critique violente et actuelle, dépassant le cadre de la comédie de caractère proprement dite, de la société russe. Cette œuvre fut longtemps interdite par le régime tsariste.

Nicolas GOGOL, 1809-1852, donna une forme aboutie à la satire sociale proposée par Griboïedov. *Le Revizor* (L'Inspecteur général, 1836), comédie russe avec des personnages russes mais bâtie sur un procédé proche de ceux employés par Scribe, a pour but d'éduquer le peuple et de combattre, par le rire, les structures féodales véreuses. Le théâtre, pour Gogol, peut être réellement une arme, et son rire qui dévaste tout le vieux monde appelle des temps nouveaux. La pièce, jugée subversive, causa de multiples ennuis à son auteur. Ce n'est qu'en 1842 que Gogol reprit son activité dramaturgique avec une farce satirique, *Jenitba* (Le Mariage).

Alexandre SOUKHOVO-KOBYLINE, 1817-1903, écrivit, peu après Gogol, une trilogie, dans le genre de la comédie satirique inaugurée par Griboïedov. Cette trilogie raconte les aventures de Tarelkine : *Svadba Kretchinskovo* (Les Noces de Kretchinski, 1854), *Delo* (L'Affaire, 1862), *Smert Tarelkina* (La Mort de Tarelkine, 1868). La férocité et l'hypocrisie des institutions, et particulièrement de la justice, y sont fustigées. La censure obligea l'auteur à abandonner son activité de dramaturge.

L'HUMOUR EN EUROPE CENTRALE

Ion Luca CARAGIALE, 1852-1912, fonda le théâtre comique en Roumanie. Il écrivit des satires grotesques et sarcastiques contre la bourgeoisie qui révèlent les dessous de la société, en même temps qu'elles appuient une exigence de démocratie. Ses personnages gogoliens sont soutenus par le fil d'une construction dramatique dans le style de Scribe et de Labiche. *O scrisoare pierduta* (La Lettre perdue, 1884) est son chef-d'œuvre, mais il a aussi écrit *O noapte futurnoasa* (Une nuit orageuse, 1878) et *Conu Leonida fata cu reactiunera* (M. Léonida et la réaction, 1879).

RAIMUND (Ferdinand Raimann, dit), 1790-1836, acteur et dramaturge autrichien, écrivit des comédies qui s'apparentent au genre fantastique et à la traditionnelle farce viennoise. Elles incluent aussi des données réalistes et psychologiques, inclinant même vers l'idéalisme allemand. Ses chefs-d'œuvre sont *Der Alpenkönig und der Menschenfeind* (Le Roi des Alpes et le misanthrope, 1828) et *Der Verschwender* (Le dissipateur, 1834).

Johannes NESTROY, 1801-1862, également auteur-acteur autrichien, écrivit des comédies satiriques et divertissantes en langage semi-dialectal, sur des thèmes traditionnels viennois. Parmi les quatre-vingts pièces qu'il écrivit, les plus fameuses sont *Das Mädel aus der Vorstadt* (La Fille des faubourgs, 1841) et *Judith und Holofernes* (1849).

L'ANGLETERRE : UNE NOUVELLE COMEDY OF MANNERS

Oscar WILDE (Oscar Fingal O'Flahertie Wills, dit), 1854-1900, fit renaître la comedy of manners qu'avait étouffée le romantisme, et s'attacha à ridiculiser la haute société anglaise. Sarcastiques mais élégantes, avec des intrigues vaudevillesques et des dialogues étincelants, ses comédies sont faites selon les règles de l'art pour que leur leçon d'anticonformisme et que leur ironie subversive portent mieux. Citons de lui : *Lady Windermere's Fan* (L'Eventail de lady Windermere, 1892), *A Woman of no Importance* (Une femme sans importance, 1893), *An Ideal Husband* (Un mari idéal, 1895), *The Importance of Being Earnest* (Il importe d'être constant, 1895).

Réalisme et symbolisme

EN FRANCE

Alexandre DUMAS fils, 1824-1895, révolutionna le théâtre parisien; dès 1850, le romantisme apparut comme une esthétique périmée : il avait permis aux privilégiés de s'élever à des idéaux élevés et aux petits bourgeois de s'évader, mais l'expansion du capitalisme, l'importance de la vie «matérielle» exigeaient maintenant un théâtre reflétant la vie sociale, qui fût la conscience de la nouvelle société industrielle. Dumas fils plaça son œuvre sous le signe d'une description critique de la société bourgeoise : ses pièces s'opposaient aux drames romantiques ou aux «comédies bien faites» par les thèses morales qu'elles développaient (critique des préjugés et condamnation des hypocrisies sociales au profit d'une revalorisation des sentiments purs). D'un point de vue dramaturgique, Dumas introduisit la *tranche de vie* au théâtre, il fonda ses pièces sur la vraisemblance et le caractère quotidien du langage, des caractères et de l'action — ne se privant pas cependant d'un sentimentalisme propre à accrocher le public. La pièce témoin de cette évolution fut *La Dame aux camélias* (1852); encouragé par son immense succès, Dumas écrivit notamment *Le Demi-Monde* (1855), *La Question d'argent* (1857), *Le Fils naturel* (1858), *L'Ami des femmes* (1864), *La Femme de Claude* (1873), *Denise* (1885), *Francillon* (1887).

Henry BECQUE, 1837-1899, fut un des premiers auteurs naturalistes français, et sans doute un des plus intransigeants. Il portraitisa l'immoralité de la bourgeoisie parisienne en s'en tenant strictement à la représentation la plus naturelle possible d'une observation de la réalité. Les difficultés qu'il rencontra auprès du public l'amenèrent plus tard à camoufler la violence de ses analyses sociales sous des apparences vaudevillesques. *Les Corbeaux* (1882) et *La Parisienne* (1885) sont ses deux pièces les plus importantes. Parmi ses autres œuvres, citons : *Sardanapale* (1867), *L'Enlèvement* (1871), *La Navette* (1878), *Les Honnêtes Femmes* (1880), *Le Départ* (publié en 1926).

Octave MIRBEAU, 1848-1917, écrivit, outre ses pamphlets et romans, quelques pièces réalistes et vigoureuses parmi lesquelles *Les Mauvais Bergers* (1898), *Les affaires sont les affaires* (1903). **Emile FABRE, 1869-1955,** interrogea lui aussi, dans ses âpres satires, les réalités de la société capitaliste; on lui doit *L'Argent* (1895), *La Vie publique* (1901), *La Rabouilleuse* (1903), *Les Ventres dorés* (1905), etc.

Emile ZOLA, 1840-1902, déclara ouvertement la guerre au théâtre du second Empire et proclama l'avènement du naturalisme, observation quasi scientifique de la réalité qui doit être reproduite telle quelle, serait-ce aux dépens de la beauté, de l'harmonie ou du plaisir théâtral. Outre son ouvrage théorique *Le Naturalisme au théâtre* (1882), il écrivit quelques pièces qui ne connurent pas le succès : *Madeleine Férat* (1868), *Les Héritiers Rabourdin* (1874), *Renée* (1880), etc. et une adaptation pour la scène de *Thérèse Raquin* (1868).

Peu après le manifeste de Zola, Antoine fonda le Théâtre-Libre, terre d'asile du naturalisme. Mais les auteurs qui y furent joués et révélés échappent à toute étiquette restrictive; Antoine les groupait lui-même sous la bannière «théâtre littéraire», c'est-à-dire théâtre à intention sociale ou artistique, dépassant le divertissement bourgeois. Parmi les tenants de cette nouvelle école il faut citer **Georges de PORTO-RICHE, 1849-1930 :** la finesse psychologique de son «théâtre d'amour» fut très appréciée à l'époque; *Amoureuse* fut créée chez Antoine en 1891. **François de CUREL, 1854-1928,** pratiqua un naturalisme social pur et systématique; *L'Envers d'une sainte* (1892) et *Le Repas du lion* (1897) furent créés au Théâtre-Libre. Quant aux pièces d'**Eugène BRIEUX, 1858-1932,** elles affirment clairement une portée sociale; sa *Blanchette* fut créée au Théâtre-Libre en 1892.

Jules RENARD, 1864-1910, fut amené au théâtre par Antoine. Il écrivit cinq courtes pièces d'un réalisme impressionniste, où la vérité des personnages est nettement primée sur l'intrigue; parmi elles : *Le Plaisir de rompre* (1897), *Le Pain de ménage* (1898), *Poil de carotte* (1900).

Georges COURTELINE (Georges Moinaux, dit), 1858-1929, construisit également sa réputation au Théâtre-Libre. Dans la tradition de la farce (ses comédies sont pour la plupart de véritables saynètes en un acte), il stigmatisa le gâchis qui résume la vie du petit bourgeois, constamment aux prises avec la bureaucratie et le pouvoir. Son humour franc peut être à la fois tendre et cruel à l'égard de ses personnages, et la spontanéité apparente des dialogues est en fait le fruit d'une élaboration minutieuse. Il écrivit notamment : *Lidoire, tableau militaire* (1891), *Les Joyeuses Commères de Paris* (1892), *Boubouroche* (1893), *Les Gaîtés de l'escadron* (1895), *Un Client sérieux* (1896), *Les Boulingrins* (1898), *Le commissaire est bon enfant et Le gendarme est sans pitié* (1899), *L'Article 330* (1900), *La Paix chez soi* (1903), *La Peur des coups* (1894).

Romain ROLLAND, 1866-1944, tenta de fonder un théâtre populaire, en coordonnant ses efforts à ceux du metteur en scène Gémier. Il écrivit deux cycles monumentaux de tragédies historiques, lyriques et épiques. Si le style de Rolland revient à un romantisme hugolien, son projet est comparable à celui de Goethe, car ses fresques grandioses aboutissent, par le biais d'une symbolique, à la recherche d'une philosophie idéaliste; ses théories généreuses l'amenèrent à travailler pour l'avenir du théâtre et de l'humanité. Ses pièces, qui comportent jusqu'à cinquante personnages et qui nécessitent parfois une vingtaine de changements de décor, n'ont été que rarement jouées; *Danton* fut la plus représentée, et notamment par Gémier (à Paris en 1903) et par Max Reinhardt (dans son Zirkus de Berlin en 1919). Parmi les deux cycles, *Tragédies de la foi* et *Tragédies de la révolution*, citons quelques titres : *Les Loups* (1898), *Le Triomphe de la raison* (1899), *Danton* (1900), *Le Quatorze Juillet* (1903), *Le Jeu de l'amour et de la mort* (1928), *Les Léonides* (1928), *Robespierre* (1938), etc.

Maurice MAETERLINCK, 1862-1949, poète et dramaturge belge, fut un des représentants les plus radicaux du symbolisme esthétisant. Ses pièces empruntent à l'imagerie wagnérienne et moyenâgeuse. Construites comme des pièces de musique, elles s'appuient sur les images statiques et sur les silences pour faire transparaître de manière suggestive, grâce à des visions mystiques et dans un halo mystérieux, les forces invisibles de la destinée. La plupart de ses œuvres furent créées au Théâtre d'Art de Lugné-Poe : *L'Intruse* (1891), *Pelléas et Mélisande* (1893, remanié en livret pour l'opéra de Debussy en 1902), *Annabelle* (1896), *Intérieur* (1895), *Ariane et Barbe-Bleue* (1901), *Joyzelle* (1903), *L'Oiseau bleu* (1908), *Les Fiançailles* (1918), *Le Miracle de saint Antoine* (1921).

Maeterlinck, par J.-E. Blanche (musée des Beaux-Arts, Rouen; phot. Ellebé © arch. Photeb © by Spadem 1980).

Paul CLAUDEL, 1868-1955, fut le grand dramaturge catholique de son temps, et l'ampleur de son projet n'est pas sans évoquer la tragédie grecque. Amené à la littérature par la lecture des *Illuminations,* de Rimbaud, son inquiétude de poète a nourri une foi catholique revivifiée, après qu'elle eut passé le cap difficile d'une crise d'adolescent. Diplomate, Claudel fut un homme toujours respectueux de l'ordre établi. Dans ses drames moraux et religieux, le lyrisme et la rhétorique de la protestation et du désir de l'homme catholique confronté à la grâce divine sont les moteurs de l'action, qui s'universalise à la dimension de l'aventure humaine. De grands problèmes (le péché et la pureté, le matériel et le spirituel, l'amour terrestre et l'amour divin) sont traités dans ses pièces stylisées, regorgeant de longues tirades poétiques. Formé à l'école du symbolisme (Maeterlinck), Claudel s'exprime dans «un vers sans rime ni mètre», propre à la fois au dialogue théâtral et à la méditation lyrique, dans une syntaxe tourmentée et avec une grande abondance d'images. Ce n'est qu'après 1941, quand Barrault produisit systématiquement ses pièces, que Claudel fut connu comme dramaturge. Le corps de son œuvre comprend *Tête d'or* (1889, créé en 1949), *La Ville* (1890, créé en 1955), *La Jeune fille Violaine* (1892, première version de *L'Annonce faite à Marie*), *L'Echange* (1893), *Le Repos du septième jour* (1895, créé en 1965), *Le Partage de midi* (1905, créé en 1948), *L'Otage* (1909), *Le Pain dur* (1914, créé en 1949), *Le Père humilié* (1916, créé en 1945) — ces trois dernières œuvres constituent la *Trilogie papale* — *L'Annonce faite à Marie* (1912), *Protée* (1913), *L'Ours et la Lune* (1917), *Jeanne d'Arc au bûcher* (1938), *L'Histoire de Tobie et de Sara* (1942).

Alfred JARRY, 1873-1907, déclencha un scandale dans la vie théâtrale française avec la création d'*Ubu roi*, les 9 et 10 décembre 1896, par le théâtre de l'Œuvre (Lugné-Poe). Le fameux «Merdre» qui ouvre la pièce marquait, par la subversion qui parvient jusqu'au langage, une rupture nette avec le théâtre bourgeois et avec le théâtre réaliste, et ouvrait les portes du dadaïsme, du surréalisme, et plus tard du théâtre de la dérision et de l'absurde. La diction irréelle d'Ubu, l'utilisation d'inventions verbales et de l'acteur-marionnette ont libéré le théâtre des conventions naturalistes, mettant à sa portée tous les effets imaginables; dans *Ubu* se profile déjà le théâtre total d'Antonin Artaud. Dans cette farce potachique, aristophanesque et rabelaisienne, construite comme une parodie des tragédies de Shakespeare, Jarry donne vie à un personnage monstrueux, rapace, sans scrupule, symbole des appétits inférieurs et du pouvoir, despotique et incohérent. A *Ubu roi*, il donna une suite avec *Ubu enchaîné* (1901), *Ubu sur la butte* («réduction» d'*Ubu roi* pour marionnettes, joué en 1901, publié en 1906), *Ubu cocu* (publié en 1944). Il écrivit aussi *César-Antechrist* (curieuse tentative du théâtre imaginaire et héraldique, 1895), et de nombreuses pièces de «théâtre mirlitonesque», dont *Par la taille* (1906), *L'Objet aimé* (publié en partie en 1908) et *Pantagruel* (opéra bouffe publié et représenté en 1911).

EN SCANDINAVIE

Henrik IBSEN, 1828-1906, fut un dramaturge norvégien de dimension internationale par l'universalité et l'actualité des problèmes humains et sociaux qu'il a abordés ainsi que par l'étendue de son influence sur ses contemporains. Son génie a puisé dans différents mouvements européens tels que le romantisme de Goethe et de Schiller, le premier réalisme français de Dumas fils, les traditions et les légendes norvégiennes. Son œuvre, gouvernée par le projet d'allier la réflexion philosophique et la théâtralité, peut se décomposer en trois périodes. La première tend à exprimer des problèmes humains généraux à travers une symbolique romantique. La deuxième adhère aux problèmes sociaux actuels; Ibsen se lance alors dans une vaste analyse du monde bourgeois contemporain mais parvient à enrichir ce projet réaliste d'une symbolique poétique qui ouvre sur des perspectives métaphysiques — son œuvre acquiert ainsi une vérité artistique et humaine universelle. Les pièces de la troisième période, empreintes d'un certain fatalisme, se concentrent sur la recherche lyrique et poétique. Ibsen, surtout dans sa deuxième période (la plus controversée), a produit un théâtre qui entend développer une thèse (polémique contre les préjugés, analyse des mouvements de l'opinion) et former la conscience de son public. Sa théâtralité se ramasse dans la vraisemblance du dialogue qui se perd rarement dans la pure poésie pour servir uniquement l'expression scénique. Ses constructions harmonieuses sont ordonnées selon les exigences d'une démonstration. *Catilina* (1848), *Norma* (1851), *Gildet paa Solhaug* (La Fête de Solhaug, 1856), *Hoermoenene paa Helgeland* (Les Guerriers d'Helgeland, 1858), *Kjaerlighedens komedie* (La Comédie de l'amour, 1862), *Kongsemnerne* (Les Prétendants, 1864), *Brand* (1866), *Peer Gynt* (1869), *De unges Forbund* (La Ligue de la jeunesse, 1869), *Keiser og Galiloeer* (César et le Galiléen, 1873) font partie de sa première période. La deuxième comprend : *Samfundets Støtter* (Les Soutiens de la société, 1877), *Et Dukkehjem* (Maison de poupée, 1879), *Gengangere* (Les Revenants, 1881), *En Folkefiende* (Un ennemi du peuple, 1882), *Vildanden* (Le Canard sauvage, 1884), *Rosmersholm* (1886), *Fruen fra Havet* (La Dame de la mer, 1888), *Hedda Gabler* (1890). La troisième période inclut *Bygmester Solness* (Solness le Constructeur, 1892), *Lille Eyolf* (Le Petit Eyolf, 1894), *John Gabriel Borkman* (1896), *Naar vi døde vaagner* (Quand nous nous réveillerons d'entre les morts, 1899).

Björnstjerne BJÖRNSON, 1832-1910, auteur dramatique et écrivain norvégien, fut un contemporain et un rival d'Ibsen; il a exprimé dans une grande partie de son œuvre un nationalisme fervent. Il écrivit des drames épiques, inspirés par l'histoire de son pays, comme *Sigurd Slembe* (Sigurd le bâtard, 1862); des drames lyriques : *Marie Stuart* (1864); des drames réalistes, témoignant d'un intérêt profond pour la société et les mœurs de son temps : *Redaktoren* (L'Editeur, 1874), *En Fallit* (Une faillite, 1875) et des drames psychologiques, généralement considérés comme ses œuvres les plus intéressantes : *Over Aevne* (Au-delà des forces humaines, 1883, remanié en 1895), *Daglannet* (1904). Il est également l'auteur de comédies comme *Geografi og Kjaerlighed* (Géographie et Amour, 1909). En 1903, il reçut le prix Nobel de littérature, le premier qui fût attribué à un Scandinave.

August STRINDBERG, 1849-1912, dramaturge suédois, s'attacha à analyser les rapports qui s'instaurent dans un groupe humain; il souleva les problèmes de l'attraction et de la répulsion, de la communication et des rapports de force entre les êtres. Son analyse n'a point de bornes, elle est menée sur le plan social comme sur celui des fantasmes du subconscient et entend dévoiler, par des moyens naturalistes ou symbolistes, la vacuité sous-jacente à la civilisation européenne et les rapports de violence ou rapports marchands qu'elle a établis entre les hommes, et particulièrement entre les hommes et les femmes. Sa dramaturgie est une désagrégation de la construction démonstrative et réaliste ibsénienne en un montage de scènes crues qui sont autant d'éclairages différents pour cerner la vérité des personnages. Les prolongements historiques et anthropologiques de la réflexion, angoissée, de Strindberg lui ont conféré une grande influence sur ses contemporains mais surtout une éminente actualité aujourd'hui. Parmi la soixantaine de pièces qu'il a écrites nous citerons : *Mäster Olof* (Maître Olof, 1872), *Fadren* (Père, 1887), *Fröken Julie* (Mademoiselle Julie, 1888), *Fordringsägare* (Les Créanciers, 1888), *Hembsöborna* (Les Gens de Hembsö, 1889), *Himmelrikets mycklar* (Les Clés du paradis, 1892), *Till Damaskus* (Le Chemin de Damas, 1898), *Advent* (L'Avent, 1898), *Brott och brott* (Crime et crime, 1899), *Erik XIV* (1899), *Gustav Vasa* (1899), *Gustav Adolf* (1900), *Dödsdansen* (La Danse de mort, 1900), *Pask* (Pâques, 1901), *Ett drömspel* (Le Songe, 1902), *Spöksonaten* (La Sonate des spectres, 1907).

Yeats, par August John (phot. © City Art Gallery, Manchester/ arch. Photeb).

EN ANGLETERRE ET EN IRLANDE

Le réalisme social anglais a eu un précurseur en la personne de **Dion BOUCICAULT, 1820-1890,** acteur et auteur dramatique irlandais, qui amena insensiblement le mélodrame, dans lequel se complaisait le théâtre bourgeois anglais, vers le style naturaliste en utilisant toutes les ressources de la machinerie moderne pour représenter ses scènes ménagères. Son plus grand succès fut la comédie dramatique *The Colleen Bawn,* d'après un roman de Gerald Griffin (1860). **Thomas ROBERTSON, 1829-1871,** se lança systématiquement dans la reproduction fidèle des comportements de ses contemporains : *Caste* (1867) est considérée comme la première pièce du naturalisme anglais.

George Bernard SHAW, 1856-1950, irlandais lui aussi, grandement influencé par Ibsen, affirma la volonté de construire un drame capable d'éduquer les consciences aux idéaux socialistes. Comme Oscar Wilde, il utilisa le goût qu'avait la bourgeoisie de se moquer d'elle-même pour faire passer ses idées subversives. Moralisateur brillant et agressif, il dénuda les hypocrisies de la morale victorienne : face à la complaisance de l'idéalisme anglais, il fit surgir les scandales de l'usure, de la prostitution, de la farce de l'héroïsme et des profits du marchand de canons. Ses personnages expriment des partis pris idéologiques, la pièce est conduite à la manière d'une démonstration. Mais le dynamisme de l'humour, la maîtrise du dialogue, l'amour du paradoxe ont tendance à prendre le pas sur les intentions idéologiques exprimées, et les pièces de Shaw ont souvent perdu de leur pouvoir subversif au profit du divertissement. Ses pièces principales sont : *Widower's Houses* (L'argent n'a pas d'odeur, 1892), *Mrs. Warren's Profession* (La Profession de Mme Warren, 1893), *Arms and the Man* (Le Héros et le Soldat, 1894), *Candida* (1895), *Man and Superman* (L'Homme et le Surhomme, 1903), *Major Barbara* (1905), *Androcles and the Lion* (Androclès et le Lion, 1913), *Pygmalion* (1913), *Heartbreakhouse* (La Maison des cœurs brisés, 1920), *Saint Joan* (Sainte Jeanne, 1923), *The Millionairess* (La Millionnaire, 1936).

John GALSWORTHY, 1867-1933, influencé par Shaw, illustra dans un réalisme méticuleux les grands problèmes sociaux de son temps; il écrivit notamment *The Silver Box* (La Boîte d'argent, 1906), *Strife* (Conflit, 1909), *Justice* (1910).

William Butler YEATS, 1865-1939, fut le fondateur de l'Irish Dramatic Movement, première manifestation d'un théâtre national irlandais. Ses œuvres dramatiques sont d'essence poétique, elles inclinent vers l'ésotérisme et l'orientalisme; Yeats subit l'influence du symbolisme puis des techniques japonaises du nô, ses thèmes proviennent du fonds légendaire et mythique irlandais : *The Countess Cathleen* (La Comtesse Cathleen, 1892), *The Land of Heart's Desire* (La Terre du désir du cœur, 1894), *Deirdre* (1907), *Four Plays for Dancers* (Quatre pièces pour danseurs, 1921), *The Words upon the Window-pane* (Les Mots sur la vitre, 1934), *A Full Moon in March* (Pleine Lune de mars, 1935), *Purgatory* (Purgatoire, publié en 1938), *The Death of Cuchulain* (La Mort de Cuchulain, 1939).

John SYNGE, 1871-1909, fut avec Yeats la figure la plus marquante de l'Irish Dramatic Movement, mais il s'attacha à faire vivre sur la scène l'Irlande paysanne. Son «naturalisme provincial», qui mêle une expression de la joie à une profondeur tragique, découvre la richesse des vies dures et simples. Parmi ses œuvres principales citons *In the Shadow of the Glen* (Dans l'ombre de la ravine, 1903), *Riders to the Sea* (Les Cavaliers de la mer, 1904), *The Tinker's Wedding* (Les Noces du rétameur, 1904), *The Playboy of the Western World* (Le Baladin du monde occidental, 1907).

EN RUSSIE

Ivan TOURGUENIEV, 1818-1883, poète et nouvelliste, accentua les tendances réalistes de la production dramatique russe en dépouillant la comédie de toute intention satirique ou didactique. Il anticipa Tchekhov par ses recherches psychologiques, notamment dans *Mesiats v derevne* (Un mois à la campagne, 1851).

Alexandre OSTROVSKI, 1823-1886, écrivit quelque quatre-vingts pièces qui représentent de manière naturaliste la petite et moyenne bourgeoisie russe des marchands et des fonctionnaires; il dénonça les hypocrisies et revalorisa les membres des classes inférieures. Sa dramaturgie repose sur l'emboîtement d'épisodes caractéristiques, la mise en place d'une atmosphère, le soin apporté aux petits rôles. Citons de lui : *Bednost ne porok* (Pauvreté n'est pas vice, 1854), *Groza* (L'Orage, 1895), *Les* (La Forêt, 1871).

Léon TOLSTOÏ, 1828-1910, considérait que le théâtre devait remplir une mission morale et évangélisatrice; à la suite de ses romans, il écrivit des drames pour toucher plus directement un large public et lui communiquer, dans un naturalisme puissant, son mysticisme à caractère paysan et sa croyance dans la rédemption par le travail quotidien de la terre. *Vlast tmy* (La Puissance des ténèbres, 1886) est un drame paysan, *Plody prosvechtchenia* (Les Fruits de l'instruction, 1890), une comédie populaire; *Zhivoï troup* (Le Cadavre vivant, 1900), décrit la décomposition d'un milieu bourgeois.

Anton TCHEKHOV, 1860-1904, médecin de profession, écrivit d'abord des nouvelles : son œuvre théâtrale est un développement de la littérature narrative. Après avoir composé des comédies en un acte, à la manière du vaudeville français mais d'un humour plus mélancolique, Tchekhov s'affranchit de la rhétorique théâtrale : il donna forme à son observation du comportement humain en organisant ses œuvres autour de notations d'atmosphères et en une mosaïque de scènes qui éclairent (apparemment au fil des rencontres, mais en fait à des moments psychologiquement révélateurs) l'évolution des états d'âme des personnages. Il portraitisa ainsi les humeurs complexes mises en jeu dans les groupes humains, l'histoire cachée du quotidien, sans recourir à des situations de crise, sans plier les événements de la vie à la théâtralité de la construction ibsénienne, sans accentuer ni déclarer les conflits qui sous-tendent ces événements. Sa sincérité est totale, elle ne s'encombre ni de polémiques sur les mœurs ni de jugements moraux sur les personnages : la vérité de la situation vient au jour d'elle-même, le personnage vit librement son destin. Le style de Tchekhov, fait de sobriété et de demi-teintes, s'exerça sur les thèmes de l'ennui, de la solitude, des aspirations déçues. Sa grande innovation tient à son exploration de tous les moyens et de tous les niveaux de la communication, qui passe par le dialogue mais aussi par un sous-texte (qui inclut les silences et le moindre des gestes), réseau de significations profondes qui transparaît à travers la banalité du texte et de l'action. Tchekhov est un auteur d'une dimension historique : il a révélé la vérité de son époque grâce à la dualité qui anime ses drames, compréhension du passé et vision d'un avenir différent. *Platonov* (1877-1881) fut suivi des pièces en un acte, *Na Bolchoi doroge* (Sur la grand-route, 1885), *Lebedinaya pesnaya* (Le Chant du cygne, 1886), *O vrede tabaka* (Les Méfaits du tabac, 1886-1902), *Medved* (L'Ours, 1888), *Predloziénie* (Une Demande en mariage, 1889), *Svadba* (Une Noce, 1889), etc. Les grandes pièces sont : *Ivanov* (1887), *Lechi* (L'Esprit des forêts, 1889), *Tchaïka* (La Mouette, 1896), *Diadia Vania* (L'Oncle Vania, 1897), *Tri sestri* (Les Trois sœurs, 1901), *Vichnevy sad* (La Cerisaie, 1904).

Maxime GORKI (Alexeï Maximovitch Pechkov, dit), 1868-1936, passa au drame alors qu'il était un écrivain déjà célèbre, à la demande du Théâtre d'Art de Moscou. D'origine prolétarienne, il se fit, dans un style superbement réaliste, le porte-parole du petit peuple russe. La construction de ses pièces, s'éloignant plus encore que chez Tchekhov des formes du XIXe siècle, est fragmentée en une suite de scènes dont l'ordonnance répond à des exigences rythmiques. Après la Révolution, il donna un tour didactique à son théâtre (à l'exemple de son maître Tolstoï). Parmi ses œuvres dramatiques citons *Mestchane* (Les Petits Bourgeois, 1901), *Na dne* (Les Bas-Fonds, 1902), *Dachniki* (Les Estivants, 1904), *Deti solntsa* (Fils du soleil, 1905), *Vassa Jeleznovna* (1910), *Zykovy* (Les Zykov, 1913), *Starik* (Le Vieux, 1915), et une trilogie sur la construction de la nouvelle société : *Yegor Boulytchev i drougie* (Igor Boulytchev et les autres, 1932), *Dostigaev i drougie* (1932), *Somov i drougie* (1932).

Léonid ANDREÏEV, 1871-1919, journaliste très attiré par les idées révolutionnaires (pendant sa jeunesse), se situa au carrefour des influences réalistes (Tolstoï, Tchekhov) et symbolistes (Maeterlinck). Parmi ses pièces narratives, et pessimistes, citons *Jizn cheloveka* (La Vie d'un homme, 1907), *Tsar Golod* (Le Roi Faim, 1908), *Tchornye maski* (Masques noirs, 1909), *Anatema* (Anathème, 1909).

Alexandre BLOK, 1880-1921, poète symboliste, écrivit des drames versifiés tels que *Balaganchik* (Les Marionnettes, 1907) et *Roza i Krest* (La Rose et la Croix, 1916).

EN ALLEMAGNE, EN AUTRICHE ET EN POLOGNE

Friedrich HEBBEL, 1813-1863, marqua la transition, en Allemagne, entre le drame en vers de la tradition classique-romantique (Goethe, Schiller) et la tendance moderne à affronter la réalité sociale et à approfondir l'analyse psychologique. Ses drames, qui appliquent avec cohérence et efficacité la rhétorique du drame bourgeois, expriment les idées philosophiques et la métaphysique des mœurs du criticisme kantien à travers la théâtralisation d'actions quotidiennes, comme dans *Maria Magdalene* (1844), historiques, comme dans *Agnes Bernauer* (1852), ou légendaires, comme dans *Die Nibelungen* (1861).

Gustav FREYTAG, 1816-1895, écrivit de nombreuses comédies qui s'opposent nettement au romantisme par leur actualité et par leur réalisme. La plus célèbre d'entre elles dépeint les partis politiques : *Die Journalisten* (1852).

Gerhart HAUPTMANN, 1862-1946, consacré poète et dramaturge national de l'Allemagne impériale, suivit un chemin solitaire, croisant les grands axes de la rénovation du théâtre, mais sans s'arrêter définitivement sur aucun d'eux. Personnalité difficile à cerner, il personnifia l'hésitation de son époque entre naturalisme et symbolisme, pragmatisme et utopie, matérialisme et idéalisme. Ses drames sont construits solidement, les personnages y affirment une existence et une présence véritables. D'abord influencé par la Freie Bühne de Berlin (écho du Théâtre-Libre), il écrivit des drames véristes comme *Vor Sonnenaufgang* (Avant le lever du soleil, 1889), ou le chef-d'œuvre du théâtre naturaliste allemand, *Die Weber* (Les Tisserands, 1892). Pendant cette période, il écrivit aussi des comédies à caractère social telles que *Kollege Krampton* (Le Collège Krampton, 1892) et *Der Biberpelz* (La Pelisse de castor, 1893). Hauptmann composa ensuite des drames symbolistes et lyriques parmi lesquels : *Hanneles Himmelfahrt* (L'Assomption de Hannele, 1893), *Die Versunkene Glocke* (La Cloche engloutie, 1896). Alternant avec des drames psychologiques dans la lignée d'Ibsen tels que *Einsame Menschen* (Âmes solitaires, 1891) et des drames épiques comme *Florian Geyer* (1896), il revint à un réalisme déclaré avec *Michael Kramer* (1900), *Und Pippa tanzt!* (Et Pippa danse! 1900), *Die Ratten* (Les Rats, 1911), *Vor Sonnenuntergang* (Avant le coucher du soleil, 1932). Son œuvre atteint le faîte de sa puissance quand, jugement sur une époque, elle peint la souffrance du peuple allemand.

En Autriche, **Arthur SCHNITZLER, 1862-1931,** médecin de profession, décrit les caractères viennois de la fin de l'empire dans des comédies sans ambitions profondes mais d'une touche réaliste et psychologique d'une grande justesse. Citons de lui : *Anatol* (1890), *Liebelei* (Amourette, 1894), *Der Reigen* (La Ronde, 1896).

Hugo von HOFMANNSTHAL, 1874-1929, poète, dramaturge et essayiste autrichien, cofondateur du festival de Salzbourg, fut un grand représentant de la vague antinaturaliste d'expression allemande et du drame poétique du début du siècle. D'abord influencé par les symbolistes (et en particulier Maeterlinck), il écrivit des drames versifiés en un acte tels que *Der Tor und der Tod* (La Mort et le Fou, 1894), *Das Kleine Welttheater* (Le Petit Monde du théâtre, 1897), etc. Il tenta ensuite, avec l'appui de Max Reinhardt, de revivifier la tragédie classique avec *Elektra* (transformé en opéra en 1909 par Richard Strauss), *Œdipus und die Sphinx* (Œdipe et le sphinx, 1905), *Das gerettete Venedig* (Venise sauvée, d'après la tragédie d'Otway, 1905). Ses dernières œuvres sont des comédies ou des pièces symboliques : *Jedermann* (d'après la «morality play» *Everyman*, 1911), *Dame Kobold* (inspirée de Calderon, 1920), *Der Schwierige* (Le Difficile, 1921).

En Pologne, **Gabriela ZAPOLSKA (Gabriela Karvin Piotrouska, dite), 1860-1921,** actrice, qui joua au Théâtre-Libre d'Antoine, et dramaturge, traita dans un naturalisme critique de sujets sociaux tels que la misère, la prostitution, la discrimination contre les femmes. Elle écrivit une quarantaine de pièces et devint célèbre en Europe pour son drame *Moralnosc pani Dulskiej* (La Morale de Mme Dulska, 1907).

EN ITALIE

Sous l'influence du naturalisme français se développa le vérisme italien qui entendait faire de la littérature un instrument de connaissance et de diffusion de la vérité au profit du progrès social. **Giovanni VERGA, 1840-1922,** fut le promoteur du naturalisme sur la scène italienne par ses drames qui décrivent sans complaisance, et en prenant ouvertement position «en faveur des humbles et des déshérités», le monde paysan de sa Sicile natale : *Cavalleria rusticana* (Le Chevalier rustique, 1888), *La Lupa* (La Louve, 1896), *Dal tuo al mio* (Du tien au mien, 1903), *Caccia al lupo* (Chasse au loup, 1901).

Giuseppe GIACOSA, 1847-1906, analysa dans une langue rude, et dans le sillage d'Ibsen, les crises morales de la bourgeoisie. Mis à part ses drames historiques, très prisés en son temps mais vite oubliés, il écrivit des drames réalistes : *Tristi amori* (Tristes Amours, 1887), *I diritti dell'anima* (Les Droits de l'âme, 1894), *Come le foglie* (Comme les feuilles, 1900).

Carlo BERTOLAZZI, 1870-1917, fut un auteur dialectal milanais et un des seuls représentants du drame purement vériste, sans soutien idéologique déclaré. Ses deux œuvres principales sont *El nost Milan* (Notre Milan, 1893) et *La Gibigianna* (Le Miroitement, 1898).

Gabriele D'ANNUNZIO, 1863-1938, broda, sur les thèmes du théâtre paysan sicilien ou du théâtre bourgeois, une dentelle maniérée dont le style s'inspirait des pièces mystiques de Maeterlinck et des madrigaux du Moyen Age. Citons de lui : *La Figlia di Jorio* (La Fille de Jorio, 1904), *La Citta morta* (La Ville morte, 1898), *La Gloria* (La Gloire, 1899), *Francesca da Rimini* (1902), *Più che l'amore* (Plus que l'amour, 1906).

Le théâtre contemporain

LA FRANCE

L'entre-deux-guerres : évolutions de la comédie

La première moitié du XXe siècle a vu fleurir à Paris une pléiade d'auteurs joués principalement dans les théâtres de boulevard et qui évoluent, dans la tradition de la pièce «bien faite», de la comédie de divertissement à la comédie psychologique et poétique.

Henri-René LENORMAND, 1882-1951, influencé par Strindberg et par Freud, tenta de rendre visibles dramaturgiquement les impulsions de l'inconscient. Pitoëff créa la plupart de ses pièces : *Le Temps est un songe* (1919), *Les Ratés* (1920), *Le Simoun* (1920), *Le Mangeur de rêves* (1922), *Mixture* (1927).

Charles VILDRAC (Charles Messager, dit), 1882-1971, fut le chef de file du groupe des intimistes : il pratiqua un art de la suggestion et de la demi-teinte pour peindre les milieux bourgeois; citons de lui *Le Paquebot Tenacity, Le Pèlerin, La Brouille*. **Jean-Jacques BERNARD, 1888-1972,** fils de Tristan, créa le théâtre du silence, où l'essentiel se situe derrière le dialogue apparent, dans le sous-texte. Parmi ses nombreuses œuvres nous retiendrons *La Maison épargnée* (1919), *Martine* (1922), *Nationale* (1935). **Alfred SAVOIR, 1883-1934,** composa des comédies boulevardières d'un humour féroce : *La Voie lactée, La Petite Catherine, La Huitième Femme de Barbe-Bleue*. **Sacha GUITRY, 1885-1957,** écrivit plus de cent pièces légères et brillantes utilisant habilement tous les artifices de théâtre et ses propres possibilités d'acteur; ses intrigues sont tirées de la vie du théâtre ou des grands personnages. Citons de lui *La Prise de Berg-op-Zoom* (1912), *Mon père avait raison* (1919), *Pasteur* (1919), *L'Amour masqué* (1923), *On ne joue pas pour s'amuser* (1925), *Château en Espagne* (1933), *Le Mot de Cambronne* (1936), *N'écoutez pas Mesdames* (1942), *Une Folie* (1953).

Denys AMIEL, 1884-1977, allia l'influence du théâtre du silence de Jean-Jacques Bernard à la recherche d'effets plus faciles dans la tradition du boulevard. Il écrivit notamment *La Souriante Mme Beudet* (en collaboration avec Obey, 1921), *Le Voyageur* (1923), *Monsieur et Madame Un Tel* (1925), *La Femme en fleur* (1935), etc. **André OBEY, 1892-1975,** adepte du théâtre du silence, fut l'auteur attitré de la Compagnie des quinze de Copeau de 1929 à 1932 avec *Le Viol de Lucrèce* (1931), *La Bataille de la Marne* (1931), *Noé* (1931).

Jules ROMAINS (Louis Farigoule, dit), 1885-1972, poète, romancier et dramaturge, s'illustra dans le théâtre satirique et travailla avec Copeau et les metteurs en scène du Cartel. *Cromedeyre-le-Vieil* (1920), *Donogoo Tonka* (1930), *Musse ou l'Ecole de l'hypocrisie* (1931) ne sont plus guère joués aujourd'hui; en revanche, *Knock ou le Triomphe de la médecine* (1923) est resté une œuvre vivante grâce à la création du type du Dr Knock (Louis Jouvet), au dialogue brillant et bouffon et au contenu satirique qui touche au problème du pouvoir d'un homme sur une communauté. Citons encore *Monsieur Le Trouhadec saisi par la débauche* (1923), satire de l'imposture.

Paul RAYNAL, 1885-1971, s'intéressa particulièrement à la tragédie de la guerre de 1914-1918 et à ses séquelles; ses deux pièces les plus fameuses sont *Le Tombeau sous l'arc de triomphe* (1924) et *Le Matériel humain* (1936). **Edouard BOURDET, 1887-1945,** fut un des maîtres de la comédie satirique et de boulevard de l'entre-deux-guerres : *Le Sexe faible* (1929), *La Fleur des pois* (1932) sont des comédies de boulevard; *La Prisonnière* (1926), *Hyménée* et *Les Temps difficiles* (1934), des comédies de mœurs à portée critique; *Père* (1942) est un mélodrame.

Fernand CROMMELYNCK, 1888-1970, dramaturge flamand d'expression française, fut influencé par le symbolisme de Maeterlinck puis par l'expressionnisme. Ses œuvres lyriques abordent les thèmes du péché et de la jalousie. Il fonda sa réputation sur une farce tragique flamande, *Le Cocu magnifique* (1920, créée au théâtre de l'Œuvre par Lugné-Poe); il écrivit également entre autres *Le Sculpteur de masques* (1908), *Les Amants puérils* (1922), *Tripes d'or* (1925), *Une Femme qu'a le cœur trop petit* (1934), *Léona* (1944).

Jacques DEVAL, 1894-1972, écrivit des pièces de boulevard dans la tradition du vaudeville : *Une Faible Femme* (1920), *Dans sa candeur naïve* (1926), *Etienne* (1930), *Tovaritch* (1933).

Marcel PAGNOL, 1895-1974, fut l'auteur de comédies drôles, sentimentales et populaires qui valent par la justesse des personnages et des atmosphères, par la vigueur et le pittoresque des dialogues. *Topaze* (1928) fut son plus grand succès avec la célèbre trilogie marseillaise : *Marius* (1929), *Fanny* (1931), *César* (1946). Il écrivit encore *La Belle Meunière* (1948), *Manon des sources* (1953), *Judas* (1955), *Fabien* (1956).

Marcel ACHARD, 1899-1974, fut l'auteur de comédies gracieuses, d'un humour poétique et sans amertume qui glorifient la joie de vivre. Devenu un important fournisseur des boulevards, sa production fut très abondante. Citons : *Voulez-vous jouer avec môa?* (1924), *Jean de la Lune* (1929), *Domino* (1931), *Le Corsaire* (1938), *Auprès de ma blonde* (1946), *Patate* (1957), *L'Idiote* (1960), *La Débauche* (1973), etc.

Steve PASSEUR (Etienne Morin, dit), 1899-1966, se fit l'illustrateur d'un théâtre de la violence fondé sur les analyses freudiennes avec, entre autres, *Suzanne* (1929), *L'Acheteuse* (1930), *Les Tricheurs* (1932). **Claude-André PUGET, 1905-1975,** évolua entre la comédie de boulevard, *Valentin le Désossé* (1932), le drame historique, *La Peine capitale* (1948) et la comédie poétique et psychologique, *Les Jours heureux* (1938).

Armand SALACROU, né en 1899, commença sa carrière comme journaliste communiste et devint un membre du groupe surréaliste qui influença quelque peu son œuvre dramatique. Il a connu des débuts difficiles malgré l'amitié que lui témoignèrent Lugné-Poe et Dullin. Sa technique de base a consisté à tirer toute la vérité possible de la pièce de boulevard en la poussant au paroxysme de sa violence, lieu où le sourire amer découvre la difficulté d'exister. Que ses pièces se présentent comme des miroirs de la société française, et particulièrement de la vie provinciale, ou comme des paraboles métaphysiques ou morales, elles tentent d'établir un contact avec la réalité quotidienne vécue par les spectateurs. Son œuvre couvre tous les genres : surréalisme, comédie bourgeoise, théâtre engagé, pirandellisme. Citons de lui *Patchouli* (1930), *Une Femme libre* (1934), *L'Inconnue d'Arras* (1935), *La Terre est ronde* (1937), *Les Fiancés du Havre* (1943), *Les Nuits de la colère* (1946), *L'Archipel Lenoir* (1947), *Dieu le savait* (1950), *Sens interdit* (1953), *Boulevard Durand* (1960).

Gide, Giraudoux, Cocteau, Mauriac

André GIDE, 1869-1951, reprit dans ses pièces les mythes antiques et bibliques qu'il traita sans solennité, et en se permettant toutes les libertés qui lui étaient nécessaires pour exprimer à travers eux des problèmes actuels, moraux ou philosophiques. Il écrivit ainsi *Saül* (1896), *Philoctète* (1898), *Le Prométhée mal enchaîné* (1899), *Le Roi Candaule* (1899), *Bethsabée* (1902), *Œdipe* (créé en 1931), *Les Caves du Vatican* (créé en 1933), *Robert ou l'Intérêt général* (1939-1940), etc. Il traduisit également *Antoine et Cléopâtre* et *Hamlet*, de Shakespeare.

Jean GIRAUDOUX, 1882-1944, diplomate, défendit dès sa première pièce, *Siegfried*, un théâtre littéraire où le texte prenait le pas sur l'aspect visuel. Ses dialogues poétiques, jusqu'à la préciosité, animent des personnages dont le comportement tend à éclairer des problèmes fondamentaux de la condition humaine ou à témoigner des préoccupations publiques et actuelles. Ce théâtre, qui ne cache pas sa volonté de plaire, est une tentative, par son aspect allégorique qui incite à la réflexion, d'élargir les horizons culturels de la bourgeoisie en y introduisant des éléments oniriques et mythiques. De la même manière que Gide, il prit certains de ses sujets et de ses personnages dans les mythes antiques ou bibliques, qu'il traita avec une grande familiarité. Il est l'auteur de *Amphitryon 38* (1929), *Judith* (1931), *Intermezzo* (1933), *Tessa* (1934), *Supplément au voyage de Cook* (1935), *La guerre de Troie n'aura pas lieu* (1935), *Electre* (1937), *L'Impromptu de Paris* et *Le Cantique des cantiques* (1938), *Ondine* (1939), *L'Apollon de Bellac* (1942), *Sodome et Gomorrhe* (1943), *La Folle de Chaillot* (1945), *Pour Lucrèce* (1953).

Giraudoux, avec Louis Jouvet et Valentine Tessier (coll. J.-P. Giraudoux; phot. © X.D.R.)

Jean COCTEAU, 1889-1963, poète, romancier et critique, expérimenta en tant que dramaturge des formes très diverses, où l'on sent toujours pourtant la présence d'éléments poétiques. *Les Mariés de la tour Eiffel* est une fantaisie humoristique; *Orphée* (1926) inaugure l'usage familier des mythes antiques avec *La Machine infernale* (1934); *Les Parents terribles* (1938) est une comédie de boulevard et *La Machine à écrire* (1940) une pièce policière; *L'Aigle à deux têtes* (1946) est une tentative de faire revivre le drame romantique; quant au *Fantôme de Marseille* (1952), c'est un «monodrame» composé pour Edith Piaf. Cocteau écrivit encore

Antigone (créée en 1922 par Dullin avec des décors de Picasso et sur une musique de Honegger), *La Voix humaine* (1930), *Les Monstres sacrés* (1940), *Bacchus* (1951).

François MAURIAC, 1885-1970, romancier, s'essaya au théâtre avec plusieurs pièces construites dans un style qui rappelle celui d'Ibsen; elles traitent de problèmes humanitaires à partir d'un point de vue chrétien. Dans *Asmodée* (1937), il a su accorder aux exigences théâtrales les atmosphères et les personnages de ses romans; il écrivit également *Les Mal aimés* (1945), *Le Passage du malin* (1947), *Le Feu sur la terre* (1950).

Les surréalistes

Après l'école Dada, représentée au théâtre avec *La Première aventure céleste de M. Antipyrine* (1916), de **Tristan TZARA (Samy Rosenstock, dit), 1896-1963,** le mouvement surréaliste se manifesta sur la scène grâce aux écrits d'Artaud et de Vitrac.

Antonin ARTAUD, 1896-1948, fut le fondateur, avec Vitrac, du Théâtre Alfred-Jarry en 1927. Impressionné par la représentation d'une troupe d'acteurs-danseurs balinais donnée à Paris en 1931, il écrivit son premier manifeste, *Le Théâtre de la cruauté*, en 1932, qui sera suivi de la publication, en 1938, d'une suite d'essais groupés sous le titre : *Le Théâtre et son double*. Il y prône un «théâtre total», où le texte n'est pas privilégié par rapport aux autres moyens d'expression : cris, gestes, musique, éclairages, utilisations de l'espace, etc. Ces écrits théoriques eurent plus d'influence sur l'évolution du théâtre (le Living Theatre, Arrabal, etc.) que son unique pièce : *Les Cenci* (1935), drame de l'inceste d'après Shelley et Stendhal.

Roger VITRAC, 1899-1952, fut un précurseur du théâtre onirique. Ses pièces mettent en évidence la laideur ou l'absurde de la réalité en «brisant» le quotidien par l'intrusion, dans celui-ci, d'éléments irréels, ou par sa peinture excessivement minutieuse. D'abord jugées choquantes, ses œuvres ne connurent l'intérêt de public qu'à partir des années cinquante; citons : *Les Mystères de l'amour* (1927), *Victor ou les Enfants au pouvoir* (1928), *Le Peintre* (1930), *Le Coup de Trafalgar* (1934), *Camelot* (1936), *Les Demoiselles du large* (1938), *Le Loup-Garou* (1940), etc.

Deux auteurs dominants : Montherlant et Anouilh

Henry de MONTHERLANT, 1896-1972, écrivit des pièces psychologiques qui s'insèrent pour la plupart dans un contexte religieux et qui traitent, avec noblesse et pessimisme, des conflits de l'âme humaine. Ses personnages sont des âmes fortes qui renouent avec la grandeur tragique; l'action (qui tient à la décision, ou à la non-décision, de ces personnages placés dans une situation dramatique) est intérieure. Le style de Montherlant se définit par un choix ouvertement traditionnel et classique : importance du texte et respect de la langue française. Il est l'auteur de *L'Exil* (1929), *Les Jeunes Filles* (1936), *Pasiphaé* (1938), *La Reine morte* (1942), *Fils de personne* (1943), *Le Maître de Santiago* (1948), *Demain il fera jour* (1949), *Celle qu'on prend dans ses bras* (1950), *Malatesta* (1950), *La Ville dont le prince est un enfant* (1951), *Port-Royal et Brocéliande* (1956), *Don Juan* (1958), *Le Cardinal d'Espagne* (1958), *La Guerre civile* (1965).

Jean ANOUILH, 1910-1987, a peint la solitude, les difficultés de la communication, le dégoût et la mélancolie dus à la perte de l'innocence et de la pureté enfantines, les tares de la société bourgeoise; mais il s'est attaqué aux individus plus qu'aux structures. Avec pour arme principale son humour grinçant, Anouilh s'est révélé un «faiseur» de théâtre particulièrement habile; il a joué avec virtuosité de tous les procédés de l'art dramatique (et notamment le schéma de la pièce dans la pièce). Il a classé lui-même son théâtre : *L'Hermine* (1931), *Le Sauvage* (1934), *Le Voyageur sans bagage* (1937), *Le Bal des voleurs* (1940), *Eurydice* (1941), *Antigone* (1944), *Roméo et Jeannette* (1946) et *Médée* (1953) sont des pièces noires; *Le Bal des voleurs* (1938), *Léocadia* (1940), *Le Rendez-Vous de Senlis* (1941), *L'Invitation au château* (1947) sont des pièces roses; *Ornifle* (1955), *La Valse des toréadors* (1956), *Pauvre Bitos* (1956), *L'Hurluberlu* (1959) sont des pièces grinçantes; *La Répétition ou l'Amour puni* (1950), *Colombe* (1951) sont des pièces brillantes; *L'Alouette* (1953), *Becket ou l'honneur de Dieu* (1959), *La Foire d'empoigne* (1962) sont des pièces costumées (ou historiques). Depuis, Anouilh se consacre à la mise en scène et à la direction d'acteurs. En particulier, il sort de l'oubli la très belle pièce de Roger Vitrac : *Victor ou les Enfants au pouvoir*. Mais il a donné encore *Cher Antoine* (1969), *Les Poissons rouges* (1970), *Ne réveillez pas Madame* (1970) et *La Culotte* (1978).

Le drame d'idées : existentialisme et humanisme

Gabriel MARCEL, 1889-1973, philosophe existentialiste et chrétien, construisit ses pièces à la manière des dialogues socratiques; leur construction dramatique s'ordonne selon l'évolution des conflits internes aux personnages : problèmes de conscience, interrogations sur la sincérité. Il écrivit notamment *Le Cœur des autres* (1921), *Le Regard neuf* (1922), *La Chapelle ardente* (1925), *Un Homme de Dieu* (1925), *Les Cœurs avides* (1949), *Rome n'est plus dans Rome* (1951).

Julien GREEN, né en 1900, a représenté le théâtre d'inspiration chrétienne avec *Sud* (1953), tragédie humaine et mystique, *L'Ennemi* (1954) et *L'Ombre* (1956).

Albert CAMUS, 1913-1960, utilisa la forme dramatique pour exprimer concrètement ses idées philosophiques existentialistes. Il écrivit des tragédies utilisant parfois toutes les ressources du théâtre total (poésie, mime, chœurs, éclairages, etc.); on leur a pourtant reproché leur manque de vitalité scénique. Citons : *Le Malentendu* (1943), *Caligula* (1944), *L'Etat de siège* (1948), *Les Justes* (1949).

Jean-Paul SARTRE, 1905-1980, philosophe, romancier, essayiste, se fit dramaturge durant la Seconde Guerre mondiale. Ses pièces ont une forme dramatique et un langage conventionnel mais qui ne manque pas de ressources grâce à un usage libre de matériaux et de techniques éclectiques, grâce aussi à l'originalité des idées. La construction dramatique est toujours soumise à l'ordre impliqué par le développement de la pensée philosophique. L'engagement politique de Sartre marque ses drames, qui sont le lieu de la confrontation de ses conceptions avec les problèmes réels, historiques et contemporains. Ses œuvres dramatiques incluent : *Bariona* (1940), *Les Mouches* (1943), *Huis clos* (1944), *Morts sans sépulture* (1946), *La putain respectueuse* (1947), *Les Mains sales* (1949), *Le Diable et le Bon Dieu* (1951), *Nékrassov* (1956), *Les Séquestrés d'Altona* (1959), une adaptation des *Troyennes*, d'Euripide (1965).

Le boulevard après 1940

Marcel AYMÉ, 1902-1967, d'abord romancier, passa au théâtre pour y décrire avec un humour satirique les personnages de la vie quotidienne et les bizarreries cachées derrière l'apparence banale de la vie. Il écrivit *Lucienne et le Boucher* (1932), *Clérambard* (1950), *La Tête des autres* (1952), *Les Quatre Vérités* (1954), *La Mouche bleue* (1957), *Les Oiseaux de lune* (1956), *Le Patron* (1959), *Louisiana* (1961).

Félicien MARCEAU, né en 1913, écrivit des comédies légères et brillantes, satires acerbes du monde bourgeois avec des moments de pur jeu théâtral : *L'Œuf* (1952), *L'Ecole des moroses* (1948), *La Bonne Soupe* (1958), *La Preuve par quatre* (1964), *Madame Princesse* (1965), *Babour* (1969), *Une insolente liberté* (1983).

André ROUSSIN, 1911-1987, a joué avec adresse, dans le cadre du théâtre de divertissement, du fameux trio bourgeois : mari, femme et amant ou maîtresse. Citons de lui : *La Petite Hutte* (1947), *Lorsque l'enfant paraît* (1952), *Les Œufs de l'autruche* (1948), *La Mamma* (1957), *Les Glorieuses* (1960), *La Voyante* (1963), *La Claque* (1973).

François BILLETDOUX, né en 1927, combina dans ses pièces des éléments du théâtre de boulevard et du théâtre de l'absurde, sur le thème central de l'amour impossible : *Tchin tchin* (1959), *Va donc chez Torpe* (1961), *Il faut passer par les nuages* (1964), *La Nostalgie, camarade* (1974). **Françoise SAGAN, née en 1935,** s'est révélée comme auteur comique avec *Château en Suède* (1960). Elle donna aussi *La Robe mauve de Valentine* (1963) et *Le Cheval évanoui* (1966).

Le théâtre nouveau

Les années cinquante ont vu une floraison d'auteurs qui donnèrent un souffle nouveau à la recherche théâtrale. Ce sont moins les thèmes (l'absurde, l'absolu, la communication, les problèmes politiques et sociaux) qui donnent son unité à ce mouvement que la recherche irréaliste de paraboles, riches de plusieurs sens, dans lesquelles l'univers obsessionnel de l'auteur peut prendre corps.

Quelques auteurs, par la valeur poétique de leur théâtre, se situent sur les marges du théâtre nouveau. **Jules SUPERVIELLE, 1884-1960,** écrivit notamment *Le Voleur d'enfants* (1948) qui unit réalisme, poésie et bouffonnerie. **Georges NEVEUX, 1900-1983,** écrivit six pièces influencées par le surréalisme, dont *Juliette ou la Clef des songes* (1930) et *Plainte contre un inconnu* (1946). **Georges SCHÉHADÉ, né en 1907,** écrivit des pièces lyriques, pleines d'images surréalistes : *La Soirée des proverbes* (1954), *Histoire de Vasco* (1957), *Le Voyage* (1961), *L'Emigré de Brisbane* (1967).

Jacques AUDIBERTI, 1899-1966, fut l'auteur d'un théâtre reposant essentiellement sur les inventions verbales et les images poétiques. Le grotesque, les références mythiques, les calembours alternent; l'action est souvent allusive et la pièce, parabole pour un message moral : *Quoat-Quoat* (1946), *Le Mal court* (1947), *La Logeuse* (1960), *L'Ampélour* (1951), *Pomme, Pomme, Pomme* (1962).

Michel De GHELDERODE, 1862-1962, dramaturge belge d'expression française, appartint à l'avant-garde poétique. Ses pièces se fondent sur des thèmes folkloriques ou bibliques et traitent de l'absurde ou de la peur de la mort; il en écrivit plus de cinquante, utilisant les traditions du théâtre de marionnettes et du vaudeville flamand : *Fastes d'enfer* (écrit en 1929, joué, non sans scandale, à Paris en 1949), *La Mort du docteur Faust* (1926), *Barabbas* (1929), *La Ballade du Grand Macabre* (1935), *Escurial* (1948).

Samuel BECKETT, né en 1906, romancier et dramaturge irlandais, fixé en France en 1937, se met à écrire principalement en français. Un des auteurs du théâtre de l'absurde, ou théâtre de la dérision. Son œuvre a été influencée par Kafka et par Joyce, dont il fut le traducteur et l'ami. Chacune de ses pièces repose sur une image unique et concrète et développe une expérience humaine fondamentale, à travers la simplicité d'une situation et des choix qu'elle implique pour les personnages, grâce à la compression qui réduit ceux-ci et leurs actions à l'essentiel, dans une grande économie d'expression. Ses œuvres deviendront de plus en plus dépouillées et, apparemment hermétiques, allant remuer chez le spectateur une angoisse dont il se débarrassera par le rire, mais un rire cruel. Son œuvre inclut : *En attendant Godot* (1946), *Actes sans paroles* (1957), *Fin de partie* (1957), *Krapp's Last Tape* (La Dernière Bande, 1958), *Happy days* (Oh les beaux jours, 1961), *Comédies et Actes divers* (1972), *Pas moi* (1975), *Fragment de théâtre 1 et 2* (1978), *Pas* (1978).

Eugène IONESCO, né en 1912, écrivain français d'origine roumaine, glisse l'absurde au milieu du quotidien, tourne en dérision les rapports sociaux et le langage qui les traduit, et mêle le rêve à la réalité. Champion du théâtre de l'absurde, il s'oppose nettement au théâtre militant révolutionnaire, ou théâtre engagé. Son œuvre a évolué de la farce à l'épopée : *La Cantatrice chauve* (1948), *La Leçon* (1951), *Les Chaises* (1952), *Victimes du devoir* (1953), *Amédée ou comment s'en débarrasser* (1954), *Tueur sans gages* (1958), *Rhinocéros* (1959), *Le roi se meurt* (1961), *Le Piéton de l'air* (1963), *La Soif et la Faim* (1966), *Jeux de massacre* (1970), *Macbett* (1972), *Ce formidable bordel* (1975).

Eugène Ionesco
(phot. Jeanbor © arch. Photeb).

Arthur ADAMOV, 1908-1970, né en Russie, arriva en France en 1912. Dans son théâtre, il a donné une forme métaphorique à son angoisse devant l'inconnu, la solitude et la mort. Parmi ses pièces nous citerons : *La Parodie* (1947), *L'Invasion* (1950), *Le Professeur Taranne* (1953), *Tous contre tous* (1953), *Le Ping-Pong* (1955), *Paolo-Paoli* (1957), *La Politique des restes* (1963), *Off Limits* (1968).

Armand GATTI, né en 1924, auteur engagé, il expérimente de nouvelles techniques dramatiques et ses pièces, qu'il met lui-même en scène, ont des structures ouvertes : *La Vie de l'éboueur Auguste Geai* (1962), *Chant public devant deux chaises électriques* (1966), *V comme Vietnam* (1967), *Passion du général Franco* (1975).

Jean GENET, 1910-1986, délinquant juvénile, voleur et prostitué, commença à écrire en prison, pour exalter le mal dans le ricanement et la dérision. Au sacrilège il donne la forme et l'ampleur d'une cérémonie irréelle et cauchemardesque : Genet refuse le réalisme du théâtre occidental et s'inspire d'Artaud comme du théâtre d'Extrême-Orient pour construire un théâtre-communion et rompre avec le théâtre-distraction. Ses œuvres dramatiques sont : *Haute surveillance* (1949), *Les Bonnes* (1949), *Le Balcon* (1956), *Les Nègres* (1959), *Les Paravents* (1961).

Jean VAUTHIER, né en 1910, en Belgique, auteur dramatique français. Outre des adaptations de Shakespeare et d'auteurs élisabéthains, il est l'auteur de *Capitaine Bada* (créé en 1952) où il met en scène un personnage médiocre qu'habitent des fantasmes de démesure. Citons aussi : *Le Personnage combattant* (1955), *Les Prodiges* (1958), *Le Rêveur* (1961).

Marguerite DURAS, née en 1914, journaliste et romancière, écrivit également pour la scène; ses pièces sont des adaptations de ses romans, dont on retrouve l'atmosphère ambiguë : *Le Square* (1956), *Un viaduc en Seine-et-Oise* (1960), *Un Barrage contre le Pacifique* (1960), *La Bête de la jungle* (1962), *Des journées entières dans les arbres* (1966), *L'Amante anglaise* (1968), *India Song* (1974), *Le Navire Night* (1978), *Aurélia Steiner* (1979).

René de OBALDIA, né en 1918, écrivit surtout des comédies d'un humour noir et satirique, incluant des éléments surréalistes, telles que *Genousie* (1960), *Le Satyre de La Villette* (1963), *Du vent dans les branches de sassafras* (1965), *L'air du large* (1966), *Monsieur Klebs et Rosalie* (1975).

Boris VIAN, 1920-1959, écrivit un théâtre de la provocation et de la dérision : *L'Equarrissage pour tous* (publié en 1950), *Les Bâtisseurs d'empire* (1959), *Le Goûter des généraux* (1965).

Roland DUBILLARD, né en 1923, comédien et auteur dramatique français. Après qu'il eut joué des sketches à la radio, *Naïves Hirondelles* (1961) lui confère la notoriété. Suivirent entre autres : *Le Jardin aux betteraves* (1969), *Si Camille me voyait* (1971), *Où boivent les vaches* (1973), *Les Diablogues* (1976).

Georges MICHEL, né en 1926, auteur dramatique français. *L'Agression* (1967), *La Promenade du dimanche* (1966), *Tiens le coup jusqu'à la retraite, Léon* (1976).

Fernando ARRABAL, né en 1932, d'origine espagnole, combine dans son théâtre des éléments grotesques et oniriques ainsi que des visions cruelles et sadiques. A partir des années soixante, il s'orienta vers un théâtre «panique». Il écrivit notamment : *Pique-Nique en campagne* (1952), *Le Tricycle* (1953), *Oraison* (1958), *L'Architecte et l'Empereur d'Assyrie* (1966), *Ars Amandi* (1970), *Sur le fil ou la Ballade du train fantôme* (1974), *La Tour de Babel* (1976).

Pierre BOURGEADE, né en 1927. Son théâtre s'alimente aux fantasmes intimes *(Les Immortelles, L'Aurore boréale, Le Mort)* et aux terreurs de l'histoire *(Deutsches Requiem, Le Passeport)* tout en les mêlant, parfois *(Le Camp)*. Son rêve est de parvenir, quand les moyens lui sont donnés, au « théâtre total » ; rêve abouti, avec *Orden* – que l'on peut considérer comme précurseur du « théâtre musical » – (mise en scène de J. Lavelli, 1969) et *Palazzo Mentale* (mise en scène de G. Lavaudant, 1976).

Michel VINAVER, né en 1927, auteur dramatique français. Sa première pièce, *Les Coréens*, a été créée par Planchon en 1956. Il écrivit aussi : *Iphigénie Hôtel* (1959), *Par-dessus bord* (1972), *La Demande d'emploi, Théâtre de chambre, A la renverse* (1980), *L'Ordinaire* (1982), *Les Voisins* (1986).

Jean AUDUREAU, né en 1932, auteur dramatique français. *A Memphis, il y a un homme d'une force prodigieuse* (1965), *Le Jeune Homme* (1970), *La Lève* (1975).

René KALISKY, 1936-1981, auteur dramatique belge. *Le Pique-Nique de Claretta*, puis *Dave au bord de la mer* ont été mises en scène par A. Vitez, respectivement en 1974 et en 1978.

Valère NOVARINA, né en 1942, acteur, peintre et auteur dramatique français. Il a écrit *L'Atelier volant*, mis en scène par Jean-Pierre Sarrazac en 1974 ; *Falstafe*, mis en scène par M. Maréchal en 1976 ; *La Fuite de bouche*, mis en scène par Bernard Ballet en 1978 ; *Le Babil des classes dangereuses*, mis en scène par Jean Gillibert en 1984. Parallèlement à ses activités de dramaturge, il peint et dessine les 2 587 personnages de son théâtre.

François-Louis TILLY, né en 1946. C'est comme acteur qu'il débute au théâtre après avoir suivi les cours de Tania Balachova. On peut le placer dans la catégorie des « nouveaux réalistes » avec, notamment, *Charcuterie fine* (1986) et *Spaghetti bolognese* (1987).

Bernard-Marie KOLTÈS, né en 1948. Issu de l'école du Théâtre national de Strasbourg, il est mis en ondes sur France-Culture – *L'Héritage, Des voix sourdes* – puis mis en scène par Patrice Chéreau : *Combat de nègre et de chiens* (1983), *Quai Ouest* (1985), *Dans la solitude des champs de coton* (1986), *Le Retour au désert* (1988).

LES ÉTATS-UNIS

Le drame romantique et les westerns

Le début de la dramaturgie américaine remonte à la fin de la guerre de Sécession ; avant cette date, le théâtre à valeur littéraire était importé d'Europe. **David BELASCO, 1853-1931,** acteur, directeur de troupe et dramaturge, fut un des hommes qui contribuèrent à l'organisation du théâtre américain ; il est resté connu pour son théâtre d'illusion, d'un réalisme extrême au goût de l'époque. Ses mélodrames et westerns les plus connus sont : *May Blossom* (1884), *Heart of Maryland* (1895), *The Girl of the Golden West* (1905). La guerre de Sécession déclencha une floraison de drames romantiques et d'espionnage. **Bronson HOWARD, 1842-1908,** fut un des premiers auteurs américains qui aient écrit sur des sujets et des personnages de leur temps et de leur pays ; citons entre autres *Saratoga* (1870), *Shenandoah* (1888). **William GILLETTE, 1855-1937,** écrivit des drames vigoureux tels que *Secret service* (1895), *Sherlock Holmes* (d'après les nouvelles de Conan Doyle, 1899), etc. **Clyde FITCH, 1865-1909,** fut un acteur prolifique de drames historiques américains, comme *Nathan Hale* (1898), de comédies sociales, comme *The Climbers* (1901) et de mélodrames comme *The Cow-Boy and the Lady* (Le Cow-Boy et la Dame, 1899).

Le théâtre d'essai

William MOODY, 1869-1910, écrivit la pièce qui est généralement considérée comme la première du répertoire américain moderne, par la finesse de sa composition et la poésie de son style : *The Great Divide* (La Grande Barrière, 1906).

Eugene O'NEILL, 1888-1953, est le premier auteur dramatique de dimension internationale né en Amérique ; il fut influencé par Ibsen, Strindberg et, dans certaines pièces, par l'expressionnisme allemand. Sur des sujets et dans des formes variés (oscillant entre le naturalisme et le symbolisme poétique et idéaliste), ses pièces sont une quête tragique, profonde et sans défaillance, de la vérité. Il écrivit notamment : *Bound East for Cardiff* (Destination Cardiff, 1916), *The Long Voyage Home* (Le retour sera long, 1917), *Ile* (1917), *The Emperor Jones* (1920), *Anna Christie* (1921), *The Hairy Ape* (Le Singe velu, 1922), *Desire under the Elms* (Le Désir sous les ormes, 1924), *Marco Millions* (1927), *Strange Interlude* (Etrange Interlude, 1928), *The Iceman cometh* (Le marchand de glace est passé, 1939), *Long day's Journey into night* (Long Voyage vers la nuit, 1940).

Maxwell ANDERSON, 1888-1959, expérimenta différentes formes théâtrales : après avoir connu la célébrité avec une satire antimilitariste, *What Price Glory?* (Quel est le prix de la gloire?, 1924), puis écrit une comédie sérieuse, *Gods of the Lightning* (Les Dieux de l'éclair, 1928), sur Sacco et Vanzetti, il tenta d'atteindre le tragique : son *Winterset* (1935) traite en vers de problèmes résolument modernes.

Sidney HOWARD, 1891-1939, fut un auteur naturaliste qui s'attacha à représenter avec humour les petits faits de la vie quotidienne. On lui doit : *They knew what they wanted* (Ils savaient ce qu'ils voulaient, 1924), *Swords* (Les Epées, 1921), *Ned MacCobb's Daughter* (La Fille de Ned MacCobb, 1926), etc.

Elmer PRICE, 1892-1967, cofondateur avec Howard et Anderson de la Playwright's Company (Société des auteurs), passa successivement de l'expressionnisme, avec *The Adding Machine* (1923), au réalisme didactique avec *Street Scene* (Scène de rue, 1929), puis au drame symbolique avec sa pièce antifasciste : *Flight to the West* (Fuite vers l'Ouest, 1941).

Les années trente

La crise de 1929 changea profondément la création théâtrale : le théâtre populaire disparut au profit du cinéma pour se concentrer à New York dans le travail essentiellement pamphlétaire, reflet de préoccupations politiques et sociales des auteurs caractéristiques de cette époque.

Paul GREEN, né en 1894, fut un auteur profondément attaché à la cause des Noirs, qu'il défendit avec sa pièce : *In Abraham's Bosom* (Dans le sein d'Abraham, 1926). En 1937 il créa un type de drame symphonique, dérivé de la tradition américaine, agrémenté de danses, de chœurs et de parades, avec *The Lost Colony* (La Colonie perdue, 1937).

Lillian HELLMAN, née en 1905, écrivit ses pièces comme des études sociales, précises et captivantes grâce aux intrigues serrées et aux caractérisations abruptes. Citons *The Children's Hour* (L'Heure des enfants, 1934), *The Little Foxes* (Les Petits Renards, 1939), *Watch on the Rhine* (Garde sur le Rhin, 1941).

Thornton Niven WILDER, 1897-1975, essayiste et romancier, se lança dans le théâtre avec de courtes pièces comme *The Long Christmas Dinner* (Le Festin de Noël, 1931) ; elles se distinguent, comme son chef-d'œuvre *Our Town* (Notre petite ville, 1938), par la sobriété de leur style ; *The Skin of our Teeth* (La Peau de nos dents, 1942) est une comédie cosmique et optimiste sur l'humanité.

William SAROYAN, né en 1908, glorifia, dans ses pièces vigoureuses et anticonformistes, la notion de bien en l'opposant au matérialisme : *The Time of your Life* (Le Temps de vivre, 1939), *My Heart is in the Highlands* (Mon cœur est dans les Highlands, 1939), etc.

Les auteurs de l'après-guerre

Tennessee WILLIAMS (Thomas Lanier, dit), né en 1911, fut un des principaux représentants du réalisme psychologique qui vit le jour aux Etats-Unis après la Seconde Guerre mondiale. Ses personnages en lutte contre leur destin traduisent l'univers obsessionnel de l'auteur et son idéalisme pessimiste. Citons de lui : *The Glass Menagerie* (La Ménagerie de verre, 1945), *A Street Car Named Desire* (Un Tramway nommé Désir, 1947), *The Rose Tatoo* (La Rose tatouée, 1950), *Camino Real* (1953), *Cat on a Hot Tin Roof* (La Chatte sur un toit brûlant, 1955), *Suddenly Last Summer* (Soudain, l'été dernier, 1957), et, plus récemment, *The Red Devil Battery Sign* (1975).

Arthur MILLER, né en 1915, également représentant du réalisme psychologique, use parfois d'une technique élaborée de montage s'apparentant au cinéma. Sa critique sociale se prolonge d'implications psychanalytiques, dans des pièces comme *All my Sons* (Ils étaient tous mes fils, 1947), *Death of a Salesman* (Mort d'un commis voyageur, 1949), *The Crucible* (Les Sorcières de Salem, 1953), *A View from the Bridge* (Vu du pont, 1955), *After the Fall* (La Chute, 1963), *The Creation of the World and Other Business* (1972).

William INGE, 1913-1973, auteur réaliste, a dépeint avec sentimentalité la vie dans les petites villes du Middle West. Il écrivit notamment *Picnic* (1953), *Bus Stop* (1955), *Where's Daddy?* (Où est papa? 1966).

Arthur LAURENTS, né en 1920, est l'auteur de la pièce psychologique, *A Clearing in the Woods* (Une Clairière dans les bois, 1956) et du livret de *West Side Story* (1957).

Edward ALBEE, né en 1928, s'attaque à l'optimisme de la société américaine et écrit sur le désespoir et la solitude. Certaines de ses pièces sont proches du théâtre de l'absurde : *The Zoo Story* (1959), *The American Dream* (Le Rêve américain, 1961), *Who's Afraid of Virginia Woolf?* (Qui a peur de Virginia Woolf? 1962).

L'ANGLETERRE ET L'IRLANDE

La comédie bourgeoise

William Somerset MAUGHAM, 1874-1965, romancier anglais, écrivit des *comedies of manners* dans la tradition d'Oscar Wilde telles que : *Lady Frederick* (1907), *Jack Straw* (1908), *Penelope* (1909), *The Constant Wife* (La Femme sérieuse, 1927), *For Services Rendered* (Pour services rendus, 1932).

John Boynton PRIESTLEY, 1894-1984, romancier, critique et dramaturge anglais, écrivit des pièces policières, d'anticipation métaphysiques, et surtout des comédies sur les gens du Yorkshire : *Time and the Conways* (1937), *An Inspector Calls* (Un inspecteur appelle, 1946), *Music at Night* (Musique de nuit, 1950).

Sir Noel COWARD, 1899-1973, acteur, metteur en scène, dramaturge élégant et spirituel, écrivit des comédies légères, dans un style réaliste, sur la haute bourgeoisie anglaise : *Hay Fever* (Le Rhume des foins, 1925), *Private Lives* (Vies privées, 1930), *Blithe Spirit* (L'Esprit follet, 1941), *Brief Encounter* (Brève rencontre, 1945).

Terence RATTIGAN, né en 1911, succéda à Coward dans la comédie légère, mais avec un style plus sophistiqué et plus sentimentaliste. Citons : *After the Dance* (Après la danse, 1939), *Who Is Sylvia?* (Qui est Sylvia? 1950), *Separate Tables* (Tables séparées, 1964).

Peter USTINOV, né en 1921, acteur et auteur, connut le succès dans le théâtre de divertissement : *The Love of Four Colonels* (L'Amour des quatre colonels, 1951), *The Unknown Soldier and His Wife* (1967).

Le théâtre poétique

Suite aux influences du symbolisme français, du théâtre viennois d'Hoffmanstahl, des auteurs irlandais (Yeats et Synge), un mouvement pour un théâtre poétique se dessina en Angleterre au début du siècle. **John DRINKWATER, 1882-1937,** en fut un des précurseurs. Il écrivit des drames en vers, comme *Rebellion* (1914), et des drames historiques en prose, comme *Abraham Lincoln* (1919).

Thomas Stearns ELIOT, 1888-1965, poète, essayiste et dramaturge britannique né aux États-Unis, donna toute son ampleur à ce mouvement : il revivifia le drame en vers. Critique par rapport aux élisabéthains, il a fait reposer son symbolisme sur les modèles du classicisme grec. Il écrivit notamment *Sweeney Agonistes : Fragments of an Aristophanic Melodrama* (Fragments d'un mélodrame aristophanesque, 1926), *The Rock* (Le Roc, 1934), *Murder in the Cathedral* (Meurtre dans la cathédrale, 1935), *The Family Reunion* (La Réunion de famille, 1939), *The Cocktail Party* (1949), *The Confidential Clerck* (L'Employé de confiance, 1954).

Wyston Hugh AUDEN, 1907-1973, et **Christopher ISHERWOOD, né en 1904,** représentèrent également le théâtre poétique avec leurs pièces écrites en collaboration, dans le style de l'ode ou de la ballade : *The Dog Beneath the Skin* (Le Chien sous la peau, 1936), *On the Frontier* (Sur la frontière, 1938).

The Angry Young Men

Dans les années cinquante, le mouvement des «Jeunes gens en colère» prône un théâtre de révolte, anticonformiste, sur le fond d'une étude de mœurs parfois misérabiliste.

John OSBORNE, né en 1929, fut le chef de file de ce mouvement, qu'il lança avec *Look Back in Anger* (La Paix du dimanche, 1956). Dans ses œuvres suivantes, il continua à symboliser la recherche d'une conscience nouvelle et le refus violent du mode de vie bourgeois : *Epitaph for George Dillon* (Epitaphe pour George Dillon, 1958), *The Entertainer* (Comique, 1957), *Luther* (1962), *Inadmissible evidence* (1964), *A Sense of Detachment* (1972), *Watch It Come Down* (1976).

Arnold WESKER, né en 1932, d'origine ouvrière et de formation marxiste, est l'auteur de pièces sociales presque toutes autobiographiques. Citons *The Kitchen* (La Cuisine, 1957), *Chips with Everything* (Tous les plats sont servis avec des frites, 1962), *Chicken Soup with Barley* (Bouillon de poulet à l'orge, 1958), *Roots* (Racines,

1959), *I'm Talking about Jerusalem* (Je parle de Jérusalem, 1960), *The Old Ones* (1972), *The Wedding Feast* (1974).

Shelag DELANEY, née en 1939, écrivit sa première pièce, très proche de l'esprit d'Osborne, à dix-sept ans : *A taste of Honey* (Un goût de miel, 1956). **John ARDEN, né en 1930,** pose, sans apporter de solutions définitives, des problèmes sociaux ou historiques dans ses pièces d'un réalisme cru et qui utilisent les principes de la distanciation brechtienne : *Live Like Pigs* (Vous vivrez comme des porcs, 1958), *Sergeant Musgrave's Dance* (La Danse du sergent Musgrave, 1959), *Armstrong's Last Goodnight* (Le Dernier adieu d'Armstrong, 1964), *Squire Jonathan* (1968).

Harold PINTER (Harold da Pinta, dit), né en 1930, combine dans ses pièces un naturalisme extrême avec les ambiances irréelles du théâtre de l'absurde; ses personnages, comme les structures de ses pièces, sont ouverts : c'est dans l'instant que se révèle leur vérité. Citons de lui *The Room* (La Chambre, 1957), *The Birthday Party* (L'Anniversaire, 1958), *The Dumb-Waiter* (Le Monte-Plat, 1960), *The Collection* (La Collection, 1961), *The Homecoming* (Le Retour, 1965), *No Man's Land* (1975).

Edward BOND, né en 1934 dans un quartier populaire de Londres, auteur dramatique anglais. Ses premières œuvres : *Le Mariage du pape, Sauvés,* provoquent de violentes réactions. Mais 1969 est l'année de sa consécration : le Royal Court organise une «saison Bond».

Le théâtre irlandais

Sean O'CASEY (John Casey, dit), 1883-1964, se fit le dramaturge de la révolution irlandaise. L'action et les personnages de ses pièces, bâties comme des comédies mais avec des implications tragiques, sont pris dans les faubourgs de Dublin. Il écrivit *The Shadow of a Gunman* (L'Ombre d'un franc-tireur, 1923), *Juno and the Peacock* (Junon et le Paon, 1924), *Within the Gates* (Derrière les grilles, 1926), *The Plough and the Stars* (La Charrue et les étoiles, 1926), *The Star Turns Red* (L'étoile devient rouge, 1940), *Red Roses for me* (Roses rouges pour moi, 1946), *Purple dust* (Poussière pourpre, 1945), *Cock-A-Doodle Dandy* (Coquin de coq, 1949).

Brendan BEHAN, 1923-1964, membre de l'Armée républicaine irlandaise dès seize ans, passa une dizaine d'années dans les prisons anglaises; *The Quare Fellow* (Gibier de potence, 1956) dépeint avec réalisme la vie en prison, *The Hostage* (Deux otages, 1959), décrit, en intercalant des «songs» dans l'action, une communauté révolutionnaire.

ALLEMAGNE, AUTRICHE, SUISSE

Frank WEDEKIND, 1864-1918, fut un des premiers à faire représenter des drames expressionnistes qui tentaient de projeter sur la scène les visions de l'auteur et se réclamaient donc d'une subjectivité totale. Avec des éléments pris au cabaret et au cirque, il a peint un monde d'aventuriers et de prostituées, il a découvert l'hypocrisie de la mentalité bourgeoise. Ses deux chefs-d'œuvre sont *Erdgeist* (L'Esprit de la terre, 1894), et *Die Büsche der Pandora* (La Boîte de Pandore, 1904); ils furent rassemblés dans l'opéra d'Alban Berg : *Lulu* (1936). Il est également l'auteur de *Frühlings Erwachen* (L'Eveil du printemps, 1891) et de *Totentanz* (La Danse de mort, 1906), etc.

Carl STERNHEIM, 1878-1942, écrivit une série de douze comédies, satires de la classe moyenne allemande, dans lesquelles l'usage de la caricature et le style syncopé poussent l'expressionnisme plus loin que chez Wedekind.

Georg KAISER, 1878-1945, fut un auteur véritablement expressionniste par la stylisation extrême de son langage syncopé : *Die Bürger von Calais* (Les Bourgeois de Calais, 1917), *Von Morgens bis Mitternachts* (De l'aube à minuit, 1917), *Die Flucht nacht Venedig* (La Fuite à Venise, 1923). **Walter HASENCLEVER, 1890-1940,** écrivit des drames expressionnistes : *Der Sohn* (Le Fils, 1916), *Antigone* (1917), *Gobsek* (1922), avant de se tourner vers la comédie conventionnelle avec *Ein besserer Herr* (Un Homme distingué, 1927).

Ernst TOLLER, 1893-1939, exprima dans ses pièces ses idées pacifistes et révolutionnaires : il se suicida à New York, en exil. Il écrivit *Die Wandlung* (Transfiguration, 1919), *Masse-Mensch* (Foule humaine, 1920), *Die Maschinestürmer* (Les Destructeurs de machines, 1922), *Hinkemann* (1923), *Hoppla, wir leben !* (Hop là ! Nous vivons, 1927).

Franz WERFEL, 1890-1945, romancier autrichien, écrivit d'abord des pièces dans la tradition du romantisme et de l'expressionnisme allemands, comme *Spiegelmensch* (1921), puis des drames historiques et catholiques : *Juarez und Maximilian* (1924), *Paulus unter den Juden* (Saint Paul parmi les juifs, 1926).

Ferdinand BRUCKNER (Theodor Tagger, dit), 1891-1958, dramaturge autrichien, écrivit des drames psychologiques et sociaux comme *Krankheit der Jugend* (La Maladie de la jeunesse, 1926), ou *Die Verbrecher* (Les Criminels, 1928), avant de passer au drame historique, *Elisabeth von England* (1930).

Carl ZUCKMAYER, 1896-1977, d'abord influencé par l'expressionnisme, fut un des premiers à abandonner ses excès pour la comédie rustique et le drame réaliste. Après la guerre, il posa dans ses pièces le problème de la responsabilité pour les crimes nazis. Citons de lui *Der Fröhliche Weinberg* (Le Joyeux Vignoble, 1925), *Der Hauptmann von Köpenick* (Le Capitaine de Köpenick, 1931), *Des Teufels General* (Le Général du diable, 1946), *Das Leben der Horace W. Tabor* (La Vie d'H.W. Tabor, 1964).

Le drame du IIIe Reich fut représenté par **Hans REHBERG, 1901-1963,** auteur de drames prussiens qui glorifient le passé de l'Allemagne, tels que *Friedrich I* (1935), *Heinrich und Anna* (1942). **Richard EURINGER** et **E.W. MOLLER, né en 1906,** se firent les apologistes du régime nazi. La plupart des auteurs vécurent en exil, beaucoup y moururent.

Bertolt BRECHT, 1898-1956, poète, dramaturge, metteur en scène et théoricien, fut une des personnalités les plus influentes et les plus controversées du théâtre contemporain. Il fut assistant metteur en scène de Max Reinhardt au Deutsches Theater de Berlin en 1923, puis collabora avec Piscator (1927). Ses premières pièces expressionnistes et lyriques expriment une tendance anarchiste de refus global de la société; elles développent déjà des accents réalistes : *Baal* (1918), *Trommeln in der Nacht* (Tambours dans la nuit, 1919), *Im Dickicht der Städte* (Dans la jungle des villes, 1923). A partir de 1924, il s'intéressa de plus en plus au marxisme; la comédie *Mann ist Mann* (Homme pour homme, 1927) est sa première parabole politique utilisant les «songs», et fut suivie de *Die Dreigroschenoper* (L'Opéra de quat' sous, 1928, modernisation de *L'Opéra du gueux*, de John Gay). Dans cette dernière œuvre sont déjà présentes les innovations brechtiennes qui caractérisent son théâtre épique : sa tentative pour développer le jugement critique du spectateur, en brisant toute identification possible avec les personnages; cet appel à la «raison» utilise une discontinuité dramaturgique et scénique reposant sur l'effet de «distanciation». Dans les années qui précédèrent la prise du pouvoir par Hitler, Brecht écrivit une série de pièces didactiques, les Lehrstücke parmi lesquelles : *Die Massnahme* (La Décision, 1930), *Die Ausnahme und die Regel* (L'Exception et la Règle, 1930). En 1933, il quitta l'Allemagne pour le Danemark, puis pour les Etats-Unis, d'où il ne revint qu'en 1948. Pendant cet exil, il écrivit les pièces de sa maturité : *Furcht und Elend des Dritten Reiches* (Grandeur et Misère du IIIe Reich, 1933), *Mutter Courage und ihre Kinder* (Mère Courage et ses enfants, 1938), *Der Gute Mensch von Setzuan* (La Bonne Ame de Se-Tchouan, 1938-1942), *Herr Puntila und sein Knecht Matti* (Maître Puntila et son valet Matti, 1940), *Der aufhaltsam Aufstieg des Arturo Ui* (La Résistible Ascension d'Arturo Ui, 1941), *Der Kaukasische Kreidekrets* (Le Cercle de craie caucasien, 1943-1945). En 1948, il fonda le Berliner Ensemble à Berlin-Est avec sa femme, Helene Weigel.

Bertolt Brecht (phot. © Presse et Information Bonn/arch. Photeb).

Marie Luise FLEISSER, 1901-1974. Sa première pièce, *Le Lavement des pieds*, est créée en 1926 à Berlin sous l'impulsion de Brecht. En 1968, Fassbinder réalise un collage de plusieurs de ses œuvres, intitulé *Par exemple Ingolstadt*. Peter Stein, à la Schaubühne de Berlin, en 1972, crée *Purgatoire à Ingolstadt*, une nouvelle version de *Pionniers à Ingolstadt*, datant de 1929. Malgré les difficultés de tous ordres, M. L. Fleisser a réussi à s'imposer comme l'un des grands auteurs dramatiques contemporains.

Thomas BERNHARDT, 1931-1989. Il vécut en Autriche. Parallèlement à une œuvre romanesque en grande partie autobiographique, il poursuit une carrière dramatique : *Une fête pour Boris* (1970), *L'Ignorant et le Fou* (1974), *Minetti* (1977), *Le Faiseur de théâtre* (1984), *Simplement compliqué* (1986). La forme souvent répétitive de ces pièces et leur contenu politique parfois considéré comme réactionnaire n'ont pas manqué de susciter agressivité et rejet à son égard.

Botho STRAUSS, né en 1944, auteur dramatique et nouvelliste allemand. Après avoir dirigé la revue *Theater Heute* (de 1967 à 1970) et rempli les fonctions de dramaturge auprès de la Schaubühne de Berlin, il se consacre à l'écriture de pièces de théâtre, *Les Hypocondriaques* (1972), *Trilogie de l'au revoir* (1977), *Grand et Petit* (1978) et de nouvelles, *La Sœur de Marlène, Théorie de la menace* (1975), *Rumeur* (1980). C'est le metteur en scène **Claude RÉGY, né en 1923**, qui a surtout contribué à le faire connaître en France. Teintée de la mélancolie et de la résignation d'une époque post-révolutionnaire (1968), son œuvre utilise des motifs oniriques et fantastiques pour développer un «théâtre mental».

Les tendances nouvelles

Ödön von HORVATH, 1901-1938. De 1927 à 1932, il écrit *Le Belvédère, Sladek, Soldat de l'Armée noire, Nuit italienne, Casimir et Caroline* et appelle sur lui l'attention. Il est interdit sur les scènes allemandes dès 1933, à la suite du succès remporté par *Légendes de la forêt viennoise*, qui lui vaut le prix Kleist, la plus haute récompense littéraire de l'époque. En 1938, il commence les comédies «historiques» : *Un village sous les hommes, Pompéi.* Issu du vieil empire austro-hongrois, il démasque le nationalisme, le racisme, la lâcheté.

Max FRISCH, né en 1911, romancier, journaliste, architecte et dramaturge suisse, mit en question les habitudes mentales, leur enracinement et leur rapport à la réalité, dans ses pièces qui usent de tous les moyens anti-illusionnistes (empruntés à Strindberg ou à Brecht). Il est l'auteur de *Nun singen sie wieder* (Maintenant ils chantent encore, 1945), *Don Juan oder die Liebe zur Geometrie* (Dom Juan ou l'Amour de la géométrie, 1953), *Biederman und die Brandstifter* (M. Bonhomme et les incendiaires, 1958).

Friedrich DÜRRENMATT, né en 1921, dramaturge et théoricien suisse, a réutilisé la forme parabolique des pièces de Brecht pour traiter de sujets comme le pouvoir, la corruption et la mort. Il est l'auteur de *Romulus der Grosse* (Romulus le Grand, 1949), *Die Ehe des Herrn Mississippi* (Le Mariage de M. Mississippi, 1952), *Der Besuch der alten Dame* (La Visite de la vieille dame, 1956), *Der Meteor* (Le Météore, 1966).

Tankred DORST, né en 1925, auteur dramatique allemand. Il a écrit notamment : *Comédie en automne* (1959), *La Grande Imprécation devant les murs de la ville* (1961), *La Maure* (1963), *Toller.*

Peter WEISS, né en 1926, peintre, journaliste, réalisateur de films, s'est distingué comme dramaturge avec *Marat-Sade* (1963), dialogue sur la révolution et sur la violence : il est également l'auteur de *Die Ermittlung* (L'Instruction, 1965).

Günter GRASS, né en 1927, poète et romancier, commença à écrire pour le théâtre dans la tradition de l'absurde : *Die Plebejer proben den Aufstand* (Les Plébéiens répètent l'insurrection, 1966); il écrivit également la satire *Onkel, Onkel* (Oncle, Oncle, 1958), et la pièce-débat *Davor* (Avant, 1969).

Martin WALSER, né en 1927, est l'auteur de *Der Abstecher* (Le Détour, 1961), de *Eiche und Angora* (Chêne et lapin angora, 1942). **Peter HANDKE, né en 1942,** écrivain autrichien, est l'auteur, notamment, de *Publikumsbeschimpfung* (Outrage au public, 1964), *Kaspar* (Gaspar, 1966), *La Chevauchée sur le lac de Constance* (1970).

Peter HACKS, né en 1928, auteur dramatique allemand. C'est en 1952 qu'il écrit sa première œuvre dramatique : *Les Contes populaires* du Duc Ernest. En 1955, il collabore à l'activité du Berliner Ensemble sous la direction de B. Brecht, puis de Benno Besson.

Franz Xaver KROETZ, né en 1946, auteur dramatique allemand. Il suit le séminaire Max Reinhardt avec **Martin SPERR (né en 1944,** connu surtout pour sa première pièce *Scènes de chasse en Bavière*, 1966). D'abord comédien dans des théâtres de poche munichois, entre autres à l'Antitheater de Fassbinder, il écrit *Concert à la carte, Basse-Autriche, Travail à domicile* (1971).

Heiner MÜLLER, né en 1929, auteur dramatique allemand. Avec *Mauser, Hamlet-Machine, La Bataille* (1951), on a pu dire qu'il écrivait «le roman familial de l'Allemagne». Avec *Philoctète, Héraklès 5*, il reprend des thèmes antiques. Il est conseiller artistique à la Volksbühne.

L'U.R.S.S.

Vladimir MAÏAKOVSKI, 1893-1930, prit part aux expériences théâtrales cubo-futuristes, avant de participer activement en tant que poète et dramaturge à la révolution d'Octobre. Il critiqua, dans des satires d'un humour poétique féroce, le mode de vie petit-bourgeois et la bureaucratie qui survivaient après la révolution. Il se suicida peu après avoir écrit *Moskva gorit* (Moscou brûle, 1930), qui célébrait le 25e anniversaire de la révolution de 1905. Ses autres œuvres incluent *Misteriya bouff* (Mystère bouffe, 1918), *Klop* (La Punaise, 1929), *Bania* (Les Bains, 1930).

Mikhaïl BOULGAKOV, 1891-1940, fut un romancier et un homme de théâtre qui travailla un temps avec Stanislavski mais eut à souffrir de la censure soviétique. Parmi ses œuvres théâtrales nous citerons *Dni Turbinikh* (Les Journées des Tourbine, 1926) et *Krasnyi Ostrov* (L'Ile rouge, 1928).

Isaac BABEL, 1894-1941, qui mourut dans un camp de déportation, laissa deux pièces de théâtre réalistes et pittoresques : *Sumerki* (Crépuscule, 1928), et *Maria* 1935). **Iouri OLECHA, 1899-1960,** s'opposa au stalinisme mais survécut aux purges. Il a reflété dans ses pièces les conflits idéologiques nés avec la Révolution : *Tri Tolstiaka* (Les Trois Obèses, 1928), *Spisok Blagodeyani* (La Liste des bienfaits, 1931), *Tchornie Chelovek* (L'Homme noir, 1912). **Vsevolod IVANOV, 1895-1963,** fut l'auteur d'une des premières pièces soviétiques : *Bronepoezd 14.69* (Le Train blindé 14.69, 1927).

Leonid LEONOV, né en 1899, fut un «compagnon de route» de la Révolution («popoutchiki») et l'auteur de *Skoutarevski* (roman dont il tira un drame, 1933). **Vsevolod VICHNEVSKI, 1900-1951,** est surtout connu pour son drame : *Optimistitcheskaïa tragedia* (La Tragédie optimiste, 1933) qui traite de la défaite de la tendance anarchiste pendant la Révolution.

Alexis TOLSTOÏ, 1883-1945, écrivit plusieurs drames historiques sur le thème de la révolution et des valeurs nouvelles, parmi lesquels *Raspoutine* (1928), *Ivan Grozny* (Ivan le Terrible, 1943). **Nicolas POGODINE, 1900-1962,** prôna un drame documentaire sur la construction de la nouvelle société : *Temp* (1930), *Snieg* (La neige, 1932), *Moï droug* (Mon ami, 1932). **Constantin SIMONOV, 1915-1979,** romancier, écrivit des drames sur des questions d'actualité : *Istoria o doï lioubi* (Histoire d'un amour, 1940), *Russkie Lioudi* (Le Peuple russe, 1942), etc.

Alexis ARBOUSOV, 1908-1986, acteur metteur en scène et dramaturge, écrivit un drame construit en une série de séquences, *Irkoutskaïa Istoria* (Histoire d'Irkoutsk, 1960) et une comédie, *Moï Bednyi Marat* (Romance à Leningrad, 1965) qui sortent du conformisme soviétique et qui connurent le succès en Europe.

Evgueni SCHWARTZ, 1896-1959, échappa au modèle du réalisme soviétique et s'attacha à celui du romantisme fantastique (de Tieck ou de Hoffmann); ses fables satiriques n'en ont pas moins une valeur didactique sur le plan humain. Citons : *Ten* (L'Ombre, 1933), *Drakon* (Le Dragon, 1943), *Goly korol* (Le Roi nu, 1934).

L'EUROPE CENTRALE

La Hongrie

Ferenc MOLNAR, 1878-1952, écrivit des comédies qui mêlent le réalisme à la fantaisie et à l'ironie; les plus connues sont *Liliom* (1909) et *Le Soldat* (1910).

Ferenc HERCZEG, 1863-1954, laissa une production variée de drames historiques, psychologiques et réalistes; *A Kek Roka* (Le Renard bleu, 1917) connut un succès international.

La Pologne

Stanislaw WYSPIANSKI, 1869-1907, dramaturge, décorateur et peintre, continua la tradition romantique polonaise, en exaltant les idées nationalistes sur des thèmes empruntés à la vie quotidienne, à l'Antiquité ou à la Bible. Il écrivit *Wesele* (Le Mariage, 1900), *Warszawianka* (La Varsovienne, 1898), *Akropolis* (1916).

Stanislaw Ignacej WITKIEWICZ, dit WITKACY, 1885-1939, peintre, critique, romancier, fut un dramaturge à la fois métaphysicien et sarcastique qu'on qualifierait de «dada» s'il n'avait raillé même le dadaïsme. Il est l'auteur d'une quarantaine de pièces dont *Oni* (Ceux-là, 1920), *Kurka wodna* (La Poule d'eau, 1921), *Wariat i zakonnica* (Le Fou et la Nonne, 1923), *Szewcy* (Les Cordonniers, 1934), *La Mère*.

Leon KRUCZKOWSKI, 1900-1962, qui fut un temps dramaturge au Polski Theatr de Varsovie, écrivit notamment *Odwety* (La Récompense, 1948), *Neimcy* (Les Allemands, 1949), *Juliusz i Ethel* (1954).

Witold GOMBROWICZ, 1904-1969, émigra en Argentine en 1939 puis à Paris en 1963. Auteur allégorique, influencé par l'existentialisme, il fut un précurseur du théâtre de l'absurde avec sa pièce : *Iwona Ksiecz niczka Burgunda* (Yvonne, princesse de Bourgogne, 1938); il écrivit aussi *Slub* (Le Mariage, 1946) et *Operetta* (1967).

Slawomir MROZEK, né en 1926, représente un théâtre de l'absurde très politique, ironique et effrayant par son atmosphère et par ses métaphores kafkaïennes : *Policjana* (La Police, 1958), *Striptease* (1961), *Tango* (1965), etc.

La Tchécoslovaquie

Karel CAPEK, 1890-1930, écrivit en commun avec son frère **Josef, 1887-1945,** entre autres pièces, une allégorie fameuse inspirée par les travaux de l'entomologiste Fabre : *Ze Života hmyzu* (La Pièce des insectes, 1922), qui comprend des éléments filmés, de revue, et de pantomimes. Seul, il écrivit notamment *Loupeznik* (Les Brigands, 1920) et la pièce antifasciste : *Matka* (La Mère, 1938).

Josef TOPOL, né en 1935. Dramaturge au Théâtre D 34 de **E.F. BURIAN (mort en 1955,** il a marqué, dans les années 30, toute une génération de créateurs). Auteur, en particulier, de *Fin de Carnaval*.

Vaclav HAVEL, né en 1936, auteur dramatique. *L'Aide-mémoire* (1959), *Garden-Party* (1963), *Le Rapport dont vous êtes l'objet* (1965), *Difficulté accrue de se concentrer* (1968). A partir de cette date, son œuvre est bannie des scènes et des librairies de son pays. Il est signataire de la Charte 77.

L'ESPAGNE

Jose ETCHEGARAY, 1832-1916, allia au romantisme espagnol un réalisme social dans des drames, toujours versifiés, comme *El Gran Galeato* (Un Grand Entremetteur, 1881).

Jacinto BENAVENTE, 1866-1954, écrivit près de deux cents pièces qui reflètent différentes tendances du théâtre européen (Maeterlinck, Guitry, Bernstein) : *Mas fuerte que el amor* (Plus de force que d'amour, 1906), *Los Intereses Creados* (Les affaires sont les affaires, 1908), *La Malquerida* (La Mal-Aimée, 1913).

Ramón del VALLE-INCLAN, 1869-1936, écrivit des pièces satiriques, parmi lesquelles les esperpentos, farces caricaturales où il déchaîne la satire politique et sociale : *Farza y Licencia de la reina castiza* (Farce et Licence de la reine chaste, 1920), *La Hija del capitan* (La Fille du capitaine, 1927), *Luces de Bohemia* (Lumières de Bohême, 1929), etc.

Federico GARCÍA LORCA, 1899-1936, a laissé des œuvres dramatiques d'essence poétique; elles parlent dans un langage métaphorique de l'homme désespéré, qui voit lutter en lui la passion élémentaire et les contraintes sociales. Garcia Lorca fut exécuté par les phalangistes. Il écrivit notamment *Mariana Pineda* (1927), *La Zapatera prodigiosa* (La Savetière prodigieuse, 1930), *Amor de don Perlimplin con Belisa en su jardín* (Amours de don Perlimplin avec Bélise en son jardin, 1931), *Bodas de sangre* (Noces de sang, 1933), *En el Retablillo de don Cristobal* (Le Petit Retable de don Cristobal, 1935), *La Casa de Bernarda Alba* (La Maison de Bernarda, 1936), etc.

Alejandro CASONA, 1903-1905, s'intéressa au théâtre pour enfants et au théâtre d'éducation populaire; il écrivit *La Sirena varada* (La Sirène enlisée, 1934), *La Dama del alba retablo* (La Dame de l'aube, 1944), *Los Arboles mueren de pié* (Les Arbres meurent debout, 1949).

Alfonso SASTRE, né en 1926, écrivit notamment pour le groupe Art nouveau : ses œuvres traitent de sujets sociaux. Citons de lui *Uranium 235* (1946), *Escuada hacia la muerte* (Escouade vers la mort, 1953), *La Mordoza* (Morsure, 1954), *La Cornada* (Le Coup de Corne, 1960).

L'ITALIE

Raffaele VIVIANI, 1888-1950, illustra, à la suite du dernier Polichinelle — Scarpetta (1853-1925) —, la comédie humaine napolitaine par ses pièces en un acte qu'il interprétait lui-même : *Via Toledo di notte* (Rue de Tolède la nuit, 1918), *Piazza Municipio* (Place de l'Hôtel-de-Ville, 1918).

Eduardo de FILIPPO, né en 1900, fonda en 1931, à Naples, la compagnie du Teatro umoristico où il joua, avec son frère Peppino, ses comédies dialectales qui interrogent les habitudes quotidiennes par le biais d'un dialogue comique tiré de l'usage populaire du langage. Il écrivit notamment *Natale in casa Cupiello* (Noël chez les Cupiello, 1931), *L'Erede* (L'Héritier, 1942), *Napoli milionaria* (Naples millionnaire, 1945), *Mia famiglia* (Ma Famille, 1945).

Filippo Tommaso MARINETTI, 1876-1944, fut le fondateur du futurisme italien. Ses travaux, se basant sur l'utilisation de techniques empruntées au music-hall, eurent une grande influence, notamment sur Maïakovski et les surréalistes : *Le Roi Bombance* (1909), *Simultaneità* (Simultanéité, 1915), *Prigionieri* (Prisonniers, 1925).

Luigi PIRANDELLO, 1867-1936, s'inspira de la tradition du grotesque, des Grecs, de Shakespeare et d'Ibsen; il eut une grande influence sur le théâtre européen. Il expose dans ses pièces, construites sur un modèle philosophique, avec la violente révolte qui sous-tend toute son œuvre, et en interrogeant réflexivement l'esthétique du drame et son rapport à la réalité, les problèmes de l'identité, de la communication, des liens entre réalité et illusion. Ses drames ont emprunté la structure héritée du XIXe siècle. Parmi ses œuvres principales, citons : *Lumié di Sicilia* (Citrons de Sicile, 1913), *Liola* (1917), *Cosi è «se vi pare»* (Chacun sa vérité, 1916), *Sei personnaggi in cerca d'autore* (Six personnages en quête d'auteur, 1921), *Enrico IV* (Henri IV, 1922), *Stasera si recita a saggetto* (Ce soir on improvise, 1930), *La nuova colonia* (La Nouvelle colonie, 1926), *I giganti della montagna* (Les Géants de la montagne, 1936).

Massimo BONTEMPELLI, 1878-1960, s'attacha à décrire la vie de province, dans une perspective métaphysique : *Guardia alla luna* (Garde à la lune, 1922), *Nostra dea* (Notre déesse, 1928), etc. **Luigi CHIARELLI, 1887-1947,** père du théâtre du grotesque, s'attaqua à la fausseté de l'homme social : *La maschera e il volto* (Le Masque et le Visage, 1916), *K 41* (1929), *Il teatro in fiamme* (Le Théâtre en flammes, 1945). **Pier Maria ROSSI DI SAN SECONDO, 1887-1956,** écrivit des drames grotesques et lyriques qui reflètent ses expériences intimes, comme *Marionette, che passione!* (Marionnettes, quelle passion! 1918), *La Bella addormentata* (La Belle au bois dormant, 1919), *La Scala* (L'Echelle, 1925).

Ugo BETTI, 1892-1953, magistrat de profession, écrivit des drames, construits selon une progression ibsénienne, possédant souvant la structure d'affaires de justice. Outre une critique des milieux judiciaires, on y lit la culpabilité de tout homme, à commencer par celle du juge. Citons *Corruzione al palazzo di giustizia* (Corruption au palais de justice, 1949), *Ispezione* (L'Inspection, 1947), *La fugitiva* (La Fugitive, 1953).

Les acteurs

L'ANTIQUITÉ ET LE MOYEN AGE

Les textes relatifs aux acteurs et à leur art, pendant ces périodes, sont très peu nombreux; il ne nous reste que quelques noms et peu de renseignements. Voir les chapitres correspondants p. 10 et 19.

L'Antiquité

THESPIS, VIe-Ve siècle avant notre ère, est sans doute le premier acteur grec : il introduisit dans le chœur de récitants un personnage qu'il interpréta lui-même. Portant un masque, il dialoguait avec le chœur et faisait des récits en recourant à l'imitation.

Certains acteurs tragiques furent aussi des orateurs et des hommes politiques : **ESCHINE, 389-314 avant notre ère,** d'abord troisième rôle tragique; **CALLISTRATE** et **PHILOMÈDE, V^e^ et VIe siècle avant notre ère,** interprètes favoris des comédies d'Aristophane. **POLUS, Ve siècle avant notre ère,** fut l'acteur tragique le plus loué.

A Rome, **AESOPUS** et **LABERIUS, Ier siècle avant notre ère,** furent des acteurs tragiques. **ROSCIUS, mort en 62 avant notre ère,** qui jouait la comédie et la tragédie, fut, grâce à sa beauté, le plus célèbre des acteurs romains. Enfin, vers les premières années de notre ère, **BATHYLLE** et son rival **PYLADE** jouaient des pantomimes dramatiques.

Le Moyen Age

Les *histriones, joculatores, mimi* médiévaux étaient-ils de véritables acteurs? **VITALIS,** le premier nom connu, se rapporte plutôt à un contrefaiseur qui égayait la cour de Charlemagne. **GOULCEM FAICIT, 1185-1220,** était un troubadour; cependant, il composa et joua des pièces satiriques. **RICARD de NOVES, mort en 1270,** fut un comique à classer encore parmi les imitateurs. A partir du XIVe siècle, le jeu devint plus spécifiquement théâtral, et parmi les bouffons apparaît la silhouette des futurs farceurs. Parmi eux : **JEHAN DE BESCEUL, fin du XIVe siècle, TRIBOULET,** bouffon de Louis XII et de François Ier, **MAITRE-MOUCHE, GANACHE, Le GOGUELU,** tous pseudonymes qui se rattachent à un emploi.
Il existait aussi un grand nombre de compagnies composées d'amateurs, de bourgeois réunis pour l'occasion ou de semi-professionnels. Les plus fameuses sont les Enfants sans souci et les clercs de la Basoche, fondées à la fin du XIVe siècle, et les Confrères de la Passion, fondée en 1402.

LE THÉÂTRE ÉLISABÉTHAIN ET LA COMMEDIA DELL'ARTE

La renaissance de l'art dramatique professionnel en Europe jaillit de deux sources : le théâtre élisabéthain et la commedia dell'arte. Dans l'un et l'autre, l'auteur et l'acteur travaillent en étroite liaison, dans le but de rentabiliser immédiatement le spectacle.

Le théâtre élisabéthain

Les acteurs anglais devinrent professionnels au cours du XVIe siècle, mais ils durent pour cela se grouper en troupes et se mettre sous la protection de quelques grands personnages. La plus ancienne troupe est celle de Leicester, fondée en 1574 et dissoute en 1588 ; **James BURBAGE, 1530-1597,** acteur qui fit construire le premier théâtre londonien (le *Theatre*), en faisait partie. Elle fut la troupe mère des Chamberlain's men, compagnie fondée en 1594 à laquelle appartint Richard Burbage, fils de James, et **William SHAKESPEARE, 1564-1616,** auteur, mais aussi acteur, notamment dans *A chacun son humeur* (1598) et dans *La Chute de Séjan* (1603). La troupe rivale des Admiral's men comptait comme principal comédien Edward Alleyn.

Richard BURBAGE, 1567-1619, le fils de James, fut, dès 1588, le plus réputé des tragédiens anglais. Il devint l'associé de Shakespeare, qui écrivit pour lui les rôles de Richard III, Hamlet, Othello et Lear. Il interpréta aussi des premiers rôles pour Ben Jonson.

Edward ALLEYN, 1566-1626, seul rival de Burbage, créa les principaux rôles des pièces de Marlowe *(Tamerlan le Grand, Le Juif de Malte, Docteur Faust)* et de Robert Green *(Orlando furioso)*. Comme Burbage, il possédait plusieurs théâtres.

Will KEMPE, mort en 1603, et **HEMINGE, 1556-1630,** furent des clowns célèbres de la troupe de Shakespeare. **John LOWIN, 1576-1653,** gros homme rustre, créa Falstaff. **Richard BAXTER, 1593-1666,** joignit la compagnie sur le tard pour y jouer les seconds rôles. **Robert CAUGH, mort en 1625** et **Richard ROBINSON, mort en 1648,** ils jouaient les héroïnes.

La fécondité du théâtre élisabéthain fut cependant freinée par Cromwell, qui ferma tous les théâtres quand il prit le pouvoir en 1642.

La commedia dell'arte

Le RUZZANTE (Angelo Beolco, dit), 1502-1543, est le plus illustre des précurseurs de la commedia. Auteur et acteur, improvisateur à l'âme burlesque et s'exprimant en patois, il campa un paysan toujours victime de sa sensualité et de sa gloutonnerie. Dans les années qui suivirent sa mort, un nouveau type de spectacle se mit en place : le travail de quelques grandes troupes suffit à structurer autour de thèmes et de personnages le jeu improvisé qui fit l'essence de la commedia dell'arte. La plus ancienne des troupes est celle de **Zan GANASSA,** le premier Arlequin, qui jouait à Mantoue en 1558 et qui vint plus tard en France (1572).

Les **GELOSI** (jaloux), issus de cette première compagnie, furent célèbres dans toute l'Europe de 1572 à 1604. Parmi eux il y eut **Giulio PASQUATI,** créateur de Pantalon, et les **ANDREINI : Francesco,** qui jouait les amoureux, et sa femme **Isabella, 1562-1604,** *les prima donna.*

Les **CONFIDENTI** (confidents) eurent parmi eux **Fabrizio DE FORNARIS,** gentilhomme napolitain, créateur du Capitan Cocodrillo. Comme les **DESIOSI** (passionnés), les **ACCESI** (ardents) dirigés par l'Arlequin **MARTINELLI, mort en 1630,** les **UNITI,** troupe de la famille **FIORILLO (Silvio,** qui créa le Capitan Matamore, et son fils, **Giovanni,** créateur de Scaramouche), ils faisaient de longs et fréquents séjours en France.

D'autres troupes s'illustrèrent au cours du XVIIe siècle : les **FEDELI** (fidèles), **1605-1652,** dirigés par **ANDREINI le fils, 1578-1650 ;** la troupe de **Giuseppe BIANCHI,** que Louis XIV invita en 1639 et qui comprenait **Tiberio FIORILLI,** le plus fameux des Scaramouche, et **Dominique LOCATELLI,** qui jouait Trivellino.

Dominique BIANCOLELLI, 1640-1688, le célèbre Arlequin, fit ses débuts en 1661 dans la troupe des Fiorilli-Locatelli où jouait aussi **Catherine BIANCOLELLI,** sa sœur, illustre Colombine, et les **GHERARDI,** le père **(Giovanni)** qui jouait Flautino, et le fils **(Evaristo),** Arlequin.

Avec **Luigi RICCOBONI, 1675-1753, « Lélio »,** la commedia dell'arte s'installa définitivement à Paris, et devint la Comédie-Italienne. **THOMASSIN (Vicentini, dit), 1682-1739,** qui fut le plus grand des Arlequins après Dominique, contribua à en ennoblir le style. Enfin, avec **BERTINAZZI, 1710-1783, «Carlin»,** les comédiens italiens étaient devenus les interprètes idéaux du théâtre de Marivaux. Théâtre qui conservait toutefois un style de jeu très corporel, ce qui fit dire à Garrick : «Voyez comme le dos de Carlin a de la physionomie.»

LES ACTEURS DU THÉÂTRE CLASSIQUE FRANÇAIS (XVIIe ET XVIIIe SIÈCLE)

Les grands farceurs

C'est au XVIIe siècle que l'acteur professionnel apparaît véritablement en France. La voie ouverte par les comédiens-italiens installés à Paris depuis la fin du XVIe siècle s'élargit avec les farceurs qui règnent sur le public parisien dans le premier tiers du XVIIe siècle. Pourtant, ces farceurs ne sont pas encore des interprètes, car leur art repose sur l'improvisation et non sur un texte. Leur style de jeu, délire verbal et mimiques corporelles, a servi d'exemple aux futeurs acteurs comiques et de source d'inspiration à Molière.

TABARIN (Antoine Girard, dit), mort vers 1633, le plus célèbre d'entre eux, a, paraît-il, inspiré à Molière la scène du sac dans *Les Fourberies de Scapin.* Il ne monta jamais sur une scène mais jouait toujours sur ses «planches», place Dauphine : il était l'associé (et le frère ?) d'un certain Mondor, charlatan vendeur de drogues, et le but des représentations était d'attirer la clientèle. Avec son embonpoint et sa longue barbe, son costume large comme celui de Pierrot, son feutre auquel il faisait prendre toutes sortes de formes et son épée de bois, il composait un personnage bouffon et niais qui dialoguait avec la foule. Il était très populaire pour ses reparties et des recueils ont été publiés à l'époque, à partir de son répertoire.

GAULTIER-GARGUILLE (Hugues Guéru, dit), 1573-1633, commença comme acteur de campagne et continua à jouer la comédie et la tragédie (il était un excellent roi de tragédie et dirigea même l'Hôtel de Bourgogne), sous le nom de Fléchelles. Mais il dut sa célébrité à la farce qu'il pratiqua avec **GROS-GUILLAUME, 1600-1634,** et **TURLUPIN (Henri Legrand, dit Belleville, dit), 1587-1637.** Les trois compagnons formaient un trio fameux que Louis XIII reçut au Louvre. Gaultier représentait les vieillards pédants ; son corps squelettique, paraissant désarticulé, contrastait avec celui de Gros-Guillaume, au ventre énorme. Celui-ci appelait les rires par son galimatias incompréhensible qu'il débitait en homme convaincu. Quant à Turlupin, beau et bien fait, il jouait les valets et tire-laine, sensuels et coureurs de femmes. La légende dit qu'ils furent inhumés ensemble, à l'église Saint-Sauveur.

Gaultier-Garguille, gravure d'après Huret (phot. © Bibl. nat./Photeb).

GUILLOT-GORJU (Bertrand Hardouin, dit), 1600-1648, succéda à Gaultier-Garguille à l'Hôtel de Bourgogne. Après avoir voyagé avec un charlatan, il y débuta en contrefaisant le Docteur dans son côté solennel et prétentieux ; ce rôle devint sa spécialité. Il jouait avec un masque, d'énormes lunettes et une longue barbiche.

Parmi les farceurs les plus célèbres citons encore **BRUSCAMBILLE (Deslauriers, dit), 1610-1634,** qui faisait les prologues et intermèdes à l'Hôtel de Bourgogne, et **JEAN FARINE, 1600-1635,** associé de Guillot-Gorju.

Les comédiens de l'Hôtel de Bourgogne

Le théâtre de l'Hôtel de Bourgogne, qu'administrait une association vieille du XVe siècle, les Confrères de la Passion, fut longtemps l'unique théâtre parisien. Il fut occupé par de nombreuses troupes successives quand, en 1610, une bonne troupe de province, les Comédiens du roi (qui devinrent les Grands Comédiens), vint l'occuper. De cette troupe sont issus les comédiens qui devaient faire la gloire de l'Hôtel de Bourgogne pendant tout le XVIIe siècle ; **MARIE VENIER,** la première actrice française connue, qui jouait les tragédies de Hardy vers 1630, en faisait partie.

BELLEROSE (Pierre Le Messier, dit), 1600-1670, est le premier véritable comédien français. Entré dans la troupe de l'Hôtel de Bourgogne en 1629, il en devint le chef et l'orateur en 1634. Acteur comique et tragique, au style un peu maniéré, il créa les rôles de *Cinna* et du *Menteur* dans les pièces de Corneille.

MONTFLEURY (Zacharie Jacob, dit), 1600-1667, entra à l'Hôtel de Bourgogne vers 1635, sa réputation surpassa de beaucoup celle de Bellerose. Il interpréta le rôle de Rodrigue dans *Le Cid* et celui d'Horace, de Corneille. Il créa surtout Oreste, dans *Andromaque*, de Racine, et il en poussa les fureurs au paroxysme. Son jeu impétueux, parfois frénétique, faisait l'admiration du public. Cyrano de Bergerac et Molière se sont moqués de sa «vaste circonférence» et de son ton de «démoniaque». Il est mort sur scène, victime d'une de ses colères, par la rupture d'un vaisseau.

Raymond POISSON (dit De Belleroche), 1630-1690, le premier d'une grande famille de comédiens, commença comme acteur de campagne. Il entra en 1652 à l'Hôtel de Bourgogne où il joua pendant trente-deux ans les comiques de farce ; il inventa le personnage de Crispin, grand et gros avec un léger bégaiement, vêtu d'un court manteau noir.

La CHAMPMESLÉ (Marie Desmares, dite), 1642-1698, entra à vingt-huit ans dans la troupe de l'Hôtel de Bourgogne. La même année elle joua Hermione dans *Andromaque*, de Racine, en remplacement de la Desœillets. Ce fut un triomphe : Mme de Sévigné parla d'elle comme de «la plus miraculeuse bonne comédienne» qu'elle eût jamais vue. Elle jouait avec une certaine violence où faisait grand effet sa voix puissante. Mais elle sut aussi se montrer touchante dans le personnage de Bérénice, tout en modulant parfaitement la musique des vers (Racine avait écrit le rôle en fonction de son interprète, qui était aussi sa maîtresse). Le sommet de sa carrière fut la représentation d'*Iphigénie*, un «succès de larmes» selon Boileau. Elle créa encore le personnage de Phèdre en 1677, et continua à jouer jusqu'à sa mort, refusant jusqu'à sa dernière minute de renier le théâtre pour se mettre en paix avec l'Eglise.

Les autres membres de la troupe n'ont pas atteint une telle gloire. **CHAMPMESLÉ (Charles Chevillet, dit), 1642-1701,** le mari de la Champmeslé, créa Antiochus dans *Bérénice*. **Mlle BEAUCHATEAU, 1615-1683,** jouait les amoureuses et les princesses tragiques. **Mlle BEAUPRÉ, 1624-1650,** fut une actrice comique. **BRECOURT (Guillaume Marcoureau de), 1638-1685,** comme **Mlle BEAUVAL, 1643-1720,** firent leurs armes chez Molière avant d'entrer à l'Hôtel de Bourgogne.

Les comédiens du théâtre du Marais

Alors que la troupe de l'Hôtel de Bourgogne était la seule à Paris, une autre troupe réussit à s'installer, rue Vieille-du-Temple, en 1632. Ce fut le théâtre du Marais, qui vit la création des premières pièces de Corneille.

MONDORY (Guillaume Desgilberts, dit), 1594-1651, était le directeur de cette troupe. Il créa le rôle de Rodrigue dans *Le Cid*, de Corneille ; ce fut le premier succès du théâtre. Mondory avait alors quarante-deux ans et il était considéré comme le plus grand acteur de son temps. Il ne se contentait pas de déclamer mais tentait de composer un personnage. Il jouait avec une grande puissance vocale et, un soir de 1637, alors qu'il représentait Hérode dans la *Marianne* de Tristan L'Hermite, il fut frappé d'une crise d'apoplexie qui le paralysa en partie. Il dut alors se retirer.

FLORIDOR (Josias de Primefosse, dit), 1608-1672, lui succéda comme animateur du Marais. Il créa Horace. Son jeu se recommandait par sa distinction et son élégance. D'aucuns le trouvaient un peu pâle, ou froid. Il se montra excellent administrateur, et fut protégé par Louis XIV. Il passa en 1647 à la direction de l'Hôtel de Bourgogne, succédant à Bellerose.

D'autres acteurs, passés par le Marais, ont laissé une trace comme **JODELET (Julien Bedeau, dit), 1600-1660,** farceur très populaire, **LENOIR, 1610-?, LAROQUE, 1595-1676,** qui forma la Champmeslé, **DE VILLIERS, 1601-1681,** adversaire acharné de Molière. **FILANDRE (Jean-Baptiste Monchaingre, dit), 1616-1691,** après le départ de Floridor, orienta le Marais vers la «pièce à machine» ou «féerie».

La troupe de Molière

MOLIÈRE (Jean-Baptiste Poquelin, dit), 1622-1673, fut avant tout un comédien. Intégré à l'Illustre Théâtre des Béjart en 1643 (véritable déchéance sociale pour un fils de bonne famille, licencié en droit), il commença par parcourir la France, faisant même un séjour en prison pour cause de faillite. Devenu directeur de la troupe en 1650, il la mena au succès et c'est en homme riche et réputé qu'il s'installa à Paris en 1658. Il partageait alors la salle du Petit-Bourbon avec Scaramouche. C'est avec lui qu'il perfectionna ses talents de farceur, observant l'usage que le comédien italien faisait de son corps, comment il communiquait d'infinies nuances par la gesticulation et la grimace. Très doué luimême pour les mimiques, il savait tirer parti de ce qui aurait été pour d'autres des désavantages (d'épais sourcils noirs barraient son visage, il avait une voix sourde et un débit précipité, entravé parfois par un hoquet) : alors qu'il était malade il n'hésitait pas à utiliser sa toux de poitrine pour des effets comiques. Tous ses contemporains s'accordent pour dire qu'il était un excellent farceur, mais un tragédien médiocre. Son travail d'auteur reposait sur la connaissance de ses possibilités d'acteur et de celles des autres membres de la troupe. Il dégagea ainsi dans toutes ses comédies un grand rôle pour lui, se ménageant de grandes tirades et des temps pour l'improvisation et les lazzis. Il fut un Arnolphe burlesque *(L'Ecole des femmes)*, un Sganarelle *(Dom Juan)* bouffon et plus impie que le maître, et son Harpagon, ridicule, donnait à *L'Avare* un ton de franche gaieté. Il tint le rire jusqu'au bout et, mourant, il parut encore sur scène dans *Le Malade imaginaire.*

Le succès de Molière fut aussi celui de toute sa troupe qui, en 1661, s'installa solidement au Palais-Royal.

Madeleine BEJART, 1618-1672, avait déjà joué sept ans la tragédie en province quand elle fonda l'Illustre Théâtre en 1643. Longtemps la compagne de Molière, elle se vit confier par lui les rôles de soubrettes ; elle créa entre autres Dorine de *Tartuffe*.

Armande BEJART, 1642-1700, sa sœur (selon les actes) ou sa fille (selon les calomniateurs), épousa Molière en 1662. Elle avait toujours vécu avec la troupe et y joua les rôles de jeune première dès son mariage et jusqu'à la mort de Molière. Son grand rôle fut la création de Célimène *(Le Misanthrope)* à vingt-quatre ans.

DU CROISY, 1626-1695, entra dans la troupe en 1659. Il jouait les rôles de valets. Son plus grand rôle fut celui de Tartuffe. Quant à **LA THORILLERE, 1626-1690,** qui entra dans la troupe en 1662, il fut employé comme «raisonneur».

Mlle DE BRIE (Catherine Le Clerc du Rozet, dite), 1630-1706, entrée à vingt ans, toujours charmante, fut l'ingénue du théâtre de Molière ; elle créa Agnès *(L'Ecole des femmes)* en 1662 et tint le rôle jusqu'à sa retraite en 1685.

La Du PARC (Marie-Thérèse de Gorle, dite), 1633-1668, rejoignit Molière à vingt ans. Très belle, danseuse et acrobate, elle jouait aussi la tragédie. Mais en 1667 elle suivit son amant, Racine, à l'Hôtel de Bourgogne (Racine venait de refuser *Andromaque* à Molière, dont les comédiens jouaient trop «naturel» à son goût). Elle créa Andromaque, le rôle le plus brillant de sa courte carrière.

LAGRANGE (Charles Varlet, sieur de), 1639-1692, formé par Molière, fut son homme de confiance. Beau, élégant, la parole facile, il tint les rôles de jeunes premiers amoureux. Il créa un Dom Juan plein d'aisance, brillant plutôt qu'odieux.

La Comédie-Française (de 1680 à 1789)

Après la mort de Molière les comédiens du Palais-Royal se réunirent avec ceux du Marais, sur ordre du roi, pour former la Troupe du roi, qui devait rivaliser avec la Troupe royale de l'Hôtel de Bourgogne jusqu'en 1680, date à laquelle Louis XIV réunit ces deux troupes en une seule qui prit le nom de Comédie-Française.

Michel BARON (Michel Boyron, dit), 1653-1729, devint très vite le comédien préféré de la Comédie-Française. Il fut la dernière recrue et le grand espoir de Molière, qu'il remplaça sept jours après sa mort dans le rôle d'Alceste *(Le Misanthrope).* Il ne déclamait jamais mais cherchait à rendre le sentiment, tout en jouant avec sa noblesse naturelle. Il se retira en 1691 au sommet de sa gloire pour ne revenir qu'en 1720, dans le rôle de Cinna qu'il appréciait particulièrement. Cependant la fatuité de ce vieillard reprenant des rôles de jeune premier frisa le ridicule.

LEKAIN (Henri-Louis Kaïn, dit), 1729-1778, passe pour le grand acteur du siècle. Elève et confident de Voltaire, il fut son interprète favori. Dépourvu de charme physique, il déplut d'abord mais finit par imposer sa force intérieure, qu'il déployait supérieurement dans la tendresse.

QUINAULT-DUFRESNE, 1693-1767, très séduisant, reste cependant un acteur superficiel. **Charles GRANDVAL, 1710-1784,** lui succéda comme premier rôle ; **PREVILLE (Pierre-Louis Dubus, dit), 1721-1800,** fut un intelligent acteur de composition. **DAZINCOURT, 1747-1809,** créa un Figaro spirituel et léger. **François-René MOLÉ, 1734-1802,** comédien de charme, fut le premier à jouer *Hamlet* en français.

Mais ce sont surtout les actrices qui marquèrent le XVIIIe siècle, et particulièrement quelques grandes tragédiennes. **La DUCLOS (Marie-Anne de Châteauneuf, dite), 1668-1748,** succéda à la Champmeslé à partir de 1696. Ce fut la dernière actrice à faire usage de la déclamation. **Adrienne LECOUVREUR, 1692-1730,** débuta à la Comédie en 1717 où le public, qui se lassait de la mélopée uniforme de la Duclos, lui fit un accueil triomphal. Elle n'avait ni le maintien et la force, ni la voix d'une tragédienne mais son jeu tout intérieur frappa ses contemporains par son naturel. Elle fit un triomphe avec Pauline *(Polyeucte)* dont elle fit ressortir l'aspect nostalgique.

De 1730 à 1767 trois tragédiennes de tempéraments dramatiques très différents se trouvèrent ensemble à la Comédie-Française. **Mlle GAUSSIN (Jeanne Catherine Gaussem, dite), 1711-1767,** inoubliable Zaïre, tendre Rodogune, excellait à rendre les mouvements du cœur, avec une grâce enfantine. **Mlle DUMESNIL (Françoise Marchant, dite), 1713-1803,** fut un phénomène de la scène ; elle jouait «en force», avec un débit très volubile et des gestes désordonnés. Elle triomphait dans les scènes de fureur. Ses grands rôles furent Phèdre et Cléopâtre dans *Rodogune*, de Corneille. **Mlle CLAIRON (Claire-Joseph Leris, dite Hippolyte Leris de La Tude, dite), 1723-1803,** prit toujours le contrepied de sa rivale : elle commença en présentant une Phèdre tout opposée à celle de la Dumesnil. Son talent touchait plus au pathétique qu'au puissant, elle créait une émotion chez le spectateur en l'intéressant au personnage. Grande interprète des tragédies de Voltaire, elle joua Aménaïde de *Tancrède*, qui fut son meilleur rôle.

Françoise RAUCOURT, 1756-1815, eut des débuts éclatants, en 1772, dans le rôle de Didon. Avec un physique imposant et une voix quasi masculine, elle joua les reines et les mères tragiques.

Des actrices comiques illustrèrent aussi la Comédie, parmi lesquelles **Mlle QUINAULT, 1699-1783, Mlle DANGEVILLE, 1714-1796** et **Mlle BEAUMENARD, 1730-1799,** qui se spécialisèrent dans les rôles de soubrettes de Molière, de Marivaux et de Voltaire.

Louise COMTAT, 1760-1813, sociétaire à dix-sept ans, fonda sa gloire en créant Suzanne dans *Le Mariage de Figaro*, de Beaumarchais. Jolie et piquante, elle avait un jeu «de tête». Elle continua sa carrière après la Révolution.

LES ACTEURS FRANÇAIS DE 1789 A 1914

De Talma à Rachel

Peu après la Révolution de nouveaux théâtres apparurent sur les boulevards et firent concurrence à la Comédie-Française, qui avait été l'unique grande scène parisienne, la seule à représenter la tragédie et la grande comédie. Ils se développèrent surtout après l'Empire, avec le *drame.*

Quelques comédiens déjà connus firent la transition, tels **LARIVE (Jean Mauduit, dit de), 1747-1827,** qui débuta au Français en 1770 et qui succéda à Lekain à la première place, ou **FLEURY (Abraham Bénard, dit), 1750-1822,** qui, entré en 1778 succéda à Molé dans les premiers rôles. Dans la même génération, **Mlle DOLIGNY, 1746-1823,** fut la créatrice de Rosine dans *Le Barbier de Séville*, de Beaumarchais, tandis que **Mlle SAINVAL, 1752-1836,** créa la Comtesse du *Mariage de Figaro.*

TALMA (François-Joseph), 1763-1826, fut adoré comme un demi-dieu par la génération de la Révolution et de l'Empire ; il sut s'adapter aux changements politiques comme aux exigences nouvelles du public. Après avoir débuté à la Comédie-Française en 1787, ami de Mirabeau, il fit un triomphe et un scandale par son interprétation enflammée du très antiroyaliste *Charles IX*, de Marie-Joseph de Chénier. Il fut exclu en 1791, ce qui lui épargna d'être emprisonné en 1793 comme tous les acteurs du Français. Il fit la réouverture du théâtre en 1799 dans le rôle de Rodrigue, et plut à la jeunesse de l'Empire puis de la Restauration par son souci d'exactitude dans les costumes, par sa diction sans déclamation. Son génie correspondait aux aspirations des nouvelles générations qui se reconnaissaient dans ses personnages sombres, tourmentés, victimes d'une fatalité ; aussi est-ce dans Shakespeare que son romantisme prit toute son ampleur, notamment dans *Henry VIII* et *Othello.* Protégé de l'Empereur, puis de Louis XVIII, il continua sa carrière glorieuse jusqu'en 1826.

Mlle DUCHESNOIS (Catherine Rafin, dite), 1777-1835, entrée au Français en 1802, fut une grande tragédienne de l'Empire, bien que ses débuts aient été entravés par ceux de Mlle Georges, puissamment protégée. Actrice «de larmes», à la voix très émouvante, son premier et son plus grand rôle fut celui de Phèdre.

Mlle GEORGES (Marguerite Weimer, dite), 1787-1867, beauté sculpturale et précoce, débuta au Français à seize ans sous la protection de Mlle Raucourt. Elle avait pour elle les défenseurs du style traditionnel, mais Talma trouvait plus de talent à la Duchesnois. Elle devint plus tard une grande interprète du drame romantique et créa beaucoup de rôles pour Dumas père et pour Hugo, parmi lesquels Lucrèce Borgia en 1833.

Mlle MARS (Anne Boutet, dite), 1779-1847, fit ses débuts au Français en 1802. Jeune fille maigre aux yeux noirs et à la voix cristalline, elle triompha dans les Agnès et les ingénues. Devenue séduisante vers l'âge de trente ans, elle fut la Célimène la plus louée de l'histoire du Français. Elle brilla dans les différents genres jusqu'à sa retraite en 1841 ; actrice «de tête», parfaite mais non passionnée, son jeu resta toujours aussi précis et sa silhouette aussi élégante.

Mlle LEVERD, 1788-1843, qui débuta en 1808 au Français comme grande coquette, fut une rivale de Mlle Mars, mais son règne fut de courte durée. **Charles POTIER, 1774-1849,** puis **Etienne ARNAL, 1796-1872,** furent les premiers grands comiques des boulevards. **Joseph SAMSON, 1793-1871,** fut un excellent professeur au Conservatoire.

Marie DORVAL, 1798-1849, l'héroïne romantique du drame, connut la célébrité en 1827 avec le mélodrame *Trente ans ou la vie d'un joueur* ; elle passa ensuite au drame avec *Antony*, de Dumas père, puis avec le rôle de Kitty Bell dans *Chatterton*, de Vigny, sa création la plus émouvante. Bouleversante, puissante, sans artifices, elle donnait toute sa vie à son art et y épuisa ses forces. La fin de sa carrière fut rendue difficile par l'arrivée de Rachel.

Frédérick LEMAÎTRE, 1800-1876, fut le «colosse» du drame. Sublime, de la trempe des Kean, il subjuguait la foule. Il débuta dans des pantomimes au théâtre des Funambules puis il fit brusquement parler de lui grâce à sa «fausse» interprétation du rôle de Robert Macaire dans *L'Auberge des Adrets* : le drame larmoyant se termina dans l'hilarité générale. Il devint la vedette de l'Ambigu, le temple du mélo, avec Marie Dorval. Plus tard il s'attaqua au répertoire romantique et créa les rôles de Kean (1836) dans la pièce d'Alexandre Dumas, et de Ruy Blas (1838) dans celle de Hugo. Il s'essaya même dans la tragédie avec Othello. Sachant allier sa force et sa fantaisie à un métier sûr, il connut cependant un certain déclin.

BOCAGE (Pierre François Touzé, dit), 1797-1863, fonda sa réputation en jouant dans *Antony* aux côtés de Marie Dorval. Sombre et mélancolique, il représenta le style romantique du boulevard. **Hugues BOUFFÉ, 1800-1888,** acteur de composition minutieux, triompha dans *Le Gamin de Paris.* **Etienne MELINGUE, 1807-1875,** imaginatif et fougueux, fut un acteur de drames historiques très populaire pour ses compositions, de d'Artagnan à Edmond Dantès.

RACHEL (Rachel Félix, dite), 1820-1858, issue d'une famille misérable, fut remarquée par Samson qui l'éduqua et parraina ses débuts au Français en 1838 dans Camille d'*Horace.* Janin remarqua cette jeune fille frêle, mais d'une «présence» fascinante. Et très vite, ce fut un succès : Rachel redonnait vie aux tragédies de Corneille et de Racine grâce à son jeu sobre et à son souci de la situation qui la conduisait à préférer le sens des vers à leur musicalité. Phèdre (1843) fut son meilleur rôle, mais elle s'imposa aussi comme interprète des drames de Dumas et de Hugo, et elle triompha dans *Adrienne Lecouvreur.* Riche et adulée, mais de santé fragile, elle mourut au retour d'une tournée en Amérique.

Le boulevard à la Belle Epoque

Virginie DEJAZET, 1798-1879, triompha au Vaudeville vers le milieu du siècle pour ses rôles de travesti et de «grisette» dans des pièces légères, telles que celles de Sardou. **Mlle DOCHE, 1821-1900,** et **FECHTER, 1823-1879,** furent rendus célèbres par la création des rôles de Marguerite Gauthier et d'Armand Duval dans *La Dame aux camélias*, de Dumas fils. **Marie LAURENT, 1825-1904,** fut applaudie uniquement dans le drame, à partir de 1849 et jusqu'en 1900. **ALPHONSINE, 1829-1883,** triompha aux Variétés sous le second Empire. **BRASSEUR (Jules Dumont, dit), 1829-1890,** acteur comique de composition, fut l'interprète de Labiche. **Mlle DESCLÉE, 1836-1874,** se montra très émouvante dans les premiers rôles des drames de Dumas fils. **Mme AGAR, 1832-1891,** est restée célèbre pour sa création de Sylvia dans *Le passant*, de Coppée. **BARON (Louis Bouchenez, dit), 1838-1920,** fut un grand comique des Variétés. **Félix GALIPAUX, 1860-1931,** brilla au Vaudeville par son physique comique et sa vivacité.

RÉJANE (Gabrielle Réju, dite), 1856-1920, fut une des plus vivantes et des plus spirituelles actrices du boulevard. Elle a joué des rôles très divers, dont le plus fameux fut celui de Madame Sans-Gêne.

Sarah BERNHARDT (Henriette Rosine Bernard, dite), 1844-1923, a dominé tous les acteurs de son temps, par son génie original et sa vie excentrique, montée en épingle par les journalistes. Au Français, elle s'imposa en 1873 dans Phèdre, puis dans le rôle de la Reine de *Ruy Blas*, assurant enfin son succès en jouant *Hernani* avec Mounet-Sully. Elle fascinait par son charme inexplicable, par son jeu passionné tout en souplesse, par ses dons de «musicienne du verbe». «Elle donnait l'illusion du langage des dieux», dit Charles Dullin. Elle quitta le Français où elle étouffait et partit de tournées en théâtres, perdant et refaisant sa fortune, jusqu'en 1893. Les plus beaux rôles de la fin de sa carrière ont été Théodora, l'Aiglon et Athalie.

COQUELIN Aîné (Constant Coquelin, dit), 1841-1909, d'abord grand valet au Français (remarquable dans Scapin et dans Figaro), partit sur les boulevards où il créa son plus beau rôle, Cyrano de Bergerac, écrit pour lui par Rostand (1897). Très mobile de visage, il avait une voix claironnante guidée avec beaucoup de métier. **COQUELIN Cadet (Ernest Coquelin, dit), 1848-1909,** comique plus caricatural que son aîné, hésita aussi entre le Français et le boulevard.

Coquelin Aîné (phot. © P. Boyer. R. Jacques/ Photeb).

Lucien GUITRY, 1860-1925, fut un des derniers «monstres sacrés». Puissant, anticonformiste, il avait un jeu contenu, s'appuyait sur les silences. Il fut Flambeau dans *L'Aiglon*, en 1900, mais interpréta par la suite maints premiers rôles du répertoire moderne, notamment d'Henry Bataille. A la fin de sa carrière il se lança dans les rôles classiques, tels que ceux d'Alceste, du *Misanthrope*, et de Tartuffe.

La Comédie-Française

RÉGNIER, 1807-1885, fut un solide acteur traditionnel et un comique mesuré. **Jean-Baptiste BRESSANT, 1815-1886,** type accompli du séducteur, fut Dom Juan et surtout un pétillant comte Almaviva dans *Le Mariage de Figaro*. **Mme ARNOULD-PLESSIS, 1819-1897,** brilla par son raffinement dans le répertoire de Marivaux. **François GOT, 1822-1901,** incarna Jean de Rieux dans *Le Duc Job*; il fit la loi au Français par son autorité et par sa présence. **Louis DELAUNAY, 1826-1903,** jeune premier à la voix musicale, fut un des plus séduisants interprètes de Musset, notamment dans Perdican et Fortunio. **Augustine BROHAN, 1824-1893,** Dorine à dix-sept ans, joua les soubrettes piquantes et pleines d'entrain. **WORMS, 1836-1910,** charmeur mélancolique, fut un des plus prestigieux Alceste.

MOUNET-SULLY (Jean Sully Mounet, dit), 1841-1916, débuta au Français à trente et un ans dans Oreste, d'*Andromaque*. Il joua ce rôle dans une véritable transe, et, après un moment de flottement, le public l'acclama; ce fut un «miracle» comparable à l'apparition de Rachel. Tragédien consacré, il joua avec autant de bonheur Corneille et Racine, Shakespeare et Hugo (*Hernani* avec Sarah Bernhardt). Son interprétation d'Œdipe dans *Œdipe roi*, de Sophocle, est restée célèbre. Ce n'était pas un acteur «naturel» : il préparait longuement ses rôles dans une véritable ascèse; tout en jouant la situation il faisait valoir la richesse musicale de l'alexandrin; par ses attitudes tragiques, il emmenait le spectateur dans un autre monde. Sa «grandeur» fut souvent imitée dans le «style grand tragique».

Paul MOUNET, 1847-1922, frère du précédent, à qui il donna la réplique, n'aborda le théâtre qu'à trente-trois ans; avec des moyens physiques et vocaux impressionnants, il joua les pères nobles tragiques.

Julia BARTET, 1854-1941, personnalité opposée à Sarah Bernhardt la tumultueuse, elle donna une vision nouvelle des chefs-d'œuvre de Racine, particulièrement de *Bérénice* (1893) et d'*Andromaque* (1901), grâce à son jeu retenu, son sens des nuances servi par sa voix : tout en elle respirait l'harmonie et la pureté. Gide la trouvait pourtant «trop décente».

LE BARGY, 1858-1936, fut un jeune premier plein de prestance dans les pièces de Musset et de Hugo. **Albert LAMBERT, 1856-1946,** débuta en 1885; athlétique et fier, épigone de Mounet-Sully, il fut un représentant du style grand tragique. **Mme SEGOND-WEBER, 1867-1941,** débuta en 1887; violente et farouche tragédienne, son jeu très extérieur était peut-être un peu monotone; elle fut notamment Phèdre, Hermione, Guanhumara dans *Les Burgraves*, de Hugo.

Un théâtre nouveau

A la fin du siècle une réaction apparut contre la Comédie-Française et le théâtre de boulevard. Un type nouveau de comédien sacrifia la carrière à l'art. Les meneurs de jeu de cette avant-garde, qui porte en germe le théâtre créateur du XXe siècle, sont des acteurs et animateurs de troupes.

ANTOINE (André), 1858-1943, ancien employé de la Compagnie du gaz, créa en 1887, en dehors des milieux du théâtre, la troupe du Théâtre-Libre. Il joua les œuvres d'auteurs nouveaux, comme Courteline, avec un constant souci de vérité dans la mise en scène et de naturel dans le jeu des acteurs. Il était entouré de comédiens qu'il avait formés, tels que l'original **DE MAX (1869-1941)** qui partit ensuite au Français et passa du réalisme à un lyrisme «fin de siècle», **SIGNORET, 1878-1937,** acteur de composition, et aussi Arquillière, Léon Bernard, Marie Ventura.

LUGNÉ-POE (Aurélien-Marie), 1869-1940, formé par Antoine, créa en 1893 la Maison de l'Œuvre, troupe dont il fut le directeur et le principal acteur jusqu'en 1929 et grâce à laquelle il révéla Ibsen et Maeterlinck à la France. Au réalisme rigoureux d'Antoine, il fera succéder un art de la suggestion, teinté de symbolisme. Quant à l'acteur, il s'affirme contre la notion d'emploi dans son essai *Le Théâtre vivant*. Il travailla avec sa femme **Suzanne DESPRÉS, 1875-1951,** interprète remarquable des rôles d'Ibsen, passée elle aussi chez Antoine.

Firmin GEMIER, 1869-1933, après avoir fait ses armes au Théâtre-Libre, se révéla un grand comédien par son talent de composition et par son jeu sobre et puissant. Il marqua la création d'*Ubu roi*, de Jarry, et *Boubouroche* de Courteline. Il supprima la rampe pour rapprocher le public des acteurs et fonda le premier Théâtre national populaire. Il forma un grand nombre d'acteurs, dont Dullin, en insistant, à l'exemple de Stanislavski, sur le travail corporel et d'improvisation.

LES ACTEURS ANGLAIS ET AMÉRICAINS DU XVIIIe ET DU XIXe SIÈCLE

Acteurs anglais

En Angleterre la vie théâtrale reprit en 1660, avec la restauration du roi Charles II, et se poursuivit sans ruptures.

Nell GWYNN, 1650-1687, maîtresse de Charles II, fut une des premières actrices anglaises; elle excellait dans les rôles gais et brillants.

Thomas BETTERTON, 1635-1710, l'acteur le plus célèbre de la Restauration, fit ses débuts en 1661; laid et difforme, il créait une atmosphère artificielle et envoûtante grâce à sa voix basse et murmurante. Ses grands rôles furent Timon, Lear, Troïlus. Il était marié à l'actrice **Marie SANDERSON (morte en 1712).**

Elizabeth BARRY, 1658-1713, première actrice anglaise de génie, joua beaucoup avec Betterton (Lady Macbeth, Mrs. Page, Cordelia); son jeu combinait le pathétique et le majestueux. **Anne BRACEGIRDLE, 1663-1748,** beauté de la Restauration, fut appréciée dans les rôles d'héroïnes des pièces de Congreve. **WILKS, 1665-1732,** jeune premier de comédie, eut comme meilleur rôle Hamlet. **Colley CIBBER, 1683-1730,** excellent comique mais piètre tragédien, fut aussi un auteur, joué entre autres par la célèbre comédienne **Anna OLDFIELD, 1683-1730,** qui obtint un grand succès dans le rôle de Lady Betty, dans une de ses comédies, *Le Mari maltraité*.

Barton BOOTH, 1681-1733, fut le glorieux successeur de Betterton, mais, gracieux, il était plein d'aisance et de feu; ses plus grands succès furent Caton, dans la tragédie d'Addison, et Othello.

QUIN, 1693-1766, domina la scène pendant un temps avec son jeu maniéré et son articulation soignée; il s'imposa dans Falstaff. **Charles MACKLIN, 169?-1797,** fut célébré pour son Shylock diabolique. **Anna PRITCHARD, 1711-1768,** était de l'école de Quin; son interprétation de Lady Macbeth a marqué les mémoires.

David GARRICK, 1727-1779, descendant d'un huguenot, fonda sa réputation avec *Richard III* en 1741. Le plus illustre acteur anglais, il joua les plus beaux rôles de Shakespeare, en particulier le roi Lear. Il était également un grand acteur comique. Son jeu reposait sur l'imitation des comportements réels et il apporta un souffle réaliste sur la scène anglaise, jusqu'alors régie par une symbolique et par des conventions de jeu précises. Il fit plusieurs voyages à Paris, où il travailla avec le comédien italien Bertinazzi et où il eut de longs entretiens avec Diderot.

SMITH, 1730-1819, connu sous le nom de Gentleman Smith en raison de son élégance, travailla dans la troupe de Garrick. **Elizabeth HARTLEY, 1751-1824,** est restée connue grâce au portrait qu'en fit Reynolds. **Frederick COOKE, 1751-1812,** au talent étrange et puissant, fut le seul à éclipser la gloire du moment, Philip Kemble, dans le rôle de Richard III, en 1800. Aussi alcoolique qu'il était arrogant, sa carrière tourna court.

Philip KEMBLE, 1757-1823, fut l'acteur le plus illustre entre Garrick et Kean, avec lequel il rivalisa par la suite. Il débuta dans *Hamlet* en 1783 et se retira en 1817. Des 172 premiers rôles qu'il a interprétés, le plus réussi fut sans doute celui de Coriolan. Viril et digne, d'une sensibilité contenue et avec un grand sens des détails, la comédie lui était difficile.

Dorothy JORDAN, 1761-1816, d'une humeur prodigue, régna, elle, sur la comédie.

KEAN (Edmund), 1787-1833, tragédien comparable à Talma, triompha à vingt-sept ans dans le rôle de Shylock, qu'il joua en homme persécuté et animé d'une fureur vengeresse. Tragédien sauvage et exalté, d'une très grande puissance d'expression, extravagant et orgueilleux, il demeure unique pour ses interprétations de Hamlet, Othello, Iago, Macbeth et Richard III.

Sarah Siddons, peinture anonyme (Victoria & Albert Mus.; phot. S. Chappell © Photeb).

Sarah SIDDONS (Sarah Kemble, dite), 1755-1831, peinte par Reynolds comme «la muse de la tragédie», est restée l'actrice anglaise la plus renommée. Sœur de Philip Kemble, elle connut le succès à partir de 1782. Son meilleur rôle fut Lady Macbeth. Sans être d'une grande beauté, elle captivait le public par sa «grandeur» et par son assurance.

MACREADY (William), 1793-1873, remporta un grand succès à vingt-six ans dans le rôle de Richard III, et se fit acclamer dans Lear et Hamlet par le public «bien élevé» qui appréciait sa distinction et sa noblesse de gentleman victorien.

Samuel PHELPS, 1804-1891, contribua à restaurer les textes originaux de Shakespeare, pendant que **Barry SULLIVAN, 1821-1891,** faisait connaître le prestigieux auteur aux publics de province.

IRVING (John Brodribb, dit sir Henry), 1838-1905, fut après Kean et Macready, auquel il s'opposa nettement, le troisième grand tragédien du siècle. Très grand travailleur, il sut utiliser sa voix étrangement tendue et son physique ascétique. Il conduisait ses personnages avec rigueur et intensité, en laissant entrevoir toute leur profondeur.

Ellen TERRY, 1847-1928, interpréta les premiers rôles shakespeariens dans les mises en scène d'Irving; elle était la mère d'Edward Gordon Craig. **Herbert Beerbohm TREE, 1852-1917,** acteur et metteur en scène, porta Shakespeare à des extrêmes jusqu'alors inexplorés, grâce à son talent du monumental. Il travaillait avec sa femme, **Maud HOLT (1863-1937).**

Parmi tant d'autres il nous faut citer aussi **Janet ACHURCH, 1864-1916,** la plus importante tragédienne de son temps et la première à jouer Ibsen en Angleterre, et **Beatrice Patrick CAMPBELL, 1865-1940,** actrice très séduisante pour qui Shaw créa le rôle d'Elisa Doolittle dans *Pygmalion*, en 1914.

Acteurs américains

ASTON, Anglais de naissance qui parcourut l'Amérique dans la première moitié du XVIIIe siècle avec sa troupe itinérante, est le premier acteur professionnel américain que nous connaissons.

Lewis HALLAM, 1714-1756, arrivé à New York en 1752, fonda une des nombreuses familles de comédiens qui, d'origine anglaise, prospérèrent au Nouveau Monde. Son fils **Lewis, 1740-1808,** créa la première tragédie américaine, *Le Prince de Parthe*, en 1767.

WOOD, 1779-1861, est le premier acteur né en Amérique dont la réputation égala ceux qui venaient d'Europe. **ALDRIDGE, 1804-1867,** le premier acteur noir, fit de nombreuses tournées en Europe. Quant à **FORREST, 1806-1872,** ce fut le premier comédien américain de réputation mondiale. Il gagna une fortune en jouant une pièce américaine, *Metamora, ou le dernier des Wampanoags*, qui convenait tout à fait à son style héroïque et pathétique.

Tout au long du XIXe siècle, il y eut un certain nombre de vedettes qui étaient aussi directeurs et administrateurs de troupes; nous ne citons que les plus connues.

Joseph JEFFERSON, 1829-1905, d'une grande famille d'acteurs arrivée en Amérique en 1795, fut un célèbre acteur comique. **Edwin BOOTH, 1833-1893,** fils de Junius Brutus, tragédien qui émigra en 1821, fut connu jusqu'en Europe pour son Hamlet. **John DREW-BARRYMORE, 1853-1927,** d'une des plus illustres familles de comédiens, joua d'abord les jeunes premiers dans les comédies américaines, puis les grands rôles shakespeariens.

Julia DEAN, 1830-1868, fut très populaire pour sa beauté; son grand rôle fut Adrienne Lecouvreur. **Mathilde HERON, 1830-1877,** grande actrice de drames, au style réaliste, traduisit et joua *La Dame aux camélias*.

Minnie Maddern FISKE, 1865-1932, fut la plus grande actrice américaine de son temps. Elle imposa le «naturalisme» venu d'Europe, et révéla Ibsen à l'Amérique.

Sheryl SUTTON. Après avoir étudié la danse et le chant au Conservatoire de Chicago, elle suit des cours de théâtre à l'université d'Iowa, où elle rencontre Robert Wilson. Elle travaille avec lui depuis 1971 : elle était la femme à l'oiseau du *Regard du sourd* et joue dans presque toutes les productions de R. Wilson. Elle fait partie, de 1973 à 1978, de la compagnie Andy de Groat; elle réalisa ensuite ses propres travaux chorégraphiques.

LES ACTEURS ITALIENS, ALLEMANDS ET RUSSES JUSQU'EN 1900

Acteurs italiens

Alors que s'épuisait, en France, la lignée des derniers comédiens «dell'arte», la gloire des **MODENA** éclata en Italie : de **Giacomo, 1766-1841,** le père, interprète de Goldoni, et surtout de **Gustavo, 1803-1861,** le fils, tragédien au jeu sobre et puissant qui joua le théâtre d'Alfieri et de Shakespeare. Il forma les grands acteurs du siècle et parmi eux **Ernesto ROSSI, 1827-1896,** qui interpréta dans son style «héroïque» les premiers rôles shakespeariens, et **Tommaso SALVINI, 1829-1915,** qui jouait déjà Goldoni à quinze ans et dont la carrière fut une suite de triomphes avec Othello, Egiste dans *Mérope*, d'Alfieri, et Orosmane dans *Zaïre*, de Voltaire.

François DELSARTE, 1811-1871, chanteur et professeur. Il propose à Paris, de 1839 à 1859, un «cours d'esthétique appliquée» fondé sur deux grands principes : la loi de la Correspondance et la loi de la Trinité. Sa rythmique, de même que celle d'Emile Jaques-Dalcroze, a eu une influence certaine sur l'esthétique contemporaine.

Adelaide RISTORI, 1821-1906, qui débuta en 1835, fut une rivale de Rachel; elle était plus expansive, plus imprévue, mais aussi plus inégale que la tragédienne française. Son meilleur rôle fut Myrrha, dans la pièce d'Alfieri.

Ermete NOVELLI, 1851-1919, fut un acteur plein de verve et d'une grande mobilité d'expression; ses interprétations les plus appréciées furent celles d'Harpagon et de Shylock. **Ermete ZACCONI, 1857-1948,** qui débuta à sept ans, joua Ibsen, avec la Duse.

Eleonora DUSE, 1858-1924, fut sans doute l'actrice la plus connue dans le monde avant 1900. Fille de comédiens, elle monta sur les planches quand elle était encore enfant. Son jeu était simple et naturel, d'une très grande économie. Elle interpréta les grands rôles des pièces de Dumas fils, d'Ibsen et de D'Annunzio.

Acteurs allemands

A partir du XVIe siècle des troupes ambulantes sillonnèrent l'Allemagne; à leur répertoire, des drames historiques et des pantalonnades. Mais ces compagnies se sont sédentarisées au XVIIIe siècle : la grande figure de cette évolution, et la première actrice allemande de renom, fut **Caroline NEUBER, 1697-1760,** qui interpréta, de manière pompeuse, les classiques français. Quand elle partit en Russie, son œuvre fut poursuivie par **SCHÖNEMANN, 1704-1782,** valet de comédie et directeur de la troupe où la nouvelle vedette était **Sophie SCHRÖDER, 1714-1792,** révélée en 1740.

Konrad EKHOF, 1720-1778, second réformateur de la scène allemande, prôna un jeu naturel. Sans dons particuliers, excepté sa très belle voix, il devint, en travaillant, l'un des plus grands acteurs allemands; également théoricien, il fonda la première école d'art dramatique en 1753. Considérant l'activité théâtrale comme un véritable métier, il contribua à donner aux acteurs la considération sociale.

Friedrich SCHRÖDER, 1744-1816, fils de Sophie Schröder, élevé sur les planches, fut à la scène le héros préromantique : il voulait être «vrai». Il créa le Goetz de Goethe, introduisit Shakespeare en Allemagne, et remporta un succès triomphal dans le rôle d'Hamlet.

FLECK, 1745-1812, fut l'acteur de l'école romantique grâce à son étrangeté et à son magnétisme. **ESSLAIR, 1772-1842,** au jeu passionné, est resté célèbre pour son Guillaume Tell et son Wallenstein. **Ludwig DEVRIENT, 1784-1832,** fut un grand interprète de Shakespeare, une puissante nature, et un grand buveur de champagne.

Madeleine JANAUSCHEK, 1830-1904, et **Agnès SORMA, 1865-1927,** furent des tragédiennes de réputation mondiale; la seconde s'illustra particulièrement dans le rôle de Nora.

Acteurs russes

Les premiers comédiens russes sont issus à la fois des écoles de ballets du théâtre de cour, dont les élèves les moins doués passaient au drame, et des groupements d'amateurs dont les racines prennent dans le théâtre populaire, toujours vivace dans la Russie des «montreurs d'ours».

VOLKOV, 1729-1763, après avoir pris des leçons des acteurs italiens de Saint-Pétersbourg, fonda une compagnie d'amateurs avec ses frères, des ouvriers, un barbier du nom de **CHOUMSKI, mort en 1806,** futur irrésistible interprète des valets de Molière; le succès fut tel que les amateurs devinrent professionnels. Et quand l'impératrice Elisabeth forma une troupe nationale en 1756, elle appela Volkov pour la diriger. Celui-ci, acteur aux dons multiples, instinctif, était un excellent organisateur.

DIMITRIEVSKI, 1733-1821, le plus grand acteur russe du XVIIIe siècle, était un membre fondateur de la troupe de Volkov; c'était un tragédien ou un raisonneur de comédies. **YAKOVLEV, 1773-1817,** jouait la tragédie sans réserves, avec tous les débordements de son tempérament.

Catherine SEMENOVNA, 1786-1849, était d'origine serbe; la sensibilité à fleur de peau de cette grande tragédienne fut préférée par le public russe à l'emphase de Mlle Georges, sa rivale dans *Phèdre* en 1808.

Michel CHTCHEPKINE, 1788-1863, serf racheté à trente-trois ans, est considéré comme le plus grand acteur russe. Il rejeta les attitudes et la déclamation «théâtrales» et chercha à se rapprocher de la nature en s'identifiant profondément à ses personnages et en les montrant comme des hommes ordinaires. Il se fit particulièrement l'interprète de Gogol.

MOTCHALOV, 1800-1848, fut une autre gloire du Maly, le théâtre de la troupe impériale. Né serf lui aussi, c'était un tragédien instinctif, inspiré, comparable à Kean; il était donc parfois inégal. Son Hamlet est resté célèbre. **KARATYGUINE 1802-1853,** était d'un talent tout contraire et l'on opposait sa technique admirable et aristocratique à l'art «plébéien» de Motchalov.

Prov SADOVSKI, 1818-1872, interpréta d'innombrables personnages dans les pièces naturalistes d'Ostrovski.

La ERMOLOVA, 1853-1928, fut une tragédienne d'une parfaite maîtrise. Elle joua surtout Shakespeare et les Espagnols du Siècle d'or. **Vera KOMISARJEVSKAIA, 1864-1910,** fut la première Mouette de Tchekhov, en 1896.

LES ACTEURS FRANÇAIS CONTEMPORAINS

Au XXe siècle, l'époque des monstres sacrés est révolue. Une représentation repose moins sur les morceaux de bravoure d'une personnalité exceptionnelle que sur une dramaturgie, une mise en scène, la cohérence d'une troupe. Il y a moins d'écart sans doute entre un bon acteur et un acteur de tout premier plan, mais il y a davantage de bons acteurs; aussi aurons-nous beaucoup de noms à citer et par souci de clarté nous distinguerons entre la Comédie-Française et le boulevard, qui représentent la tradition, et ceux que nous pouvons appeler les «novateurs», ceux dont les recherches ont porté soit sur de nouveaux textes, soit sur la mise en scène, soit sur un projet global pour le théâtre.

La Comédie-Française

Des nombreux acteurs remarquables engagés au début du siècle, nous ne citerons que quelques-uns. **Cécile SOREL, 1875-1966,** grande coquette, qui débuta en 1901, s'orienta en 1933 vers le music-hall. **André BRUNOT, 1879-1973,** débuta en 1904 dans le rôle de Mascarille; il s'associera aux Barrault en 1946. **Marcelle GENIAT, 1881-1959,** entrée en 1900, créa des rôles dans le répertoire moderne. **Charles GRANVAL, 1882-1943,** débuta en 1904; d'abord jeune premier il joua ensuite les rôles de composition. **Berthe BOVY, 1887-1977,** qui débuta en 1907 dans les travestis et les ingénues, créa en 1930 *La Voix humaine*, de Cocteau. **Béatrix DUSSANE, 1888-1969,** entrée en 1903, joua surtout les soubrettes classiques; elle fut aussi professeur et écrivain. **Henry ROLLAN, 1888-1967,** débuta en 1917; il se fit l'interprète de Montherlant et Claudel. **Maurice ESCANDE, 1892-1973,** jeune premier engagé en 1918, quitta le Français à plusieurs reprises pour y revenir définitivement en 1949, dans les rôles de père noble.

Pierre FRESNAY (Pierre Laudenbach, dit), 1897-1975, engagé en 1915, commença une rapide ascension avec Mario *(Le Jeu de l'amour et du hasard)*, Damis *(Tartuffe)*, et Britannicus. En 1927 cependant il rejoignit Sacha Guitry sur les boulevards, où il créa notamment Marius, de Pagnol, et certains héros d'Anouilh. Il fit aussi une prestigieuse carrière cinématographique dont le sommet fut la création de l'officier Boïeldieu dans *La Grande Illusion*, de Renoir, en 1937.

Fresnay ne fut pas le seul à quitter le Français entre 1925 et 1935, et ces années furent ternes et stériles pour la Maison de Molière.

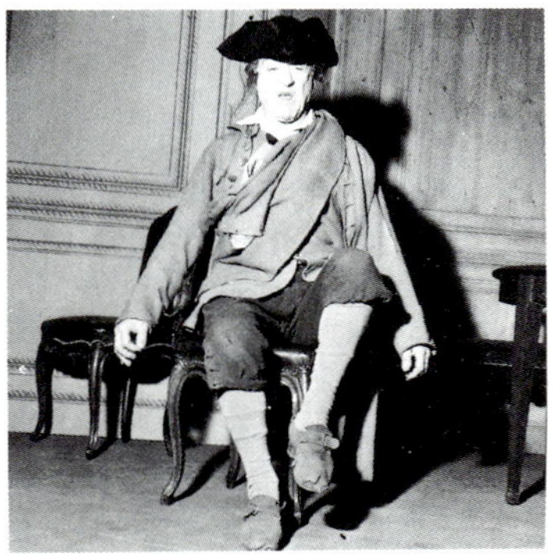

Fresnay dans Le Neveu de Rameau *(phot. © ag. Bernand/Photeb).*

Jean MARCHAT, 1902-1966, fut représentatif de ceux qui cherchèrent un souffle nouveau en dehors de cette institution. Engagé en 1927, il partit en 1931 pour ne revenir qu'en 1950; durant ces vingt années il s'associa avec Marcel Herrand au Rideau de Paris, où il créa *Candida, Orphée, Les Noces de sang*. De même **Marie BELL, 1900-1985,** engagée en 1929, hésita entre le Français et le boulevard. Coquette, dans Célimène, elle fut aussi une tragédienne dans Esther, Phèdre, Bérénice.

Fernand LEDOUX, né en 1897, fut, en revanche, un élément stable. Son autorité et sa science des effets lui ont permis d'être excellent dans les rôles de caractère tels Arnolphe, Tartuffe. Il joua aussi le répertoire moderne, d'Ibsen à Mauriac.

Pierre DUX (Pierre Martin, dit), né en 1908, s'affirmait aussi comme comique moliéresque; il quitta le Français en 1945 pour diriger le Théâtre de Paris. Par la suite, il revint au Français, dont il fut administrateur de 1970 à 1979.

Edwige FEUILLÈRE, née en 1907, débuta avec fracas dans Suzanne du *Mariage*, en 1931, mais elle partit en 1933 pour le boulevard qui lui proposa des rôles légers qui convenaient fort bien à sa grâce et à son élégance. Plus tard elle joua le rôle d'Ysé dans *Le Partage de midi*, de Claudel, mis en scène par Barrault.

Jean MARTINELLI, 1910-1983, jeune premier, quitta le Français en 1950 pour le boulevard. **Lise DELAMARE, née en 1913,** redonna vie au rôle de Célimène en en faisant presque une ingénue; elle fit toute sa carrière au Français. **Gisèle CASADESUS, née en 1914,** joua les ingénues de Molière, Marivaux et Musset.

En 1936 le nouvel administrateur Bourdet tenta de faire entrer un peu d'air frais dans la «Maison», notamment par l'arrivée de nouveaux acteurs dont certains avaient déjà une certaine expérience.

Ainsi **Aimé CLARIOND, 1894-1958,** illustra ce renouvellement avec Othello, comme **Jean DEBUCOURT, 1894-1958,** qui venait de l'Odéon et qui fit plus tard une création remarquée de Laudisi dans *Chacun sa vérité* de Pirandello. **Louis SEIGNER, né en 1903,** comique caricatural, venait aussi de l'Odéon. **Julien BERTHEAU, né en 1910,** élève de Dullin, acteur chez Jouvet, fut Fortunio au Français. **Annie DUCAUX, née en 1908,** engagée en 1946, douée pour la tragédie, réussit particulièrement dans Bérénice. **Robert MANUEL, né en 1916,** interpréta les jeunes premiers. **Renée FAURE, née en 1919,** une «âme de tragédienne», interpréta notamment Mauriac et Montherlant. Depuis 1945, **Jacques CHARON, 1920-1975,** et **Robert HIRSCH, né en 1924,** tinrent les grands rôles comiques.

L'Odéon fut une antichambre du Français, mais certains acteurs y firent une grande partie de leur carrière. Le beau **René ALEXANDRE, 1885-1945,** y fut applaudi dans le rôle de Lorenzaccio. **Renée FALCONETTI, 1893-1946,** y fit ses débuts, avant de tourner *La Passion de Jeanne d'Arc* avec Dreyer. **Georges CHAMARAT, 1901-1982,** y passa quinze ans puis alla jouer les grands rôles comiques au Français. **Samson FAINSILBER, 1904-1983,** y a été grand jeune premier sous la direction de Gémier, de même que **Jacques DUMESNIL, né en 1904,** qui se tourna ensuite vers le boulevard.

Le boulevard

Alors que Réjane, Sarah Bernhardt (1900 est l'année de *L'Aiglon*), Lucien Guitry et Le Bargy règnent encore sur les boulevards, une nouvelle génération se lève avec **Mme SIMONE (1880-1977),** une des premières interprètes de Bernstein, **Gabrielle DORZIAT, 1886-1980,** d'abord grande coquette dans des pièces légères puis interprète de Giraudoux et de Cocteau, et **Yvonne DE BRAY, 1889-1954,** sensuelle et passionnée interprète d'Henry Bataille.

RAIMU (Jules Muraire, dit), 1883-1946, formé par le café-concert, ne se révéla qu'en 1929 par sa création de César, dans le Marius de Pagnol. En 1944, il fut engagé au Français où il joua M. Jourdain puis Argan. **Harry BAUR, 1880-1943,** d'une formation classique, campa le personnage de César dans *Fanny*. **Jules BERRY, 1889-1943,** se fit quant à lui une spécialité dans les rôles d'hommes à femmes.

Gaby MORLAY (Blanche Françoise Fumoleau, dite), 1893-1964, devint, après ses premiers succès datant de 1917, l'interprète attitrée de Bernstein et passa ainsi des rôles gais et piquants à des rôles plus pathétiques.

L'émouvant et timide **Victor BOUCHER, 1897-1942,** et le beau **Charles BOYER, 1897-1979,** tous deux grands séducteurs, furent partenaires notamment dans les pièces de Bernstein.

Sacha GUITRY, 1885-1957, fils de Lucien Guitry, le maître du théâtre de divertissement, jouait brillamment, avec charme et autorité, les pièces qu'il écrivait. Il incarnait un unique personnage, Sacha Guitry, qui devint cependant de plus en plus cynique avec l'âge, notamment dans ses rôles historiques.

Alice COCÉA, 1893-1970, actrice de comédies légères, vint de Roumanie comme **Elvire POPESCO, née en 1896,** qui fit un très grand succès dans *Tovarich*, en 1933.

Pierre BLANCHAR, 1896-1963, le romanesque, se fit applaudir particulièrement dans *l'Idiot*, *Mélo*, *Malatesta*; il fit une bonne carrière au cinéma. **ARLETTY (Léonie Bathiat, dite), née en 1898,** triompha en 1936 dans *Fric-frac*, avec Michel Simon; plus récemment, elle joua dans *L'Otage*, chez Barrault.

Fernand GRAVEY, 1905-1970, Claude DAUPHIN, 1903-1978, se partagèrent longtemps les rôles de jeunes premiers et d'amants.

Pierre BRASSEUR, 1905-1972, se maintint dans les rôles de jeunes gens cyniques longtemps après son succès de 1929 dans *Le Sexe faible*. Avec sa composition de Frédérick Lemaître dans le film *Les Enfants du paradis*, il se révéla un acteur puissant et enflammé, qui donna le meilleur de lui-même dans *Le Bossu* et dans De Ciz *(Le Partage de midi)*, chez Barrault, dans *Le Diable et le Bon Dieu*, de Sartre.

Marcel HERRAND, 1897-1953, le Lacenaire des *Enfants du paradis*, était passé chez Antoine, chez Copeau, chez Pitoëff. Il codirigea le Rideau de Paris avec Jean Marchat.

Jean MARAIS, né en 1913, qui débuta chez Dullin, se fit surtout l'interprète de Cocteau. **Madeleine ROBINSON, née en 1916,** fut notamment *Une grande fille toute simple* dans la pièce de Roussin. **François PÉRIER, né en 1919,** brilla longtemps dans les rôles de jeunes garçons charmants *(Les J3, Le Saint-Bernard)*.

Les novateurs

Antoine, Lugné-Poe, Gémier avaient inauguré une alternative à la carrière traditionnelle du comédien par leur œuvre novatrice, en marge des institutions. Tout au long du XXe siècle certains hommes ont ainsi constitué des pôles d'attraction pour les acteurs, et pour le public, par l'originalité de leurs conceptions et par la valeur de leurs réalisations.

Jacques COPEAU, 1879-1949, fut un comédien, un metteur en scène et un directeur de théâtre. Entouré d'un groupe de jeunes acteurs qu'il avait formés dans une véritable ascèse, il ouvrit en 1913 le Vieux-Colombier dont les spectacles les plus fameux furent *La Nuit des rois* et *Les Fourberies de Scapin*, remarquables pour la pureté des décors et la profondeur du jeu des acteurs. Comédien intelligent et de sang-froid, ses meilleures compositions furent, de l'avis général, Alceste et Scapin. De ses mains sont sortis deux des acteurs les plus importants de la première moitié du siècle, Dullin et Jouvet. **Jean DASTÉ, né en 1904,** ancien des «copiaux», ancien membre de la Compagnie des quinze, sera le fondateur de la Comédie de Saint-Etienne en 1947 et un pionnier de la décentralisation culturelle.

Charles DULLIN, 1889-1949, débuta par de petits emplois dans les mélodrames des théâtres de quartier. Après avoir fait partie de la fondation du Vieux-Colombier, il ouvrit son propre Atelier en 1923. Malgré son aspect physique maladif, sa voix cassée, il était d'une grande résistance et d'une puissance étonnante. Ses plus géniales interprétations furent Smerdiakov dans *Les Frères Karamazov*, Harpagon, Volpone, le Faiseur de Balzac. Grand formateur d'acteurs, il insista particulièrement sur le jeu d'ensemble d'une troupe et sur le travail corporel du comédien. **Gabriel FONTAN, 1880-1951, Jacques DUFHILO, né en 1914, Pierre LATOUR, né en 1907,** et Marcel Herrand, Barrault, Vilar, passèrent tous par son Atelier.

Charles Dullin dans Volpone *de Ben Jonson (phot. © Roger-Viollet/arch. Photeb).*

Louis JOUVET, 1887-1951, abandonna sa profession de pharmacien en 1913 pour travailler avec Copeau. Il vola de ses propres ailes à partir de 1920 : directeur de la Comédie des Champs-Elysées, il triompha en 1923 en interprétant le rôle de Knock. En 1928 il prit le risque de monter la première pièce de Giraudoux, *Siegfried et le Limousin*, qui fut une réussite éclatante. Il s'installa au théâtre de l'Athénée en 1934, où il se lança dans de nouvelles interprétations des chefs-d'œuvre de Molière : il fut successivement un Arnolphe «pathétique» (1936), un Dom Juan «métaphysique» (1948), un Tartuffe «mélancolique et sincère» (1950). **Michel SIMON, 1895-1975,** acteur de composition unique qui fera de *Fric-frac* le grand succès de 1936, **Marguerite MORENO, 1871-1947,** inoubliable interprète du rôle de la Folle de Chaillot, **Michel ETCHEVERRY, né en 1919,** jeune premier, futur comédien-français, firent partie de la troupe de Jouvet.

Marguerite JAMOIS, 1901-1964, fut la femme et la meilleure interprète de Gaston Baty, le quatrième metteur en scène du Cartel. Très aimée du public, son plus grand succès fut *Maya*, de Gantillon. Elle dirigea le théâtre Montparnasse à partir de 1943.

Georges PITOËFF, 1884-1939, et sa femme, **Ludmilla, 1896-1951,** venus de Russie, se sont établis à Paris avec leur troupe en 1922. Ils jouèrent surtout le répertoire moderne, avec une grande passion et une grande simplicité de moyens. Lui, d'une présence fascinante, était à l'aise dans les rôles de possédés ; elle, petite et douce, avec une diction parfaite, s'imposait dans tous ses personnages, de sainte Jeanne, de Shaw qui fut son grand succès en 1925 à la Marthe de *L'Echange*, de Claudel.

Ludmilla et Georges Pitoëff (phot. © Lipnitzki/Roger-Viollet/arch. Photeb.)

Raymond ROULEAU, 1904-1981, élève de Dullin et des Pitoëff, collaborateur d'Artaud, interpréta les pièces dont il était aussi metteur en scène et décorateur *(Altitude 3 000)*. Il fit connaître **TANIA BALACHOVA, 1902-1973,** professeur d'art dramatique.

Jean-Louis BARRAULT, né en 1910, ancien élève de Dullin, débuta chez lui dans des petits rôles en 1931. Il travailla aussi le mime avec Etienne Decroux et c'est convaincu de l'importance du travail corporel pour l'acteur qu'il montera plusieurs spectacles, dont *Autour d'une mère* fut le premier (1935). En 1940 il épousa Madeleine Renaud et Copeau le fit entrer au Français, mais il en partit en 1946 pour fonder la première Compagnie Renaud-Barrault. Il y monta et interpréta notamment *Le Procès*, d'après Kafka, *Le Partage de midi*, de Claudel. De 1959 à 1968, il dirigea l'Odéon, où il donna *Tête d'or*, de Claudel, *Rhinocéros*, de Ionesco, etc. On ne peut oublier non plus son Baptiste, dans le film *Les Enfants du paradis*.

Madeleine RENAUD, née en 1903, entra au Français en 1923 ; douce et réfléchie, dotée d'une diction parfaite, elle fut Jacqueline, dans *Le Chandelier*, de Musset, avec Julien Bertheau ; mais secrètement puissante, elle fut aussi la Reine morte, de Montherlant, ou Elisabeth, de Bruckner.

Jean VILAR, 1916-1971, fonda la Compagnie des sept en 1943. En 1947, il organisait le premier festival d'Avignon, et, en 1951, il prit la direction du Théâtre national populaire. Acteur austère et tendu, il joua dans beaucoup de ses mises en scène ; ses interprétations les plus fameuses furent celles de l'Henry IV, de Pirandello, et de Dom Juan, qu'il fit raisonner, froid et sarcastique.

Gérard PHILIPE, 1922-1959, d'abord connu au cinéma, fut le plus célèbre acteur du T.N.P. : il redonna vie à Rodrigue et au Prince de Hombourg par sa jeunesse enflammée ; son Lorenzaccio et son Ruy Blas font figure de référence. De nombreux acteurs remarquables ont travaillé avec Vilar. Parmi eux : **Alain CUNY, né en 1908,** qui fut aussi chez Barrault ; **Germaine MONTERO, née en 1909,** Mère Courage dans la pièce de Brecht ; **Georges WILSON, né en 1921,** ensuite directeur du T.N.P. ; **Silvia MONFORT, née en 1925,** future directrice de théâtre (le Carré Thorigny), et **Jeanne MOREAU, née en 1925,** qui fut la Jeune Fille du *Prince de Hombourg*.

Daniel SORANO, 1920-1962, révéla son grand tempérament comique dans Sganarelle, face à Vilar-Dom Juan, et dans Argan ; mais son plus grand rôle fut peut-être Shylock. Quant à **Maria CASARÈS, née en 1922,** elle s'est affirmée comme une des plus grandes tragédiennes (rôle de Phèdre, de Lady Macbeth).

Certains acteurs ont eu des carrières plus complexes, ou plus indépendantes, et il est difficile de les rattacher à un «maître». Ainsi **Roger BLIN, 1907-1984, Jacques MAUCLAIR, né en 1919** et **André REYBAZ, né en 1922,** acteurs et metteurs en scène, représentèrent l'avant-garde de l'après-guerre et furent les premiers à jouer Ionesco, Beckett, Audiberti, Adamov.

Yves ROBERT, né en 1920, Rosy VARTE, née en 1927, et **Jacques FABBRI, né en 1925,** firent beaucoup de cabaret, notamment à La Rose rouge.

Laurent TERZIEFF, né en 1935. Il débuta chez Jean-Marie Serreau, en 1953, où il remplaça Maurice Garrel qui tenait le rôle principal dans *Tous contre tous* d'Adamov. Il fut Cébès dans *Tête d'or*, de Claudel, mis en scène par J.-L. Barrault à l'Odéon en 1959. Acteur et metteur en scène, il contribua à faire connaître le répertoire contemporain : Yourcenar, Arden, Schisgal, Albee, Saunders mais surtout Mrozek (*Tango*, 1967 ; *Les Emigrés*, 1974 ; *Le Pic du bossu*, 1979). Il a fondé une compagnie dont le siège est au Lucernaire.

Gérard DESARTHE, de la génération de Patrice Chéreau, il débute à la Comédie de Bourges en 1962 et travaille, dès 1964, avec les plus grands metteurs en scène du moment : Roger Planchon (*La Remise*, 1964 ; *Dom Juan, Athalie*, 1980), Luca Ronconi (*XX*, 1971), Jean-Pierre Vincent (*Capitaine Schelle et Capitaine Eçço*, 1971), Patrice Chéreau (*Lear*, d'E. Bond, 1975 ; *La Dispute*, de Marivaux, 1976, *Peer Gynt*, d'Ibsen, 1981), André Engel (*Baal*, de Brecht, 1976 ; *Le Misanthrope*, 1985), Manfred Karge et Matthias Langhoff (*Le Prince de Hombourg*, 1984), G. Strehler (*L'Illusion*, 1984). Professeur au Conservatoire national supérieur d'art dramatique depuis 1986, il signe sa première mise en scène en 1988 avec *Le Cid*, à Bobigny.

LES GRANDS ACTEURS CONTEMPORAINS ÉTRANGERS

L'Angleterre

Bien que leur répertoire s'étende à tous les auteurs modernes, c'est presque toujours avec Shakespeare que les acteurs anglais font leurs preuves.

Robert LORAINE, 1876-1935, dont les meilleurs rôles shakespeariens furent Petruchio et Mercutio, eut un grand succès dans *Cyrano de Bergerac*, en 1918. **Constance COLLIER, 1878-1955,** qui travailla avec Tree, fut notamment Cléopâtre et Juliette. Quant à **Lynn FONTANNE, 1887-1983,** et **Alfred LUNT, 1892-1977,** ils s'illustrèrent surtout dans les comédies modernes.

Edith EVANS, 1888-1976, fut lumineuse dans les rôles de Rosalinde en 1936, de Cléopâtre en 1946, de Volumnia *(Coriolan)* en 1954. **Charles LAUGHTON, 1899-1962,** fut un Henry VIII très convaincant avant de se tourner vers le cinéma où il fut aussi réalisateur.

Sir John GIELGUD, né en 1904, est depuis un demi-siècle le plus grand acteur shakespearien avec Olivier. Il construit son jeu et ses personnages en s'appuyant sur la poésie inhérente au texte de Shakespeare.

Dame Peggy ASHCROFT, née en 1907, d'abord ingénue tragique, Juliette et Portia (quand Roméo et Shylock étaient interprétés par Gielgud), elle passa ensuite aux emplois de matrone.

Sir Michael REDGRAVE, 1908-1985, joue les premiers rôles de Shakespeare ; il a l'art de « conduire une émotion ». **Alec GUINNESS, né en 1914,** acteur de composition plein d'humour, enthousiasma au théâtre dans le rôle du Fou du *Roi Lear*. **Peter USTINOV, né en 1921,** est un acteur, et un auteur *(Romanov et Juliette)*, humoristique. **Richard BURTON, 1925-1984,** s'illustra au théâtre dans ses interprétations de Hamlet en 1953 et 1964.

Sir Lawrence OLIVIER, né en 1907, est plutôt un acteur énergique et puissant, qui se dépense beaucoup. Il est connu mondialement pour avoir dirigé et interprété les versions cinématographiques de *Hamlet*, *Richard III* et *Henry V*. Sa femme, **Vivian LEIGH, 1913-1967,** célèbre au cinéma, a joué notamment dans *Hamlet* (Ophélie), à Elseneur, et dans *Un Tramway nommé Désir* en 1949.

Lawrence Olivier et Vivian Leigh dans Titus Andronicus *de Shakespeare (phot. © Roger Pic).*

Les États-Unis

LACKAYE, 1862-1932, d'une génération en plein épanouissement au début du XXe siècle, fut un célèbre Jean Valjean. **Julia MARLOWE, 1862-1950,** créa à cinquante ans une étonnante Lady Macbeth. **William FAVERSHAM, 1866-1940,** né à Londres, connut un grand succès en Amérique, grâce à son Othello. **Maude ADAMS, 1872-1953,** très populaire, incarna les jeunes filles des pièces de Shakespeare. **Arnold DALY, 1875-1927,** révéla Shaw en Amérique.

John BARRYMORE, 1882-1942, issu d'une grande famille d'acteurs, beau et brillant, fut très en vogue aux États-Unis. D'abord cantonné dans la comédie légère, il triompha avec Hamlet, à New York en 1922, et même à Londres en 1925. Il se tourna ensuite vers le cinéma.

Alla NAZIMOVA, 1879-1945, née en Russie, fit sa carrière à New York comme interprète d'Ibsen, de Tchekhov et d'O'Neill. **Paul ROBESON, 1898-1976,** dont le grand succès lyrique fut *Show Boat*, fit ses débuts dans *Emperor Jones*, de O'Neill. **Judith ANDERSON** triompha dans le rôle de Macbeth en 1936, puis dans celui de Médée.

Frederich MARCH, 1897-1975, et sa femme, **Florence,** que le metteur en scène Elia Kazan dirigea notamment dans *La Peau de nos dents* de Wilder, furent suivis d'une pléiade d'acteurs issus de l'Actor's Studio dirigé par Lee Strasberg. Parmi eux : **Eli WALLACH, né en 1915, Kim STANLEY, née en 1921, Jason ROBARTS, né en 1922, Marlon BRANDO, né en 1924.** Ils jouèrent le théâtre d'après guerre, d'auteurs tels que Tennessee Williams et Arthur Miller.

David WARRILOW, né en 1934. Membre fondateur du Mabov Mines, il joue de 1970 à 1979 dans les différentes productions de cette compagnie. En 1979, Beckett écrit pour lui *A piece of monologue*, dont la première mondiale a lieu à la Mama de New York.

La Russie

A partir de 1900 différentes écoles, différents maîtres ont radicalement transformé le théâtre russe; aussi, plus que les acteurs isolés, les points de repère sont les troupes.

Dans la troupe de **STANISLAVSKI, 1863-1938,** acteur et créateur du Théâtre d'Art, **KOKSVINE, 1874-1946,** fut très représentatif de la recherche naturaliste de ce théâtre : il se désincarnait au profit des personnages, aussi humbles soient-ils, tel l'Epikhodov de *La Cerisaie*. **KATCHALOV, 1875-1948,** et **KHMELIOV, 1887-1946,** furent des interprètes parfaits de la richesse tout intérieure des personnages de Tchekhov, au même titre qu'**Olga KNIPPER-ČECHOVA, 1870-1959,** femme de celui-ci.

Vsevolod MEYERHOLD, 1874-1940, ancien élève de Stanislavski qui s'éleva contre son «psychologisme», s'engagea vers un théâtre «théâtral». Il fut acteur et metteur en scène au théâtre de Vera Komisarievskaia, puis au théâtre Alexandriski où **JOUREV, 1872-?,** brilla notamment dans son Dom Juan (1911). **BABANOVA, née en 1900,** révélée par Meyerhold, fut une célèbre Juliette au Théâtre de la Révolution.

ILYINSKI, né en 1901, grand comique, fut Prisipkine dans *La Punaise*, de Maïakovski. Quant à **OKHLOPKOV, 1900-1967,** acteur autodidacte, il devint un grand novateur des années trente en cherchant à rendre le spectateur actif et à disperser l'action, sur l'exemple des théâtres populaires.

TSERELI et **Alice KOONEN,** femme du metteur en scène Taïrov, furent les grands interprètes de celui-ci, notamment dans *La Tragédie optimiste* en 1933.

L'Allemagne

Sous la direction de Max Reinhardt, de grands talents se sont révélés : **Gertrud EYSOLDT, 1870-1955,** qui interpréta les rôles réalistes des œuvres de Wedekind; **Alexandre MOISSI, 1880-1935,** qui fut Oreste en 1919, au Zircus de Reinhardt; **Helen THIMIG, née en 1899,** sa femme.

Dans les années vingt, **Fritz KORTNER, 1892-1970,** au jeu passionné, fut un des principaux acteurs expressionnistes.

Max PALLENBERG, 1877-1934, élève de Reinhardt comme **Emil JANNINGS, 1886-1934,** grand comique, fut aussi Chveik dans *Le Brave Soldat Chveik*, de Hašek, dans la mise en scène mémorable de Piscator, en 1928.

Helene WEIGEL, 1900-1971, femme de Bertolt Brecht et fondatrice avec lui du Berliner Ensemble, fut surtout Mère Courage, en 1949. Parmi les acteurs les plus importants du Berliner : **Ernst BUSCH, né en 1900, Angelica HARWICZ** et **Ekkehard SCHALL.**

L'Italie, la Pologne, la Tchécoslovaquie, la Grèce

Au début du siècle, **Ermete ZACCONI, 1867-1948,** qui fut le partenaire de la Duse dans les pièces d'Ibsen, s'imposa par ses dons multiples avec **Giovanni GRASSO, 1875-1930,** spécialiste de Pirandello.

Ruggero RUGGIERI, 1871-1953, fut très important dans la compagnie de Pirandello, et comme acteur shakespearien. **Emma GRAMMATICA, 1875-1965,** fut comparée à la Duse pour sa simplicité et sa musicalité.

Maria MELATO, 1885-1950, Gino CERVI, 1901-1974, Marta ABBA, née en 1900, furent les personnalités centrales de diverses troupes itinérantes qui jouèrent les auteurs italiens dans tout le pays, avant la Seconde Guerre mondiale. Après la guerre, les noms de **Orazio COSTA, né en 1911, BOLCHI** et **Vittorio GASSMAN, né en 1922,** illustrèrent les Piccoli Teatri mis en place dans certaines villes.

En Pologne, deux acteurs et directeurs de théâtre d'avant-garde ont été importants au cours du siècle : **Julius OSTERWA, 1885-1947,** comédien influencé par Stanislavski qui s'illustra dans le répertoire polonais et qui fonda en 1919 le Théâtre de la redoute, et **Stephan JARACZ, 1883-1945,** directeur de l'Athénée. **Ludwig SOLSKI, 1885-1954,** fut un des plus éminents comédiens et metteurs en scène polonais.

Jiri VOSKOVEC, 1905-1981, et **Jan WERICH, 1905-1980,** « clowns » tchèques du Théâtre libéré, furent très populaires pour leurs satires politiques et sociales d'inspiration dadaïste. En Slovaquie, **Jan BORODAC, né en 1892,** créa la première troupe professionnelle; **Jan JANNICKY, né en 1908,** est un acteur et un metteur en scène de renom.

En Grèce, il faut citer **Marika KOTOPOULI, morte en 1955,** qui fut Clytemnestre de l'antique *Electre*, et dont la relève fut assurée, dans la tragédie, par **Katina PAXINOU, née en 1904,** et **Alexis MINOTIS, né en 1900.**

Metteurs en scène et décorateurs

André ACQUART, né en 1922, décorateur français. Il a travaillé avec Jean Vilar (*La Résistible Ascension d'Arturo Ui*, de Brecht, 1960), Roger Blin (*Les Nègres*, de Genet, 1959), Roger Planchon (*Troïlus et Cressida*, de Shakespeare, 1964), etc.

Philippe ADRIEN, né en 1939, auteur dramatique et metteur en scène français. Auteur d'une demi-douzaine de pièces : *En passant par la Lorraine* (1965), *La Baye* (1967), *La Révélation* (1969), *Albert Ier* (1970), *Les Bottes de l'ogre* (1974), *Le Défi de Molière* (1979), il travaille sur le traitement scénique des rêves. Parmi ses mises en scène les plus intéressantes : *Le pupille veut être tuteur*, de P. Handke (1975), *La Poule d'eau*, de Witkiewicz (1980), *Rêves*, d'après Kafka, dans l'adaptation d'Enzo Cormann (1984), *Drames de la vie courante* (1988).

René ALLIO, né en 1921, décorateur et cinéaste français. Il a travaillé avec Roger Planchon (*Tartuffe*, 1962) et en Grande-Bretagne, à Stratford-upon-Avon et au National Theatre. Il a dessiné les plans de reconstruction de plusieurs théâtres : Aubervilliers, Théâtre de la Ville à Paris.

André ANTOINE, 1858-1943, metteur en scène et comédien français. Il est l'homme d'une réaction historique contre la dégénérescence du théâtre de divertissement officiel. De 1887 à 1894, il dirige le Théâtre-Libre, qu'il a fondé, lieu d'essai qu'il veut affranchi des servitudes de l'argent et des auteurs à succès. Il y présentera plus de cent pièces d'auteurs inédits (Renard, Courteline, Ibsen, etc.). De 1897 à 1906, la vocation du Théâtre-Antoine sera d'atteindre le grand public. De 1906 à 1914, Antoine dirige l'Odéon, qu'il doit quitter accablé de dettes. Partisan d'un théâtre social où l'homme reste attaché à l'Histoire, Antoine cherche à accroître sur scène l'impression de la vie. A la fin de sa vie il adaptera pour le cinéma les œuvres de Zola et de Daudet, tout en exerçant le métier de critique dramatique.

Adolphe APPIA, 1862-1928, metteur en scène et décorateur suisse. Il travaille longtemps à des projets de mise en scène de la *Tétralogie*, de Wagner; en 1895, il écrit *La Mise en scène du drame wagnérien* et, en 1899, *Die Musik und die Inszenierung*. Essentiellement théoricien, il collabore avec Craig à la mise en scène de *Romersholm*, d'Ibsen, sa principale réalisation que jouera la Duse à Florence en 1906. «Art total», le théâtre pour Appia est une manière de culte reposant sur le jeu de l'acteur, le rythme et l'éclairage. *L'Œuvre d'art vivant*, publié en 1921, constitue son principal ouvrage.

Eugenio BARBA, né en 1936, metteur en scène italien. Ancien élève de Grotowski, il fonde l'Odin Teatret à Oslo en 1964 avec un groupe de jeunes gens refusés par l'Ecole théâtrale d'Etat. En 1966, le groupe s'installe à Holstebro, petite ville du Jutland. Spectacles de rue et créations collectives : *Kaspariana* (1967), *Come! And the Day will ours* (1976).

Jean-Louis BARRAULT, né en 1910, metteur en scène, mime et acteur français, élève de Dullin et du mime Etienne Decroux. Il est appelé par Copeau à la Comédie-Française en 1940 (*Le Soulier de satin*, de Claudel). En 1946, il fonde, avec sa femme la comédienne Madeleine Renaud, sa propre compagnie qui porte leurs noms rendus célèbres par le cinéma. Il s'installe jusqu'en 1956 au théâtre Marigny où il met en scène *Hamlet*, de Shakespeare, *Les Fausses Confidences*, de Marivaux, *Le Procès*, d'après Kafka. De 1959 à 1968, il dirige l'Odéon-Théâtre de France, où il monte notamment *Tête d'or* de Claudel (1959), *Le Piéton de l'air*, de Ionesco (1963), et où il accueille *Les Paravents*, de Genet, mis en scène par Roger Blin, spectacle qui provoquera un scandale. Suit une période de longues tournées, sans théâtre fixe (il monte *Rabelais*, à l'Elysée-Montmartre, en 1970). En 1974, il prend la direction du théâtre d'Orsay (*Zarathoustra*, d'après Nietzsche, 1975) qu'il doit quitter en 1980 pour le Théâtre du Rond-Point.

André BARSACQ, 1909-1973, metteur en scène, décorateur et directeur de théâtre français, né en Crimée. Rapatrié en France à la mort de son père, il entre à l'Ecole des arts décoratifs à Paris où il rencontre Charles Dullin (décors de *Volpone*, de Ben Jonson, en 1928), dont il maintiendra la tradition en dirigeant le théâtre de l'Atelier à partir de 1940 et jusqu'à sa mort.

Gaston BATY, 1885-1952, metteur en scène et décorateur français, a fait ses études en Allemagne. De retour à Paris, il fonde une compagnie, la Chimère, en 1922, et met en scène Brecht (*L'Opéra de quat'sous*, 1930) et Racine (*Phèdre*, 1939). Pour la Comédie-Française il monte, entre autres, *Un chapeau de paille d'Italie*, de Labiche (1937), et *Bérénice*, de Racine (1946). Il a écrit *Le Masque et l'encensoir* (1929) et la *Vie de l'art théâtral des origines à nos jours* (1932). Il consacra les dernières années de sa vie au théâtre de marionnettes.

Carmelo BENE, né en 1937, acteur et metteur en scène italien. Après s'être consacré au cinéma de 1968 à 1973, il revient à la scène. Outrance et fantaisie le caractérisent.

Christian BERARD, 1902-1949, peintre et décorateur français. Il travailla en étroite collaboration avec Jean Cocteau (*La Machine infernale*, 1934), et avec Louis Jouvet : *La Folle de Chaillot*, de Giraudoux, 1945; *Dom Juan*, de Molière, 1948; *Les Bonnes*, de Genet, 1947; et surtout, en 1935, *L'Ecole des femmes*, de Molière.

Ingmar BERGMAN, né en 1918, metteur en scène suédois. Il tourne son premier film en 1945, inaugurant une double carrière cinématographique et théâtrale. De 1938 à 1973 il a monté plus de cent trente pièces de Shakespeare, de Strindberg, de Tchekhov. De 1963 à 1966, il dirigea le Théâtre royal dramatique de Stockholm.

BERLINER ENSEMBLE. Installée d'abord au Deutsches Theater, à Berlin-Est, puis au Theater am Schiffbauerdamm (le même où fut créé en 1928 *L'Opéra de quat'sous*), la troupe du Berliner Ensemble, réunie en 1949 et puissamment subventionnée par le gouvernement d'Allemagne de l'Est, groupe autour de Bertolt Brecht et de sa femme, Helene Weigel, une équipe de conseillers artistiques, de décorateurs (Karl von Appen, Caspar Neher, Kunt Palm), de metteurs en scène (Benno Besson, Erich Engel, Peter Palitzsch), de musiciens (Hans Eisler et Paul Dessau, successeurs de Kurt Weill), d'acteurs et de techniciens qu'anime une même ambition : développer l'esprit critique plutôt que provoquer l'émotion du spectateur, par l'emploi des techniques de distanciation. Parmi les réalisations : *Mère Courage* (1949), *Les Fusils de la mère Carrar* (1952), *Le Cercle de craie caucasien*, de Brecht.

Benno BESSON, né en 1922, à Yverdon, metteur en scène suisse. En 1943, il fait la connaissance de Brecht et entre au Berliner Ensemble en 1949 comme acteur et comme assistant à la mise en scène. En 1970, il s'attache à la Volksbühne, à Berlin-Est, qui demeure son lieu de travail privilégié jusqu'en 1977. Depuis 1971, il collabore avec le décorateur italien **Ezio TOFFOLUTTI (né en 1944** à Venise; formation d'architecte). Après avoir travaillé comme metteur en scène libre en Belgique, en France, en Suède, en Autriche, il prend, en 1982, la direction de la Comédie de Genève.

Roger BLIN, 1917-1984, metteur en scène et comédien français formé à l'école d'Artaud et du Cartel. Il est le premier à avoir mis en scène et interprété les œuvres de Samuel Beckett : *En attendant Godot* (1953), *Fin de partie* (1957), *La Dernière Bande* (1959). Il monta également des pièces de Genet, *Les Nègres* (1959) et *Les Paravents* (1966), et de Slavomir Mrozek.

Luc BONDY, né en 1948, metteur en scène. Arrivé en France en 1960, il se forme à l'école Jacques Lecoq. A partir de 1970, il travaille en Allemagne et propose Shakespeare ou Marivaux, Büchner ou Musset, en intercalant Edward Bond (*La Mer* et *Les Noces du pape*, 1974; *Eté*, 1983), O. von Horvath (*La Foi, l'Espérance et la Charité*, 1974), Botho Strauss (*Kalldewey-Farce*, 1982), Arthur Schnitzler (*Terre étrangère*, 1984). En 1988, il a monté *Le Conte d'hiver*, de Shakespeare, au théâtre des Amandiers, à Nanterre. Toujours très élaborées, les mises en scène de L. Bondy sont appréciées d'un public exigeant.

Gildas BOURDET, né en 1947, metteur en scène, décorateur, auteur dramatique, directeur de théâtre français. Il entre en 1967 dans la compagnie d'amateurs havraise Le Tableau gris, où il joue occasionnellement comme acteur et réalise la plupart des décors et des costumes. En 1969, il est membre fondateur du Théâtre de la Salamandre, qui devient compagnie professionnelle en 1972. Après le succès de *La Vie de Jean-Baptiste Poquelin dit Molière*, créé en 1973, la compagnie devient Centre dramatique national du Nord et s'installe à Tourcoing en 1975. En janvier 1982, la Salamandre est promue Théâtre national de la région Nord-Pas-de-Calais. Après avoir donné un *Britannicus* original, G. Bourdet propose des pièces de sa composition : *Le Saperleau* en 1983 et *Station-Service* en 1985, *L'Inconvenant* en 1988, réflexions sur le langage et sur la modernité.

Anton Giulio BRAGAGLIA, 1890-1960, metteur en scène et décorateur italien. Il dirige le Teatro degli Independanti à Rome de 1922 à 1931, faisant jouer des amateurs dans une cave (*Ubu roi*, de Jarry, 1926), puis le Teatro delle Arti de 1937 à 1943. Il fut intéressé par les expériences des futuristes.

Otto BRAHM, 1856-1912, metteur en scène et critique littéraire allemand. Prenant comme modèle le Théâtre-Libre d'Antoine, il fonde en 1889 la Freie Bühne, qu'il met au service des écrivains naturalistes et réalistes (Ibsen, Hauptmann). Il dirige le Deutsches Theater de Berlin de 1894 à 1905, puis le Lessing Theater.

BREAD AND PUPPET. Fondé en 1961 par Peter Schumann, sculpteur allemand qui, de 1958 à 1960, a dirigé le groupe de la Nouvelle Danse à Munich, le Bread and Puppet regroupe une centaine de personnes réparties en plusieurs équipes se produisant dans différents lieux, en Europe et aux Etats-Unis. Ce mouvement se caractérise par un refus du professionnalisme et l'utilisation de toutes les formes de théâtre (acteurs, marionnettes, danse, peinture et masques). Chaque spectacle se déroule comme un rituel ouvert par une distribution de pain aux spectateurs. Le répertoire comprend des spectacles d'actualité (*Fire*, sur la guerre du Vietnam) ou des spectacles-paraboles (*Le Grand Guerrier ou l'histoire du roi*).

Bertolt BRECHT, 1898-1956, dramaturge allemand. Issu d'une famille d'industriels, contraint à l'exil en 1933, il retourne à Berlin-Est en 1949 et fonde le Berliner Ensemble. Venu de l'expressionnisme (il a collaboré avec Piscator à la mise en scène de *Chveik*, de Hasek), marxiste, Brecht a mis en scène ses propres pièces épiques ou didactiques faisant du spectateur un observateur vigilant et attentif, en utilisant la musique, les changements de décors à vue, les pancartes et projections, le jeu s'adressant directement au public de manière systématique. Voir p. 239 et l'Index.

Peter BROOK, né en 1925, metteur en scène anglais de renommée internationale. Il débuta très jeune et connut la célébrité dès 1946, en dirigeant Alec Guinness dans *Les Frères Karamazov*, d'après Dostoïevski, à Londres. En 1947, il présente *Roméo et Juliette* à Stratford-upon-Avon, en 1955 *Hamlet* avec Paul Scofield. Codirecteur avec Peter Hall et Michel Saint-Denis du Royal Shakespeare Theatre en 1962, il monte *Le Roi Lear* (avec Scofield). En 1970, il crée le Centre international de recherches théâtrales, où il regroupe une vingtaine d'acteurs de diverses nationalités pour jouer en France *Timon d'Athènes*, de Shakespeare, et *Les Iks*, recherche collective qu'il met en scène (1975). Il est l'auteur d'un livre : *Empty Space* (L'Espace vide) et a réalisé plusieurs films (*Sa Majesté des mouches*, 1961-1962).

Emil Frantisek BURIAN, 1904-1959, metteur en scène, acteur et compositeur tchèque, fonda en 1933 le théâtre D 34 à Prague.

CARTEL. Association fondée en 1927 par Gaston Baty, Louis Jouvet, Georges Pitoëff et Charles Dullin. S'inscrivant dans la tentative de rénovation du théâtre inaugurée par Copeau, le Cartel s'opposa au style académique de la Comédie-Française et au théâtre commercial, et s'efforça de promouvoir une esthétique au service du texte.

Patrice CHÉREAU, né en 1944, metteur en scène français venu au théâtre alors qu'il était élève au lycée Louis-le-Grand, à Paris. En 1964 il monte son premier spectacle, *L'Intervention*, de Hugo. Directeur en 1966 du théâtre de Sartrouville (qu'il quittera endetté), il y monte *Les Soldats*, de Lenz. En 1971 il travaille au Piccolo Teatro de Milan avant de revenir en France pour être nommé, en 1973, codirecteur du Théâtre national populaire, à Villeurbanne, où il mettra en scène *Le Massacre à Paris*, de Marlowe, *La Dispute*, de Marivaux, *Toller*, de Dorst, *Lear*, de Bond. Il a réalisé deux films et effectué des mises en scène d'opéra à Bayreuth et à Paris (la *Tétralogie*, de Wagner, *Lulu*, d'Alban Berg). Sa démarche unissant politique et esthétique suscite les passions.

Liviu CIULEI, né en 1923, metteur en scène roumain. Après une carrière de comédien, tant à la scène qu'au cinéma, il est nommé, en 1963, directeur du Bulandra Theater.

Jacques COPEAU, 1879-1949, metteur en scène, acteur et directeur de théâtre français, homme de lettres venu au théâtre tardivement. En 1913, il ouvre le théâtre du Vieux-Colombier. En 1917, il part à New York (Garrick Theatre) avec les membres de sa compagnie. En 1920, il rouvre le Vieux-Colombier, théâtre réservé à une élite cultivée et qui fermera en 1924. Pédagogue exigeant, il cherche à restaurer l'esprit de compagnie et passera les années suivantes avec les «copiaux», en Bourgogne, à Pernand-Vergelesses, où il travaille la farce et la commedia dell'arte. De 1936 à 1941, il dirige la Comédie-Française. Il a mis en scène avec sobriété («Les plus grands effets seront obtenus par les plus petits moyens») *Sganarelle*, de Molière (1923), *L'Echange*, de Claudel (1914), *Le Cid*, de Corneille (1940), etc. Il écrivit en 1941 une brochure sur le *Théâtre populaire*.

Copeau dans Les Fourberies de Scapin *(phot. © Coll. Viollet/arch. Photeb).*

Edward Gordon CRAIG, 1872-1966, metteur en scène, acteur et décorateur anglais. Fils d'un architecte et de la célèbre actrice Ellen Terry, monté sur les planches dès son enfance, il ne réalisa que peu de mises en scène. Travaillant également comme décorateur, dirigeant une revue, *The Mask*, et ouvrant à Florence une école d'art dramatique, il met en scène, avec Appia, *Rosmersholm*, d'Ibsen (Florence, 1906), et en 1912, Stanislavski l'invite à monter *Hamlet* au Théâtre d'Art de Moscou. Selon ses théories, qu'il exprime notamment dans *De l'art du théâtre* (1905), le théâtre futur devra se passer d'auteur, le régisseur faisant œuvre d'art, l'acteur devenant une « surmarionnette », « un élément mobile du décor », sans être nié.

Luciano DAMIANI, né en 1923, décorateur italien. Principal collaborateur artistique de Strehler au Piccolo Teatro de 1952 à 1966, il travailla aussi pour le théâtre La Fenice de Venise et pour la Piccola Scala de Milan.

Jean DASTÉ, né en 1904, metteur en scène et comédien français. Il entre à l'école du Vieux-Colombier où il rencontre Copeau, qu'il suivra en Bourgogne. Pionnier de la décentralisation, il est nommé directeur de la Comédie de Saint-Etienne en 1947, poste qu'il quittera en 1970 à la suite d'un différend avec la municipalité. Il a monté environ cent cinquante spectacles (Anouilh, Tchekhov, Claudel, Brecht, Frisch, Gatti) et reçu en 1970 le Grand Prix national du théâtre.

Charles DULLIN, 1885-1949, metteur en scène et acteur français, rejoint Copeau en 1913 (après avoir, entre autres, dit des poèmes au Lapin agile) au Vieux-Colombier. En 1921, il fonde l'Ecole nouvelle du comédien et ouvre, en 1923, le théâtre de l'Atelier. En 1943 il crée *Les Mouches* de Sartre.

Sergeï Mikhaïlovitch EISENSTEIN, 1898-1948, cinéaste russe, fut d'abord décorateur et metteur en scène de théâtre (*Le Mexicain*, adaptation d'après Jack London, 1921). Elève de Meyerhold, il a mis en scène Ostrovski «Le sage aussi peut faire un faux pas»). Il a également travaillé avec Maïakovski, s'intéressant au montage théâtral.

André ENGEL, né en 1946, metteur en scène français. Jusqu'en 1969, il étudie et enseigne la philosophie. A partir de 1972, il travaille essentiellement pour le Théâtre national de Strasbourg : *Baal*, de Brecht (1976), *Kafka Théâtre complet* (1979), *Penthésilée*, d'après Kleist (1981). Bien qu'adoptant un parti pris esthétique, il lui arrive de bouleverser le cadre de la scénographie du théâtre à l'italienne en dépaysant le spectateur dans le temps comme dans l'espace : *Prométhée porte-feu*, texte de Bernard Pautrat, Festival mondial du théâtre de Nancy (1980). En 1985, il met en scène *Le Misanthrope* à la maison de la culture de Bobigny.

Rainer Werner FASSBINDER, né en 1946, metteur en scène et cinéaste allemand. En 1968, il obtient un premier succès de scandale pour son adaptation d'*Iphigénie en Tauride* de Goethe, avec la troupe Anti-Théâtre, qu'il a fondée et qui se propose de transposer les classiques. Depuis 1976, il se consacre surtout au cinéma et à la télévision.

Enzo FERRIERI, né en 1896, metteur en scène italien, directeur du théâtre Il Convegno à Milan à partir de 1924. Il chercha à déprovincialiser le répertoire en faisant appel aux auteurs modernes étrangers (Giraudoux, Renard, Romains, Vitrac).

Dario FO, né en 1926, metteur en scène, auteur, acteur et mime italien, devenu célèbre comme animateur de radio. En 1952, il fonde avec sa femme, Franca Rame, une compagnie qui jouera ses propres pièces, politiques, au Piccolo Teatro de Milan, avant d'entreprendre de longues tournées en Italie. Il a fondé récemment la Nuova Scena, qui s'adresse à un public populaire (*Mort accidentelle d'un anarchiste*, 1974, *L'Enterrement du patron*, 1975).

Richard FOREMAN, né en 1937, metteur en scène américain. En 1968, il fonde l'Ontological Hysteric Theater. Il se démarque des créateurs du théâtre expérimental des années soixante. *Une Semaine sous l'influence de..., Le Livre des splendeurs.*

Ezio FRIGERIO, né en 1930, peintre, décorateur et costumier italien. Il travailla à partir de 1955 au Piccolo Teatro de Milan (dans la compagnie de G. Strehler) comme costumier, et, après 1958, comme décorateur (*Le Serviteur de deux maîtres*, de Goldoni, 1958). Il participa depuis cette date à toutes les productions de Strehler. Il a collaboré souvent avec le décorateur Luciano Damiani.

Georg FUCHS, 1868-1949, metteur en scène allemand dont l'influence se fit sentir jusqu'au triomphe de l'expressionnisme malgré la brièveté de son activité théâtrale. En 1908, il ouvre le Künstler Theater de Munich, après avoir publié en 1904 *Die Schaubühne der Zukunft* (La Scène de l'avenir), où il attaque le naturalisme et prône la «théâtralisation» du théâtre.

Victor GARCIA, 1934-1982, metteur en scène argentin. Il débute à Buenos Aires en 1946, émigre en Europe en 1962 et se fixe à Paris, où il monte Calderon, Jarry et surtout, en 1966 à Dijon, *Le Cimetière des voitures*, d'Arrabal. Après 1967, il cessera de créer en France pour se déplacer en Espagne et au Brésil, où il met en scène Arrabal et Genet, travaillant principalement pour la compagnie Nuria Espert.

Armand GATTI. Voir page 237.

Firmin GEMIER (Firmin Tonnerre, dit), 1869-1933, metteur en scène, auteur et directeur de théâtre français. Il débute en 1888 au théâtre de Belleville. En 1901, il prend la direction du théâtre de la Renaissance et monte, en 1903, *Danton*, de Romain Rolland. Antoine lui lègue l'Odéon en 1906. Il conçoit dans les années 1911-1912 un Théâtre national ambulant, à la manière des cirques, et a déjà l'idée de la nécessité d'une décentralisation. Professeur soucieux de l'entraînement complet de l'acteur, il aura Dullin comme élève. En 1920, il fonde le premier Théâtre national populaire.

Sir John GIELGUD, né en 1904, metteur en scène et acteur anglais, débute à l'Old Vic, en 1921. En 1937-1938 il dirige le Queen's Theatre où il met en scène et interprète *Richard II* et *Le Marchand de Venise*, de Shakespeare. Au Haymarket Theatre, qu'il dirige en 1944-1945, il monte Shakespeare, Webster, Congreve et Maugham.

Hubert GIGNOUX, né en 1915, comédien, metteur en scène et directeur de compagnie français. Il est l'une des grandes figures de la décentralisation. Dès 1933, il collabore avec Olivier Hussenot et Léon Chancerel chez les Comédiens routiers. Après la guerre, il devient instructeur national d'art dramatique à la direction générale de la Jeunesse et des Sports. Il contribue à définir le système de stage encore en vigueur actuellement. C'est sa rencontre avec une troupe d'amateurs de Rennes qui décide de la création du Centre dramatique de l'Ouest qu'il dirige de 1949 à 1956. En 1957, il succède à Michel Saint-Denis à la direction de la Comédie de l'Est (où il restera jusqu'en 1971) et inaugure le nouveau Théâtre de Comédie de Strasbourg.

Jean GILLIBERT, né en 1925, metteur en scène, comédien, psychanalyste français. Pendant une dizaine d'années, il anima le Groupe du Théâtre antique de la Sorbonne. *La Célestine* (1971), *La Penthésilée* (1972).

Léon GISCHIA, né en 1903, peintre français. Collaborateur privilégié de Jean Vilar au Théâtre national populaire. Il signe les décors et les costumes de *Meurtre dans la cathédrale*, de T.S. Eliot (1945), *Richard II*, de Shakespeare (1947), *Le Cid*, de Corneille (1949), *Le Prince de Hombourg*, de Kleist (1951), *Lorenzaccio*, de Musset (1952), spectacles créés au festival d'Avignon ou au palais de Chaillot.

Jerzy GROTOWSKI, né en 1933, metteur en scène et animateur polonais. Fils d'une famille d'artistes et d'universitaires, il est, en 1951, élève à l'Ecole d'art dramatique de Cracovie et entreprend ensuite un voyage en Orient. De retour en Pologne, il fonde en 1965 le Théâtre Laboratoire de Wroclaw. Partisan d'un «théâtre pauvre», il concentre sa recherche sur le travail de l'acteur et dirige de nombreux stages d'art dramatique de renom international. Il a mis en scène *Les Chaises*, de Ionesco (1957), *La Tragique Histoire du docteur Faustus*, de Marlowe, et *Akropolis*, d'après Wyspianski, dont il transpose l'histoire dans un camp d'Auschwitz (1962), *Le Prince constant*, d'après Calderon (1965) demeure son spectacle majeur. Depuis 1968, date à laquelle fut publié son livre théorique, *Vers un théâtre pauvre*, il se refuse au spectacle préférant «l'œuvre processus» à «l'œuvre produit».

Klaus Michael GRÜBER, né en 1941, metteur en scène allemand. Pendant cinq ans il est le collaborateur de Strehler à Milan. Il est actuellement l'un des principaux metteurs en scène de la Schaubühne de Berlin-Ouest, dirigée par Peter Stein.

Sir Tyrone GUTHRIE, 1900-1971, metteur en scène anglais, fut en 1933 le plus jeune directeur de l'Old Vic de Londres. Son *Hamlet* de 1938, avec Alec Guinness, joué en costumes modernes, est resté fameux, comme son *Troïlus et Cressida* (Shakespeare) de 1956. Il fut aussi un important metteur en scène d'opéras.

Peter HALL, né en 1930, metteur en scène anglais, directeur-fondateur de la Royal Shakespeare Company où **Terry HANDS, né en 1941,** le rejoint à partir de 1966. Tant à Londres qu'à Stratford, il propose des pièces modernes aussi bien que le répertoire shakespearien.

Sandor HEVESI, 1873-1939, metteur en scène hongrois. D'abord critique dramatique, chef du mouvement novateur, il crée en 1904 le Cercle Thalia puis dirige de 1922 à 1932 le Théâtre national.

Robert HOSSEIN, né en 1927, metteur en scène et acteur français, fils d'un compositeur iranien et d'une mère actrice russe (il revendique son tempérament slave). Il débute très jeune au théâtre (*Haute surveillance*, de Genet, 1949) avant d'entreprendre à vingt-cinq ans une carrière cinématographique qui lui confère la notoriété. En 1971, il fonde le Théâtre Populaire de Reims (qu'il quitte en 1979) et met en scène *Crime et châtiment*, dramatisation du roman de Dostoïevski, inaugurant ainsi une série de superproductions à Reims ou à Paris qui connaissent un grand succès (*Le Cuirassé Potemkine*, 1977, *Notre-Dame de Paris*, d'après Hugo, 1978, *Danton et Robespierre*, 1979, *Les Misérables*, 1980).

Leopold JESSNER, 1878-1945, metteur en scène allemand, dirigea le Théâtre d'Etat de Berlin de 1919 à 1925.

Louis JOUVET, 1887-1951, metteur en scène, acteur et décorateur français. En dépit de son bégaiement, il débute en 1913 chez Copeau, qu'il suit aux États-Unis (1917-1919), avant de former sa propre compagnie en 1922. Il collabore étroitement avec Jean Giraudoux (*Siegfried et le Limousin*, 1928). En 1934, il prend la direction du théâtre de l'Athénée où il s'illustre par ses mises en scène et ses interprétations de Molière (1935, *L'Ecole des femmes*; 1948, *Dom Juan*, etc.). Professeur au Conservatoire, il est l'auteur d'ouvrages théoriques (*Réflexions du comédien*, 1951), et a tourné dans de nombreux films.

Tadeusz KANTOR, né en 1915, metteur en scène polonais, peintre et décorateur de théâtre, il a fondé en 1943 le Théâtre clandestin expérimental qui deviendra, en 1955, le Théâtre Cricot 2. Il a créé plusieurs pièces de Witkiewicz : *La Pieuvre* (1956), *Le Fou et la Nonne* (1963), *La Poule d'eau* (1967), *Les Mignons et les Guenons* (1972). *La Classe morte* (1977) est l'une des mises en scène majeures de notre temps. Avec *Wielopole, Wielopole* (le nom de son village natal), le Cricot 2 inaugure une collaboration avec le Théâtre Régional Toscan de Florence.

Elia KAZAN (Elia Kazanjoglous, dit), né en 1909, metteur en scène et acteur, né en Turquie de parents grecs. Cinéaste et écrivain, membre du Group Theatre fondé en 1931, il a notamment mis en scène à Broadway *Un tramway nommé Désir* (1947), *La Chatte sur un toit brûlant* (1955), de Tennessee Williams, et plusieurs pièces d'Arthur Miller. En 1947, il fonda avec Lee Strasberg l'Actors Studio, où il travailla jusqu'en 1962.

Otomar KREJCA, né en 1921 en Bohême du Sud, metteur en scène tchèque. En 1956, il est nommé directeur artistique du Théâtre national de Prague, où **Karel KRAUS** est directeur littéraire. En 1965, il quitte ce théâtre pour fonder le Za Branou (Derrière la porte). Il dut s'exiler en Belgique où il continue ses activités.

LA MAMA, collectif créé en 1961 à New York par **Ellen STEWART.** Deux noms devenus prestigieux, sont attachés au groupe **Andréi SERBAN,** d'origine roumaine, y présente sa première mise en scène en 1970. En octobre 1974, la représentation des *Troyennes* est considérée comme un événement «Off-Broadway». **Meredith MONK** a fondé, en 1965, une compagnie de peintres, d'acteurs, de musiciens : The House.

Matthias LANGHOFF, metteur en scène allemand. Il débute au Berliner Ensemble au milieu des années soixante; c'est alors que commence sa longue collaboration avec l'acteur **Manfred Karge.** Leur premier travail, *Le Commerce du pain*, de Brecht, a un grand retentissement en Allemagne. Benno Besson les accueille à la Volksbühne de Berlin-Est où ils travaillent sur des classiques (*Les Brigands*, de Schiller, *Le Citoyen-général*, de Goethe, *Le Canard sauvage*, d'Ibsen) et avec des auteurs contemporains (Heiner Müller avec *La Bataille*, 1976); à la Schauspielhaus de Bochum, ils créent *Marie Woyzeck*, de Büchner, *Verkomenes Ufer* de H. Müller. En 1985, M. Langhoff crée au T.N.S. *Les Serpents de pluie*, de Per Olov Enquist; *Stichtag*, de Thomas Hürlimann, a été joué à Zurich et *Pravda*, de Thomas Brach, à Hambourg. En France, en 1987, ce fut l'étonnant *Roi Lear*.

Jacques LASSALLE, né en 1936, metteur en scène français. En 1967, il fonde le Studio-Théâtre de Vitry. *Travail à domicile* de Kroetz (1977), *Risibles Amours* de Kundera, *Théâtre de chambre* de Vinaver (1978).

Georges LAVAUDANT, né en 1947. C'est en 1976 qu'il devient avec Gabriel Monnet codirecteur du Centre dramatique national des Alpes et qu'il donne une mise en scène considérée comme un exemple réussi de « théâtre total » : *Palazzo Mentale*, de Pierre Bourgeade. Dès ses débuts, il a le goût des collages de textes : *Les Cannibales* (1979). En 1981, il est directeur de la maison de la culture de Grenoble et met en scène *Les Géants de la montagne*, de Pirandello. Nommé codirecteur du T.N.P., à Villeurbanne, aux côtés de Roger Planchon, en juillet 1986, il reprend *Palazzo Mentale*.

Jorge LAVELLI, né en 1931, metteur en scène argentin. Il dirige le théâtre d'essai de Buenos Aires avant d'émigrer en France en 1960. Il met en scène à Paris *Le Mariage*, de Gombrowicz (1963), et des pièces d'Arrabal (*L'Architecte et l'empereur d'Assyrie*), d'Obaldia (*Le Cosmonaute agricole*), de Claudel (*L'Echange*), de Sénèque (*Médée*), de Goethe (*Le Triomphe de la sensibilité*). Il crée en 1969 *Le Concile d'amour*, de Panizza. Son goût baroque et outrancier est servi par ses décorateurs, Raffaëlli et Max Bignens, et s'exprime pleinement dans ses mises en scène d'opéras (*Idoménée*, de Mozart, et *Faust*, de Gounod, 1975). Il est nommé, en 1987, directeur du théâtre de La Colline (*La Veillée*, de Lars Noren, 1989).

Iouri LIOUBIMOV, né en 1917, metteur en scène russe, directeur du Théâtre de drame et de comédie de Moscou, de la Taganka. Incomparable manipulateur de lumière : *Dix jours qui ébranlèrent le monde* de John Reed, *Ecoutez Maïakovski*.

LIVING THEATRE. Fondé à New York en 1951 par Judith Malina et Julian Beck, il se caractérise d'abord par une période réaliste pendant laquelle il représente des pièces de Jarry, de Strindberg, de Pirandello, de Brecht, avant de monter les pièces des dramaturges du groupe : *The Connection*, de Jack Gelber (1959), et *The Brig* (La Taule), de Kenneth Brown (1963). Cette dernière pièce antimilitariste assure la transition avec une période artaudienne et mystique, qui culminera avec *Paradise Now* dont les représentations seront interdites au festival d'Avignon de 1968. Communauté véritable où sont abrogées les barrières entre la vie privée et la vie artistique, marqué par son départ des Etats-Unis en 1964 et par de successives dislocations, le Living Theatre recherche une forme de spectacle où communient spectateurs et comédiens, et pratique le happening comme forme de création spontanée, dénonciatrice des oppressions sociales.

LUGNÉ-POE (Aurélien-Marie Lugné, dit) 1869-1940, metteur en scène, acteur et directeur de théâtre français. Formé au conservatoire, il débute au Théâtre-Libre d'Antoine, puis passe au Théâtre d'Art, dirigé par Paul Fort. Il fonde et dirige de 1893 à 1929 le Théâtre de l'Œuvre où il sera le premier à mettre en scène Maeterlinck (*Pelléas et Mélisande*, 1893) et à ouvrir le théâtre français au nouveau répertoire étranger : Strindberg (*Le Père*, 1894), Gorki (*Les Bas-Fonds*, avec la Duse, 1905), Schnitzler, Kaiser, etc. En 1912, il révèle Claudel avec *L'Annonce faite à Marie*. Il est l'auteur de nombreux livres sur le théâtre, parmi lesquels : *Sous les étoiles* (1933), *Dernière pirouette* (publié en 1946).

Marcel MARECHAL, né en 1937, metteur en scène et acteur français. En 1958, à Lyon, Maréchal fonde une troupe d'amateurs, le Cothurne, qui sera la première en France à jouer une pièce d'Arrabal : *Oraison*. Son tempérament baroque l'amène à collaborer avec les dramaturges Jean Vauthier (*Capitaine Bada*, 1965) et Jacques Audiberti (*Cavalier seul*, 1963); il met en scène et interprète aussi *Cripure*, de Louis Guilloux (1967), et *La Moschetta*, de Ruzzante. Directeur du théâtre du VIIIe à Lyon en 1968, son répertoire ira de Shakespeare à Brecht, Kateb Yacine et Ganzl. Depuis 1975, il est directeur du Théâtre National de Marseille.

Daniel MESGUICH, né en 1952, acteur, metteur en scène français. Après des études aux conservatoires de Marseille et de Paris, il crée, en 1974, sa compagnie, le Théâtre du miroir. De 1986 à 1988, il dirige le théâtre Gérard-Philipe de Saint-Denis. Depuis 1983, il est professeur de classe individuelle au Conservatoire national supérieur d'art dramatique. Comme metteur en scène, ce qui l'intéresse : prendre des pièces classiques (*Britannicus*, *Andromaque*, de Racine, 1975; *Hamlet*, de Shakespeare, 1977; *Le Roi Lear*, 1981; *Roméo et Juliette*, 1985) en inventant une autre façon de les jouer, donc de les lire, par la pratique de la distorsion du texte.

Vsevolod Emilievitch MEYERHOLD, 1874-1942, metteur en scène et acteur russe. Fils d'une grande famille, il débute en 1898 au Théâtre d'Art de Moscou, part en tournée en province, se fixe en 1905 à Moscou où il travaille brièvement avec Stanislavski. Pédagogue novateur et théoricien, il s'oppose très tôt au naturalisme et prône un théâtre de convention, fondé sur des exigences rythmiques, qui trouvera son aboutissement dans le constructivisme. Dans sa théorie de la «biomécanique», il condamne l'acteur du «revivre», cher à Stanislavski, au profit du virtuose, à l'art allusif et musical nourri de commedia dell'arte et de théâtre oriental. Parallèlement à la création de spectacles destinés aux scènes impériales (*Dom Juan*, de Molière, 1910) il travaille dans des petits théâtres-studios sous le pseudonyme de Dappertutto (1913-1917). Après la révolution d'Octobre, il participe au mouvement du théâtre d'agitprop, comme membre du commissariat populaire à l'Education. En 1923, il ouvre son propre théâtre, le Meyerhold, à Moscou. Devenu un temps un personnage central de la vie théâtrale soviétique, il tombe en défaveur en 1938, et disparaît mystérieusement. Ses créations importantes incluent : *Mystère bouffe*, de Maïakovski (1919), *Le Révizor*, de Gogol (1926), *La Punaise* (1929) et *Les Bains* (1930), de Maïakovski.

Alexis MINOTIS, né en 1900, metteur en scène et acteur grec. Il a mis en scène un grand nombre de pièces à l'ancien théâtre d'Epidaure et a dirigé le Théâtre national grec avec sa femme, l'actrice Katina Paxinou.

Ariane MNOUCHKINE, née en 1939, metteur en scène et animatrice française. Fille d'un producteur de cinéma, elle travaille d'abord au groupe de Théâtre antique de la Sorbonne (1958-1959). En 1964, le Théâtre du Soleil, dont elle sera le metteur en scène attitré, est fondé et monte *Les Petits Bourgeois*, de Gorki, ainsi qu'une adaptation du *Capitaine Fracasse*. Ariane Mnouchkine met en scène *La Cuisine*, d'A. Wesker (1967), et *Le Songe d'une nuit d'été*, de Shakespeare (1968) au cirque d'Hiver de Paris. Installé en 1970 à la Cartoucherie désaffectée de Vincennes, le Théâtre du Soleil y présente *1789*, «création collective» sur la Révolution française, qui lui assure la notoriété. En 1972, ce sera *1793*, en 1975, *L'Age d'or* et en 1979 *Méphisto*, d'après K. Mann. En 1976, Ariane Mnouchkine écrit et réalise un film : *Molière*. Puis Ariane met en scène la trilogie shakespearienne : *Richard II*, *La Nuit des rois*, *Henry IV* (1re partie 1981-1984) et, sur des textes d'Hélène Cixous, *L'Histoire terrible mais inachevée de Norodom Sihanouk roi du Cambodge* (1985), *L'Indiade ou l'Inde de leurs rêves* (1987).

Sir Laurence Keer OLIVIER, né en 1907, metteur en scène et acteur anglais, il joue pour la première fois à Stratford-upon-Avon en 1922. Après la guerre il revient comme codirecteur de l'Old Vic Theatre de Londres. En 1963, le gouvernement britannique crée le Théâtre national pour lui en confier la direction.

OPEN THEATRE. Fondé en 1964 par Joseph Chaikin et Peter Feldman, compagnie de théâtre «off-off-Broadway». Comme Peter Feldman, Joseph Chaikin (né en 1935), ancien étudiant à l'Actors Studio, a travaillé au Living Theatre avant de réunir autour de lui des auteurs, metteurs en scène, acteurs et musiciens, et de créer *Le Serpent* (1968), improvisations collectives inspirées de thèmes bibliques.

Richard PEDUZZI, né en 1942, peintre français, est le décorateur de Patrice Chéreau, au théâtre comme au cinéma, depuis le début de la carrière de celui-ci.

Memè PERLINI, né en 1947, metteur en scène italien. Son premier spectacle est *Pirandello qui?* Depuis 1974, il dirige une compagnie, La Maschera di Roma. En collaboration avec le peintre **Antonello AGLIOTI,** il crée *Otello* en 1974.

Lucian PINTILIÉ, né en 1933, metteur en scène roumain. Depuis 1974, il est régulièrement invité par **Jean MERCURE,** au Théâtre de la Ville : *La Mouette* (1974), *Jacques ou la soumission* (1976), *Les Trois Sœurs* (1978). Il collabore alors avec le décorateur **Radu BORUZESCU.** En Roumanie, Pintilié se consacre surtout au cinéma.

Erwin PISCATOR, 1893-1966, metteur en scène allemand, disciple de Max Reinhardt. Il a influencé Brecht avec qui il met en scène *Le Brave Soldat Chveik*, adapté du roman de Hasek, en 1927; à cette même date il ouvre la Piscator Bühne au Theater am Nollendorfplatz de Berlin avec la création de *Hop là! nous vivons*, de Toller. En 1933, fuyant le nazisme, il se réfugie en Union soviétique, puis en France, et enfin aux Etats-Unis où il continue à travailler (*Les Mouches*, de Sartre), notamment comme directeur du Dramatic Workshop of the New school of Social Research. A partir de 1951 il revient épisodiquement en Allemagne afin d'y diriger des pièces telles que *Les Brigands*, de Schiller (1957), *Le Balcon*, de Genet (1962).

Georges PITOËFF, 1884-1939, metteur en scène et acteur d'origine russe. Il débute comme amateur à Pétrograd; avec sa femme, l'actrice Ludmilla Pitoëff, il s'installe à Paris en 1919. Il travaille avec Copeau avant de créer sa propre compagnie en 1924. Il met alors en scène Claudel (*L'Echange*), Anouilh et Cocteau, et il introduit en France le théâtre de Tchekhov. On considère généralement que ses plus belles réussites, en tant que metteur en scène et en tant qu'interprète, furent *Henri IV*, de Pirandello (1925), et *Hamlet*, de Shakespeare (1922-1929). Il fut un des fondateurs du Cartel des quatre en 1927.

Roger PLANCHON, né en 1931, metteur en scène, acteur et auteur français. Il a fait ses études chez les lazaristes, à Lyon, et sera employé de banque dans cette même ville. Il y fonde en 1952 le Théâtre de la Comédie au répertoire duquel s'inscrivent Shakespeare, Kleist, Marlowe et Brecht (dont il subit fortement l'influence). En 1957, il dirige le Théâtre de la Cité à Villeurbanne auquel sera conféré en 1972 le statut et le nom de Théâtre national populaire, codirigé par Planchon, Chéreau et Gilbert. Il s'est imposé comme metteur en scène avec *Henry IV*, de Shakespeare (1957) et *Richard III*, avec *Les Trois Mousquetaires*, d'après Dumas (1958, qui lui donna une renommée internationale), *Tartuffe* de Molière (1962-1963) et ses propres pièces : *La Mise en pièces du Cid* (1969), *La Remise* (1961), *Le Cochon noir* (1974), *Gilles de Rais* (1977).

Roger Planchon (phot. © ag. Bernand/arch. Photeb).

Photos POLITIS, 1890-1934, metteur en scène et écrivain grec, directeur du premier Théâtre national grec, fondé en 1930.

Michel RAFFAËLLI, né en 1929, scénographe et metteur en scène français. Depuis 1974, il travaille dans le cadre du Théâtre Chronique. *La Bécane* (1975), *Chronique d'une solitude* (1976), *Un jour comme un autre* (1979).

Claude RÉGY, né en 1923, metteur en scène français. Après *Cet animal étrange* d'après Tchekhov (1964), il met en scène Pinter (*La Collection*), Stoppart, Saunders, Wesker, Bond (*Sauvés*, 1971), M. Duras (*L'Amante anglaise*, 1968), Handke (*La Chevauchée sur le lac de Constance*, 1974).

Max REINHARDT (Max Goldmann, dit), 1873-1943, metteur en scène et acteur autrichien. Il commença sa carrière à Vienne puis se rendit à Berlin, où, cessant de jouer à partir de 1903, il mit en scène *Le Songe d'une nuit d'été*, de Shakespeare (1905) et prit la direction du Deutsches Theater et d'un théâtre de chambre, le Kammerspiele. En 1919, il créa avec Hoffmansthal et Richard Strauss le festival de Salzbourg, où il présentera par la suite *Faust*, de Goethe. Il quitta l'Allemagne nazie en 1933 pour travailler aux États-Unis où il mourra au cours de la Seconde Guerre mondiale. Il a réalisé notamment *Œdipe roi*, de Sophocle (1910), *La Mort de Danton*, de Büchner, *Danton*, de Romain Rolland (1919), *Macbeth*, de Shakespeare (Hollywood, 1934), et *Helen*, d'après *La Belle Hélène*, d'Offenbach.

Guy RÉTORÉ, né en 1924, metteur en scène et directeur de théâtre français. Il fonde à Paris en 1954 la Compagnie de la Guilde qui deviendra en 1962 le Théâtre de l'Est parisien, implanté dans le XXe arrondissement. En 1972, le T.E.P., ensemble culturel vivant et varié, devient Théâtre national, touchant un très large public.

Luca RONCONI, né en 1913, metteur en scène italien, fut d'abord acteur dans la compagnie de Vittorio Gassman. Il dirigea *Mesure pour mesure* (1967), *Richard III* (1968), de Shakespeare, et *Il Candelaio* (1968), de Giordano Bruno, avec le Teatro Stabile de Turin. En 1969, il produisit son adaptation originale d'*Orlando Furioso*, de l'Arioste, avec le Teatro Libero de Rome.

Michel SAINT-DENIS, 1897-1971, administrateur de théâtre et metteur en scène français. De 1919 à 1929, il est, à divers titres, le collaborateur de Jacques Copeau. En 1929, il fonde et dirige la Compagnie des Quinze, reprend le Vieux-Colombier, puis crée, en 1934, à Londres, le London Theatre Studio. En 1946, il fonde l'Old Vic Theatre Centre. C'est en 1953 qu'il prend la direction, à Strasbourg, du Centre dramatique de l'Est, tout en créant l'Ecole nationale supérieure d'art dramatique, ou Théâtre national de Strasbourg (T.N.S.). En 1957, Hubert Gignoux lui succède. Nommé inspecteur général des spectacles au ministère des Affaires culturelles, il est chargé du « plan » d'où sortiront les établissements qui dessinent la carte du théâtre français à partir des années soixante. Appelé au Canada, il crée l'Ecole nationale du théâtre de Montréal. Aux Etats-Unis, il est conseiller au Lincoln Center de New York et consultant à la Julliard School. De retour en Grande-Bretagne, il devient un des directeurs de la Royal Shakespeare Company avec Peter Brook et Peter Hall.

Jérôme SAVARY, né en 1942, à Buenos Aires, metteur en scène français et argentin. Il crée Le Grand Magic Circus en 1968 et réalise : *Zartan, frère mal-aimé de Tarzan* (1970), *De Moïse à Mao* (1973), *Les Mélodies du malheur* (1979). Il travaille dans différents théâtres d'Allemagne, avant de se « fixer » à Montpellier, puis au Théâtre du VIIIe à Lyon et au Théâtre national de Chaillot (1988). Il a su remplir les salles avec *Cabaret*, *La Femme du boulanger* ou *D'Artagnan*. Mêlant la comédie musicale au théâtre, il atteint tous les publics.

Léon SCHILLER, 1887-1957, metteur en scène polonais. Il rencontra Craig à Paris et subit son influence avant de débuter en 1917 à Cracovie, au théâtre Polski, qu'il dirigea avant de s'installer au théâtre Boguslawski (1924). Il consacra sa vie à donner une forme aux tendances floues du théâtre polonais, visant un théâtre «total» inspiré de Wyspianski. Il a mis en scène *L'Opéra de quat'sous*, de Brecht (qui fit un scandale politique, provoquant la fermeture du théâtre Boguslawski et «l'exil» de Schiller à Lvov jusqu'en 1932), *Les Aïeux*, de Mickiewicz, *La Tempête*, de Shakespeare (1947) et des drames liturgiques polonais. Sa production la plus fameuse est *La Comédie non divine*, de Krasinski (1926).

Jacques SCHMIDT, né en 1933, costumier français. De 1953 à 1964, il réalise les décors et les costumes du groupe théâtral du lycée Louis-le-Grand, où il rencontre Chéreau, avant de devenir son costumier attitré.

Jean-Marie SERREAU, 1915-1973, metteur en scène et animateur français, s'est employé à présenter, entre 1946 et 1953, dans un petit théâtre de la rive gauche à Paris, des auteurs d'avant-garde comme Audiberti, Ghelderode, Ionesco, Vauthier et surtout Adamov.

Bernard SOBEL, né en 1936. Sa première mise en scène date de 1964, dans le cadre du Théâtre de Gennevilliers devenu Centre dramatique en 1982 et dont il est le directeur. Germaniste, il a fourni la traduction et l'adaptation de certaines de ses mises en scène : *Philoctète*, d'Heiner Müller (1970), *La Cruche cassée*, de Kleist (1984), *Nathan le Sage*, de Lessing (1987). En outre, depuis 1971, il réalise des films pour la télévision, dont plusieurs enregistrements de spectacles : *Méphisto*, dans la mise en scène d'A. Mnouchkine (1980), *Peer Gynt*, mis en scène par P. Chéreau (1981). C'est sous son impulsion que paraît, depuis 1974, l'une des meilleures revues de théâtre : *Théâtre/Public.*

Eloigné des partis pris souvent fantaisistes des années quatre-vingt, il travaille dans la rigueur, au plus près du texte.

STANISLAVSKI (Konstantine Sergheïevitch Alexeïev, dit), 1863-1938, metteur en scène et acteur russe, fils d'un industriel. Il manifeste dès l'enfance un goût prononcé pour le théâtre et entre à l'Ecole dramatique de Moscou. Il devient célèbre dès 1890 par son travail réaliste sur des œuvres de Tolstoï et de Dostoïevski. En 1898, il fonde avec Vladimir Némirovitch-Dantchenko le Théâtre d'Art de Moscou qui devient un foyer du naturalisme et le symbole de la rigueur dans la recherche théâtrale. Il rencontre Anton Tchekhov dont il met en scène et interprète les œuvres (*La Mouette*, 1898; *Oncle Vania*, 1899; *Les Trois Sœurs*, 1901; *La Cerisaie*, 1904). Théoricien et pédagogue, il a laissé plusieurs livres (*Ma vie dans l'art*, 1924, etc.) où, s'inspirant de sa propre expérience, il analyse le comportement psychologique de l'acteur et cherche les moyens propres à donner au jeu théâtral l'authenticité de la vie.

Peter STEIN, né en 1937, metteur en scène et directeur de troupe. Après des études de littérature et d'histoire de l'art, il fait sa première mise en scène à Munich, en 1967 : *Sauvés*, d'E. Bond. Le répertoire contemporain l'attire : P. Handke, E. Bond, P. Weiss, F.X. Kroetz, avec une prédilection pour Botho Strauss (*La Trilogie du revoir*, *Grand et Petit*, 1978 ; *Le Parc*, 1984) et, comme d'autres metteurs en scène contemporains, avant et après lui, l'opéra (*L'Or du Rhin*, de Wagner, à l'Opéra de Paris, 1976 ; *Otello*, de Verdi, à l'Opéra de Cardiff, 1986). C'est avec Klaus Michaël Grüber qu'il dirige, de 1968 à 1986, la Schaubühne de Berlin. Souvent spectaculaires, ses mises en scène jouent sur la force des images autant que sur la qualité de l'interprétation.

Giorgio STREHLER, né en 1921, metteur en scène italien, fonde avec Paolo Grassi le Piccolo Teatro de Milan en 1947, organisation exemplaire pour le sérieux et la continuité. Il a mis en scène *Arlequin serviteur de deux maîtres*, de Goldoni (1947), *L'Opéra de quat'sous*, de Brecht (1956), *Le Roi Lear*, de Shakespeare, *La Cerisaie*, de Tchekhov, *Il Campiello*, de Goldoni, ainsi que des opéras, avec un grand sens plastique.

Josef SVOBODA, né en 1920, scénographe tchèque. A partir de 1950, il travaille comme chef décorateur au Théâtre national de Prague, pour des drames, des opéras et des ballets. Il a créé plus de quatre cents décors de théâtre dans le monde entier, recherchant une synthèse nouvelle de l'art et de la technologie.

Alexandre TAÏROV (Alexandre Iakovlevitch Kornblit, dit), 1885-1950, metteur en scène russe. Il fonde en 1914 le Kamerny Theatre (Théâtre de chambre). Taïrov choisit ses décorateurs parmi les peintres d'avant-garde (Alexandre Exter) et met en scène, en s'efforçant de rendre la primauté à l'acteur, Shakespeare, Racine (*Phèdre*), Claudel (*L'Annonce faite à Marie*, 1918), O'Neill (*Le Désir sous les ormes*, 1926), etc. En 1934, sa mise en scène de *La Tragédie optimiste*, de Vichnievski, fut critiquée et Taïrov contraint de travailler sous contrôle.

TSE, groupe venu d'Argentine en **1968,** formé par **Alfredo Rodriguez ARIAS.** Il présente un hommage au music-hall au Palace : *Luxe* (1973), *24 Heures* (1975), *L'Etoile du nord* (1979) et (1977) *Peines de cœur d'une chatte anglaise.*

Evgueni Bagrationovitch VAKHTANGOV, 1883-1922, metteur en scène et acteur russe. Disciple de Stanislavski, il devint directeur du Théâtre d'Art de Moscou en 1914. Sa carrière, consacrée à la recherche d'un style de jeu théâtral et émouvant, fut brève. Il mit en scène *Le Dibbouk*, d'An-ski, *Erik XIV*, de Strindberg, et mourut lors des représentations de son spectacle le plus caractéristique, inspiré par la commedia dell'arte, *La Princesse Turandot*, de Gozzi.

Jean VILAR, 1912-1971, metteur en scène et acteur français. Il suit les cours de Dullin pendant trois ans et débute comme acteur. En 1943, il fonde la Compagnie des Sept (*Dom Juan*, de Molière, *La Danse de mort*, de Strindberg) et, en 1947, le festival d'Avignon dont le succès incite les pouvoirs publics à lui confier, à Paris, la direction du Théâtre national populaire, charge qu'il assumera de 1951 à 1963. Le T.N.P., grâce à la qualité de ses spectacles et à un efficace système d'abonnements, peut rassembler un grand nombre de spectateurs. Avec une rigueur hiératique, Vilar met en scène *Le Cid*, de Corneille (1949) et *Le Prince de Hombourg*, de Kleist (1951), avec Gérard Philipe dans les rôles principaux.

Jean-Pierre VINCENT, né en 1942, metteur en scène français. Fondateur avec **Jean JOURDHEUIL** du théâtre de l'Espérance (1971-1974). Directeur du Théâtre national de Strasbourg (1975-1983). Administrateur général de la Comédie-Française (1983-1986). Professeur au Conservatoire national supérieur depuis 1986.

Luchino VISCONTI (comte Luchino Visconti di Modrone), 1906-1976, metteur en scène et cinéaste italien, a participé activement au mouvement des Piccoli Teatri d'après guerre et au néo-réalisme italien. Il a mis en scène de nombreuses pièces classiques (*La Locandiera*, de Goldoni) ou modernes (*La Mort d'un commis voyageur*, d'Arthur Miller, 1951), ainsi que des opéras à Milan (*La Traviata*, de Verdi, 1955, avec Maria Callas) ou à Londres (*Don Carlos*, de Verdi, 1958).

Antoine VITEZ, né en 1930, metteur en scène et acteur français. Elève de Tania Balachova. Metteur en scène à partir de 1966 (*Electre*, de Sophocle), il est nommé en 1968 professeur au Conservatoire national d'art dramatique, où il est l'instigateur d'un renouvellement controversé de la pédagogie. En 1972, il est directeur du Théâtre des Quartiers d'Ivry; il met en scène *Phèdre*, de Racine (1971), *Faust*, de Goethe (1972), *Catherine*, d'après *Les Cloches de Bâle*, d'Aragon (dont il fut secrétaire), *Le Partage de midi*, de Claudel, à la Comédie-Française (1975), *Iphigénie hôtel*, de Michel Vinaver (1976), ainsi qu'une tétralogie Molière : *L'Ecole des femmes*, *Tartuffe*, *Dom Juan*, *Le Misanthrope* (1978). Directeur du Théâtre national de Chaillot en 1981, il est nommé administrateur de la Comédie-Française en 1988.

Andrzej WAJDA, né en 1926, metteur en scène et cinéaste polonais. A l'étranger, le cinéaste a occulté le metteur en scène du Théâtre Stary de Cracovie. Il a mis en scène *Les Noces* de Wyspianski (1963), *Les Possédés* d'après Dostoïevski (1971) et en France, en 1979, *Ils ont déjà occupé la ville voisine* de Witkiewicz.

Robert (Bob) WILSON, né en 1944, metteur en scène américain. Muet jusqu'à l'âge de dix-sept ans, peintre, il se voue à la rééducation des handicapés et son théâtre est issu de cette expérience. Devenu célèbre en 1971 au festival de Nancy avec *Le Regard du sourd*, un spectacle entièrement muet, d'une durée de sept heures, il a mis en scène notamment *Lettre à la reine Victoria*, *La Vie et l'Epoque de Joseph Staline* et, au festival de Chiraz (Iran, 1972), *Ka mountain and Guardenia Terrace*, spectacle qui se prolongeait sans interruption huit jours et huit nuits.

Peter ZADEK, né en 1926, metteur en scène allemand. Ses parents ayant émigré en Grande-Bretagne en 1933, c'est à Oxford qu'il fait ses études et à Londres qu'il propose, en 1946, sa première mise en scène : *Salomé*, d'Oscar Wilde. En 1958, il présente sa première mise en scène en Allemagne : *Capitaine Bada*, de Jean Vauthier. Il poursuit sa carrière à Hanovre, à Ulm (où il commence sa collaboration avec le décorateur **Wilfried MINKS**), Bochum, Hambourg. Il peut être considéré comme le metteur en scène européen le plus hardi.

Index

Les nombres en romain renvoient aux pages. En **gras,** ils désignent un passage où le sujet est plus particulièrement développé. En *italique,* ils se rapportent à une illustration. Suivis de la lettre «e», ils précisent que le terme figure dans un encadré à la page en question. Ces index concernent la totalité de l'ouvrage, sauf le *Répertoire des gens de théâtre,* qui est déja, par lui-même, un instrument de recherche.

Index des noms

Index des titres

Index

Index des troupes et des lieux théâtraux

Orientation bibliographique

OUVRAGES GÉNÉRAUX

D'Amico (Silvio) et collaborateurs, *Enciclopedia dello spettacolo*, 11 volumes, Sansoni, Florence-Rome, 1954-1968.

Dubech (Lucien) et collaborateurs, *Histoire générale illustrée du théâtre* (5 vol.), Librairie de France, Paris, 1931-1934.

Dumur (Guy) et collaborateurs, *Histoire des spectacles*, « Encyclopédie de la Pléiade », Gallimard, Paris, 1965.

Pandolfi (Vito), *Histoire du théâtre* (5 vol.), « Marabout Université », Gérard et Cie, Verviers, 1968.

DU CÔTÉ DE L'HISTOIRE

Bieber (Margarete), *The History of the greek and roman theater*, Princeton University Press, Princeton, 1961.

Grimal (Pierre), *Le Théâtre antique*, « Que sais-je ? », Presses universitaires de France, Paris, 1978.

Konigson (Elie), *L'Espace théâtral médiéval*, Editions du C.N.R.S., Paris, 1976.

Konigson (Elie), *La Représentation d'un mystère de la Passion à Valenciennes en 1547*, Editions du C.N.R.S., Paris, 1969.

Duchartre (Pierre-Louis), *La Commedia dell'arte*, Editions d'Art et d'Industrie, Paris, 1955.

Attinger (Georges), *L'Esprit de la commedia dell'arte dans le théâtre français*, La Baconnière, Paris-Neuchâtel, 1950.

Collectif, *Dramaturgie et société aux xvie et xviie siècles.*

Descotes (Maurice), *Le Drame romantique et ses grands créateurs*, Presses universitaires de France, Paris, 1955.

Bablet (Denis), *Le Décor de théâtre de 1870 à 1914*, Editions du C.N.R.S., Paris, 1976.

Collectif, *L'Expressionnisme dans le théâtre européen*, Editions du C.N.R.S., Paris, 1971.

Collectif, *Le Lieu théâtral dans la société moderne*, Editions du C.N.R.S., Paris, 1966.

Dort (Bernard), *Théâtre public*, Le Seuil, Paris, 1967.

Bablet (Denis) et collaborateurs, *Les Voies de la création théâtrale*, 6 volumes, Editions du C.N.R.S., Paris, 1970-1979.

Dort (Bernard), *Théâtre en jeu*, Le Seuil, Paris, 1979.

DU CÔTÉ DU TEXTE

Aristote, *Poétique*, Les Belles-Lettres, Paris, 1936.

Rousseau (Jean-Jacques), *Lettre à d'Alembert sur les spectacles*, Garnier-Flammarion, Paris, 1967.

Derrida (Jacques), *L'Ecriture et la différence*, Le Seuil, Paris, 1967.

Mauron (Charles), *Psychocritique du genre comique*, José Corti, Paris, 1964.

Scherer (Jacques), *La Dramaturgie classique en France*, Nizet, Paris, 1966.

Souriau (Etienne), *Les Deux Cent Mille Situations dramatiques*, Flammarion, Paris, 1950.

Ubersfeld (Anne), *Lire le théâtre*, Editions sociales, Paris, 1977.

DU CÔTÉ DE LA SCÈNE

Appia (Adolphe), *La Musique et la mise en scène*, Theater Kultur-Verlag, Berne, 1963.

Bablet (Denis), *Les Révolutions scéniques du xxe siècle*, Société internationale d'art du xxe siècle, Paris, 1976.

Hainaux (René), *Le Décor de théâtre dans le monde depuis 1960*, Meddens, Bruxelles, 1973.

Sonrel (Pierre), *Traité de scénographie*, Librairie théâtrale, Paris, 1956 (1re éd. 1944).

Veinstein (André), *La Mise en scène théâtrale et sa condition esthétique*, Flammarion, Paris, 2e éd. augmentée, 1968.

Vitaly (Georges), *Maquillage de théâtre*, Editions de l'Amicale, Paris, 1955.

Abirached (Robert), *La Crise du personnage dans le théâtre moderne*, Grasset, Paris, 1978.

Aslan (Odette), *L'Acteur au xxe siècle*, Seghers, Paris, 1974.

Diderot, *Paradoxe sur le comédien*, in *Œuvres philosophiques*, Classiques Garnier, 1967.

Doat (Jan), *L'Expression corporelle du comédien*, Les Editions françaises nouvelles, Paris.

Stanislavski (Constantin), *La Formation de l'acteur*, Petite Bibliothèque Payot, Paris, 1963.

DU CÔTÉ DU SPECTATEUR

Descotes (Maurice), *Le Public de théâtre et son histoire*, Presses universitaires de France, Paris, 1964.

Duvignaud (Jean), *Sociologie du théâtre*, Presses universitaires de France, Paris, 1965.

Duvignaud (Jean), *Spectacle et société*, Denoël-Gonthier, Paris, 1970.

Brenner (Jacques), *Les Critiques dramatiques*, Flammarion, Paris, 1970.

Copfermann (Emile), *Le Théâtre populaire, pourquoi ?*, Maspero, Paris, 1965.

ARCHITECTURE

Izenour (George C.), *Theater design*, McGraw Hill, New York, 1977.